GUIDE PITTORESQUE

DU

VOYAGEUR EN FRANCE.

IV.

Sommaire du Tome Quatrième.

ROUTE DE TOULOUSE.

Pour la description des départements qui précèdent celui du Cher, voyez T. I, ROUTE DE NANTES.

CHER.
INDRE.
CREUSE.
CORRÈZE.
HAUTE-VIENNE.
LOT.
TARN-ET-GARONNE.
HAUTE-GARONNE.
ARIÈGE.

ROUTE D'ALBI.

Pour la description des départements qui précèdent celui du Puy-de-Dôme, voyez T. I, ROUTE DE NANTES, et T. II, ROUTE DE CHAMBÉRY.

PUY-DE-DÔME.
CANTAL.
AVEYRON.
LOZÈRE.
TARN.
HAUTE-LOIRE.

ROUTE DE BAGNÈRES DE BIGORRE.

Pour la description des départements qui précèdent celui de la Dordogne, voyez T. I, ROUTE DE NANTES, et au commencement du présent volume, ROUTE DE TOULOUSE.

DORDOGNE.
LOT-ET-GARONNE.
GERS.
HAUTES-PYRÉNÉES.

TYPOGRAPHIE DE FIRMIN DIDOT FRÈRES,
RUE JACOB, 56.

GUIDE PITTORESQUE

DU

VOYAGEUR

EN FRANCE,

Contenant la Statistique et la Description complète

DES 86 DÉPARTEMENTS,

ORNÉ DE 740 VIGNETTES ET PORTRAITS GRAVÉS SUR ACIER,

De 86 Cartes de Départements,

ET D'UNE GRANDE CARTE ROUTIÈRE DE LA FRANCE;

PAR UNE SOCIÉTÉ DE GENS DE LETTRES, DE GÉOGRAPHES ET D'ARTISTES.

TOME QUATRIÈME.

PARIS,
FIRMIN DIDOT FRÈRES, LIBRAIRES,
RUE JACOB, 56.

M DCCC XXXVIII.

Guide Pittoresque
DU
VOYAGEUR EN FRANCE.

ROUTE DE PARIS A TOULOUSE,

TRAVERSANT LES DÉPARTEMENTS

DE SEINE-ET-OISE, DU LOIRET, DU CHER, DE L'INDRE, DE LA CREUSE, DE LA HAUTE-VIENNE, DE LA CORRÈZE, DU LOT, DE TARN-ET-GARONNE, DE LA HAUTE-GARONNE, ET COMMUNICATION AVEC LE DÉPARTEMENT DE L'ARIÈGE.

DÉPARTEMENT DU CHER.

Itinéraire de Paris à Toulouse,

PAR MONTARGIS, BOURGES, LIMOGES, TULLE ET MONTAUBAN, 182 LIEUES.

	lieues.		lieues.
De Paris à Nogent-sur-Vernisson (route de Chambéry)	32	Limoges	3
Gien	5	Pierre-Buffierre	3
Argent	4 1/2	Magnac	3
La Chapelle d'Angillon	5	Masseré	2 1/2
Grangeneuve	3	Uzerche	4 1/2
Bourges	4 1/2	Saint-Pardoux	4
Saint-Florent	3 1/2	Donzenac	3
Charost	2	Brives	3
Issoudun	3	Cressensac	5
Neuvy-Pailloux	3	Souillac	4
Châteauroux	3 1/2	Payrac	5
Lottier	4	Pont-de-Rodes	5 1/2
Argenton	3 1/2	Pélacoy	5 1/2
Le Fay	4	Cahors	4 1/2
Rodes	3	La Madeleine	6
La Ville-au-Brun	2	Caussade	4
Morterol	5	Montauban	6 1/2
Chanteloube	4	Grisolles	5
La Maison-Rouge	4	Saint-Jory	3
		Toulouse	4 1/2

Communication de Toulouse à Foix, 19 l. 1/2.

	lieues.		lieues.
De Toulouse à Viviers	6 1/2	Pamiers	3 1/2
Saverdun	5	Foix	4 1/2

54ᵉ Livraison. (CHER.)

ASPECT DU PAYS QUE PARCOURT LE VOYAGEUR

DE NOGENT-SUR-VERNISSON A CHAROST.

Après avoir dépassé Nogent-sur-Vernisson, on suit la route de Nevers jusqu'au-delà des Besards, puis on tourne à droite, en se dirigeant à travers une contrée peu fertile et sans intérêt. Le pays ne commence à devenir un peu gai et la route plus agréable qu'au-delà de la ferme de Boula; on côtoie ensuite un petit bois, que l'on quitte pour entrer dans un vallon à l'issue duquel on aperçoit la ville de Gien, où l'on descend par un joli coteau de vignes. On passe la Loire au sortir de cette ville sur un beau pont de pierre, où aboutit une belle avenue de peupliers. La route est droite, le pays plat et inégalement fertile jusqu'au vallon de la grande Sauldre, qui sépare de ce côté le département du Loiret de celui du Cher. On traverse cette rivière au relais d'Argent, bourg où l'on voit un beau château moderne. Après ce relais, on entre dans une grande plaine; on descend ensuite une côte rapide, qui aboutit à une belle vallée où la petite ville d'Aubigny s'annonce d'une manière agréable, sur le bord de la Nère. On entre, après cette ville, dans une plaine où la route suit une ligne droite presque jusqu'à Bourges. On passe à la Chapelle-d'Augillon, bourg situé sur la petite Sauldre et remarquable par un château gothique; à Grange-Neuve, relais où l'on arrive après avoir traversé une lieue et demie de bois; à Saint-Georges-sur-Moulon, village où l'on voit un joli château, et l'on arrive à Bourges par le faubourg d'Auron, après avoir traversé, dans un trajet de dix-sept lieues, depuis Gien, une continuité de plaines et de lignes droites à perte de vue.

On sort de Bourges par le pont et le faubourg de l'Arnon, et l'on parcourt une plaine sans intérêt, en se dirigeant en ligne droite jusqu'à Saint-Florent, village au sortir duquel on traverse le Cher sur un fort beau pont en pierre; en face s'ouvre une avenue d'ormes qui conduit au château gothique de Saint-Florent, qui mérite d'être visité. On quitte ce village et le vallon du Cher; la route fait un coude à droite et se dirige en ligne directe jusqu'à Charost, petite ville située au bord de l'Arnon, sur la limite des départements du Cher et de l'Indre.

DÉPARTEMENT DU CHER.

APERÇU STATISTIQUE.

Le département du Cher est formé d'une partie du ci-devant Berri et d'une très-petite partie du ci-devant Bourbonnais. Il tire son nom de la rivière du Cher, qui l'arrose du sud-est à l'ouest.—Ses limites sont : au nord, le département du Loiret; à l'est, celui de la Nièvre; au sud, celui de l'Allier; à l'ouest, ceux de l'Indre et de Loir-et-Cher. — La température est, en général, froide et humide; cependant le froid y est rarement de longue durée, et la gelée n'y persiste pas plus de dix à douze jours de suite. Les vents dominants sont ceux de l'ouest et du nord-ouest.

Le territoire se compose presque en entier d'une vaste plaine de nature argilo-calcaire et d'une fertilité très-inégale. La partie septentrionale, connue sous le nom de Sancerrois,

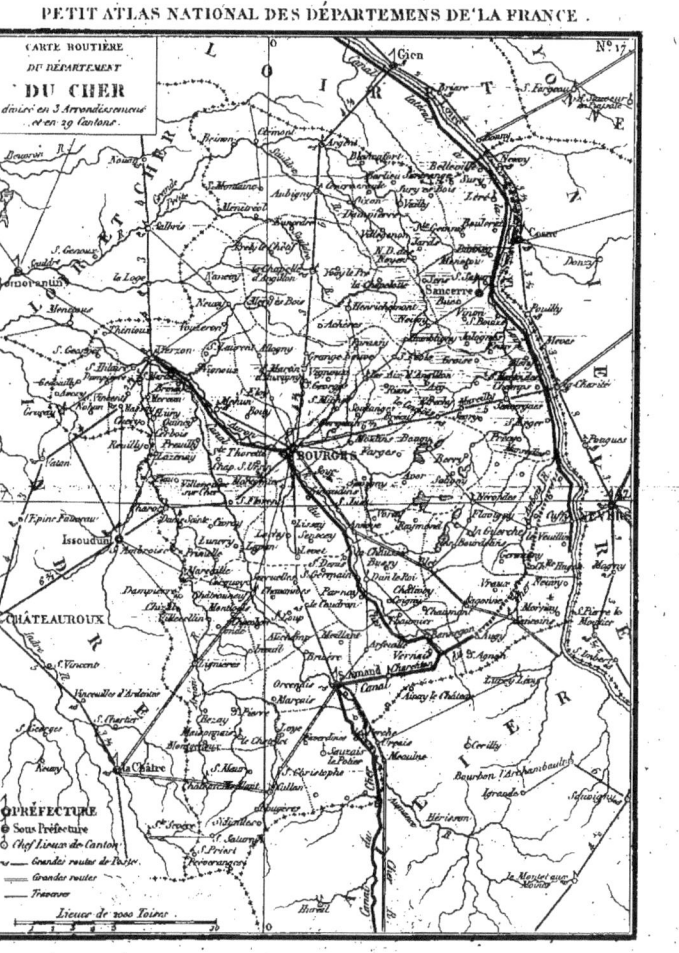

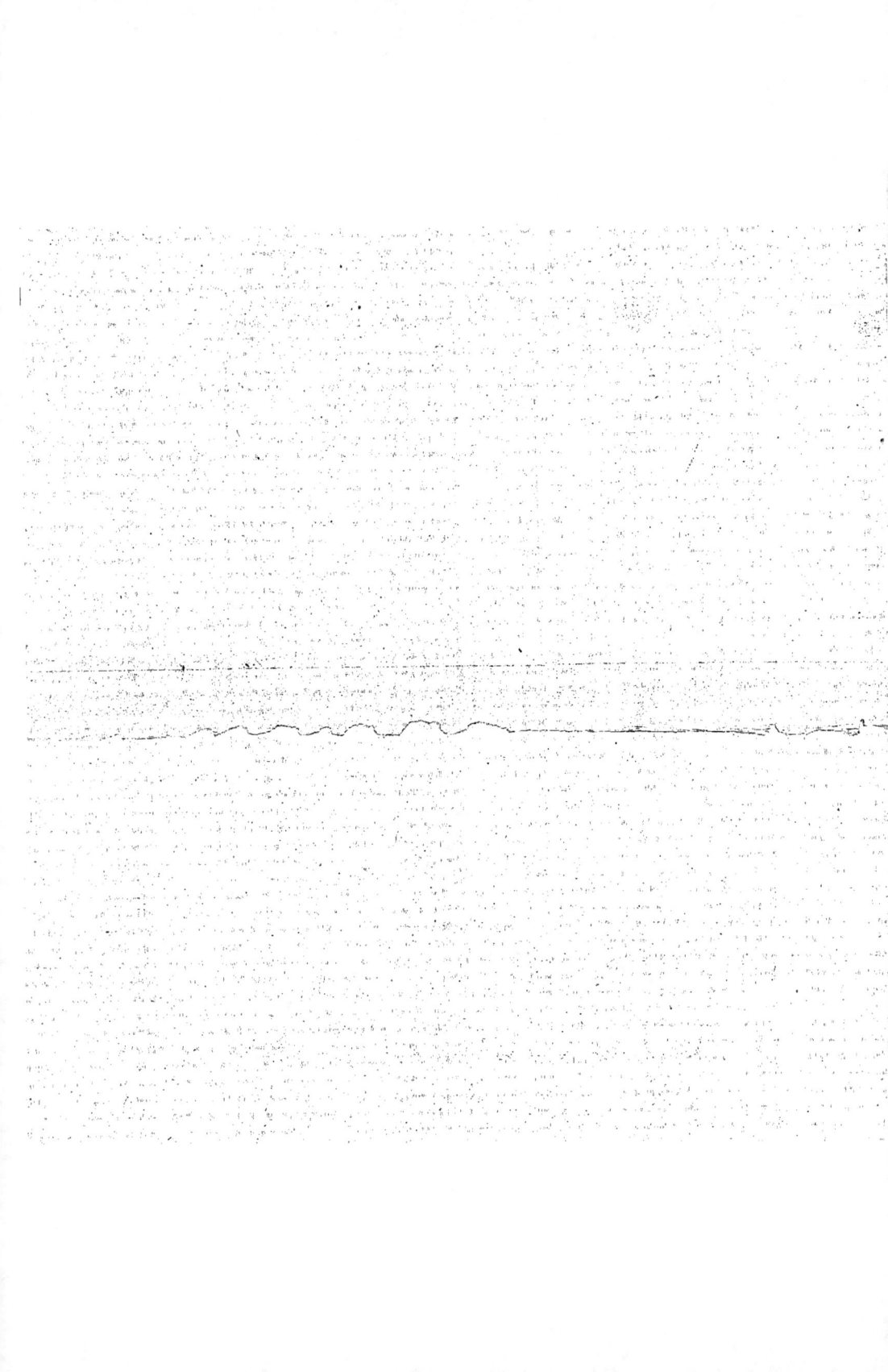

est coupée par des montagnes et par des vallons où coulent des rivières peu encaissées, dont la direction est presque constamment du sud-est au nord-ouest. Une grande partie des plaines et des vallons, dont les bassins, ordinairement très-étendus, se confondent quelquefois avec eux, est couverte de pâturages qui nourrissent une immense quantité de bêtes à laine, et de forêts qui alimentent plusieurs forges considérables. Le sol à l'est, et particulièrement sur les bords de la Loire et de l'Arnon, est de la plus grande fertilité; au sud-est, il est de qualité médiocre et renferme plus de 500 étangs, dont la superficie peut être évaluée à 8,380 hectares; au nord, il est sablonneux, couvert en partie de landes, de bruyères, de sables stériles et de marais; le centre est mélangé. En somme, des terres ingrates et pourtant assez productives couvrent les deux tiers de toute sa superficie; le reste est doué de la plus grande fertilité.

Le département du Cher a pour chef-lieu Bourges. Il est divisé en 3 arrondissements et en 29 cantons, renfermant 297 communes.—Superficie, 224 lieues carrées.—Population, 256,059 habitants.

MINÉRALOGIE. Mines de fer d'excellente qualité, exploitées dans 15 hauts fourneaux et 30 forges, dont les produits en fonte s'élèvent, année commune, à 7,500,000 kilogr., et en fer à 3,500,000 kilogr.; dont plus de 500,000 kilogr. sont vendus pour la clouterie. Indices de mines d'argent, de plomb et de cuivre. Mines exploitées de manganèse, d'ocre, de houille. Carrières remarquables par leur étendue souterraine, de marbre commun, grès, pierre de taille calcaire, pierre meulière, pierres lithographiques. Marne; gypse; terre à porcelaine, à poterie et à foulon.

PRODUCTIONS. Toutes les céréales, en quantité plus que suffisante pour les besoins des habitants. Châtaignes, truffes, mousserons, noix, arbres fruitiers, chanvre excellent et recherché, dont on évalue la récolte annuelle à plus de 750,000 kilogr.; lin. Bons et médiocres pâturages.—11,694 hectares de vignes, produisant, année commune, 250,000 hectolitres de vin, dont environ 150,000 sont consommés sur les lieux: on distingue particulièrement les vignobles de Chavignole et de Saint-Satur. — 148,011 hectares de forêts (chênes, ormes, etc.). — Élève de chevaux de trait d'une taille moyenne, propres à l'agriculture et à l'artillerie. Nombreux troupeaux de moutons recherchés pour la finesse de leur toison et la délicatesse de leur chair. Chèvres assez multipliées; beaucoup de porcs. Quantité de gibier. Poisson de rivières et d'étangs. Élève en grand des abeilles et de la volaille.

INDUSTRIE. Manufactures de draps communs, droguets, toiles de chanvre. Fabriques de clous, poterie de terre et de fonte, coutellerie; porcelaine, faïence, salpêtre, potasse, merrain, sabots, cuirs. Filatures de coton et de laine. Hauts fourneaux, forges, aciéries. Blanchisseries de laines.

COMMERCE considérable de laines, grains, vins, noix, châtaignes, chanvre, mousserons secs très-recherchés, bestiaux gras, peaux de chèvres, bois, merrain, faïence, fer et fonte d'excellente qualité, etc.

VILLES, BOURGS, VILLAGES, CHATEAUX ET MONUMENTS REMARQUABLES; CURIOSITÉS NATURELLES ET SITES PITTORESQUES.

ARRONDISSEMENT DE BOURGES.

AIX D'ANGILLON (les). Bourg situé sur le ruisseau de Longis, à 4 l. 1/2 de Bourges. Pop. 1,380 hab. C'était autrefois une ville importante, entourée de fossés et de murailles, qui paraît devoir son origine à un château appartenant, au XIIe siècle, à un seigneur de Sully nommé Gillon. Cette ville, saccagée dans les guerres civiles du XIV et du XVe siècle, n'a pu se relever de ses ruines; on voit encore quelques vestiges de ses anciennes fortifications.

BAUGY. Bourg situé dans une contrée fertile en blé et abondante en pâturages, à 6 l. 3/4 de Bourges. Pop. 887 hab.
Bougy était autrefois une ville assez considérable, défendue par un château fort entouré d'un double fossé. Ce château, dont on voit encore quelques ruines, fut assiégé et pris plusieurs fois, notamment par Charles VI, en 1412. Non loin de là, on remarque, vers l'est, les retranchements d'un ancien camp.

BOURGES. Grande et très-ancienne ville. Chef-lieu du département. Cour royale, d'où ressortissent les départements du Cher, de l'Indre et de la Nièvre. Tribunal de première instance et de commerce. Académie universitaire. Collège royal. Société d'agriculture, sciences et arts. Chef-lieu de la 21e division militaire. Direction d'artillerie. Archevêché. Séminaire diocésain. ✉ ✇
Pop. 19,730 hab.

L'origine de Bourges remonte à l'antiquité la plus reculée. Cent trente-neuf ans après la fondation de Rome, et six cent quinze ans avant l'ère chrétienne, elle était la capitale de la Gaule celtique, et jouissait du privilège de lui fournir des souverains. A cette époque régnait Ambigat, qui fut contemporain de Tarquin l'Ancien, cinquième roi de Rome; on sait que les neveux d'Ambigat, Sigovèze et Bellovèze, envahirent, à la tête d'une foule innombrable de Celtes, la Germanie et l'Italie. Depuis ce souverain jusqu'à l'invasion des Gaules par les Romains, les plus épaisses ténèbres enveloppent l'histoire de cette ville.

Bourges est l'ancien *Avaricum*, si célèbre dans l'histoire par le siége qu'elle soutint contre César. Ce conquérant nous apprend que Vercingétorix, après avoir essuyé de grands revers à Vellodunum, à Genabum et à Noviodunum, prit le parti de brûler toutes les places que leur position ou la faiblesse des fortifications ne pouvaient préserver de tout péril, de peur qu'elles ne servissent de refuge aux traîtres, ou que les Romains n'en tirassent des vivres; plus de vingt villes des Bituriges furent livrées le même jour aux flammes. Après avoir mis à exécution cette résolution désespérée, on délibérait s'il convenait de brûler Avaricum ou de la défendre, lorsque les Bituriges demandèrent avec instance qu'on ne les forçât pas à brûler de leurs mains une des plus belles villes de la Gaule, l'ornement et le soutien de tout le pays, qui, par sa position au milieu des marais, et entourée presque de toutes parts par une rivière, était facile à défendre. Vercingétorix, cédant aux prières des habitants, épargna cette ville, et en confia la défense à des hommes d'élite. La place fut envahie par César, qui plaça son camp vers cette partie de la ville où la rivière et les marais laissaient une étroite avenue, fit élever une terrasse, dresser des mantelets, et élever deux tours. Les Gaulois opposèrent la plus vigoureuse résistance; ils ruinèrent les terrasses par des mines souterraines; nuit et jour, ils faisaient des sorties qui fa-

BOURGES.

tiguaient les Romains. Le siége, retardé par ces obstacles, l'était encore par le froid et par les pluies continuelles dont les soldats avaient à souffrir; cependant les Romains surmontèrent toutes ces difficultés par un travail opiniâtre, et élevèrent en vingt-cinq jours une terrasse de trois cent trente pieds de large sur quatre-vingts de haut, à laquelle les assiégés mirent le feu par une mine. Le lendemain, comme César faisait avancer une tour et réparer les travaux, il survint une pluie abondante : cette circonstance lui parut favorable. S'étant aperçu que le rempart était gardé avec négligence, il ordonne aux siens de se ralentir et leur fait connaître ses intentions. Il exhorte ses légions, à couvert derrière la tranchée, à recueillir enfin le fruit de tant de fatigues; il promet des prix à ceux qui, les premiers, escaladeraient la muraille, et donne le signal; les Romains s'élancent aussitôt de tous les points, et remplissent bientôt le rempart. Les assiégés, étonnés de cette attaque, chassés de leurs remparts et de leurs tours, se rangèrent en bataillons carrés sur la place publique et dans les lieux les plus ouverts, afin de faire face, de quelque côté que vînt l'attaque. Quand ils virent que les Romains, au lieu de descendre dans la place, se répandaient de tous côtés le long des murs, la crainte de se voir fermer toute retraite leur fit jeter leurs armes; ils fuient et se précipitent vers l'autre extrémité de la ville : là, les portes étant trop étroites, les uns furent massacrés par les soldats; les autres, déjà en dehors, tombèrent sous les coups de la cavalerie. Irrités par les fatigues du siége et par le souvenir des leurs qui avaient été égorgés à Genabum, les Romains n'épargnèrent ni la vieillesse, ni le sexe, ni l'enfance. D'environ quarante mille, à peine huit cents combattants purent-ils s'échapper.

Bourges resta sous la domination romaine jusqu'en 475, époque où cette ville tomba sous celle des Visigoths; mais après la bataille que Clovis remporta sur Alaric dans les plaines de Vouillé, elle se soumit volontairement au vainqueur. Après la mort de Clovis, elle fit partie du royaume d'Orléans, qui échut en partage à Clodomir; et, en 614, elle fut réunie à la couronne de France par Clotaire II. Bourges, métropole de l'Aquitaine, avait été la résidence d'un préfet; devenus maîtres de Bourges, les Goths remplacèrent le préfet par un duc, auquel Clovis substitua un comte. Ces comtes, qui n'étaient que des officiers du roi, révocables à sa volonté, profitèrent de la faiblesse des successeurs de Charlemagne pour se faire souverains héréditaires des provinces dont ils n'étaient que gouverneurs temporaires. Bourges eut alors ses comtes particuliers; un d'eux, Herpin, voulant, vers l'an 1100, faire partie de la première croisade, vendit à Philippe Ier son comté, moyennant 60,000 sous d'or. Bourges demeura réuni à la couronne jusqu'en 1360, que le roi Jean l'érigea en duché-pairie, en faveur de Jean de France, son fils, et à charge de réversion à la couronne, à défaut d'enfants mâles. Cette ville soutint divers siéges et fut prise et reprise plusieurs fois : en 585, les Poitevins, les Tourangeaux, les Angevins s'en emparèrent et la détruisirent en partie; en 762, Pepin le Bref la prit après un long siége; en 878, elle fut prise et pillée par les Normands; en 1412, elle fut inutilement assiégée par le duc de Bourgogne. Charles VII y trouva un refuge au commencement de son règne, et les habitants lui donnèrent une preuve de fidélité en chassant de la ville quelques seigneurs français qui y étaient entrés sous la conduite du duc de Boussac, et qui voulaient la livrer aux Anglais; ce fut à cette occasion que la noblesse fut accordée au maire et aux échevins de Bourges. En 1562, les protestants, commandés par le duc de Montgommery, s'emparèrent de Bourges par surprise, et s'y livrèrent à tous les désordres possibles : les catholiques furent désarmés et leurs maisons pillées; les églises furent dévastées, les images des saints brûlées; les autels furent profanés, la paix du tombeau fut violée, et le corps de la vertueuse épouse de Louis XII fut arraché du modeste monument que lui avait élevé la reconnaissance publique, et brûlé devant l'église de Montermoyen. Les protestants restèrent maîtres de la ville jusqu'au 1er septembre, époque où elle fut reprise par les troupes royales, après un siége de quinze jours. Quelques jours après la

Saint-Barthélemy, d'exécrable mémoire, les catholiques firent main basse sur les protestants, qu'ils emprisonnèrent dans différents endroits, et dont ils pillèrent les maisons; le 10 septembre, ils réunirent toutes les victimes dans les prisons de l'archevêché, et le lendemain à onze heures, une bande d'assassins, conduite par un échevin et par son frère, se rendit à l'archevêché, où elle massacra tous les prisonniers, dont les corps furent jetés dans les fossés de la ville du côté de Bourbonnoux. En 1594, le seigneur de la Châtre reconnut l'autorité de Henri IV, et lui rendit la ville et la grosse tour. Bourges, pris par les protestants en 1615, fut repris en 1616 par le maréchal de Montigny. En 1651, le prince de Condé cherchant à exciter une guerre civile, s'y était retiré, et voulait y soutenir un siége; mais les habitants s'opposèrent à sa résolution, et la même année le roi fit son entrée solennelle dans la ville. C'est alors que, sur la demande des habitants de Bourges, la forteresse dite la Grosse-Tour fut détruite.

Bourges a été de tout temps la capitale du Berri. Ses siéges ne sont pas les seuls désastres qu'elle ait éprouvés : elle fut ravagée par divers incendies; en 1353, elle fut à moitié brûlée, l'église cathédrale et le palais archiépiscopal échappèrent au désastre; en 1487, un nouvel incendie détruisit plus de 3,000 maisons. Cet incendie porta au commerce de Bourges, alors florissant, un coup dont il n'a jamais pu se relever; les fabricants de draps, dont le nombre était considérable, quittèrent la ville et portèrent en d'autres contrées leur industrie; Lyon, où l'on transféra deux foires qui se tenaient à Bourges, fut une des villes qui tira le plus d'avantages de ce désastre. La population de Bourges a été décimée par la peste. Il périt 5,000 personnes dans celle de 1583.

Il s'est tenu à Bourges sept conciles, et ce fut en cette ville que se tint l'assemblée du clergé convoquée par Charles VII, et que fut faite la pragmatique sanction de 1438. Bourges avait une université dont l'origine remonte, dit-on, jusqu'à saint Louis, et qui a été fort célèbre; Alciat, Rebase et le grand Cujas y professèrent : aussi fut-il un temps où elle était fréquentée par des étrangers de toutes les nations.

Cette ville est dans une situation agréable, sur le penchant d'un coteau entouré d'une vaste plaine, sur les rivières d'Auron, d'Yèvre et d'Yèvrette. Elle est environnée de fortes murailles et de quatre-vingts tours, hautes, épaisses et assez bien conservées; son enceinte, qui à différentes époques a reçu divers accroissements, peut être d'environ une lieue; mais la population est loin de répondre à son étendue. Les rues y sont en général assez larges et bien percées, mais tristes et désertes, ce qui tient au peu de population et au genre de construction des maisons, dont plusieurs sont situées entre cour et jardin. L'enceinte de la ville renferme des espaces considérables où on ne trouve aucune construction; tels sont le pré Fichau, la partie qui longe le rempart des Pauvres, celles qui bordent les remparts Villeneuve et de Saint-François, où l'on ne voit également que de vastes jardins.

Bourges possède plusieurs promenades agréables, et, sous ce rapport, peu de villes sont aussi bien partagées; il n'est pas une seule petite place dans son intérieur qui n'ait été utilisée par des plantations. Les plus remarquables sont : la place Séraucourt, qui a pris le nom de l'intendant auquel on doit sa création; le jardin de l'archevêché, ouvert au public tous les jours, et entretenu aux frais de la ville, dont il est la propriété; la place Saint-Pierre, plantée de beaux arbres, sous lesquels se tient le marché aux fleurs dans la belle saison; le pré Fichau, planté de très-beaux peupliers; la place Villeneuve, plantée en 1816, sous l'administration du préfet de ce nom, auquel on doit la jolie promenade du rempart Saint-Paul; les remparts d'Auron, Saint-Louis et des Pauvres, plantés ou embellis sous l'administration de M. de Fussy.

Parmi les édifices et établissements publics de Bourges, on remarque particulièrement :

La Cathédrale, dédiée à saint Étienne, un des plus beaux monuments d'architecture gothique qui existent en France. Cette basilique a été bâtie sur l'emplacement où s'étaient successivement élevées deux églises; la plus ancienne, établie dans le palais même de Léocade, proconsul des Gaules, datait de l'an 251, et n'avait eu qu'un siècle de durée. Une nouvelle église avait été édifiée sur ses ruines, vers l'an 380, par saint Palais, 9e évêque de Bourges. L'édifice actuel est une construction commencée vers 845, et qui n'a été terminée que plusieurs siècles après. — La cathédrale de Bourges est située sur le terrain le plus haut de la ville, et domine la vaste plaine qui l'environne. Le plan de l'édifice est un parallélogramme qui, comme les anciennes basiliques, se termine à l'orient par un hémicycle, et qui est décoré à l'occident d'un grand portail surmonté de deux belles tours d'inégale hauteur : ce portail est à trois étages ornés de plusieurs galeries à balustrades gothiques et d'une magnifique rosace; sa largeur est de 169 pieds ; il est posé sur un perron de douze marches, au-dessus desquelles s'ouvrent cinq portiques qui donnent entrée dans l'église. Le portique principal et central est décoré d'un bas-relief représentant le jugement dernier; les autres sont ornés de diverses sculptures dont les sujets sont pris dans l'Ancien et le Nouveau-Testament; de nombreuses statues d'apôtres et de saints étaient autrefois placées dans les niches qui existent au portail; ces statues ont été détruites par les protestants, pendant les guerres du XVIe siècle; il en reste à peine dans l'église quelques-unes qui aient échappé à la mutilation. La plus haute des tours, surmontée d'une grosse horloge à timbre, fut commencée en 1507, sur l'emplacement de celle qui s'était écroulée en 1506, et achevée en 1538, par Guillaume Pellevoisin, le plus fameux architecte de son temps. En mémoire de la chute de l'ancienne tour, on fit graver sur la nouvelle cette inscription :

Ce fut l'an mil cinq cent et six,
De décembre le dernier jour,
Que par un fondement mal pris,
De Saint-Étienne chût la tour.

Cette tour a 199 pieds de hauteur jusqu'à la plate-forme, et 221 pieds jusqu'au pélican qui domine l'horloge; elle se nomme la Tour-Neuve ou la Tour de Beurre, parce qu'elle a été bâtie en partie avec le produit des sommes payées par les fidèles pour obtenir la permission d'user de beurre et de lait en carême. On y voyait autrefois douze cloches; il n'y en reste plus qu'une seule de 6 pieds de diamètre, et qui pèse onze milliers. La plus petite des tours, dite la Tour-Sourde ou la Vieille-Tour, n'a que 158 p. de haut; pour la soutenir, on a bâti un pilier d'une grosseur énorme et une arcade voûtée qu'on regarde comme un chef-d'œuvre d'architecture.

L'intérieur de l'église, dont l'aspect est on ne peut plus majestueux, présente cinq rangs de nefs formées par les hautes colonnes qui, au nombre de soixante, soutiennent la voûte de l'église : la longueur totale de l'édifice est de 348 pieds, et sa largeur de 123. La nef principale a 114 pieds de hauteur sous clef, et 38 pieds de largeur, d'une colonne à l'autre; la hauteur moyenne des colonnes, jusqu'aux chapiteaux, est d'environ 52 pieds 4 pouces. La voûte de l'église est composée d'une suite d'arceaux à ogives. L'église est éclairée par 59 grandes croisées ornées de vitraux magnifiques qui remontent au XIIe siècle : la grande rosace, dont le plus grand diamètre est de 27 pieds, est d'une richesse de couleur admirable. Outre la sacristie, magnifique chapelle gothique, construite aux frais de Jacques Cœur, l'église possède dix-huit autres chapelles remarquables, décorées pour la plupart de sculptures et de vitraux. Le chœur est orné de stalles en bois sculpté, d'un beau travail ; le maître-autel est en marbre, et d'une grande magnificence. L'église possède aussi un très-beau jeu d'orgues. Sous le chœur et le chevet de la cathédrale, se trouvent les catacombes et l'église souterraine, où l'on voit le tombeau de Jean Ier, duc de Berri, ainsi que quelques statues dépendantes des anciennes tombes qui décoraient l'église, et qui ont été détruites à la révolution : une de ces statues est celle du maréchal de Montigny. Parmi les ouvrages d'art que renferme cette crypte, on remarque un vaste morceau de sculpture, ouvrage du XIVe siècle, représentant un saint sépulcre. On voit aussi, sous une des arcades des bas-côtés de la cathédrale, auprès de la Vieille-Tour, un chef-d'œuvre d'horlogerie gothique qui porte la date de 1423, et qui marque le cours du soleil et de la lune. Cette horloge, dont le mouvement, réparé à diverses époques, est en assez bon état, sert à régler les heures des offices. Avant la révolution, le trésor renfermait, entre autres richesses, un superbe diptyque d'ivoire du Ve siècle, que Martenne et Montfaucon considéraient comme un monument précieux. Louis VII, roi d'Aquitaine, a été sacré dans la cathédrale de Bourges; Louis XI y a été baptisé, ainsi que le grand Condé. Quatre des archevêques de Bourges sont devenus papes, Luce III, Urbain III, Grégoire XI et Clément VII; trente autres sont honorés comme saints. Cette église a été long-temps considérée comme la métropole du midi de la France : elle était placée au même rang que les églises de Lyon et de Reims.

L'ÉGLISE NOTRE-DAME, bâtie en 1157, détruite pas un incendie en 1487, et reconstruite en 1520.

L'ÉGLISE SAINT-BONNET, bâtie en 1250, détruite ainsi que la précédente par l'incendie de 1487, et dont la construction a été commencée en 1510. On y remarque plusieurs chapelles décorées de vitraux magnifiques, dus au pinceau de Lécuyer. On voit dans cette église plusieurs tableaux de Boucher, qui y a été enterré, ainsi que sa mère, dans un caveau qui a été respecté pendant la révolution. Son épitaphe, qu'on ne retrouve plus, a été conservée dans la description de l'église Saint-Étienne par l'abbé Romelot. Elle était ainsi conçue :

Ci-gît qui, s'occupant du talent de bien peindre,
A pu quelque renom dans le monde acquérir;
Il aima les beaux-arts et ne sut jamais feindre,
Et mieux encore il apprit à mourir.

L'ARCHEVÊCHÉ, remarquable par un beau pavillon contenant le grand escalier, la chapelle et les appartements d'honneur. On admire dans le jardin, dessiné par Le Nôtre, une magnifique allée couverte et un monument élevé à la mémoire du duc de Béthune-Charost, qui contribua si puissamment à l'amélioration des bêtes à laine dans le département du Cher.

L'HÔTEL DE LA PRÉFECTURE, autrefois l'Intendance, occupe l'emplacement de l'ancien palais des ducs de Berri. Il n'a rien de remarquable que la belle vue qu'il doit à sa position, et l'agrément de ses jardins, qui communiquent à la promenade par une porte gothique, transportée en ce lieu par les soins de M. de Barral, ancien préfet du département. C'est un portail de l'ancienne église Saint-Ursin, sur lequel on voit un calendrier antérieur à celui réformé par le pape Grégoire; l'année commence en février.

L'HÔTEL-DE-VILLE est l'ancien hôtel que Jacques Cœur, célèbre et infortuné argentier de Charles VII, l'un des plus illustres citoyens dont s'honore la ville de Bourges, fit construire en 1443. C'est un édifice gothique, d'excellent goût, dont les murailles intérieures et extérieures sont décorées de sculptures gothiques d'un beau fini; il est fâcheux que, dans les dernières constructions qui ont été faites, on n'ait pas observé à l'extérieur les formes gothiques. On remarque au-dessus de toutes les portes des bas-reliefs analogues à la destination des pièces dans lesquelles elles communiquaient : il y en a trois au pied du grand escalier qui conduisait à la chapelle; dans le premier, se trouve un personnage qui sonne la messe; dans le second, on prépare l'autel, et dans le troisième, on voit les fidèles qui arrivent à l'office. Partout se trouvent les armes parlantes de Jacques Cœur, qui se composent de coquilles de pèlerin de Saint-Jacques et de cœurs. On lit encore sur une balustrade en pierres découpées à jour, et qui communique à la campanille de l'horloge, ces mots écrits en caractères gothiques, précédés de cœurs et de coquilles :

𝔄 𝔠𝔬𝔢𝔲𝔯 𝔳𝔞𝔦𝔩𝔩𝔞𝔫𝔱 𝔯𝔦𝔢𝔫 𝔡'𝔦𝔪𝔭𝔬𝔰𝔰𝔦𝔟𝔩𝔢.

La chapelle, qui se trouvait au-dessus du portail, était remarquable par sa disposition. On voyait de chaque côté de l'autel deux

PALAIS DE JACQUES CŒUR
à Bourges

Bourdaloue.

cabinets ou réduits ayant chacun une cheminée et une petite fenêtre; c'était là que Jacques Cœur et sa femme se plaçaient pour entendre la messe. Ces deux fenêtres présentent, à l'extérieur, deux portes entr'ouvertes, et un officier à chacune, regardant d'un côté opposé, par quel chemin arrive le maître de la maison. La voûte de cette chapelle est peinte, entre les arceaux, de figures qui semblent chanter l'office écrit sur des rouleaux; on y voit encore des sculptures gothiques du fini le plus précieux. Dans l'intérieur de l'hôtel, on remarque une tour très-élevée, au haut de laquelle sont des fenêtres qui permettent d'observer dans toutes les directions et à une grande distance. Enfin, on voit sur des vitraux de couleur en partie brisés, qui sont à l'une des fenêtres des greniers, deux figures peintes, dont l'une a un doigt sur la bouche et l'autre de longues oreilles : elles sont entourées de banderoles diversement roulées, sur lesquelles on lit ces mots : *Bouche close. Neutre. Entendre. Dire. Faire. Taire;* mots qui sont répétés tout autour des panneaux, ainsi que la devise favorite du maître : *A cœur vaillant rien d'impossible,* qui est aussi écrite sur des banderoles autour de ses armes.

On conserve à la mairie, dans une galerie, les portraits d'une grande partie des hommes qui ont illustré Bourges : on y voit figurer Cujas, Bourdaloue, Jacques Cœur lui-même, et une foule d'autres personnages; usage d'un bon exemple, et qui mérite d'être imité.

Outre la mairie, l'hôtel de Jacques Cœur renferme les salles de la cour royale, des tribunaux de première instance et de commerce, et la justice de paix. La salle destinée aux audiences civiles est très-belle, et précédée d'une salle des pas-perdus presque aussi grande.

LA CASERNE. Ce bel édifice est l'ancien grand séminaire, construit en 1682, par Phelippeaux de la Vrillère, archevêque de Bourges. C'est dans une partie des jardins qui sont du côté des remparts que se trouvait la grosse tour de Bourges.

L'HÔPITAL GÉNÉRAL, situé hors de la ville, entre les portes de Saint-Bonnet et de Saint-Ambroise. Il fut établi en 1657, et les fonds nécessaires furent en presque totalité fournis par les habitants. Parmi ses bienfaiteurs, on cite particulièrement M. Anne de Ventadour, archevêque de Bourges, et M. Barjon de Vouzay, qui firent construire à leurs dépens une grande partie des bâtiments. Des cours spacieuses et bien aérées, de vastes jardins, sont joints à cet hôpital, où sont admis 300 vieillards infirmes et indigents, et les enfants abandonnés.

On remarque encore à Bourges la bibliothèque publique, renfermant 20,000 volumes, parmi lesquels se trouvent des ouvrages rares, notamment un Salluste sur parchemin du IXe ou du Xe siècle, un manuscrit sur vélin du *Digestum Vetus*, un *Speculum historiale* de Vincent de Beauvais, etc.; le collège; le grand séminaire; la maison qu'occupait Cujas, dans la rue des Arènes; la salle de spectacle; les prisons; le dépôt, autrefois dépôt de mendicité, puis maison centrale de détention, et maintenant maison de refuge où on reçoit les aliénés, les incurables, et les filles publiques que l'état de leur santé met dans la nécessité de séquestrer et de traiter; la fontaine de Fer, source d'eau minérale ferrugineuse, entourée de plantations; la salpêtrière, remarquable par la beauté et l'étendue de ses caves voûtées, et par le grand nombre de chaudières qu'elles contiennent, etc., etc.

Bourges est la patrie de Louis XI, de Jacques Cœur, de Bourdaloue, un de nos plus grands orateurs chrétiens, du peintre Boucher, de Jean l'Écuyer, célèbre peintre sur verre, du jésuite Labbe, du P. d'Orléans, de Sigaud-Lafond, de l'académicien La Chapelle, auteur de plusieurs ouvrages, parmi lesquels on remarque les Amours de Tibulle et de Catulle, roman qui lui attira cette épigramme de Chaulieu si connue :

Celui qui si maussadement
Fit parler Catulle et Lesbie
N'est point cet aimable génie,
Qui fit le voyage charmant,
Mais quelqu'un de l'Académie.

Fabriques de draps, couvertures de laine, coutellerie, salpêtre. Brasseries et tanneries. —*Commerce* de grains, chanvre, laine, couvertures de laine, peaux, bois et arbres fruitiers.

A 14 l. de Châteauroux, 54 l. de Paris. — *Hôtels* du Bœuf couronné, de France, de la Boule d'or, du Cheval blanc.

CHAROST. Petite ville située à 5 l. de Bourges. Pop. 1,239 hab.

Cette ville est située au milieu d'un riche vignoble, sur la rive gauche de l'Arnon, que l'on y passe sur un pont en pierre. Elle est assez mal bâtie et était anciennement entourée de murailles garnies de tours. Près de l'église, on voit les ruines d'un ancien château, que de larges et profonds fossés, de hautes murailles flanquées de bastions, rendaient jadis assez fort : les fortifications du château et de la ville ont été détruites pendant les guerres de la Ligue. Les environs offrent des sites agréables et des promenades délicieuses.

CHÉCY. Village situé à 4 l. de Bourges. — Papeterie.

FOËCY. Village situé à 5 l. 3/4 de Bourges. Pop. 771 hab. — Manufacture importante de porcelaine, qui emploie environ 150 ouvriers. Les objets qu'on y confectionne consistent en vases antiques, étrusques et modernes, de toute espèce, en cafetières, théières, sucriers et tasses de différentes formes, bols, services de table de tout genre, etc.

GEORGES-SUR-LA-PÉE (SAINT-). Village situé à 11 l. 1/4 de Bourges. Pop. 830 hab. — Exploitation d'ocre.

GRAÇAY. Petite ville ancienne, située à 12 l. 1/2 de Bourges. Pop. 2,787 hab. Elle est généralement mal bâtie, et était autrefois entourée de murailles flanquées de tours, dont il reste encore quelques vestiges. Aux environs, sur la route de Paris à Toulouse, on remarque un amas de pierres énormes, connues dans le pays sous le nom de pierres folles, qui paraissent être des ruines d'un immense monument celtique. Deux principales pierres plates, posées de champ à la suite l'une de l'autre, et parallèles à une troisième, posée de même à quelques pieds de distance, en soutiennent une quatrième, beaucoup plus grande, posée dessus, en plan incliné vers le nord. L'espèce de cabane que forment entre elles ces pierres est fermée à l'un des deux bouts, celui de l'est, par une dalle posée également de champ ; le bout opposé est ouvert, et fait face à une autre cabane construite à peu près de la même manière. Tout autour, excepté du côté du sud, sont placés confusément divers blocs de toute forme et de toute grandeur, qui complètent le groupe et le nombre total de vingt-une pierres.

LEVET. Village situé à 4 l. 1/2 de Bourges. ☞ Pop. 760 hab.

LURY. Petite ville située près de la rive droite de l'Arnon, à 7 l. 1/4 de Bourges. Pop. 560 hab.

MARTIN-D'AUXIGNY (SAINT-). Bourg situé à 4 l. 1/3 de Bourges. Pop. 2,161 hab. — *Commerce* considérable de fruits.

MASSAY. Bourg situé à 14 l. 3/4 de Bourges. ☞ Pop. 950 hab.

MEHUN-SUR-YÈVRE. Petite ville située dans un pays fertile, sur la rive droite de l'Yèvre. ✉ ☞ Pop. 3,319 hab.

Cette petite ville est très-ancienne : elle a eu des seigneurs particuliers jusqu'à la fin du XIIIe siècle ; alors elle passa par mariage à Robert de Courtenay, petit-fils de Louis-le-Gros, et frère cadet de l'empereur de Constantinople. Amicie de Courtenay épousa, en 1262, Robert, comte d'Artois, neveu de saint Louis. Mehun fut confisqué en 1332 sur Robert III d'Artois, et réuni au domaine de l'État. Charles VII aimait le séjour de Mehun. Il y avait fondé une chapelle dépendante de l'église dédiée à Notre-Dame, et une maladrerie ; il a voulu que ses entrailles y fussent enterrées. On voit encore près de Mehun les ruines d'un vieux château qui avait été témoin des amours de ce prince avec Agnès Sorel, et où plus tard, craignant d'être empoisonné par son fils Louis XI, il se laissa mourir de faim : après avoir passé huit jours sans manger, il s'était déterminé à prendre quelque nourriture, mais il n'était plus temps. Les débris d'une chapelle, ceux d'un escalier gothique, une tour et quelques murailles dégradées, sont les seuls restes de ce magnifique édifice, dont le feu du ciel a hâté la destruction. — *Fabriques* de droguets. Manufacture de toiles communes pour l'emballage des laines.

NOHANT. Village situé à 3 l. 1/2 de Bourges. Pop. 250 hab. On remarque aux environs, entre Nohant et Maubranche, l'emplacement d'un camp romain, qu'on dit avoir été celui de Vercingétorix; on y distingue encore des restes de retranchements.

VIERZON-VILLE. Ville ancienne, située à 3 l. 3/4 de Bourges. ✉ ⚜ Pop. 4,766 hab.

Vierzon est une ville dont l'origine remonte à une haute antiquité. Le roman de la Table ronde en fait mention. La tradition prétend même qu'elle fut construite sur les ruines d'une ville que les Romains brûlèrent pour arrêter la marche de César. Au IXe siècle, cette ville dépendait de Thibaut, comte de Blois, qui la donna en fief à un comte particulier, nommé Humbaut-le-Tortu, elle était alors entourée de murailles, et possédait un château fort considérable, dont on voyait encore des ruines dans le siècle dernier. En 1196, Richard d'Angleterre, qui se regardait comme seigneur suzerain de Vierzon, irrité de ce que le comte Guillaume Ier, refusant de le reconnaître en cette qualité, avait rendu hommage au roi de France, détruisit la ville après l'avoir livrée au pillage; c'est à cette époque que le château fut détruit. Vierzon fut encore prise et pillée, en 1356, par l'armée du prince Noir; elle resta au pouvoir des Anglais jusqu'en 1370, qu'elle fut reprise par le connétable Duguesclin. La seigneurie de Vierzon fut confisquée sur Guillaume de Juliers, qui prit parti pour Robert, comte d'Artois, dans sa rébellion contre Philippe de Valois. Vierzon resta quelque temps réunie au domaine de la couronne, et fut ensuite donnée par le roi Jean à son fils, le duc de Berri. Une princesse de cette maison porta, par son mariage, dans le XIVe siècle, la seigneurie de Vierzon à un duc de Bourbon; plus tard, cette seigneurie fut confisquée par François Ier comme appartenant au fameux connétable.

Située au confluent du Cher et de l'Yèvre, entourée de riants coteaux et de vastes prairies, cette ville offre un des sites les plus agréables du département. Elle est aussi bien bâtie que bien percée, et la plupart de ses maisons sont couvertes en ardoises, ce qui contribue à lui donner un aspect gracieux. La rue droite et large qui sert de passage à la route, serait une des belles rues de France, si elle avait des trottoirs. Le Cher, qui baigne les murs de cette ville, y est navigable; la route de Paris à Toulouse, à laquelle vient se réunir celle de Bourges, lui donne un air animé et y fait régner une activité commerciale peu connue dans le reste du département.

Fabriques de draps, serges, bonneterie. Manufactures de porcelaine et de faïence. Tanneries. Parcheminerics.—Aux environs, hauts fourneaux, forges importantes, fenderie, martinets et moulerie; on y fabrique des fers de première qualité du Berri, de l'acier, de la tôle, et de la poterie de fonte très-estimée.—*Hôtels* des Messageries royales, de la Croix blanche.

VORLY. Village situé à 4 l. 1/2 de Bourges. Pop. 320 hab. On remarque dans un bois environnant les ruines assez bien conservées d'un château qui a été habité par Agnès Sorel. Il se nommait primitivement Bois-Trousseau; la gente Agnès y reçut souvent Charles VII, et lui avait donné le nom de Sire-Aimé, dont on a fait ensuite, par corruption, Sir-Amé, et ensuite Boisiramé.

VILLEQUIERS. Bourg situé à 8 l. de Bourges. ✉ Pop. 900 hab.

ARRONDISSEMENT DE SAINT-AMAND.

ALICHAMP. Village situé sur la rive droite du Cher, à 2 l. de Saint-Amand. Pop. 120 hab. On y a découvert une grande quantité de tombeaux, d'inscriptions, de débris d'armes, de vases et de médailles, qui prouvent d'une manière incontestable qu'il existait anciennement en ce lieu une ville importante. On y a trouvé notamment une colonne milliaire qui indiquait la distance du lieu où elle était placée avec les principales villes des Aquitaines : *Avaricum, Mediolanum, Neris*. L'inscription de cette colonne, placée maintenant sur la grande route à l'entrée du village de la Celle, est ainsi conçue :

AVAR. L. XIV. MEDI. XII. NERI. XXV.

AMAND (SAINT-). Fort jolie ville. Chef-lieu de sous-préfecture. Tribunal de première instance. Société d'agriculture. Collége communal. ✉ ☞ Pop. 6,936 hab.

Saint-Amand a été bâti dans le XVe siècle sur l'emplacement où se tenaient les foires d'Orval, ville qui fut brûlée, en 1410, par les Anglais lorsqu'ils assiégeaient le château de Montrond. Le connétable d'Albret fit construire sur ce champ de foire des baraques où se retirèrent les habitants d'Orval; bientôt ces baraques se convertirent en maisons, la population augmenta, et, en 1434, Saint-Amand fut clos de murailles.

Cette ville est régulièrement bâtie, au confluent de la Marmande et du Cher, sur un embranchement du canal de ce nom. Elle est dominée par les ruines imposantes du château de Montrond, fortifié primitivement par le duc de Sully. Ce château passait autrefois pour une des plus fortes places du royaume; pendant les troubles de 1650, 1651 et 1652, il était occupé par les partisans des princes armés contre l'autorité royale; il se rendit en 1652 au comte de Palluau, après un siége d'un an, et fut démoli. On peut juger encore par ce qu'il en reste, de l'importance de cette forteresse.

Fabriques de sabots. Blanchisseries de laines. Tanneries. Chamoiseries. — Aux environs, forges, fonderies. Manufacture de porcelaine. — *Commerce* de bois merrain, fers, laines, bestiaux gras, chanvre, peaux de chèvres. Entrepôt des châtaignes qui se récoltent aux environs.

A 11 l. de Bourges, 65 l. de Paris.

BANNEGON. Bourg situé à 4 l. de Saint-Amand. Pop. 850 hab.

BIGNY-SUR-CHER. Village situé à 4 l. de Saint-Amand. Hauts fourneaux, Forges, fenderie et tréfilerie.

BLET. Bourg situé à 5 l. de Saint-Amand. Pop. 900 hab.

CELLE-BRUÈRE (la). Village situé à 2 l. de Saint-Amand. — Exploitation de carrières de belles pierres de taille.

CHARENTON. Bourg situé sur le canal du Cher, à 2 l. 1/4 de Saint-Amand. Pop. 1,305 hab. — Grandes et petites forges donnant un fer très-doux et de première qualité.

CHARLY. Village situé à 5 l. 1/4 de Saint-Amand. Pop. 660 hab. — Exploitation de carrières de pierres dures, d'un grain serré et fin, susceptibles de recevoir un beau poli, et qui peuvent être employées avec avantage dans l'architecture : toutes les statues qui décorent la cathédrale de Bourges ont été exécutées en pierres de Charly.

CHATEAUMEILLANT. Petite ville très-ancienne, située sur le flanc d'un coteau, dans un pays qui offre les aspects les plus variés, sur le ruisseau de Sinoise, à 7 l. de Saint-Amand. ✉ Pop. 2,453 hab.

CHÂTEAUNEUF.

Cette ville, dont on attribue la fondation aux Romains, est remarquable par un ancien château, que l'on fait remonter au Ve siècle; il est entouré d'eau et offre un singulier mélange d'architecture de plusieurs siècles et de genres opposés. De grosses tours carrées, avec des meurtrières et des machicoulis, s'y trouvent accolées à des tours et à des tourelles octogones décorées de précieuses sculptures et d'arabesques fantastiques. — *Commerce* de châtaignes.

CHATEAUNEUF-SUR-CHER. Petite ville située dans une île formée par le Cher, à 5 l. 1/2 de Saint-Amand. Pop. 2,019 hab. Elle était autrefois défendue par un château fort dont il reste à peine quelques vestiges. — *Commerce* de vins, chevaux et bestiaux.

CHATELET (le). Joli bourg situé à 4 l. de Saint-Amand. Pop. 1,368 hab. — *Commerce* de grains.

CHEZAL-BENOIT. Village situé à 7 l. de Saint-Amand. Pop. 450 hab. On remarque les beaux et vastes bâtiments d'une ancienne abbaye de bénédictins dont l'église est une des plus belles et des plus vastes du département.

CHRISTOPHE-LE-CHAUDRY (S^t-). Village situé à 4 l. de Saint-Amand. Pop. 319 hab. — Exploitation de manganèse.

CULAN ou **CULLAN.** Petite ville située sur la rive gauche de l'Arnon, à 5 l. de Saint-Amand. Pop. 1,169 hab. Elle est bâtie dans une position agréable, sur le sommet et le penchant d'une montagne que couronnent les ruines du château de Croï, ancienne forteresse féodale que flanquent encore trois grosses tours rondes à machicoulis et à meurtrières. — Exploitation de manganèse. Récolte de châtaignes.

DREVENT. Petit bourg situé sur le canal du Cher, à 3/4 de l. de Saint-Amand. Pop. 260 hab.

Drevent est un des lieux du département où l'on remarque le plus de débris d'antiquités romaines. Malgré la dégradation que ces ruines ont éprouvée, on y reconnaît parfaitement les restes d'un ancien théâtre, qui pouvait avoir environ 180 pieds de diamètre : les gradins, destinés à recevoir de nombreux spectateurs, étaient en amphithéâtre, construits en briques et pierres, et supportés par des voûtes appuyées sur des piliers épais qui formaient, sous le cirque, quatre rangs de portiques. A l'ouest de cet amphithéâtre, on reconnaît l'emplacement d'une ancienne ville, où l'on a découvert, à différentes époques, des tronçons de colonnes, des débris de statues, des pierres sculptées, des tombeaux, des salles de bains pavées ou revêtues de marbre, et d'autres constructions qui annoncent l'existence d'une cité florissante. — Presque en face de Drevent, de l'autre côté du Cher, on distingue l'emplacement bien distinct d'un camp romain, situé sur une espèce de cap qui s'avance dans le Cher, dont les bords escarpés le garantissaient de toute insulte; il était fortifié du seul côté de l'est, par un mur d'environ 600 pieds de longueur. Dans l'intérieur de ce camp, on voit un puits qui était destiné à l'usage des troupes.

DUN-LE-ROI. Petite ville située sur la rive droite de l'Auron, à 4 l. 3/4 de Saint-Amand. Pop. 3,874 hab.

Cette ville, aujourd'hui peu considérable, est citée par Robert Gaguin au nombre des cités les plus importantes de l'Aquitaine. Dans le XIIe siècle, elle était entourée de murs et défendue par un château fort. En 1521, elle fut prise par les Anglais, qui la pillèrent et en brûlèrent les faubourgs. — Exploitation de carrières d'excellentes pierres lithographiques (à GUEDMOND).

GROSSOUVRE. Village situé à 8 l. de Saint-Amand. — Forges et hauts fourneaux.

GUERCHE (la). Bourg situé sur l'Aubois, à 10 l. de Saint-Amand. Pop. 1,754 hab. — Hauts fourneaux qui donnent des fontes de première qualité de Berri, à la houille et au charbon de bois.

LIGNIÈRES. Petite ville située dans un

riant et fertile vallon, sur l'Arnon, près du vaste étang de Villiers, à 6 l. 1/2 de Saint-Amand. ✉ ☞ Pop. 1,987 hab.

Lignières était autrefois une ville forte environnée de fossés, ceinte de murailles flanquées de tours, et défendue par un château fort qui servit souvent de refuge à Charles VI et à Charles VII, pendant la domination des Anglais sur une partie de la France. Au XVe siècle, le château de Lignières passa de la maison d'Amboise dans celle de La Rochefoucault. Au XVIe siècle, il a été acquis par Jérôme de Nouveau, surintendant général des postes, qui fit reconstruire le château tel qu'il est aujourd'hui. Depuis, Anne de Gonzague de Clèves et Colbert l'ont successivement possédé : on y voit encore le buste de ce grand ministre.

L'ancien manoir de Lignières fut long-temps le séjour de l'infortunée Jeanne de France ; une ancienne chronique rapporte ainsi le fait : « Jeanne de Valois, épouse de Louis XII, duchesse d'Orléans, fut élevée à Lignières, et même après qu'elle eut été répudiée, elle habita de nouveau ce château de Lignières. En 1476, Louis XI avait affranchi de tailles, aides et subsides, les habitants de la basse-cour, en considération de ce que madame Jeanne avait été nourrie dans ledit château. »

Lignières fut le berceau du calvinisme dans le Berri ; Calvin, lorsqu'il faisait son droit à Bourges, venait s'y exercer à prêcher, et y était favorablement accueilli par le seigneur et par les habitants. En 1569, pendant les troubles occasionnés par les guerres de religion, la ville et le château de Lignières furent pris et dévastés par les protestants.

MEILLANT. Petite ville située à 1 l. 3/4 de Saint-Amand. Pop. 1,360 hab.—Exploitation de carrières de pierres meulières. Hauts fourneaux qui alimentent les forges de Charenton.

NÉRONDES. Bourg situé à 9 l. de Saint-Amand. Pop. 1,680 hab.

NOIRLAC. Village situé à 1 l. de Saint-Amand.—Manufacture de porcelaine. Mine de fer.

SANCOINS. Petite ville assez mal bâtie, située à 9 l. 1/4 de Saint-Amand, sur la route du Blanc au Port-Mornay et sur le canal du Centre. ✉ Pop. 2,021 hab.— Commerce de grains, bois, bestiaux, plâtre de première qualité, etc.

SAULZAIS-LE-POTIER. Village situé à 3 l. de Saint-Amand. Pop. 691 hab.

ARRONDISSEMENT DE SANCERRE.

ARGENT. Petite ville située sur la rive gauche de la Sauldre et traversée par la grande route de Bourges à Paris, à 10 l. de Sancerre. ☞ Pop. 1,262 hab. On y remarque un beau château moderne, bâti au bord du vallon qu'il domine par ses terrasses.

AUBIGNY. Petite ville située à 9 l. de Sancerre. ✉ Pop. 2,169 hab.

Cette ville existait au XIe siècle, et avait alors des seigneurs particuliers, qui en firent don au chapitre de l'église de Saint-Martin de Tours ; elle était alors défendue par un château fort considérable et par de hautes murailles environnées de profonds fossés ; on y comptait quatre portes et autant de faubourgs. Aubigny fut donnée en apanage par Philippe-le-Bel à Louis de France, et revint à la couronne à l'extinction de la famille de ce prince. Pendant la captivité du roi Jean, cette ville fut prise et brûlée par les Anglais ; promptement rétablie, elle fut entièrement détruite en 1512, par un incendie qui n'épargna qu'une seule maison. A l'époque des guerres de la Ligue, le duc de la Châtre assiégea Aubigny ; mais ses habitants, encouragés par l'exemple de Catherine de Balzac, veuve d'Eme Stuart, duc de Lenox, firent une telle résistance, qu'ils le contraignirent à lever le siège. Cette femme

CHÂTEAU DE LIGNIÈRES.

courageuse, dès qu'elle fut instruite du danger qui menaçait Aubigny, se jeta dans la place, prit le commandement des troupes qui la défendaient, et, par ses sages dispositions, par sa conduite héroïque, se montra la digne émule des plus grands capitaines.

Malgré ses fréquents désastres et ses reconstructions successives, Aubigny est une ville petite, laide et mal bâtie, traversée par la Nèze et par la grande route de Paris à Bourges, qui n'a de remarquable que son ancien château. Elle faisait autrefois un assez grand commerce de draperie, qui a beaucoup diminué de son importance.

Fabriques de draps communs, droguets, serges. Grand commerce de laine blanche dite de Sologne. Tannerie importante. Teinturerie. — *Hôtels* du Lion d'or, du Bœuf couronné.

BOUCARD. Village situé à 3 l. 1/2 de Sancerre. Pop. 725 hab.—Verrerie à bouteilles.

BOULLERET. Village situé à 3 l. 1/2 de Sancerre. Pop. 1,500 hab. On y remarque un joli château nommé le Pezeau.

CHAPELLE-D'ANGILLON (la). Petite ville située à 8 l. de Sancerre. ⊠ Pop. 706 hab.

Cette ville est bâtie sur la petite Sauldre et traversée par la grande route de Paris à Bourges. On y remarque les restes d'un château gothique qui a appartenu à Sully.

CHAVIGNOLE. Village situé près de Sancerre, dans un territoire fertile en vins rouges très-renommés.

HENRICHEMONT. Jolie petite ville, située à 6 l. 1/4 de Sancerre. ⊠ Population, 2,973 hab.

Henrichemont était autrefois le chef-lieu d'une principauté appartenant à la maison d'Albret, qui dans le XVe siècle se nommait Boisbelle. Les sires d'Albret avaient l'habitude de dire qu'ils ne tenaient leur souveraineté de Boisbelle que de Dieu et de leur épée; ils avaient tous les droits royaux et faisaient battre monnaie en leur nom et à leur effigie: priviléges qui avaient été confirmés par Henri IV, par Louis XIII, et même par Louis XIV. Cette principauté passa par mariage de la maison de Sully dans celle d'Albret; Maximilien de Béthune, duc de Sully, la racheta en 1597, et elle resta dans sa maison jusqu'à sa réunion définitive à la couronne de France, en 1769. Ce fut Sully qui fit bâtir la ville d'Henrichemont et lui donna ce nom en l'honneur de Henri IV. Le territoire de la principauté d'Henrichemont avait environ 12 lieues de circonférence.

Henrichemont est une petite ville jolie, régulière et bien bâtie. Au milieu est une vaste place entourée de bâtiments uniformes, où aboutissent les quatre principales rues de la ville. Presque toutes les maisons sont en briques et d'un aspect agréable.

Fabriques de draps communs. Tannerie. — *Commerce* considérable de laine.

LÉRÉ. Joli bourg situé près de la rive gauche de la Loire, à 4 l. 1/2 de Sancerre. Pop. 1,373 hab.

PRÉCY. Village situé à 7 l. 1/4 de Sancerre. Pop. 554 h. — Forges et hauts fourneaux.

SANCERGUE. Bourg situé sur la route de Bourges à la Charité, à 5 l. 1/2 de Sancerre. Pop. 821 hab.

SANCERRE. Petite ville très-ancienne. Chef-lieu de sous-préfecture. Tribunal de première instance. Société d'agriculture. Collége communal. ⊠ Pop. 3,032 hab.

Suivant quelques auteurs, Sancerre aurait été bâtie par César, et l'une de ses portes a même reçu le nom de ce conquérant : la tradition rapporte que César, pendant le siége de Bourges et la guerre des Romains contre Vercingétorix, se serait à différentes fois retiré sur la montagne où existe maintenant Sancerre, et y aurait fait élever un temple dédié à Cérès. Cette origine est certainement fort glorieuse, mais elle nous paraît loin d'être certaine; il paraît plus croyable que la fondation de Sancerre n'est pas antérieure à Charlemagne, qui la peupla de Saxons. Cette ville eut, dès le XIIIe siècle, le titre de comté; elle passa de la maison de Champagne dans celle de Clermont, en 1405, par le mariage de Marguerite, seule héritière de Jean, comte de Sancerre. En 1436, une autre Marguerite l'apporta dans la maison de Beuil; enfin, en 1614, elle devint la propriété de Henri de Bourbon, prince de Condé, et elle est restée la propriété de cette maison jusqu'en 1789. Sancerre a été longtemps une des forteresses principales des calvinistes. Elle soutint plusieurs siéges : le plus mémorable est celui de 1578. Les assiégés firent une si grande résistance que l'on dut convertir le siége en blocus et chercher à les affamer; la famine y devint telle, en effet, qu'après avoir épuisé les provisions les plus immondes, les habitants en vinrent à se nourrir de chair humaine. En 1521, Sancerre fut pris par le prince de Condé; ses fortifications furent alors détruites et ses murailles rasées. Toutes les paroisses voisines et toutes les villes du Berri envoyèrent des ouvriers pour travailler à sa démolition; Bourges seule en fournit treize cents. En 1796, Sancerre fut le théâtre d'une insurrection royaliste, à la tête de laquelle se trouvait Phelippeaux, qui depuis défendit, malheureusement avec tant de succès, Saint-Jean-d'Acre contre le général Bonaparte. Cette insurrection fut promptement réprimée.

Cette ville est dans une situation pittoresque, sur une montagne dont les flancs sont couverts de vignes qui donnent d'assez bons vins. Elle est généralement mal bâtie, formée de rues mal percées, très-rapides et pour la plupart impraticables aux voitures. Toutefois, la ville s'est beaucoup embellie depuis quelques années; une belle promenade, qu'on nomme des Remparts, a remplacé ses anciennes fortifications; elle renferme trois places principales, une fontaine, un collége, un hôpital et plusieurs églises de construction gothique.

De différents endroits de cette ville, notamment de l'esplanade et de la porte de César, on jouit d'une vue magnifique; l'œil suit avec plaisir, au milieu d'une belle et fertile vallée, et dans un espace de quatorze lieues, le cours sinueux de la Loire, s'arrête un instant sur les nombreuses villes qui ornent ses bords, et après avoir erré sur l'horizon immense qui se développe devant lui, vient se reposer avec délices sur de charmants coteaux de vignes et sur les riants vallons du Sancerrois.

Patrie du connétable Louis de Sancerre; du maréchal Macdonald, duc de Tarente.

Fabriques de bonneterie. Tanneries. — *Commerce* de grains, vins rouges et blancs, noix, bestiaux, laines, marbre des carrières environnantes.

A 11 l. de Bourges, 49 l. de Paris. — *Hôtel* de l'Écu.

SATUR (SAINT-). Bourg situé dans un territoire fertile en vins, sur la rive gauche de la Loire, à 1 l. 1/2 de Sancerre. Pop. 1,700 hab. — Tannerie.

De cette commune, autrefois siége d'une riche et antique abbaye, dépend le port de Saint-Thibault, où l'on embarque sur la Loire tous les vins qu'on exporte du Sancerrois; ce port sert aussi d'entrepôt aux objets d'exportation de tout l'arrondissement.

VAILLY. Bourg situé à 5 l. 3/4 de Sancerre. Pop. 600 hab.

YVOY-LE-PRÉ. Bourg situé près de la rive droite de la petite Sauldre, à 7 l. 1/4 de Sancerre. Pop. 2,666 hab. — Haut fourneau. Forges. Fonderie de première et de deuxième fusion de pièces pour machines à vapeur, laminoirs, moulins à blé, presses hydrauliques etc.

FIN DU DÉPARTEMENT DU CHER.

IMPRIMERIE DE FIRMIN DIDOT FRÈRES,
RUE JACOB, N° 24.

Guide Pittoresque
DU
VOYAGEUR EN FRANCE.

ROUTE DE PARIS A TOULOUSE,

TRAVERSANT LES DÉPARTEMENTS

DE SEINE-ET-OISE, DU LOIRET, DU CHER, DE L'INDRE, DE LA CREUSE, DE LA HAUTE-VIENNE, DE LA CORRÈZE, DU LOT, DE TARN-ET-GARONNE, DE LA HAUTE-GARONNE, ET COMMUNICATION AVEC LE DÉPARTEMENT DE L'ARIÈGE.

DÉPARTEMENT DE L'INDRE.

Itinéraire de Paris à Toulouse,

PAR MONTARGIS, BOURGES, LIMOGES, TULLE ET MONTAUBAN, 182 LIEUES.

	lieues.		lieues.
De Paris à Nogent-sur-Vernisson (route de Chambéry)	32	Limoges	3
Gien	5	Pierre-Buffierre	3
Argent	4 1/2	Magnac	3
La Chapelle-d'Angillon	5	Masseré	2 1/2
Grangeneuve	3	Uzerche	4 1/2
Bourges	4 1/2	Saint-Pardoux	4
Saint-Florent	3 1/2	Donzenac	3
Charost	2	Brives	3
Issoudun	3	Cressensac	5
Neuvy-Pailloux	3	Souillac	4
Châteauroux	3 1/2	Payrac	5
Lothier	4	Pont-de-Rodes	5 1/2
Argenton	3 1/2	Pélacoy	5 1/2
Le Fay	4	Cahors	4 1/2
Rodes	3	La Madeleine	6
La Ville-au-Brun	2	Caussade	4
Morterol	5	Montauban	5 1/2
Chanteloube	4	Grisolles	5
La Maison-Rouge	4	Saint-Jory	3
		Toulouse	4 1/2

Communication de Toulouse à Foix, 19 l. 1/2.

	lieues.		lieues.
De Toulouse à Viviers	6 1/2	Pamiers	3 1/2
Saverdun	5	Foix	4 1/2

ASPECT DU PAYS QUE PARCOURT LE VOYAGEUR

DE CHAROST A RODES.

On traverse l'Arnon à Charost sur un pont de pierre, et l'on passe, au-dessous de cette ville, du département de l'Indre dans celui du Cher. On entre ensuite dans une grande plaine, que l'on traverse en ligne droite jusqu'à Issoudun, ville agréablement située au bord du Théols, que l'on y passe sur trois ponts. Au sortir de cette ville, la route continue à se diriger en ligne directe, à travers une plaine plate et monotone qui se prolonge jusqu'à Châteauroux, un peu au-dessus duquel on rejoint la route de Paris à Toulouse par Orléans.

En sortant de Châteauroux, se présente une plaine plantée de vignes, qui offre, pendant l'espace d'une demi-lieue, un aspect agréable. On rencontre ensuite quelques bouquets de bois, auxquels succèdent environ deux lieues de landes. La sauvage monotonie de cette contrée vient expirer au petit vallon de la Bouzanne, où l'on traverse la rivière de ce nom sur un beau pont en pierres de taille; des collines calcaires et des vignobles bordent le reste de la route jusqu'à Argenton, petite ville formée de rues étroites et tortueuses, où l'on remarque une jolie promenade. On traverse la Creuse dans le faubourg de cette ville, puis on se dirige sur Celon, village situé dans une belle vallée où l'on remarque un vieux château. On franchit ensuite une longue colline, et l'on parcourt une contrée boisée, agréable et variée, en passant par les hameaux du Fay, de Clidier, de l'Aumône et de Rodes, où l'on voit un château précédé de belles avenues. Après ce dernier hameau, la route parcourt pendant une lieue l'extrémité nord-ouest du département de la Creuse, et entre à Boismandé dans le département de la Haute-Vienne.

DÉPARTEMENT DE L'INDRE.

APERÇU STATISTIQUE.

Le département de l'Indre est formé du ci-devant Bas-Berri et tire son nom de la rivière d'Indre qui le traverse du sud-est au nord-ouest, et le divise en deux parties à peu près égales. — Ses limites sont : au nord, le département de Loir-et-Cher; à l'est, celui du Cher; au sud, ceux de la Creuse et de la Haute-Vienne; à l'ouest, ceux de la Vienne et d'Indre-et-Loire.

La surface de ce département est généralement très-unie et n'offre aucune montagne proprement dite. Cependant, à partir de Saint-Benoît-du-Sault commence une chaîne de montagnes primitives schisteuses et granitiques, qui se prolonge dans la partie méridionale du département de la Haute-Vienne; les coteaux qui bordent la Creuse et l'Indre présentent aussi quelque élévation; et l'arrondissement du Blanc offre par intervalles quelques monticules, d'où l'œil se repose avec plaisir sur quelques sites heureux, sur quelques points pittoresques. Le territoire offre trois divisions principales et distinctes : la première, connue sous le nom de Bois-Chaud, est entrecoupée par des haies, des fossés et des bois : cette partie, divisée en petites exploitations, forme environ les sept dixièmes de la superficie du département, et comprend le tiers de l'arrondissement d'Issoudun, une grande partie de celui de Châteauroux, et les arrondissements de la

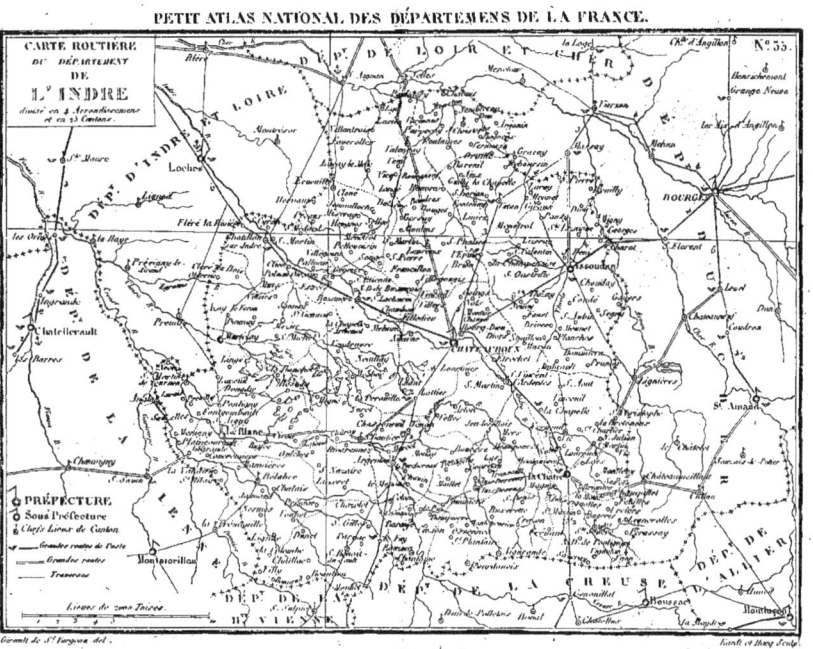

Châtre et du Blanc. La seconde partie, désignée sous le nom de Champagne, est un pays plat, sans bois, sans haies, sans fossés : cette partie, qui forme les deux dixièmes du département, est divisée en grandes exploitations ; elle comprend les deux tiers de l'arrondissement d'Issoudun et une petite partie de celui de Châteauroux : le Bois-Chaud et la Champagne sont deux pays où tout est différent, température, mœurs, agriculture et productions. La troisième partie, connue sous le nom de Brenne, et qui comprend une faible portion de l'arrondissement de Châteauroux et partie de celui du Blanc, est couverte d'étangs qui occupent une surface de 10,000 arpents, sans compter plus de 1,000 arpents de marais. La Brenne est une espèce de plateau presque sans inclinaison, dont le fond, formé d'argile, de marne ou de tuf glaiseux, est presque imperméable ; les eaux y séjournent tant que l'action puissante du soleil n'a pas déterminé leur entière évaporation. Ces étangs, ayant une surface considérable et très-peu de profondeur, couvrent et abandonnent alternativement les rives plates de leurs bassins ; les dépôts qu'y laissent les eaux en se retirant produisent, par leur fermentation, des exhalaisons pestilentielles, qui produisent les plus funestes effets sur tous les êtres animés de cette contrée ; chaque jour, au coucher ou au lever du soleil, l'atmosphère est chargée de brouillards épais qui répandent une odeur pestilentielle. — Le sol, en général sablonneux et graveleux, est cependant très-propice à la culture des céréales, et le département produit plus de grains qu'il ne lui en faut pour sa consommation ; les coteaux fournissent des vins plus ou moins agréables ; les prairies ne sont pas assez considérables pour faire des pâturages, mais le foin qu'elles donnent est de bonne qualité et suffit pour la nourriture des bestiaux de toute espèce que l'on entretient l'hiver à l'étable. Les bêtes à laine sont d'un grand rapport et une source principale de richesse pour le cultivateur, qui se livre encore à l'éducation de la volaille, principalement des dindons et des oies.

Le climat de l'Indre est en général assez doux et tempéré ; rarement le froid y est-il âpre et la chaleur brûlante. Toutefois la température varie d'une manière extrêmement sensible dans les divers arrondissements ; le maximum de chaleur varie de 22 à 26° R., et celui du froid de 8 à 10°. L'époque de la végétation commence en mars ; celle de la floraison à la fin d'avril ; celle de la maturité des premiers fruits en juin. Cependant une partie de l'arrondissement du Blanc, et surtout les environs de cette ville, sont plus précoces que le reste du département ; la végétation, la floraison, la maturité et les récoltes y devancent presque toujours celles des autres arrondissements. En général, on fauche le foin vers la mi-juin ; on commence la récolte du blé en juillet, et celle des menus grains en août ; on fait les vendanges dans le commencement d'octobre. — Les vents les plus dominants sont ceux du nord-ouest, du sud-ouest et du nord-est ; ils soufflent les trois quarts de l'année et dans toutes les saisons ; mais celui du nord-ouest est le plus constant et règne le plus long-temps. Ce vent, connu dans le pays sous le nom de *galerne*, est très-funeste à l'agriculture ; les froids aigus qu'il apporte dépouillent subitement les campagnes et enlèvent aux cultivateurs l'espoir de leurs récoltes.

Le département de l'Indre a pour chef-lieu Châteauroux. Il est divisé en 4 arrondissements et en 23 cantons, renfermant 250 communes. — Superficie, 355 lieues carrées. — Population, 245,289 habitants.

Minéralogie. Nombreuses mines de fer en grains et en roches, qui produisent de la fonte douce d'excellente qualité. Carrières de marbre taché de rouge et de veines blanches, très-dur et susceptible d'un poli vif et brillant, à Giroux ; de grès au Levroux ; de pierres meulières à Neret, Saint-Martin, Pouligny, Lignac ; de pierres calcaires dans un grand nombre de communes ; de mica, employé en poussière pour sécher le papier, à Cusion, à Dampierre, au Pin ; de silex, dont on fait des pierres à fusil, à Poulaine, à Anjouin et à Lyé ; de pierres herborisées qui présentent des dessins curieux et variés d'une finesse extrême, aux environs de Châteauroux ; de pierre lithographique très-estimée, à Châteauroux. Granit noir et gris, quartz, spath de différentes couleurs dans plusieurs communes. Marne, terre à potier, etc.

Source minérale sulfureuse à Azay-le-Feron.

Productions. Toutes espèces de céréales en quantité plus que suffisante pour les besoins de la population; sarrasin, chanvre, lin, fruits, cerises, châtaignes. Peu de prairies. — 18,000 hectares de vignes, produisant annuellement environ 300,000 hectolitres de vin, dont la moitié est consommée sur les lieux et l'autre moitié livrée à l'exportation. — 107,052 hectares de forêts (chêne, orme, frêne, etc.). On tire un grand parti des ormes qui croissent autour des habitations; leur feuillage sert à la nourriture des bestiaux, et les excroissances noueuses qu'une taille fréquente fait développer sur leur tronc, sont employées pour l'ébénisterie. — Menu gibier (quantité de lièvres et de lapins). — Poissons d'étangs et de rivières (truites, écrevisses, sangsues). — Beaucoup de mulets, ânes, bêtes à cornes, porcs, quantité de chevaux et de moutons. — Élève en grand de la volaille, oies, dindons.

Industrie. Manufactures de draps. Fabriques de faux, toiles, bonneterie, papiers, belle poterie et porcelaine. Filatures de laine. Nombreuses tanneries; parchemineries; brasseries; 14 hauts fourneaux, 36 forges, tréfileries, fenderies, etc.

Commerce de grains, vin, draps, laines, bois, fer, pierres à fusil, poisson, bœufs, porcs et moutons gras.

VILLES, BOURGS, VILLAGES, CHATEAUX ET MONUMENTS REMARQUABLES; CURIOSITÉS NATURELLES ET SITES PITTORESQUES.

ARRONDISSEMENT DE CHATEAUROUX.

ARDENTES-SAINT-MARTIN. Village situé près de la rive gauche de l'Indre, à 4 l. de Châteauroux. Pop. 1,054 hab. *Fabrique* de faux en acier de Styrie, qui livre annuellement au commerce environ 10,000 faux.

ARDENTES-SAINT-VINCENT. Bourg situé sur la rive droite de l'Indre, à 3 l. de Châteauroux. Pop. 1,444 hab.

ARGENTON. Petite et très-ancienne ville, située sur la Creuse, à 6 l. 1/2 de Châteauroux. ✉ ⚜. Pop. 3,964 hab.

L'origine d'Argenton est inconnue, mais des ruines majestueuses attestent son antiquité. L'Itinéraire d'Antonin en fait mention sous le nom d'Argentomagus. Une ancienne chronique rapporte qu'en 762, Pepin, après avoir réduit sous sa puissance la ville de Bourges, répara le château d'Argenton et en confia la garde à Remistanu. La Creuse, que l'on passe sur un pont de pierre de taille, partage cette ville en haute et basse: la ville haute, bâtie sur un rocher d'une surface inégale, forme un amphithéâtre d'un accès difficile; elle a son enceinte particulière et quatre portes, dont une communique à la ville basse, placée à l'extrémité d'un bassin fermé par des coteaux plantés de vignes.

Cette ville était autrefois défendue par un château fort inexpugnable, bâti sur la plateforme d'un rocher escarpé dominant à l'est la Creuse, environné d'un fossé très-large, et flanqué de dix tours énormes. Le château d'Argenton, un des édifices les plus célèbres en ce genre, fut démantelé par ordre de Louis XIV. Chacune des dix tours qui le défendaient avait son nom: la plus grosse, placée au nord, dominait le Berri, et s'appelait Tour d'Héracle. On lisait encore, il y a un demi-siècle, sur le fronton de sa porte principale, *Heraclius veni et vici*, et au-dessus on voyait un taureau sculpté; la seconde tour, non loin de celle d'Héracle, se nommait la Tour du donjon; une troisième, plus élevée, destinée à renfermer les prisonniers, se nommait Tour des prisons : cette tour était découverte, ses murailles étaient construites en pierres taillées à pointe de diamant. Au milieu du château, se trouvaient trois autres tours, dont l'une, assise sur le roc et la plus élevée de toutes, s'appelait Tour du guet; les deux autres, placées un peu plus bas, avaient une même grosseur et une même hauteur, et paraissaient aussi former des postes de guet; elles renfermaient toutes des citernes. Une tour, située au levant du château et dans la partie la plus basse, était bâtie sur pilotis, au nord de la Creuse; elle avait des murailles très-épaisses; néanmoins, en 1782, elle s'écroula tout à coup.

Les dix tours touchaient aux bâtiments du château, et étaient distribuées circulairement; elles formaient une enceinte qu'on nommait la grande cour du château, et au milieu de laquelle était un puits, profond de 150 pieds, qui renfermait à une certaine profondeur une retraite capable de contenir aisément 50 hommes; enfin, des galeries souterraines conduisaient par une pente douce jusqu'au niveau de la rivière, et pouvaient servir, en temps de siège, pour abreuver les animaux des assiégés et pour entretenir des communications avec le dehors. Il restait encore naguère deux tours du château et d'autres débris, qui ont dû disparaître pour faire place à la route nouvelle qui conduit à un pont en construction sur la Creuse.

Dans les fouilles et parmi les ruines de ce château, on a trouvé des pièces d'or, des pièces d'argent, des pièces de cuivre; mais l'ignorance de ceux qui les ont découvertes n'a pas permis qu'on en ait connaissance; elles ont été vendues et fondues. Seulement Chaumeau, dans son Histoire d'Argenton, rapporte que sur quelques pièces d'or et d'argent on lisait : *Urbs Roma : Cn. Lentulus : M. Volterius : L. Hostilius : M. Cato : Proc: P. C. : Jul. Cæsar : Claud. Nero : Divus Augustus : Domitianus Imper. Germ. : Divo Trajano Antonio : Philippus Augustus Concordiæ*. Sur le revers de quelques-unes de ces monnaies on voyait l'effigie des empereurs, des consuls, et sur le revers de quelques autres, la figure d'un taureau. Il y a tout lieu de croire que si l'on faisait des recherches soignées à Argenton et aux environs, l'on y découvrirait des restes d'anciens monuments, peut-être des médailles et d'autres objets propres à éclaircir l'histoire des anciens habitants. Déjà l'on a trouvé des fondations de bâtiments, des tombeaux en pierre de taille, des débris de colonnes, un chemin taillé dans le roc, et l'on découvre fréquemment, dans un clos de vigne appelé les Palais, des fondements d'édifices, des caves bien voûtées, des inscriptions romaines, etc. Au rapport de Chaumeau, on avait découvert dans un autre clos de vigne, appelé les Mersans, de belles et somptueuses ruines d'une fontaine artificielle, dont les canaux étaient de marbre; des étuves d'albâtre, avec des colonnes sur lesquelles étaient des effigies de lions artistement sculptés, tenant dans leurs griffes des têtes de moutons. Enfin, entre Saint-Marcel et la ville d'Argenton, on voit une enceinte dont la forme et les ruines semblent indiquer qu'il y eut autrefois un cirque.

Fabriques de toiles, draps, tuiles, briques, carreaux. Exploitation de terre blanche à poterie fine. Moulin à foulon.

ARGY. Bourg situé à 6 l. de Châteauroux. Pop. 1,586 hab.

BOURG-DIEU ou **DÉOLS.** Bourg très-ancien, situé sur l'Indre, à 1/2 l. de Châteauroux. Pop. 1,800 hab.

Ce bourg portait jadis le nom de *Dolum, vicus Dolensis*, et était une des villes considérables du Berri, chef-lieu d'une principauté qui comprenait la presque totalité du territoire actuel du département de l'Indre. Il passe pour devoir son origine au proconsul romain Léocalde, qui vivait vers l'an 260; les descendants de ce Léocalde firent bâtir un château où ils fixèrent leur séjour. Au commencement du X.e siècle, Ébron, seigneur de Déols, fonda dans cette ville un monastère de bénédictins, qui devint bientôt et resta long-temps célèbre par ses richesses et par le goût de ses religieux pour les choses mondaines. Après la fondation de Châteauroux par Raoul ou Radulphe le Large, le château de Déols fut abandonné aux moines de l'abbaye, qui le conservèrent jusqu'en 1623, époque où Henri de Bourbon, prince de Condé, obtint du pape Grégoire XV la suppression entière du couvent et de l'abbaye de Déols, dont les droits et les biens furent réunis par Louis XIII au duché de Châteauroux. Par suite de cette suppression, le monastère, que l'on nommait *Monasterium Dolense*, Bourg-Déols, et plus communément Bourg-Dieu, fut anéanti.

L'église de Déols, qui dépendait de l'ancienne abbaye, renferme le tombeau d'Eude, fils de Léocalde, qui vivait, dit-on, au IIIe siècle. Ce tombeau, placé dans une espèce de caveau et en grande vénération dans le pays, est de marbre blanc et divisé en deux parties; l'une, posée sur deux pierres grossièrement taillées, forme la bière, l'autre est le couvercle. Les deux côtés de la bière ayant été dégradés, on aperçoit facilement dans l'intérieur quelques ossements et des sachets que les crédules habitants du pays y jettent pour obtenir la guérison de la fièvre; la face antérieure est décorée d'un bas-relief représentant une chasse au tigre et des personnages vêtus de tuniques, sujet qui n'a aucun rapport avec le personnage qu'on dit enseveli dans cette tombe. Sur le couvercle figurent des anges, parmi lesquels on en distingue quatre portant une tablette destinée à recevoir une inscription.

BUZANÇAIS. Petite ville située à 5 l. 3/4 de Châteauroux. ✉ ♈. Pop. 4,416 hab.

Buzançais était autrefois défendu par un château fort très-considérable, dont il ne reste plus que quelques vestiges. Pendant la guerre qui avait lieu entre l'Angleterre et la France, cette place ayant été rendue à Henri II, roi d'Angleterre, Philippe-Auguste s'en empara en 1173 au nom de Louis VII son père. Les Anglais, appelés en France par des princes assez aveuglés par l'esprit de parti pour invoquer les secours de l'étranger, lorsque le royaume était divisé par les Armagnacs et les Bourguignons, brûlèrent Buzançais et démolirent ses fortifications au commencement du XVe siècle.

Cette ville est fort agréablement située sur un coteau qui s'élève sur la rive droite de l'Indre, que l'on y passe sur cinq ponts. Les rues en sont étroites, sombres et mal percées; les maisons, en général, fort mal bâties; mais les alentours sont délicieux.

Fabriques de grosse draperie. Filature de laine. Nombreux et beaux moulins à farines, dont un, entre autres, mérite particulièrement de fixer l'attention. — Aux environs (à Bonneau), forges et fenderie. — *Commerce* de sangsues. — *Hôtel* de la Tête noire.

CHAMBON. Village situé à 3 l. 3/4 de Châteauroux. Pop. 358 hab. On remarque sur son territoire les traces d'un camp romain.

CHÂTEAUROUX. Ville ancienne. Chef-lieu du département. Tribunaux de première instance et de commerce. Chambre consultative des manufactures. Société d'agriculture, sciences et arts. Collège communal. ✉ ♈. Pop. 11,587 hab.

Châteauroux doit son nom et son origine à un château qu'y fit bâtir en 950 Raoul le Large, descendant du fondateur de la ville de Déols. Des maisons se groupèrent autour de ce château, et formèrent dans le cours du XIe siècle une ville qui prit le nom de *Castrum Rodolphi*, château de Raoul, d'où est venu le nom moderne de Château roux. Philippe-Auguste conquit cette ville ainsi qu'Issoudun, et les réunit au Berri. Toutefois elle fut long-temps peu considérable, et ne prit quelque accroissement qu'après avoir été érigée par Louis XIII en duché-pairie, en faveur des descendants de Henri II de Bourbon, prince de Condé. Charles de Bourbon, comte de Clermont, vendit ce duché à Louis XV, qui en fit don à une de ses maîtresses, à la mort de laquelle il rentra dans le domaine de la couronne.

Cette ville est située sur une colline et sur un terrain légèrement onduleux, au milieu d'une belle et vaste plaine, près de la rive gauche de l'Indre, qui y arrose d'immenses prairies. Elle est entourée de promenades agréables et bien plantées, généra-

CHATEAUROUX.

PORTE DE CHATEAUROUX.

CHÂTEAU D'ARGY.

lement mal bâtie, mal percée, et surtout très-mal pavée; la plupart de ses maisons sont anciennes, petites, irrégulières et sombres; les places publiques sont petites et sans symétrie. Cependant on remarque extérieurement plusieurs belles constructions qui tendent encore à se multiplier, en raison de l'extension journalière du commerce et des manufactures.

Le château qui a donné naissance à la ville existe encore dans un bon état de conservation. Il est élevé sur une colline au bord de l'Indre et flanqué de tourelles d'une hauteur considérable, mais d'un effet plus attristant que pittoresque. Cet ancien édifice, d'où l'on jouit d'une fort belle vue sur la vallée de l'Indre, sert aujourd'hui d'hôtel-de-ville.

On remarque encore à Châteauroux l'hôtel de la préfecture, vaste et beau bâtiment construit en 1825 à peu de distance du château; la nouvelle salle de spectacle, qui est aussi une construction moderne; l'église gothique de Saint-Landry, où l'on voit les tombeaux des chevaliers de la Tour-Landry; l'église Saint-Martin, qui renferme la tombe d'une princesse de Condé; la bibliothèque publique; le palais de justice; le jardin public; les promenades qui entourent la ville et celles qui bordent le cours de l'Indre, etc., etc., etc.

Châteauroux est la patrie de l'évêque Othon, qui accompagna saint Louis dans ses croisades. C'est aussi le lieu de naissance du général Bertrand, connu du monde entier par son dévouement et son noble caractère. Dès sa tendresse jeunesse, au sortir de ses études, il faillit être tué en se jetant volontairement dans un bataillon qui volait au secours de Louis XVI dans la fameuse journée du 10 août. Entré dans l'armée, il y servit dans divers grades, et fut plus tard de l'expédition d'Égypte, où il fut remarqué du général en chef qui, habile appréciateur du mérite, sut le distinguer d'une manière particulière. De retour de cette expédition, et employé dans les armées actives, le général Bertrand se couvrit de gloire dans plusieurs batailles, et devint aide-de-camp de l'empereur, qui, à la mort de Duroc, le nomma grand-maréchal de son palais, choix qui fut universellement approuvé. Dans cette éminente place, le général Bertrand continua d'exercer sa noble profession, et cueillit de nouveaux lauriers. Après avoir partagé les faits d'armes et la fortune de Napoléon, il ne voulut pas le quitter dans sa disgrâce, et l'accompagna à l'île d'Elbe, d'où il reparut avec lui en France et partagea ses derniers désastres. Toujours plus dévoué et plus fidèle à mesure que la fortune lui était plus contraire, il ne l'abandonna point dans la plus triste période de sa vie. Il quitta sa patrie, les liens les plus chers, ses parents, une mère désolée, et s'exila volontairement: il suivit dans le malheur celui auquel il s'était attaché lorsque la fortune le comblait de ses faveurs; et il ne quitta le roc brûlant de Sainte-Hélène que lorsqu'il eut rendu à la terre la dépouille mortelle de celui qui fit trembler le monde et mourut prisonnier. Rendu à la liberté, à la France, il retourna dans sa patrie, et fut reçu par ses compatriotes avec l'intérêt et avec les acclamations qu'inspirent son noble caractère et son dévouement honorable.

Fabriques de draps de diverses qualités, de bonneterie en coton. Filatures de laine; teintureries; tuileries; papeteries; parcheminerie; tanneries et corroieries. — Parc de construction et d'équipages. — *Commerce* considérable de grains, fers, laines, volailles, bestiaux, moutons, etc.

A 14 l. de Bourges, 65 l. de Paris. — *Hôtels* du Dauphin, de la Promenade, de Sainte-Catherine.

CHATILLON-SUR-INDRE. Petite ville ancienne, située près de la rive gauche de l'Indre, à 11 l. de Châteauroux. ✉ ⚜. Pop. 3,339 hab.

Chatillon était jadis une place forte située sur les frontières du Berri, ce qui en rendait la possession importante. Cette ville est dans une situation agréable, sur une éminence que couronnent les ruines d'un ancien château fort, près de la rive gauche de l'Indre. Elle est entourée d'une promenade charmante, traversée par une longue rue qui donne passage à la grande route de Tours à Châteauroux, et possède une assez jolie place publique, d'où l'on aperçoit une belle échappée de vue. Les ruines du château sont vastes, pittoresques et fort curieuses; au milieu de leurs énormes pans de murailles délabrées, s'élève sur un mamelon de roc une tour de forme ronde, de 80 pieds de diamètre et d'environ 30 pieds de haut, qui supporte une autre tour d'un diamètre moitié moindre, mais de 60 pieds de haut. Les murs ont de dix à douze pieds d'épaisseur. Ces deux espèces de cylindres sont entourés et à demi encombrés de débris informes. La singulière construction de ces tours, leur bizarre agglomération, leur grande masse, les vertes draperies de lierre qui couvrent leurs ruines, offrent l'aspect le plus pittoresque. De leur sommet on jouit d'une fort belle vue sur les bords de l'Indre et sur le bourg de Palluau que couronnent les restes d'un manoir gothique. — *Fabriques* d'étoffes communes.

CLAVIÈRES. Village situé sur la route de Tours à Clermont. — Forges importantes, martinets, fenderies, alimentés par trois hauts fourneaux.

ÉCUEILLÉ. Bourg situé à 7 l. 1/2 de Châteauroux. Pop. 1,151 hab. — *Commerce* de grains, laines, fers et bestiaux.

LEVROUX. Petite et très-ancienne ville située dans une plaine, sur le Nahon, à 5 l. de Châteauroux. ✉ Pop. 3,058 hab.

Cette ville, dont le nom primitif est *Gabatum*, existait sous les Romains, qui l'ornèrent d'un amphithéâtre, d'un hippodrome, de bains, et d'autres édifices dont ils ne décoraient que les villes de premier ordre. Elle fut entièrement ruinée à une époque qu'il est impossible de préciser, et on chercherait vainement aujourd'hui quelques restes des monuments qui l'embellissaient; mais des fouilles entreprises à diverses époques ont procuré la découverte d'un grand nombre de médailles et de fragments d'architecture et de sculpture dont le beau style a pu faire juger de la magnificence de ses anciens édifices. Après les incursions des barbares, Gabatum sortit de ses ruines et acquit une nouvelle importance; on l'entoura de murailles flanquées de tours et on y construisit un fort château au milieu duquel s'élevait une tour colossale. Un de ses premiers seigneurs ayant été guéri de la lèpre d'une manière qui parut, dit-on, surnaturelle, voulut que la ville rappelât ce prétendu miracle, et la nomma *Leprosum*, d'où s'est formé le nom moderne. Dans le moyen âge, cette ville a été souvent exposée aux désastres de la guerre. Philippe-Auguste l'assiégea et la prit après une assez longue résistance. On voit encore d'assez beaux restes de l'ancien château et de ses fortifications. — *Fabriques* de draps. Tanneries et corroieries. — *Commerce* de grains, vins, laines et bestiaux. — *Hôtel* du Lion d'or.

LUÇAY-LE-MALE. Bourg situé à 9 l. 3/4 de Châteauroux. Pop. 1,686 hab. — Haut fourneau, forges et fonderies.

MARCEL (SAINT-). Bourg situé près de la rive droite de la Creuse, à 6 l. 3/4 de Châteauroux. Pop. 1,973 hab. — Papeterie. — *Commerce* de vins.

PALLUAU. Bourg situé près de la rive droite de l'Indre, à 8 l. de Châteauroux. Pop. 2,000 hab. Il est bâti sur une colline dont le sommet est couronné par les ruines importantes d'un vaste manoir gothique.

PELLEVOISIN. Village situé à 7 l. de Châteauroux. Pop. 900 hab. On voit sur le territoire de cette commune un tumulus d'environ 45 pieds de hauteur; sur son sommet, où l'on monte par des gradins, est une plate-forme surmontée d'un chêne qui n'a pas moins d'un siècle et demi d'existence.

VALENÇAY. Petite ville agréablement située, sur la rivière de Nahon, à 9 l. de Châteauroux. ✉ Pop. 3,095 hab. — *Fabriques* de bonneterie, draps, coutellerie Filature de laine cardée et cachemire.

Cette ville est remarquable par un magnifique château bâti par la famille d'Étampes sous le règne de François Ier, sur les dessins de Philibert de Lorme. Quoique le plan primitif ait subi des changements, suivant les caprices des différents propriétaires qui s'y sont succédé, le château a encore

VALENCAY.

BÉLABRE.

Indre

l'apparence d'un palais. Voici la description qu'en faisait vers la fin du siècle dernier un écrivain qui l'avait visité avant les différents changements qu'on y a faits depuis. « On y arrive par trois avenues qui conduisent à quatre différentes cours ovales, aux côtés desquelles sont les pressoirs et les ménageries. De ces cours on entre dans le château, entouré de grands fossés. L'entrée est décorée d'un fort grand pavillon, aux deux côtés duquel sont deux grosses tours; l'une d'elles communique à un grand corps-de-logis double. Les tours et le pavillon sont bordés de machicoulis sculptés de beaux ornements, de même que le corps-de-logis. La cour est carrée, et vis-à-vis du pavillon d'entrée il y a une muraille à jour qui a vue sur un grand vallon creusé en amphithéâtre. Le côté qui ferme la cour vers le nord est un bâtiment qui a ses usages particuliers. La face du grand pavillon et celle du grand corps-de-logis ont, du côté de la cour, trois galeries, les unes sur les autres, qui communiquent à tous les appartements, et dont les arcades sont ornées de fort beaux trophées d'armes, sculptés en bas-relief. Sous ces galeries, il y en a une souterraine qui conduit aux offices situés sous le grand corps-de-logis. Le dedans du château a un bel escalier qui conduit à une grande salle, ornée d'ouvrages de peinture et de sculpture. Quelques-uns de ceux-là sont de Pierre de Cortonne, et les autres de Jean Mosnier; mais l'on y estime surtout une vierge ornée d'un fort beau cadre, donnée par le pape Innocent X à messire Henri d'Étampes, commandeur de l'ordre de Saint-Jean-de-Jérusalem et grand-prieur de France, né en ce château. On va du corps-de-logis, par un pont de pierre qui traverse le fossé, sur une grande terrasse ornée de beaux ouvrages de sculpture, laquelle présente à la vue, du côté gauche, une perspective de prairies, coteaux et forêts, qui la bornent agréablement; à la droite sont un grand verger et un clos de vignes, séparés de la terrasse par une longue allée d'ormes, au bout de laquelle est une sortie qui mène dans une riante campagne. »

Le château de Valençay est aujourd'hui possédé par M. de Montmorency, duc de Valençay, par suite de son alliance avec la maison Talleyrand, le prince de ce nom l'ayant donné en dot à sa nièce, fille de M. le duc de Dino. C'est dans ce château, admirable par sa masse, sa noble architecture, son parc, ses jardins, ses belles eaux, que furent retenus prisonniers Ferdinand VII et les infants d'Espagne, depuis 1808 jusqu'en 1814.

VILLEDIEU. Bourg situé près de la Tergouze, à 3 l. de Châteauroux. Pop. 2,235 hab. — Manufacture importante de porcelaine.

ARRONDISSEMENT DU BLANC.

AZAY-LE-FÉRON. Bourg situé à 7 l. du Blanc. Pop. 2,000 hab. On y trouve une source d'eau thermale sulfureuse dite de la Caillauterie, qui passe pour avoir quelque analogie avec les eaux de Barèges et de Cauteretz.

BÉLABRE. Petite ville située sur la rive droite de l'Anglain, à 3 l. du Blanc. Pop. 2,000 hab. On y remarque un beau château de construction moderne, dont dépendent un beau parc et une magnifique orangerie. —Aux environs, forges et fenderie.

BENOIT-DU-SAUT (SAINT-). Petite ville, située sur les confins des départements de la Vienne, de la Haute-Vienne et de la Creuse, à 10 l. du Blanc. ✉ Pop. 1,243 h.

Cette ville doit son origine à un monastère de bénédictins, fondé sous les règnes de Louis le Débonnaire et de Louis le Jeune: les protestants la saccagèrent en 1563. Elle est assez bien bâtie, dans une situation remarquable par ses beautés pittoresques: on admire surtout aux environs les rochers et la cascade de Montgerno, qui forme la jolie rivière de Portefeuille, un des affluents de l'Anglain.—Haut fourneau, forges, fenderie, ateliers de fonte moulée (à Abloux).

DÉPARTEMENT DE L'INDRE.

BLANC (le). Petite ville. Chef-lieu de sous-préfecture. Tribunal de première instance. ✉ Pop. 4,804 hab.

Le Blanc était autrefois une ville très-forte, entourée de murailles flanquées de tours, et défendue par trois châteaux. Elle est dans une situation pittoresque, au milieu d'une contrée peu fertile, remplie de bois et d'étangs, sur la Creuse qui la divise en haute et basse ville : la première est généralement mal bâtie, et offre une place assez vaste ; la seconde n'offre que des rues étroites, tortueuses, et très-escarpées. On aperçoit encore quelques vestiges de ses fortifications.

Fabriques de grosses draperies, vinaigre, poterie de terre. Filatures de laine. Brasserie renommée. — Aux environs, nombreuses forges et hauts fourneaux. — *Commerce* de vins de son territoire, poisson, fer, bois, merrain, etc.

A 14 l. de Châteauroux, 76 l. de Paris. — *Hôtels* Lelarge, Thuilier.

GAULTIER (SAINT-). Petite ville située sur la Creuse, à 7 l. 3/4 du Blanc. Popul. 1,622 hab.

MARTIN-DE-TOURNON (SAINT-). Village situé à peu de distance de la rive droite de la Creuse, à 4 l. du Blanc. Pop. 1,300 hab.

MARTIZAY. Bourg situé sur la rive droite de la Claise, à 5 l. du Blanc. Pop. 1,850 hab.

MÉZIÈRES-EN-BRENNE. Petite ville située sur la Claise, à 7 l. du Blanc. Pop. 1,552 hab. — Haut fourneau et trois forges (à Corbançon).

ARRONDISSEMENT DE LA CHATRE.

AIGURANDE. Petite ville, située partie sur une hauteur, et partie dans la plaine, près de la source de la Boulzanne, et sur les confins du département de la Creuse, à 5 l. de la Châtre. ✉ Pop. 1,839 hab. On y voyait autrefois, sur la place publique, un édifice antique en pierres de taille, de forme octogone, élevé sur un stylobate de huit marches, couvert d'un dôme et éclairé par de très-petites fenêtres. — *Commerce* considérable de bestiaux.

CHATRE (la). Ancienne et jolie ville. Chef-lieu de sous-préfecture. Tribunal de première instance. Collége communal. ✉ Pop. 4,343 hab.

La Châtre est une ville fort ancienne, qui, selon quelques auteurs, a été élevée sur l'emplacement d'un camp romain. Elle est bâtie dans une situation pittoresque, sur une colline qui borde la rive droite de l'Indre, et domine une étroite et profonde vallée qu'embellissent des jardins et des vergers. Les rues sont, en général, bordées de maisons irrégulièrement construites, mais l'ensemble en est agréable ; l'église paroissiale est propre et fort jolie ; les promenades qui entourent la ville offrent de charmants points de vue sur la vallée et sur le cours de l'Indre. Il ne reste plus de l'ancien château fort qui lui servait autrefois de défense qu'une tour énorme, convertie aujourd'hui en maison d'arrêt. — Le territoire de la Châtre est à la fois un des plus fertiles et des plus pittoresques du Berri, et, pour qu'il ne manque rien aux agréments de cette ville, la beauté du sexe semble y être en harmonie avec celle du pays.

Fabriques de draps. Tanneries et corroieries importantes. — *Commerce* considérable de laine, de draps, cire, peaux de chèvres, plumes, bestiaux, et surtout de châtaignes, dont les récoltes sont abondantes dans les environs.

A 14 l. de Bourges, 8 l. 1/2 de Châteauroux, 84 l. de Paris. — *Hôtels* Brazier, Combanaire.

CLUIS ou **CLUIS-DESSUS.** Petite ville située au milieu de belles prairies, dans un territoire fertile en vins blancs estimés, sur la rive gauche de la Boulzanne. Pop. 1,912 hab. — Éducation des abeilles. Forges et

CHÂTEAU DE ROCHES.

hauts fourneaux. — *Commerce* de grains, vins et bestiaux.

CROZON. Village situé sur le ruisseau de Vauvre, à 3 l. 1/2 de la Châtre. Popul. 1,000 hab.—Haut fourneau, forges, martinets et fenderie.

ÉGUZON. Village situé à peu de distance de la rive gauche de la Creuse, à 6 l. 3/4 de la Châtre. Pop. 1,403 hab.

MERS. Bourg situé près de la rive gauche de l'Indre, à 2 l. 3/4 de la Châtre. Pop. 822 hab.—*Fabriques* de pointes de Paris. Martinets et tréfilerie.

MOTTE-FEUILLY (la). Village situé sur la route de la Châtre à Clermont, à 1 l. de la première de ces villes. Pop. 75 hab. L'église paroissiale de ce village renferme une chapelle où l'on voit les restes d'un mausolée aujourd'hui mutilé, qui avait été élevé, dit-on, à la mémoire de Charlotte d'Albret, femme de César Borgia, fils du pape Alexandre VI : on voyait autrefois dans cette chapelle un grand nombre de figures en marbre blanc, placées dans des niches en marbre noir, et on lisait sur le tombeau une inscription en caractères gothiques qu'il est impossible de déchiffrer.

NEUVY-SAINT-SÉPULCRE. Petite ville fort ancienne, située à 3 l. 1/2 de la Châtre. Pop. 2,040 hab. On prétend qu'elle a été bâtie sur l'emplacement de l'antique *Noviodunum*, qui se soumit à César lorsque ce conquérant revint de *Genabum* à *Avaricum*. — *Commerce* de vins blancs, grains, laines et bestiaux.

SÉVÈRE (SAINTE-). Petite ville située près de la rive droite de l'Indre, à 3 l. de la Châtre. Pop. 891 hab. — *Commerce* de laines.

VERNEUIL. Bourg situé sur un affluent de l'Indre, à 2 l. 1/4 de la Châtre. Popul. 550 hab.

ARRONDISSEMENT D'ISSOUDUN.

CHRISTOPHE-EN-BAZELLE (St-) Petit bourg, situé à 8 l. 1/2 d'Issoudun. Pop. 523 hab.

FERTÉ-REUILLY (la). *Voy.* REUILLY.

ISSOUDUN. Ancienne et fort jolie ville. Chef-lieu de sous-préfecture. Tribunaux de première instance et de commerce. Chambre consultative des manufactures. Collège communal. ⌧ ☞ Pop. 11,664 hab.

L'origine de cette ville est peu connue; on prétend qu'elle fut une des vingt cités réduites en cendres dans un seul jour par les anciens Gaulois, afin d'affamer l'armée de César, et que quand ce conquérant fut devenu maître des Gaules, il la releva de ses ruines. Quoi qu'il en soit, cette ville ne commence à figurer dans l'histoire que sous le règne de Louis d'Outremer. A cette époque, c'était une place très-forte, ceinte de murailles flanquées de tours, environnée de fossés et défendue par une forteresse considérable. Issoudun fut gouvernée par des seigneurs particuliers jusqu'en 1187, où cette ville fut cédée à la France par le traité de paix signé en 1177, entre Louis VII, roi de France, et Henri II, roi d'Angleterre, tous les deux successivement époux de la trop célèbre Éléonore de Guyenne; Philippe-Auguste la réunit à la couronne en 1220. Un incendie considérable détruisit le château et toute la ville haute en 1185; un autre incendie consuma deux cents maisons en 1504; mais un désastre de ce genre beaucoup plus terrible eut lieu en 1651, et fut accompagné de circonstances particulières. La ville était alors assiégée par l'armée des frondeurs et soutenait un assaut furieux; les habitants, occupés à combattre sur les remparts, laissèrent à l'incendie le temps de faire des progrès insurmontables; douze cents maisons furent dévorées par la flamme, et plus de six cents femmes et enfants périrent sous les décombres de leurs habitations. Pendant ce temps, les bourgeois repoussaient les assiégeants et les mettaient en pleine déroute.

Louis XIV vint peu de jours après à Issoudun, et vit les débris encore fumants; il accorda plusieurs priviléges aux habitants, et entre autres droits celui d'élire leurs magistrats municipaux, et de conférer la noblesse héréditaire à leur maire par élection.—Déja, en 1589, la ville avait donné une preuve éclatante de son dévouement, en soutenant un siége contre l'armée des ligueurs, commandée par La Châtre, et en chassant de ses murs ceux qui étaient parvenus à s'y introduire par trahison. L'anniversaire de cette journée fut long-temps célébré par une réjouissance publique. — La révocation de l'édit de Nantes porta un coup fatal à Issoudun, et priva cette ville de ses principaux fabricants.

Cette ville est située en partie sur le penchant d'une colline, au pied de laquelle s'étend une plaine charmante arrosée par le Théols, qu'on franchit sur trois ponts dans le faubourg Saint-Paterne. Les désastreux incendies qu'elle a éprouvés lui ont été profitables en ce qu'elle a été reconstruite avec plus de régularité qu'aucune autre ville du centre de la France. Elle est généralement bien bâtie et bien percée; la plupart des maisons sont agréables et accompagnées de jardins; les rues sont larges, bien alignées, et toutes fort propres; les édifices publics sont spacieux, de belle apparence et bien distribués. On y remarque particulièrement l'hôtel-de-ville, de construction moderne; les restes de l'ancien château, où l'on voit une tour colossale, construite, dit-on, par les Anglais, sur les restes d'un temple antique, qui sert de maison d'arrêt; les bâtiments de l'ancien couvent des urselines, convertis en une caserne; la salle de spectacle; les promenades, etc., etc.

Fabriques de draps communs, étoffes de laine, toiles de coton, bonneterie. Filatures de laine. Blanchisseries. Brasseries. Nombreuses parcheminries. Tanneries et corroieries.—*Commerce* de grains, vins, draperie, laines, bestiaux, bois, fer d'une qualité supérieure, etc. Foires importantes pour la vente des laines et des moutons.

A 6 l. 1/2 de Châteauroux, 8 l. de Bourges, 62 l. de Paris.—*Hôtels* du Lion d'or, de l'Écu, du Lion d'argent, des Trois-Marchands.

LIZAIGNE (SAINTE-). Village situé sur la rive gauche du Théols, à 1 l. 3/4 d'Issoudun. Pop. 1016 hab.—Papeterie.

NOYER (le). Village situé à 3 l. d'Issoudun. Haut fourneau dont les produits donnent des fontes de première qualité.

REUILLY. Petite ville, située à peu de distance de la rive gauche du Théols, à 3 l. 3/4 d'Issoudun. Pop. 1,900 hab.—*Commerce* de vins et de bestiaux. Papeterie (*à la Ferté-Reuilly*).

VATAN. Petite ville fort ancienne, située à 4 l. 1/2 d'Issoudun. ✉ ☞ Pop. 2,754 h.

L'origine de Vatan remonte au Ve siècle. C'était jadis une place forte, qui soutint un siége en 1612 : on y voit encore quelques restes de murailles, et une tour dont on fait remonter la construction au VIe siècle. Cette ville est bâtie au milieu d'une vaste plaine, dans une espèce d'enfoncement où l'eau se trouve presque partout à quelques pouces de profondeur, ce qui rend les maisons extrêmement humides; dans plusieurs, la fontaine est à côté du foyer, et dans presque aucune il n'est possible d'établir de caves.—*Commerce* considérable de laines.

FIN DU DÉPARTEMENT DE L'INDRE.

IMPRIMERIE DE FIRMIN DIDOT FRÈRES,
RUE JACOB, N° 24.

Guide Pittoresque
DU
VOYAGEUR EN FRANCE.

ROUTE DE PARIS A TOULOUSE,

TRAVERSANT LES DÉPARTEMENTS

DE SEINE-ET-OISE, DU LOIRET, DU CHER, DE L'INDRE, DE LA CREUSE, DE LA HAUTE-VIENNE, DE LA CORRÈZE, DU LOT, DE TARN-ET-GARONNE, DE LA HAUTE-GARONNE, ET COMMUNICATION AVEC LE DÉPARTEMENT DE L'ARIÈGE.

DÉPARTEMENT DE LA CREUSE.

Itinéraire de Paris à Toulouse,

PAR MONTARGIS, BOURGES, LIMOGES, TULLE ET MONTAUBAN, 182 LIEUES.

	lieues.		lieues.
De Paris à Nogent-sur-Vernisson (route de Chambéry)	32	Limoges	3
Gien	5	Pierre-Buffierre	3
Argent	4 1/2	Magnac	3
La Chapelle-d'Angillon	5	Masseré	2 1/2
Grangeneuve	3	Uzerche	4 1/2
Bourges	4 1/2	Saint-Pardoux	4
Saint-Florent	3 1/2	Donzenac	3
Charost	2	Brives	3
Issoudun	3	Cressensac	5
Neuvy-Pailloux	3	Souillac	4
Châteauroux	3 1/2	Payrac	5
Lottier	4	Pont-de-Rodes	5 1/2
Argenton	3 1/2	Pélacoy	5 1/2
Le Fay	4	Cahors	4 1/2
Rodes	3	La Madeleine	6
La Ville-au-Bran	2	Caussade	4
Morterol	5	Montauban	5 1/2
Chanteloube	4	Grisolles	5
La Maison-Rouge	4	Saint-Jory	3
		Toulouse	4 1/2

Communication de Toulouse à Foix, 19 l. 1/2.

	lieues.		lieues.
De Toulouse à Viviers	6 1/2	Pamiers	3 1/2
Saverdun	5	Foix	4 1/2

56ᵉ *Livraison.* (CREUSE.)

DÉPARTEMENT DE LA CREUSE.

APERÇU STATISTIQUE.

Le département de la Creuse est formé de la presque totalité de la ci-devant province de la Haute-Marche, de presque tout le pays de Combrailles, et de quelques communes qui dépendaient des ci-devant provinces du Limousin et du Berri. Il tire son nom de la rivière de Creuse, qui prend sa source dans sa partie méridionale, le traverse dans toute son étendue du sud-est au nord-ouest, et le divise en deux parties presque égales. — Ses bornes sont : au nord, les départements de l'Indre et du Cher; au nord-est, celui de l'Allier; à l'est, celui du Puy-de-Dôme; au sud, celui de la Corrèze; à l'ouest, celui de la Haute-Vienne.

Le département de la Creuse est traversé par plusieurs chaînes de montagnes qui se rattachent aux montagnes d'Auvergne; la plus considérable de ces chaînes est celle de la Gartaupe, qui, se divisant en plusieurs ramifications, pénètre dans le département de la Haute-Vienne. Au centre du département se trouve une autre chaîne de montagnes primitives, schisteuses et granitiques, qui commence sur les confins du département de l'Indre, traverse celui de la Creuse du nord-ouest au sud-est, et se termine dans celui du Puy-de-Dôme. Une autre chaîne part encore de ce dernier département, et, s'étendant dans la direction de l'ouest au nord-ouest, sépare les trois départements du Puy-de-Dôme, de la Creuse et de la Corrèze. Cette chaîne non interrompue forme un plateau d'une élévation de plus de 600 pieds, et conserve une atmosphère constamment froide, souvent même glaciale : généralement ces diverses chaînes de montagnes restent cachées sous les neiges quelques mois de l'année, et le froid y est très-vif. — La surface du département offre peu de plaines de quelque étendue, étant presque partout hérissée de montagnes et d'un grand nombre de collines, dont les groupes, plus élevés et plus nombreux vers la partie du sud et de l'ouest, s'abaissent et diminuent à mesure qu'ils s'avancent vers l'est et le nord. Quelques-uns de ces groupes sont frappés de stérilité; les autres sont couverts de bois ou ombragés de distance en distance par des masses de châtaigniers. Les vallées et les vallons que forment entre elles les montagnes sont arrosés et rafraîchis par des rivières et des ruisseaux qui coulent presque toujours sur un lit de gravier. En général, malgré que le département ait une teinte sombre et quelquefois un aspect sauvage, les aspérités qu'on y remarque n'ont rien qui affecte l'œil d'une manière désagréable, puisqu'elles présentent au contraire, en divers endroits, de très-beaux sites et des positions pittoresques. Il est peu de départements qui offrent aux paysagistes des masses plus belles et plus variées de perspective et de fraîcheur. — Le sol est généralement pauvre, léger, peu profond et peu fertile, surtout dans la partie méridionale, où il se trouve une assez grande étendue de landes, peu susceptibles de culture; la partie septentrionale qui avoisine le département de l'Indre, et la partie occidentale qui confine au département de la Haute-Vienne, offrent des terres de meilleure qualité et plus productives; la partie du nord-est, notamment le canton de Chambon, renferme des terres d'une grande fertilité. Les hauteurs sont presque toujours incultes; leurs revers sont plantés en taillis ou en châtaigniers; leurs penchants inférieurs forment des prairies; la plupart des terres sont entourées de haies vives, le long desquelles sont plantés des arbres de différentes espèces. Enfin, on trouve sur plusieurs points du département des landes immenses, couvertes de bruyères, d'ajoncs, de fougères et de genêts.

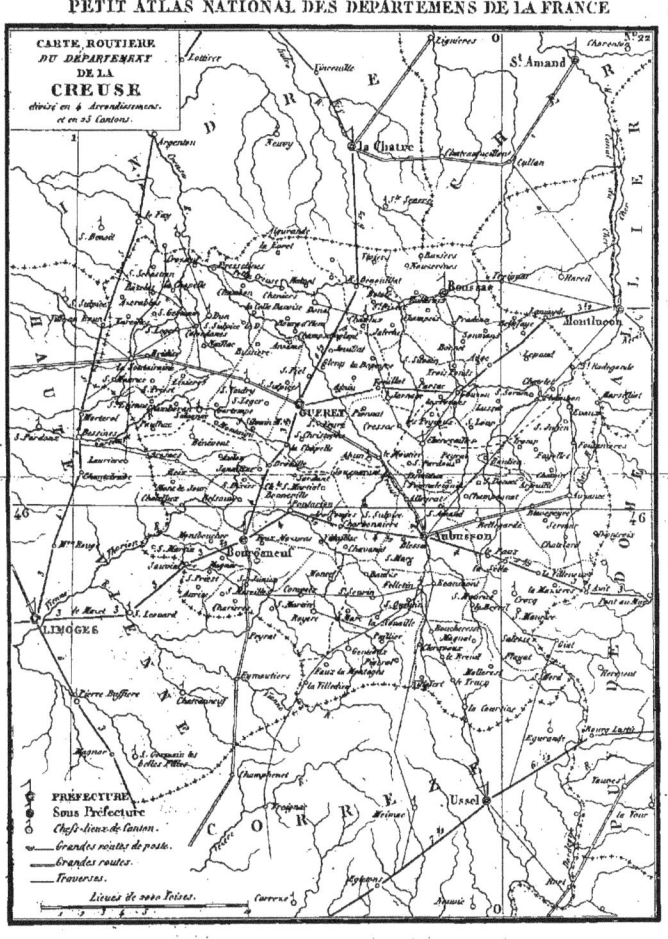

La température de ce département est extrêmement variable ; elle est en général froide et humide, ce qui provient de la direction des chaînes de montagnes et de la multiplicité des ruisseaux et des sources. L'air y est vif et très-pur ; mais les changements subits qu'y occasionnent les orages et les pluies sont cause que les étrangers ont quelque peine à s'accoutumer au climat. Le ciel y est souvent nébuleux et chargé de brouillards ; les rosées y sont aussi très-abondantes, même dans les plus grandes chaleurs. Les pluies y sont assez fréquentes, ainsi que les orages. En général, le printemps commence tard, l'été est fort court, l'automne assez beau, l'hiver long et assez rigoureux. — Les vents dominants sont ceux du sud et du nord ; le premier souffle avec impétuosité, surtout vers le solstice d'hiver, et quelques jours avant ou après les équinoxes ; le vent du nord s'élève assez habituellement pendant la pleine lune de mars ; les vents d'ouest et de nord-ouest se font ordinairement sentir pendant l'hiver et au commencement du printemps ; le vent d'est ne souffle que dans l'été et rend toujours le ciel serein.

Le département de la Creuse a pour chef-lieu Guéret. Il est divisé en 4 arrondissements et en 25 cantons, renfermant 283 communes.—Superficie, 288 lieues carrées.—Population, 265,384 habitants.

Minéralogie. Indices de mines de fer dans plusieurs endroits. Mines d'antimoine dont l'exploitation est suspendue ; indices de plomb argentifère, de cuivre et de manganèse ; exploitation de houille dans plusieurs endroits. Carrières de granit, de pierre de taille fine ; terre à poterie.

Sources thermales à Évaux, et sources minérales ferrugineuses froides non exploitées dans plusieurs localités.

Productions. Peu de céréales, seigle, sarrasin, avoine, pommes de terre en quantité, fruits, châtaignes, chanvre, raves pour les bestiaux. Gras pâturages.— Le département n'a pas de vignobles : on ne rencontre la vigne que dans les jardins ou contre les murailles des maisons ; encore les fruits qu'on en obtient parviennent-ils rarement à leur maturité. —38,448 hectares de forêts (arbres feuillus et arbres verts).— Grand et petit gibier.— Excellent poisson (carpes, truites).—Chevaux, mulets, ânes, bêtes à cornes très-soignées, beaucoup de bêtes à laine, chèvres, porcs. — Éducation des abeilles.—Engraissement de bétail.

Industrie. Manufactures de tapisseries renommées et de tapis de pied. Fabriques de siamoises. Filatures de laine et de coton ; papeteries ; teintureries ; tanneries.— Émigration annuelle d'environ 2,000 ouvriers, pour la plupart maçons, tuiliers, scieurs de long, peigneurs de chanvre et de laine, qui se répandent chaque année dans toute la France, et rapportent en hiver le fruit de leurs épargnes, qui est ordinairement employé à des acquisitions de terres. Sur un nombre de 22,488 ouvriers, dont l'émigration annuelle a été récemment constatée, on comptait : 13,425 maçons ou manœuvres ; 1,982 tailleurs ou scieurs de pierre ; 1,942 charpentiers ; 1,847 scieurs de long ; 944 couvreurs ; 803 peigneurs de chanvre ou de laine ; 802 tuiliers ; 545 paveurs ; 90 maréchaux ; 63 plâtriers, et 45 mineurs. Tous les arrondissements envoient au dehors des maçons et des manœuvres, des tailleurs et des scieurs de pierre : celui d'Aubusson fournit, presque à lui seul, les scieurs de long, les tuiliers, les peigneurs de chanvre ou de laine ; les charpentiers et les couvreurs partent des arrondissements de Boussac et de Guéret ; Boussac a plus de couvreurs, Guéret plus de charpentiers ; Aubusson n'a qu'une commune qui envoie des charpentiers. L'arrondissement de Guéret fournit seul les paveurs, les maréchaux et les mineurs. Les plâtriers viennent des arrondissements de Boussac et d'Aubusson.— Les ouvriers de l'arrondissement d'Aubusson se dirigent plus spécialement vers les départements de la Seine, du Rhône, de la Loire, du Cher, de la Nièvre, de l'Yonne, de la Côte-d'Or, de la Vendée, du Puy-de-Dôme, de la Charente-Inférieure, de Saône-et-

Loire, de l'Allier, de la Charente et du Jura. Ceux de l'arrondissement de Bourganeuf, vers les départements de la Seine, du Rhône, de Seine-et-Marne et de la Marne. Ceux de l'arrondissement de Boussac, vers les départements de la Seine, du Cher, de la Nièvre, de l'Allier, du Loiret, de la Saône et de l'Indre. Enfin ceux de l'arrondissement de Guéret, vers les départements de la Seine, du Loiret, de Seine-et-Marne, de l'Yonne, du Cher, de la Côte-d'Or, du Rhône, de la Vendée, de la Nièvre, de l'Indre, de l'Allier et de Loir-et-Cher.— Il résulte du travail de M. Partouneaux (ancien secrétaire général de la Creuse), dont nous avons extrait ces détails, que le nombre des maîtres dans le département est à celui des ouvriers, comme 1 à 23 ; que le bénéfice moyen de la campagne d'un maître est de 380 fr., et celui d'un ouvrier de 164 ; enfin, que 876 maîtres et 21,612 ouvriers ont rapporté dans le département, pour bénéfice de la campagne d'une année, la somme de 3,872,194 fr., qui balance, à une différence près, d'environ 140,000 fr., la totalité des impôts du département de la Creuse. Toutes les années ne sont malheureusement pas aussi productives.

Commerce de cuirs, de papiers, de tapisseries et d'objets de consommation locale. Entrepôt des sels que l'on expédie pour les villes voisines.—Commerce de cheveux, que les jeunes filles échangent à des marchands des environs de Vallières, contre des fichus, des morceaux d'étoffes, de mousselines, et d'autres objets manufacturés. C'est principalement dans les grandes foires que le commerce de cheveux a le plus d'activité : on voit alors pendre à la porte des perruquiers de grands morceaux d'étoffes de différentes couleurs, des fichus de soie, des châles imprimés, qui sont autant d'enseignes annonçant aux jeunes filles du pays qu'elles peuvent échanger un de leurs plus beaux ornements naturels contre une parure factice.

VILLES, BOURGS, VILLAGES, CHATEAUX ET MONUMENTS REMARQUABLES ; CURIOSITÉS NATURELLES ET SITES PITTORESQUES.

ARRONDISSEMENT DE GUÉRET.

AHUN. Petite ville fort ancienne, située à 4 l. de Guéret. ✉. Pop. 2,212 hab.

L'origine de cette ville remonte à une époque fort reculée ; il en est fait mention dans la Table théodosienne, sous le nom d'*Acitodunum* ; une voie romaine la traversait en se dirigeant d'*Augustonemetum* (Clermont) sur *Augustoritum* (Limoges). Les monuments antiques qu'on y a découverts attestent qu'elle existait avant l'ère chrétienne, puisque ces monuments sont des traces du druidisme, ainsi que l'a savamment expliqué M. Jouilleton dans son intéressante histoire de la Marche et du pays de Combrailles. Sous les rois de la première race, Ahun possédait un atelier monétaire : on voit dans les cabinets des pièces d'or qui ont été frappées dans cette ville. Elle avait autrefois un gouverneur particulier, et était défendue par un château fort, qu'on appelait le château du Rocher.

La ville d'Ahun est bâtie dans une position charmante, sur une montagne au pied de laquelle coule la Creuse ; l'air y est pur, les points de vue sont étendus et agréables. On remarque au bas de la montagne, dans un site pittoresque entouré de rochers escarpés, baignés par la Creuse, les restes d'une célèbre abbaye de l'ordre de Cluny, fondée par Boson en 997 ; les bâtiments, les jardins et les dépendances qui existent encore, font assez connaître l'importance de cet ancien monastère : on voit dans le chœur et le sanctuaire de l'église, qui heureusement a été conservée, de très-beaux ouvrages de sculpture et de menuiserie, et, sur le mur septentrional, un bas-relief représentant un jeune homme ayant les cheveux coupés, revêtu d'une robe qui descend jusqu'aux chevilles; au bas de la pierre on lit: D. M. M. E. ALPIN. Le 16 août, fête de Saint-Roch, cette église est l'objet d'un pèlerinage fameux, qui attire un grand concours de peuple, et surtout de jeunes villageoises, qui viennent y échanger leurs chevelures contre un fichu ou quelques morceaux d'étoffes.

Fabriques de toiles. Exploitation de houille. — *Commerce* considérable de bestiaux renommés : le canton d'Ahun est de toute la Creuse celui où le beurre, le lait, le fromage et les veaux de lait sont les meilleurs.

ANZÈME. Village situé à 2 l. 1/2 de Guéret. Pop. 1,450 hab. Il est bâti sur la rive gauche de la Creuse, que l'on passe sur un pont remarquable par la hardiesse de sa construction, qu'on dit avoir été bâti par le diable. Ce pont a été d'autant plus difficile à exécuter, qu'on a été obligé, non seulement de tailler le roc sur lequel il est assis et qui en fait partie, mais encore de percer un chemin dans une masse de rochers très-escarpés, dont les aspérités et les teintes rembrunies ajoutent à l'horreur de ce site romantique. Le peuple, toujours avide de merveilleux, raconte à ce sujet que le diable, qui s'était chargé de bâtir ce pont dans une seule nuit, avait imposé l'obligation de lui livrer le premier être vivant qui le traverserait, et qu'il fut bien attrapé en voyant que ce premier passant était un chat.

BONNAT. Joli bourg situé à 4 l. 3/4 de Guéret. Pop. 2,702 hab. On y a trouvé depuis peu des traces du séjour que firent les Romains dans ce lieu, entre autres un bas-relief représentant un sabre et un bouclier antiques, et une pierre portant cette inscription :

D. M.
ET. MEMORIAE.
IVL. ATTIOLI. ET.
IVL. AVITAE.
CONIVGIS.
EIVS.
H. HI N. N.

A très-peu de distance de Bonnat, on remarque l'ancien CHATEAU DE BEAUVAIS, agréablement situé sur une éminence au pied de laquelle coule la petite Creuse, qui y fait mouvoir deux beaux moulins. Il existe dans ce château deux morceaux de sculpture qui méritent de fixer l'attention des archéologues : ils représentent deux énormes lions dans l'attitude du repos; leurs formes un peu grossières et qui annoncent l'enfance de l'art, le grain du granit, leur pose, leur parfaite ressemblance avec ceux découverts à Toulx et à Chambon (voyez ci-après ces mots), semblent prouver le séjour des Romains, ou peut-être d'un peuple plus moderne, dans cette partie du département de la Creuse.

On voit aussi, sur le territoire de Bonnat et à quelques pas de la route qui conduit à Guéret, un autel ancien, de forme carrée : son élévation, qui n'excède pas deux pieds et demi au-dessus du sol; la ciselure en creux que présentent le devant tourné vers l'ouest et les deux côtés latéraux; la nature du granit, pareil à celui des lions de Beauvais, attestent qu'il est de la même époque. Cet autel est surmonté d'une colonne en pierre surmontée d'une croix, qui paraît une construction plus récente.

CELLE-DUNOISE (la). Bourg situé à 4 l. 1/2 de Guéret. Pop. 1,850 hab.

CHAMBORANT. Village situé près de la rive droite de la Gartempe, à 5 l. 3/4 de Guéret. Pop. 700 hab. On y voit les restes imposants d'un vaste et fort château. Berceau de l'illustre maison de Chamborant.

CHAPELLE-TAILLEFER (la). Bourg agréablement situé sur la Gartempe, à 2 l. 1/2 de Guéret. Pop. 700 hab. Il y avait autrefois un château fort, où naquit le cardinal Pierre de la Chapelle, dont on voyait naguère le tombeau dans l'église paroissiale du bourg.

CHENIERS. Joli bourg situé sur la petite Creuse, à 5 l. 1/4 de Guéret. Pop. 1,520 hab.

CROZANT. Village situé au confluent

de la Sédelle et de la Creuse, à 7 l. 3/4 de Guéret. Pop. 120 hab.

Ce village possède les restes imposants d'un ancien château fort, où l'on aperçoit des traces d'architecture romaine et gothique. Sous les rois d'Aquitaine, le château de Crozant était un manoir royal, qui devint ensuite la propriété des comtes de la Marche, lesquels y faisaient souvent leur résidence. Il est bâti sur le sommet d'une montagne très-escarpée, hérissée de rochers granitiques, et élevée de près de 200 pieds au-dessus du niveau des eaux des deux rivières. Plusieurs parties des murs ont vingt pieds d'épaisseur. L'entrée était défendue par un pont-levis, qui aboutissait à une vaste cour fermée, d'où l'on passait dans une seconde cour où l'on trouve un puits profond, de forme conique, fait avec beaucoup d'art. Près de ce puits, est une tour carrée, haute d'environ 70 pieds et bâtie sur le roc; plus loin, sont cinq autres grandes tours, deux carrées et trois rondes, entre lesquelles existaient des édifices qui ne présentent plus que des ruines. L'une des tours est fort belle, et flanquée vers le nord-est d'une autre tour carrée de même hauteur, mais bien moins large et moins épaisse, dans laquelle est pratiqué un escalier fort élégant, par le moyen duquel on pouvait puiser dans la Creuse toute l'eau nécessaire à la consommation des habitants de cette forteresse, qui pouvait contenir une garnison de 10,000 hommes; plus de 6,000 pouvaient manœuvrer aisément dans l'une des places d'armes. Le château de Crozant passait pour imprenable avant l'invention de la poudre; il fut démoli en grande partie sous le ministère du cardinal de Richelieu. — Aux environs, mine de cuivre non exploitée.

DUN-LE-PALLETEAU. Bourg très-ancien, situé à 5 l. de Guéret. Pop. 1386 hab. C'était une forteresse importante dès l'an 506, époque où une armée romaine assiégea et détruisit son château, où elle fit plus de 3,000 prisonniers.

GERMAIN-BEAUPRÉ (SAINT-) Bourg situé à 7 l. 1/4 de Guéret. Pop. 400 hab.

On remarque à Saint-Germain un beau château flanqué de tours, bâti au bord d'un étang, entre une belle forêt et d'immenses prairies : il est entouré de fossés dont les murs très-épais sont aussi flanqués de plusieurs tours. Mlle de Montpensier fut exilée dans ce château, qui a été aussi habité par Henri IV : on montre encore l'appartement qu'occupa ce monarque, et dans lequel se trouve son portrait. D'autres portraits représentent les enfants de ce roi et les seigneurs qui l'accompagnaient. On voit dans différents appartements un beau portrait en pied de Louis XIV, peint à l'âge de soixante ans; les portraits de madame de Montespan, de madame de Maintenon, de mesdames de Mailly, de la Tournelle, de Châteauroux; enfin, ceux d'un grand nombre de seigneurs et de dames de la maison de Foucaud de Saint-Germain, éteinte aujourd'hui. Une belle orangerie, de vastes jardins, un étang considérable et une grande forêt, font de cette propriété une des plus belles habitations de la province.

GRAND-BOURG-SALAGNAC. Bourg situé dans une riche et fertile contrée, près de la rive gauche de la Gartempe, à 4 l. 1/2 de Guéret. Pop. 2,646 hab.—*Fabriques* de toiles.—*Commerce* de chanvre et de fil.

GUÉRET. Jolie ville. Chef-lieu du département. Tribunal de première instance. Société d'agriculture. Collége royal. ✉ ⚥ Pop. 3,921 hab.

Guéret doit son origine à un couvent fondé en ce lieu vers l'an 720, par saint Pardoux, autour duquel se forma une petite ville dont le nombre des maisons s'augmenta considérablement par le séjour qu'y firent les comtes de la Marche. On y voit encore une partie du château où séjourna Charles VII, lorsqu'il poursuivait le dauphin, son fils, en guerre ouverte contre lui. Guéret était autrefois une place bien fortifiée, entourée de murailles flanquées de tours, qui existent encore en partie. Cette ville est agréablement située sur le penchant d'une colline, entre deux montagnes, non loin de la source de la Gartempe; les rues, sans être bien percées, sont cependant assez belles, propres, et décorées de plusieurs fontaines dont les eaux sont abondantes et de bonne qualité; les

GUÉRET.

ANCIEN CHÂTEAU D'AUBUSSON.

MANUFACTURE ROY.^{LE} DE TAPIS D'AUBUSSON.

places publiques sont fort jolies et les promenades agréables. On y remarque l'hôtel de la préfecture ; la bibliothèque, renfermant 4,500 volumes ; le collège ; la pépinière départementale ; la prison ; l'hôpital, et une maison de santé pour les aliénés.

Patrie d'Antoine Varillas, historien ; de Pardoux Duprat, jurisconsulte.

Commerce de bestiaux et d'objets de consommation locale. — A 20 l. de Limoges, 19 l. de Châteauroux, 86 l. de Paris. — *Hôtels* du Lion d'or, de Saint-François, de la Promenade.

MOUTIER-D'AHUN. Bourg situé à 4 l. 1/4 de Guéret. Pop. 500 hab. Il est bâti dans une situation pittoresque, au milieu de rochers escarpés, sur la Creuse, que l'on traverse sur un beau pont.

PIONNAT. Bourg situé à 3 l. de Guéret. Pop. 2,500 hab.

L'église paroissiale de ce bourg renfermait autrefois le tombeau en marbre blanc de Bernard d'Armagnac, dont les ancêtres possédaient à Ternes un château fort détruit depuis de longues années.

SOUTERRAINE (la). Petite ville bâtie dans une jolie situation, sur la Sedelle, à 7 l. 3/4 de Guéret. ✉ Pop. 2,921 hab.

Cette ville, nommée en latin *Subterranea* et *Sosterranea*, existait du temps des Romains. Gérard de Crozant la donna, en 1015 ou 1016, au monastère de Saint-Martial de Limoges. Le comte de la Marche l'assiégea, la prit, et en démolit les murs, en 1207. On voyait jadis à peu de distance le château des vicomtes de Bridiers, assez célèbre dans l'histoire militaire ; non loin de là était la ville de Breide, détruite par Pépin, ville par où passait le chemin de Prætorium à Argenton.

On doit visiter aux environs de la Souterraine une excavation profonde où se trouve un cours d'eau souterrain sur lequel a été construit un moulin.

Fabriques de toiles. — *Commerce* de fil et de chanvre.

VAULRY (SAINT-). Petite ville, située à 2 l. 1/2 de Guéret. Pop. 2,306 hab. Cette ville doit son origine à saint Vaulry, qui se retira dans ce lieu et y vécut dans la solitude, au commencement du VIIe siècle.

ARRONDISSEMENT D'AUBUSSON.

AUBUSSON. Ville ancienne. Chef-lieu de sous-préfecture. Tribunal de première instance. ✉ ⚜ Pop. 4,847 hab.

Une opinion assez répandue et assez vraisemblable rapporte au commencement du VIIIe siècle l'origine de la ville d'Aubusson. Il n'y avait alors dans le lieu qu'elle occupe qu'un château fort, dont la tradition fait remonter la construction au temps de César, et qui fut bâti, suivant toute apparence, par deux légions que plaça le conquérant sur la frontière des Lemovices, non loin des Averniens. Il était naturel en effet que ces légions se fortifiassent contre les attaques dont elles pouvaient devenir l'objet ; et le rocher sur lequel fut élevé ce fort, étant à peu près au milieu de la ligne qu'elles formaient, pouvait, on ne peut mieux convenir à ce dessein. Après la défaite d'Abdérame par Charles-Martel, le hasard voulut qu'un parti de Sarrasins échappé au carnage arrivât aux environs de cette forteresse ; il y avait parmi eux des tanneurs, des tapissiers et des teinturiers qui, trouvant la position favorable à l'exercice des arts dans lesquels ils avaient été élevés, et les eaux excellentes pour la teinture des laines et la préparation des cuirs, se fixèrent auprès du château, avec l'agrément du seigneur, qui crut devoir protéger cette industrie naissante, à laquelle la ville d'Aubusson doit son origine et sa prospérité.

Le château d'Aubusson, l'un des plus considérables et des plus forts de la province, était environné de murailles flanquées de tours et baignées par les eaux de la Creuse ; il renfermait dans son enceinte extérieure de vastes bâtiments, un monastère et plusieurs églises (*voy. la gravure*). On voit encore de belles ruines de ce château, où l'on aperçoit des traces de construction romaine; il appartenait à l'illustre maison d'Aubusson, et fut démoli en 1636, par ordre du cardinal de Richelieu. On y a trouvé une grande quantité de médailles romaines, et diverses pièces de monnaie des premiers âges de la monarchie française.

La ville d'Aubusson est située au milieu d'une contrée aride et inculte, dans une gorge entourée de montagnes et de rochers qui en rendent l'aspect très-pittoresque. Elle est traversée par la Creuse, et n'offre qu'une seule rue assez bien bâtie. Depuis quelques années, on y a construit plusieurs nouveaux édifices et de fort belles maisons; améliorations que cette ville doit à l'industrie manufacturière et commerciale de ses habitants, et principalement à ses importantes manufactures de tapis, dont les produits sont recherchés avec empressement pour la richesse des couleurs et la correction des dessins.

On assure que la population d'Aubusson était sous le ministère de Colbert de 12,000 h. La révocation de l'édit de Nantes porta le plus grand coup à sa prospérité; un grand nombre de négociants, de fabricants et de chefs d'atelier, se réfugia à Genève et en Allemagne, où quelques-uns se sont distingués comme ministres de l'évangile, ou comme auteurs de sermons et d'écrits polémiques sur la religion : on cite entre autres Pajon et Barrabaud. En 1793 ou 1794, le premier bataillon de la Creuse trouva, dans le cercle du Bas-Rhin, un village dont les habitants parlaient encore le patois de la Marche.

Aubusson possède une salle de spectacle, un cercle littéraire et des bains publics.

Fabriques de draps communs, bouracans, siamoises, tapis de table et de pied. Filatures hydrauliques de laine et de coton; teintureries; tanneries. — *Manufacture royale* de tapisseries de haute lisse et de tapis façon de Turquie.—*Commerce* et entrepôt de sel, que l'on expédie pour les villes environnantes.

A 9 l. de Guéret, 9 l. de Bourganeuf, 17 l. de Clermont, 95 l. de Paris.—*Hôtels* du Lion d'or, du Grand monarque.

AUZANCE. Petite ville située sur un coteau environné d'étangs, près de la rive gauche et non loin de la source du Cher, à 6 l. 3/4 d'Aubusson. Pop. 1,251 hab. — *Commerce* de toiles, fil, chanvre, laines, plumes, cuirs, etc.

BELLEGARDE. Petite ville située dans une contrée agreste, à 2 l. 1/2 d'Aubusson. Pop. 868 hab.

Bellegarde était autrefois une ville fermée de murs, qui n'ont été détruits que vers la fin du siècle dernier; il y a même à peine trente ans que l'on a démoli les deux principales portes.

Cette ville est bâtie dans une situation agréable, sur le penchant d'un coteau, et défendue des vents du nord par la montagne dite du Château, où s'élevait jadis une forteresse détruite, dit-on, par les Sarrasins; une autre montagne, couverte d'un bois taillis, l'abrite des ouragans du sud-ouest, en sorte qu'elle n'a que l'exposition du sud et de l'est : l'air qu'on y respire est pur et très-salutaire; les eaux sont d'une excellente qualité, et il n'est pas rare que la vie s'y prolonge au-delà d'un siècle. On y remarque une tour très-ancienne, qui atteste par sa construction que Bellegarde était très-fortifiée et capable de soutenir un siège.—*Commerce* de grains, cuirs et bestiaux.—Marchés mensuels très-fréquentés.

CHÉNÉRAILLES. Très-ancienne ville, située à 4 l. d'Aubusson. Pop. 1,028 hab.

L'origine de cette ville remonte au temps des Romains, ainsi que le prouvent plusieurs urnes pleines de cendres, de médailles des empereurs Maximien, Gallien, Gordius, Licinius et autres, qu'on y a trouvées. C'était autrefois une ville forte, au milieu de laquelle il y avait une roche élevée, dont le sommet était couronné par un château détruit depuis long-temps, et dont l'emplacement est occupé par l'église paroissiale. Cette ville souffrit beaucoup de la guerre des Anglais, au commencement du XVe siècle, et fut même presque entièrement détruite; mais Bernard et Jacques d'Armagnac,

RUINES DU CHÂTEAU D'AUBUSSON.

comtes de la Marche, la firent reconstruire de l'an 1430 à 1440. Le premier de ces comtes confirma plusieurs priviléges qui avaient été accordés à Chénérailles en 1265, par Hugues XII de Lusignan, dans une charte écrite en vieux langage. En 1592, cette ville soutint un siége pour la ligue ; elle opposa aux royalistes une vigoureuse résistance, ne se rendit qu'après un blocus de huit mois, et lorsque la garnison et les habitants eurent épuisé tous leurs moyens de subsistance.—*Commerce* considérable de bestiaux.

CLAIRAVAUX. Village situé à 5 l. d'Aubusson. Pop. 750 hab. C'était autrefois une ville assez considérable, à laquelle Imbert de Beaujeu accorda diverses franchises en 1270. On présume que cette ville, qui n'est maintenant qu'un triste village, a été détruite lors de l'invasion des Anglais, vers le milieu du XVe siècle.

COURTINE (la). Joli bourg, situé à 7 l. 3/4 d'Aubusson. Pop. 842 hab.—*Commerce* de bestiaux.

CROCQ. Petite ville très-ancienne, située au sommet d'une montagne élevée, sur la Tarde, à 4 l. 3/4 d'Aubusson. Pop. 757 habitants.

Cette ville n'a jamais été considérable par sa population ni par ses établissements ; cependant, sa position, et un château assez bien fortifié, qui la défendait, ont dû la faire regarder dans les temps anciens comme une place de guerre importante. La tradition rapporte qu'elle doit son origine à des soldats de l'expédition de Crocus, roi des Allemands. On ne sait rien de ce qu'elle fut sous les Romains ; sa position porte à croire qu'elle était une des places frontières entre les Lemovices et les Arvernes ; on trouve aux environs des vestiges de monuments d'une haute antiquité, et non loin de là, dans un bois appelé le bois d'Urbe, un dolmin assez bien conservé.

La ville proprement dite fut entourée de murailles au commencement du XVe siècle ; elle s'étendait vers le midi, sur le penchant de la montagne, au sommet de laquelle s'élève le château ; réduite à cette enceinte, ce n'était, à proprement parler, qu'un fort correspondant à celui de Saint-Georges Nigremont, aujourd'hui détruit, et à celui de Sermur, dont la tour s'est parfaitement conservée. L'accès des murailles était défendu par un fossé large et profond qu'on voit encore, quoiqu'il soit à demi comblé. On y entrait par quatre portes.

Dès l'année 1423, les habitants de Crocq avaient obtenu la permission de clore leur ville de murailles, tours et fossés ; et des lettres de Charles VII, de l'année 1426, portent affranchissement de tous subsides pour huit ans, à l'effet de leur donner les moyens de parachever les fortifications, ruinées par le passage des troupes.

En 1592, au commencement du règne de Henri IV, la ville de Crocq fut le berceau d'une insurrection qui s'étendit bientôt dans les provinces voisines, et qu'on ne put réprimer qu'avec des forces considérables, dirigées par d'habiles généraux. Les insurgés envoyaient dans les paroisses des espèces de manifestes ainsi conçus :

« *Communes assemblées.*

« Messieurs, nous vous mettons au rang des
« gens de bien ; voilà pourquoi nous vous prions
« de vous armer incontinent, comme nous,
« pour la juste et sainte occasion que nous en
« avons, et nous empêcherons et éviterons mille
« voleries et assassinats, exactions, pilleries et
« pétardement qu'ont accoutumé de faire par
« cy-devant un tas de voleurs et de brideva-
« ches, et nos bergers garderont nos vaches,
« et nous mangerons notre pain sans être
« plus gênés et tyrannisés, comme nous
« avons été par cy-devant, et ce faisant, nous
« ne pourrons faillir que ne tenions la pro-
« vince en paix sous l'obéissance de Dieu et
« du roi ; vous protestant, où vous n'obéirez
« pas au contenu ci-dessus, que vous nous
« aurez ordinairement sur les bras, et vous
« prendrons tous vos biens. »

Les Croquants furent défaits en 1596, par Chambert ou Chambaut, gouverneur du Limousin, aidé du sieur Albain, gouverneur de la Marche, et du maréchal de Matignon.

En 1771, le chancelier Maupeou fit exiler à Crocq M. Clément Feuillette, l'un des magistrats qui s'étaient le plus signalés par leur opposition aux volontés de la cour. Cet homme respectable passa près de trois années dans cette ville, occupé à y faire exécuter des travaux utiles, auxquels Crocq doit comme une existence nouvelle, et dont la génération actuelle jouit, sans savoir peut-être à qui elle le doit. Il fit ouvrir et achever, à ses frais, la route qui conduit de Felletin à Saint-Avit d'Auvergne, où elle joint la route de Limoges; ouvrage qui coûta plus de 30,000 livres à son auteur. La place qu'on voit au milieu de la ville lui doit son existence, et il avait fondé une rente annuelle pour son entretien. Il fit paver les principales rues, construire une halle, planter d'arbres la promenade publique, et établir des marchés extrêmement fréquentés pour la vente des bestiaux, dans cette partie du département.

L'église paroissiale de Crocq renferme le tombeau de madame de Mont-Laur, qui s'élève à hauteur d'appui entre une chapelle et le chœur; il est recouvert par une pierre très-large et très-unie, sur laquelle on ne trouve aucune inscription ni aucun emblème. Au-dessous de la chaire à prêcher de cette église, on remarque un phallus gravé sur une dalle de pavé; ce qui donne lieu de croire que le culte de Pan, de Faune, de Silvain ou de Satyre, a été autrefois célébré dans ce lieu.

ÉVAUX. Petite ville très-ancienne, située à 9 l. 1/4 d'Aubusson. Pop. 2,445 hab.

Cette ville, ancienne capitale du pays de Combrailles, est située près des limites des départements de l'Allier et du Puy-de-Dôme. Elle est bâtie sur un plateau sec et stérile de sa nature, de 300 mètres d'élévation, qui doit sa fécondité à la culture soignée que lui donnent plusieurs riches habitants qui la composent. Le seigle, le blé noir, l'avoine, la pomme de terre sont les principales productions alimentaires. Parmi les arbres fruitiers, le pommier, le prunier, le poirier, y donnent de fréquentes et bonnes récoltes. Le châtaignier y réussit, quoique moins cultivé. Le pays est coupé de bois, de ravins et de petites rivières; l'air y est sain, quoique la température y soit froide. Son commerce est assez borné; il consiste en toiles, grosses étoffes, grains et bestiaux. La meilleure société, fruit de l'aisance, compose cette petite ville, qui est encore entourée de murs, fermée de portes, et à qui il ne manque, pour devenir célèbre comme jadis, qu'un regard du gouvernement. Quoique chef-lieu de canton et siège d'une justice de paix, elle est déchue de sa splendeur, et pour ainsi dire déshéritée. On trouve, à peu de distance, une mine d'antimoine dont l'exploitation est abandonnée, et qu'il serait utile de reprendre.

Fabriques de cuirs et de pelleteries. — *Commerce* de grains; grosses toiles; chanvre et bestiaux.

EAUX THERMALES D'ÉVAUX [1].

À un quart de lieue nord d'Évaux, et à plus de 200 mètres au-dessus du niveau de la ville, on trouve dans un vallon peu spacieux, borné à l'ouest par une chaîne de montagnes, un établissement d'eaux thermales alimenté par plusieurs sources, dont la découverte paraît remonter à la plus haute antiquité. La forme de quelques bains, les matériaux qui les composent, le ciment qui les lie, un reste de voie romaine d'Évaux à Felletin, passant par la Chaussade, et plusieurs monuments romains découverts à diverses époques, dans des fouilles faites aux alentours, tout annonce que la construction de ces thermes appartient à une époque célèbre de l'ère romaine.

Les eaux d'Évaux sont fréquentées de temps immémorial: des chemins de communication entre elles et les grandes villes, telles que Limoges, ont été reconnus dans un temps où il existait à peine le moindre rapport de communication entre les petites et les grandes villes.

Les sources, au nombre de quinze, coulant la plupart de l'est à l'ouest, et paraissant avoir une origine commune, sont disséminées dans deux bassins et trois bâtiments, qui forment l'établissement thermal. Elles

---

[1]. Nous sommes redevables de cette notice sur Évaux à l'obligeance de M. le docteur Tripier, médecin inspecteur des eaux minérales d'Évaux.

peuvent donner par minute 140 litres d'eau courante et disponible. Ces sources sont la propriété de plusieurs particuliers. Le gouvernement n'a pas formé d'établissement public ni d'hôpital à Évaux, malgré les représentations réitérées de l'inspecteur, et ces eaux sont restées jusqu'à présent livrées à cette vicieuse direction.

L'établissement thermal se compose de trois bâtiments formant un triangle, renfermant chacun huit baignoires creusées dans le roc, ce qui forme 24 bains disponibles par heure dans la saison convenable. Parmi ces bâtiments, celui de Déglande étant le seul qui réunit le logement aux bains, a dû l'emporter sur les autres par la commodité qu'il offre aux malades. Toutes les sources se divisent en celles qui entretiennent le premier bassin, celles qui entretiennent le second, et celles qui coulent dans chaque bâtiment. Les premières, composées de deux sources nommées le puits de César, offrent chacune 48 degrés au thermomètre de Réaumur ; les secondes, qui entretiennent le second bassin, nommées fontaine du Grand-Puits, fontaine des Cornets supérieurs et des Cornets inférieurs, offrent depuis 40 à + 44° de température. Les troisièmes, appelées fontaines des Bâtiments, offrent depuis 36 jusqu'à + 40°. Une petite fontaine isolée des autres, appelée la Petite Fontaine, n'offre que + 24 degrés.

SAISON DES EAUX. Les eaux d'Évaux sont fréquentées pendant deux saisons, depuis le 30 mai jusqu'à la fin de juin, et depuis juillet jusqu'à la fin de septembre. Les cures en juillet et août, époque de la grande saison, sont plus fréquentes en raison de la diaphorèse qu'excite le calorique dont l'atmosphère est pénétrée. Quatre à cinq cents malades de la seconde classe viennent tous les ans chercher dans cet établissement une guérison qui souvent ne se fait guère attendre.

Les promenades, tant à l'entour des eaux que dans les lieux voisins, fournissent une utile distraction aux malades ; le séjour de la petite ville où elles se trouvent sert aux buveurs d'une utile récréation, tant par les agréments des environs que par la réunion journalière de la meilleure société.

On doit visiter, non loin d'Évaux, les ruines du château de la Roche-Aymon, qui a fourni tant de sujets d'aventures romanesques consignées dans la Bibliothèque bleue, et donné son nom à la famille de La Roche-Aymon.

PRIX DU LOGEMENT ET DE LA DÉPENSE JOURNALIÈRE. Le prix du logement, y compris bains et douches et la nourriture, est au plus de 5 fr. et au moins de 2 fr.

TARIF DU PRIX DES EAUX, BAINS ET DOUCHES. Les eaux se boivent gratis ; les bains sont payés de 30 à 60 cent. Les douches se paient 10 centimes.

PROPRIÉTÉS PHYSIQUES. Ces eaux sortent du granit et ont un cours très-rapide : elles sont limpides et transparentes, d'un goût fade, nauséeux, et d'une odeur très-sensible d'œufs couvés quand elles sont chaudes. Lorsqu'elles sont refroidies, leur saveur est légèrement salée ; elles sont grasses, onctueuses au toucher ; un limon composé de débris de conferves et oscillatoires qui s'y plaisent, paraît surnager dans les secondes sources.

PROPRIÉTÉS CHIMIQUES. Les eaux d'Évaux ont été analysées par MM. Tripier et Gougnon. Les sulfate, carbonate et hydrochlorate de soude, la silice, les carbonates de chaux et de magnésie, l'acide carbonique libre, une matière animale restée jusqu'à présent insoluble par la difficulté de l'avoir libre de toute combinaison, et une quantité indéterminée de gaz hydrogène sulfuré, sont les ingrédients qui minéralisent ces eaux. Les premières sources, composées du puits de César, offrent une plus grande proportion de sulfate de soude et d'acide carbonique. Les secondes offrent plus de matière savonneuse animale, et les conferves et les oscillatoires s'y plaisent davantage. La Petite Fontaine est remarquable par une absence totale de matière animale et d'acide carbonique.

PROPRIÉTÉS MÉDICINALES. Les rhumatismes fibreux ou musculaires, les vieux ulcères, les engorgements articulaires indolents, les tumeurs scrofuleuses, les paralysies indépendantes des dispositions apoplectiques, toutes les maladies cutanées, les chloroses, les gastrites, entérites chroniques, sont les maladies qui, soumises à l'action de ces eaux, sont la plupart du temps guéries.

Mode d'administration. On administre les eaux d'Évaux en boisson à la dose d'un verre jusqu'à six, pris de demi-heure en demi-heure et le plus chaud possible, toujours après le lever du soleil; des bains de 28 à 30°, où l'on reste depuis une demi-heure jusqu'à trois quarts d'heure, des douches plus ou moins répétées, suivant l'état du malade, forment tout le mode d'administration de ces eaux.

FELLETIN. Petite ville, située à 2 l. d'Aubusson. Collège communal. ✉ Pop. 3,228 hab.

Felletin est une fort ancienne ville, bâtie dans une situation agréable et riante, sur le penchant d'un coteau au pied duquel coule la Creuse. Elle est désignée dans la Table de Peutinger et dans l'Itinéraire d'Antonin sous le nom d'*Aristodunum*; Vénus y était jadis adorée sous le surnom de Félix, comme principe de la fécondation universelle, dans un édifice curieux, qui aurait mérité d'être conservé, et dont M. de Miomandre, créateur d'une belle manufacture de papier, établie en 1808 dans cette ville, a donné la description. Cet édifice, dont on avait fait une caserne pour des prisonniers autrichiens, a été d'abord incendié; depuis il a été démoli de fond en comble. Il avait servi long-temps d'église paroissiale, et n'était ni de forme ni d'architecture gothiques; c'était un bâtiment à doubles nefs égales, séparées par des piliers très-massifs, qui supportaient la voûte et la partageaient; il s'élevait sur une hauteur où existe aujourd'hui le faubourg de Felletin, et par conséquent était assez éloigné de la ville. On y remarquait autrefois une espèce de clocher qui n'était point sur l'église, mais à côté, ce qui semblerait prouver qu'il n'avait été adapté à l'édifice qu'après sa consécration au culte catholique. Les piliers qui soutenaient la voûte avaient la forme ronde des colonnes, mais sans proportions qui les rattachassent à aucun ordre. En avant de la porte se trouvait une tourelle qui paraissait avoir servi de fanal.

Cette ville est dominée par une haute montagne, sur le sommet de laquelle existait autrefois un château désigné sous le nom de la Tour, où résidait quelquefois Orengarde, comtesse de la Marche, qui affranchit les habitants de Felletin de plusieurs impôts, notamment de celui que les seigneurs de Felletin levaient sur les femmes accouchées; impôt singulièrement odieux, dont la levée avait donné lieu à plusieurs violences de la part des officiers chargés de le percevoir. Orengarde en fit la remise à toutes les femmes, sous la condition de porter, en relevant de couche, une offrande d'huile pour l'entretien de la lampe de l'autel.

En 1128, la ville de Felletin fut presque entièrement consumée par un incendie. Le même malheur la ruina de nouveau en 1248; toutefois elle se releva promptement par son active industrie, et avait déjà, dès le XIVe siècle, des manufactures de draps assez importantes.

Felletin est la patrie de Quinault, poète lyrique, mort à Paris en 1680.

Fabriques de draps, siamoises. Manufactures considérables de tapis ras et veloutés, moquettes, tapis jaspés à rouleaux, qui rivalisent avec les manufactures d'Aubusson. Filatures de laines. Tanneries. Teintureries. Belle papeterie.—*Commerce* de sel, bestiaux. Entrepôt de Lyon et Bordeaux.—*Hôtels* de Saint-Pierre, de Notre-Dame, du Dauphin.

GENTIOUX. Village situé à 6 l. d'Aubusson. Pop. 2,033 hab.

MARTIAL-LE-MONT (SAINT-). Village situé sur la rive gauche de la Creuse, à 3 l. d'Aubusson. Pop. 750 hab. — Exploitation de houille.

NÉOUX. Village situé à 2 l. d'Aubusson. Pop. 1,120 hab. C'était autrefois une assez jolie ville avec un château qui renfermait plusieurs tombeaux d'une haute antiquité, où l'on a trouvé des médailles romaines, des urnes lacrymatoires et plusieurs autres objets.

ROCHE-AYMON (la). Village situé à

FELLETIN.
Manufacture de M. Sallandrouze.

TOUR DE ZIZIM
à Bourganeuf.

un quart de lieue d'Évaux. On y remarque les restes d'un ancien château célèbre par son antiquité, par les aventures romanesques dont il a été le sujet, et par l'ancienne famille à laquelle il a donné son nom.

SERMUR. Bourg situé à 5 l. d'Aubusson. Pop. 800 hab. Il était autrefois défendu par un château fort dont il reste encore une tour construite sur le point le plus élevé du département. Les Anglais se rendirent maîtres de ce château en 1357, où ils mirent tout à feu et à sang.

SULPICE-LES-CHAMPS (SAINT-). Village situé à 3 l. 1/4 d'Aubusson. Pop. 1,143 hab.

VALLIÈRE. Joli bourg situé à 3 l. d'Aubusson. Pop. 2,448 hab.—*Commerce* considérable de bestiaux que l'on élève dans les environs.

ARRONDISSEMENT DE BOURGANEUF.

BÉNÉVENT. Petite ville située à 5 l. 1/2 de Bourganeuf. Pop. 1,422 hab. Elle portait jadis le nom de Segunzelas, et doit le nom qu'elle porte aujourd'hui à une abbaye fondée en 1080, où l'on apporta de Bénévent, en Italie, les reliques de saint Barthélemy. — *Fabriques* de toiles, chandelles estimées, briques, cordages.—*Commerce* de peaux brutes, chiffons, bestiaux, etc.

BOURGANEUF. Petite ville fort ancienne. Chef-lieu de sous-préfecture. Tribunal de première instance. ✉ ⚚ Pop. 2,849 hab.

Cette ville est bâtie dans une position agréable, sur une éminence, près de la rive gauche du Taurion. Elle est célèbre par le séjour qu'y fit le prince Zizim, fils de Mahomet II, qui fut vaincu par Bajazet II, son frère puîné, auquel il disputa la couronne de l'empire ottoman. Le grand-maître de l'ordre de Saint-Jean de Jérusalem, Pierre d'Aubusson, lui avait d'abord donné un asile dans l'île de Rhodes; ensuite, pour le mettre à l'abri des embûches de Bajazet, il le fit passer en France, et l'envoya au château de Rochechinard, en Dauphiné, d'où il fut transféré au grand-prieuré de Bourganeuf, dont Pierre d'Aubusson était commandeur. Zizim, arrivé dans ce lieu, y fut gardé jusqu'au moment où il fut remis, en 1489, entre les mains des agents du pape Innocent VIII. A la mort de ce pape, l'infâme Alexandre VI, son successeur, au lieu de livrer Zizim au roi de France, ainsi qu'il s'y était obligé, l'empoisonna pour 300,000 ducats qu'il reçut de Bajazet. C'est à ce prince ottoman qu'on attribue la construction d'une grosse tour fort élevée qu'on remarque à Bourganeuf et qui porte son nom. Cette tour, toute revêtue de pierres taillées en bossage, est remarquable par sa forme et sa solidité; on a pratiqué dans l'épaisseur des murailles un fort bel escalier tournant, en coquille de limaçon, par lequel on monte jusqu'au sommet, qui est couronné par une plate-forme, que surmonte aujourd'hui une toiture conique. L'intérieur est divisé en six étages; au rez-de-chaussée étaient des bains que le prince Zizim avait fait construire à la manière des Orientaux.

Fabriques de papiers gris et d'impression. Manufacture de porcelaine.

A 7 l. 1/2 de Guéret; 12 l. de Limoges, 93 l. 1/2 de Paris. — *Hôtels* du Soleil-d'or, de la Poste, du Lion d'or.

JANAILLAC. Village situé à 4 l. de Bourganeuf. Pop. 1,250 hab. C'est la patrie de Tristan l'Ermite, auteur dramatique du commencement du XVIIe siècle; on a de lui un roman intitulé *le Page disgracié*, où il a retracé les divers événements dont sa vie fut agitée. C'est à lui qu'on applique ces vers de la première satire de Boileau :

Mais, qui n'étant vêtu que de simple bureau
Passe l'été sans linge et l'hiver sans manteau.

MAUSAT. Village situé à 1 l. de Bourganeuf. Pop. 440 hab. On remarque aux environs de ce village les vestiges d'un édifice romain où l'on a trouvé plusieurs urnes remplies de cendres, et les débris d'une mosaïque grossièrement exécutée.

PONTARION. Joli bourg situé sur le Taurion, à 2 l. 1/2 de Bourganeuf. Pop. 304 hab. On y remarque des souterrains spacieux, dont les voûtes sont soutenues par des piliers d'une grosseur extraordinaire, et les ruines d'un pont que l'on croit de construction romaine.

ROYÈRE. Bourg situé à 5 l. 1/2 de Bourganeuf. Pop. 2,306 hab. — *Commerce* de bestiaux.

ARRONDISSEMENT DE BOUSSAC.

BORD-SAINT-GEORGES. Village situé à 3 l. de Boussac. Pop. 900 hab.

Cette commune possède plusieurs restes d'antiquités. Au bas d'une éminence, nommée la Roche-de-Beaume, près du sommet de la montagne de Toulx, on a trouvé les restes d'un bâtiment, recouvert de quelques pouces de terre végétale, qui annoncent un édifice carré dont chaque face avait près de 60 pieds de longueur. Après la porte d'entrée était un vestibule demi-circulaire de 24 pieds de diamètre, au fond duquel régnait un corridor de 4 pieds de large, communiquant à un autre par où on faisait intérieurement le tour de l'édifice. On voit aussi près de ce village de longs boyaux de 60 à 80 pieds de profondeur, creusés dans le tuf et taillés en voûte : les plus grands ont à peine 3 pieds de largeur sur environ 5 pieds de hauteur ; ils ont des branches latérales ; presque tous ont une sorte de puits à leur extrémité inférieure, où l'on trouve assez ordinairement de l'eau en toute saison. Ces cachettes sont très-souvent sous une masse de terre de 12 pieds d'épaisseur, et par conséquent difficiles à rencontrer : elles servaient non-seulement à cacher les peuples, poursuivis par l'ennemi lorsqu'ils n'étaient pas les plus forts, mais encore d'embuscade pour surprendre ces mêmes ennemis.

BOUSSAC. Petite ville fort ancienne. Chef-lieu de sous-préfecture dont le tribunal de première instance est à Chambon. ✉ Pop. 879 hab.

Cette ville est dans une situation des plus pittoresques, au milieu d'une gorge entourée de montagnes, de rochers et de précipices, au confluent du Véron et de la petite Creuse. Elle est bâtie sur un rocher très-escarpé, entourée de murailles flanquées de tours, et dominée par un ancien château, qui existait, à ce que l'on assure, avant Léocade, sénateur romain, prince de Déols et premier seigneur de Boussac. Jean de Brosses, maréchal de France, ajouta de nouvelles constructions à ce château en 1400. Cet édifice, situé sur le sommet d'un rocher extrêmement élevé au-dessus de la petite Creuse, offre un des sites les plus remarquables du département ; sa position, ses remparts, ses tours en faisaient une des plus fortes places du XVe siècle ; les appartements en sont très-vastes ; les murs, construits en pierres de taille, ont partout dix pieds d'épaisseur ; au rez-de-chaussée est une très-grande salle des gardes ; à droite et à gauche sont deux superbes escaliers, qui communiquent à des galeries dont il n'existe plus que quelques parties ; au milieu se trouve un troisième escalier qui aboutit à la salle de réception, où l'on voit d'anciennes tapisseries turques, qui meublèrent les appartements de l'infortuné Zizim lorsqu'il habitait la tour de Bourganeuf.

Ce qui forme aujourd'hui l'enceinte de Boussac était la place d'armes du château. Les rues de cette ville sont étroites, très-escarpées, et bordées de maisons généralement mal bâties ; on n'y parvient en voiture que par un seul chemin fort étroit.

Commerce de chevaux et de bestiaux. Tanneries et mégisseries. — A 9 l. de Guéret, 83 l. de Paris.

CHAMBON. Petite ville très-agréablement située, dans un bassin fertile, sur la Vouise, un peu au-dessus de son confluent avec la Tarde, à 6 l. de Boussac. Tribunal de première instance de l'arrondissement. ✉ Pop. 1,136 hab.

Suivant M. Baraillon, auteur de Recherches historiques sur le département de la Creuse, Chambon était la capitale des Cambiovicenses, peuple indiqué dans la Table de Peutinger. C'est l'endroit de Combrailles où il existe le plus de traces du peuple dont il fut le chef-lieu : on y voit un temple carré, solidement construit en pierres taillées, tourné au midi, et qui dans l'origine était ouvert par le haut ; les Romains y ajoutèrent une voûte, ainsi que l'attestent les briques qu'ils y employèrent : on a découvert dans l'épaisseur des murailles un escalier dérobé, qui devait servir à plus d'un usage. Ce temple, qui n'offre intérieurement que 32 pieds de long sur 21 de large, fait aujourd'hui partie de l'église de Sainte-Valerie, et forme la chapelle de cette patrone. Au VIe siècle, Chambon jouissait d'une si grande réputation comme ville forte, qu'on y transporta de Limoges les reliques de sainte Valerie, afin de les soustraire à la rapacité de Chilpéric, qui ravageait le Limousin. Dans les fouilles faites en 1805, on a trouvé les fondations de l'enceinte d'un château fort, qui occupait le terrain que couvrent aujourd'hui la maison commune et la promenade publique.

Lors de la guerre de la Praguerie, Charles VII fit assiéger Chambon par Xaintrailles et plusieurs autres seigneurs, qui avaient 10,000 hommes sous leurs ordres. La ville fut prise de vive force ; tous les habitants qui s'échappèrent se réfugièrent dans la tour dite de l'Horloge, et payèrent cent marcs d'argent pour leur rançon. — *Commerce* de bestiaux. Tanneries et corroieries.

CHATELUS. Joli bourg, situé à 4 l. de Boussac. Pop. 1,094 hab. Il était autrefois défendu par un château qui fut pris sur les ligueurs par le gouverneur de la Marche d'Abeine, en 1591.

JARNAGES. Jolie petite ville, bâtie dans une agréable situation, à 5 l. de Boussac. Pop. 845 hab. Elle était autrefois fortifiée, et fut prise en 1591, pendant les guerres de la ligue. — *Commerce* de bestiaux, beurre et fromages estimés.

GOUZON. Petite ville située sur la Vouise, à 5 l. de Boussac. Pop. 1,300 hab.

LEPAUD. Joli bourg, situé sur une hauteur, à 4 l. de Boussac. Pop. 450 hab. On y voit un ancien château, bâti en briques, où fut exilée en 1662 Mlle de Montpensier après avoir fait tirer le canon de la Bastille sur les troupes de la cour.

SORNIN (SAINT-). Village situé à 5 l. 1/2 de Boussac. Pop. 250 hab. On y voit les ruines d'une forteresse bâtie par les Romains, et rétablie en 1130 par Guillaume IX, duc d'Aquitaine ; ce qui lui fit donner le nom de Château-Guillaume.

SOUMANS. Village situé à 3 l. de Boussac. Pop. 1,000 hab. On voit aux environs les restes d'un vaste camp romain, qu'il n'est pas permis de confondre avec d'autres que l'on attribue si gratuitement à cette nation. Dans une plaine entre Soumans et la Belle Faye, se trouvent un dolmin et un menhir, situés à dix ou douze pieds l'un de l'autre.

TOULX-SAINTE-CROIX ou **TOULL.** Village situé à 2 l. 1/2 de Boussac. Popul. 1,200 hab.

Ce village est célèbre par l'antique cité de Toulx dont on voit encore les ruines sur le sommet de la montagne, et par des monuments précieux d'antiquités celtiques et romaines. La ville avait six portes, dont quatre répondaient à autant de chemins bien pavés, de quatre mètres de large, qui conduisaient à des villes fort anciennes : Ahun, Argenton, Château-Meillant et Chambon. Les maisons n'étaient bâties que de terre végétale, de tuf ou d'argile non gâchée ; les édifices n'étaient éclairés que par l'ouverture de la porte, dont on voit encore le seuil, les montants, le linteau, sans traces de gonds ni de crapaudines. Ces cases étaient entassées sans ordre et très-serrées ; les rues, dont il reste à peine quelques traces, avaient au plus dix à douze pieds de large. Dans l'intérieur de la ville, on remarque un puits antique, dont la margelle est en partie usée, et qui est presque comblé ; les restes d'une forteresse de forme ronde, et ceux d'un temple formé par une double enceinte carrée.

Cette ville de Toulx a dû être très-considérable; si l'on en juge par l'immense quantité de décombres qui couvrent le sol, par ceux qui sont encore enfouis, et par ceux que, depuis tant d'années, on enlève pour des constructions particulières. Non-seulement le haut de la montagne offre des vestiges d'anciens bâtiments, mais on en découvre encore beaucoup aux environs, particulièrement sur le mont Chabrut et sur le territoire de Roussières. Beaucoup de souterrains existent dans la montagne de Toulx et paraissent communiquer entre eux. Le cimetière offre différents genres de tombeaux, parmi lesquels plusieurs ont les caractères romains; d'autres sont évidemment du moyen âge ou des premiers temps du christianisme.

Aux environs de Toulx se trouvent d'autres antiquités : ce sont les pierres d'Ep-Nell : la plus grosse, connue sous le nom de Rocher de la Grange, a 42 pieds de longueur sur 15 de hauteur et 12 de largeur; elle domine toutes les autres; à sa gauche, on voit un dolmen imparfait. A une demi-lieue de là, sur le mont Borlot, sont les pierres Jomatlir, en tout semblables à celles d'Ep-Nell. Le plateau de la même montagne est dominé par une énorme pierre debout, de forme pyramidale, que surmonte une espèce de boule; c'est une statue informe dont la boule, où l'on reconnaît une bouche et des yeux, a dû figurer la tête.

FIN DU DÉPARTEMENT DE LA CREUSE.

IMPRIMERIE DE FIRMIN DIDOT FRÈRES,
RUE JACOB, N° 24.

Guide Pittoresque
DU
VOYAGEUR EN FRANCE.

ROUTE DE PARIS A TOULOUSE,

TRAVERSANT LES DÉPARTEMENTS

DE SEINE-ET-OISE, DU LOIRET, DU CHER, DE L'INDRE, DE LA CREUSE, DE LA HAUTE-VIENNE, DE LA CORRÈZE, DU LOT, DE TARN-ET-GARONNE, DE LA HAUTE-GARONNE, ET COMMUNICATION AVEC LE DÉPARTEMENT DE L'ARIÉGE.

DÉPARTEMENT DE LA CORRÈZE.

Itinéraire de Paris à Toulouse,

PAR MONTARGIS, BOURGES, LIMOGES, TULLE ET MONTAUBAN, 182 LIEUES.

	lieues.		lieues.
De Paris à Nogent-sur-Vernisson (route de Chambéry)	32	Limoges	3
Gien	5	Pierre-Buffierre	3
Argent	4 1/2	Magnac	3
La Chapelle-d'Angillon	5	Masseré	2 1/2
Grangeneuve	3	Uzerche	4 1/2
Bourges	4 1/2	Saint-Pardoux	4
Saint-Florent	3 1/2	Donzenac	3
Chorost	2	Brives	3
Issoudun	3	Cressensac	5
Neuvy-Pailloux	3	Souillac	4
Châteauroux	3 1/2	Payrac	5
Lottier	4	Pont-de-Rodes	5 1/2
Argenton	3 1/2	Pélacoy	5 1/2
Le Fay	4	Cahors	4 1/2
Rodes	3	La Madeleine	6
La Ville-au-Brun	2	Caussade	4
Morterol	5	Montauban	5 1/2
Chanteloube	4	Grisolles	5
La Maison-Rouge	4	Saint-Jory	3
		Toulouse	4 1/2

Communication de Toulouse à Foix, 19 l. 1/2.

	lieues.		lieues.
De Toulouse à Viviers	6 1/2	Pamiers	3 1/2
Saverdun	5	Foix	4 1/2

58ᵉ Livraison. (CORRÈZE.)

ASPECT DU PAYS QUE PARCOURT LE VOYAGEUR,

DE MASSERÉ A CRESSENSAC.

La route suit le sommet de la montagne où est bâti le village de Masseré, et descend ensuite rapidement dans un vallon pour remonter une côte assez longue qui conduit au hameau de Saint-Georges. Après ce village, on franchit la montagne de la Terrasse, que l'on descend par une pente roide, d'où l'on jouit d'un coup d'œil pittoresque sur la ville d'Uzerche, où l'on entre par le faubourg Sainte-Eulalie, à l'extrémité duquel on passe la Vezère. En sortant de cette ville, de continuelles montées et descentes conduisent à Saint-Pardoux, à travers un pays entrecoupé de champs diversifiés de culture, de prés, de châtaigneraies et de vignobles. On passe ensuite à Donzenac, petite ville bâtie dans une situation pittoresque, au sommet d'un coteau planté de vignes et entouré de prairies. La longue descente par laquelle on quitte cette ville, conduit, en tournant la montagne, à un pont de pierre sur lequel on traverse le Momont, dont le vallon frais, verdoyant, et bordé de charmants coteaux, offre le plus riant paysage. On laisse, à gauche, la route de Brives à Tulle, et l'on passe la Corrèze sur deux ponts avant d'entrer à Brives, ville située de la manière la plus gracieuse, dans un joli vallon tapissé de prairies, et entourée de collines boisées et de coteaux couverts de vignes. Au sortir de Brives, la route offre plusieurs sinuosités qui conduisent à la partie supérieure d'une montagne aussi agréable que pittoresque, où l'on remarque plusieurs habitations creusées dans le roc. Au sommet de la côte, se présente le bourg de Noailles, dont le château gothique domine la route, qui, après plusieurs montées et descentes, entre dans une plaine parsemée de garennes, et se prolonge jusqu'à Cressensac. Un peu avant ce village, on passe du département de la Corrèze dans celui du Lot.

DÉPARTEMENT DE LA CORRÈZE.

APERÇU STATISTIQUE.

Le département de la Corrèze est formé du ci-devant Bas-Limousin, c'est-à-dire de tout le ci-devant diocèse de Tulle et d'une partie considérable de celui de Limoges. Il tire son nom de la rivière de Corrèze, qui y coule en partie du nord au sud, en tirant un peu à l'ouest. — Ses bornes sont : au nord, les départements de la Haute-Vienne et de la Creuse; à l'est, ceux du Puy-de-Dôme et du Cantal; au sud, celui du Lot; et à l'ouest, celui de la Dordogne.

Le département de la Corrèze gît sur le versant occidental des montagnes qui, groupées au centre de la France, forment un point moyen entre la Méditerranée et l'Océan. Terrain de transition entre les plaines de l'ouest et du sud de ce royaume vers lesquelles il s'allonge, et les montagnes de l'Auvergne dont il se détache, ce pays tend à s'identifier de configuration avec ces deux localités géographiques. Profondément déchiré du nord-est au sud-ouest, et mamelonné sur une grande partie de sa surface, il offre des plans saillants et d'une grande élévation, par opposition à des plans inférieurs et profonds : par les premiers, il reproduit l'Auvergne; par les seconds, il rappelle les plaines de l'ouest et du sud. Trois rivières principales, produit d'affluents nombreux dérivés de ces plans inclinés, parcourent trois vallées d'une médiocre ouverture. Ces rivières se dirigent dans le sens des déchirures, du nord-est au sud-ouest. Un groupe de montagnes détaché domine, au nord, le département. Le pays est nu sur ses points les plus culminants, boisé ou cultivé à mi-côte : dans les vallées, il est riche en prairies; mais cette similitude du département de la Corrèze avec les régions limitrophes, désignées plus haut, ne se borne pas seulement à la configuration du sol, elle s'étend aussi à beaucoup d'autres conditions physiques. —Les montagnes, encore mal explorées, renferment des grottes curieuses, parmi lesquelles nous citerons celle de Nouars, vaste caverne ornée de stalactites brillantes et de tout le luxe des cristallisations naturelles. Cette grotte, qui a été découverte en 1831 dans la

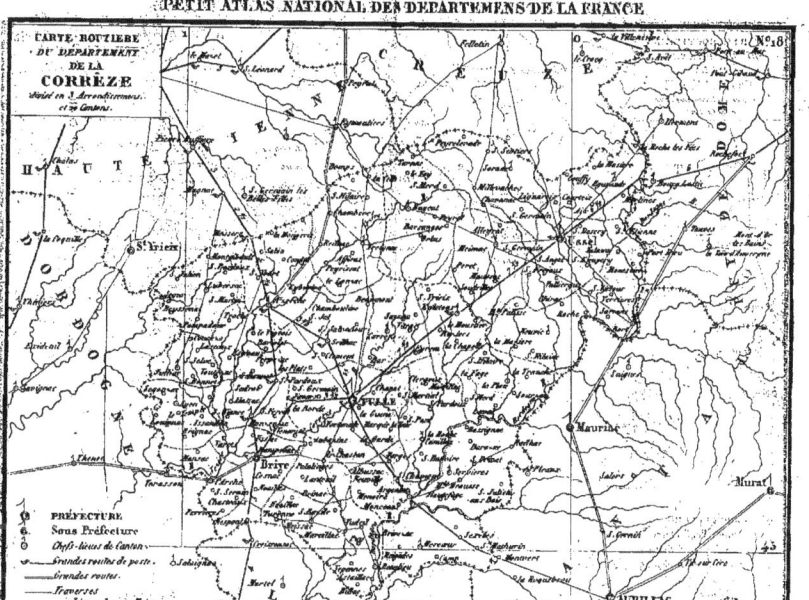

belle vallée du Puy-d'Arnac, s'étend à plus d'une demi-lieue sous terre, pour la partie seulement reconnue : on y entre par une ouverture située au milieu des vignes.

On donne le nom de Monaidières à un groupe de mamelons supérieurs qui surgissent brusquement dans le nord du département. Ce système de montagnes est formé par une ramification détachée du Mont-Dore, qui arrive sur la région par une ligne presque constamment droite, s'arrête dans le nord pour y former une agglomération monumentale, dont toutes les parties se rallient et se rattachent au Succome; puis s'abaissant tout à coup autour de ces divers mamelons, elle va, par des branches nombreuses, enlacer le pays dont elle peut être considérée comme l'ossature. Lorsqu'après avoir traversé les vallées et les plateaux moyens qui conduisent à ces montagnes, où l'on a tour à tour rencontré des arbres de grandes proportions et la végétation herbacée la plus fraiche et la plus variée, l'on arrive au pied du Succome. On est surpris par les nouvelles nuances qui se présentent dans la physionomie des végétaux. Là, une autre végétation commence, c'est la végétation alpestre. Du pied du Succome jusqu'au dernier tiers de la pente rapide par laquelle on y arrive, on ne trouve plus que le terne et uniforme gazon de la barbe de bouc. Le dernier tiers de ce plan ascendant et tout le sommet du Succome présentent une épaisse forêt d'espèces ligneuses humbles, telles que le petit chêne, le houx, le petit hêtre, le coignassier. Les changements qu'offre la température sont encore bien autrement remarquables. Si l'on fait son ascension par une journée chaude d'été, accablé de chaleur, accablé de lassitude par la marche, l'on est agréablement surpris, en arrivant sur le Succome, d'y rencontrer un temps doux et des vents frais dont la bénigne impression rappelle la température du printemps. Mais si c'est en hiver, à moins d'un jour sec et serein, on est plongé dans les nuages : c'est là leur patrie; ils y arrivent dans toutes les directions, s'y croisent dans tous les sens; on en est environné, saisi, enlacé; bien heureux si l'air n'est pas agité, car alors, condensés et poussés violemment par le vent, ils abordent impétueusement le Succome, imitant un véritable courant de mer, renversent tout par leur force, contristent tout par l'intensité de leur froideur. Le malheureux voyageur a dans ce moment beaucoup de peine à résister et à la fougue de leur course qui enlève, et à la pénétration de leur humidité froide qui congèle, coupe la respiration, désarme et laisse sans défense contre cette tempête terrestre. Mais lorsqu'on est doucement échauffé par la température d'automne, éclairé par cette lumière la plus propice aux émotions, on contemple sans péril et à l'aise la magnifique perspective qui circonscrit de toutes parts. On voit à l'orient, sur la dernière ligne de l'horizon, s'élever majestueusement les Monts-Dore et les Monts du Cantal, en ce moment couverts de neige. Ils tranchent vivement et par leur énorme saillie et l'éclat de leur blancheur sur les surfaces environnantes. A la hardiesse de leurs plans, à leurs pointes coniques, à leurs crénelures, à la ligne frangée qui les borde, aux jeux variés et magiques que produisent sur ces masses de neige les jets d'une lumière étincelante, aux traces de feu qu'elle laisse au milieu de leurs ombres légères, on les prendrait pour des palais aériens, habités par des fées. Au sud, surgit le Roc-de-Vic, masse tronquée, enluminée d'une couleur noire uniforme, d'un aspect sévère et triste, qui semble dire par sa seule physionomie, sans qu'il soit besoin d'aucune tradition, tout ce qu'elle vit et tout ce qu'elle fut. A l'ouest, le sol se déchire pour laisser couler deux rivières principales et les nombreux affluents qui vont les grossir. On aperçoit les sinuosités de leurs cours, surmontées de redans de figures variées, mais tous d'un aspect sauvage. On aime à compter les plans infinis qui séparent de l'horizon. Une gradation admirable de lumière qui les obscurcit près du spectateur, pour les éclairer à mesure qu'ils le fuient, et les rendre presque transparents lorsqu'ils approchent de la ligne du ciel, met à découvert leurs masses, leurs contours, fait sentir toutes leurs relations, et ressortir jusqu'aux légères nuances qui les différencient. Sur une vaste scène, une immense lumière profuse qui se modifie de mille manières, se combine en tout sens pour offrir le magnifique et magique tableau de toutes ses illusions. Au nord s'avance, comme un ennemi menaçant, la ligne majestueuse des Monaidières; elles se forment aussitôt en mamelons saillants qui, à l'instar de nombreuses forteresses, semblent être posés sur le sol pour l'occuper et en défendre la possession.

Dans toute sa partie nord, à l'est, et dans une partie de l'ouest, le sol est formé de roches primitives; les variétés principales de ce gisement sont le granit blanc, le gris, le rosacé, et le quartz. A l'ouest et au sud se trouvent des carbonates de chaux de plusieurs variétés. Les terres se présentent sous trois grandes divisions : 1° les terres rouges de nature argileuse, onctueuses, tenaces, retenant fortement l'humidité et les eaux, d'un travail pénible et long, mais d'une grande fertilité; 2° les terres gris-blanc de composition siliceuse, légères, faciles à soulever et à apprêter, filtrant aisément les eaux, d'une médiocre production; 3° les terres noires, d'une nature à peu près semblable aux précédentes, ayant les mêmes propriétés, les moins propres de toutes à la végétation. A l'est, il existe et on exploite un dépôt de fossile végétal. On trouve dans certaines localités à gisement de quartz, de beaux cristaux de ce minéral. Il y en a deux variétés : le quartz blanc et le quartz rosacé. Certains endroits présentent des blocs énormes de granit blanc-noir maculé, affectant presque tous la forme sphéroïdale; on a peine à deviner comment ces masses, qui évidemment n'ont pu être formées en ces lieux dont elles sont complétement détachées, et dont elles diffèrent toujours par la composition, ont pu être séparées des grandes stratifications granitiques du sol, et transportées, lorsque rien au voisinage ni au loin n'indique la trace des volcans; ce phénomène, dont les vestiges sont si fréquents en Auvergne, n'en a laissé aucun ici. Le pays ne paraît avoir été submergé par la mer que sur un seul point, au sud, dans la commune de Turenne, où l'on trouve, à fleur de terre, des fossiles animaux, coquillages bivalves et univalves, de toutes les proportions; quelques-uns ne sont presque pas encroûtés, et reproduisent assez nettement leurs formes originelles.

Le département de la Corrèze, quoique placé au midi de la France, a pourtant une température fraîche, occasionnée par les plans élevés de son sol et les nombreux cours d'eau qui le parcourent dans tous les sens. Cette vaste surface liquide sature incessamment l'atmosphère de vapeur d'eau, ce qui fait que ce pays est éminemment sujet aux gelées blanches, et à en toute saison des nuits d'une fraîcheur excessive. Cette condensation de vapeur est surtout appréciable le long des cours d'eau, où, dessinant, la nuit, sur un plan aérien, et leurs sinuosités et leurs volumes, elle présente à l'observateur surpris une image tout à fait pittoresque. Au nord, à l'est, et dans une partie de l'ouest, là où gisent les grandes stratifications granitiques, les eaux sont fraîches et vives, d'une limpidité extrême, presque réduites à l'état de pureté de l'eau distillée; ce n'est qu'à l'ouest et au midi qu'elles commencent à se charger de substances salines. Le thermomètre s'est rarement abaissé au-delà de — 10° R.; son terme moyen en hiver est + 1° R., au-dessous de zéro. En été, la plus grande ascension a été de + 31° R. Son terme moyen, dans cette saison, est de 18° à + 20° R.; mais à cet égard, dans une région où les localités ont des différences si sensibles et dans les élévations et dans les expositions, ce que je dis n'est que l'expression d'un terme très-général et très-abstrait, et s'applique plus spécialement à la météorologie de la ville de Tulle. Cette restriction porte aussi sur l'observation barométrique qui, dans la localité de Tulle, a présenté des variations peu remarquables entre les limites 27 et 29.—L'état électrique tend sans cesse à l'équilibre; et cette distribution météorologique est à la fois due à la constitution humide de l'atmosphère et à la configuration aiguë d'une infinité de points du sol.—Les vents dominants sont ceux du nord et du sud; le vent nord y amène les temps sereins, et le vent sud les jours nuageux, les pluies et les orages. Les équinoxes y sont vivement sentis; ils sont froids, pluvieux, venteux, et font de ces deux saisons l'époque dominante des maladies.

Il est peu de localités en France qui offrent une botanique aussi variée et aussi riche que celle du département de la Corrèze; et ce luxe de végétation il le doit à l'abondance de ses eaux, à l'élévation de son sol et à la diversité de ses expositions; deux grandes familles paraissent cependant y être en majorité et dominer toutes les autres : ce sont les graminées et les labiées. Les graminées, dont les espèces sont très-multipliées, forment le fond des pâturages qui tapissent les vallées. Les labiées se rencontrent à mi-côte et dans les expositions sèches. Après ces deux familles, celle des liliacées prédomine par le nombre, on les rencontre dans les fonds humides et sur quelques points culminants; l'asphodèle et les espèces les plus élégantes des orchis s'y font remarquer. Les ombellifères et les renonculacées fournissent des espèces dangereuses, telles que la ciguë vulgaire, la renoncule des prés, la renoncule à feuille d'aconit, la renoncule des marais, et la renoncule flottante : mais ces plantes, à raison de la grande quantité d'eau dont elles s'imprègnent sur ce sol humide, se trouvent tellement altérées dans leur principe vénéneux, que leurs tiges peuvent être broutées impunément par beaucoup de quadrupèdes. La botanique compte encore des espèces très-variées : les mousses, les lichens, les fougères et les champignons, dont les espèces vénéneuses sont sans aucun danger, par la connaissance familière qu'en ont tous les habitants. On y cultive grand nombre de céréales : le seigle, le froment, l'avoine, l'orge, etc., etc. Le seigle, susceptible, comme toutes les autres céréales sus-désignées, d'une carie noire qui lui donne une saveur amère, est exempt de cette altération dangereuse et morbifique, éprouvée dans d'autres pays et connue sous le nom d'ergot. Dans les grands végétaux, l'on y rencontre trois arbres de haute futaie : le châtaignier, qui donne un fruit nourricier et qui occupe une vaste étendue de pays, connue sous le nom de châtaigneraie; le noyer, qui se trouve dans les fonds humides, et le chêne, qui croît dans les lieux secs. Un phénomène assez remarquable, et qui n'est pas rare dans la végétation du pays, c'est la carbonisation spontanée du châtaignier. La vigne est cultivée dans le sud et une partie de l'ouest du département, et donne un assez bon raisin qu'on convertit en un vin de médiocre valeur.

Dans ses parties basses et humides, ce pays est susceptible de nourrir tous les grands herbivores du climat de la France; les parties sèches et élevées ne sont propres qu'à la tenue du mouton et de la chèvre. La classe des bêtes fauves n'y renferme que le sanglier, le loup et le renard. L'humidité du sol favorisant beaucoup la production des reptiles, cet ordre y est très-nombreux : on y rencontre une variété considérable de couleuvres; la vipère y est très-rare. L'ornithologie est belle et variée. Indépendamment des espèces indigènes, de nombreuses espèces étrangères y viennent, l'hiver, chercher un climat plus doux; d'autres, en été, une région plus fraîche.

Le sol de la Corrèze est en général médiocre sous le rapport des productions. On trouve, dans la partie vignoble, quelques vallons, tels que ceux de Brives, de Saint-Antoine et d'Objat, où le terrain est riant, riche et productif; mais ces expositions ne sont pas très-nombreuses. On doit, au reste, pour se faire une idée juste de la fertilité ou de la stérilité du territoire, diviser le département en deux parties, celle qu'on appelle la Montagne et celle qu'on appelle le Pays bas. La première division comprend tout l'arrondissement d'Ussel et la majeure partie de celui de Tulle; la seconde se compose du surplus de l'arrondissement de Tulle et de celui de Brives.

Dans la première division, la Montagne, on ne rencontre que monts, vallées, torrents ou rivières; le sol, que recouvre fort peu de terre végétale, est cependant assez productif en seigle, avoine, sarrasin, chanvre et lin; on y sème aussi du blé de mars qui donne un pain léger et nourrissant. La vigne, qui réussit assez bien dans tout l'arrondissement de Brives, ne végète là qu'avec peine; si elle parvient à produire un petit nombre de grappes, elle ne peut que bien rarement leur donner la maturité propre à en faire du vin. Les fruits, d'ailleurs peu abondants, y sont de médiocre qualité; on trouve quelques noyers dans les meilleurs terrains et les positions les plus favorables, mais leur forme rabougrie, leur air languissant, prouvent assez qu'ils ne sont pas dans une bonne terre. Le châtaignier réussit cependant assez aux environs du bourg de Neuvic et dans les aspects du midi; mais l'on n'en trouve point dans le reste de l'arrondissement d'Ussel; et lorsqu'on y en plante par curiosité, ils ne donnent pas de fruit. En général, on peut estimer que la moitié du territoire qui compose la première division, appelée la Montagne, est couverte de bruyères stériles; mais si leur aspect offre un coup d'œil fâcheux, en récompense on rencontre des terres bien cultivées et de bonnes prairies à l'approche des villes et des villages. Les terrains incultes et élevés fournissent une excellente pâture pour les bêtes à laine; aussi sont-elles plus multipliées et plus belles dans l'arrondissement d'Ussel que dans toute autre partie du département. Les cantons les plus estimés pour cette espèce de bestiaux, sont ceux de Meymac, de Sornac, de Bugeat.

La deuxième division du territoire, que l'on appelle le Pays bas, située au midi et à l'ouest, dans un climat beaucoup plus tempéré et même assez chaud, est aussi la portion la plus belle, la plus riche et la plus populeuse. Elle contient des vignobles considérables dont la qualité varie suivant les localités. A ces principaux avantages, dont la nature a doté cette partie du département, il faut joindre ses autres productions céréales, telles que froment, seigle, orge, avoine, maïs, sarrasin, indépendamment des fruits de toute espèce et d'une excellente qualité.

La culture des prairies artificielles est peu connue et point en usage dans le département de la Corrèze, mais les prairies naturelles y sont multipliées; elles sont plus substantielles, nourrissent mieux les bestiaux dans l'arrondissement de Brives et partie de celui de Tulle où l'on en élève de fort belle race dont on se sert pour labourer la terre, et qu'on engraisse pour Paris. Elles sont plus étendues, mais moins bonnes dans l'arrondissement d'Ussel où les gros bestiaux sont, en général, maigres et faibles. Les animaux de belle race qu'on y transporte de la partie méridionale, dégénèrent et finissent par s'y dégrader. Il en est tout autrement des bêtes à laine : elles y prospèrent mieux que partout ailleurs, parce que sans doute elles y trouvent, sur les montagnes et sur les collines, une pâture plus analogue à leur espèce. Les cantons les plus estimés pour ce genre de pâturages, et où les moutons sont d'une plus belle nature que dans le reste du département, sont ceux de Meymac, Sornac et Bugeat : on y trouve de très-beaux individus de cette espèce de bestiaux, et l'on a lieu de croire que les mérinos s'y acclimateraient très-bien, si on les y introduisait.

Les habitants de l'arrondissement d'Ussel ont réussi à suppléer à la maigreur de leurs prairies par la culture de la rave, qui sert à engraisser les bestiaux ; cette production nourricière supplée aux régions, qui manquent entièrement dans un climat où les prairies ne donnent, chaque année, qu'une tardive et faible récolte qui ne suffit pas à la provision de l'hiver. Mais si l'on rencontre, dans l'arrondissement d'Ussel, beaucoup de stériles bruyères qui en couvrent plus de la moitié, nous avons dit qu'on trouvait, surtout près des villes, de bonnes prairies qui nourrissent des bestiaux d'une belle espèce, mais en trop petite quantité.

MŒURS ET USAGES. Le peuple de la Corrèze est doux, bon, patient, pacifique. Il était cité, dans les états de justice de 1825, comme le département français qui avait le moins commis de crimes, proportion gardée avec sa population. Lent au travail, et ménager de ses forces, il en abuse rarement ; il est sobre, et propre à supporter beaucoup de privations. Timide, circonspect et défiant, il réunit néanmoins à beaucoup de précision dans l'esprit beaucoup de finesse. Froid et peu susceptible d'enthousiasme, il vise plus à la justesse qu'à la chaleur et à l'entraînement de l'expression. Aussi, lorsque toutes les langues élémentaires, comme la sienne, présentent de nombreuses traces et des fragments entiers de cette poésie vulgaire qui n'a besoin que de l'imagination pour se produire, on n'en trouve aucun essai dans la sienne, et l'on reconnaît aisément, aux adages, aux proverbes et aux sentences dont il l'a parsemée, l'esprit fin et réfléchi du peuple qui s'en sert. Il est sincèrement religieux et tolérant, quoique superstitieux. La religion est un besoin pressant pour lui : il l'implore à tout instant, comme espérance et comme consolation. Par son aide, il se soumet à tous les maux ; et cette résignation profonde qu'elle lui inspire, explique naturellement cette incurie et cette insensibilité assez générales qu'il témoigne pour ses propres calamités.

Tributaire, comme tout ce qui a vie, des lieux qui l'ont vu naître, l'homme de la Corrèze présente dans son organisation, comme dans la géographie de son sol, deux grandes divisions. Sur les montagnes, il est fort, élevé en taille, bien musclé et apte aux travaux pénibles. Dans les vallées, il diminue de volume ; il est mieux pris, mieux tourné, plus propre aux travaux qui demandent de l'adresse qu'à ceux qui exigent de la force et de la peine.

Le pays, peu peuplé sur les montagnes par le double effet de la stérilité du sol qui fait languir la reproduction, et de l'émigration annuelle de la portion adulte de ses habitants, offre une population assez compacte dans les vallées, où une plus grande fertilité favorise la génération et attache l'homme au pays. Prise en masse, cette population est petite comparativement à celle des autres départements français, et susceptible d'une vaste augmentation d'hommes, qui peut aisément se déployer sur les surfaces stériles du pays.

Les aliments du campagnard sont le seigle, le sarrasin, l'avoine, la pomme de terre, la châtaigne, le laitage, etc., etc., et une infiniment petite quantité de viandes salées. Sous l'influence de cette nourriture féculente, l'homme se présente sain, frais, bien musclé, mais dépourvu généralement de ces constitutions sèches que donne l'usage constant de la chair. L'habitant des montagnes a pour boisson unique l'eau, qui est d'une fraîcheur et d'une saveur exquises. Celui des vallées méridionales ajoute à ses eaux salines, saumâtres, chaudes et stagnantes, le vin, dont l'usage y est général. La stimulation gastrique est peut-être trop faible dans les montagnes, où l'homme ne mange presque pas de viande, et trop forte dans les vallées, où le vin se consomme par abus.

Sous le rapport des vêtements, le département de la Corrèze n'a rien à envier aux autres localités de la France ; le paysan y possède de bons vêtements de laine, d'autant plus sains et hygiéniques, qu'ils sont plus grossièrement tissus : ils sont aussi remarquables par leur forme qui est excellente. Quoique légers et dessinant assez bien le corps, ils sont larges et se prêtent au mouvement de toutes les articulations. La coiffure se compose, pour les hommes, d'un large chapeau de feutre, sous lequel leur tête est bien aérée et préservée des intempéries du chaud et du froid. Les femmes sont parées d'une coiffure de paille, élégante dans sa forme, mais peu propre, par son étroitesse, à les défendre contre le temps. La chaussure presque exclusive à la campagne, est le sabot, qui, à côté du grand avantage de tenir le pied sec et chaud, produit, par son défaut d'élasticité, ce genre de défiguration qu'on appelle *pied-plat* : infirmité très-commune dans ce pays, et qu'on voit paraître à tout instant dans les conseils de réforme militaire.

Dans son habitation, le campagnard de la Corrèze est misérable, et souverainement à plaindre : sa maison présente la triple image de l'insalubrité, de la saleté et de la misère. La plupart, adossées à des terrains humides, situées sur des plans inférieurs à celui du sol environnant, reçoivent l'humidité qui ruisselle des murs et de terre. Exposées sans art, percées sans concordance, elles attirent les souffles froids et humides de l'hiver, en concentrant les chaleurs dévorantes de l'été. La fumée de leurs foyers ne trouvant pas d'issue par des cheminées vicieusement disposées, se condense dans l'appartement : elle se dépose, sous forme de suie ou d'un vernis noir, sur les murs, et la teinte noire uniforme qui en résulte, obscurcit le jour et attriste l'habitation. L'air, saturé de cette vapeur irritante, va affecter péniblement l'œil : des ophthalmies chroniques rebelles s'ensuivent, et la cécité souvent. Les parties apparentes de la peau, telles que le visage, le cou et les mains, se noircissent; et une couche de substance terreuse noire, en enlaidissant ces parties, s'oppose à la transpiration nécessaire de leur tissu. Le poumon lui-même, organe de premier ordre, dans l'impression souvent répétée de ce gaz délétère, est exposé à s'irriter et à contracter des maladies graves. Ajoutez à ce récit pénible le voisinage très-immédiat et souvent la cohabitation d'un animal sale et dégoûtant, le cochon, et on aura une image assez exacte du malheur de l'habitant des campagnes retiré sous son toit, destiné partout à être l'asile du repos et du contentement.

Le département de la Corrèze a pour chef-lieu Tulle. Il est divisé en 3 arrondissements et en 29 cantons, renfermant 295 communes. — Superficie, 296 lieues carrées. — Population, 294,834 habitants.

Minéralogie. Mines de plomb à Chabrignat, Argentat, Issandon; d'antimoine entre Segur et Saint-Yrieix; indices de mines d'argent et de plomb aux environs d'Ayen. — Mines de fer abondantes à Nespouls, près de Turenne, et de la grenerie, près de Meillars : cette dernière fournit au département entier le fer de toutes qualités et pour tous les usages.—Nombreuses mines de houille à Argentat, Saint-Bonnet-la-Forêt, Bort, la Paillerie, Saint-Chamont, Sainte-Saurelière, Gimel, la Chapelle, la Grange, Lanteuil, Laverine, Malemort, Lepeu, Maudon, Mausac, Meymac, Lapléau (très-riche), Saint-Pantaléon, Perpezac, Saint-Sornin, Varetz, Voutenac et Cheverie.—Carrières de granit de différentes qualités, à Tulle et à Ussel; d'albâtre gypseux, à Saint-Ferréol; de porphyre, de granit et de beau marbre blanc, dans le lit des rivières de la Corrèze et de la Soulane; très-beau granit noir et blanc, à Saint-Angel, Peyrelevade, Chavagnac et Meymac; d'ardoises, à Donzenac et à Saillant; de grès, à Brives et à Meissac; de pierre de taille, à Grammont; d'argile, à Lapléau et dans quelques autres localités.

Source d'eau minérale à Saint-Exupéry.

Productions. Peu de froment, beaucoup de seigle et de sarrasin; orge, maïs, raves en grande quantité; très-bons fruits; melons; beaucoup de noix; grande variété de plantes; quantité de champignons (oronges, morilles, agaric). Quelques truffes. — 13,893 hectares de vignes, produisant, année moyenne, 260,000 hectolitres de vin, dont 150,000 sont consommés sur les lieux, et le reste livré à l'exportation; les principaux crûs sont ceux d'Allassac, du Saillant et de Syneix.—13,760 hectares de forêts (arbres verts et feuillus). —Belle race de chevaux limousins, distinguée par sa beauté et sa vigueur; belles espèces de bêtes à laine; beaucoup de chèvres, ânes, porcs, abeilles.—Poisson d'eau douce (saumons, aloses, brochets, truites excellentes, écrevisses).

Industrie. Manufacture royale d'armes. Fabriques d'étoffes de laine et de coton; dentelles, papier, huile de noix, cuirs, bougies. Blanchisserie de cire; forges et martinets; hauts fourneaux. Exploitation de houille.

Commerce de vins, bois, huile de noix, chevaux et mulets, bestiaux gras, cuirs, papier, dentelles, fer, cuivre, et articles de ses manufactures.

VILLES, BOURGS, VILLAGES, CHATEAUX ET MONUMENTS REMARQUABLES; CURIOSITÉS NATURELLES ET SITES PITTORESQUES.

ARRONDISSEMENT DE TULLE.

ARGENTAT. Petite ville située à 6 l. 3/4 de Tulle. ✉ ☞ Pop. 3,121 hab.

Cette ville dépendait autrefois de la vicomté de Turenne. Au XIIIe siècle, il y existait un monastère dont l'abbé, Bernard de Ventadour, obtint le privilége pour la ville de tenir des marchés publics, ce qui contribua puissamment à son accroissement. Pendant les guerres de la ligue, les habitants avaient bâti, pour leur défense, quatre forts qu'ils furent ensuite contraints de démolir.

Argentat est une ville assez commerçante, bâtie dans une riante vallée, sur la rive droite de la Dordogne, qu'on y traverse sur un beau pont en fil de fer, qui a été livré à la circulation en 1829. Ce pont, d'une longueur de trois cents pieds, ouvre une communication nouvelle entre Paris et Montpellier, par Bourges, Tulle, Aurillac et Rodez; il est remarquable par la beauté comme par la hardiesse de sa construction. Le plancher est jeté à quarante-cinq pieds au-dessus du niveau de la rivière; ses piles sont élevées à la hauteur totale de soixante-treize pieds au-dessus de la Dordogne. Plusieurs améliorations dans le système des ponts suspendus, signalent celui d'Argentat, élevé aux frais d'un estimable philanthrope, M. le comte Alexis de Noailles, et construit par les soins de M. Vicat : la maçonnerie a été faite avec des mortiers hydrauliques; les voûtes comme les murs pleins ont été bâtis à la manière des Romains, et sans aucune taille de pierre, en employant un granit schisteux. Les piles sont à jour, et portées chacune sur quatre voûtes élégantes.

Commerce considérable de bois merrain, de blé, de charbon de bois, et de houille exploitée dans les environs. Tous ces produits s'expédient pour Bordeaux par la Dordogne, sur laquelle remontent de petites barques jusqu'à Argentat.

CHAMANT (SAINT-). Village situé à 6 l. de Tulle. Pop. 1,237 hab.—Exploitation de houille.

CHAMBERET. Bourg situé dans un pays boisé, à 10 l. 3/4 de Tulle. Pop. 2,800 h. Le territoire de cette commune est entrecoupé de vallées, parmi lesquelles on distingue celle d'Enval, dont le site heureux réunit tous les agréments d'une paisible retraite; non loin de là, dans un lieu solitaire, s'élèvent les ruines pittoresques de l'antique château de Lafage.

Chamberet est dominé par une montagne qui forme, pour ainsi dire, le gradin le plus élevé d'un immense amphithéâtre, qui s'étend jusque dans les plaines de Saint-Viance. Cette montagne porte le nom de Mons-Cez; on croit y reconnaître les ruines d'une ancienne ville, et on y a trouvé plusieurs médailles romaines.

CORRÈZE. Bourg situé sur la Corrèze, où il a un port bien commerçant, à 4 l. 1/2 de Tulle. Pop. 1,684 hab. — *Commerce* de grains.

ÉGLETONS. Petite ville située sur une hauteur, à 7 l. 1/4 de Tulle. ✉ ☞ Pop. 1,253 hab. — *Commerce* considérable de grains.

GIMEL. Village situé à 2 l. de Tulle. Pop. 850 hab.

Gimel était, dans le XVIe siècle, la résidence des sires de ce nom, barons fameux dans le Limousin. On y remarque les restes d'un ancien château; une jolie croix décorée de sculptures gothiques, et une rustique église paroissiale.

Ce village est situé sur la Montane, rivière dont les eaux forment en ce lieu une cascade qui serait une des plus célèbres de France, si le volume de ses eaux répondait à la hauteur des rochers d'où elle se précipite. Ce n'est pas une seule chute, mais bien une suite de cascades dont la hauteur totale est de 400 pieds; on en compte cinq principales, et au moins autant de secondaires. Il est impossible de voir toutes ces chutes d'un seul coup d'œil, et on ne peut en approcher que successivement à cause des circuits du canal que les eaux se sont creusé entre les montagnes. La chute supérieure, divisée en trois parties par des roches aiguës, a environ 130 pieds de hauteur, et, quand les eaux sont abondantes, une largeur de 15 pieds; lorsque la rivière est grossie par les pluies, les trois cascades

PONT SUSPENDU A ARGENTAT.

CASCADE DE GIMEL.

se confondent en une seule, qui offre alors un coup d'œil imposant. Au-dessous de cette première chute, on en trouve une seconde où l'eau suit un plan incliné, formé par un rocher d'une seule pièce d'environ 80 pieds de haut, et tombe dans un gouffre dont on n'a pu jusqu'à présent sonder la profondeur; il y a encore deux ou trois autres cascades au-dessous de celle-là.

LAPLEAU. Village situé à 9 l. 1/4 de Tulle. Pop. 853 hab. — Belle exploitation de houille.

LAVALETTE. Village situé à 7 l. 3/4 de Tulle. Pop. ... hab. — Verrerie pour verre blanc et de couleur.

LONZAC. Bourg situé à 6 l. 3/4 de Tulle. Pop. 2,000 hab. Il est bâti sur un plateau qui domine d'excellentes prairies et de belles châtaigneraies. Au milieu de ses maisons presque toutes semblables, s'élève la pyramide du clocher, qui, comme la tour de Pise, penche sensiblement sans en être moins solide. On est frappé de l'uniformité qui règne en tout dans cette commune, tant dans les logements, les coutumes, que dans les habitudes domestiques; uniformité qui contribue à l'esprit d'ordre et d'union qui distingue toutes les familles.

MASSERET. Bourg situé à 10 l. 3/4 de Tulle. Pop. 700 hab.

Ce bourg fut assiégé et pris sur les ligueurs par le comte de Ventadour, en 1595. A un quart de lieue de Masseret, dans la direction de l'ouest, on aperçoit un fort retranché en forme de cône tronqué, de 72 pieds d'élévation, qui a 250 pieds de circonférence à la base, et 51 à son sommet; il est entouré de deux fossés concentriques, larges chacun de 21 pieds. On y voit encore deux remparts, l'un de 15 pieds de haut, intermédiaire aux deux fossés, et l'autre extérieur, d'une hauteur de 10 pieds, avec deux évasements qu'on peut présumer avoir été deux portes du fort. Cet ouvrage est parfaitement conservé. La culture s'est arrêtée au pied du rempart extérieur, et un taillis de hêtres, venu accidentellement sur tous les remblais, se constituant le défenseur naturel du fort, a protégé la pureté originelle de ses lignes.

A un quart de lieue de là, dans la direction du nord-ouest, entre un marais et la lisière des forêts de la Vergue, on voit un camp retranché qui présente une enceinte ovalaire dont le grand diamètre, qui s'étend de l'est à l'ouest, a 80 pieds de longueur, et le petit 48. Il est évasé aux deux extrémités du grand axe. Le retranchement qui regarde le nord est presque intact; il a, sur sa hauteur, 50 pieds, et à sa base, 20 pieds de largeur. Le retranchement opposé, celui du midi, a subi des altérations qui ont formé comme trois buttes; moins considérable que l'autre, il n'a que 30 pieds de hauteur sur 15 de largeur. A l'extrémité de l'est et dans la direction du sud, existent trois excavations de la profondeur de 10 à 12 pieds, qui paraissent avoir fourni les matériaux des remblais.

MERCŒUR. Village situé à 9 l. 3/4 de Tulle. Pop. 1,035 hab.

REILHAC-TREIGNAC. Village situé à 11 l. 1/2 de Tulle. Pop. 1,290 hab. On remarque aux environs, sur le bord de la Vézère, les ruines d'un vieux château, ancienne retraite des religionnaires, et une église isolée au milieu d'une prairie et d'un difficile accès. Non loin de là, entre Chamberet et la Vinadière, s'élève un ancien camp gaulois formé de monticules alignés.

ROCHE-CANILHAC. Village situé à 5 l. 3/4 de Tulle. Pop. 450 hab.

SALONS. Bourg situé à 10 l. 1/4 de Tulle. Pop. 2,000 hab. — Manufacture d'armes à feu. Forges et haut fourneau.

SEILHAC. Bourg situé à 3 l. 1/2 de Tulle. Pop. 1,610 hab.

SERVIÈRES. Bourg situé à 9 l. de Tulle. Pop. 1,156 hab.

TREIGNAC. Petite ville située à 10 l. 1/4 de Tulle. Collège communal. ✉ Pop. 2,704 hab.

Treignac est une ville ancienne dont l'aspect n'a rien qui flatte la vue; les habitations, couvertes pour la plupart en bois, présentent une masse grisâtre qui n'est relevée par aucun édifice; mais l'intérieur offre quelques maisons modernes ayant une assez belle façade, et d'autres d'architecture gothique; les places sont peu étendues, mais bien ombragées; l'église, d'architecture gothique, mérite d'être visitée; le collége, la halle, plusieurs fontaines publiques, et une promenade assez belle, quoique petite, ajoutent encore à ses agréments.

Cette ville est située sur la rive gauche de la Vézère, que l'on y passe sur un pont d'une seule arche, d'une hardiesse et d'une beauté remarquables. Elle est dominée par les ruines imposantes d'un antique château bâti sur un roc escarpé entouré de trois côtés par un circuit de la Vézère. Rien n'est plus varié que ses alentours; les propriétés y sont très-divisées et diversement cultivées; à la récolte des céréales succède celle de toute espèce de légumes; notamment des fameux pois verts recherchés par les gastronomes de la capitale. — Sur une des plus hautes et des plus âpres montagnes environnantes, nommée la Croix-de-Lescaut, s'élève une chapelle dédiée à la Vierge et destinée à servir d'asile au voyageur surpris par la tempête. — En remontant la Vezère, à une lieue est de Treignac, se trouve une cascade célèbre dans le pays, et digne d'être visitée par l'amateur des beaux accidents de la nature. Les eaux de la Vezère ont long-temps coulé dans un étroit défilé que barre, à son issue, une haute muraille de rochers; là, ce défilé devient tout à coup large et profond, et forme un vaste entonnoir où les eaux se précipitent avec fracas de près de cent pieds d'élévation. Les bords de cet entonnoir, hérissés de roches abruptes et saillantes, sont tapissés d'arbustes et d'arbrisseaux, comme pour diminuer la nudité de ce site sauvage; et ces broussailles, entretenues dans un état constant d'humidité par la poussière aqueuse des eaux de la cascade, offrent, pendant l'hiver, un spectacle magnifique. Dans la belle saison, lorsqu'on se hasarde à descendre au fond de l'abîme, on est surpris de voir errant çà et là, entre les précipices, des chèvres et des brebis qui viennent y chercher leur pâture jusque sur les bords les plus escarpés, où des bergers montent la garde pour écarter les loups qui fréquentent assez souvent ce site sauvage.

Fabriques de chapeaux, bas à l'aiguille. Filature de laine. — *Commerce* de laine, cire, moutons, etc.

TULLE ou TULLES. Ville ancienne. Chef-lieu du département. Tribunaux de première instance et de commerce. Société d'agriculture. Collége communal. ✉ ♀ Pop. 8,689 hab.

Tulle, jadis capitale du Bas-Limousin, était un château ou ville d'origine gauloise, successivement désignée par les noms de *Castrum Tullum, Castrum Tutellense, Tulla, Tutella, Tutela, Tuele, Tule, Tulle, Tulles*. Saint Martial, apôtre d'Aquitaine, y fit, selon quelques auteurs, sa première prédication vers l'an 46 de l'ère vulgaire. La tradition locale porte qu'il y fut fouetté dans la ruelle dite encore *del Tour del Senté*, à l'endroit où l'on voyait naguère une image expiatoire qui rappelait ce fait. Auguste, devenu maître de l'empire, chercha à faciliter les communications de ses vastes états par de grands chemins; il fut bien secondé dans ses vues par Agrippa. Sous son administration, il y en eut deux de dirigés vers Lyon: l'un traversa la *Tarentaise*, et l'autre l'*Apennin*; ce fut de cette ville qu'il en dirigea d'autres dans toutes les parties des Gaules, parmi lesquels on en remarque quatre par la longueur et la difficulté des lieux, du nombre desquels était celui qui, à travers les montagnes d'Auvergne, pénétrait jusqu'au fond de l'Aquitaine. Ce chemin traversait le département dans la direction d'Eygurande, Ussel, Laplau, Fontmartin et Brives; passait proche les murs de Tulle, la Corrèze entre deux, et y communiquait par le pont Chauzinet ou du Péage, ainsi qu'à la ville de Tintignac, et de-là à celle d'Uzerche, par un embranchement qui y aboutissait en longeant le faubourg de la Rivière. Cette route donna naissance aux faubourgs d'Alverges ou des Auberges, et du Lion d'or, qui se bâtirent sur ses bords, par extension de celui du Canton qui s'était précédemment formé à la tête du pont; car les mots de canton, barri ou quartier signifiaient la même chose, une réunion de maisons hors l'enceinte d'une ville et en dépendant.

Le célèbre monastère de Saint-Martin de la même ville fut établi vers 360 sous l'invocation de saint Michel, par saint Martin lui-même, sur le terrain existant entre les anciens murs du château et la Corrèze, et qui fut dans la suite enclos dans son enceinte, formée, à partir de la tour Carrée, qui portait autrefois le nom de Tour de la Mote, par un fossé large et profond, qui se dirigeait d'un côté vers cette rivière, et de l'autre vers celle de Soulane, et, dans l'intermédiaire, par le lit de toutes les deux réunies au pont de l'Escurol, remplacé depuis 1808 par celui de Milet-Mureau.

L'enceinte de Tulle était percée par quatre portes principales; savoir: celle de la Rivière ou des Moulins; celle du pont Chauzinet ou de l'Évêché, celle des Mazaux ou de la Barrière; enfin celle de la porte Chanac ou de la Barussie; leur entrée était défendue par des tours, et le tout couronné, pour la défense de la place, d'une galerie de circulation, à laquelle, pour la facilité des rondes, on communiquait de distance en distance par des escaliers à ce destinés. Il y avait, en outre, deux petites portes ou guichets pour l'usage journalier, lorsque la ville était en défense: l'une au nord, au bout de la rue qui en conserve le nom, et l'autre vers le midi, proche du clocher, à l'endroit qu'on appelait dans les derniers temps, *lou pount dos Seignours*, parce qu'il était destiné à communiquer de l'extérieur avec l'enclos ou quartier du monastère, qui,

TULLN.

quoique renfermé dans l'enceinte générale, était encore séparé de celle de la ville, comme auparavant, par des portes qui en fermaient la communication, l'une desquelles était au bas de la rue dite du fort Saint-Pierre, à côté et au pied de la tour *Maige*, de manière que, lors des incursions des barbares, le monastère pouvait être envahi, sans que l'ancienne ville fût prise.

Dans les dernières années du quatrième siècle, sous l'empire d'Honorius, les Vandales, ravageant l'Aquitaine, détruisirent probablement la ville qu'après la conquête les Romains avaient bâtie au lieu dit des *Arènes de Tintignac*, où l'on voit encore les restes d'un amphithéâtre et des débris précieux d'antiquités qui ne laissent aucun doute sur son existence, quoique le nom ne s'en soit pas conservé. Cette dévastation tourna à l'avantage de Tulle, rendit à cette ville, avec une partie de sa population échappée au carnage, son ancienne importance, et donna occasion à l'agrandissement des vastes faubourgs qui l'entourent.

Tulle passa, ainsi que le monastère, sous la domination des Goths en 472, des Francs en 507, et éprouva les désordres qu'entraînent à leur suite ces sortes de changements, et que, dans les temps intermédiaires, les incursions d'autres barbares ne faisaient que multiplier.

Pendant la guerre des Anglais, Tulle, constamment fidèle aux rois de France, fut assiégée deux fois par Henri de Lancastre qui, après avoir éprouvé une vigoureuse résistance, s'en rendit maître le 1er novembre 1346, et y laissa une garnison de 400 hommes dont elle fut bientôt délivrée par le comte d'Armagnac qui vint à son secours le 14 du même mois.

La famine et la peste faisaient à cette époque de grands ravages : Tulle en était particulièrement affligée. Le vœu du tour de Lunade, qui se célèbre encore avec grande dévotion et concours, la veille de la fête de saint Jean, et pendant l'Octave, fut fait par ses habitants pour obtenir du ciel la cessation de ces fléaux, et conserver la mémoire de ce que leurs prières avaient, dit-on, été exaucées.

Cette ville tomba de nouveau au pouvoir des Anglais en 1369 ; mais cette fois ses habitants, dénués de tout secours, firent des efforts inouïs pour les en chasser, et y parvinrent. Charles V, voulant leur témoigner sa satisfaction et les récompenser de leur zèle pour son service, leur accorda les mêmes priviléges dont il avait peu auparavant gratifié les villes de Cahors, de Montauban et de Figeac, par ses lettres patentes données au mois de mai de l'année suivante, par lesquelles il les affranchissait pour l'avenir de tous impôts. Il ennoblit en même temps six des familles qui avaient le plus contribué à l'expulsion des ennemis, savoir : Durand de Lespicier, Jean et Guillaume de Bossac, Jean et Raymond de Saint-Salvadour, et Guillaume de Labeylie.

Henri, vicomte de Turenne, s'empara de Tulle en 1585, pour le roi de Navarre, et y établit Lamaurie, son lieutenant, en qualité de gouverneur. Celui-ci y passa l'hiver et y commit toutes sortes de déprédations.

Sur le plateau qui sépare les vallées de la Corrèze et de la Vezère, à une lieue en avant de Tulle, dans la direction du nord, se trouve une esplanade dite vulgairement les Ruines de Tintignac. Du côté de l'est, elle est cernée par un village du même nom de Tintignac ; de ce côté, elle est éclairée par la magnifique perspective des Monaidières. A l'ouest, la plaine s'adosse à un second village du nom de Bach. Au sud, elle est limitée par un troisième village nommé Césarin. Au nord, l'esplanade se prolonge indéfiniment. En examinant attentivement ce lieu dans le point précis qu'on appelle les Arènes de Tintignac, on découvre à fleur de terre cinq carrés évidés de maçonnerie à ciment, de la grandeur chacun d'une chambre ordinaire, attenants les uns aux autres. Autour, les plis et les aspérités du terrain en font supposer beaucoup d'autres. Tout près est un espace ovalaire ayant deux cents pieds sur son grand diamètre, cent cinquante sur le petit, indiqué par une courbe en maçonnerie à ciment légèrement saillante ; sur quelques points, la courbe plus élancée laisse apercevoir des débris de gradins également circulaires, et une fouille même superficielle confirme cette découverte surtout le pourtour de la courbe. Il est impossible de méconnaître cette ruine : c'est celle d'une arène romaine, comme le dit le langage du pays qui se trouve là comme un témoignage surabondant. Auprès de ces débris, l'on rencontre, jonchés sur la surface du sol, des fragments nombreux de tuiles romaines : la charrue en soulève journellement une quantité prodigieuse, comme d'une mine inépuisable, et sur un espace environ de 400 pieds en carré. On y trouve aussi des morceaux de marbre blanc, par plaques, avec des ciselures, ainsi que des fragments de granit travaillés, de différentes variétés, surtout de ceux de la belle espèce dite vipérine.

C'est là tout ce qu'il y a d'apparent à la surface du sol. Mais si vous interrogez le cultivateur, il vous montre des pierres cubiques énormes; quelques-unes gisent encore souterrainement à des distances variées du cirque, et quelques autres, arrachées et transportées avec des efforts inouïs, décorent le devant d'habitations rurales. Il vous fait voir une tête tronquée, en pierre à craie, qui est celle du Jupiter olympien : ce morceau, bien conservé, est d'un ciseau très-pur. Il vous apporte une tête d'empereur romain, au type des Tibères; une tête de jeune femme : toutes les deux de relief, en beau marbre d'Italie, sont collées sur table de marbre noir. Ces deux derniers objets, d'un travail bien médiocre, paraissent appartenir à une époque dégénérée de l'art. Il vous présente des urnes cinéraires en argile grise, des fragments d'épées rouillées, des tuyaux de fontaine en argile rouge; il vous conduit à Césarin pour y voir les restes d'un aqueduc : il vous dit que de semblables ruines existent à une lieue de là dans la direction du nord. A l'aspect de tant de monuments pleins de vie encore pour l'histoire, quoique frappés de mort par le temps, à l'aspect de tant de preuves décisives, un fait devient bien certain, devient bien démontré : c'est que là exista autrefois un lieu habité par le peuple conquérant des Gaules. Ce lieu dut être sans doute de quelque importance; l'étendue des ruines, les débris encore existants de monuments d'utilité publique et de luxe, l'attestent. Quel fut ce lieu, quel fut son nom, à quelle époque a-t-il commencé, à quelle époque a-t-il cessé d'être? Série de questions épineuses et difficiles à résoudre, par l'absence de tout document écrit.

La ville de Tulle est située entre plusieurs vallons verdoyants et pittoresques, sur le penchant d'une montagne, au confluent de la Corrèze et de la Solane. La vallée baignée par la Corrèze, et sur les flancs de laquelle sont groupées la plus grande partie des maisons de Tulle, est entourée de collines couvertes d'arbres : les points de vue sont bien bornés, mais bien variés et bien romantiques; tout est verdure, ombrage, noyers, ruisseaux et prairies dans le vallon; tout est verdure, ombrage, bois, châtaigneraies et rochers sur les flancs des montagnes, dont quelques parties, distribuées en terrasses étagées les unes sur les autres, offrent diverses cultures, parmi lesquelles domine celle du sarrasin. La ville est petite, les maisons sont vieilles et laides; mais elle possède une jolie promenade au bord de la rivière, de beaux quais, des ponts nombreux, une église semi-gothique, semi-carlovingienne, dont la flèche élancée a de la hardiesse et de l'élégance; un palais de justice bien distribué, de vastes bâtiments consacrés à la manufacture d'armes, un bel hôpital bien tenu, une caserne de gendarmerie, une prison départementale, un collège, un séminaire, une salle de spectacle et une bibliothèque riche de 2,000 volumes. On trouve d'ailleurs chez les habitants un grand penchant aux embellissements. Aussi peut-on espérer d'y voir dans quelques années des rues garnies de beaux édifices et des places régulières.

On trouve à Tulle quelques maisons ornées de sculptures originales, d'une architecture gothique ou de la renaissance, qui témoignent de l'opulence des familles qui habitaient autrefois cette ville. Nous indiquerons aux curieux une maison du XIVe siècle, dite la Maison Sage, située sur la place principale, et dont la façade gothique, parfaitement conservée, est ornée d'arabesques sculptés du meilleur goût et d'une belle exécution. — Le cimetière de Tulle, dans une position remarquable, est situé sur un mamelon isolé qui domine la ville, et sur la croupe duquel, un peu plus bas, se trouve une haute tour carrée dont la construction est attribuée aux Romains. Cette tour a long-temps servi de prison.

Tulle est la patrie de l'historien Baluze, du général Delmas, etc.

Fabriques de bougie, huile de noix, clous, cartes à jouer. Tanneries. — *Manufacture* royale d'armes à feu, pouvant fabriquer annuellement 30 à 36,000 fusils; elle occupe, tant à Tulle, Souillac, Laguène, que dans les annexes qu'elle a à Meymac et à Treignac, environ 1,000 ouvriers. — *Commerce* d'eau-de-vie, liqueurs, huile de noix, papiers, bougies, laines, cuirs, chevaux estimés. — Courses de chevaux de deuxième ordre pour plusieurs départements.

A 23 l. 1/2 de Limoges, 32 l. de Clermont, 120 l. 1/2 de Paris. — *Hôtels* des Voyageurs, de l'Aigle d'argent, de Lyon, du Périgord.

UZERCHE. Ancienne et jolie ville, située sur la Vezère, à 6 l. 3/4 de Tulle. Collége communal. ✉ ☞ Pop. 3,214 hab.

Suivant les anciens auteurs, Uzerche a été fortifiée par Pépin, pour tenir en respect les comtes du Limousin et des environs; elle était alors entourée de fortes murailles flanquées de dix-huit tours, et le siége d'un évêché qui fut supprimé en 768. Cette ville a soutenu plusieurs siéges; les protestants

UZERCHE,

s'en emparèrent en 1559, mais ils furent obligés de l'abandonner quelque temps après.

Uzerche est une ville bâtie dans une situation pittoresque, sur le penchant d'une colline escarpée, au pied de laquelle coule la Vezère. Cette ville, que André Duchêne et Bonaventure de Saint-Amable qualifient de seconde ville du Limousin, de ville royale, est assise sur un rocher amphibolique. Ses maisons, bâties en amphithéâtre, et couvertes en ardoises, étaient jadis presque toutes décorée d'une ou plusieurs petites tours, d'où était venu le proverbe: *Qui a maison à Uzerche, a château en Limousin*. Quelques-uns de ces édifices subsistent encore et produisent un effet très-agréable à la vue. La Vezère, profondément encaissée, entoure la ville de trois côtés: au nord, à l'est et à l'ouest. Au midi est la seule avenue par où l'on puisse y arriver naturellement: un pont jeté sur la rivière, vers le nord, offre un autre point de communication. Quoique à une hauteur considérable du lit de la Vezère, et même de la grande route de Paris à Toulouse qui longe sa partie orientale, la ville est dominée de tous côtés par une chaîne de collines dont plusieurs ont conservé leurs premières dénominations, légèrement altérées par le temps. Uzerche a deux faubourgs qui, depuis quelques années, ont attiré à eux seuls presque tout le commerce et toute l'industrie de la ville. Au nord, par delà la rivière, est celui qui porte le nom de Sainte-Eulalie. Il y existe une chapelle sous l'invocation de cette vierge; monument restauré dans ces derniers temps, mais dont la fondation remonte à une époque assez reculée. On appelle l'autre faubourg, placé au sud, la Pomme.

On ne peut rien voir de plus pittoresque que le site d'Uzerche, dont la position est vraiment unique. Lorsqu'on se place à l'aspect de l'orient, on a à ses pieds des jardins soutenus par des terrasses d'une élévation prodigieuse; au bas de ces terrasses, la route de Paris à Toulouse; au-dessous de cette route et à une grande profondeur, la Vezère qui semble sortir de la base du Peuch de Chammart, et dont l'œil suit avec délices le cours paisible et sinueux, dominé par le clocher de l'église paroissiale, qui s'élève majestueusement à plus de trois cents pieds au-dessus du sol. En face, par delà la Vezère, est le Peuch Groslié, dont la cime, couverte de terres labourables, contraste merveilleusement avec les prairies, les bouquets d'arbres et même les rocs à demi découverts qui garnissent ses flancs et descendent jusqu'au rivage. Sur le côté sud de ce Peuch est un vieux bâtiment flanqué de quatre tourelles, et depuis long-temps inhabité. Du côté opposé, vers le septentrion, est une autre masure connue sous le nom de château de Fargeas. Le côté occidental ne présente qu'une nature triste et sauvage, et la vue, très-bornée sur ce point, ne se repose que sur des collines couvertes de bruyères et de châtaigniers, derrière lesquels on aperçoit quelques villages.

ARRONDISSEMENT DE BRIVES.

ARNAC-POMPADOUR. Village situé à 11. 1/4 de Brives. Pop. 1,100 hab. On y voit une magnifique église, seul reste d'une ancienne abbaye détruite vers la fin du siècle dernier. *Voy.* POMPADOUR.

AYEN. Petite ville située à 5 l. 3/4 de Brives. Pop. 974 hab.—Aux environs, mines de cuivre, d'argent et de plomb.

BEAULIEU. Petite ville située sur la rive droite de la Dordogne, à 8 l. 1/4 de Brives. Pop. 2,415 hab.

Cette ville doit son origine à un monastère de l'ordre de Saint-Benoît, fondé vers l'an 846, par Raoul de Turenne, archevêque de Bourges. Durant les troubles de la ligue, elle fut assiégée par les troupes du duc de Mayenne, et s'empressa de se rendre à d'Hautefort, son lieutenant, qui venait d'emporter de vive force Grignac, où il avait fait pendre, pour l'exemple, tous les habitants.

Un peu au-dessous de Beaulieu, se trouve le port d'Estresses, sur la Dordogne, lieu célèbre par la victoire qu'un duc le Bourgogne y remporta en 930 sur les Normands; ce lieu fut encore, en 1586, le théâtre d'un combat entre les catholiques et les protestants. On voit à Beaulieu une église enrichie de sculptures gothiques remarquables.

BEYNAT. Village situé à 4 l. 3/4 de Brives. Pop. 1,790 hab.

BEYSSENAC. Village situé à 10 l. de Brives. Pop. 940 hab.—Forges et affinerie.

BRIVES, ou BRIVE-LA-GAILLARDE. Ville fort agréablement située. Chef-lieu de sous-préfecture. Tribunaux de première instance et de commerce. Société d'agriculture. Collège communal. Petit séminaire. ✉ ☿ Pop. 8,031 hab.

Brives est une ville ancienne, où Gondebaud, qui se disait fils de Clotaire, fut élevé sur le pavois, et proclamé roi d'Aquitaine en 585. Elle dépendait autrefois du Périgord, et en fut détachée sous Charles V pour être réunie au Limousin, sur la demande du pape Grégoire XI. Elle a eu long-temps la prétention d'être la capitale du Bas-Limousin; et ses discussions avec Tulle et Uzerche pour obtenir le siége de la sénéchaussée de la province, ont duré plusieurs siècles.

Cette ville est située de la manière la plus gracieuse, dans le joli vallon de la Corrèze, au milieu d'un bassin de prairies et de vergers, entre des coteaux de vignes d'un côté, et des collines boisées de l'autre. Elle est entourée d'une allée de beaux ormes, en manière de boulevards, et de jolies maisons en pierres de taille. Ces allées offrent, du côté de la rivière, une promenade aussi fraîche que pittoresque. Mais les voyageurs, pour emporter de cette ville l'idée avantageuse que semble indiquer son aspect extérieur, ne doivent pas pénétrer dans son enceinte; ils n'y trouveraient ni belles places, ni belles rues, quoique les unes et les autres soient bordées de maisons construites en pierres bien taillées; une seule rue, celle des Nobles, offre un peu de largeur et quelques constructions de bon goût.

Le collége est un assez beau bâtiment, dont on remarque surtout le portail orné de colonnes; non loin de là, s'élève une tour en belvéder qui domine toute la ville, et n'est dominée elle-même que par le clocher de Saint-Martin. L'hôpital est aussi un fort bel édifice. On remarque encore à Brives: la bibliothèque publique, renfermant 2,000 volumes, et la maison gothique de M. de Verlhac, bâtie, dit-on, du temps des Anglais. Cette maison est surtout curieuse par les sculptures qui la décorent intérieurement et extérieurement: parmi les premières, on cite un cerf sur une cheminée, et parmi les secondes, une femme à la fenêtre.

Non loin de Brives, sur la route de Tulle, se trouvent les ruines de l'ancien château de Beaufort, qui, dans le XVe siècle, servait de retraite à une de ces troupes d'entoriers, appelés Brabançons, introduits en France à la suite de nos guerres avec les Anglais, et qui ravageaient le pays. Les seigneurs limousins prirent les armes; les aventuriers furent attaqués dans leur repaire et défaits le 21 avril 1477; on en tua deux mille, et depuis le nom de Beaufort fut changé en celui de Malemort. Il existe à Malemort une magnifique filature de coton.

Brives est la patrie du cardinal Dubois; du maréchal Brune; du général Treilhard, ancien membre du Directoire.

Fabriques de bougies, huile de noix. Filatures de coton. Blanchisserie de cire. Distilleries d'eau-de-vie. — *Commerce* de bois de construction, vins, marrons, châtaignes, moutarde violette, truffes, dindes truffées renommées, laines, bestiaux, porcs, etc.

À 6 l. de Tulle, 18 l. de Périgueux, 125 l. de Paris. — *Hôtels* de Toulouse, de Bordeaux.

CHABRIGNAC. Village situé à 7 l. de Brives. Pop. 700 hab. — Exploitation de mines de plomb argentifère.

CUBLAC. Bourg situé sur la rive droite de la Vezère, à 5 l. 1/2 de Brives. Pop. 1,084 hab. — Exploitation de houille.

CUREMONTE. Bourg situé à 7 l. 1/4 de Brives. Pop. 800 hab.

DONZENAC. Petite ville située à 2 l. 1/4 de Brives. ✉ ☞ Pop. 3,219 hab.

Cette ville est bâtie dans une charmante situation, au sommet d'une colline tapissée de beaucoup de vignes et de quelques prairies, qu'ombragent des noyers, des peupliers et des châtaigniers. Les rues en sont escarpées, tortueuses, étroites, et aussi mal pavées que malpropres. — *Commerce* de vins.

— Aux environs, belles carrières d'ardoises exploitées.

GLANDIERS. Village situé à 6 l. de Brives. — Forges et haut fourneau.

JUILLAC. Bourg situé à 7 l. de Brives. Pop. 2,519 hab.

LARCHE. Petite ville située sur la rive gauche de la Vezère, à 2 l. 1/2 de Brives. Pop. 806 hab.

LISSAC. Village situé à 2 l. 1/2 de Brives. Pop. 787 hab. — *Fabrique* de draps communs, de croisés pour porces de papeteries, couvertures de laine, papiers, vinaigre, bleu de Prusse. Filature hydr. de laine.

LUBERSAC. Petite ville située à 3 l. de Brives. Pop. 3,502 hab.

MALEMORT. Village situé sur la rive droite de la Corrèze, à 1 l. 1/2 de Brives. Pop. 1,068 hab. — Filature de coton.

MEYSSAC. Bourg situé à 4 l. 3/4 de Brives. Pop. 2,447 hab. — Culture en grand du noyer et commerce d'huile de noix.

NOAILLES. Bourg situé sur une hauteur, à 1 l. 3/4 de Brives. Pop. 700 hab.

Ce bourg était autrefois le chef-lieu d'un duché-pairie, érigé en 1663 en faveur d'André de Noailles, premier capitaine des gardes de Louis XIV. On y voit un beau château semi-gothique, propriété de M. le comte de Noailles, ancien ministre d'État et député, dont le nom est justement vénéré

CHÂTEAU DE POMPADOUR.

dans toute la contrée : écoles publiques, ateliers d'instruction, fabriques où le pauvre trouve du travail, hôpitaux où le malade reçoit des soins, église où le malheureux va chercher des consolations, il a tout fondé à ses frais pour l'usage de ses concitoyens.

Un peu plus loin que le château de Noailles, est celui de la Faye, maison de plaisance du cardinal de Noailles, parvenu à la pourpre romaine par ses talents et ses vertus, comme son compatriote et contemporain Dubois par ses intrigues et ses bassesses. Le premier, issu d'une maison illustre, et illustre lui-même, aussi désintéressé que charitable, ne laissa aucune fortune à ses héritiers; l'autre, d'une naissance obscure, mais ambitieux et cupide, abandonna aux siens, en mourant, une fortune de deux millions de rente, qui en vaudrait plus de quatre aujourd'hui.

ORGNAC. Village situé à 6 l. 1/2 de Brives. Pop. 1,254 hab.—Forges.

POMPADOUR. Hameau dépendant de la commune d'Arnac, situé à 1 l. 1/4 de Brives.

Pompadour est remarquable par un antique château, que l'on croit avoir été bâti au commencement du XIIe siècle, par Guy de Lastours, pour se mettre à couvert des incursions des seigneurs de Ségur. Ce château, brûlé en 1200, pendant les guerres qui suivirent la mort de Richard Cœur-de-Lion, avait été rebâti vers le commencement du XVe siècle, avec un luxe de sculpture qu'on trouve rarement, même dans les châteaux royaux de la même époque, par un cardinal de Pompadour, évêque du Puy. Les Pompadour furent long-temps lieutenants du roi et gouverneurs du Limousin. Cette puissante famille méritait, en s'éteignant, de laisser une réputation honorable; malheureusement le nom de Pompadour nous est arrivé souillé par le souvenir de la célèbre maîtresse à qui, en 1745, Louis XV donna, avec le château et ses dépendances, le titre de duchesse de Pompadour. Après la mort de cette courtisane, la terre de Pompadour retourna à la couronne. Louis XV en gratifia M. de Choiseul, qui en fit un haras royal, en 1765, et reçut en échange la terre de Chanteloup, où il se retira après sa disgrâce. Le haras a subsisté à travers la révolution. Presque tous les biens dépendants du château ayant été vendus à cette époque, ont été rachetés en 1805, par M. de Champagny, alors ministre de l'intérieur, et ses revenus sont encore de 35,000 fr.; ils consistent principalement en bois et en prairies. Le haras de Pompadour n'est plus aujourd'hui qu'un dépôt d'étalons. Les bâtiments du château, qu'un incendie avait fortement endommagés dans la nuit du 29 au 30 janvier 1834, ont été restaurés récemment. L'édifice, remarquable par sa masse et par ses tours gothiques, s'élève au milieu d'une haute et belle plate-forme, dont on a circulairement entouré la roche, sans doute escarpée, sur laquelle il était primitivement assis; cette terrasse, de deux cents toises de circonférence, bordée d'une balustrade en pierre et flanquée de tours de distance en distance, est d'un fort bel aspect.

TURENNE. Petite ville fort ancienne, située près de la source de la rivière de Tourmente, à 3 l. 3/4 de Brives. Population 1,988 hab.

Cette ville est bâtie sur un rocher escarpé, couronné par les ruines d'un antique château, dont la grande tour, dite Tour de César, domine un vaste horizon et un territoire agréable et fertile. Pepin et Louis le Débonnaire assiégèrent et prirent cette forteresse; le premier en 767, le second en 839. Le château de Turenne fut le berceau de la famille qui a donné à la France un de ses plus illustres capitaines.

Commerce d'huile de noix, grains, chaux hydrauliques, etc. — Aux environs, mines de fer, de cuivre et de plomb.

VIGEOIS. Bourg situé sur la Vezère, à 7 l. 1/2 de Brives. Pop. 2,504 hab. — Papeterie.

ARRONDISSEMENT D'USSEL.

ANGEL (SAINT-). Bourg situé sur la Troussonne, à 2 l. d'Ussel. Pop. 1,450 h.

Ce bourg possède une église remarquable, qui s'élève majestueusement sur une éminence et domine au loin la contrée.

BORT. Petite ville située dans un joli vallon, sur la rive droite de la Dordogne, à 5 l. d'Ussel. ⊠ Pop. 2,291 hab.

Cette ville était entourée de murailles dont on voit encore quelques restes dans le quartier de Bessac. Lors des guerres de la ligue, les habitants prirent parti pour Henri IV, qui leur en témoigna sa reconnaissance par une lettre écrite de sa main. Le principal faubourg, que traverse la grande route d'Aurillac à Clermont, est séparé de la ville par la Dordogne, que l'on passe sur un ancien pont. On remarque à Bort l'église paroissiale, surmontée d'un clocher en flèche, qu'on aperçoit de fort loin.

On voit de cette ville une montagne basaltique, appelée les Orgues de Bort, composée dans sa partie supérieure, de prismes irréguliers, mais énormes; de phonolite compacte, quelquefois poreux, souvent maculé, et se dilatant rarement en feuilles minces. Cette roche, qui forme près du tiers de la hauteur de la montagne, repose sur une couche de cailloux roulés et sur le gneiss; le plateau, dont l'étendue est considérable, est généralement couvert de bruyères, dont quelques parties sont successivement mises en culture. — Du haut des Orgues, dont la partie ouest est surmontée d'une pyramide construite pour la triangulation de la France, on a devant soi un horizon immense, un véritable et magnifique panorama: la vue embrasse à la fois une quantité innombrable de villages, de châteaux anciens et modernes, d'autres qui sont en ruine, de vallons couverts de la plus riche verdure, ainsi que des rivières et des ruisseaux qui les fécondent; sur le dernier plan, s'élèvent les chaînes de montagnes du Mont-Dore, du Cezalier, du Cantal, etc.

On doit visiter, à une lieue est de Bort, la belle cascade du saut de la Saule, dont nous donnons la description dans la livraison du Cantal.

Bort est la patrie de Marmontel.

Fabriques de toiles recherchées dans tout le midi. Blanchisserie de cire. Tanneries. — Brasseries. — *Commerce* de grains, fromages, cire, porcs gras, chevaux, bœufs, fourrures estimées, peaux, merrain, planches, toiles. Entrepôt du Cantal et de la Corrèze. — *Hôtels* du Cheval blanc, des Trois pigeons.

BUGEAT. Bourg situé sur la Vezère, à 6 l. 1/4 d'Ussel. Pop. 825 hab.

EXUPÉRY (SAINT-). Bourg situé à 1 l. 1/2 d'Ussel. Pop. 1,450 hab. On y trouve une source d'eaux thermales.

EYGURANDE. Bourg situé à 5 l. 1/4 d'Ussel. Pop. 921 hab.

MAUSSAC. Bourg situé à 3 l. 1/2 d'Ussel. Pop. 441 hab. C'est sur le territoire de cette commune que se trouve la mine de houille de LAPLEAU, la plus considérable de toutes celles qui existent dans le département.

MEYMAC. Petite ville située dans une vallée agréable, à 2 l. 1/2 d'Ussel. Pop. 3,130 hab.

Cette ville possédait autrefois un monastère de l'ordre de Saint-Benoît, auquel les seigneurs de Ventadour firent des dons considérables en 1080. On y remarque un hospice fort bien tenu, ainsi qu'une ancienne église décorée de sculptures et ornée de tableaux. — *Fabrique* d'armes à feu dépendante de la manufacture d'armes de Tulle.

MONESTIER-MERLINES. Village situé à 5 l. 1/4 d'Ussel. Pop. 384 hab. — Forges et hauts fourneaux.

NEUVIC. Bourg situé à 4 l. d'Ussel. Pop. 2,619 hab.

SORNAC. Bourg situé à 3 l. 1/2 d'Ussel. Pop. 408 hab.

USSEL. Ville ancienne. Chef-lieu de sous-préfecture. Tribunal de première instance. Société d'agriculture. Collége communal. ✉ ⚒ Pop. 3,963 hab.

Cette ville, située au milieu de montagnes arides, entre les rivières de la Diège et de la Sarsonne, paraît avoir été construite sur l'emplacement d'un ancien camp romain. On y voit les restes d'une voie militaire facile à reconnaître, et l'on trouve fréquemment, dans ses environs, des médailles, des vases, des urnes et autres objets antiques; l'une de ses places publiques est même encore ornée d'un aigle antique en granit, posé sur un piédestal.

Ussel était autrefois entourée de murailles et a soutenu plusieurs siéges. Cette ville a surtout beaucoup souffert lors des guerres contre les Anglais; elle a été dévastée par plusieurs incendies en 1358, en 1404 et en 1472. La peste la désola en 1438, en 1564 et en 1587.

Fabriques d'étoffes de laine, de toiles à voiles, de clous. Tanneries. — *Commerce* de chanvre, pelleteries, toiles, cire, suif, bois merrain, etc.

A 14 l. 1/2 de Tulle, 17 l. 1/2 de Clermont, 112 l. de Paris. — *Hôtels* du Dauphin, de Notre-Dame, des Trois pigeons.

FIN DU DÉPARTEMENT DE LA CORRÈZE.

IMPRIMERIE DE FIRMIN DIDOT FRÈRES,
RUE JACOB, N° 24.

Gravé par Hopwood.

Marmontel.

Guide Pittoresque

DU

VOYAGEUR EN FRANCE.

ROUTE DE PARIS A TOULOUSE,

TRAVERSANT LES DÉPARTEMENTS

DE SEINE-ET-OISE, DU LOIRET, DU CHER, DE L'INDRE, DE LA CREUSE, DE LA HAUTE-VIENNE, DE LA CORRÈZE, DU LOT, DE TARN-ET-GARONNE, DE LA HAUTE-GARONNE, ET COMMUNICATION AVEC LE DÉPARTEMENT DE L'ARIÈGE.

DÉPARTEMENT DE LA HAUTE-VIENNE.

Itinéraire de Paris à Toulouse,

PAR MONTARGIS, BOURGES, LIMOGES, TULLE ET MONTAUBAN, 182 LIEUES.

	lieues.		lieues.
De Paris à Nogent-sur-Vernisson (route de Chambéry)........	32	Limoges............	3
Gien...............	5	Pierre-Buffierre......	3
Argent.............	4 1/2	Magnac............	3
La Chapelle-d'Angillon..	5	Masseré............	2 1/2
Grangeneuve........	3	Uzerche............	4 1/2
Bourges............	4 1/2	Saint-Pardoux.......	4
Saint-Florent........	3 1/2	Donzenac..........	3
Charost............	2	Brives.............	3
Issoudun...........	3	Cressensac.........	5
Neuvy-Pailloux......	3	Souillac............	4
Châteauroux........	3 1/2	Payrac.............	5
Lottier.............	4	Pont-de-Rodes......	5 1/2
Argenton...........	3 1/2	Pélacoy............	5 1/2
Le Fay.............	4	Cahors.............	4 1/2
Rodes..............	3	La Madeleine.......	6
La Ville-au-Brun.....	2	Caussade...........	4
Morterol...........	5	Montauban.........	5 1/2
Chanteloube........	4	Grisolles...........	5
La Maison-Rouge....	4	Saint-Jory..........	3
		Toulouse...........	4 1/2

Communication de Toulouse à Foix, 19 l. 1/2.

	lieues.		lieues.
De Toulouse à Viviers....	6 1/2	Pamiers...........	3 1/2
Saverdun............	5	Foix..............	4 1/2

57ᵉ Livraison. (HAUTE-VIENNE.)

ASPECT DU PAYS QUE PARCOURT LE VOYAGEUR
DE RODES A MASSERÉ.

Le premier endroit que l'on rencontre en entrant dans le département de la Haute-Vienne est le hameau de Boismandé, ancien relais de poste supprimé, où l'on arrive après beaucoup de montées et de descentes, à travers des landes et des châtaigneraies. Le relais est placé à la Ville-au-Brun, village après lequel on entre dans un pays sablonneux et peu fertile. La route côtoie le département de la Creuse, y pénètre deux fois, rentre dans le département de la Haute-Vienne, et se dirige entre deux rangées de châtaigniers sur le bourg de Morterol, où l'on passe la Seine sur un pont de pierre. En sortant de ce bourg, on se dirige par une montée douce sur un plateau qui sépare le bassin de la Seine de celui de la Gartempe; une descente rapide conduit au bord de cette rivière, que l'on traverse sur un beau pont d'une seule arche, un peu avant d'arriver à Bessines, bourg où l'on voit dans le cimetière qui borde la route une figure de sphinx antique, mentionnée par M. Allou dans sa Description des monuments de la Haute-Vienne. On s'élève, au-delà de Morterol, sur un second plateau qui fait partie d'une des plus hautes chaînes de la contrée. La route longe, au pied de la montée, l'étang de Manille, qui se termine environ une lieue avant d'arriver au relais de Chanteloube. On passe ensuite au hameau de Razès, où l'on remarque un tumulus sur le sommet duquel est planté un arbre isolé. Le pays devient de plus en plus montagneux. Au-delà du hameau de la Petite-Garde, la route se dirige dans une gorge profonde, et remonte ensuite sur un plateau d'où l'on découvre dans le lointain la ville de Limoges. A mesure que l'on approche de cette ville, le pays, quoique toujours onduleux, devient plus agréable et plus fertile. Un peu après la Maison-Rouge, on voit sur la gauche le bois et le château de la Bastide; plus loin est le hameau de la Bregère, et au-dessous, à droite, le cimetière de la ville, qui s'est embelli depuis peu de quelques monuments d'assez bon goût. C'est à la descente de la Bregère qu'on aperçoit distinctement et de très-près la ville de Limoges, qui se présente sur la gauche à travers les peupliers qui bordent la route. Le point de vue embrasse une partie des coteaux que baigne la Vienne et des belles prairies qui en tapissent les bords. On y distingue surtout l'édifice sombre et gothique de la cathédrale, dont l'aspect contraste avec la blancheur éclatante des constructions modernes qui l'entourent en amphithéâtre.

Une rue longue et très-escarpée conduit de l'intérieur de la ville au pont Saint-Martial, où l'on passe la Vienne. Immédiatement après, on gravit, en décrivant plusieurs zigzags, une côte escarpée d'où l'on jouit d'une belle perspective sur Limoges et ses alentours. En avançant, on continue à monter et à descendre en parcourant un pays agréable; on laisse, à droite, la route de Saint-Yrieix, et après avoir traversé une lande, on passe entre deux monts, sur l'un desquels s'élève le château de Beauregard; à une demi-lieue au-delà est Boisseuil, où l'on traverse sur un pont de pierre la rivière de Roselle. On ne doit pas manquer de faire une halte en cet endroit, pour aller visiter à un quart de lieue de distance, sur la droite, les ruines du château de Chalusset (*voy.* ci-après BOISSEUIL, page 5). Après Boisseuil, on passe une demi-lieue de landes, puis on continue à parcourir un pays montueux, mais continuellement varié par des prairies, des landes cultivées, des bois et des châtaigniers jusqu'à Pierre-Buffière, petite ville où l'on remarque les restes assez bien conservés d'un ancien château fort qui sert d'hôtel-de-ville. On suit, en sortant de cette ville, le sommet d'une longue colline, en passant devant plusieurs maisons éparses. La route n'offre ensuite que de continuelles montées et descentes à travers des landes peu fertiles qui se continuent jusqu'à Masseré, où l'on passe du département de la Haute-Vienne dans celui de la Corrèze.

DÉPARTEMENT DE LA HAUTE-VIENNE.

APERÇU STATISTIQUE.

Le département de la Haute-Vienne est formé du ci-devant Haut-Limousin, d'une partie de la Basse-Marche et de quelques communes du Haut-Poitou. Il tire son nom de sa principale rivière qui le traverse de l'est à l'ouest, et le divise en deux parties à peu près

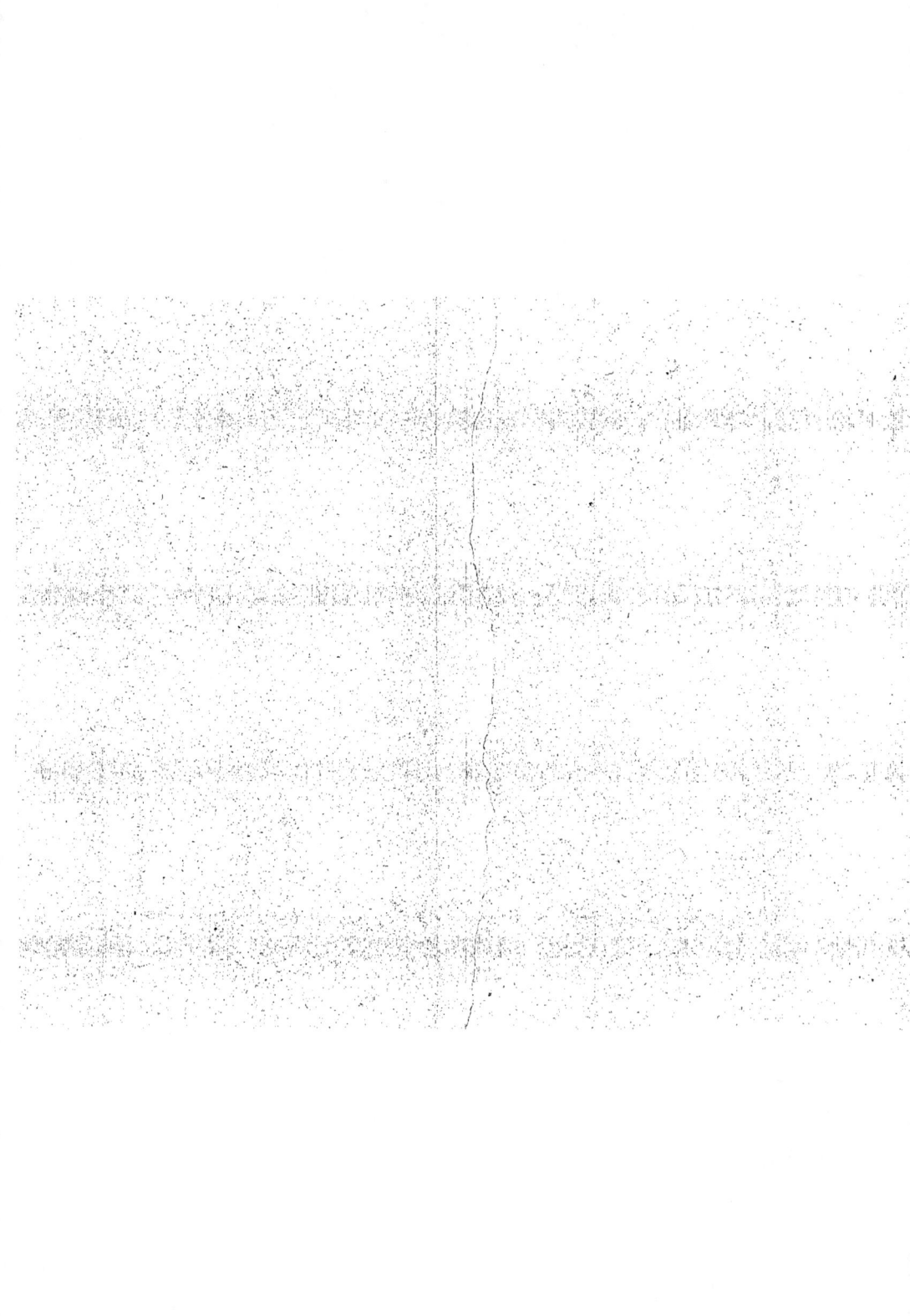

égales. Ses bornes sont : au nord, les départements de la Vienne et de l'Indre ; à l'est, celui de la Creuse ; au sud, ceux de la Corrèze et de la Dordogne ; à l'ouest, celui de la Charente.

Le territoire de ce département est hérissé de montagnes et d'un grand nombre de collines sur presque toute sa surface ; leurs groupes, plus élevés et plus nombreux dans la partie orientale, s'abaissent et diminuent à mesure qu'ils s'avancent vers l'occident ; quelques-uns sont frappés de stérilité, d'autres sont couverts de bois ou ombragés de distance en distance par des masses de châtaigniers, ce qui donne au pays une teinte sombre, et quelquefois un aspect sauvage. Les aspérités n'offrent cependant rien qui affecte l'œil d'une manière désagréable ; elles présentent au contraire, en divers endroits, surtout sur les bords de la Vienne, de très-beaux sites et des positions pittoresques ; il est même peu de contrées qui puissent, sous certains rapports, être comparées à celles de la Haute-Vienne pour la variété des perspectives et pour la fraîcheur des paysages.

Les deux principales chaînes de montagnes ont leur direction de l'est à l'ouest, et forment le bassin de la Vienne : la plus considérable est celle qui est sur la rive droite de cette rivière et qui sépare son bassin de celui de la Gartempe ; la seconde sépare ce bassin de celui de la Vézère et de Lille. Les différents groupes de ces montagnes n'ont point la forme de pics élevés, tels que ceux des montagnes volcaniques ou couvertes d'une neige permanente ; ce ne sont point non plus des sommets plats et allongés, tels que ceux qu'on aperçoit dans les pays calcaires, mais des élévations qui se présentent de loin sous la forme de mamelons, et qui, par leur forme arrondie, décèlent le principe granitique qui les constitue. Le sommet le plus élevé de la première chaîne est le mont de Puy-de-Vieux, près de Grammont : sa hauteur est de 975 mètres au-dessus du niveau de la mer ; le sommet le plus élevé de la seconde chaîne est le mont Jargeau, dont la hauteur est de 950 mètres.—Les hautes montagnes, surtout celles qui sont le plus avancées à l'est, sont nues et couvertes de bruyères : on en laboure quelques parties tous les vingt-cinq ou trente ans, et ces terres, épuisées par une ou deux faibles récoltes de seigle ou d'avoine, sont abandonnées à leur premier état de fertilité. Ces hautes régions se refusent à la production des grands végétaux, surtout des châtaigniers, qui, cultivés avec succès dans les régions moyennes, remplacent le grain et nourrissent les habitants pendant un tiers de l'année. A mesure que les montagnes s'abaissent et s'étendent à l'ouest, on voit, sur leurs crêtes et leurs penchants les plus élevés, le bouleau et le hêtre, qui y prospèrent mieux que vers le bas des coteaux ; viennent ensuite le charme et le chêne, qui demandent une exposition moyenne. Le châtaignier occupe ordinairement les coteaux, et ce qu'il y a de remarquable, c'est que cet arbre ne réussit bien que dans les positions élevées de 580 m. au-dessus du niveau de la mer, et qu'il préfère les pentes qui regardent le nord à celles qui regardent le midi.—Les penchants inférieurs des montagnes, les gorges et les vallons qui y prennent naissance, sont plus ou moins cultivés, suivant l'exposition et la qualité du terrain. Les parties les plus basses, celles qui avoisinent les rivières et les ruisseaux, sont ordinairement couvertes de prairies. En général, on voit peu de vallées d'une grande étendue : on peut cependant regarder les bords de la Vienne comme une grande vallée, ou plutôt comme une suite de vallées partielles, dont la longueur totale est à peu près égale à celle du cours de la rivière, et dont la largeur moyenne est au plus de 60 à 70 mètres ; mais on ne voit partout ailleurs que des gorges et des vallons étroits formés par les revers des montagnes, et qui s'inclinent plus ou moins rapidement vers les lits des rivières.

On ne trouve point de marais dans ce département ; sa pente très-inclinée se refuse généralement à la réunion des eaux stagnantes : on voit néanmoins quelquefois sur des bancs d'argile s'étendre des nappes d'eau plus ou moins considérables, mais qui ne sont jamais permanentes ; elles paraissent avec la saison des pluies et disparaissent avec elle. Les étangs sont au nombre de 556, et leur superficie est d'environ 1,072 hectares ; ils sont presque tous situés dans des lieux arides et découverts ; il en est fort peu qui soient placés dans des bois et dans de bons terrains. Lorsque les bords d'un vallon se rapprochent assez pour qu'on puisse y construire une chaussée solide, afin de retenir les eaux et de les faire refluer à quelque distance dans ce vallon, et même dans les vallons supérieurs, alors cet emplacement est choisi pour la construction d'un étang.

Entre les montagnes se trouvent quelques plaines peu fertiles, d'excellentes prairies, beaucoup de landes et de bruyères. Les terres produisent peu de froment, du seigle en assez grande quantité, et du sarrasin ; les prairies donnent de très-bons foins ; les pacages, qui y sont d'excellente qualité, nourrissent une grande quantité de chevaux, également estimés pour la beauté des formes, la vigueur et l'agilité; les montagnes y sont couvertes de bois et de châtaigniers, dont les fruits sont, avec une espèce de rave qui se cultive dans le département, la principale nourriture des habitants. Dans les campagnes on supplée au pain par les châtaignes. On compte 40,000 hectares réservés aux châtaigneraies, qui sont très-nombreuses dans les montagnes, et donnent lieu non-seulement au commerce de châtaignes, mais aussi à celui du merrain. On évalue à 480 mille quintaux métriques la récolte annuelle de ce fruit, que l'on fait sécher dans des fours pour les conserver.

La nature du sol du département, l'élévation et la direction des montagnes, la multiplicité des sources et le grand nombre de ruisseaux, y rendent la température humide, froide, et sujette à de grandes variations. — Les vents d'est et de nord-ouest soufflent, année moyenne, pendant 25 jours; le nord et le nord-ouest pendant 60, l'ouest et le sud-ouest pendant 70, le sud et le sud-est pendant 45; le reste de l'année l'air est généralement calme : l'impétuosité des vents du sud est extrême vers le solstice d'hiver, et quelques jours avant ou après les équinoxes; ce sont des ouragans qui durent 24 ou 30 heures sans interruption. — Les orages sont fréquents et dangereux pendant les mois de juin et de juillet; ils sont presque toujours accompagnés d'une grêle meurtrière et de vents impétueux qui renversent les arbres et les moissons. — Le maximum du plus grand froid est de 16° de R., celui de la plus grande chaleur de 28 à 29°; la plus grande élévation du baromètre est de 760 mil., sa moindre élévation de 721 mil. La quantité d'eau qui tombe annuellement est de 675 mil.

Le département de la Haute-Vienne a pour chef-lieu Limoges. Il est divisé en 4 arrondissements et en 27 cantons, renfermant 203 communes. — Superficie, 283 lieues carrées. Population, 285,130 habitants.

MŒURS ET USAGES. Les habitants du département de la Haute-Vienne sont en général pleins de bonhomie et de candeur; la douceur est leur caractère distinctif; durs envers eux-mêmes, ils sont honnêtes envers les étrangers, et savent apprécier le bien qu'on leur fait; la moindre prévenance les porte à rendre tous les services qui dépendent d'eux. Quoiqu'ils soient excessivement économes, cela ne les empêche pas d'être hospitaliers; dans les campagnes, les familles se soutiennent dans les grands malheurs; les orphelins sont reçus chez leurs parents, et traités comme les enfants de la maison. — Les Limousins sont accoutumés à des émigrations périodiques; chaque année, plusieurs d'entre eux se dispersent dans différentes contrées de la France. On connaît partout leur patience, leur sobriété et leur assiduité au travail. Il sort annuellement des parties montueuses des arrondissements de Limoges et de Bellac, huit à neuf mille maçons qui vont travailler dans les départements de la Seine, du Rhône, et dans le canton de Genève. Tout en parcourant le monde pour gagner sa vie, le Limousin affectionne constamment le pays de sa naissance; les belles contrées sur lesquelles il promène sa laborieuse industrie, lui font rarement oublier ses montagnes. Quelle que soit la distance à laquelle il s'éloigne, quelle que soit même la fortune qu'il acquière dans d'autres pays, il conserve pour le sien un attachement et une prédilection qui l'y ramènent tous les ans dans la saison des hivers, où il rapporte à sa famille le produit de ses épargnes.

MINÉRALOGIE. Mines de fer, de cuivre, d'étain, de plomb, d'antimoine, de houille. Carrières de kaolin et pétunsé, les plus belles et les plus abondantes qui existent en France, substances exploitées en grand pour les manufactures de porcelaine; carrières de marbre gris, de serpentine, de granit; améthistes, zircons, grenats, émeraudes, tourmalines, etc.

PRODUCTIONS. Céréales en quantité insuffisante pour les besoins; sarrasin, légumes, raves, châtaignes en abondance, excellents foins, bons pâturages dans les montagnes. — 1,643 hectares de vignes, produisant, année moyenne, 40,000 hectol. de vins médiocres, qui ne suffisent pas pour les besoins du pays : on en tire chaque année environ 140,000 hectolitres des départements de la Corrèze, du Lot, de la Dordogne et de la Charente. — 20,076 hectares de forêts (arbres verts et feuillus). — Élève de très-beaux chevaux, de mulets et de bêtes à cornes. Beaucoup de gibier.

INDUSTRIE. Manufactures importantes de porcelaine. Fabriques de gros draps, casimirs, droguets, flanelles, couvertures de laine, toiles communes, mouchoirs, liqueurs. Blanchisseries de toiles et de cire. Filatures de coton et de laine. Imprimeries typographiques renommées pour les ouvrages à bas prix. Huit hauts fourneaux, 44 forges et aciéries; martinets, batteries de cuivre, tréfileries, clouteries. Tanneries considérables. Nombreuses papeteries dont les produits sont très-recherchés. Brasseries. Verrerie. Poteries et faïenceries.

Commerce de châtaignes, vins que l'on transporte généralement dans des outres et à dos de mulet, bois, chanvre, bestiaux, chevaux, fers, acier, kaolin, porcelaines. Entrepôt du commerce de Toulouse et du midi de la France.

VILLES, BOURGS, VILLAGES, CHATEAUX ET MONUMENTS REMARQUABLES;
CURIOSITÉS NATURELLES ET SITES PITTORESQUES.

ARRONDISSEMENT DE LIMOGES.

AIXE. Petite ville située sur la rive droite de la Vienne, à 2 l. 1/2 de Limoges. Pop. 2,610 hab.

L'époque de la première fondation de cette ville remonte à un temps très-reculé. Une foule de ruines attestent qu'elle était bâtie autrefois sur une éminence où est actuellement le faubourg de Bourgneuf : on voit encore les restes d'un vieux pont, dont on attribue la construction aux Romains; on aperçoit aussi quelques vestiges de portes de ville et de plusieurs forteresses, notamment de l'ancien château d'Aixe, autour duquel a été bâtie la nouvelle ville. Ce château fut le refuge de Henri le Vieux, roi d'Angleterre, après qu'il eut été battu à Nogeac; la tradition rapporte que Jeanne d'Albret, reine de Navarre, y a fait sa résidence pendant les dernières années de sa vie, et qu'elle y est enterrée. Il ne reste plus aujourd'hui que des ruines de cet antique château, situé sur une roche élevée qui domine la Vienne. La date de sa fondation est inconnue; il fut assiégé et pris par Henri le Jeune, en 1180. La vicomtesse Marguerite en avait fait sa principale forteresse et y plaça, disent les chroniques du temps, comme capitaine et receveur, Aymar de Maumont, dont les terres se trouvaient dans le voisinage. Ce dernier, aidé de ses frères Gérald et Hélie, exerça tant de vexations contre les habitants, que ceux-ci vinrent les assiéger dans le château, et ne se retirèrent qu'en vertu d'un accommodement. Ce fut à Aixe que la vicomtesse fit frapper la monnaie appelée Limousine, que les bourgeois de Limoges refusèrent de recevoir, et qui fut enfin supprimée par décision du roi Philippe le Hardi. Dans les querelles souvent renouvelées entre les habitants de Limoges et les partisans de la vicomtesse, les dépendances des deux villes eurent également à souffrir; il est remarquable que les dévastations principales se portaient sur les vignes et les pressoirs souvent incendiés de part et d'autre. Ce genre de culture, qui se retrouve encore auprès d'Aixe, a totalement disparu des environs de Limoges. L'emplacement du château, entièrement rasé depuis long-temps, est aujourd'hui cultivé en partie.

AMBAZAC. Bourg situé à 5 l. 1/2 de Limoges. Pop. 2,825 hab.—Forges et tréfileries.—Aux environs, on remarque, au milieu de constructions modernes, une vieille tour et quelques débris de murailles du château de Montcocu.

BOISSEUIL. Village situé au milieu de montagnes, sur l'une desquelles on remarque le château de Beauregard. A 2 l. de Limoges. Pop. 700 hab.

Non loin de Boisseuil, et à un quart de lieue du pont de Rosellé, on remarque les ruines importantes de l'ancien château de Chalusset, ruines les plus curieuses et les plus considérables de toutes celles qui existent dans le département de la Haute-Vienne. D'après la tradition la plus répandue, le château de Chalusset occupait l'emplacement d'une station romaine. Vers le milieu du XIIe siècle, cette forteresse appartenait à la vicomtesse Marguerite; elle la vendit, en 1273, à Gérald de Maumont. Sous le règne de Charles V, les Anglais en furent chassés par les habitants de Limoges, avec l'aide du célèbre connétable et maréchal de Sancerre. En 1574, J. de Maumont, seigneur de Saint-Vic, se saisit de ce château, devenu presque inhabitable depuis l'expulsion des Anglais, et le fortifia de nouveau, prétendant, dit le P. Bonaventure, le tenir pour ceux de la religion prétendue réformée. Il commença en même temps à piller les villages voisins, à rançonner les paysans et les voyageurs. Les habitants de Limoges s'étant rassemblés, marchèrent contre lui, sous la conduite du capitaine Vouzelle, et le forcèrent à s'enfermer dans ses murs. Trois ans après, les bourgeois de Saint-Léonard, réunis à ceux de Limoges, de Solignac, d'Eymoutiers, etc., firent le siége de Chalusset. Le fort fut investi de tous côtés, et se rendit au bout de cinq jours. On résolut alors, pour assurer la tranquillité du pays, de démolir cette place de manière à en rendre le rétablissement impossible.

Les tours de Chalusset, si remarquables par l'étendue qu'elles couvrent de leurs débris, le sont peut-être davantage par leur position singulièrement pittoresque. Du haut d'une roche inculte et sauvage, au pied de laquelle deux ruisseaux assez rapides viennent confondre leurs eaux, ces vieux remparts semblent menacer encore l'habitant des campagnes, dont ils n'excitent plus même la curiosité. Sur les coteaux voisins, des champs cultivés et de riches pâturages reposent agréablement les yeux; en arrivant aux ruines, toute végétation cesse, aucun bruit ne s'y fait entendre, que les cris de la bergère qui poursuit sa chèvre égarée, ou les pas de l'étranger curieux.

Ces magnifiques ruines ont déjà occupé le crayon de plusieurs habiles dessinateurs. Le château proprement dit, compris entre les ruisseaux de la Ligoure, au N.-O., et de la Briance au S.-E., présente la forme d'un trapèze, dont l'axe se dirige du S.-O. au N.-E., et dont le plus petit côté, qui répond à la porte principale située au N.-E., peut avoir 80 pieds, et le côté opposé 130 pieds. La longueur moyenne est d'environ 210 pieds. On n'observe de fossés que sur le côté du S.-O., les autres étant suffisamment défendus par les pentes extrêmement rapides de la montagne. Sur les quatre angles du trapèze s'élevaient quatre tours assez considérables, accompagnées de plusieurs petites qui renfermaient les escaliers, et dont on ne voit plus que les décombres. Dans tout cet espace, se trouve compris 1° une cour d'entrée fort étroite d'abord, qui s'élargit en avançant, et offrait tout à la fois, en cas d'attaque, un avantage aux assiégés, et un obstacle de plus aux assiégeants; 2° deux salles assez grandes sur les deux côtés de la cour; 3° une tour très-élevée, de forme pentagonale, placée à peu près vers le centre de tout l'édifice; 4° une grande cour ou place d'armes très-vaste au pied de la même tour; 5° enfin deux salles qui terminent, du côté de la Briance, le développement du château; le mur antérieur de celle qui est la plus voisine du centre est entièrement détruit et laisse apercevoir de l'autre bord toute la partie intérieure des ruines. La structure de ces différentes pièces, totalement découvertes, et dont les murs sont presque partout abattus ou dégradés, appartient évidemment au moyen âge. Il en est de même de tous les chapiteaux des colonnes et de ceux des piliers évidemment gothiques, à joints alternatifs, qui s'observent sur les parois des différentes salles, et soutiennent des voûtes en ogives encore bien conservées.

BONNET-LA-RIVIÈRE (SAINT-). Village situé à 6 l. 1/2 de Limoges. Pop. 1,584 hab.—Mines de fer.

CHALUSSET. Voy. BOISSEUIL.

CHATEAUNEUF. Bourg situé sur la rive gauche de la Combade, à 7 l. de Limoges. Pop. 1,384 hab. On y voit des restes d'un antique manoir, dont la position élevée et pittoresque devait être très-forte avant l'usage de la poudre; il appartenait à la maison de Pierre-Buffière, qui possédait en outre un assez grand nombre de domaines aux environs. On croit que ce château soutint un siége assez long contre les Anglais, mais l'époque n'en est pas exactement connue; il n'est remarquable que par la grandeur des appartements qui le composent, et par l'épaisseur extraordinaire de ses murs.

CONDAT. Village situé près de la rive gauche de la Vienne, à 1 l. 1/2 de Limoges. Pop. 394 hab.—Papeteries.

EYBOULEUF. Village situé à 5 l. de Limoges. Pop. 371 hab.—Papeteries.

EYMOUTIERS. Petite ville, située dans un vallon sauvage, mais très-pittoresque, sur la Vienne, à 8 l. 3/4 de Limoges. Popul. 3,456 hab.

La fondation de cette ville est attribuée par les chroniques du pays à une troupe de Sarrasins qui lui donnèrent le nom de leur chef Ahentas ou Abentis. Les Anglais l'ayant détruite au XIVe siècle, Charles VI la fit rebâtir et entourer de fossés. Elle possédait un monastère sécularisé en 1279, et dont on a voulu faire remonter l'origine au règne de Charlemagne, suivant une bulle de Sixte IV de l'année 1475. Il paraît certain du moins qu'il existait du temps de l'évêque Turpin d'Aubusson, c'est-à-dire au commencement du Xe siècle: il serait donc antérieur à Hildegarius, qui, d'après quelques chroniques, fonda le monastère d'Eymoutiers, et y plaça des religieux, ce dernier n'ayant occupé le siége de Limoges que vers l'an 980. L'église actuelle de la ville, qui est celle de l'abbaye, fut bâtie, à ce qu'on

croit, sur la sépulture d'un vieux solitaire nommé Psalmet, mort en 630, et dont elle porte le nom. Elle est d'un style gothique, plein de hardiesse et de légèreté; c'est sans contredit une des plus belles du département, quoiqu'elle ait le défaut d'être un peu obscure. On remarque surtout le chœur, dont les vitraux sont d'un travail très-remarquable. — A peu de distance de la ville, se trouve l'ancienne église de Saint-Pierre-Château, autrefois celle de la Paroisse. C'est une chapelle gothique, qui tombe maintenant en ruine. — *Fabriques* de pelleteries. Belle usine à bluter les farines.

ISLE. Village situé sur la rive droite de la Vienne, à 1 l. de Limoges. Pop. 1392 hab. — Filature de coton. Papeterie. Belle usine pour la trituration du pétunsé et du kaolin pour les manufactures de porcelaine.

LAURIÈRE. Bourg situé près d'une belle forêt, sur la rive gauche de l'Ardour, à 9 l. de Limoges. Pop. 1,248 hab. On y voit les débris d'un château, autrefois considérable, dont il ne reste qu'une tour bien construite et quelques portions de vieux murs. — Papeteries.

LÉONARD (SAINT-). Ville ancienne, située à 5 l. 1/2 de Limoges. ✉ ☞ Pop. 5,705 hab.

L'emplacement qu'occupe aujourd'hui cette ville était couvert autrefois de bois très-épais, que les chroniques du pays appellent la forêt de Pavum. Saint Léonard, fils de Rigomer, comte du Mans et de la famille de Clovis, s'y retira, suivant le récit des légendaires, vers le milieu du VIe siècle. A l'entrée de la même forêt était alors un château royal où Clovis vint séjourner après la bataille de Vouillé. Les prières du saint ermite ayant, à ce qu'on prétend, secouru la reine Clotilde dans les douleurs de l'enfantement, le roi, par reconnaissance, accorda à saint Léonard, en toute propriété et sans aucune servitude, une portion de la forêt pour y bâtir un oratoire. Autour de cette demeure religieuse, où accoururent bientôt les pèlerins, s'éleva en peu de temps une ville qui, par suite de la donation de Clovis, reçut le nom de Noblac, celui de son fondateur.

Dans le cours du moyen âge, la ville de Saint-Léonard était assez bien fortifiée et avait un château fort qui fut plusieurs fois pris ou assiégé par les Anglais. En 1423, les habitants obtinrent de Charles VII la permission d'enlever les matériaux de ce fort démoli depuis long-temps, de peur que les Anglais ne vinssent le rebâtir de nouveau.

L'église actuelle de la ville, sous l'invocation de saint Léonard, était celle d'un monastère (devenu depuis une collégiale) fondé, à ce qu'on croit, dans le IXe siècle, rétabli dans le XIe par l'évêque Ithier Chabot, et qui fut à cette dernière époque (1062) occupé par des chanoines réguliers. Cette église, réparée encore en 1484, est d'un style très-remarquable, et offre quelques parties évidemment antérieures au gothique. Le clocher rappelle la construction de celui de Saint-Martial de Limoges, et présente de même ces frontons aigus et ces arcades à plein cintre, soutenus par de lourds piliers. La masse entière de ce clocher repose sur deux murs latéraux et sur six colonnes d'une forte dimension, dont les chapiteaux offrent des figures bizarres et d'une exécution grossière.

Saint-Léonard est une ville agréablement située, au sommet d'un mamelon, sur la rive droite de la Vienne, que l'on y passe sur un beau pont; elle est entourée de boulevards ornés de belles plantations, d'où l'on découvre de superbes prairies.

Fabriques de grosse draperie, couvertures de laine. Manufacture de porcelaine. Filature de laine. Nombreuses papeteries. Martinets à cuivre. Tanneries. — *Commerce* de bestiaux, papiers et autres articles de ses manufactures. — *Hôtels* de la Poste, de la Boule d'or.

LIMOGES. Grande et très-ancienne ville. Chef-lieu du département. Cour royale d'où ressortissent les départements de la Haute-Vienne, de la Corrèze et de la Creuse. Tribunaux de première instance et de commerce. Chambre consultative des manufactures. Académie universitaire. Collège royal. Société d'agriculture, sciences et arts. Hôtel des monnaies (lettre J). Évêché. Séminaire diocésain. ✉ ☞ Pop. 27,070 hab.

L'origine de cette ville est inconnue. Tout porte à croire qu'elle était la capitale des Lémovices, tribu gauloise qui se soumit volontairement aux Romains, et leur resta fidèle. Il serait très-difficile aujourd'hui de déterminer le lieu précis qu'occupait l'ancienne cité des Lémovices, et son importance, avant la conquête des Romains. César est le premier écrivain connu qui ait parlé de ces peuples, encore n'en dit-il que bien peu de chose. Au-delà de cette époque, les monuments et les témoignages historiques manquent totalement. Quelques personnes éclairées, entre autres M. de Lépine, ont été jusqu'à supposer que la cité de Limoges n'existait pas du temps de César, se fondant sur ce qu'il ne parle jamais que du peuple même, et nulle part de la ville. Il est permis cependant de croire qu'une nation qui avait pu envoyer dès cette époque au siége d'Alésia 10,000 combattants, c'est-à-dire autant que les Bellovaci, les plus puissants des Celtes, et plus que les villes de Tours, Poitiers et Paris, qui n'en envoyèrent chacune que 8,000, devait avoir pour capitale une ville importante, semblable à celles qui existaient alors dans les autres parties de la Gaule, et dont l'existence n'est pas contestée.

Cette cité passa des Romains aux Visigoths, auxquels Clovis l'enleva après la célèbre bataille de Vouillé. Elle fut prise et livrée au pillage par Théodebert, après sa victoire sur Chilpéric, prise et reprise par Pepin le Bref sur Waifre, duc d'Aquitaine, et brûlée par les Normands, en 836. Au commencement du XIIe siècle, les Flamands s'en emparèrent. Henri II, roi d'Angleterre, s'y fit couronner duc d'Aquitaine en 1153, et trente ans après, il vint mettre le siége devant cette même ville qui s'était déclarée contre celui de ses deux fils auquel il avait cédé le duché d'Aquitaine, Richard Cœur de Lion. En 1189, Nothildé, épouse de ce dernier, assiégea encore Limoges, qui fut livrée par elle à toutes les horreurs du pillage. Un autre désastre, sur lequel l'histoire donne de plus grands détails que sur les précédents, est la bataille remportée sous ses murs en 1355, par le prince de Galles dit le Prince Noir : le quartier où le combat eut lieu porte encore le nom de *Boucherie*, pour conserver, assure-t-on, le souvenir de la férocité du vainqueur et du dévouement des habitants. Sous Charles VII, qui deux fois visita Limoges, cette ville vit des jours plus prospères, surtout lorsque Dunois eut entièrement expulsé les Anglais de l'Aquitaine. Les guerres de religion lui furent aussi funestes; mais après cette époque, la ville respira et se releva de ses ruines.

La ville de Limoges était anciennement remarquable, non-seulement par son étendue, mais par la beauté de ses édifices; il semble que les Romains s'étaient attachés à l'orner de tous les monuments de leur magnificence. Elle avait un capitole, un amphithéâtre; on y voyait un grand nombre de beaux temples et de riches palais : elle était le centre de plusieurs routes qui lui ouvraient de faciles communications avec les autres principales villes de la Gaule. Enfin, elle fut du nombre des soixante cités qui élevèrent à Lyon des statues à Auguste, et qui obtinrent la permission de prendre le nom de ce prince; elle fut en conséquence appelée Augustoritum, et garda ce nom jusqu'à la fin du IVe siècle, époque où elle reprit celui du peuple qui en avait fait sa capitale. Mais dans les guerres qui suivirent la chute de l'empire romain, cette ville ne tarda pas à déchoir de son antique splendeur; les barbares renversèrent ses anciens monuments, et ce qui avait échappé à leur fureur a été insensiblement détruit.

Cette ville est située au sommet et sur le penchant d'une colline dont le pied est baigné par les eaux de la Vienne, que l'on traverse sur un ancien pont en pierre; elle forme une espèce d'amphithéâtre d'où l'on découvre les sinuosités de cette rivière, d'où l'on suit les ondulations de ses coteaux pittoresques et de son délicieux vallon. Comme toutes les anciennes cités, elle est assez mal bâtie : ses maisons sont presque toutes construites en bois, à partir du premier étage; mais on y voit aussi beaucoup de constructions modernes d'une belle apparence; quelques rues ont été élargies et alignées, et un grand nombre d'améliorations en tout genre se sont effectuées dans ces derniers temps. Depuis qu'on a renversé les tours et les murailles qui la rendaient obscure et malsaine, la partie haute est entourée de larges boulevards bien ombragés. L'air qu'on y respire est extrêmement pur et tempéré; de nombreuses fontaines y versent continuellement une eau limpide et extrêmement légère : aussi le sang y est-il très-beau, notamment chez les personnes du sexe. On y trouve plusieurs places publiques, dont deux seulement sont remarquables. La première, qu'on regarde à juste titre comme la plus belle promenade de la ville, est élevée de quelques gradins au-dessus de la vaste place où se tient le marché aux bestiaux; elle est bordée d'un côté par le cimetière, et de l'autre par une terrasse qui domine un chemin pavé d'où partent les routes d'Angoulême et de Bordeaux. La place de la Mairie offre un aspect gracieux et bien aéré.

ANTIQUITÉS. Limoges, quoiqu'une des plus anciennes villes des Gaules, conserve peu de restes de ses antiquités. Quelques monuments, dont la plupart ne sont plus visibles, mais dont on a conservé la description, prouvent qu'elle était bâtie long-temps avant que les Romains pénétrassent dans cette contrée. On cite particulièrement un souterrain réputé gaulois, parce qu'il n'est

LIMOGES.

ni de bâtisse romaine, ni de celle des Goths; il commence au lieu sur lequel fut depuis construit l'amphithéâtre, et aboutit à la Vienne. Il est en ligne droite sur une longueur de plus de 975 m., et a 49 c. d'élévation sur 73 c. de large. On pense qu'il servait aux Gaulois pour mener boire leurs chevaux à la Vienne, quand leur ville était bloquée par l'ennemi. Les deux extrémités de ce souterrain ont été fermées, à cause du mauvais usage qu'on pourrait en faire.

On usa de la même précaution pour un temple souterrain, de forme absolument sphérique, de plus de 14 m. de diamètre, et entièrement taillé dans le roc à la pointe du marteau, dont on reconnaît encore les traces. Ce souterrain fut fermé par ordre de l'autorité, de crainte que des malfaiteurs ne vinssent à s'y retirer. M. de Tourny avait eu le projet de le faire rouvrir; mais il fut alors appelé à l'intendance de Bordeaux, et il ne paraît pas qu'aucun de ses successeurs se soit occupé de ce projet.

On ne retrouve plus rien aujourd'hui de l'antique église de Saint-Étienne, élevée dans les premiers siècles du christianisme, souvent dévastée pendant les temps de barbarie, surtout par les Goths et les Normands, et plus tard par le roi Pepin dans ses démêlés avec Waifre. Elle avait été bâtie, à ce qu'on prétend, sur l'emplacement d'un temple de Jupiter.

L'ÉGLISE ACTUELLE DE SAINT-ÉTIENNE, qui est très-bien conservée, doit être remarquée parmi les monuments gothiques qui nous restent. Elle a toute la hardiesse et la majesté du genre, et le rond-point du sanctuaire est surtout d'un effet très-imposant. Le clocher, qui forme un massif indépendant du bâtiment de l'édifice, ne se trouve point placé dans l'axe de la nef, et est d'un style tout différent. Il fut élevé, suivant les chroniques du pays, en 1190 ou 1191 (le P. Saint-Amable veut que ce soit en 1212), par l'évêque Sébrand-Chabot, pendant le séjour du roi Richard à la Terre-Sainte. L'abbé Legros croit que ce monument est le même que celui que nous voyons encore aujourd'hui. Il se compose de quatre étages, dont chacun est percé de deux ou trois ouvertures assez étroites, surmontées d'ogives très-peu aiguës. Sur les quatre angles s'élèvent des tourelles octogones, qui se terminent aujourd'hui par des lanternes fort élégantes. Ce clocher, qui était d'une très-grande hauteur, fut en partie abattu par la foudre, en 1483, sous Jean-Barthon de Monbas Ier. Il avait déjà été frappé plusieurs fois à des époques plus reculées. En 1484, le tonnerre abattit encore la flèche, qui fut alors reconstruite en bois et couverte en plomb. Enfin, le même accident se renouvela d'une manière plus fâcheuse le jour de Saint-Martial de l'année 1571. La foudre fondit la couverture de plomb, et le feu prit à la charpente, à l'endroit même où étaient logées les onze cloches, de sorte que, disent les mémoires du temps, le métal coulait partout au milieu des pièces de bois enflammées et des barres de fer rougies. Le même coup avait renversé les pyramides qui surmontent les quatre tourelles des angles. Le clocher ne fut pas alors réparé, et ne l'a pas été depuis. Il ne présente plus aujourd'hui qu'une tour très-élégante dont le sommet indique encore la naissance de la pyramide. La base de ce clocher porte sur une voûte en pendentif soutenue par quatre piliers.

En 1537, Jean de Langeac ou Langheac, alors évêque, entreprit de finir la cathédrale en réunissant l'église au clocher. Il fit élever dans ce dessein les fondations des murs et des piliers de quatre chapelles jusqu'à la hauteur de 20 ou 30 pieds; mais ce travail, que lui-même interrompit pour bâtir son palais épiscopal, fut entièrement abandonné après sa mort, et n'a pas été repris. Malgré l'irrégularité qui en résulte, l'aspect de cette antique cathédrale, vue surtout de l'autre côté de la Vienne, est d'un effet très-remarquable, et rien n'est plus pittoresque que le contraste qu'on observe entre la teinte sombre de ses vieux murs, et la blancheur des constructions modernes qui l'entourent. Du haut de la cathédrale même, on aurait pu jouir d'un coup d'œil bien plus magnifique sur le beau vallon de la Vienne, si l'on eût exécuté le projet, déjà commencé, d'une galerie extérieure ou plate-forme, qui devait régner sur le pourtour entier de l'édifice, et reposer sur la largeur des voûtes des bas-côtés. Un des accessoires les plus remarquables de cette église est le jubé, que l'on doit à M. de Langeac. Il a 34 p. de longueur, et fut exécuté en 1533, comme on le lit sur la base d'un des pilastres, à droite de la porte principale, au-devant de laquelle ce monument est placé. Il offre, en effet, tous les caractères des constructions de cette époque, et l'on y remarque, à la fois, leurs agréments et leurs défauts. La forme de l'ensemble est aussi légère que gracieuse, et les ornements, quoique très-multipliés, n'y nuisent pas à l'effet général. La partie qui sert de tribune, et qui forme une saillie en encorbellement, est soutenue par quatre colonnes demi arabesques; leurs intervalles sont occupés par six niches, dont les statues ont été enlevées, et autour desquelles se voient divers ornements, ainsi que la place des armes de Langeac, qui ont été effacées; au-dessous, sont des bas-reliefs qui représentent les travaux d'Hercule. Ces derniers sujets peuvent paraître extraordinaires dans un monument de ce genre; mais on s'en étonne moins quand on se reporte au temps de leur exécution, où le mélange des choses sacrées et profanes était partout si habituel. Le devant de la tribune offre six culs-de-lampe très-élégants, ornés de statues et surmontés de petites colonnes d'une extrême délicatesse. Les deux grandes colonnes de droite et de gauche portent, gravée sur un ruban, la légende: *Marcessit in otio virtus*, qui se retrouve également sur le mausolée de Jean de Langeac, et qui a servi à reconnaître celui-ci: c'était apparemment la devise de sa famille, ou celle qu'il s'était choisie pour lui-même, suivant l'usage de ce temps. Le dessus des culs-de-lampe offre aussi quelques légendes, mais, vu leur position, on ne peut en distinguer que des fragments qui rappellent encore la devise ci-dessus. Les côtés du jubé étaient autrefois ornés de peintures à fresque.

Le jubé était jadis à sa place naturelle entre le chœur et la nef; mais comme il masquait en partie le rond-point du sanctuaire, M. d'Argenté se décida à le faire enlever en 1789, et le fit transporter au-devant de la grande porte, en face du chœur où il se voit aujourd'hui. Le déplacement fut exécuté avec négligence, et ce monument fut endommagé dans quelques parties. Toutes les figures qui surmontent les culs-de-lampe et qui représentent les vertus théologales et cardinales, furent notablement mutilées; elles durent l'être davantage encore à l'époque de la révolution.—Les portes de la cathédrale, du côté de la rue Neuve de Saint-Étienne, sont en bois et offrent quelques bas-reliefs passablement exécutés. On y reconnaît le martyre de saint Étienne, et sainte Valérie portant sa tête. Le premier de ces deux sujets se retrouve encore exprimé par plusieurs statues, d'un ciseau gothique, qui ornent la face extérieure du rond-point ou chevet de la même église.

Non terminée comme celles de Beauvais et de Narbonne, la cathédrale de Limoges n'a que le chœur, et ce chœur est de toute beauté. Elle est destinée à une durée d'autant plus longue qu'elle a été bâtie en granit; aussi est-elle parfaitement conservée.

Église Saint-Michel-des-Lions. C'est un monument gothique, qui n'a de remarquable que la légèreté de la voûte, et surtout des piliers, au nombre de dix, qui la soutiennent.

Archevêché. Ce palais, entièrement bâti en granit, comme la cathédrale, est d'une architecture noble, qui en fait le plus beau bâtiment moderne de la ville; le prélat qui l'habite peut se considérer comme un des mieux logés de France. Il faut en voir les deux façades: celle de derrière est la plus belle. Les jardins qui accompagnent cet édifice règnent en terrasses sur la Vienne, et offrent une fort belle vue.

Fontaine d'Aigoulène. Parmi les monuments du moyen âge les plus anciens que possède la ville de Limoges, on doit, sans doute, placer la belle fontaine d'Aigoulène, qui fournit, en toute saison, à la partie supérieure de la ville, et même à la plupart des autres quartiers, des eaux aussi pures qu'abondantes. Elle prend sa source au village de Corgnac, à l'est de la ville, à 1,040 toises du bassin où elle s'épanche. Elle coule à 45 pieds de profondeur, dans un canal de 3 p. 1/2 de largeur, sur 5 p. de hauteur; la rigole a environ 1 p. carré. Ce fut en 1645 qu'on plaça au-dessus de la fontaine quatre dauphins et quatre mufles qui jetaient de l'eau, le tout surmonté d'une figure de saint Martial, revêtu de ses habits pontificaux. Cette figure, qui était en pierre et de grandeur naturelle, la face tournée vers l'église de Saint-Martial, s'était conservée jusqu'à l'époque de la révolution; elle a été remplacée tout récemment par une pyramide en granit, et quelques accessoires d'assez mauvais goût. On croit que le bassin où retombent les eaux de la fontaine est d'un seul morceau de granit, ce qui serait remarquable, cette pièce ayant environ 36 p. de circonférence. Cette fontaine alimente un étang situé au-dessous, et dont les eaux, qui s'écoulent toutes les vingt-quatre heures, enlèvent les immondices des boucheries, et portent aux jardins environnants des eaux grasses et fertilisantes.

On remarque encore à Limoges la bibliothèque publique, renfermant 12,000 volumes; le musée d'histoire naturelle, de mécanique, arts et antiquités; le quartier de cavalerie; l'hôtel de la préfecture; l'hôtel des monnaies; la salle de spectacle; les hôpitaux, etc., etc.

Cette ville a des courses de chevaux de premier ordre, pour trente-deux départe-

d'Aguesseau

H.te Vienne

ments. Elle possède aussi un mont-de-piété et une pépinière départementale.

Limoges est la patrie de d'Aguesseau; de Vergniaud, l'un des grands orateurs de la Convention; du maréchal Jourdan; du botaniste Ventenac; de l'ex-ministre Bourdeau; de l'habile chirurgien Dupuytren.

Manufactures considérables de porcelaine et de creusets. — *Fabriques* de draps, casimirs, droguets, cuirs de laine, gilets, mouchoirs, flanelles, gants de peau, colle-forte, bougie, sabots, clous pour la ferrure des chevaux. Filatures hydrauliques de coton et de laine; blanchisserie de cire; belles papeteries; brasseries; poteries; faïenceries. Forges et laminoirs. Tréfilerie.

Commerce de grains, châtaignes, vins, eaux-de-vie, liqueurs, sel, fer, cuivre jaune, laiton, émaux, kaolin. — Entrepôt du commerce de Toulouse et des départements méridionaux.

A 24 l. 1/2 d'Angoulême, 29 l. de Poitiers, 97 l. 1/2 de Paris. — *Hôtels* de Périgord, de la Bonne foi, des Diligences, de l'Aigle d'argent, de la Boule d'or.

NIEUL. Village situé à 2 l. 1/2 de Limoges. Pop. 730 hab.

PANAZOL. Village situé à 1 l. 1/2 de Limoges. Pop. 1,029 hab. — *Fabrique* de flanelles et de droguets. Filature hydraulique de laine.

PEYRAT. Bourg situé à 9 l. de Limoges. Pop. 1,650 hab.

Ce bourg était anciennement entouré de murailles et avait titre de ville. Il est bâti dans un joli vallon baigné par les eaux de la Maude, et traversé par la route de Guéret à Uzerche. La fraîcheur et la fertilité de son paysage contraste singulièrement avec les montagnes stériles qui l'environnent.

PIERRE-BUFFIÈRE. Petite ville située à 4 l. de Limoges. ✉ ⚜ Pop. 750 hab.

Cette ville est bâtie dans une belle position, sur le penchant d'un coteau qui domine au loin une belle vallée arrosée par la Briance, que l'on passe en cet endroit sur un pont en pierre. On y remarque les restes d'un ancien château fort flanqué de tours, qui sert aujourd'hui d'hôtel-de-ville. Ce château, situé à l'entrée de la ville en y arrivant de Limoges, existait déjà en 1183, puisque cette même année, suivant le P. Bonaventure, les Brabançons, qui ravageaient alors la Guienne, s'en emparèrent après plusieurs jours de siège. La famille qui en portait le nom était une des principales de la province, et disputait aux seigneurs de Lastours le titre de premier baron du Limousin. Cette terre devint, à une époque déjà ancienne, une propriété de la maison de Sauve-Bœuf; elle passa ensuite dans celle de Mirabeau, qui en jouissait encore à l'époque de la révolution.

PRIEST-SOUS-AIXE (SAINT-). Joli bourg situé à 2 l. 1/2 de Limoges. Popul. 1,100 hab.

PRIEST-TAURION (SAINT-). Village situé sur la rive gauche du Taurion, à 3 l. 1/2 de Limoges. Pop. 1,135 hab. — *Fabriques* de fil de fer. Papeteries.

SOLIGNAC. Petite ville située près de la rive droite de la Briance, à 3 l. de Limoges. Pop. 2,784 hab.

Cette ville doit son origine à une abbaye de bénédictins, fondée vers le milieu du VIIe siècle par saint Éloi, ministre du roi Dagobert, qui, pour déterminer son souverain à contribuer à cette fondation, lui demanda la terre de Solignac, *pour en faire une échelle par laquelle Dagobert et lui pussent monter au ciel*. Dagobert, flatté de cette offre, donna la terre de Solignac à saint Éloi : on ne sait pas s'il en fit une échelle suffisamment haute pour monter au ciel, mais il est certain qu'il en fit une abbaye très-riche. On y comptait, dit le P. Saint-Amable, jusqu'à 100 religieux qui suivaient, dans toute sa rigueur, la règle de saint Colomban d'Écosse. Les Sarrasins la dévastèrent au temps de Charles Martel. En 1619, cette abbaye fut donnée à la congrégation de Saint-Maur. Une portion du bâtiment principal ayant été incendiée environ cent ans après, on reconstruisit tout le côté de l'ouest dans un style moderne et d'une belle ordonnance. Le clocher, qui était fort ancien, et qui paraissait remonter, dit Legros, au temps de Louis le Débonnaire, s'écroula en 1783; le reste, qui menaçait ruine, fut rasé en entier et reconstruit dans un goût moderne. Dans le cours de la révolution, le couvent devint une maison d'arrêt, et ensuite une résidence de la municipalité du lieu. On y remarque aujourd'hui une manufacture de porcelaine.

Le couvent de Solignac, à moitié reconstruit à une époque assez récente, n'offre rien de curieux, même dans les parties les plus anciennes, que le nombre et l'étendue des pièces qui le composent; la façade est parfaitement conservée, et peut avoir 280 pieds de développement; l'église, qui, par un hasard également heureux et difficile à comprendre, n'a point été dégradée pendant une longue succession de siècles, est un des monuments les plus curieux que nous ayons du département : elle offre intérieurement la forme d'une croix latine sans piliers ni collatéraux ; seulement, sur les parois des murs de la nef, se présentent en saillie des arcades à plein cintre, soutenues par des colonnes sans proportion, dont les chapiteaux offrent des têtes d'animaux, des figures monstrueuses accroupies, et d'autres ornements d'un style barbare. La voûte est formée d'une suite de pendentifs ; les chapelles, disposées autour du sanctuaire, forment au dehors des saillies circulaires assez considérables, comme dans la plupart des anciennes églises de ce pays ; celle-ci a d'ailleurs une analogie très-remarquable avec celle de Saint-Hilaire de Poitiers, et semble appartenir à une époque presque aussi reculée. — L'extérieur de l'église de Solignac n'est pas moins intéressant : les arcades à plein cintre qui en décorent les parois, les ornements et figures bizarres qui forment les métopes, la disposition même de tout l'édifice, annoncent une haute antiquité et une origine bien antérieure au gothique. On ne peut sans doute supposer que le monument fondé par saint Éloi se soit encore conservé jusqu'à nos jours, et qu'il ait survécu à toutes les dévastations de l'abbaye, mais il est du moins probable que l'église actuelle date du IXe siècle et du règne de Louis le Débonnaire. On reconnaît, dans les accessoires, le goût bizarre de cette époque, et jusqu'aux figures monstrueuses et obscènes qu'on retrouve si souvent avec la même surprise sur presque tous les monuments religieux du moyen âge.

SUSSAC. Village situé à 10 l. de Limoges. Pop. 1,218 hab. — Carrière de marbre propre à faire de la chaux.

VERNEUIL. Bourg situé à 2 l. 1/4 de Limoges. Pop. 2,000 hab. Il est bâti dans un territoire agréable et extrêmement fertile, où l'on cultive des fruits et des légumes qui approvisionnent les marchés de Limoges.

ARRONDISSEMENT DE BELLAC.

AZAT-LE-RIS. Village situé à 6 l. 1/4 de Bellac. Pop. 662 hab. — Verrerie où l'on fabrique annuellement environ 400,000 bouteilles.

BELLAC. Petite ville. Chef-lieu de sous-préfecture. Tribunal de première instance. ✉ Pop. 3,607 hab.

L'origine de cette ville est peu connue. Boson Ier, dit le Vieux, y fit construire dans le Xe siècle un château fort ; mais à cette époque la ville était déjà considérable et entourée de murs flanqués de dix-neuf tours dont on voit encore quelques vestiges. Boson augmenta encore ces fortifications et en fit une des plus fortes places du pays. En 997, Guillaume le Grand, dit Fier-à-Bras, comte d'Aquitaine, assiégea sans succès la ville et le château. En 1591, cette place soutint avec honneur un siége contre les ligueurs, qui furent obligés de se retirer après avoir donné inutilement plusieurs assauts. Pendant les guerres de la Fronde, le duc de Longueville, à la tête d'un corps de troupes du parti des princes, tenta en vain de s'emparer de Bellac, qui fut défendue avec courage par les habitants.

Cette ville est bâtie sur le penchant d'un coteau rapide qui domine le Vincon du côté du nord. On récolte sur son territoire des vins de bonne qualité. Ce qui reste encore de l'ancien château bâti sur la partie la plus élevée de la ville, forme aujourd'hui la maison d'arrêt et le palais de justice.

Aux environs, près du village de la Borderie, on voit un beau dolmen, formé d'un bloc énorme de pierre, posé horizontalement sur cinq morceaux de rocher. Tout porte à croire que ce bloc ne se trouvait pas originairement dans cet endroit, mais il est difficile de concevoir comment il a été possible de le traîner par les horribles chemins qu'il aurait fallu suivre pour le conduire jusque là.

Fabriques de draps, couvertures, toiles, chapeaux. Tanneries. Papeteries. Fonderie. — *Commerce* de bois, vins, châtaignes, cuirs, peaux de veau, etc.

A 9 l. 1/2 de Limoges, 89 l. de Paris.

BESSINES. Bourg situé à 6 l. 3/4 de Bellac. Pop. 2,699 hab. Il est bâti sur la rive gauche de la Gartempe, que l'on traverse en cet endroit sur un pont en pierre. On remarque dans le cimetière qui borde la route une figure de sphinx antique, mentionnée par M. Allou dans sa Description des monuments de la Haute-Vienne.

CHATEAU-PONSAT. Bourg situé sur la rive droite de la Gartempe, à 4 l. 3/4 de Bellac. Pop. 3,742 hab.

COMPREIGNAC. Bourg situé à 6 l. 1/4 de Bellac. Pop. 1,900 hab.

Ce bourg avait autrefois titre de ville et

était entouré de murs; l'église elle-même était crénelée. On y voit les restes d'un ancien château dont il existe encore trois vieilles tours, ainsi qu'une partie d'un très-beau bâtiment, supporté par deux rangs de colonnes, qui servait d'écuries et de greniers.

DARNAC. Village situé à 4 l. 3/4 de Bellac. Pop. 2,157 hab. — *Fabriques* de poterie.

DOMPIERRE-LES-ÉGLISES. Bourg situé à 3 l. 1/4 de Bellac. Pop. 1,638 hab. — Manufacture de draps.

DORAT (le). Jolie petite ville, située à 3 l. 1/4 de Bellac. ✉ Pop. 2,237 hab.

Le Dorat est une ville ancienne qui possédait un oratoire bâti par Clovis, sur l'emplacement duquel, vers le Xe siècle, on a construit une collégiale. Les Normands la dévastèrent en 886; mais les comtes de la Marche la firent rétablir et en augmentèrent les fortifications. Ces comtes avaient au Dorat un château fort, bâti par Albert III, pour se défendre contre les Lusignan qui lui disputaient la propriété de leur comté. Ce château résista aux forces des Anglais, qui en firent le siége sous le règne de Charles V, sans pouvoir s'en rendre maîtres. Du temps des guerres de religion, les ligueurs s'en emparèrent, mais les royalistes les obligèrent à capituler, et firent raser le château.

Cette ville est entourée de promenades fort agréables et dans une charmante position, sur la rivière de Sèvre; on y jouit d'un coup d'œil magnifique, qui embrasse un horizon très-étendu. L'église de l'ancienne collégiale est un édifice du Xe siècle, très-spacieux, d'un bel effet, mais fort obscur, surtout dans le sanctuaire: il a extérieurement la forme d'une forteresse; ses murs sont terminés par des tourelles placées de distance en distance, et par des créneaux; au milieu de la croisée s'élève un dôme surmonté d'un beau clocher, dont la flèche hardie est terminée par une figure d'ange en cuivre doré, orné de deux grandes ailes, et soutenant une croix que le vent fait tourner avec la plus grande facilité, malgré son extrême pesanteur. Au-dessous de l'église se trouve un souterrain assez vaste qu'on appelle la Basse-Église, et qui offre la même disposition. — Dans l'intérieur de l'édifice, on voit un très-grand bénitier en granit, où sont gravées en très-mince relief deux figures de léopard ou de lion du style le plus barbare.

Fabriques de poids et mesures métriques, baromètres, etc.

LUSSAC-LES-ÉGLISES. Bourg situé sur l'Asse, à 7 l. de Bellac. Pop. 1,550 h.

MAGNAC-LAVAL. Petite ville située sur la rive droite de la Brame, à 4 l. de Bellac. Collége communal. Pop. 3,455 hab.

Magnac est un ancien chef-lieu de baronnie, qui fut long-temps possédé par les Lamothe-Solignac-Fénélon. En 1763, Louis XV érigea cette terre en duché en faveur du maréchal Laval-Montmorency; ce fut alors que la ville prit le nom de Laval. C'était jadis une place forte, défendue par un château qui a été reconstruit en 1730, et détruit à l'époque de la révolution de 1789; il n'en reste plus que les fossés, où circulent les eaux de la Brame. Dans la rue qui conduit de l'église paroissiale aux ruines du château, on voit une pierre en forme d'autel, portant sur une de ses faces une inscription latine, dont on ne peut lire que les mots suivants:

.. .SEMVT ENIAE.
D . S . C.

Fabriques de poterie de terre et de grès. Manufacture de porcelaine.

MAILHAC. Village situé à 9 l. de Bellac. Pop. 787 hab. — Haut fourneau, forges et fenderie.

MÉZIÈRES. Village situé à 3 l. de Bellac. Pop. 1,396 hab.

MORTEMART. Village situé à 3 l. de Bellac. Pop. 360 hab. On y voit encore les vestiges d'un ancien château qui fut mis au pouvoir des Anglais par la paix de Brétigny et reconquis par Charles V.

MORTEROL. Bourg situé sur la Seine, qu'on y passe sur un pont de pierre précédé d'une belle avenue, à 6 l. 3/4 de Bellac. ✿ Pop. 650 hab.

NANTIAT. Bourg situé à 4 l. 1/4 de Bellac. Pop. 1,245 hab.

RANCON. Petite ville située sur la Gartempe, à 3 l. de Bellac. Pop. 2,137 hab.

Du temps des Romains et des Goths, Rancon était défendu par un château qui commandait le cours de la Gartempe; ce château fut brûlé par les Anglais sous le règne de Charles V. On présume que là était le chef-lieu de la cité des *Andecamulenses*. Au milieu du cimetière existe encore un fanal antique. — Papeterie.

SULPICE-LES-FEUILLES (SAINT-). Village situé à 9 l. de Bellac. Pop. 1,783 h.

VAULRY. Village situé à 3 l. de Bellac. Pop. 812 h. — Mine d'étain non exploitée.

ARRONDISSEMENT DE ROCHECHOUART

BRICE (SAINT-). Village situé sur la rive droite de la Vienne, à 3 l. 1/4 de Rochechouart. P. 1,127 h.—*Fabr.* de porcelaine.

CHAMPAGNAC. Village situé sur la Tardoire, à 4 l. 1/4 de Rochechouart. Popul. 1,721 h.—Haut fourneau, forges et aciéries.

CHAPELLE-MONTBRANDEIX. Village situé à 5 l. 3/4 de Rochechouart. Pop. 689 hab.—Forges et aciéries.

CHERONAC. Village situé à 2 l. 1/2 de Rochechouart. Pop. 1,047 hab.—Forges et martinets.

DOURNAZAC. Village situé à 6 l. 3/4 de Rochechouart. Pop. 2,291 hab.—Hauts fourneaux, forges et affineries.

JUNIEN (SAINT-). Ancienne ville, située à 2 l. 3/4 de Rochechouart. ✉ ☞ Pop. 5,895 hab.

Cette ville doit son origine à saint Junien, solitaire recommandable par ses vertus, qui mourut vers l'an 587, et fut enterré dans un lieu autrefois nommé Comodoliac. La haute réputation de piété dont jouissait saint Junien attira de toute part, autour de son tombeau, une foule de dévots pèlerins; plusieurs s'y établirent, et de cette dévotion se forma une ville qui prit le nom du saint à qui elle dut son origine. Les calvinistes la ravagèrent en 1569. Pendant les guerres de religion, le vicomte de Rochechouart essaya en vain de la prendre par escalade. On voit dans les environs le vieux château de Châtelard, près duquel fut exterminée, en 1522, une bande de partisans qui désolaient le pays.

La ville de Saint-Junien est bâtie en amphithéâtre, sur le penchant d'un coteau dont le pied est baigné par la Vienne, qui y reçoit la rivière de Glane. Elle est entourée de boulevards, garnis de belles plantations; d'où l'on découvre de jolis jardins, de belles prairies, et des campagnes dont la culture est très variée. L'église paroissiale est une des plus belles du département; c'est un édifice d'un style aussi hardi qu'imposant, qui présente dans ses détails le genre d'ornement qui caractérise les ouvrages du XIIe et du XIIIe siècle; quelques parties sont néanmoins d'une date plus récente: on y remarque surtout le maître-autel, revêtu de beaux marbres, et décoré d'un superbe bas-relief représentant les disciples d'Emmaüs. Derrière cet autel est le tombeau du saint à qui la ville doit son nom.

À l'entrée du pont jeté sur la Vienne, se trouve une chapelle dédiée à la Vierge, à laquelle Louis XI avait une dévotion particulière; il la visita en 1465, et donna des ordres pour sa reconstruction et pour son embellissement.

Fabriques de serges, couvertures de laine et de coton, pelleteries, gants de peau, faïence, poterie commune. Manuf. de porcelaine. Nombreuses papeteries. Teintureries. Blanchisseries de cire. Tanneries. — *Commerce* considérable de chevaux et de mulets.

LAURENT-SUR-GORRE (SAINT-). Village situé à 2 l. 3/4 de Rochechouart. Pop. 2,619 hab.

MAISONNAIS. Bourg situé à 4 l. 1/2 de Rochechouart. Pop. 1,516 h. — Forges.

MARVAL. Village situé à 6 l. 1/4 de Rochechouart. Pop. 1,434 hab. — Hauts fourneaux, forges et affineries.

MATHIEU (SAINT-). Bourg situé à 4 l. de Rochechouart. Pop. 2,193 hab.—Forges et affineries. — *Commerce* de bestiaux.

ORADOUR-SUR-GLANE. Village situé sur la rive droite de la Glane, à 6 l. de Rochechouart. Pop. 1,722 hab.—Papeterie.

ORADOUR-SUR-VAYRES. Bourg situé à 3 l. de Rochechouart. Pop. 3,058 hab.— *Fabrique* de faux et de taillanderie. Exploitation considérable de marne.

ROCHECHOUART. Petite ville. Chef-lieu de sous-préfecture. Tribunal de première instance. ✉ Pop. 3,996 hab.

Cette ville, qu'Adémar de Chabanais appelle *Roca-Cavardi*, est bâtie sur le penchant d'un rocher que baignent les eaux de la Grenne. On présume qu'elle tire son nom de ce roc, qui semble suspendu dans quelques endroits, et prêt à rouler dans le vallon. Les annales du pays n'ont laissé aucuns détails historiques sur son origine; il paraît qu'elle ne fut dans le principe qu'une réunion de quelques maisons bâties autour du château. Dans la suite, elle fut entourée de murs et fortifiée, et résista aux efforts des Anglais qui l'assiégèrent sans succès sous le règne de Charles V.

Le château de Rochechouart est remarquable par sa situation pittoresque; c'est le berceau de la brillante famille des Mortemart, dont l'esprit était passé en proverbe sous Louis XIV, au milieu des mœurs élégantes et de la cour la plus polie et la plus spirituelle de l'Europe. Cette antique demeure est en partie dégradée; la plupart des

CHÂTEAU DE MONTBRUN.

CHÂTEAU DE ROCHECHOUART.

bâtiments, qui étaient très-considérables, se trouvent maintenant découverts. Le plan assez irrégulier de ce château offre un quadrilatère flanqué de plusieurs tours, dont la principale sert aujourd'hui de prison de ville. Une autre tour moins considérable, dite la tour du Lion, offre dans sa paroi extérieure une figure d'animal grossièrement taillée, et tout à côté sort du mur une autre figure semblable, mais plus petite : on voit aussi dans cette tour une peinture à fresque très-curieuse, représentant l'entrée du vicomte de Pontville en 1470, et remarquable surtout par la fidélité du costume et des différents accessoires. La même tour offre des souterrains très-vastes.

Fabrique de vinaigre. Tuilerie et briqueterie. — Aux environs, forges et mines de fer.—A 9 l. de Limoges, 106 l. de Paris.— *Hôtels* Lester, Peyrotte, Virolle.

SALLES-LA-VAUGUYON (les). Bourg situé à 3 l. 3/4 de Rochechouart. Pop. 716 hab. — Forges et affineries. On y voit des débris assez considérables de l'antique château de la Vauguyon, qui s'élève sur une hauteur au bord de la forêt, et à l'entrée du bourg : la façade offre, au milieu, une belle tour carrée, en avant de laquelle on reconnaît l'emplacement du pont-levis; sur la droite se voient les ruines de la chapelle, et sur la gauche des salles basses et obscures qui passent pour avoir été des prisons.

ARRONDISSEMENT DE SAINT-YRIEIX.

CHALUS. Petite ville située à 6 l. de Saint-Yrieix. ✉ ☞ Pop. 1,944 hab.

On attribue la fondation de cette ville à *Lucius Capreolus*, proconsul d'Aquitaine sous Auguste, qui fit bâtir à l'endroit où existe aujourd'hui Chalus, un château fortifié de tours et de remparts, ainsi qu'un vaste palais. C'était une opinion ancienne, accréditée par plusieurs siècles et appuyée par le témoignage des chroniqueurs, que le proconsul Lucius avait caché dans de profonds souterrains du château de Chalus un trésor inappréciable. En 1199, Guidomar, vicomte de Limoges, découvrit ce trésor, qui consistait en plusieurs figures en or assises autour d'une table de même métal, représentant un homme, une femme et plusieurs enfants vêtus à la romaine. Par les lois féodales, les trésors trouvés étaient réservés au seigneur du fief. Richard demanda le trésor du vicomte, refusa la part que Guidomar lui en offrit, voulut l'avoir en entier, et vint aussitôt mettre le siège devant le château de Chalus, où ce trésor devait être déposé. Parmi les assiégés se trouvait un nommé Bertrand de Gourdon, qui nourrissait contre Richard une haine héréditaire. Ce soldat remarqua le roi qui faisait le tour du château, pour chercher par où il commencerait son attaque : il le mit en joue et l'atteignit à l'épaule gauche d'une flèche d'arbalète qui pénétra très-avant dans la côte. Soit que la blessure fût mortelle, ou que, comme d'autres l'ont dit, Richard l'envenimât par son intempérance, il languit sur un lit de douleur, du 26 mars qu'il fût frappé, jusqu'au 6 avril 1199 qu'il mourut. Pendant ce temps, ses guerriers avaient continué le siège du château et s'en étaient rendus maîtres ; ils en firent pendre aussitôt tous les défenseurs, à la réserve de Bertrand de Gourdon qu'ils destinaient à un supplice plus horrible. Auparavant Richard voulut le voir. « C'est donc toi, lui dit-il, qui as osé frapper l'oint du Seigneur.—C'est moi, répondit Bertrand avec audace ; et je me réjouis de ce que j'ai fait, car j'ai eu le bonheur de venger ainsi mon père et mes deux frères qui étaient tombés par sa main. » Richard fut touché du courage de son ennemi ; il ordonna qu'on le laissât libre et qu'on lui donnât quelque argent pour retourner auprès des siens. Mais les grâces que font les rois sur leur lit de mort, si elles coûtent peu aux mourants, profitent moins encore à ceux qui les reçoivent : on ne tint aucun compte du pardon accordé au prisonnier qui n'avait fait qu'user du droit de la guerre ; Bertrand de Gourdon, livré aux bourreaux, fut tenaillé et écorché vif avant d'être pendu. Roger de Hoveden accuse Marchades de cet acte de cruauté ; mais l'historien Velly en réclame la gloire pour Philippe-Auguste, qui, « par sa grandeur d'âme, dit-il, autant que par politique, voulut tout à la fois venger la mort d'un ennemi qu'il estimait, et pourvoir à la sûreté des souverains. »

CHATEAU DE MONTBRUN. A peu de distance de Chalus et au-dessous du bourg de Montbrun, l'on observe les restes d'un vieux château, qui a dû être d'une grande importance. La solidité de sa construction, l'effet pittoresque de ses débris, le nombre de ses vieilles tours dont on admire à la fois la hauteur et les vastes dimensions, tout fait croire d'abord que ces ruines sont celles d'une des forteresses les plus célèbres de la contrée. Il est bien extraordinaire que le nom des seigneurs de Montbrun soit au contraire presque inconnu dans le département, et que les annales du Limousin, de même que les chroniques manuscrites, en fassent à peine mention. On sait que Pierre de Montbrun, de cette même famille, fut évêque de Limoges de 1433 à 1458.

COUSSAC-BONNEVAL. Bourg situé à 2 l. 3/4 de Saint-Yrieix. Pop. 2,936 hab.— Hauts fourneaux, forges et mines de fer. Manufacture de porcelaine. Exploitation des carrières de kaolin et pétunsé et des mines de manganèse.

GERMAIN-LES-BELLES-FILLES (SAINT-). Petite ville située à 7 l. 1/2 de Saint-Yrieix. Pop. 3,251 hab.

GLANGES. Village situé à 7 l. 1/2 de Saint-Yrieix. Pop. 1,173 hab. — Mine de plomb dont l'exploitation est suspendue.

LADIGNAC. Bourg situé à 3 l. de Saint-Yrieix. Pop. 2,600 hab. Il était autrefois défendu par un château dont les ligueurs s'emparèrent en 1590; le vicomte de Ventadour en fit le siége peu de temps après, le reprit et en fit pendre la garnison.

LASTOURS. Ancien château dont les ruines, qu'on distingue d'assez loin, offrent un aspect singulièrement pittoresque, et sont, après celles de Chalus et de Montbrun, les plus belles de tout le département. Sur le revers du fossé, à demi rempli d'une eau bourbeuse, on voit la place qu'occupait le pont-levis, entre deux grandes tours qui défendent la porte principale.

MAGNAC-BOURG. Bourg situé à 6 l. 1/4 de Saint-Yrieix. ✆ Pop. 1,420 hab. La position de ce bourg a dû être très-forte: on y voit les restes d'une tour carrée qui avait autrefois 140 pieds d'élévation.—*Fabriques* de poterie de terre et de grès. Manufacture de porcelaine.

MEUZAC. Village situé à 5 l. 1/4 de Saint-Yrieix. Pop. 1,032 hab. —Forges et affineries.

NEXON. Bourg situé à 4 l. 1/2 de Saint-Yrieix. Pop. 2,157 hab.

PORCHERIE (la). Village situé à 8 l. de Saint-Yrieix. Pop. 1,269 hab.—Forges.

ROCHE-L'ABEILLE (la). Bourg situé à 2 l. 3/4 de Saint-Yrieix. Pop. 1,458 hab.

Ce village est célèbre par la bataille qui s'y livra en 1569, entre l'armée royale commandée par le duc d'Anjou, et celle des protestants commandée par Coligny et par Henri de Bourbon, depuis Henri IV, qui fit ce jour-là ses premières armes.

On voit à la Roche-l'Abeille les restes d'un château fort qui commandait le bourg, et dont l'origine n'est pas indiquée dans les annales. Il était d'une haute antiquité, et paraît ruiné depuis fort long-temps; on n'y voit plus qu'une portion de tour couverte de lierre, qui s'élève au milieu de débris considérables et qui se distingue de fort loin dans la campagne.

YRIEIX (SAINT-). Ville assez ancienne. Chef-lieu de sous-préfecture. Tribunal de première instance. Société d'agriculture. ✉ Pop. 6,542 hab.

Cette ville doit son origine à un ancien monastère, fondé, dit-on, vers la fin du VIe siècle par saint Yrieix. Plus tard, elle fut fortifiée et soutint un long siége pendant les guerres de la Ligue. C'est maintenant une ville tout industrielle, en général assez mal bâtie, sur la rive gauche de la Loue. Elle n'offre plus guère de traces de ses anciens remparts qu'une tour carrée assez haute.

L'église paroissiale, autrefois église de l'abbaye, devenue collégiale en 1100, est d'un très-bel effet et d'une construction gothique fort remarquable, qui paraît remonter au XIIe siècle: sur les murs des collatéraux règne une galerie assez large, soutenue par des consoles où l'on observe des têtes d'hommes et d'animaux, des plantes, des fruits et des figures fantastiques.

Manufacture de porcelaine. Fabriques de toiles, fils, faïence. Préparation d'antimoine et de serpentine. Exploitation des carrières de kaolin et de pétunsé, qui fournissent de matières premières les principales manufactures de porcelaine de France.—Aux environs, hauts fourneaux, forges et affineries. — *Commerce* de terre à porcelaine, cuirs, peaux, chanvres, bœufs, porcs, etc.

A 10 l. 1/2 de Limoges, 107 l. de Paris.

FIN DU DÉPARTEMENT DE LA HAUTE-VIENNE.

IMPRIMERIE DE FIRMIN DIDOT FRÈRES,
RUE JACOB, N° 24.

CHÂTEAU DE BONNEVAL.

Guide Pittoresque

DU

VOYAGEUR EN FRANCE.

ROUTE DE PARIS A TOULOUSE,

TRAVERSANT LES DÉPARTEMENTS

DE SEINE-ET-OISE, DU LOIRET, DU CHER, DE L'INDRE, DE LA CREUSE, DE LA HAUTE-VIENNE, DE LA CORRÈZE, DU LOT, DE TARN-ET-GARONNE, DE LA HAUTE-GARONNE, ET COMMUNICATION AVEC LE DÉPARTEMENT DE L'ARIÉGE.

DÉPARTEMENT DU LOT.

Itinéraire de Paris à Toulouse,

PAR MONTARGIS, BOURGES, LIMOGES, TULLE ET MONTAUBAN, 182 LIEUES.

	lieues.		lieues.
De Paris à Nogent-sur-Vernisson (route de Chambéry)	32	Limoges	3
Gien	5	Pierre-Buffierre	3
Argent	4 1/2	Magnac	3
La Chapelle d'Angillon	5	Masseré	2 1/2
Grangeneuve	3	Uzerche	4 1/2
Bourges	4 1/2	Saint-Pardoux	4
Saint-Florent	3 1/2	Donzenac	3
Charost	2	Brives	3
Issoudun	3	Cressensac	5
Neuvy-Pailloux	3	Souillac	4
Châteauroux	3 1/2	Payrac	5
Lottier	4	Pont-de-Rodes	5 1/2
Argenton	3 1/2	Pélacoy	5
Le Fay	4	Cahors	4 1/2
Rodes	3	La Madeleine	6
La Ville-au-Brun	2	Caussade	4
Morterol	5	Montauban	5 1/2
Chanteloube	4	Grisolles	5
La Maison-Rouge	4	Saint-Jory	3
		Toulouse	4 1/2

Communication de Toulouse à Foix, 19 l. 1/2.

	lieues.		lieues.
De Toulouse à Viviers	6 1/2	Pamiers	3 1/2
Saverdun	5	Foix	4 1/2

59ᵉ Livraison. (Lot.)

ASPECT DU PAYS QUE PARCOURT LE VOYAGEUR,

DE CRESSENSAC A VENTAILLAC.

Cressensac occupe un plateau peu fertile, que l'on descend pour entrer dans une vallée bien cultivée, à l'issue de laquelle on entre dans une contrée montagneuse, mais continuellement pittoresque. Une descente rapide conduit dans une belle vallée, dont le fond est occupé par la petite ville de Souillac, où l'on franchit la Dordogne sur un pont magnifique de construction récente. La route n'offre que des montées et des descentes continuelles à travers un pays nu, aride et peu fertile jusqu'à Payrac, joli bourg bâti au milieu d'un riche vignoble. Au-delà de ce bourg, on monte et on descend plusieurs côtes qui conduisent au village de Soucirac, où commence une belle vallée, qui paraît d'autant plus agréable qu'on vient de traverser un pays monotone. Au Pont-de-Rodes, on passe le Céou, et à une lieue de distance on entre dans un triste vallon, puis on longe, à gauche, le village et les moulins de Fraissinet. Au relais de Pélacoy, la route suit la croupe des montagnes et devient très-sinueuse, mais elle est assez agréable à parcourir. On passe à Saint-Pierre-la-Feuille, petit village dont on aperçoit, sur la gauche, le château gothique; à une lieue plus loin, on découvre, sur la rive droite du Lot, le village de la Roque, et l'on jouit d'une belle vue sur la ville de Cahors, où l'on entre par le faubourg de la Barre.

La route, en sortant de Cahors, traverse le Lot, et suit un joli vallon bordé de coteaux couverts de vignes, à l'extrémité duquel on gravit une montagne aride, dont le sommet est occupé par le village de Ventaillac, où une borne départementale indique que l'on passe du département du Lot dans celui de Tarn-et-Garonne.

DÉPARTEMENT DU LOT.

APERÇU STATISTIQUE.

Le département du Lot est formé de la majeure partie de l'ancien Quercy, et tire son nom de la rivière de Lot, qui le traverse de l'est à l'ouest. Il est borné : au nord, par le département de la Corrèze; à l'est, par ceux du Cantal et de l'Aveyron; au sud, par celui de Tarn-et-Garonne; à l'ouest, par ceux de Lot-et-Garonne et de la Dordogne.

Un vaste plateau de calcaire secondaire, recouvert d'espace en espace par des dépôts argileux et siliceux, occupe la plus grande étendue de ce département. Ce plateau, sur lequel courent des chaînes de collines dans toutes les directions, et qui, sur quelques espaces, est creusé en profondes vallées, s'appuie à l'est sur le sol granitique ou primitif, formé par le prolongement des montagnes du Cantal. Le sol primitif est hérissé de montagnes, ou à flancs escarpés ou à croupes arrondies, serrées les unes contre les autres, enchâssées sans ordre, séparées par des ravins très-profonds qui commencent quelquefois à la cime des chaînes, et se dirigent les uns vers le nord; les autres vers le midi ou le couchant. Entre les chaînes existent des plateaux étendus, creusés, d'espace en espace, en vallées étroites et plus ou moins profondes. On y distingue trois chaînes principales : l'une, qui part de Labastide-du-Haut-Mont, après avoir décrit de nombreux contours, se termine sous une chaîne calcaire; l'autre court de l'est à l'ouest, et finit non loin des bords de la Bave et de la Dordogne; la troisième suit la rive droite de la Cère. — Trois sommets de la première chaîne, Labastide, Saint-Bressou et le Peindit, sont les points les plus élevés du département. Du premier de ces sommets, on jouit d'un horizon immense : à l'est, on voit les montagnes de l'Auvergne s'élever en amphithéâtre depuis la base des plus basses jusqu'au sommet de la chaîne imposante du Cantal; plus loin, apparaît le majestueux Puy-de-Dôme; au sud-est, on découvre les riches montagnes d'Aubrac;

PETIT ATLAS NATIONAL DES DEPARTEMENS DE LA FRANCE

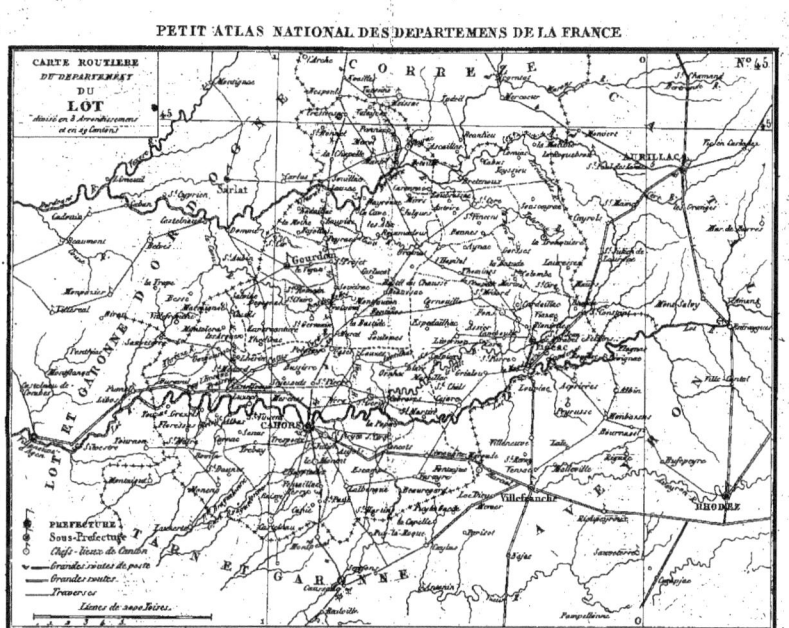

au nord, on peut suivre les contours des vallées qu'arrosent la Cère, la Bave, la Dordogne; à l'ouest, les regards parcourent toute la longueur du département et se perdent dans un lointain qui s'étend jusqu'au bord de l'Océan; au sud-est, la chaîne des Pyrénées paraît sous la forme d'un nuage grisâtre. — Les montagnes qui bordent les vallées s'éloignent, se rapprochent pour s'éloigner encore, pour se rapprocher de nouveau, et souvent ne laissent entre elles qu'un passage aux torrents. De toutes parts sortent des sources qui, tantôt se répandent en nombreux filets sur des pentes rapides, tantôt se précipitent en cascades, tantôt jaillissent en écume, brisées par les angles des granits, des gneiss et des autres rochers qui leur servent de lit.

Le département du Lot renferme une grande variété de terrains relativement aux productions, variété qui est due peut-être moins encore à la diversité des substances qui constituent le sol, qu'à la profondeur des couches, à leur position sur des plateaux unis, sur les sommets des montagnes, sur leurs flancs, dans les bassins sans issues, dans les vallées ouvertes, et à leur exposition au nord ou au midi, à l'orient ou au couchant. Sous le rapport de la culture, on peut le diviser en sept classes, dont la première comprend les jardins, la deuxième les champs ou les terres labourables, la troisième les prés, la quatrième les vignes, la cinquième les terres à châtaigniers, la sixième les bois, la septième les pâturages. On évalue ainsi la surface de chaque nature de culture dans tout le département :

    Terres labourables............ 227,980 hectares.
    Prés........................ 19,754
    Vignes...................... 47,328
    Jardins...................... 1,052
    Bois........................ 95,683
    Pâturages................... 98,146
    Châtaigneraies.............. 13,894

Tout le département, à l'exception du sol granitique où le maïs ne croît pas, présente à peu près le même mode de culture. Les terres profondes y sont consacrées au froment, au maïs, à l'orge, à l'avoine; les terres plus légères au seigle, aux raves, au sarrasin; les plus fertiles, ou celles qui ont reçu le plus d'engrais, au chanvre, au tabac. Les coteaux qui dominent les rivières sont en général plantés en vignes. Si on a des terres compactes ou humides, on les convertit en prairies. On ne pratique ordinairement que des assolements bisannuels.

La variété et l'inégalité du sol du département produisent de grandes différences dans la température sur l'étendue de sa surface. L'hiver règne encore sur les plateaux de la partie orientale de l'arrondissement de Figeac, quand le printemps commence dans les vallées du Lot et de la Dordogne; la douce température de l'automne se prolonge sur les plateaux calcaires, tandis que la neige tombe à gros flocons sur les parties les plus élevées des cantons de La Tronquière, de la Capelle, de Saint-Céré, de Bretenoux. Sous le rapport météorologique, le département se partage en trois régions : la première comprend les montagnes siliceuses; la seconde offre tout le plateau calcaire; la troisième renferme les vallées des rivières et des grands ruisseaux, et se divise naturellement en vallées hautes et en vallées basses. La première partie, élevée partout de 550 m. au-dessus du niveau de la mer, coupée de nombreux cours d'eau et parsemée de marécages, est soumise à une température froide, humide et variable; l'hiver y commence au mois de novembre et se prolonge jusqu'en avril; la neige, les longues pluies s'y succèdent continuellement, précédées ou suivies des vents froids. Le climat de la partie calcaire est moins rigoureux, et surtout moins humide; l'automne s'y prolonge jusque vers le milieu de novembre. Les grandes vallées, en général plus basses que les plateaux calcaires de 250 à 400 mètres, abritées contre le vent du nord, éprouvent moins les rigueurs de l'hiver que les deux autres parties, mais elles sont particulièrement exposées aux gelées printanières. L'époque de la moisson varie selon les lieux et la température des saisons; mais le plus souvent on coupe le seigle et l'orge dans les parties basses du département, du 20 au 25 juin, et, sur le plateau granitique, du 10 au 20 juillet. On met un intervalle de quinze jours entre la moisson du seigle et celle du froment; vient ensuite la moisson de l'orge d'été ou boillarge. Ce n'est qu'au commencement d'octobre qu'on ramasse le blé sarrasin et le maïs, sur les plateaux calcaires.

Les vents dominants sont ceux de nord-ouest, de l'ouest et du sud. Voici le résultat de dix années d'observations recueillies à Figeac par M. le docteur Guary :

	Terme moyen annuel.
Nord-ouest	93 jours 2/10.
Ouest	71 — 9/10.
Sud	71 — 6/10.
Sud-ouest	49 — 3/10.
Sud-est	25 — 9/10.
Nord	19 — 5/10.
Nord-est	15 — 9/10.
Est	10 — 5/10.
Jours de calme	7 — 2/10.

MŒURS ET USAGES. L'habitant du sol granitique se nourrit de pain de seigle, de galettes de blé noir, de lait de vache, de pommes de terre, et principalement de châtaignes pendant l'hiver et le printemps; sa seule boisson ordinaire est de l'eau pure et du lait; mais s'il trouve l'occasion de boire du vin, il en use avec excès. Quelque peu favorisé qu'il soit par le sort, on le voit rarement, à l'exemple des habitants de l'Auvergne, ses voisins, aller chercher fortune dans des pays lointains. Il veut mourir sur le sol qui l'a vu naître; il aime ses marécages, ses montagnes humides, comme l'Arabe ses déserts brûlants. Toutefois la population de cette contrée est active et industrieuse; elle combine et médite ses projets; les obstacles ne l'arrêtent pas, elle cherche plutôt à les éviter qu'à les vaincre; elle aime les travaux mêlés de patience et d'adresse; son esprit inquiet la porte à chercher le mieux, à tirer parti de tout ce qui l'entoure; les innovations ne lui déplaisent pas, et elle les adopte dès qu'elle en reconnaît l'avantage; son habitation est plus soignée qu'on ne devrait l'attendre de ses faibles ressources. — Dans la presque totalité du pays calcaire, la classe la plus nombreuse se nourrit d'un pain noir mais substantiel, composé de seigle, d'orge, d'avoine et d'un peu de froment; aux environs de Cahors et de Gourdon, on mêle le maïs au froment. Lorsque les habitants travaillent leurs champs, ou lorsqu'ils se nourrissent eux-mêmes en travaillant pour les autres, ils sont aussi sobres que laborieux; à peine mangent-ils, dans la journée, une livre de pain grossier, quoiqu'ils commencent leurs travaux à l'aube, et les prolongent bien avant dans la nuit. Souvent même, après avoir bêché pendant le jour le champ de quelque propriétaire, ils vont, à la pâle lueur de la lune, cultiver leur petit héritage. Ce n'est qu'à force de peines et de privations qu'ils parviennent à s'arracher aux besoins, sur une terre qui ne semblait pas destinée à nourrir l'homme. Leur demeure indique que leur activité n'a qu'un but, celui d'obtenir de ses travaux des aliments pour eux et leur famille : presque toutes les maisons du sol calcaire, réduites au seul rez-de-chaussée, n'ont qu'une seule pièce; quelquefois les ânesses, les brebis, les cochons, la volaille, partagent la même habitation que l'homme, respirent le même air que lui. Néanmoins, dans la partie de l'arrondissement de Gourdon appelée la Bourriane, les maisons sont plus soignées et plus spacieuses; fréquemment blanchies à la chaux en dedans et au dehors, entourées de haies d'aubépine et de beaux arbres à haute futaie, elles donnent aux villages de cette contrée un aspect riant et propre, qui contraste avec celui que présentent les masures grisâtres, couvertes de mousses, de lichens et de byssus, de la plus grande partie du sol calcaire. — La nourriture des habitants des basses vallées du département est meilleure et plus substantielle que celle des parties décrites précédemment; le pain s'y compose de farine de froment et de maïs, le vin fait partie de tous les repas.

Par suite des changements politiques qui se sont opérés vers la fin du siècle dernier, le sort des classes inférieures de la société s'est de beaucoup amélioré, et les classes plus moyennes ont acquis une somme de bien-être infiniment plus considérable que par le passé. Le peuple, en général, si on en excepte les vieillards, s'habille d'une manière plus élégante, d'étoffes plus chaudes, mieux confectionnées et plus agréables. Avant la révolution, on ne comptait pas dans toute la province dix maisons de propriétaires où l'on trouvât des tentures de tapisserie : des murailles blanchies à la chaux; des lits faits avec des étoffes en laine, des chaises de peuplier garnies en jonc, telle était la décoration des appartements les mieux soignés. Aujourd'hui, il est peu de maisons où l'on ne trouve plusieurs pièces avec des tentures de papier; on recherche les agréments d'une meilleure distribution, des meubles plus commodes, plus élégants. Dans les campagnes, on connaît les avantages des plantations et des autres embellissements extérieurs; enfin, l'homme apprécie tous les bienfaits, tous les agréments des arts et de l'industrie.

Le département du Lot a pour chef-lieu Cahors. Il est divisé en 3 arrondissements et en 27 cantons, renfermant 300 communes. — Superficie, 270 lieues carrées. — Population, 284,505 habitants.

Minéralogie. Indices de mines d'argent. Mine de plomb non exploitée. Minerai de fer. Exploitation de houille, carrières de marbre de toutes couleurs, serpentine, granit, albâtre, grès, pierres meulières et lithographiques, spath calcaire, argile à creusets et à poterie, terre à foulon.

Source minérale à Miers.

Productions. Céréales de toutes espèces en grande quantité, maïs, tabac, safran, fruits de très-bonne qualité, truffes, chanvre, pâturages, mûriers blancs. — 47,328 hectares de vignes, produisant, année moyenne, 600,000 hectolitres de vin, dont 200,000 sont consommés sur les lieux, et le surplus livré au commerce ou converti en eau-de-vie. — 95,683 hectares de forêts (arbres verts et feuillus). — Gibier abondant. — Beaucoup de poisson. — Chevaux propres à la cavalerie légère. — Beaucoup de bestiaux, quantité de porcs; moutons-mérinos. Volailles. Vers à soie. — Pépinière départementale à Cahors.

Industrie. Fabriques de draps, ratines, cadis, bonneterie, étoffes de coton, toiles à voiles, dentelles. Distilleries d'eaux-de-vie; forges. Nombreux fours à chaux et à tuiles. 20 poteries de terre. 922 moulins à blé. Filatures de coton. Papeteries.

Commerce de grains, farines, vin, eaux-de-vie, huile de noix, tabac, chanvre, toiles, étoffes de laine, bestiaux, cuirs, sel, fer, merrain, mercerie, épiceries.

VILLES, BOURGS, VILLAGES, CHÂTEAUX ET MONUMENTS REMARQUABLES;

CURIOSITÉS NATURELLES ET SITES PITTORESQUES.

ARRONDISSEMENT DE CAHORS.

ALBENQUE (l'). *Voy.* Lalbenque.

ARCAMBAL. Village situé à 1 l. 1/2 de Cahors. Pop. 2,350 habitants, en y comprenant celle du village de Galessie, bâti dans une agréable position, sur la rive gauche du Lot. On y voit un très-beau château.

ARQUES (les). Village situé à 6 l. de Cahors. Pop. 720 hab. — Forges.

BÉARS. Village situé près du confluent du Lot et du Célé, à 5 l. de Cahors. Pop. 410 hab. On voit, au-dessus des rochers qui dominent l'embouchure du Célé, les restes d'un ancien château féodal.

BÉLAYE. Bourg situé dans une belle position, sur la rive gauche du Lot, à 6 l. de Cahors. Pop. 1,120 hab. C'était autrefois une place forte, dont il reste encore quelques vestiges de remparts et de fossés. L'église paroissiale est fort ancienne, et le cimetière renferme des tombeaux qui remontent aux premiers siècles du moyen âge.

BLARS. Village situé à 9 l. 3/4 de Cahors. Pop. 550 hab.

On remarque sur le territoire de cette commune la plus belle grotte du département, à laquelle on donne le nom de grotte de Marcillac, bien qu'elle soit principalement située sur la commune de Blars. Cette grotte, qui pouvait être comparée aux plus célèbres grottes de la France, avant que la fumée produite par les torches dont on se sert pour la visiter, eût terni l'éclat de ses brillantes concrétions, est située presque à l'extrémité d'une de ces petites vallées qui aboutissent au Célé; on y entre par un portique de six à sept pieds d'élévation. Après avoir parcouru une espèce de corridor, on arrive à une vaste salle qui présente de toute part des stalagmites et des stalactites, dont les formes vagues et diversifiées changent suivant le point de vue d'où on les considère. Ce sont des mausolées, des autels, des pyramides, des obélisques, des arcades presque régulières, qui font d'autant plus d'effet que ces masses sont le plus souvent placées sur les points les plus élevés d'un sol hérissé d'aspérités. Des stalactites en mamelons, en quilles, en cierges, en festons, les unes opaques et jaunâtres, les autres diaphanes et d'un blanc de neige, et toutes terminées par de petits tubes cylindriques d'où s'échappe l'eau qui dépose ces concrétions, sont parsemées sur la voûte et y présentent les ornements les plus variés. D'espace en espace, d'autres masses aussi formées par l'eau qui tombe de la voûte, s'étendent sur le sol en nappes resplendissantes et dessinent sur les parois d'élégantes draperies auxquelles de petites stalactites ramifiées semblent servir de franges. Au bout de cette salle, le sol s'élève, la voûte s'abaisse, les côtés se rapprochent et ne laissent de vide qu'un espace très-étroit où un homme a de la peine à passer. Bientôt la voûte se relève, les côtés s'éloignent, et l'on découvre une autre vaste enceinte qui présente la même profusion de stalactites et de stalagmites. Mais un objet plus imposant attire ici les regards et commande l'admiration. D'un monticule qui domine le sol d'environ 8 mètres, une colonne de 19 mètres de haut, de 5 décimètres de module, s'élance jusqu'à la voûte et semble en soutenir le poids. Très-élégamment ornée dans toute sa longueur, demi-transparente, couverte de petites facettes qui scintillent lorsqu'on leur fait réfléchir la lumière des flambeaux, entourée vers le sommet de petites concrétions qui se groupent autour d'elle, comme pour lui servir de chapiteau, elle produit à la fois l'effet le plus majestueux et le plus pittoresque. Cette merveille du monde souterrain serait le plus bel ornement d'un temple ou d'une place publique si on pouvait mettre les ouvrages de l'art en harmonie avec les ouvrages de la nature. La caverne se prolonge encore dans une troisième galerie, séparée de la seconde par un espace extrêmement étroit. Ici les concrétions sont plus blanches, plus diaphanes, mais elles affectent les mêmes formes. Le sol y est recouvert de petites stalagmites mamelonnées et digitées, parfaitement semblables à des choux-fleurs. Cette galerie a la forme d'un triangle. Il existe un vaste abîme à l'angle méridional, et vers l'angle opposé on trouve sur un rocher élevé de 3 à 4 mètres, une ouverture de 6 décimètres de large, d'où l'on pénètre dans un espace presque circulaire, orné comme les autres parties de la grotte. Ces galeries ont des ramifications latérales où l'on remarque de profondes cavités remplies d'eau. A l'extrémité d'une de ces ramifications, on croit voir tout à coup un jeu d'orgues. Cet effet est produit par un grand nombre de stalactites en forme de cierges qui paraissent rangés sur la même ligne, et ont leur sommet appuyé sur un rocher qui fait saillie. Un peu en avant, une stalagmite d'un blanc de neige, fortement renflée vers le milieu, représente une urne appuyée sur un socle jaunâtre.

Les nombreuses inégalités du sol et les galeries latérales font de cette grotte un vaste labyrinthe où il serait dangereux de s'égarer sans lumière, alors même qu'on n'aurait pas à craindre de tomber dans des gouffres. Le curé de la paroisse sur le territoire de laquelle elle est située, et qui avait habitude de la parcourir deux ou trois fois par semaine pour essayer de suivre le travail de la pétrification et connaître le temps que la nature a mis à former la grande colonne, posa une fois la chandelle qui l'éclairait sur une stalagmite pour en mesurer une autre; quelques gouttes d'eau, tombées de la voûte, l'éteignirent. Bien que privé de lumière, la grande habitude qu'il avait de parcourir la caverne, lui donna d'abord l'espoir d'en sortir sans accident; mais il fit de vains efforts pour trouver l'issue. Tout meurtri par une chute qu'il fit en cherchant un passage, il avait renoncé à de nouvelles tentatives; et il était là à attendre la mort depuis deux jours, comptant les instants qui lui restaient à vivre, au bruit lugubre et solennel que produit la chute des gouttes d'eau, lorsque ses paroissiens, s'étant rendus à l'église le jour du dimanche pour entendre la messe, apprenant qu'il avait disparu depuis le jeudi, et connaissant ses goûts, soupçonnèrent l'accident qui lui était arrivé. Ils se transportèrent à la grotte, et ils le trouvèrent sans forces, dévoré par la faim, prêt à mourir, et se croyant dans le souterrain depuis un mois. La longueur totale de la grotte est de 460 mètres.

Il existe une autre grotte dans la même commune, à 5 kilomètres de la première : son ouverture se voit dans un rocher au fond d'un vaste entonnoir produit par écroulement. On suit d'abord une espèce de galerie d'une pente douce : elle a 6 mètres de long, 2 de large et 3 de hauteur; et on parvient ensuite dans un espace presque circulaire, dont la circonférence est de plus de 100 mètres, et l'élévation de la voûte qui le couronne, d'environ 14 mètres. Sur un point de la circonférence et vers le midi, se présente une autre galerie de 2 mètres de large et d'autant de hauteur. Au-delà on découvre une vaste salle de forme très-irrégulière. Un habitant de Marcillac s'y fit descendre à l'aide d'une corde, après avoir mesuré la hauteur du rocher, qui est de 22 mètres. Parvenu sur le sol inférieur, il reconnut que la caverne se divise en deux galeries qui se dirigent l'une vers le sud et l'autre vers l'est. Il ne visita que la première sur une longueur de 120 mètres; l'autre n'a pas encore été parcourue. Ce qui le frappa d'abord, ce furent deux concrétions de forme conique attachées par leur base, l'une à la voûte et l'autre sur le sol, et qui semblent devoir bientôt se réunir parce qu'elles sont dans la même direction verticale, et qu'un espace de 3 mètres seulement les sépare. Elles ont environ 7 décimètres à leur base. Il remarqua aussi deux masses de 3 mètres de circonférence et d'autant de hauteur, formées de lames échancrées, placées les unes au-dessus des autres, et comme imbriquées, représentant deux énormes pommes d'artichaut.

BOUZIÈS. Village dépendant de la commune de Béars, situé au-dessous du confluent du Lot et du Célé.

On voit sur le territoire de ce village, des constructions anciennes, connues sous le nom de Château-des-Anglais. En cet endroit, tout le rocher de la rive droite du Lot présente, depuis sa base jusqu'à son sommet, de nombreuses cavités dans lesquelles existent des vestiges de murailles formées de pierres taillées et liées avec du ciment. Quelques-unes de ces constructions sont assez bien conservées; les ouvertures qu'elles offrent, annoncent qu'elles avaient trois étages. On pénétrait dans la plus orientale par une porte de deux mètres de large sur autant de hauteur; au-dessus sont deux ouvertures, séparées par une colonne très-bien soignée, qui se termine en ogive. Les ouvertures de la plus occidentale forment une courbe non brisée; celles du troisième étage des deux constructions sont en partie détruites, et ne se montrent aujourd'hui que comme des créneaux.

CABRERETS. Bourg situé sur la rive droite du Célé, à 7 l. 1/2 de Cahors. Pop. 500 hab.

Ce bourg est bâti au pied d'un rocher qui semble sans cesse menacer de s'ébouler sur les maisons qu'il domine de plus de deux cents mètres. On y entre par deux portes, appuyées d'un côté au rocher, et aboutissant de l'autre à un escarpement à pic qui domine la rivière. Sur une saillie du rocher qui s'élève au-dessus des habitations, on voit les restes d'une vaste construction, formée de petits blocs bien taillés et réunis par un ciment très-dur, qui passe pour une des plus anciennes de la province. Par ce qui subsiste, on peut juger qu'elle avait près de 90 pieds de haut et 270 de long; on y distingue encore deux tours carrées, saillantes, qui partaient de la base de l'édifice et s'élevaient jusqu'au sommet. On ignore à quelle époque et par qui cette forteresse a été construite; mais le nom de Château-des-Anglais ou de Maison-du-Diable qu'on lui donne, semble prouver qu'elle a été occupée par les compagnies anglaises dans les guerres du XIVe siècle. Par la couleur et l'état d'altération des pierres, qui ont presque la teinte de celles employées dans les constructions romaines, on peut croire qu'elle remonte au moins aux premiers temps de la féodalité. A peu de distance de cette ancienne forteresse, il en existe une autre d'une construction plus récente et plus soignée, qui n'est point adossée au rocher comme la première: bâtie en face d'une vallée presque perpendiculaire à celle du Célé; elle occupe le sommet d'un rocher taillé à pic du côté de la rivière, et présente deux corps-de-logis qui forment un angle droit: rien n'annonce qu'elle fut entourée de remparts ni de fossés; mais ses murailles, qui ont au moins 12 pieds d'épaisseur, la rendaient néanmoins très-forte. Toutes les ouvertures de cet ancien château sont entourées, à l'extérieur, d'un ornement d'un travail soigné, qui représente un tronc d'arbre d'où partent de nombreuses branches coupées à une égale distance: on voit, du côté du midi, une belle galerie ornée de balustres, d'où l'on peut suivre pendant long-temps le cours du Célé.

Le territoire de Cabrerets renferme une grotte dans le genre de celle de Blars ou de Marcillac, mais moins belle. On y voit aussi, sur une montagne escarpée qui s'élève sur la rive gauche du Vert, les ruines ou retranchements de Coronzac. Ce camp ou fort, car on hésite entre ces deux noms, occupe la cime d'un rocher prodigieusement élevé et absolument escarpé à l'ouest, et sur une grande étendue du côté du nord et du midi; il était défendu sur tous les autres points par des murailles; vers l'orient, il présente deux lignes de murs solidement bâtis, séparées par un intervalle de 18 pieds. L'enceinte formée par ces remparts et le rocher présente un espace d'un peu plus de 3,000 mètres carrés: on remarque dans la partie orientale, des fondations de quelques édifices, parmi lesquels on a reconnu les ruines d'une église, dont une des portes présente des colonnes avec des chapiteaux de forme bizarre, mais d'un travail très-soigné.

CAHORS. Ville fort ancienne. Chef-lieu du département. Tribunaux de première instance et de commerce. Chambre consultative des manufactures. Académie universitaire. Collége royal. Société d'agriculture et des arts. Évêché. Séminaire diocésain. ✉ ♉ Pop. 12,050 hab.

L'origine de Cahors se perd dans la nuit des temps. Tout porte à croire que cette cité était la capitale des *Cadurci* avant la conquête des Gaules par César; quelques auteurs ont même cru y reconnaître la ville qui, sous le nom d'*Uxellodunum*, osa soutenir un long siége contre César; mais M. Champollion aîné a facilement démontré que ce n'est point là qu'on peut trouver ce qui, d'après les Commentaires, distinguait le dernier boulevard de la liberté des Gaules. Dans la description faite sous Théodose et sous Honorius, elle est désignée sous le nom de *Civitas Cadurcorum*, et l'on doit admettre avec Scaliger et Vinet, contre l'opinion de Juste-Lipse, qu'elle est la ville que Ptolomée appelle *Divona*. Les Romains l'ornèrent d'un théâtre, de temples et d'un forum : on attribue à Agrippa la construction des belles routes dont on voit encore de nombreux vestiges dans le Quercy, et qui semblent se diriger de Cahors vers le Limousin, le Rouergue et le Bas-Languedoc. — Cahors dut beaucoup souffrir des invasions nombreuses des Barbares, qui eurent lieu dans le Ve siècle. Les Goths s'y établirent et y firent frapper monnaie, ainsi que l'attestent des médailles d'or où l'on voit une tête gothique, avec la légende *Cadurca*. Théodobert, fils de Chilpéric, la saccagea, fit piller les édifices sacrés, et détruisit ses remparts, que l'évêque saint Géry fit reconstruire en 645. Pepin la prit et la dévasta en 763; Henri II, roi d'Angleterre, s'en empara peu après son mariage avec Éléonore d'Aquitaine; les Normands la ravagèrent en 824 et pillèrent les monastères de ses environs. Le honteux traité de Brétigny la livra aux Anglais, ainsi que tout le Quercy; mais bientôt les habitants de Cahors, de Figeac, de Capdenac et de soixante-dix autres villes ou châteaux forts, s'arment presque au même instant et font prisonnières leurs garnisons. Les Anglais rassemblent aussitôt des forces considérables, et viennent, à la tête de 3,000 hommes, assiéger Cahors; mais ils éprouvèrent une si vigoureuse résistance qu'ils furent obligés de se retirer, après avoir éprouvé des pertes considérables. Le massacre de la Saint-Barthélemy ne s'étendit pas sur cette ville, les religionnaires s'y trouvant assez forts pour empêcher l'exécution des ordres atroces de Catherine de Médicis. Toutefois Cahors refusa de reconnaître Henri IV, alors roi de Navarre, qui entreprit d'en faire le siége à la tête d'une armée choisie. Dans la nuit du 22 mai 1580, il arrive sous ses murs sans avoir été aperçu; aussitôt l'attaque commence à une des portes qu'un pétard fait sauter. Le bruit de l'explosion éveille les citoyens; ils s'empressent de s'armer pour soutenir la garnison. De toute part on forme des barricades qui sont attaquées et défendues avec une égale valeur. Le roi de Navarre est plusieurs fois exposé à perdre la vie; ce n'est qu'après avoir enlevé chaque barricade une à une, et après cinq jours de combat, qu'il est enfin maître de tous les postes de la ville. Irrités par une aussi opiniâtre résistance, et encore tout ulcérés des massacres de la Saint-Barthélemy, les soldats font un horrible carnage sans distinction d'âge ni de sexe, et saccagent la ville pendant plusieurs jours. — Sous Louis XI, Cahors fut du nombre des soixante-quatre villes dont les députés assistèrent au couronnement de ce roi, et elle obtient le trentième rang parmi celles qui furent représentées à cette cérémonie. Cahors avait jadis une université fondée par le pape Jean XXII, où Cujas enseigna le droit et où Fénélon fit ses études.

La ville de Cahors s'étend dans une péninsule formée par le Lot; le sol qu'elle occupe est en grande partie encadré de hautes collines, d'un aspect plus ou moins âpre ou fertile, qui bordent le côté gauche de la rivière; de vieux remparts la défendent du côté de l'isthme. Elle est bâtie au pied et sur le sommet d'un rocher escarpé, et se divise en haute et basse ville. L'intérieur est peu agréable; la plupart des rues sont étroites, tortueuses, escarpées; cependant on y a pratiqué de nouvelles rues bien alignées, et qui n'auraient besoin que d'être continuées pour produire un bel effet; les maisons sont assez agréables, et en grande partie construites avec une terrasse ou plateforme d'où l'œil aperçoit les sites charmants qui l'environnent. Les boulevards que suit la grande route de Paris, sont décorés de plusieurs belles maisons et offrent une promenade fort agréable.

Les antiquités de cette ville consistent en un portique que l'on croit avoir fait partie d'un édifice pour les bains publics; en un théâtre dont les restes annoncent qu'il avait

Rauch del. Skelton fils sc.

PONT DE VALENDRE
à Cahors.

Rauch del. Skelton fils sc.

CLOITRE DE LA CATHÉDRALE DE CAHORS.

Gravé par Hopwood

Marot

Rauch del Skelton fils sc

été construit avec soin et dans de grandes proportions ; et dans les traces d'un aqueduc qui y conduisait l'eau de plus de six lieues.

La cathédrale de Cahors présente une vaste nef sans bas-côtés, de 56 m. de long sur 15 de large : trois voûtes, dont deux en coupole, la couronnent ; la plus élevée des deux coupoles a 32 m. d'élévation et 46 m. de circonférence ; celle qui est la plus rapprochée de l'entrée n'a que 25 m. de hauteur avec la même circonférence que l'autre : elles sont toutes deux sans ornements, mais elles présentent des lignes très-pures et une construction très-soignée ; la troisième est formée par une voûte à tiers-point. Entre les pilastres qui portent les coupoles, règnent de chaque côté de la nef, à dix mètres au-dessus du pavé, des galeries ou tribunes ornées de balustres : des chapelles occupent l'espace qui est au-dessous des galeries. Les ouvertures qui éclairent l'espace surmonté par les deux coupoles, se terminent en demi-cercle; celles de l'autre partie sont en ogive, et offrent les ornements bizarres, mais élégants et hardis, de l'architecture gothique. — Il est facile de se convaincre que cette église présente des constructions de plusieurs époques. Les deux coupoles demi-sphériques et les murs qui les supportent en sont évidemment les parties les plus anciennes : leur belle exécution et leurs proportions majestueuses les ont fait attribuer aux Romains ; la coupole qui est au-dessus du chœur passe pour être du commencement du VIIe siècle.

On traverse le Lot à Cahors sur trois ponts, dont l'un, appelé pont de Valendre ou de Valendré, du nom de son constructeur, est particulièrement remarquable ; il est surmonté par trois hautes tours carrées, placées une à chaque extrémité et la troisième au centre. Ce pont et les tours sont bâtis de petits blocs liés par un ciment très-dur ; il fut construit, suivant quelques auteurs, dans le XIIIe siècle, et suivant d'autres dans le XIVe. (*Voy. la gravure.*)

On remarque encore à Cahors l'hôtel de la préfecture, anciennement l'évêché, édifice majestueux qui fait le principal ornement d'une place assez régulière ; l'ancien séminaire, bâtiment vaste et imposant ; l'ancienne Chartreuse, qui occupe l'emplacement d'une maison de templiers ; la salle de spectacle, édifice d'un beau style ; la bibliothèque publique, contenant 12,000 volumes ; l'obélisque élevé à la mémoire de Fénelon ; la pépinière départementale ; le jardin de la préfecture, etc., etc., etc.

On doit visiter aux environs de cette ville : la fontaine des Chartreux, qui sort d'une caverne profonde, au pied d'une des montagnes qui environnent Cahors ; elle remplit un vaste bassin d'où elle se précipite avec force pour faire mouvoir plusieurs moulins, et coule ensuite dans le Lot, où ses eaux vives, limpides et profondes se distinguent par leur teinte bleuâtre des eaux lentes et limoneuses qui les reçoivent. L'aqueduc destiné par les Romains à conduire les eaux du vallon de Saint-Martin-de-Vern à Divona, avait environ six lieues de longueur ; à la Roque, près de Cahors, il présentait plusieurs rangs d'arches, qui paraissent avoir été supérieures par leur architecture gigantesque au célèbre pont du Gard.

Cahors est la patrie du pape Jean XXII ; du poète Clément Marot, né vers la fin du XVe siècle ; du romancier la Calprenède ; du général Ramel, assassiné à Toulouse en 1815.

Fabriques de cuirs. Filature de coton. Verrerie. — *Commerce* de vins, eaux-de-vie, truffes, huile de noix, porcs, cuirs, etc.

A 14 l. de Montauban, 153 l. de Paris.
—*Hôtels* des Ambassadeurs, du Palais-Royal.

CAMBAYRAC. Village situé à 4 l. de Cahors. Pop. 375 hab. On y remarque l'église paroissiale, revêtue intérieurement de beau marbre.

CASTELNAU-MONTRATIER. Petite ville située à 6 l. 1/4 de Cahors. ✉ Pop. 4,053 hab.

Cette ville, appelée autrefois Caltenau-de-Vaux, reçut le surnom qu'elle porte aujourd'hui de Ratier, qui augmenta ses fortifications. Elle occupe le sommet d'une colline courbée en fer à cheval, dont les flancs sont d'une pente rapide. Sa position, les remparts qui l'entouraient jadis et dont il existe encore de beaux vestiges, un château fort d'une vaste étendue, environné de fossés, lui donnaient une grande importance pendant les guerres du moyen âge. Simon de Montfort s'empara de cette ville en 1214 ; les Anglais la prirent sous le règne de Charles VI, et ils la possédaient en 1428. On y voit encore d'anciennes portes surmontées de tours ; le presbytère et l'église, dont les murs ont une grande épaisseur, faisaient partie de l'ancien fort. — Aux environs, on remarque les restes de l'église de Saint-Cernin de Thésel, dont la construction remonte à une très-haute antiquité.

CATUS. Petite ville située sur le ruisseau de Vert, à 4 l. de Cahors. Pop. 1,438 hab.

Catus était autrefois une des places les

plus importantes du Quercy, pendant les guerres que cette province eut à soutenir contre les Anglais. Elle était entourée de remparts et de fossés dont on voit encore les restes, et était bâtie partie dans la vallée et partie sur le sommet de la montagne, où existent les vestiges d'un ancien fort.

Les Anglais, après avoir attaqué cette ville inutilement, s'en emparèrent sous le règne de Charles VI, et cette conquête affermit leur domination dans la contrée. Les habitants de Cahors la prirent sous le règne de Charles VII, après une vigoureuse résistance.

CAZULS. Bourg situé sur la rive gauche de la Masse, à 7 l. 3/4 de Cahors. Pop. 748 hab. C'est la patrie de Salel, le premier traducteur d'Homère en vers français, et de Maleville, auteur d'une histoire manuscrite du Quercy.

CÉNEVIÈRES. Village situé sur la rive gauche du Lot, à 8 l. de Cahors. Pop. 650 hab. C'est sur le territoire de cette commune qu'est situé le vignoble de Prémiac, qui produit les meilleurs vins du département.

On remarque aux environs, sur un rocher qui domine le Lot, l'antique et vaste château de Cénevières; l'épaisseur des murs, qui ont trois mètres, les nombreuses tours dont il est flanqué du côté par où il pouvait être attaqué, annoncent qu'il fut bâti pour servir de fort. Mais les dix corps de bâtiments dont il se compose, et qui forment presque tous des angles aigus ou obtus qui les rendent très-irréguliers, prouvent qu'il a été construit à plusieurs époques. L'entrée, située au midi, était autrefois défendue par un grand fossé, un pont-levis et un fort rempart. Sa longueur sur les bords du Lot est de 60 mètres; la surface occupée par les bâtiments de la cour intérieure est de 4,225 mètres carrés. L'intérieur n'offre qu'une longue suite d'appartements, remarquables seulement par leur nombre et leurs vastes proportions. En face de la rivière, s'étend une longue et superbe terrasse, d'où la vue domine une vallée agréable, dont la fertilité contraste avec les coteaux agrestes qui la dominent.

CIRQ-LAPOPIE (SAINT-). Bourg situé à 6 l. de Cahors. Pop. 1,250 hab. Il est bâti sur la rive gauche du Lot, au pied d'énormes rochers dont le sommet était autrefois fortifié. On y voit les ruines d'un antique château où Henri IV séjourna après la prise de Cahors. — *Fabriques* d'ouvrages en buis, moules de boutons, cuillers, etc.

CONCOTS. Bourg situé sur la route de Figeac à Cahors, à 5 l. de cette dernière ville. Pop. 1,000 hab.

CRAS. Village situé à 4 l. 1/2 de Cahors. Pop. 1,100 hab. On remarque aux environs un vaste camp retranché, placé sur le sommet d'une montagne qui se termine à la jonction de la vallée de Guillot et de Gironde. Ce camp a 10,000 mètres de circuit; il est défendu de toute part par des rochers escarpés, excepté du côté du nord, où l'on a élevé, sur une longueur de plus de dix mètres, des retranchements en pierre et en terre. On a découvert dans l'intérieur, et on découvre encore fréquemment, en labourant la terre, une prodigieuse quantité de tessons de poteries, de fragments d'amphores, et plusieurs débris d'antiquités. Ce lieu paraît donc avoir été occupé par les Romains; la tradition du pays apprend que les Anglais s'y retranchèrent dans le XVe siècle, et que c'est une des positions de cette contrée où ils se maintinrent le plus longtemps.

Un des rochers qui bornent le camp, présente, vers la moitié de sa hauteur, une caverne dont l'ouverture est traversée par une poutre. Au pied de ce rocher, et au-dessous de la caverne, existent les fondations d'une tour de construction romaine. D'après la tradition, le camp communiquait avec la caverne par une issue aujourd'hui comblée, et par cette caverne avec la tour.

DURAVEL. Ancienne ville, située à 9 l. 1/2 de Cahors. Pop. 5,000 hab. C'était autrefois une place très-forte où la garnison de Cahors, désespérant de défendre contre les Anglais la vaste enceinte de cette place, se retira sous le règne de Charles V, et y brava avec succès toutes les forces que les ennemis envoyèrent pour l'assiéger. Les Anglais s'en emparèrent dans le XIVe siècle.

— L'église paroissiale de cette ville porte tous les caractères d'une haute antiquité; on y conserve les corps de trois saints, confiés, dit-on, à cette église par Charlemagne, et dont l'exposition, qui a lieu tous les trois ans, attire un grand concours d'étrangers.

GÉRY (SAINT-). Village situé à 4 l. de Cahors. Pop. 952 hab. Il est bâti sur la rive droite du Lot, et dominé par une chaîne de rochers où sont creusées un grand nombre d'habitations souterraines, qui ont servi plusieurs fois de retraite dans les guerres qui ont désolé si souvent cette contrée.

GREZELS. Bourg situé sur un coteau qui domine une vaste et fertile vallée, à 8 l.

de Cahors. Pop. 800 hab. On y remarque un ancien château entouré de hautes murailles, qui est aujourd'hui affecté à une exploitation rurale.

HERM (l'). *Voy.* LHERM.

LALBENQUE. Petite ville située à 4 l. de Cahors. Pop. 1,960 hab. Elle était autrefois défendue par un château fort, regardé comme une place importante lors de l'occupation du Quercy par les Anglais. — *Fabrique* considérable de belles tresses pour chapeaux de paille.

LANZES. Village situé à 7 l. de Cahors. Pop. 402 hab.

LAURENT (SAINT-). Village situé dans une fertile vallée, à 7 l. de Cahors. Pop. 650 hab.

On remarque au village de BORDIERS, qui fait partie de cette commune, un souterrain pratiqué dans une colline adossée à la chaîne de montagnes qui court parallèlement à la vallée de Saint-Laurent. On y pénètre, en passant par une cave du village, au moyen d'une ouverture circulaire d'une pente très-rapide, qui conduit à un corridor d'environ deux pieds et demi de large sur six pieds de haut, lequel se divise ensuite en deux branches, dont l'une se dirige vers le sud-est et l'autre vers le couchant. Ces branches conduisent à des espèces de chambres de douze pieds de long sur neuf de large, qui communiquent entre elles par des corridors formant une sorte de labyrinthe. Au-dessus de la colline où a été creusé ce souterrain, un rocher qui s'avance en forme de promontoire, porte les ruines d'un antique château fort, séparé du reste de la chaîne par une coupure profonde qui lui servait de fossé; c'est dans ce château que le comte Baudouin fut fait prisonnier pendant la croisade de Simon de Montfort.

LENTILLAC. Village situé près du ruisseau de Sabadel, qui coule entre des montagnes dont les flancs offrent les accidents de rochers les plus variés et les plus pittoresques. A 8 l. de Cahors. Pop. 600 hab. — On voit sur le territoire de cette commune, un dolmen placé sur une butte conique, à l'entour duquel on a découvert dix tombeaux qui renfermaient un ou plusieurs squelettes.

LHERM. Village situé dans un territoire abondant en minerai de fer, à 6 l. de Cahors. Pop. 650 hab. — Martinet à cuivre.

LIMOGNE. Village situé à 7 l. 3/4 de Cahors. Pop. 1,072 hab.

LUZECH. Petite ville fort agréablement située, sur la rive gauche du Lot, à 4 l. de Cahors. Pop. 1,591 hab. Elle est bâtie au pied d'une montagne escarpée, dans une presqu'île formée par le Lot. On voit aux environs des traces de fortifications, et les restes d'un château fort dont la construction paraît remonter au XIIe siècle. — *Commerce* de vins.

MARMIGNAC. Bourg situé à 9 l. de Cahors. Pop. 1,100 hab. On y voit les restes d'un château fort qui a été pris plusieurs fois par les Anglais. — Carrière de marbre, de pétrosilex et de quartz agatisé.

MAXOU. Village situé à 3 l. de Cahors. Pop. 980 hab.

On remarque près du village de SAINT-PIERRE-LAFEUILLE, qui fait partie de cette commune, les ruines de l'ancien château de Roussillon, bâti sur le sommet d'une montagne rapide, qui ne tient au plateau dont elle est une déchirure, que par un isthme très-étroit. Ce château était défendu sur ce point par un large fossé sur lequel était jeté un pont-levis; il présentait quatre corps de bâtiments formant un carré long entourant une cour intérieure; une haute tour ronde s'élevait à chaque angle; les murs étaient très-épais, bâtis de blocs réguliers et fort bien travaillés; les ouvertures étaient soignées et très-multipliées; les cheminées des divers appartements offraient des morceaux de sculpture bien exécutés. Du côté de la cour, une galerie qui conduisait à la chapelle était décorée de peintures à fresque. Tout l'édifice offrait un aspect imposant par sa masse et par sa solidité: on y remarquait surtout des prisons souterraines fort considérables, qui pouvaient renfermer plus de 500 personnes.

Le village de BROUELLES, autre dépendance de la commune de Maxou, offre les restes d'une tour qui résista long-temps aux Anglais.

MERCUES. Village situé près de la rive droite du Lot, à 2 l. 1/2 de Cahors. Pop. 520 hab.

On voit aux environs de ce village, sur une haute montagne escarpée du côté du midi, et dont la base est baignée par le Lot, un vaste château qui a été, jusqu'à l'époque de la révolution de 1789, la maison de plaisance des évêques de Cahors. On croit que ce château fut bâti sur les ruines d'un ancien temple de Mercure: l'élévation du sol où il est placé; la hauteur des murailles, qui présentent cinq étages; la grande masse de l'édifice où l'on comptait un grand nombre d'appartements ordinaires et trois salles immenses; une grande chapelle; une magnifique terrasse d'où la vue s'étendait sur la ville de Cahors et sur la fertile vallée du Lot; enfin, un parc étendu et de belles allées faisaient de ce château une des plus belles habitations de la province. Les Anglais s'en emparèrent en 1426, et les protestants en 1562; une troupe de brigands le pilla en 1627.

Mercuès est la patrie de M. de Mosbourg, ancien ministre à Naples, membre de la Chambre des députés.

MICHEL (SAINT-). Village situé à 3 l. de Cahors. Pop. 800 hab. On y voit d'imposants vestiges de l'aqueduc construit par les Romains pour conduire à Cahors les eaux de la fontaine de Polémie.

MONCLERA. Bourg situé dans un territoire abondant en minerai de fer, à 7 l. 3/4 de Cahors. Pop. 920 hab.

MONCUQ. Petite ville située entre deux vallées, à 7 l. de Cahors. Pop. 2,272 hab.

Cette ville, bâtie sur une butte presque conique, était autrefois une place forte, tellement importante, qu'elle fut une des trois villes du Quercy dont on obligea le comte Raymond, par le traité de Meaux, à détruire les murailles. On y voit, sur un rocher qui couronne le sommet de la montagne où la ville est bâtie, une tour carrée de plus de cent pieds de hauteur, qui servait de citadelle et commandait toute la campagne. Cet édifice, assez bien conservé à l'extérieur, mais dont les voûtes de chaque étage sont en partie détruites, est bâti en pierres calcaires d'une assez grande dimension, et n'a qu'une ouverture à chaque étage; l'escalier par lequel on y montait, était bâti dans une petite tour adossée à la tour principale.

PRAYSSAC. Village situé sur la rive gauche du Lot, à 7 l. de Cahors. Pop. 1,987 hab. — C'est la patrie du maréchal Bessières.

PUY-L'ÉVÊQUE. Petite ville située sur la rive droite du Lot, dans une presqu'île que forme cette rivière, à 8 l. de Cahors. Pop. 2,505 hab.

L'origine de cette ville est inconnue, et l'on ignore même le premier nom qu'elle a porté; on sait seulement que pendant la guerre des Albigeois elle embrassa la cause du comte de Toulouse, et refusa de reconnaître Simon de Montfort. L'évêque de Cahors s'en empara à l'aide de ses vassaux et de ses parents, et obtint du pape la permission de la conserver; dès lors elle porta le nom de Puy-l'Évêque. Les Anglais s'en emparèrent sous le règne de Charles V., et l'occupaient encore en 1428.

ROUFFIAC. Village situé à 6 l. de Cahors. Pop. 1,000 hab. On y voit les ruines d'un ancien château dont l'aspect est très-pittoresque.

SAULIAC. Village situé au milieu de coteaux couverts de bois qui dominent le Célé, à 9 l. de Cahors. Pop. 530 hab.

Ce village est bâti sur les saillies d'un rocher qui s'élève à pic à une hauteur de plus de 150 pieds; la plupart des maisons ne sont que des cavités de ce même rocher, qu'on a fermées sur le devant avec quelques pierres placées presque sans art les unes sur les autres. On remarque dans ce rocher, au-dessus des habitations, une antique construction qui ferme l'entrée d'une grotte où l'on ne peut parvenir qu'à l'aide d'une longue échelle. Sur la rive gauche du Célé, il existe une autre grotte qui présente un long tuyau naturel, d'où s'échappe pendant l'été un courant d'air glacial, et où les viandes les plus susceptibles d'une prompte putréfaction se conservent fort long-temps.

TOUZAC. Village situé sur la rive gauche du Lot, à 10 l. de Cahors. Pop. 1,050 hab. On remarque aux environs, non loin des bords du Lot, une fort belle source qui sort d'un vaste gouffre dont on n'a pu, jusqu'à présent, mesurer la profondeur; les eaux de cette source sont si abondantes qu'elles mettent en mouvement cinq meules et une papeterie.

VERS. Bourg situé sur la rive droite du Lot qui y reçoit le ruisseau de Vers, à 4 l. de Cahors. Pop. 950 h. On y voit de nombreux vestiges de l'aqueduc construit par les Romains pour conduire à Cahors les eaux de la fontaine Polémie, et les ruines d'un château fort démoli sous le règne de Louis XI. — Papeterie.

VINCENT-DE-RIVEDOLT (SAINT-). Bourg situé sur la rive gauche du Lot, vis-à-vis de Luzech, à 4 l. de Cahors. Pop. 1,300 hab.

ARRONDISSEMENT DE FIGEAC.

ANGLARS. Village situé à 4 l. 3/4 de Figeac. Pop. 750 hab. On y remarque un ancien château d'une construction très-soignée, adossé à l'église paroissiale.

ASSIER. Village situé à 4 l. de Figeac. Pop. 730 hab.

Ce village est bâti près d'un ruisseau qui s'engouffre non loin de là pour ne plus reparaître; les Anglais le fortifièrent à la fin du XIVe siècle, après s'être emparés d'un ancien fort, nommé la Tour du Sal, qui avait servi pendant long-temps à la défense du pays. Sur l'emplacement de ce fort, Galliot de Genouilhac fit bâtir un des plus somptueux châteaux de la province, et prodigua pour son embellissement toutes les ressources de l'art et d'immenses trésors. Le château d'Assier, qui n'est plus remarquable aujourd'hui que par ses imposantes ruines, présentait un carré formé par quatre corps de logis à trois étages, flanqués d'une tour ronde à chaque angle. La façade extérieure n'offre de remarquable que le fronton formé par trois rangs de colonnes, la corniche qui couronne les murs, et les formes élégantes des croisées de l'étage le plus élevé : le fronton se termine par une balustrade élégante ; les colonnes du premier rang sont d'ordre corinthien et portent une corniche très-saillante, où l'on avait placé la statue équestre de François Ier, de grandeur naturelle et d'une belle exécution ; les deux autres rangs de colonnes appartiennent, l'un, à l'ordre dorique, et l'autre au corinthien. C'était principalement pour l'intérieur de la cour qu'on avait réservé les plus beaux ornements de sculpture et d'architecture : les frises des corniches qui distinguent chaque étage sont couvertes des plus belles arabesques et de trophées d'armes et d'amour sculptés sur du grès ; on y avait aussi représenté les bustes des empereurs romains, les travaux d'Hercule, ainsi que des combats où l'artillerie joue le principal rôle. L'intérieur de l'édifice était orné avec la même profusion ; les voûtes en arcs surbaissés du rez-de-chaussée offrent des compartiments carrés tracés par des pierres saillantes qui se coupent à angles droits, et sont enrichies de cannelures très-soignées ; de nombreux bas-reliefs offrant aussi des trophées et des arabesques, ornent les embrasures de toutes les portes, et même de la plupart des croisées. Les deux escaliers placés aux deux extrémités du corps-de-logis méridional, par où on aboutissait aux étages supérieurs, présentaient surtout de belles sculptures, tant sur les voûtes que sur les murs latéraux.

Ce superbe édifice, construit pour braver les siècles, n'offre plus que de vastes ruines. Est-ce le vandalisme révolutionnaire qui a renversé, est-ce la fureur populaire qui a détruit cette demeure féodale ? non ; la révolution n'a brisé que la statue équestre de François Ier : une sordide spéculation en fit vendre tous les matériaux vers le milieu du siècle dernier, parce qu'il coûtait quelques centaines de francs d'entretien par an; on se réserva seulement la partie du midi, où était la principale porte d'entrée, et, quelques années après, on aliéna même cette partie avec toute la terre d'Assier. Pour donner une idée de la solidité avec laquelle il était bâti, il suffira de dire que les murs latéraux ont jusqu'à neuf pieds d'épaisseur : les voûtes ont résisté aux pluies qui les minent continuellement ; sur les décombres qui les recouvrent, croissent des ormeaux qui ont 30 pieds de hauteur, sans qu'elles se soient écroulées; chaque appartement du premier étage, sans toiture depuis soixante ans, ne présente que des bosquets d'ormeaux enfermés entre de hautes murailles, dont le feuillage n'est pas plus frais que celui de quelques paysages peints à fresque sur les portes et les cheminées. Le corps-de-logis dont il a été parlé subsiste encore en partie ; mais les progrès de la végétation des ormeaux qui s'élèvent sur les voûtes, vont finir par les ébranler, et bientôt auront disparu toutes les traces de la magnificence de ce somptueux édifice.

L'église paroissiale du village d'Assier est un fort bel édifice, construit après l'achèvement du château : une inscription qu'on lit sur la petite porte indique qu'elle fut commencée en 1545. Elle est surmontée d'un clocher à flèche de 120 pieds d'élévation ; la façade, qui regarde le midi, est imposante sans avoir de justes proportions. La forme intérieure de cet édifice est celle d'une croix, avec deux chapelles de chaque côté ; la nef est large, élevée, et se termine par une voûte qui présente des arcs croisés et saillants. A droite en entrant, se trouve la chapelle où fut élevé le mausolée de Galliot de Genoulhac; la voûte en est très-hardie et offre une étoile à dix rayons d'une exécution soignée, qui produit un bel effet. Le sarcophage, en marbre gris, est orné, sur le devant, de six petites colonnes qui soutiennent un entablement sur la frise duquel on lit : *Après la mort bonne renommée demeurée.* Galliot de Genouilhac y est représenté en plein relief dans l'attitude d'un homme couché sur le dos, les mains croisées sur la poitrine ; il est revêtu d'une longue robe ornée de fourrures ; un lion est à ses pieds. Au-dessus du sarcophage s'élèvent deux colonnes d'ordre composite, portant un entablement qui se termine par un médaillon où étaient sculptées les armoiries de Galliot ; à chacune des extrémités est un génie tenant d'une main une lance et de l'autre un écriteau. Entre les colonnes sont sculptées des figures en plein relief représentant Galliot en costume militaire, des trophées d'artillerie, des canonniers, et, dans le lointain, une forteresse. Toutes les parties de ce mausolée sont très-bien conservées, à l'exception des bras de la statue de Galliot, qui avaient été détachés avant la révolution. La chapelle est fermée par une élégante balustrade en bois.

AUTOIRE. Village situé à 8 l. 1/2 de Figeac. Pop. 500 hab.

Le village d'Autoire est situé sur un ruisseau affluent de la Bave, qui arrose une vallée étroite, bordée d'espace en espace par des rochers énormes. A l'entrée de la vallée, ce ruisseau forme une fort belle cascade qui se précipite de cent pieds de haut, que les saillies du rocher brisent en gerbes, et que la disposition du site rend très-pittoresque. Entre le village et la cascade, on voit les restes d'une tour bâtie sur la corniche d'un rocher coupé à pic, qui s'élève à 300 pieds au-dessus de la vallée.

AYNAC. Village situé à 6 l. 1/4 de Figeac. Pop. 1,300 hab. On y remarque un ancien château dont la position au milieu des bois et des prairies est on ne peut plus pittoresque ; les tours placées aux angles de cet édifice sont basses, mais crénelées : celle du milieu, qui servait de beffroi, a sept étages et domine au loin la contrée. L'extérieur offre une construction simple mais solide ; dans l'intérieur, les ornements sont fort multipliés et portent l'empreinte des siècles.

BÉDUER. Village situé sur la pente d'un coteau qui borde la rive droite du Celé, à 1 l. 1/4 de Figeac. Pop. 1,300 hab.

Béduer possède un vaste et antique château assez bien conservé, bâti sur le versant septentrional de la chaîne de montagnes au pied de laquelle coule le Celé. Un rocher escarpé et une terrasse le défendaient à l'est, au nord et à l'ouest ; un large fossé sur lequel était jeté un pont-levis, le protégeait au midi. De ce côté, il était surmonté d'une tour carrée qui servait de beffroi et rappelait les siècles féodaux ; cette tour a été abaissée au niveau des autres parties de l'édifice en 1793.

BOURG (le). Village situé à 3 l. 3/4 de Figeac. Pop. 600 hab. L'église paroissiale de ce village est remarquable par la hardiesse de son architecture et ses nombreuses colonnes : elle paraît avoir été autrefois fortifiée.

BRENGUES. Village situé sur la rive droite du Celé, à 4 l. 1/2 de Figeac. Pop. 550 hab.

Brengues possédait autrefois deux châteaux forts dont on voit encore les débris, qui ont servi de défense dans les guerres contre les Anglais. Aux environs de ce village, on voit des retranchements, des cavernes, des bâtisses et des rochers fort remarquables. La chaîne de montagnes qui borde la rive droite du Celé, est coupée dans cette commune par deux vallées qui laissent entre elles une montagne dont la cime se termine presque en demi globe. La partie qui est en face de la rivière présente, depuis sa base jusqu'à la moitié de sa hauteur, une pente très-rapide ; au-dessus, s'élève à pic, comme un mur recourbé en arc, un rocher de 180 pieds de haut. Entre la base de ce rocher et l'autre partie de la montagne règne un chemin d'environ neuf pieds de large, qui était défendu aux deux extrémités par deux portes bâties avec de gros blocs bien taillés, réunis par un ciment très-dur. La porte qui défendait le côté du couchant est bien conservée ; l'autre est en partie détruite ; le mur dans lequel elles sont pratiquées s'appuie d'un côté au rocher, et aboutit de l'autre à un escarpement à pic ; il était impossible d'arriver au chemin sans passer par ces deux portes, à cause de la rapidité de la pente de la montagne depuis le rocher jusqu'à la rivière. Toutes les cavités et même les saillies que forme le rocher au-dessus de l'intervalle compris entre les deux portes, offrent plusieurs restes de construction, dont la plus considérable, où l'on distingue une porte et trois croisées, a environ 60 pieds de long sur 36 de hauteur ; un avancement que forme dans cette partie le sommet du rocher mettait ce fort à l'abri de toute attaque; sa base est élevée de 45 pieds au-dessus du chemin, et aucun reste de sentiers n'indique comment on pouvait y parvenir. Cette bâtisse porte le nom de château des Anglais.

Le sommet du même rocher offre aussi une enceinte circulaire tracée par des blocs cubiques, et présente intérieurement deux cavernes où l'on a trouvé des restes de rhinocéros, de rennes et de cerfs d'espèces perdues.

BRETENOUX. Petite ville située sur la Cère, à 10 l. de Figeac. Pop. 800 hab. — On ignore l'époque de la fondation de cette ville, qui portait, en 1277, le nom de Villafranca d'Orlienda, et qui plus tard a été occupée par les Anglais et par les protestants. Elle était jadis entourée de remparts dont il existe encore de nombreux vestiges. On y remarque une vaste place carrée à laquelle aboutissent des rues bien alignées, et d'où l'on aperçoit quatre portes fortifiées.

CAHUS. Village situé près de la rive gauche de la Cère, à 11 l. de Figeac. Pop. 850 hab. De Cahus à la Mativie, la vallée où coule la Cère est si étroite en quelques endroits qu'elle coule immédiatement au pied des rochers qui la bordent : quelquefois ceux des deux rives s'inclinent l'un vers l'autre, se rapprochent vers leur sommet, et ne laissent entre eux que quelques toises de distance. Les aspérités du lit de cette rivière, les rochers en masse et en fragments dont il est hérissé sur ce point, et les cataractes qu'ils produisent, ne permettent pas aux bateaux de remonter son cours jusque-là, et il est à présumer qu'il y a certaines parties de ses bords où l'homme n'est jamais parvenu.—Carrière de belle serpentine exploitée.

CAJARE. Petite ville située sur la rive droite du Lot, à 5 l. 1/2 de Figeac. Pop. 1,889 hab.

Cajare était autrefois une ville forte qui opposa aux Anglais à différentes époques une vigoureuse résistance, ce qui les détermina à détruire, en 1368, un pont sur le Lot dont on voit encore les vestiges. Les habitants de cette ville ne prêtèrent jamais serment au roi d'Angleterre, et, dans le XIIIe et le XIVe siècle, ils empêchèrent, à force de courage et de surveillance, que ces étrangers ne s'emparassent de leur cité, qu'ils tentèrent plusieurs fois de surprendre. En 1622, Cajare fut pris par Louis XIII, qui en fit démolir les fortifications.

Cette ville est dans une charmante situation, au bord d'un bassin fertile et étendu, terminé par des coteaux cultivés en vignes et couronnés par des rochers de formes variées, encadrés en quelque sorte dans des massifs de verdure. On y remarque l'église paroissiale, bâtie vers l'an 1289, dont l'intérieur renferme quelques beaux morceaux d'architecture gothique; les restes d'un ancien fort qui paraît remonter à une haute antiquité; et sur les bords du Lot, une jolie promenade formée de quatre longues allées plantées de peupliers d'Italie. L'intérieur de la ville offre des rues étroites et mal percées; mais les habitations situées sur les anciens fossés qui ont été convertis en promenades, sont bien construites et d'un aspect fort agréable.

BEAULIEU. *Voy.* HÔPITAL-ISSENDOLUS.

CAPDENAC. Petite et très-ancienne ville, située sur la rive droite du Lot, à 1 l. de Figeac. Pop. 1,350 hab.

Cette ville est bâtie sur le sommet d'une montagne entourée presque de tous les côtés par le Lot. C'était jadis une place très-importante qui conserve encore des restes de fortifications. Quelques archéologues y placent même l'antique Uxellodunum, citée dans le VIIIe livre des Commentaires, et sa position, ainsi que l'a prouvé M. Champollion aîné, présente en effet la plupart des circonstances qui caractérisent ce dernier boulevard de la liberté des Gaules, également mémorable par la valeur des assiégeants et des assiégés, et par le traitement cruel qu'exerça le vainqueur, en faisant couper les mains à tous ceux qui avaient porté les armes. On y voit encore une porte à plein cintre, évidemment de construction romaine, qui a conservé le nom du conquérant des Gaules, ainsi que l'emplacement de la fontaine détournée par lui pour obliger les habitants à se rendre.

Capdenac a été successivement occupé par les Visigoths, par les Francs, par les Anglais, et à plusieurs époques par des compagnies de partisans qui désolaient la contrée. C'était encore une ville importante sous le règne de Charles VIII. Sully s'y retira après la mort de Henri IV, et l'on y voit encore le château qu'il habitait, et qui a pris aujourd'hui une forme toute moderne. Les traces d'antiquités et de fortifications que présentait cette cité, commencent à disparaître; la plus grande partie des remparts ont été détruits, les fossés sont presque comblés, une seule tour de la citadelle et celles des portes sont restées debout, et cependant cette place présente encore un aspect menaçant, tant sa position était heureuse pour la défense.

CAPELLE-MARIVAL (la). Bourg situé à 4 l. 1/4 de Figeac. Pop. 1,240 hab. On y voit un château formé de deux corps-de-logis, dont l'un est de construction assez récente, et l'autre est flanqué de tours et paraît remonter au XIIIe siècle ; il est environné de fossés creusés dans le roc, excepté du côté de l'est où il est appuyé sur un rocher d'une pente rapide. De là partait une muraille qui, après avoir décrit un demi-cercle, allait aboutir aux fossés, et enfermait dans son enceinte une église d'une très-antique construction, et d'autres bâtiments dont il ne reste plus que des vestiges. — *Commerce* de grains. Foires et marchés très-fréquentés.

CARDAILHAC. Petite ville située sur une montagne très-escarpée du côté du nord et de l'ouest, à 2 l. 1/2 de Figeac. Pop. 1,550 hab.

Cardailhac était autrefois une place fort importante, qui embrassa avec ardeur la cause de la réforme. Ses fortifications furent démolies par ordre de la cour vers le commencement du siècle de Louis XIV. On y remarque, sur les bords d'un rocher qui domine un ruisseau, les restes d'un vaste fort dont l'enceinte renfermait quatre tours isolées : trois de ces tours existent encore ; deux sont carrées, la troisième est ronde ; la quatrième, qu'on a démolie il y a quelque temps, était aussi carrée ; l'intervalle qui est entre les tours offre de nombreux vestiges de fondations et de souterrains voûtés. Les deux tours carrées sont séparées par une distance de 140 pieds ; elles ont la même forme et présentent les mêmes caractères de construction : la hauteur de l'une est de 75 pieds, et celle de l'autre de 63 ; mais la première conserve encore ses créneaux et sa plate-forme, ainsi que les piliers qui portaient la cloche du beffroi, tandis que l'autre a perdu un étage : la première en contient quatre et la seconde trois, tous formés par des voûtes très-épaisses. La tour ronde paraît avoir été bâtie à une époque plus récente que les deux autres ; c'est près de celle-ci que l'on voit les fondations de la tour démolie, d'où on descendait par un escalier souterrain de plus de cent marches, à une cavité dont l'issue est presque au niveau du ruisseau.

CASTELNAU-DE-BRETENOUX. Village dépendant de la commune de Prudhomat, situé à 9 l. 3/4 de Figeac.

Ce village est remarquable par un ancien château de forme triangulaire, bâti sur la croupe d'une montagne fort élevée. Le côté oriental de ce château a 279 pieds de long, celui du nord 252, et celui du sud-ouest 258. Il est flanqué d'une grosse tour ronde à chacun des angles et sur les côtés : du milieu de la masse que forme le corps-de-logis du sud-ouest, s'élance une tour carrée qui servait de beffroi, dont l'élévation est de 190 pieds au-dessus du sommet de la montagne. Du sommet de cette tour, la vue peut se porter sur plus de vingt lieues carrées, et domine une vaste et fertile plaine où l'on aperçoit les confluents de la Cère et de la Bave avec la Dordogne ; on suit les sinuosités de ces trois rivières qui tantôt montrent leurs eaux limpides en nappes argentées, et tantôt les dérobent derrière d'épais rideaux de verdure ; des monticules qui varient le paysage, des coteaux couverts de vignes, de vastes prairies, des terres cultivées comme des jardins, de nombreux clochers qui s'élancent au-dessus de villages de l'aspect le plus pittoresque, des ruines d'antiques châteaux bâtis sur les sommets élevés des montagnes, et sur le dernier plan les monts bleuâtres du Limousin : telles sont les principales parties du vaste panorama qui se déploie aux yeux de l'observateur.

Le château de Castelnau était défendu, du côté de l'est, par un fossé de 36 pieds de large et de 24 pieds de profondeur, par une terrasse élevée au-dessus du sol de 36 pieds et garnie de cinq bastions. A environ 150 pieds de cette enceinte, une autre ligne de fossés l'entourait sur tous les points, excepté du côté du nord. On y parvient par un bastion situé à l'angle sud-est, d'où on suit la terrasse des remparts qui conduit à la porte d'entrée défendue par deux tours, dont l'une est ronde et l'autre carrée. Ce château, qui pouvait braver les siècles, n'a point résisté à de sordides spéculations. Ce que l'intérieur présente de plus remarquable est une galerie de 120 pieds de long sur 21 pieds de large, qui aboutit à un balcon exposé au sud-ouest ; elle était partout ornée de tableaux et de peintures que le mauvais état du toit a entièrement dégradés : deux appartements, appelés, l'un, le salon des Muses, et l'autre le salon doré, présentaient aussi de belles peintures ; mais ces appartements n'ont plus ni toits ni plafonds, et sont encore plus dégradés que la galerie. La bibliothèque est la seule pièce encore bien conservée ; on voit sur le plafond des

TOURS DE St LAURENT.

peintures d'une fraîcheur admirable et du coloris le plus suave. Près de là, se trouve une chapelle d'une construction fort ancienne, dont les boiseries de l'autel sont couvertes d'ornements variés et d'une exécution soignée, mais du goût le plus étrange.

CÉRÉ (SAINT-). Petite ville située sur la Bave, à 6 l. 1/4 de Figeac. ✉ Population, 3,987 hab.

Saint-Céré doit son origine à une chapelle bâtie en l'honneur de sainte Espérie. La vénération qu'on eut pour cette chapelle, où les reliques de la sainte furent exposées, un terrain fertile à mettre en culture, la facilité de trouver dans la forêt voisine des bois de construction, y attirèrent bientôt des habitants. Dès le milieu du XIII° siècle, cet établissement portait le nom de ville, ainsi qu'on le voit par une charte de 1278. Cette ville est bâtie dans une île formée par la Bave, et entourée de montagnes qui présentent une grande variété de culture : de belles allées d'arbres l'environnent, et ses édifices semblent s'élancer d'une corbeille de verdure.

Au nord de Saint-Céré s'élève une butte parfaitement conique, qui se termine par un plateau en forme d'ellipse d'environ 4,000 mètres carrés, élevé à près de 600 pieds au-dessus de la rivière de Bave. Le sommet de ce plateau, formé par un rocher calcaire d'une hauteur moyenne de 15 pieds, est coupé à pic tout autour. Ce rocher sert de base à un rempart de 7 pieds d'épaisseur qui entoure le plateau, et où l'on ne pénètre que par une porte en ogive ; un fossé de 24 pieds de large règne tout autour des remparts. Vers les deux extrémités du grand diamètre de l'ellipse qu'environnent les remparts, existent deux tours carrées isolées, séparées par une distance de 240 pieds. Ces tours sont connues sous le nom de Tours de Saint-Laurent : celle qui est au nord, formée de six étages, dont l'un est souterrain, se termine par une plate-forme entourée de créneaux : elle a 123 pieds de haut, et chaque face a 30 mètres de large ; la tour méridionale n'a que 84 pieds de haut, et se termine également par une plate-forme. Quoique ces tours n'aient jamais fait partie d'aucun autre bâtiment, ainsi que le prouvent leurs murs et leurs angles à vives arêtes, l'intervalle qui les sépare est occupé par de nombreux restes d'édifices dont il y en a un de forme carrée assez bien conservé : on y voit aussi une citerne voûtée d'une belle construction, plusieurs petits appartements voûtés, et les ruines d'une église ou d'une chapelle. Aucune inscription n'apprend à quelle époque remonte ce fort ; mais on lit dans un manuscrit composé dans le XII° ou le XIII° siècle, que les troupes romaines y avaient établi un camp sous le règne d'Auguste. Les tours sont évidemment des constructions du moyen âge.

Fabriques de chapeaux, recherchés pour la durée et la beauté de leur noir, qui se vendent principalement pour l'Auvergne. — *Commerce* considérable de toiles.

COMIAC. Bourg situé à 11 l. de Figeac. Pop. 1,300 hab. C'était autrefois une place forte dont les ligueurs s'emparèrent dans le XVI° siècle.

CORN. Village situé au pied d'un énorme rocher, sur la rive droite du Célé, à 2 l. 1/2 de Figeac. Pop. 760 hab. On remarque aux environs deux grottes qui communiquent entre elles par une terrasse naturelle que forment les saillies du rocher ; l'une est appelée grotte du Consulat, et l'autre la Citadelle. On ne parvient à la première que par un sentier très-étroit taillé dans le rocher : devant la grotte s'étend une plate-forme coupée à pic de trois côtés ; de là, on communique par une corniche avec la caverne dite la Citadelle.

FIGEAC. Ville très-agréablement située. Chef-lieu de sous-préfecture et de deux cantons. Tribunal de première instance. Société d'agriculture. Collége communal. ✉ Pop. 6,390 hab.

Figeac paraît devoir son origine à un monastère fondé en 755. Guillaume Ier, un des abbés de ce monastère, l'entoura de remparts, y fit construire des ponts, ainsi que plusieurs édifices, entre les années 1080 et 1100. Figeac dut aussi au monastère des priviléges importants pour ses terres et ses libertés : dès l'année 1001, les habitants de cette ville furent autorisés par l'abbé à choisir sept consuls qui la gouvernaient, et ces priviléges furent confirmés par Philippe-Auguste, par saint Louis, par Philippe-le-Long et par Louis XI. Les consuls avaient le droit de faire battre monnaie ; mais une ordonnance du roi Jean leur enleva ce droit pour punir la ville d'avoir subi volontairement le joug des Anglais. Toutefois, les habitants, pour faire oublier leur défection, entreprirent de se délivrer eux-mêmes de la puissance anglaise ; on vit leurs femmes, leurs filles vendre leurs bijoux et toutes leurs parures pour redevenir Françaises, et les efforts qu'ils employèrent pour secouer la domination étrangère firent rendre à la ville ses privilèges. Sous Charles V, Figeac fut surpris par les Anglais : l'occupation de cette place par les ennemis parut si funeste à toute la contrée, que les trois états de la sénéchaussée du Rouergue, les habitants de la Haute-Auvergne, plusieurs villes du Quercy, et particulièrement celle de Cajarc, se réunirent pour payer une forte somme aux étrangers, afin de leur faire abandonner Figeac.

Cette ville est on ne peut plus agréablement située, sur le penchant et au pied d'une colline arrondie dont le Célé baigne la base. Elle occupe le milieu d'un riant bassin qu'entoure un amphithéâtre de collines couvertes de bois, de rochers abruptes, de vergers et de vignobles, d'un effet très-pittoresque; les maisonnettes bâties au milieu des vignes, les colombiers, les pavillons dont est parsemé le territoire, brillent tous de la blancheur éclatante de la chaux dont ils sont crépis, et du rouge presque aussi éclatant de la tuile dont ils sont couverts; la ville, placée au milieu de ce paysage, semble l'embellir encore par ses édifices et par la fraîcheur des promenades qui l'environnent.

Figeac était jadis entouré de remparts et de fossés, dont il existe des restes sur toute la partie du nord. Les rues en sont étroites et mal percées, les places publiques resserrées et irrégulières, les maisons en général mal bâties; mais on y en voit quelques-unes d'une belle construction. La promenade qui est dans l'intérieur de la ville est peu spacieuse et bornée par des édifices, excepté du côté du midi.

Il existe dans cette ville plusieurs édifices d'une construction très-ancienne; ils présentent tous des ouvertures en ogive, ornées de colonnes élancées, et surmontées de trèfle et de rosaces à jour; tous ont des cheminées octogones, très-élevées, et qui ressemblent à autant de minarets; quelques-uns se terminent par de petites colonnes qui supportent un couronnement. Le plus remarquable de ces bâtiments est le château de Baleine, qui sert aujourd'hui de palais de justice; ses murs épais et avec une seule porte au rez-de-chaussée, sans aucune fenêtre, sa proximité des remparts, les fossés dont il est environné, démontrent qu'il avait été bâti pour servir de forteresse. Ce château est très-étendu; on y voit une vaste salle de 72 pieds de long sur 36 de large et 30 de hauteur.

L'église de l'ancienne abbaye est remarquable par l'antiquité et la singularité de quelques parties de son architecture. La nef, sans y comprendre les bas-côtés qui en font le tour, a 186 pieds de long, 24 de large et 63 de hauteur au milieu de la voûte; elle présente, vis-à-vis le grand autel, deux prolongements latéraux qui lui donnent la forme d'une croix. Au-dessus du maître-autel s'élève un dôme de 120 pieds de hauteur, qui forme d'abord un cylindre et se termine ensuite par un polyèdre octogone. Le portail est surmonté d'un clocher d'une belle construction, de 120 pieds d'élévation au-dessus de l'édifice.

L'église de Notre-Dame-du-Puy offre une nef entourée de bas-côtés très-imposants; elle a 123 pieds de long sur 38 de large et 48 de hauteur : les colonnes engagées qui soutiennent la voûte de la nef sont très-élancées. Le maître-autel est orné de quatre colonnes torses en bois d'ordre corinthien, où l'on a sculpté avec beaucoup d'art et de précision des ceps de vigne ornés de leur feuillage et de leurs grappes, que des anges semblent vouloir écarter.

On ne doit pas manquer d'aller voir, au couchant et au midi de Figeac, deux espèces d'obélisques qui semblent avoir été construits pour supporter des fanaux destinés à diriger les pèlerins pendant la nuit au milieu des épaisses forêts dont cette contrée était jadis couverte. Ces obélisques, qu'on nomme Aiguilles, présentent une base de cinq marches formant un piédestal; elles supportent un prisme à huit pans, de 15 pieds de hauteur sur 12 de circonférence, qui se termine par une corniche saillante au-dessus de laquelle le monument prend la forme pyramidale.

Figeac est la patrie de M. Champollion-Figeac, archéologue distingué, conservateur des chartes et diplômes de l'histoire de France à la Bibliothèque royale; de feu M. Champollion jeune, à qui l'on doit la découverte de l'alphabet hiéroglyphique égyptien.

Fabriques de toiles. Teintureries. Tanneries.—*Commerce* de vins et de bestiaux.

A 14 l. 1/2 de Cahors, 142 l. de Paris. —*Hôtels* Born, Chaffre, Lezeret, Mourlion, Pontié.

FRONTENAC. Village situé près de la rive droite du Lot, à 3 l. de Figeac. Pop. 230 hab. On y voit les ruines d'un temple attribué aux Romains, autour duquel on a trouvé une grande quantité de cercueils creusés dans le grès.

GRÉALOU. Petite ville située à 3 l. 3/4 de Figeac. Pop. 600 hab. On y voit les restes d'une tour autrefois fort élevée, dont les murs ont une grande épaisseur; elle fut prise plusieurs fois par les compagnies anglaises.

En 1293, les habitants de Gréalou traitèrent avec leur seigneur pour leur coutume, et obtinrent une charte en langue romane, qui a été publiée avec la traduction française par M. Champollion-Figeac en 1829.

HOPITAL-ISSENDOLUS (l'). Bourg situé à 6 l. 1/2 de Figeac. Pop. 1,004 hab. On y remarque les vastes ruines d'un monastère de religieuses de l'ordre de Malte; c'était dans l'origine un hospice fondé en 1220 par un seigneur de Thémines, pour recevoir les pèlerins qui se rendaient à la Terre-Sainte. Vers la fin du XIIIe siècle, un autre seigneur de la même maison donna cet établissement aux chevaliers de l'ordre de Saint-Jean de Jérusalem, pour y former un couvent de femmes de leur ordre. Ce monastère mérita le nom de Beaulieu, par sa situation sur un plateau élevé et fertile qui offre des mouvements de terrain très-variés: on y trouvait de nombreux appartements pour les étrangers, un grand corps-de-logis pour les pensionnaires, des cloîtres pour vingt-quatre religieuses, et une église; le couvent et un vaste jardin étaient entourés d'une muraille très-épaisse, d'environ 24 pieds de hauteur. — Le territoire de la commune renferme une source d'eau minérale qui paraît avoir les mêmes propriétés que celle de Miers, mais qui est moins renommée.

JEAN-DE-LAUR (SAINT-). Village situé à 9 l. de Figeac. Pop. 850 hab.

Ce village est bâti près d'un ruisseau qui sort d'un gouffre appelé le Lantouy, d'où il sort constamment un volume d'eau considérable; ce gouffre est si profond que toutes les années les torrents y entraînent une immense quantité de blocs de pierre sans qu'on s'aperçoive que le fond ait reçu le moindre exhaussement.

On remarque dans cette commune les restes d'un retranchement construit en petits blocs avec un ciment très-dur. Ce retranchement domine la vallée du Lot, et décrit un demi-cercle dont les extrémités aboutissent à un rocher à pic qui termine une montagne d'une pente rapide. A la base du rocher, et sous cette espèce de camp, existe une vaste grotte, renfermant une grande masse d'albâtre, devant laquelle on avait bâti une épaisse muraille dont les fondations existent encore. Cette grotte porte le nom de grotte de Waiffres: la tradition rapporte que la population du pays y chercha inutilement un refuge et y fut massacrée par les troupes de Pepin, lorsque celui-ci poursuivait le duc d'Aquitaine.

LABASTIDE-DU-HAUTMONT (la). Village situé à 6 l. 3/4 de Figeac. Pop. 240 hab. Il est bâti sur une montagne dont la hauteur paraît correspondre à celle des montagnes du Cantal de second ordre; c'est le point le plus élevé du département. — *Commerce* considérable de bœufs et de cochons. Foires très-fréquentées.

LAURENT (SAINT-). Village situé à 8 l. 1/2 de Figeac. Pop. 600 hab. Il est bâti sur l'emplacement d'une ancienne ville, où l'on voit encore les traces de plusieurs rues et d'une place assez spacieuse. On voit aux environs les tours élevées dont nous avons parlé à l'article Saint-Céré. Voy. ce mot.

LENTILLAC. Bourg situé à 7 l. 3/4 de Figeac. Pop. 860 hab. Il est bâti dans une contrée pittoresque, sur le ruisseau de Sousceyrac, qui se précipite de 36 pieds de haut et forme en cet endroit une fort belle cascade. Une demi-lieue plus bas, ce même ruisseau forme une autre cascade dont la chute est de 45 pieds; là, trois croupes de montagnes se sont détachées, sont tombées dans le ruisseau, l'ont forcé d'élever son lit et de se précipiter en majestueuse cataracte. — A peu de distance du bourg, on voit sur le sommet d'un rocher coupé à pic, les restes d'un oratoire dédié à la Vierge, près duquel est un ermitage.

LEYME. Village situé à 7 l. 3/4 de Figeac. Pop. 450 hab. On y remarque les bâtiments d'une abbaye de bernardines fondée en 1221 dans une vallée profonde, entre des montagnes couvertes de hêtres touffus qui forment un ombrage épais et donnent au pays un aspect sombre. Sous l'église de ce monastère, qui a été conservée, existe encore une partie de l'ancienne église où l'on inhumait les religieuses; elle n'a que la dimension d'une petite chapelle et est dépourvue d'ornements.

LIVERNON. Village situé à 5 l. de Figeac. Pop. 772 hab.

Cette commune possède trois grottes fort étendues, ornées de belles stalactites, mais qui sont moins curieuses que la grotte de Blars ou de Marcillac. On y voit aussi le dolmen le mieux conservé et le plus remarquable du département: la pierre horizontale a 22 pieds de long, 10 pieds de large et 15 pouces d'épaisseur; elle est si parfaitement en équilibre sur les deux pierres verticales qui lui servent de support et qui sont légèrement renflées vers le milieu, que la seule pression de la main suffit pour la faire osciller et lui imprimer un mouvement qu'elle conserve pendant plusieurs minutes.

Livernon est la patrie de M. Delpon, ancien député, auteur d'une statistique du département du Lot, couronnée par l'Académie des sciences.

LOUBRESSAC. Bourg situé à 9 l. de Figeac. Pop. 1,500 hab.

Ce bourg est bâti sur un point des plus élevés du plateau calcaire du département, dont le sommet est couronné par un ancien château d'où l'on découvre un horizon encore plus étendu que celui qu'on aperçoit de Castelnau; c'est un édifice assez régulier, flanqué de hautes tours, d'une construction simple et des plus solides. Le territoire de la commune renferme un grand nombre de pierres levées, et une carrière de marbre rouge non exploitée.

MARCILLAC. Bourg situé sur la rive droite du Célé, à 6 l. de Figeac. Pop. 900 hab. Ce bourg possédait autrefois un monastère dont l'église, qui est vaste et fort belle, a été conservée : la nef a 109 pieds de long et 24 de large, sans y comprendre les bas-côtés; la voûte est supportée par des colonnes accouplées sans chapiteaux ni entablement; les ouvertures y sont étroites, très-élevées, et présentent toutes d'élégants compartiments en forme de rosaces et de feuilles de trèfle.

A peu de distance de Marcillac, on remarque la grotte de ce nom, située sur la commune de Blars. Voy. ce mot, page 5.

MÉDARD-DE-PRESQUE (SAINT-). Village situé près de la rive gauche de la Bave, à 8 l. 1/4 de Figeac. Pop. 850 hab.

Ce village, où l'on voit un ancien château, possède une des plus belles grottes du département; sa forme est celle d'un corridor tortueux, qui s'élargit et se rétrécit alternativement; elle est ornée de nombreuses colonnes d'albâtre, et ses parois sont couvertes de stalactites brillantes et très-diversifiées. C'est le souterrain du département où il y a le plus de concrétions, mais les masses y sont moins grandes que dans les cavernes de Blars et de Livernon.

MOLIÈRES. Village situé à 5 l. 3/4 de Figeac. Pop. 950 hab. On y remarque plusieurs souterrains que l'on peut suivre sur une longueur de plus de 500 mètres, et qui aboutissaient de plusieurs villages à l'église, édifice dont l'épaisseur des murs, le petit nombre et la forme des ouvertures, les créneaux qui entouraient le comble, annoncent qu'il fut bâti pour la défense des habitants.

SOUSCEYRAC. Bourg situé à 7 l. 1/2 de Figeac. Pop. 1,800 hab. C'était autrefois une ville importante entourée d'un mur élevé, couronnée de créneaux, et défendue par un fossé large et profond; on y entrait par deux portes bien fortifiées : un vaste et ancien château fort, flanqué de huit tours, ajoutait à ses moyens de défense. Cette ville et son territoire furent dévastés par les Anglais dans le XIIIe et le XIVe siècle; mais les habitants empêchèrent ces étrangers d'en être les tranquilles possesseurs. Vers la fin du XVIe siècle, elle fut occupée par les protestants qui en firent leur place d'armes pour se maintenir dans cette contrée; commandés par un chef audacieux, nommé Bessonias, ils entretinrent long-temps la guerre civile dans une partie du Haut-Quercy.

SULPICE (SAINT-). Village situé sur la rive droite du Célé, à 5 l. 1/2 de Figeac. Pop. 500 hab. On y voit les restes d'un château très-vaste où l'on distinguait deux époques de construction, l'une qui remontait au XIIIe siècle, et l'autre beaucoup plus récente. — Carrière de pierre meulière exploitée.

TOIRAC. Village situé sur la rive droite du Lot, à 3 l. 3/4 de Figeac. Pop. 460 h. L'église paroissiale de ce village est d'une construction remarquable; elle est environnée de murs crénelés qui en faisaient une véritable forteresse.

TRONQUIÈRE (la). Village situé à 5 l. 3/4 de Figeac. Pop. 450 hab.

ARRONDISSEMENT DE GOURDON.

ALVIGNAC. Village situé à 9 l. de Gourdon. Pop. 720 hab. On voit sur son territoire plusieurs monuments celtiques, des restes de très-anciennes tours, et les ruines du monastère de Ficux, fondé en 1203. C'est dans ce village que s'établissent les étrangers qui font usage des eaux minérales de Miers.

BASTIDE (la). *Voy.* LABASTIDE.
BOURZOLLES. *Voy.* SOUILLAC.

CALÈS. Village situé à 5 l. de Gourdon. Pop. 700 hab. Il est bâti dans une contrée pittoresque arrosée par l'Ouisse, rivière formée, à peu de distance de Calès, par deux sources qui surgissent au pied d'une montagne, dont l'une porte le nom de Caboui et l'autre celui de Saint-Sauveur. Ce sont deux lacs, ou plutôt deux gouffres, qui ont au moins 75 pieds de profondeur verticale, et dont les eaux sont si abondantes que, séparées, elles portent bateau. Le Caboui sort sous un rocher et forme tout de suite un bassin d'environ cent pieds de diamètre. La source de Saint-Sauveur naît à 700 toises de la première; elle forme un lac autour duquel les flancs de la montagne, où croissent une multitude d'arbres à haute tige de diverses espèces, s'arrondissent en cirque majestueux.

CANIAC. Village situé à 12 l. de Gourdon. Pop. 1,050 hab.

L'église paroissiale de cette commune passe pour être une des plus anciennes du département; on y voit une chapelle souterraine, où est déposé le corps de saint Nauphase dans un cercueil très-simple.

CARENNAC. Bourg situé sur la rive gauche de la Dordogne, à 13 l. de Gourdon. Pop. 1,200 hab.

On remarque dans ce bourg les vastes bâtiments d'une ancienne abbaye de l'ordre de Cluny. Ce monastère, où l'on voit des morceaux de sculpture précieux pour l'histoire de l'art, présentait plusieurs corps-de-logis, dans l'un desquels on visite, au quatrième étage d'une tour carrée, le cabinet de Fénélon, retraite où l'on assure que cet illustre écrivain composa une partie de ses ouvrages; cet appartement n'offre aujourd'hui que les quatre murs, et une cheminée dont l'architecture est très-ornée; toutes les pierres y sont couvertes de noms des admirateurs de Fénélon qui sont venus visiter Carennac. L'escalier du monastère qui conduisait à l'appartement du trésor est fort beau; il présente une coupole d'une courbure élégante et d'une très-belle exécution.

Carennac est la patrie de M. Dunoyer, littérateur distingué, aujourd'hui préfet du département de la Somme.

Exploitation des carrières d'oolithe calcaire qui fournissent la plus belle pierre de taille du département.

CONCORÈS. Village situé sur le Céou, à 3 l. 1/2 de Gourdon. Pop. 1,260 hab. On voit sur une montagne, à peu de distance de ce village, les ruines d'un château fort près duquel on reconnaît des vestiges d'anciennes constructions, où l'on a trouvé des armes, des médailles, des pierres gravées et plusieurs autres antiquités.

CRESSENSAC. Village situé dans un territoire abondant en truffes qui jouissent d'une grande réputation, à 12 l. 1/2 de Gourdon. ✉ ☞ Pop. 1,039 hab.—Exploitation de minerai de fer hydraté, qui alimente le fourneau de Bourzolles.

CUZANCE. Village situé à 9 l. 1/2 de Gourdon. Pop. 1,100 hab. On y voit les ruines d'un vaste et antique château.

DEGAGNAC. Bourg situé à 5 l. de Gourdon. Pop. 2,000 hab. C'était autrefois une petite ville fortifiée, près de laquelle on voit une grotte qui n'offre rien de remarquable.

DENIS (SAINT-). Village situé à 9 l. de Gourdon. Pop. 720 hab. On y voit une assez belle cascade, et un abîme effrayant produit par l'érosion des eaux, sur le chemin de Martel à Vayrac.

GERMAIN-LES-BELLES-FILLES (SAINT-). Village situé sur le Céou, qui y arrose de belles prairies, à 4 l. 1/2 de Gourdon. Pop. 1,213 h. On voit aux environs l'antique château de Peyrilles, dont Richard Cœur-de-Lion s'empara de vive force sur le chevalier de Gourdon, qu'il fit périr avec deux de ses enfants. Le troisième fils de ce chevalier, Bertrand de Gourdon, tira une éclatante vengeance de ce meurtre, devant Chalus, où il décocha à Richard une flèche qui le blessa mortellement.

GOURDON. Ancienne ville. Chef-lieu de sous-préfecture. Collège communal. Société d'agriculture. ✉ Pop. 5,153 hab.

Cette ville est située sur une butte sablonneuse et adossée à un rocher coupé par des crevasses de terre humide, d'où s'élèvent des touffes de peupliers qui couronnent la ville et le rocher. Elle était naturellement fortifiée par sa position, et entourée d'épais remparts; on y entrait par quatre portes flanquées de tours et protégées par des ouvrages avancés. L'édifice le plus remarquable est l'église principale, bâtie dans la partie la plus élevée de la ville, et surmontée de deux hautes tours. Elle est entourée d'une belle promenade qui domine un riant et frais paysage.

On ignore l'époque de la fondation de Gourdon; mais il est certain qu'il y avait un château dont on voit encore les ruines, dès l'année 960. Les compagnies anglaises s'en rendirent maîtres dans le XIVe siècle, et la vendirent en 1481 au comte d'Armagnac. En 1619, les ligueurs s'emparèrent du château, qui fut pris d'assaut et démoli par les habitants.

Fabriques de toiles, chapeaux, étoffes de laine. — *Commerce* de vins et de noix.

A 12 l. de Cahors, 140 l. de Paris.

GRAMAT. Petite ville située sur l'Alzou, à 12 l. de Gourdon. ✉ Pop. 3,428 hab.

Cette ville est bâtie sur un plateau, dans la vallée de l'Alzou, qui est resserrée au-dessous de Gramat par d'énormes rochers à pic; au-dessus, cette vallée s'élargit, et forme, à peu de distance de la ville, un vaste bassin tapissé de prairies où s'élève un tumulus de forme conique, de 36 pieds d'élévation et de 270 pieds de circonférence.

Gramat avait jadis un château fort dont les compagnies anglaises tentèrent inutilement de s'emparer; mais elles renouvelèrent si souvent leurs dévastations dans cette contrée, que la population se trouva pour un moment réduite à sept habitants. Pendant les guerres des protestants et des catholiques, Gramat fut successivement occupé par les deux partis, et c'est dans cette ville que fut pris le maréchal de camp de l'armée de Dassier, qui allait assiéger Figeac.

Gramat possède une source minérale dont les eaux ont été analysées en 1818, par ordre du ministre de l'intérieur.

Cinq livres d'eau de cette source ont produit:

Sulfate de magnésie... 1 gramme 425
Carbonate de chaux... 1 — 741
Sulfate de chaux... 8 — 453
Sulfate de soude... 0 — 785
Carbonate de magnésie 0 — 136
Acide carbonique... 2 décilitres.

Au-dessous de Gramat, la vallée de l'Alzou est si resserrée qu'en quelques endroits elle n'offre que l'espace nécessaire au passage de la rivière, qui se précipite de trente pieds de hauteur au milieu de deux rochers d'une grande élévation, et forme une magnifique cascade. En cet endroit, on a profité des saillies du rocher de la rive droite pour y construire un moulin de quatre paires de meules: une partie des eaux, retenues par une digue là où les autres se précipitent en cascade, sont reçues par trois conduits qui les dirigent sur quatre roues placées à trois différentes hauteurs. Ce moulin, en quelque sorte suspendu à une masse énorme dont il dessine les contours, offre une vaste construction qui produit un effet surprenant à cette immense profondeur. Près de cette usine, que l'on désigne sous le nom de Moulin-du-Saut, on voit un dolmen remarquable, divisé en deux compartiments.

Au village de Béde, dépendant de la commune de Gramat, existe un vaste abîme dont le fond est mis en culture et planté de noyers d'une hauteur prodigieuse; une crevasse d'environ trois pieds de large, qui s'est opérée depuis la cime jusqu'à la base du rocher dans lequel il est formé, permet d'y conduire des ânesses pour en labourer le sol. Il est curieux de voir des récoltes, des animaux, des hommes s'occupant de travaux agricoles à une aussi grande profondeur.

Gramat est la patrie du célèbre chirurgien Dubois.

Commerce important de grains et de laines estimées.

LABASTIDE-FORTUNIÈRE. Bourg situé à 5 l. de Gourdon. Pop. 1,600 hab. C'est la patrie de l'un des plus vaillants généraux de la république et de l'empire, de Joachim Murat, qui fut roi de Naples.

LAMOTHE-CASSEL. Village situé sur un plateau élevé d'où l'on découvre les Pyrénées, à 6 l. 3/4 de Gourdon. Pop. 600 h. On y voit une fontaine intermittente.

LAMOTHE-FÉNÉLON. Village situé à 3 l. 1/2 de Gourdon. Pop. 720 hab. Ce village doit son surnom à la famille de l'archevêque de Cambrai, qui y possédait des propriétés. C'est par erreur que quelques personnes croient qu'il naquit dans le château qu'on y voit encore; cet illustre prélat reçut le jour à Lamothe-Soliguac, canton de Carlus, département de la Dordogne.

MARTEL. Petite ville située à 12 l. de Gourdon. Collège communal. ✉ Population, 2,903 hab.

Suivant les historiens du Quercy, Martel doit son origine à une église qu'y fit bâtir Charles-Martel. C'était jadis une des principales villes de la vicomté de Turenne, et le lieu de l'assemblée des états de cette principauté. L'église paroissiale, surmontée d'un clocher en forme de tour carrée, est très-ancienne; elle offre intérieurement une vaste nef sans bas-côtés, et est ornée de vitraux remarquables par la correction des dessins.

MICHEL-DE-BANNIÈRES (SAINT-). Village situé à 13 l. 1/2 de Gourdon. Pop. 1,311 hab. — Tuilerie importante, où l'on voit un hangar d'une étendue immense pour faire sécher la tuile, et un four d'une vaste capacité.

MIERS. Village situé à 9 l. de Gourdon. Pop. 1,550 hab.

ROCAMADOUR.

Lot.

Miers possède une source d'eau minérale ferrugineuse froide, qui jouit dans le pays d'une grande réputation. Cette source est sous l'inspection d'un médecin inspecteur nommé par le gouvernement; elle est fréquentée annuellement par quatre ou cinq cents personnes, qui s'établissent au village d'Alvignac.

Aux environs de Miers, sur la route de Figeac à Souillac, on voit un abîme immense, de 160 pieds de profondeur et de plus de cent pieds de large, laissant apercevoir dans le fond d'autres cavités dont on ne peut mesurer l'étendue. Pour en considérer l'intérieur, il faut se coucher à plat-ventre afin de n'être pas précipité par le vertige que produit la vue de sa profondeur. Ce gouffre est très-nuisible à la contrée où il est situé, parce qu'il est l'asile inattaquable d'une nuée de corneilles, qui de là vont ravager les récoltes.

MONFAUCON. Petite ville située à 8 l. de Gourdon. Pop. 2,000 hab.

Cette ville est située sur une butte assez élevée, au pied de laquelle coule le Céou. Elle doit son origine à Henri III, roi d'Angleterre, qui fit bâtir en ce lieu un édifice pour y tenir les assises. C'était jadis une ville forte, où l'on voit encore une porte pratiquée dans un mur très-épais.

MONTVALENT. Village situé près de la rive gauche de la Dordogne, à 8 l. 1/4 de Gourdon. Pop. 900 hab.

On remarque dans cette commune, sur un des nombreux rochers à pic qui s'élèvent au bord de la Dordogne, des retranchements à peu près semblables à ceux de Saint-Jean-de-Laur (voy. ce mot, page 19). Au pied de ces rochers, se trouve aussi une source très-abondante, qui dès sa naissance forme un grand ruisseau. On y remarque encore les ruines d'une antique église, d'un monastère et d'un château fort, ainsi qu'un abîme très-profond, appelé Roque de Corn, où se précipitent les eaux du ruisseau de Miers; on peut descendre, en prenant quelques précautions, au fond de cet abîme, qui est habité par un grand nombre de renards.

PAYRAC. Joli village situé sur la grande route de Paris à Cahors, à 4 l. de Gourdon. ✉ ☞ Pop. 1,809 hab. — *Fabriques* de toiles. Exploitation des carrières de pierres propres à faire de la chaux.

ROCAMADOUR. Bourg situé sur la rive droite de l'Alzou, à 7 l. de Gourdon. Pop. 1,400 hab.

Ce village est adossé à des rochers à pic, d'où se détachent fréquemment des masses énormes qui écrasent, par leur chute, les habitations. Il ne consiste que dans une seule rue, qui descend du sommet de la montagne à la vallée; et comme la pente est très-rapide, il est des maisons bâties sur le bord de cette pente où l'on entre par le troisième étage.

Sur le sommet du rocher qui domine la vallée de l'Alzou, s'élève un oratoire célèbre, que quelques légendes font remonter aux premiers temps du christianisme, où l'on parvient par un escalier de deux cents marches; il se compose de deux églises, l'une dédiée à la Vierge et l'autre à saint Amadour; celle-ci, en quelque sorte souterraine, se trouve directement au-dessous de l'autre et n'est éclairée que du côté de la vallée : on y descend par quinze degrés; elle n'a de remarquable que les boiseries de l'autel qui paraissent très-anciennes, et la châsse de saint Amadour. Au-dessus de l'église, on voit sur le sommet du rocher les ruines d'un vaste fort, construit, à ce qu'on présume, pour défendre l'oratoire.

L'église de Rocamadour inspirait tant de confiance aux fidèles, que c'est là qu'on tint les États de la province, convoqués pour demander au ciel l'extinction des hérésies des Albigeois. La piété des croyants y avait rassemblé des richesses considérables, que le fils de Henri II pilla pour soudoyer son armée. De nombreuses offrandes les remplacèrent; et lorsque les protestants pillèrent cet oratoire, en 1572, ils en emportèrent, dit-on, plus de quinze cents quintaux d'or et d'argent. On y a conservé un grand morceau de fer, qu'on nomme l'épée de Roland, qui est suspendu par une chaîne de fer au mur extérieur de la chapelle.

Exploitation de pierres meulières.

SALVIAC. Bourg situé à 3 l. 1/2 de Gourdon. Pop. 2,188 hab. — Nombreuses tanneries.

SOUILLAC. Petite ville située dans une vallée fertile, sur la grande route de Paris à Cahors, près de la rive droite de la Dordogne que l'on y passe sur un pont de sept arches, en belle pierre de taille. A 6 l. de Gourdon. Tribunal de commerce. ✉ ☞ Pop. 3,096 hab.

Cette ville est en général bien bâtie, et s'accroît journellement de nouvelles constructions. Elle a été prise et pillée par les Anglais en 1352, et par les protestants en 1562.

Souillac possédait, avant la révolution, une abbaye de bénédictines, fondée vers l'an 962. Le bâtiment de cette abbaye est un bâtiment vaste et régulier, de construction moderne; l'église seule est ancienne et présente deux belles coupoles dans le genre de celles de l'église cathédrale de Cahors; elle subsiste encore dans un bon état de conservation, et sert en ce moment de magasin à tabac.

À une demi-lieue et au nord de Souillac, on remarque un phénomène singulier, produit par le cours d'eau du Bouley et du Gourg. Le premier sort d'une grotte de 9 pieds de profondeur, par deux ouvertures triangulaires; après des pluies abondantes, il lance deux jets divergents, dont l'eau inonde le vallon, déracine les arbres et cause des dommages considérables. Si les pluies sont continues, ou si les contrées voisines éprouvent quelque violent orage, la source du Bouley semble presque tarie; mais aussitôt le Gourg grossit et s'élance avec une telle impétuosité, que dans très-peu de temps le vallon est inondé et ne présente plus à la vue qu'un vaste lac.

Fabriques de grosse draperie, outils aratoires. Tanneries. Forges et fonderie, à BOURZOLLES. — *Commerce* de vins, tabac, cuirs, sel, épiceries, merrain, bœufs, etc.

UZECH-DES-OULES. Village situé à 5 l. de Gourdon. Pop. 705 hab. — Nombreuses fabriques de poterie de terre.

VAILLAC. Village situé à 7 l. de Gourdon. Pop. 1,100 hab. Il est dominé par un château fort flanqué de six tours, d'une construction fort ancienne. Au nord de ce château, on voit une immense écurie voûtée, flanquée de tours, qui peut contenir 500 chevaux.

VAYRAC. Bourg situé à 13 l. 3/4 de Gourdon. Pop. 1,622 hab. On remarque sur son territoire le Puy-de-Salut, montagne isolée et presque escarpée de toute part, où l'on a trouvé de nombreux restes d'antiquités. L'architecture de l'église paroissiale, ornée de chapiteaux formés de groupes d'animaux, semble indiquer une construction du IXe ou du Xe siècle.

VIGAN (le). Bourg situé à 1 l. 3/4 de Gourdon. Pop. 1,550 hab. On y voit les ruines de deux anciens châteaux. — Moulins à huile.

FIN DU DÉPARTEMENT DU LOT.

IMPRIMERIE DE FIRMIN DIDOT FRÈRES,
RUE JACOB, N° 24.

Guide Pittoresque

DU

VOYAGEUR EN FRANCE.

ROUTE DE PARIS A TOULOUSE,

TRAVERSANT LES DÉPARTEMENTS

DE SEINE-ET-OISE, DU LOIRET, DU CHER, DE L'INDRE, DE LA CREUSE, DE LA HAUTE-VIENNE, DE LA CORRÈZE, DU LOT, DE TARN-ET-GARONNE, DE LA HAUTE-GARONNE, ET COMMUNICATION AVEC LE DÉPARTEMENT DE L'ARIÈGE.

DÉPARTEMENT DE TARN-ET-GARONNE.

Itinéraire de Paris à Toulouse,

PAR MONTARGIS, BOURGES, LIMOGES, TULLE ET MONTAUBAN, 182 LIEUES.

	lieues.		lieues.
De Paris à Nogent-sur-Vernisson (route de Chambéry)	32	Limoges	3
		Pierre-Buffierre	3
Gien	5	Magnac	3
Argent	4 1/2	Masseré	2 1/2
La Chapelle-d'Angillon	5	Uzerche	4 1/2
Grangeneuve	3	Saint-Pardoux	4
Bourges	4 1/2	Donzenac	3
Saint-Florent	3 1/2	Brives	3
Charost	2	Cressensac	5
Issoudun	3	Souillac	4
Neuvy-Pailloux	3	Payrac	5
Châteauroux	3 1/2	Pont-de-Rodes	5 1/2
Lottier	4	Pélacoy	5 1/2
Argenton	3 1/2	Cahors	4 1/2
Le Fay	4	La Madeleine	6
Rodes	3	Caussade	4
La Ville-au-Brun	2	Montauban	5 1/2
Morterol	5	Grisolles	5
Chanteloube	4	Saint-Jory	3
La Maison-Rouge	4	Toulouse	4 1/2

Communication de Toulouse à Foix, 19 l. 1/2.

	lieues.		lieues.
De Toulouse à Viviers	6 1/2	Pamiers	3 1/2
Saverdun	5	Foix	4 1/2

60ᵉ *Livraison.* (TARN-ET-GARONNE.)

ASPECT DU PAYS QUE PARCOURT LE VOYAGEUR

DE LA MADELEINE A POMPIGNAN.

Après le relais de la Madeleine, on passe un ruisseau qui fait mouvoir plusieurs moulins; on longe ensuite un bois et l'on entre dans une belle vallée, à l'extrémité de laquelle on gravit une côte assez longue et fort rude. Le pays que l'on parcourt est planté de noyers et d'arbres fruitiers; sur la droite, on aperçoit, à une demi-lieue de distance, la petite ville de Montpezat, bâtie sur une éminence. Les montagnes calcaires et peu fertiles du Quercy, au milieu desquelles on voyage depuis qu'on a quitté celles du Limousin, finissent par s'abaisser insensiblement, comme pour se fondre avec les plaines grasses et fertiles qui précèdent et entourent Caussade, petite ville aussi agréable par sa situation dans un pays riche, découvert et ombragé, que par les jolis faubourgs qui l'environnent. De cette ville à Montauban, la route, bordée d'une double rangée de beaux arbres, offre une ligne droite et traverse la belle vallée du Leyre, rivière qu'on côtoie à droite jusqu'à peu de distance de son embouchure dans l'Aveyron. On longe, à gauche, le bourg de Réaleville, on côtoie un grand coude que forme l'Aveyron, et, après avoir franchi cette rivière sur un beau pont en pierre de taille nouvellement construit, on traverse une belle rue du village d'Albias. Après ce village, on entre dans une belle plaine, qui se prolonge jusqu'à la Garonne, mais dont l'agrément et la fertilité diminuent sensiblement. Au hameau Delbret, on aperçoit le vieux château d'Aussonne, antique forteresse convertie de nos jours en maison de correction. On traverse ensuite la Garrigue, et après avoir dépassé, sur la gauche, le chemin de Négrepelisse, on entre dans Montauban.

On sort de cette jolie ville par le faubourg de Ville-Bourbon; on laisse, à droite, la route d'Auch, et l'on côtoie, pendant près de deux lieues, la rive gauche du Tarn : la plaine est parsemée de maisons éparses et d'une grande fertilité. Au relais de Canals, cesse la monotonie des riches plaines que l'on parcourt depuis Montauban, auxquelles font place les plaines plus fertiles encore, plus variées de culture et aussi fraîches qu'abondantes, qui précèdent Toulouse. En sortant de Canals, on jouit d'une belle vue sur le bassin de la Garonne; une descente rapide conduit ensuite à Grisolles, bourg bâti au milieu d'un paysage enchanteur qui se prolonge jusqu'à Pompignan, village situé sur les confins des départements de Tarn-et-Garonne et de la Haute-Garonne.

DÉPARTEMENT DE TARN-ET-GARONNE.

APERÇU STATISTIQUE.

Le département de Tarn-et-Garonne se compose d'une partie des ci-devant provinces du Quercy, du Rouergue, de l'Agenois et de l'Armagnac. Il a été formé en 1808 : 1° de l'arrondissement de Montauban, démembré du département du Lot; 2° de l'arrondissement de Castelsarrasin, détaché du département de la Haute-Garonne; des cantons d'Auvillar, Montaigut et Valence, distraits de l'arrondissement d'Agen, département de Lot-et-Garonne; 4° du canton de Lavit-de-Lomagne, extrait de l'arrondissement de Lectoure, département du Gers; 5° du canton de Saint-Antonin, détaché de l'arrondissement de Villefranche, département de l'Aveyron. Ce département tire son nom de la

Garonne et du Tarn qui s'y réunissent et qui l'arrosent, la première du sud-est au nord-ouest, et la seconde du sud-est à l'ouest. — Ses bornes sont : au nord, le département du Lot; à l'est, ceux de l'Aveyron et du Tarn; au sud, celui de la Haute-Garonne; au sud-ouest, celui du Gers; à l'ouest, celui de Lot-et-Garonne.

La surface de ce département n'offre aucune chaîne de montagnes dominantes; mais elle est généralement formée de plateaux plus ou moins élevés, séparés par des vallées profondes et par des gorges escarpées, dont l'ensemble s'abaisse uniformément vers les départements du Gers et de Lot-et-Garonne. On peut dire que le département est sillonné par trois chaînes de coteaux; la première, formée des ramifications des fertiles coteaux du Gers, se prolonge sur la rive gauche de la Garonne et est arrosée par plusieurs petites rivières; la seconde, dont les eaux se déversent d'un côté dans le Tarn, et de l'autre dans l'Aveyron, voit ses derniers chaînons expirer au pied des murs de Montauban; la troisième, composée des derniers rameaux des montagnes du Quercy, longe d'abord la rive droite de l'Aveyron, puis celle du Tarn après la jonction de ces deux rivières, et enfin celle de la Garonne après l'embouchure du Tarn. — La large vallée où coule la Garonne offre à l'œil des champs féconds semés de quelques arbres épars; elle est bordée de collines couvertes de vignes et d'arbres fruitiers. Sa réputation de fécondité est exagérée, si l'on ne considère que sa fertilité, sans calculer toutes les chances que les récoltes doivent y courir; le lit du fleuve ayant peu de profondeur, la hauteur de ses rives n'est que de 4 mètres au-dessus de celle des moyennes eaux; aussi les débordements sont-ils fréquents et désastreux. Les eaux s'élevant souvent de 8 mètres au-dessus du niveau des eaux moyennes, on peut juger des ravages qu'elles causent sur les terres voisines. Toute la plaine arrosée par la Garonne est formée de terrains d'alluvion, composés de couches argileuses, de marne et de sable siliceux, plus ou moins mélangés des autres terres; on n'y trouve point de bancs de pierre solides. Si d'ailleurs les bords de la Garonne sont riches, ce fleuve fait quelquefois payer cher les agréments de son voisinage : dans sa course rapide et inconstante, il laisse parfois à sec son ancien lit pour s'en creuser un nouveau dans la plaine qu'il désole et qu'il vivifie tour à tour. Ses rives sont surtout remarquables par un grand nombre de peupliers qui y grossissent avec une rapidité extrême, et peuvent le disputer en beauté à ceux même de la Lombardie. — Le Tarn coule aussi dans une vallée, ou plutôt dans une large plaine formée de couches tertiaires, au milieu desquelles le lit de la rivière a été creusé profondément; les berges sont escarpées à pic, et de 10, 15 et 20 mètres de hauteur. Les bords de cette rivière sont presque aussi fertiles que ceux de la Garonne; ils sont moins exposés aux ravages des inondations, mais, en général, moins beaux et moins pittoresques.—Les renflements de la vallée de l'Aveyron sont remplis par une argile limoneuse d'un brun jaunâtre, micacée, mêlée de sable, et, surtout, d'une grande fertilité. Les assises sont peu distinctes; on les voit interrompues par des lits très-minces de galets, semblables à ceux qui sont roulés dans le lit de la rivière. L'Aveyron franchit plus souvent ses bords que le Tarn, et se répand alors sur une vaste plaine qu'elle fertilise par son limon, ou qu'elle dévaste en enlevant et entraînant la terre végétale pour y déposer des couches d'un sable presque pur : les rives de cette rivière sont très-agréables; les coteaux dont elle baigne le pied donnent au paysage un aspect varié et gracieux.

Les terres d'alluvion, c'est-à-dire celles qui longent la Garonne, le Tarn et l'Aveyron, ainsi que celles qui composent les vallées du département, sont généralement très-fertiles; on y cultive avec succès le froment, le maïs, le chanvre, le tabac, et toutes les plantes qui exigent une terre substantielle; mais les terres un peu élevées que l'on trouve entre la Garonne et le Tarn, entre le Tarn et l'Aveyron, sont peu fertiles en grains; les vignes y réussissent très-bien, surtout dans celles situées entre le Tarn et la Garonne : les terrains des coteaux sont diversement fertiles, selon qu'ils sont plus ou moins bien cultivés. A l'exception des rives de la Garonne, de la Gimone et de quelques autres rivières sujettes aux débordements, le reste du département n'offre qu'une petite étendue de prairies naturelles; les prairies artificielles y réussissent mieux, sans cependant suffire pour la nourriture des bestiaux. On y supplée dans beaucoup de fermes par une certaine étendue de terrain qu'on appelle fourragère, où l'on sème un peu du froment, du seigle, de l'avoine, de l'orge, que l'on coupe en vert dès que leurs épis sont en fleur, savoir : le seigle dès la fin de mars; vient après l'avoine; puis l'orge, et ensuite le froment; à mesure qu'on fauche une espèce, on laboure et on sème du maïs; ces diverses plantes donnent successivement des fourrages jusqu'au mois de novembre. Les cultivateurs soigneux réservent une partie de ces différents fourrages pour l'hiver, mais la quantité n'en est jamais suffisante; aussi la base de la nourriture des bestiaux en hiver est la paille de froment, à laquelle on ajoute une petite ration de fèves trempées, des pommes de terre, de grosses raves, et le marc des plantes oléagineuses; le foin et l'avoine sont réservés pour la consommation des chevaux.

Dans la majeure partie du département, les habitations ne sont point rassemblées en corps de communes; elles sont en général éparses sur tout le territoire, ce qui donne aux campagnes un aspect animé; la plupart des propriétés sont entourées de haies vives et de bouquets de coignassiers qui offrent un coup d'œil fort agréable.

Le climat est en général beau, doux et tempéré, mais assez variable; rarement le thermomètre descend à 13° R. au-dessous de 0; en été, dans les plus fortes chaleurs, il s'élève de 28 à 31, mais ces extrêmes ne durent guère et présagent un prochain changement de temps. Les vents dominants sont ceux de l'est et de l'ouest : le premier, appelé *Cers*, décline quelquefois vers le sud, et alors il est accompagné de pluies; s'il tourne vers le nord, il devient sec et froid; c'est celui qui règne le plus ordinairement. Le vent d'est, appelé *Autan*, souffle avec assez de permanence; quand il se tourne vers le nord, il devient assez froid; lorsqu'il tourne vers le sud, il n'est pas de longue durée et amène les orages. Ce vent, ordinairement agréable en hiver, est incommode en été; il cause un abattement général, des maux de tête violents, et de vifs retentissements des douleurs habituelles.

Le département de Tarn-et-Garonne a pour chef-lieu Montauban. Il est divisé en 3 arrondissements, renfermant 24 cantons et 193 communes.—Superficie, 198 l. carrées.—Population, 242,250 habitants.

MINÉRALOGIE. Mines de fer à Grésigne, Bruniquel, Varen; houille à Saint-Antonin et à Puech-Mignon. Carrière de marbre à Montricoux, de pierre à bâtir dans presque toutes les localités. Argiles de diverses espèces, cailloux roulés, etc.

PRODUCTIONS. Céréales de toutes espèces et en quantité, millet noir, maïs, sarrasin, légumes, melons, truffes, châtaignes, lin, chanvre, navette, toute sorte de fruits; mûriers. —Gibier abondant (sangliers, blaireaux, lièvres, lapins, ortolans, perdrix rouges et grises, bécasses).—40,000 hectares de vignes, produisant annuellement environ 400,000 hectol. de vin; dont 170,000 sont consommés sur les lieux, et le surplus livré au commerce ou converti en eau-de-vie. La vigne occupe en général les terrains médiocres et graveleux, et donne d'assez bons vins. Ceux des plateaux situés entre la Garonne et le Tarn se conservent long-temps et supportent le transport; mais ceux de la rive gauche de la Garonne sont sujets à tourner. Fau, Aussac, Auvillar, Campsas, Montbartier et la Villedieu fournissent les meilleurs vins rouges du département. — 47,819 hect. de forêts (arbres verts et feuillus). — Très-bon poisson (saumon, esturgeon, aloses, lamproies). — Quantité de mules et de mulets qui font la principale richesse du pays; bêtes à cornes, peu de moutons, beaucoup de porcs. — Élève en grand de la volaille (oies, canards et dindons). — Éducation des abeilles et des vers à soie.

INDUSTRIE. Fabriques importantes de draps communs, cadis, serges, étamines. Fabriques de toiles, bas de soie, coutellerie excellente, cartons d'apprêteurs, plumes à écrire, savon. Filatures de laine; teintureries; amidonneries; nombreuses faïenceries; papeteries; tanneries considérables.

COMMERCE très-étendu de grains et de farines; de vins, eaux-de-vie, prunes, pruneaux, huile, safran, laines, papiers, cuirs, draps fins et communs. — Un des principaux objets de commerce, ce sont les minoteries, dont le produit monte annuellement à plus de seize millions.

VILLES, BOURGS, VILLAGES, CHATEAUX ET MONUMENTS REMARQUABLES;
CURIOSITÉS NATURELLES ET SITES PITTORESQUES.

ARRONDISSEMENT DE MONTAUBAN.

ALBIAS. Bourg situé sur la grande route de Cahors à Montauban, à 3 l. de cette dernière ville. Pop. 1,250 hab.

Ce bourg consiste principalement en une fort belle rue, que traverse la grande route. Il est bâti à peu de distance de la rive gauche de l'Aveyron, que l'on passe sur un beau pont en pierre de taille de construction récente. « Albias fut pris en 1621 par les catholiques, après une vigoureuse résistance : le commandant de la place, les consuls et vingt des principaux bourgeois furent pendus; les autres furent mis à rançon, et ceux qui ne purent la payer furent liés de cordes et envoyés servir de pionniers au siége de Montauban. Abias fut pillé et brûlé; il n'y eut que les filles et les femmes qui furent sauvées [1]. »

ANTONIN (SAINT-). Petite ville située à 11 l. de Montauban. ✉ Pop. 5,462 hab.

Cette ville doit son origine à un monastère qui y fut bâti après le martyre de saint Antonin, prêtre natif de Pamiers : elle a été long-temps gouvernée par des vicomtes; le dernier de ceux qui la possédèrent la vendit à Louis IX. En 1211, le château de Saint-Antonin se soumit à Simon de Montfort, chef des croisés, au pouvoir desquels il ne resta pas long-temps. Montfort, sentant la nécessité de reprendre cette place, résolut de l'assiéger : le vicomte n'avait aucun préparatif de défense; mais Raimond VI y avait placé un chevalier nommé Adémar Jourdain. L'avant-garde de l'armée ennemie, conduite par l'évêque d'Albi, parut bientôt devant Saint-Antonin : le gouverneur, sommé de se rendre, répond : « *Que le comte de Montfort sache que jamais il ne viendra à bout de prendre mon château.* » Montfort, instruit de cette fière réponse, promit d'en faire repentir le gouverneur. Ses troupes se placèrent dans la plaine près du château. Le soir, les assiégés font une sortie, mais ils sont repoussés avec vigueur par l'avant-garde qui attaque la place sans en avoir reçu l'ordre; toute l'armée les suit, et après un combat qui dure seulement une heure, trois barbacanes sont enlevées. L'épouvante s'empare des défenseurs de la place, qui demandent à capituler et se rendent à discrétion. Les troupes entrent dans la ville, qui est livrée au pillage et entièrement saccagée; on n'épargna ni le clergé séculier, ni les moines; trente habitants sont mis à mort, par ordre de Montfort. Les habitants de Saint-Antonin embrassèrent avec enthousiasme la religion réformée, et, dans les divers combats qu'ils soutinrent contre les catholiques, ils se distinguèrent constamment par leur bravoure. En 1622, après la prise de Négrepelisse, les troupes royales environnèrent cette ville, qui fut obligée de capituler. Tous les soldats protestants qui n'étaient point nés à Saint-Antonin furent désarmés et mis dehors, un bâton blanc à la main; quinze habitants furent arrêtés, et onze d'entre eux livrés au supplice.

Saint-Antonin est bâti dans un vallon spacieux, au confluent de l'Aveyron et de la

---

[1] Mercure français ou de l'Histoire de notre temps

petite rivière de Bonnette; les eaux de cette dernière rivière, corrompues par les débris des nombreuses tanneries établies sur ses bords, en rendent le séjour malsain. C'est la patrie de Jean de la Valette, 48e grand-maître de l'ordre de Malte, qui défendit cette île contre cent mille Turcs.

Saint-Antonin est aussi le lieu de naissance du troubadour Raymond Jourdain, qui fut aimé de la belle Adélays de Penne, laquelle se donna à lui en l'embrassant et en lui remettant pour gage l'anneau d'or qu'elle portait. On voit encore, non loin de Saint-Antonin, sur un rocher escarpé et très-élevé au-dessus de l'Aveyron, les ruines pittoresques du château de la tendre Adélays; des tours à demi renversées, des murs couronnés de créneaux et percés de longues meurtrières, voilà tout ce qui reste de cet antique manoir, dans l'intérieur duquel on ne parvient qu'avec difficulté.

Fabriques importantes de cuirs, de cadis, serges et autres étoffes de laine. Papeterie. — *Commerce* de cuirs, pruneaux, genièvre.

BIOULE. Petite ville située sur la rive droite de l'Aveyron, à 5 l. de Montauban. Pop. 1,300 hab.

On attribue à cette ville une grande ancienneté, mais rien ne prouve qu'elle existât dans le VIIIe siècle, ainsi que l'ont avancé plusieurs écrivains. Si on en croit une tradition incertaine, elle fut d'abord bâtie dans un lieu qui porte à présent le nom de camp d'Auriol, non loin de l'Aveyron; dans la suite, les seigneurs de Bioule, afin de mieux protéger les habitations de leurs vassaux contre les attaques de l'ennemi, les auraient engagés à abandonner le camp d'Auriol, et à construire de nouvelles demeures près du château. La ville était entourée de fortifications qui furent démolies sous le règne de Louis XIII; il y avait deux portes surmontées de tours, qui ont subsisté jusqu'en 1794.

Le château de Bioule était remarquable par sa force et par sa grandeur : un rempart flanqué de trois grosses tours carrées, et placées à une égale distance l'une de l'autre, le couvrait du côté de l'est; un fossé, rempli d'eau courante tirée de l'Aveyron, en défendait les approches, et cette rivière elle-même lui servait de fortification du côté du sud : là, paraissent aussi deux autres tours carrées; on en voit une pareille au milieu du mur qui sépare le château de la terrasse; et, enfin, dans l'intérieur, il en existe une autre qui avait cinq étages, et servait sans doute de donjon.

BRUNIQUEL. Petite ville située sur la rive gauche de la Verre, près de son confluent avec l'Aveyron, à 7 l. de Montauban. Pop. 1,861 hab.

Cette ville est remarquable par les ruines d'un château ou palais fortifié d'un aspect on ne peut plus pittoresque, bâti au sommet d'un roc escarpé, sur la rive gauche de l'Aveyron. La construction de ce château est attribuée à la reine Brunehault : on connaît la vie toujours agitée de cette princesse, fille d'Athanagilde, roi des Visigoths, qui monta sur le trône d'Austrasie par son mariage avec Sigebert; il est probable qu'elle fit bâtir le château de Bruniquel comme devant lui offrir une retraite sûre, et à l'abri des efforts de ceux qui la haïssaient. Vu de la rive droite de l'Aveyron, ce château offre peu d'intérêt; mais considéré du côté de la ville, il présente encore des formes qui annoncent son ancienneté. On voit encore aux environs plusieurs maisons très-anciennes, dont toutes les ouvertures sont formées en ogive, et décorées dans le style arabe. — Hauts fourneaux, forges et martinets.

CAUSSADE. Jolie ville, située sur la rive gauche du Lère. ✉ ⚜ Pop. 4,476 h.

L'origine de cette ville est inconnue. Pendant la guerre des Albigeois, les croisés firent payer une forte rançon aux habitants. En 1562, Duras, chef d'un corps de protestants, la surprit et la détruisit presque entièrement, massacra les habitants qui ne voulurent point embrasser le calvinisme, et fit précipiter les ecclésiastiques du haut du clocher. Après le massacre de la Saint-Barthélemy, les vicomtes de Paulin et de Panat se rendirent maîtres de Caussade et y mirent garnison. Mayenne s'en empara en 1621. Sept ans après, les protestants s'y établirent, relevèrent les fortifications, et ne la rendirent qu'après la capitulation de Montauban.

Caussade est une ville aussi agréable par sa situation dans un pays riche, découvert et ombragé, que par les faubourgs bien bâtis qui environnent en forme de boulevards son étroite enceinte. L'intérieur offre une vieille ville, toutefois assez bien bâtie, qui n'a de remarquable que la tour de l'église paroissiale, et la façade de l'hôtel-de-ville, décorée d'un péristyle. Ses fortifications n'existent plus depuis long-temps; ses dehors sont arrosés par la petite rivière de Lère, qui ne contribue pas moins à les embellir qu'à les fertiliser.

CAYLUS.

TOUR DE CAUSADE.

Fabriques de toiles communes, étoffes de laine. Raffinerie de sucre de betteraves. Tanneries. — *Commerce* de farines, grains, safran, genièvre, pruneaux, truffes, volailles, bestiaux, fil, chanvre, laine, etc. — *Hôtels* Chaubard, Besse.

CAYLUS. Ville ancienne, agréablement située sur la rivière de Bonnette, à 12 l. de Montauban. ✉ ⚘ Pop. 5,319 hab. — *Commerce* de grains.

FRANÇAISE (la). Petite ville située à 3 l. 1/4 de Montauban. Pop. 3,686 hab. — *Fabriques* de poterie de terre.

MIRABEL. Petite ville située à 4 l. 1/2 de Montauban. Pop. 1,700 hab.

L'origine de cette ville est entièrement inconnue, mais les monuments que l'on a découverts dans son enceinte et dans son voisinage indiquent une assez haute antiquité. Il paraît qu'elle a été détruite à la suite d'une attaque violente; les quartiers formés par les maisons de l'ancienne ville sont encore indiqués par des voies couvertes de briques et d'autres matériaux; et on ne saurait fouiller dans cette partie du territoire sans trouver des ruines. Lorsque le Quercy eut des états particuliers qui durent s'assembler tous les ans, il fut divisé en quatre villes principales, quatre châtellenies, et dix-huit villes basses : Mirabel fut la première de celles-ci. Dans la suite, une partie des habitants embrassèrent le calvinisme; mais l'évêque Jean Desprez en chassa les religionnaires.

Mirabel avait autrefois un fort flanqué de quatre tours surmontées de créneaux, percé de meurtrières et entouré de fossés qui portent encore le nom de Fosses-de-la-Ville. Au milieu de ce fort était une église qui sert aujourd'hui de paroisse; elle est en partie voûtée, ainsi que plusieurs chapelles; le clocher est de forme octogone et très-élevé; le cimetière est entouré par les restes des murs de la forteresse.

A l'ouest de Mirabel, sur le sommet d'un coteau appelé le Lieu-du-Portal, existait un couvent de religieuses qui a été abattu par les calvinistes.

Le couvent de la Garde-Dieu, dans le voisinage de Mirabel, mérite l'attention des archéologues; on remarque sur les murs des peintures curieuses. L'église de Notre-Dame des Misères est célèbre dans toute la contrée, et l'on y vient en pèlerinage de plusieurs départements lointains.

MOLIÈRES. Petite ville située à 6 l. 1/2 de Montauban. Pop. 2,428 hab.

L'origine de cette ville remonte à une époque reculée. Vers le milieu du XIIIe siècle, Alphonse, comte de Poitiers et de Toulouse, accorda une charte de commune aux habitants.

MONCLAR. Petite ville située à 5 l. 1/4 de Montauban. Pop. 2,187 hab.

Monclar a été souvent ravagée pendant les guerres du XVIe siècle : elle était défendue par un château qui fut rebâti dans le XVe siècle sur les ruines d'un autre que l'on croit avoir été construit pour la reine Brunehault. On voit encore, sur un plateau qui s'élève près de la ville, les ruines de cet édifice, que les habitants de Montauban détruisirent en 1793.

MONTAUBAN. Grande et belle ville, chef-lieu du département et de deux cantons. Tribunaux de première instance et de commerce. Chambre consultative des manufactures. Société des sciences, d'agriculture et belles-lettres. Faculté de théologie de l'église réformée. Collège communal. Évêché. Grand et petit séminaire. ✉ ⚘ Population, 24,660 hab.

L'origine de cette ville remonte à l'année 1144. Elle doit sa fondation à la haine d'une oppression qui, de toutes, était la plus odieuse parce qu'elle attaquait la pudeur, le droit de possession et les sentiments délicats auxquels les hommes attachent le plus de prix. Sous le régime féodal, la plupart des seigneurs avaient introduit le droit odieux de coucher avec la nouvelle mariée d'un de leurs vassaux, la première nuit des noces et avant que l'époux entrât dans le lit; privilège indécent que les seigneurs exercèrent pendant trop long-temps sur les nouvelles épousées de leurs fiefs. Ce droit, appelé *prélibation, cuissage, prémices* ou *déflorent*, qui prouve l'excès de la barbarie des mœurs, de la frénésie délirante des seigneurs féodaux et l'esclavage des peuples, était perçu non-seulement par les seigneurs laïques, mais encore par les moines, les abbés et les évêques. Les abbés du monastère de Montauriol exerçaient ce droit dans toute sa plénitude sur leurs jeunes vassales. En 1144, les habitants, indignés de ce honteux assujettissement, réclamèrent la protection d'Alphonse, comte de Toulouse, leur seigneur suzerain. Celui-ci, ne pouvant priver l'abbé de ses droits seigneuriaux, offrit aux habitants de leur accorder sa protection et des privilèges, s'ils voulaient venir s'établir au bas d'un château assez voisin de l'abbaye, qui lui appartenait. Le local était beau et dans une situation avantageuse; le désir des habitants était grand de secouer le joug des abbés; bientôt le bourg de l'abbaye fut déserté, et le nouvel emplacement promptement couvert d'habitations.

Alphonse et Raimond son fils donnèrent à la nouvelle ville, qui s'accrut rapidement, le nom de *Mons Albanus*, d'où s'est formé celui de Montauban. L'acte de cession, daté du mois d'octobre 1144, porte la clause expresse que la ville ne sera jamais vendue, engagée, inféodée, ni changée en un autre lieu.

L'abbé de Montauriol ne vit qu'avec peine ses sujets peupler la cité bâtie par le comte de Toulouse; il n'avait point de soldats à opposer à ce prince, mais l'autorité papale pouvait le faire triompher: Eugène III reçut la plainte que l'abbé lui présenta, et chargea l'archevêque de Narbonne et l'évêque de Toulouse de poursuivre vivement le comte. Il ordonna, de plus, que, dans le cas où Raimond refuserait de restituer à l'abbé et ses *vassaux* et ses *donats*, qui formaient la plus grande partie de la population de la nouvelle ville, celle de Toulouse serait mise en interdit, avec défense d'y administrer d'autres sacrements que le baptême et la pénitence, et en cas de nécessité urgente seulement; c'est-à-dire, que les Toulousains devaient être punis du prétendu crime de leur seigneur, parce que celui-ci avait bâti une ville pour recevoir des malheureux échappés à la tyrannie et aux vexations atroces de quelques moines. La démarche de l'abbé obtint un plein succès; le comte de Toulouse fut forcé de céder la moitié de la souveraineté, des rentes et des droits de Montauban, ainsi que de toutes les terres qu'il possédait entre les rivières de Tarn et de l'Aveyron. Ainsi, les moines, en perdant quelques droits odieux, accrurent leur puissance et leurs revenus.

Lorsque le Quercy fut soumis aux Anglais, Montauban ne voulut reconnaître l'autorité du prince de Galles qu'après que ses magistrats eurent reçu à ce sujet un ordre exprès du roi de France. Ses portes venaient à peine d'être ouvertes à l'étranger, que Jean Chandos y mit une garnison de 500 hommes. Bientôt la tyrannie étrangère excita l'indignation générale: soixante villes du Quercy se soulevèrent à la fois; le prince jeta en vain un nombreux corps de troupes dans Montauban, ses soldats furent chassés; et dans la suite les Anglais n'osèrent qu'en tremblant approcher de cette ville. Comme ils en connaissaient l'importance, ils construisirent dans le voisinage quatorze forts pour l'affamer et la bloquer entièrement. Une nuit même ils s'introduisirent dans la ville et massacrèrent une partie des habitants; mais les autres vengèrent la mort de leurs concitoyens, et tous les ennemis furent passés au fil de l'épée.

Montauban fut une des premières villes qui embrassèrent les dogmes de la réformation, et une de celles qui eurent le plus à souffrir des conséquences de ce changement de religion. En 1560, Jean de Lettes, évêque de Montauban, et son official, avaient déjà embrassé le calvinisme lorsque les ministres Crescent et Vignaux vinrent prêcher publiquement la réforme. On essaya vainement de s'opposer aux progrès des sectaires qui, devenus très-nombreux, s'emparèrent des églises et en chassèrent les prêtres catholiques. Le féroce Montluc tenta d'assiéger Montauban, mais il se vit bientôt obligé de l'abandonner. Depuis, cette ville devint le théâtre de la guerre et du fanatisme; les habitants poussèrent le zèle de la défense jusqu'à l'héroïsme; on vit de ces traits de courage, de fermeté, dignes des républicains.

Après la mort de Henri IV, Montauban, qui était une des places de sûreté des protestants, affecta souvent une entière indépendance. En 1621, cette ville entra dans la révolte générale des calvinistes. Le comte d'Orval, fils du duc de Sully, en eut le commandement; des retranchements furent élevés au-delà de l'enceinte fortifiée. Cependant Albias, Négrepelisse, Caussade et Bruniquel étant tombés au pouvoir des royalistes, Montauban fut serré de près: Louis XIII s'avança vers la ville, qui fut investie de trois côtés le 19 août 1621. Tout ce que la cour avait de guerriers illustres vint prendre part à ce siège; le duc de Mayenne y fut tué en attaquant le quartier du Moustier. Dans tous les combats, dans tous les assauts, les Montalbanais furent vainqueurs; les femmes même prirent les armes, se formèrent en corps régulier, et combattirent sur les remparts. Enfin, le 7 novembre, l'armée royale, affaiblie et humiliée, fut forcée de lever le siège, après trois mois de tranchée ouverte.

En 1675, des impôts extraordinaires occasionnèrent une révolte dans la Guienne; les protestants du Quercy, invités à prendre part à la sédition, s'y refusèrent constamment. Cet acte de fidélité fut, quelques années après, récompensé par des persécutions atroces, connues sous le nom de *dragonnades*. Montauban était entièrement habitée par des protestants, que l'on résolut de convertir de force au catholicisme; la ferveur de ces religionnaires était entretenue par le souvenir de ce qu'avaient souffert leurs pères pour la liberté de conscience : il n'y eut aucune conversion volontaire. Les moyens ordinaires pour convertir les obstinés étaient l'exclusion de toutes les charges et de tous les emplois honorables; les récompenses données à tous ceux qui se faisaient catholiques; le logement forcé des gens de guerre; les galères infligées aux ministres du culte réformé; les procédures prévôtales contre les protestants qui s'assemblaient, etc. Ces moyens ne suffisant pas, on imagina les *dragonnades*. On ne sait, dans cette circonstance, qui l'on doit trouver les plus criminels, ou les ministres du roi qui osèrent employer ses troupes contre de faibles sujets et déclarer la guerre aux mères de famille, aux chefs de maison, aux enfants encore sous la garde de leurs parents, ou les lâches soldats qui, oubliant les droits sacrés de l'honneur et de la justice, se chargèrent d'une aussi méprisable commission. Les dragons vivaient à discrétion chez les protestants; il y en eut un régiment entier établi à Montauban. Les uns se faisaient donner tout ce qui leur plaisait, occupaient les belles chambres des maisons, obligeaient les enfants et les femmes à se servir dans les choses les plus sales, exigeaient des contributions, arrachaient le nécessaire aux familles et les réduisaient à l'indigence; les autres, par un raffinement inhumain, leur interdisaient sans pitié le sommeil, en se faisant bercer le jour et la nuit; ceux-ci insultaient ouvertement à la pudicité du sexe et à l'honneur des maris; ceux-là forçaient des citoyens infortunés à racheter leur subsistance et leur repos au prix de leur honte et de leur infamie; enfin, ils se permettaient des actions telles qu'en commettent seuls les brigands. Si quelque digne magistrat, désespéré de voir l'autorité du roi aussi honteusement avilie, écrivait au ministre, on lui répondait : « Sa Majesté « veut qu'on fasse éprouver les dernières « rigueurs à ceux qui ne voudront pas se « faire de sa religion; et ceux qui auront la « sotte gloire de demeurer les derniers, doi- « vent être poussés jusqu'à la dernière extré- « mité. » Qu'on juge, après un pareil ordre, dicté par le barbare Louvois, de ce que les zélés, les faux dévots et les bas valets de cour devaient oser et faire.

La ville de Montauban est bâtie sur un plateau qu'entourent le Tarn, le Tescou et un profond ravin; ce plateau est élevé de 60 à 90 pieds au-dessus des deux rivières, et de ce côté ses pentes sont très-rapides. Placée sous un beau ciel, baignée par un fleuve navigable, environnée de plaines fertiles, cette ville est devenue une place importante, et sa prospérité augmentera beaucoup encore lorsque le canal du Midi sera prolongé jusque sous ses murs. La ville proprement dite n'est pas très-grande, mais les faubourgs, où se trouvent les principales manufactures, sont remarquables par leur beauté et par leur étendue; on distingue surtout celui de Ville-Bourdon, qui a été bâti par des protestants chassés de Toulouse en 1562. Ces faubourgs communiquent avec la ville par un vaste pont en brique, d'une apparence gothique et d'une grande solidité, formé de sept grandes arches en ogive. Au bout de ce pont et du côté des faubourgs, s'élève une porte en forme d'arc de triomphe; à l'autre bout est l'hôtel-de-ville, beau et grand bâtiment carré, flanqué de quatre pavillons; à côté est l'église Saint-Jacques, surmontée d'un haut clocher en brique composé de quatre rangs d'arceaux et surmonté d'une flèche. L'intérieur de la ville n'offre rien de bien remarquable : la plupart des rues sont étroites et mal pavées; celles des faubourgs sont droites, larges et fort propres. Les anciennes maisons sont en brique et à toits qui projettent beaucoup au-dessus des rues, ce qui les rend un peu sombres; les constructions modernes sont gracieuses et élégantes.

Montauban renferme trois belles places, qui sont celles de la Préfecture, la place d'Armes et la place Royale; cette dernière est spacieuse, carrée, bordée de maisons propres et régulières, à façades décorées de doubles portiques en brique; à chaque angle débouche une porte d'un bon style.

La préfecture est un beau bâtiment élevé sur une place qu'orne encore le grand et somptueux café de l'Étoile. Là, commence l'avenue dite des Acacias, que six rangs d'acacias ombragent; elle mène aux Terrasses : ce sont de charmantes promenades qui bordent la crête de la colline du Tescou, et qui sont soutenues par des murs très-hauts, seuls restes des anciennes fortifications de Montauban. De cette position, peu ombragée encore, mais très-fréquentée, on jouit de perspectives étendues et ravissantes. La vue se promène sur la riche et fertile vallée du Tarn, sur les riantes collines du Tescou, sur la magnifique plaine intermédiaire, qui semble un parterre, un verger continuels ; puis, plongeant dans un vaste horizon, y cherche, à travers les nuages et les vapeurs, les formes fugitives des Pyrénées. Quand le temps est favorable, cette chaîne se distingue nettement dans sa presque totalité, quoique éloignée de 40 à 50 lieues de Montauban ; l'horizon semble alors décrire un arc d'une merveilleuse longueur, et présente une formidable barrière de monts hérissés de pics et surchargés de neiges éternelles. Les environs de Montauban offrent encore d'agréables promenades sur les bords du Tarn, qui sont embellis, au-dessus de la ville, par une cascade artificielle, assez haute et d'une grande longueur, formée par une levée qui barre obliquement la rivière. Au-dessous de la ville, on remarque une cascade semblable, une jolie île couverte de saules, et un grand et pittoresque moulin, dont la forme est celle d'un château.

La cathédrale est un bel édifice, dont la construction a été achevée en 1739 par l'architecte Larroque, qui abandonna le plan d'abord conçu d'élever un clocher sur la coupole du milieu de l'église, et remplaça cette tour par deux campaniles placés des deux côtés du frontispice, et surmontés d'une boule dorée. L'église a la forme d'une croix grecque de 87 mètres de long sur 38 de large : vingt piliers en pierre de taille, ornés de pilastres d'ordre dorique, et ayant 14 mètres de hauteur, supportent une voûte en stuc de 25 mètres d'élévation au-dessus du pavé ; seize grandes arcades, surmontées de vitraux, établissent des communications entre la nef et les bas-côtés, qui sont bordés de chapelles. L'autel est isolé et placé entre le chœur et la nef, sous la coupole où aboutissent les quatre branches de la croix. Un perron, composé de onze marches, règne sur toute la façade de l'église, où l'on entre par trois portes d'un assez bon style ; la porte principale est ornée de deux colonnes d'ordre dorique, isolées et accouplées de chaque côté ; les deux autres portes, plus petites, sont accompagnées de pilastres du même ordre, avec des niches entre les deux.

On remarque encore à Montauban : la bibliothèque publique, renfermant 11,000 volumes ; l'évêché ; la salle de spectacle.

Cette ville est la patrie de Cahuzac, poète dramatique ; du jurisconsulte Dubelloy ; de Le Franc de Pompignan, homme estimable et littérateur distingué, auquel la ville de Montauban fut en grande partie redevable d'une académie ; de Cazalès, un des plus grands orateurs de l'assemblée constituante ; du conventionnel Jean-Bon de Saint-André.

Fabriques importantes de draps communs, connus sous le nom de cadis de Montauban ; de molletons, bas de soie, savon, coton, faïence, eaux-de-vie. Filatures de laine. Moulins à foulon. Amidonnerie. Brasseries. Tanneries.

Commerce de grains ; farine, cuirs forts, draps, laines, huiles, plumes d'oies, épiceries, drogueries, etc. — Entrepôt de commerce de plusieurs villes du midi, notamment pour les grains.

A 13 l. 1/2 de Cahors ; 12 l. 1/2 de Toulouse ; 168 l. 1/2 de Paris. — *Hôtels* du Grand-Soleil, de France, de l'Europe, du Tapis vert.

MONTPEZAT. Petite ville située à 6 l. 3/4 de Montauban. Pop. 2,796 hab.

L'origine de cette ville est inconnue, mais les monuments que l'on y voit n'annoncent pas une haute antiquité ; l'histoire ne commence à en faire mention que vers la fin du XIIIe siècle ; c'était alors une châtellenie qui dépendait des comtes de Toulouse. En 1214, Simon de Montfort s'empara du château de Montpezat, dont il fit raser les tours et les habitations. Ce château fut rebâti lorsque les troubles qui désolaient les provinces méridionales furent entièrement apaisés ; il n'en reste plus aujourd'hui que quelques vestiges.

Montpezat occupe le sommet d'une colline. L'église paroissiale fut autrefois décorée avec goût et possédait des tableaux précieux ; on voit encore, dans le chœur, une longue tapisserie divisée en seize compartiments, qui retrace diverses scènes de la vie de saint Martin. Deux monuments existent aussi dans le chœur de cette église ; ce sont des statues sépulcrales représentant deux évêques.

MONTRICOUX. Petite ville située à 6 l. de Montauban. Pop. 1,600 hab.

Cette ville est bâtie sur la rive droite de l'Aveyron et domine une vaste plaine qui s'étend jusqu'à Montauban : elle est ceinte d'une muraille percée de trois portes et flanquée par trois vieilles tours de forme ronde ; un fossé peu profond défendait jadis l'entrée de cette enceinte, et des ponts-levis étaient établis aux portes. On y voit un château entièrement bâti en pierre, qui

CHÂTEAU DE NÉGREPELISSE.

n'offre de remarquable que la partie inférieure d'une grande tour carrée, ayant à chaque angle une tourelle, et la chapelle des templiers, qui étaient les plus anciens seigneurs connus de la ville de Montricoux.

L'église paroissiale a été bâtie par les templiers; elle n'est séparée de leur ancienne maison que par le cimetière, qui servait aussi aux chevaliers, mais qui était jadis environné d'un cloître.

Les archives de la ville renferment une foule de pièces inédites fort curieuses, entre autres une charte d'affranchissement et de libertés en faveur des habitants de Montricoux, donnée en 1276 par François Rossoli de Fos, maître des maisons de la chevalerie du temple.

Exploitation de carrières de belle pierre de taille.

NÉGREPELISSE. Petite ville située sur la rive gauche de l'Aveyron. Pop. 3,126 h.

On ne connaît point l'origine de cette ville, célèbre par les événements tragiques qui l'ont ensanglantée pendant les guerres de religion. On sait seulement qu'elle avait titre de comté, et qu'elle députait aux états de la province du Quercy. Les habitants se distinguèrent par leur zèle pour la réforme, et les chefs des protestants y trouvèrent souvent des secours.

En 1621, le duc de Mayenne s'empara de cette ville et du château de Négrepelisse, où il plaça une garnison de 400 soldats du régiment de Vaillac : on les logea chez les bourgeois, et l'on forma dans la place des magasins considérables pour l'armée. Après la levée du siége de Montauban, les principaux chefs de cette ville tentèrent de la délivrer des garnisons qui, placées dans les lieux voisins, faisaient continuellement des courses, et la tenaient en quelque sorte bloquée. Vigneaux, l'un d'eux, négocia avec les habitants de Négrepelisse, et ceux-ci résolurent d'égorger les troupes royales qui étaient dans leur ville; ce qui fut immédiatement exécuté. Le 8 juin 1622, Louis XIII investit cette ville, qu'il prit d'assaut le 10 du même mois, et sur laquelle il exerça une horrible vengeance; tout ce qu'elle contenait d'habitants fut passé au fil de l'épée, sans distinction d'âge ni de sexe. Un auteur contemporain de cette épouvantable boucherie s'exprime ainsi : « Les mères qui « s'étaient sauvées au travers de la rivière « ne purent obtenir aucune miséricorde du « soldat, qui les attendait à l'autre bord et « les tuait. En une demi-heure tout fut ex- « terminé dans la ville, et les rues étaient « si pleines de morts et de sang, qu'on y « marchait avec peine. Ceux qui se sauvè- « rent dans le château furent contraints le « lendemain de se rendre à discrétion, et « furent tous pendus. Les soldats mirent en- « suite le feu à la ville, laquelle fut toute « brûlée en une heure. Le château seul fut « conservé. » Ce château existe encore aujourd'hui : il est dans une situation très-pittoresque sur le bord de l'Aveyron (voy. la gravure).

Fabriques de toiles de coton, futaines. — Commerce de farines, grains, vins et chanvre.

PARIZOT. Bourg situé à 13 l. 1/2 de Montauban. Pop. 1,600 hab.

PUY-LA-ROQUE. Petite ville située à 9 l. 1/4 de Montauban. Pop. 2,150 hab.

RÉALVILLE. Petite ville située sur la rive droite de l'Aveyron, à 4 l. de Montauban. Pop. 3,030 hab.—Fabrique de minots.

REYNIÈS. Village situé sur la rive droite du Tarn, à 3 l. 1/4 de Montauban. Pop. 800 hab.

Ce village possède un ancien château, bâti dans une agréable situation, sur la rive droite du Tarn. Le château de Reyniès fut assiégé plusieurs fois pendant les guerres de religion qui ont désolé le Quercy. C'est dans ce château que le connétable de Luynes s'aboucha en 1621 avec le duc de Rohan et les autres principaux chefs des protestants, pour traiter de la paix pendant le siége de Montauban, où fut blessé grièvement le seigneur de Reyniès. Le château de Reyniès fut pris, saccagé et en partie démoli par le duc de Vendôme. Un seigneur de ce nom suivit à Paris le roi de Navarre, depuis Henri IV, lors de son mariage avec Marguerite de Valois; il aurait été victime de l'odieuse journée de la Saint-Barthélemy, si M. de Vesins, son ennemi, ne l'eût sauvé en le tirant hors de Paris, et en le conduisant lui-même au château de Reyniès. — Fabrique de charrues perfectionnées.

SEPTFONDS. Bourg situé à 7 l. 1/4 de Montauban. Pop. 1,100 hab.—Exploitation des carrières de pierre de taille d'une grande dureté, et d'une beauté parfaite; cette pierre est inaltérable à l'air et conserve parfaitement sa blancheur.

VILLEBRUMIER. Bourg situé sur la rive droite du Tarn, à 4 l. 1/4 de Montauban. Pop. 800 hab.

ARRONDISSEMENT DE CASTELSARRASIN.

BEAUMONT-DE-LOMAGNE. Petite ville située sur la rive gauche de la Gimone, à 3 l. 1/4 de Castelsarrasin. Pop. 1,465 h.

Cette ville est remarquable à la fois par la régularité de son plan, la propreté de ses constructions, la beauté et la fertilité de son territoire. La vallée de la Gimone, dont Beaumont est le chef-lieu et l'entrepôt, est productive, gracieuse, verdoyante, fertile, et surtout riche en vignobles. Beaumont, où toutes les provisions abondent aux prix les plus modérés, est située à quelque distance de la rivière, sur une pente douce, et construite sur un plan régulier; la ville est distribuée autour d'une place spacieuse et carrée, entourée de maisons propres et jolies. Une grande route traverse la place, dont le centre est occupé par une halle couverte, carrée et aussi propre que spacieuse. Deux des côtés de la place sont bordés d'arcades. La ville ne possède aucun édifice somptueux; mais elle a plusieurs belles constructions, la plupart neuves; ses rues sont droites et larges, et se coupent à angle droit. Son commerce, favorisé par le voisinage de villes importantes, est fort actif. — *Fabrique* de grosses draperies. Tuileries. Tanneries. — *Hôtels* Bios, Desbaux, Regis.

BOUILLAC. Bourg situé à 4 l. 3/4 de Castelsarrasin. Pop. 1,300 hab.

CANALS. Village situé à 6 l. 3/4 de Castelsarrasin. ✶ Pop. 450 hab.

CASTELSARRASIN. Jolie ville. Chef-lieu de sous-préfecture. Tribunal de première instance. Collège communal. ✉ ✶ Pop. 7,092 hab.

Cette ville est bâtie au milieu d'une vaste et fertile plaine, dans une situation agréable, sur la petite rivière d'Azine et près de la rive droite de la Garonne. Quelques auteurs pensent qu'elle existait déjà du temps des Sarrasins, mais on a lieu de croire qu'elle est moins ancienne; elle était toutefois connue dès le XII° siècle. Le parlement de Toulouse y chercha un asile contre les dernières fureurs de la Ligue.

Castelsarrasin est une ville propre et bien bâtie. Elle était autrefois entourée de murs et de fossés, que d'agréables promenades ont remplacés. Quelques restes de remparts, deux portes parfaitement semblables à celles de Toulouse, et le portail gothique de l'église paroissiale, sont les seuls restes d'anciennes constructions que l'on y remarque.

Fabriques de serges, cadis, bonneterie, toiles, chapeaux. Tanneries et teintureries. — *Commerce* de grains, huile, safran, etc. — *Hôtel* Mounié.

CORDES-TOLOSANES. Village situé sur la rive gauche de la Garonne, à 1 l. 1/2 de Castelsarrasin. Pop. 850 hab.

Ce village, nommé autrefois Concordia-Tolosana, conserve des restes d'une grande ancienneté : des vestiges d'aqueducs, des vases, des médailles qu'on y a trouvés, indiquent qu'il existait du temps où les Romains étaient maîtres des Gaules.

FINHAN. Bourg situé à 4 l. de Castelsarrasin. Pop. 1,650 hab.

GRIZOLLES. Ville ancienne, située à 5 l. 1/2 de Castelsarrasin. ✉ Pop. 6,091 h.

Cette ville est bâtie sur une ancienne voie romaine, qui de Toulouse se dirigeait vers Moissac et Agen; plusieurs tumulus existent dans son voisinage : l'un à Parthanaïs et l'autre à Canals. Placée entre ces monuments, la ville de Grizolles ne conserve point cependant d'objets qui annoncent une grande ancienneté; toutefois elle jouissait d'un certain éclat vers la fin du XIII° siècle. Ses habitants, n'ayant point embrassé le parti de la Ligue, ou ayant abandonné ce parti, le ligueur Joyeuse attaqua Grizolles, dont Fénélon, un des aïeux de l'archevêque de Cambrai, était gouverneur; il voulut résister, fut pris sur la brèche et pendu par les ordres de Joyeuse. Les ligueurs pillèrent la ville, mais sa situation dans une contrée fertile contribua puissamment à son rétablissement, et depuis elle a joui d'une grande prospérité.

L'église paroissiale de cette ville est un édifice du XIV° siècle. L'intérieur n'offre rien de remarquable; le portail seul paraît digne d'une description particulière; il est de forme ogive, composé de dix arcs en brique et d'un arc extérieur en pierre qui sert d'encadrement : huit colonnes en marbre des Pyrénées décorent ce portail, et supportent des chapiteaux sur lesquels on a représenté quelques sujets tirés de l'histoire sainte, et plusieurs compositions allégoriques : on y voit l'Annonciation, l'Adoration des mages, la Circoncision, la Fuite en Égypte, le Baptême de Jésus-Christ, Jésus ressuscité, etc., etc., etc. Un autre bas-relief représente un bon et un mauvais génie pesant les ames qui ne sont plus : le poids des bonnes actions l'emporte-il ? le génie du bien s'empare de l'ame du juste, et lui indique la route des demeures célestes ; mais l'ame a-t-elle été souillée par le crime ? le génie du mal en devient le maître, et la précipite dans les régions infernales.

Fabriques de coutellerie.

LAVILLEDIEU. Bourg situé à 1 l. 1/4 de Castelsarrasin. Pop. 800 hab.

Lavilledieu est une ancienne maison de templiers, qui devint depuis une commanderie de l'ordre de Malte. Baudouin, qui trahit le comte de Toulouse, son frère, et qui depuis reçut le prix de sa félonie à Montauban, fut enterré dans le couvent de Villedieu. Dans le XVIIe siècle, les Montalbanais attaquèrent le château et le bourg de ce nom : le commandeur de la Tourette y avait mis une garnison de cinquante hommes ; mais la place fut emportée de vive force, malgré la résistance de ses défenseurs ; on y mit le feu ; et pendant long-temps la commanderie de Lavilledieu n'offrit que des monceaux de cendres et des débris.

LAVIT-DE-LOMAGNE. Petite ville située à 4 l. 1/2 de Castelsarrasin. Population, 1,465 hab.

MONTECH. Petite ville située à 2 l. 1/2 de Castelsarrasin. ✉ Pop. 2,574 hab.

Montech, bâti sur un point élevé, et que plusieurs écrivains nomment *Mons Ætius*, portait le titre de château en 1228. A cette époque, le comte Raimond VII, assiégeant Castelsarrasin, avait jeté une forte garnison dans Montech. Humbert de Beaujeu, s'avançant au secours de la place, à la tête d'une armée française, attaqua Montech, força le château après quelques jours de siége, et y fit prisonnier Othon de la Terrède, ainsi que plusieurs chevaliers.

Montech fut possédé par les Anglais lorsque ceux-ci étendirent leur domination sur la Guienne. En 1561, les protestants de Montauban ayant chassé tous les catholiques de cette ville, les chanoines de la collégiale vinrent s'établir à Montech. La garnison catholique postée dans cette ville faisait des courses jusqu'aux portes de Montauban, enlevait les blés et les bestiaux, et gênait extrêmement les communications avec l'Agenois. Ces motifs engagèrent les protestants à en faire le siége, et au mois de mai 1569 ils investirent la place avec une armée de six mille hommes de pied et de six cents chevaux. Les assiégés se défendirent avec la plus grande valeur, et forcèrent les protestants à lever le siége.

A l'exception de quelques restes de fossés, on ne voit presque plus de traces des fortifications de Montech. C'est dans cette ville que naquit, en 1754, Dominique Catherine Perignon, que sa valeur et ses talents militaires élevèrent au grade de maréchal de France, et qui mourut à Paris le 25 décembre 1818.

NICOLAS-DE-LA-GRAVE (SAINT-). Bourg situé à 2 l. de Castelsarrasin. ✉ Pop. 2,995 hab. Il est bâti dans une contrée fertile et donne son nom à deux variétés de melons, dits aussi melons d'Avignon.

POMPIGNAN. Village situé près des confins du département de la Haute-Garonne, à 6 l. 3/4 de Castelsarrasin. Pop. 720 hab.

Pompignan rappelle le nom et les travaux d'un grand poète et d'un homme vertueux, dont l'immense fortune fut en partie pendant sa vie l'apanage des pauvres, auxquels, à sa mort, il laissa des institutions qui honorent à jamais son souvenir. Le château où Le Franc de Pompignan mourut en 1784 est construit avec magnificence ; il est encore habité par le petit-fils de l'auteur de *Didon*.

PORQUIER (SAINT-). Bourg situé à 1 l. 3/4 de Castelsarrasin. Pop. 1,500 hab. Le sceau ou les armes de ce bourg est remarquable en ce qu'il offre l'image de cet animal immonde proscrit par la loi de Moïse.

POUPAS. Bourg situé à 6 l. de Castelsarrasin. Pop. 550 hab.

VERDUN-SUR-GARONNE. Petite ville située sur la rive gauche de la Garonne, à 8 l. de Castelsarrasin. Pop. 4,234 hab. — *Fabriques* de cadis. Tanneries.

ARRONDISSEMENT DE MOISSAC.

AUVILLARD. Petite ville située à 5 l. de Moissac. Pop. 2,302 hab.

Cette ville, bâtie sur une hauteur qui borde la rive gauche de la Garonne où elle a un port très-commerçant, jouit de plusieurs aspects variés et étendus. On y voit, non loin du port, une chapelle bâtie dans le XIVe siècle par Bertrand de Got, qui devint pape sous le nom de Clément V, et unit ses efforts à ceux de Philippe-le-Bel pour détruire l'ordre illustre des Templiers. Par une singularité remarquable, le monogramme du Christ, formé d'un X et d'un P, et flanqué des lettres A (alpha) et Ω (oméga), que l'on voit sur tous les édifices possédés jadis par les templiers dans le midi de la France, se retrouve aussi au sommet de l'arc à plein cintre de la chapelle construite par Clément V, persécuteur de cet ordre. Cet édifice est sous l'invocation de sainte Catherine : l'intérieur est peu remarquable et ne répond pas à l'aspect monumental de son petit portail. — Faïenceries.

BOURG-DE-VISSAC. Bourg situé à 7 l. 3/4 de Moissac. Pop. 1,018 hab.

CASTEL-SAGRAT. Petite ville située à 5 l. 3/4 de Moissac. Pop. 1,500 hab.

DUNES. Bourg situé à 8 l. 1/2 de Moissac. Pop. 1,520 hab.

LAUZERTE. Petite ville située à 6 l. 1/2 de Moissac. Pop. 3,685 hab. Elle est bâtie sur une hauteur, près de la petite Barguelonne, dans un territoire fertile en grains, en vins et en fruits. — *Commerce* de grains, vins et bestiaux.

MAGISTERE (la). Petite ville située près de la rive droite de la Garonne, à 6 l. 1/4 de Moissac. ✉ ☞ Pop. 1,935 hab. — *Fabriques* de minoterie. — *Commerce* très-considérable de grains, farines, pruneaux communs, etc.; ce commerce est très-suivi, principalement avec Moissac et Agen.

MALAUSE. Bourg situé sur le penchant d'une colline, près de la rive droite de la Garonne, à 3 l. 1/2 de Moissac. ☞ Pop. 1,100 hab.

Ce bourg paraît avoir une origine ancienne : un savant recommandable, M. Pérez, y découvrit, il y a quelques années, des chapiteaux corinthiens, quelques pavés en mosaïque de diverses couleurs, et beaucoup de médailles romaines. Les ruines de l'ancien château de Malause occupent un plateau élevé d'où l'on aperçoit la ville de Moissac.

MOISSAC. Ancienne ville. Chef-lieu de sous-préfecture. Tribunaux de première instance et de commerce. Collége communal. ✉ ☞ Pop. 10,165 hab.

La fondation de cette ville remonte à une époque fort reculée. Quelques écrivains ont avancé qu'elle existait déjà à l'époque où les Romains devinrent maîtres des Gaules; mais on ne peut appuyer cette opinion d'aucunes preuves. Des actes authentiques prouvent qu'elle avait déjà une certaine importance vers le commencement du VIIe siècle. Très-anciennement un pont, dont on voit encore des restes considérables, unissait sous ses murs les deux rives du Tarn, et il paraît que ce pont avait été fondé sur les ruines d'un autre encore plus ancien.

Une tradition absurde attribue à Clovis la fondation d'un monastère à Moissac; mais les historiens du Languedoc ont prouvé que le vrai fondateur de ce monastère est saint Amand, évêque de Maëstricht, qui l'établit dans le VIIe siècle, sous le règne de Dagobert II. Plusieurs souverains, parmi lesquels on compte Louis, fils de Charlemagne et de Pépin II, enrichirent cette abbaye et lui accordèrent divers priviléges.

Pendant les guerres que se firent le comte de Toulouse Raimond V et le duc d'Aquitaine Richard, ce dernier s'empara du château de Moissac, qui fut rendu dans la suite à Raimond VI, fils et successeur de Raimond V. Au commencement du XIIIe siècle, les croisés, ayant à leur tête Simon de Montfort, usurpèrent les domaines du comte de Toulouse; le 14 août 1212, ils vinrent mettre le siège devant Moissac. Les habitants avaient appelé dans leurs murs un corps de Routiers et quelques Toulousains; après s'être défendus pendant quelque temps, réfléchissant sur leur position et sur la cruauté de Montfort, ils résolurent de capituler,

Rauch del.   Nyon j.ne sc.

EGLISE DE MOISSAC.

Tarn et Garonne.

mais la garnison s'y opposa. Enfin, après plusieurs combats, les habitants traitèrent seulement avec Montfort, lui ouvrirent leurs portes, lui livrèrent les Toulousains et les 300 Routiers qu'ils avaient fait venir pour leur défense; ces malheureux furent massacrés sans pitié. Les habitants rachetèrent leurs maisons du pillage, en payant cent marcs d'or à l'avide commandant des croisés. En se soumettant à ce chef, ils avaient cédé à la crainte; mais dès qu'ils crurent pouvoir secouer le joug, ils le firent avec empressement. En 1214, secondés par Raimond VI, ils attaquèrent le château où Montfort avait laissé une garnison; celui-ci marcha de suite vers Moissac; Raimond fut obligé de s'éloigner, et Montfort entra dans Moissac dont il châtia les habitants qui, se fiant à sa générosité, n'avaient pas abandonné leurs demeures. La tyrannie exercée par les croisés fut longue et sanglante; mais enfin, après cinq années de souffrances, les habitants de Moissac furent délivrés de leur joug.

Dans l'article 16 du traité de Paris, de 1229, les fortifications de Moissac durent être rasées. Les inquisiteurs y exercèrent ensuite leur terrible ministère. Moissac demeura fidèle à la France pendant la guerre contre les Anglais. En 1346, le comte d'Armagnac convoqua dans cette ville une assemblée de deux députés de chaque bonne ville du Languedoc, afin de délibérer en commun sur les moyens de repousser les étrangers. Les fortifications de Moissac furent réparées en 1351, ce qui n'empêcha pas toutefois cette ville de subir le joug des Anglais; mais dès 1370 elle arbora l'étendard de la patrie.

Les bâtiments de l'abbaye de Moissac couvraient une très-grande surface, mais la majeure partie a été, ou détruite, ou consacrée à des établissements publics. On parvient à l'église en passant sous un porche qui conduit à un péristyle carré, orné de colonnes, dont l'architecture mâle produit un très-bon effet. L'église parait beaucoup moins ancienne que le porche et que le péristyle, et n'offre rien de bien remarquable. A l'entrée du porche est un arc en ogive: de chaque côté, on voit une haute colonne engagée dans le mur; l'une supporte la statue de saint Pierre, l'autre celle de saint Paul. Ce genre de décoration, inusité dans les monuments de l'époque où celui-ci fut construit, prépare en quelque sorte au singulier spectacle que présente l'intérieur du porche, qui est formé de deux faces latérales et du grand portail intérieur. Des bas-reliefs en pierre et en marbre recouvrent ses côtés: à droite, on a représenté l'Annonciation, l'Adoration des mages, la Fuite en Égypte; à gauche, des sculptures singulières attachent pendant long-temps les regards des spectateurs. Dans la partie inférieure, l'artiste a offert l'image de la Luxure, sous des formes qui ont beaucoup de rapport à celles qu'on lui a données à Montmorillon: des serpents s'enlacent autour de la partie inférieure d'une femme entièrement nue, et vont sucer ses mamelles, tandis qu'un énorme crapaud s'attache à ses parties sexuelles; près de cette femme est un démon, dans la bouche duquel un crapaud verse son venin. Le bas-relief placé à côté de celui-ci représente un homme ayant sa bourse pendue à son cou, et portant un démon sur ses épaules; un pauvre s'approche et demande des secours qui lui sont refusés; nul doute qu'on n'ait voulu représenter l'Avarice. On voit, en effet, dans la partie supérieure des bas-reliefs, le Mauvais Riche, à table avec une femme, tandis qu'à sa porte est couché le Lazare, dont des chiens lèchent les plaies. Plus bas, on remarque le riche mourant, et son ame emportée par le génie des ténèbres, tandis que l'un d'entre eux lui montre une bourse remplie, qui indique le sujet de sa condamnation: tout auprès est une femme qui représente la Luxure tourmentée par des démons; et plus haut, l'ame du juste reçue dans le sein d'Abraham. — La décoration du grand portail a été l'objet de longues controverses parmi les savants du pays; l'opinion de M. Du Mège, à qui nous avons emprunté cet article, ainsi que la plupart des descriptions intéressantes de cette livraison, est qu'il représente Dieu, environné des signes caractéristiques des quatre évangélistes, et les vingt-quatre vieillards qui, selon saint Jean, étaient placés sur un trône, près de celui de l'Éternel.

De l'église de Moissac, on passe dans le cloître, remarquable par sa forme et par les sculptures dont il fut orné: une abondante fontaine était placée dans l'un des angles; le pavé était composé de briques sur lesquelles on remarquait une foule d'ornements. Ce cloître porte une date certaine; une inscription atteste qu'il fut bâti en 1100. Des chapiteaux chargés de bas-reliefs représentant un grand nombre de scènes du Nouveau et de l'Ancien Testament, supportent des arcs en ogive peu élancés; parmi les sculptures de ces chapiteaux, on en remarque quelques-unes très-indécentes.

La ville de Moissac est dans une situation agréable et très-avantageuse pour le commerce sur le Tarn, qui y est navigable, et que l'on passe sur un beau pont; elle est bien bâtie, dans un spacieux bassin formé de coteaux pittoresques, d'aspects variés, parsemés de vignobles et de vergers. Une assez belle promenade a été tracée sur la rive droite du Tarn : de ses allées solitaires, on voit de nombreuses embarcations remonter le fleuve ou descendre vers Bordeaux. Le nouveau pont, la ville, le clocher peu élevé, mais pittoresque de Saint-Pierre, la haute colline surmontée d'une croix et qui paraît peser sur les dernières habitations situées vers le nord, sont des objets que l'on remarque avec plaisir de cet endroit. Un cours ombragé de beaux arbres a remplacé les fossés de l'ancienne enceinte fortifiée.

Commerce considérable de très-belles farines qui s'expédient pour le Levant et pour les colonies, d'huiles, safran, vins, laines.

A 7 l. de Montauban, 12 l. 1/2 d'Agen, 168 l. de Paris.—*Hôtel* du Grand Soleil.

MONTJOI. Bourg situé sur la rive droite de la Saône, à 6 l. de Moissac. Pop. 900 h.

MONTAIGUT. Petite ville, située sur la Seune, à 5 l. de Moissac. Pop. 4,172 hab. —*Fabriques* d'étoffes de laine. Tanneries.

ROQUECOR. Bourg situé sur la Seune, à 10 l. de Moissac. Pop. 1,400 hab.

VALENCE-D'AGEN. Petite ville située à la jonction des routes de Toulouse et de Montauban à Agen, à 6 l. 1/4 de Moissac. ✉ Pop. 2,875 hab.—*Fabriques* de cuirs.— *Commerce* et apprêt de plumes à écrire; on tire une partie des plumes brutes de la Russie par la Hollande.

FIN DU DÉPARTEMENT DE TARN-ET-GARONNE.

IMPRIMERIE DE FIRMIN DIDOT FRÈRES,
RUE JACOB, N° 24.

CHÂTEAU DE SAINTE LIVRADE.

Guide Pittoresque
DU
VOYAGEUR EN FRANCE.

ROUTE DE PARIS A TOULOUSE,
TRAVERSANT LES DÉPARTEMENTS

DE SEINE-ET-OISE, DU LOIRET, DU CHER, DE L'INDRE, DE LA CREUSE, DE LA HAUTE-VIENNE, DE LA CORRÈZE, DU LOT, DE TARN-ET-GARONNE, DE LA HAUTE-GARONNE, ET COMMUNICATION AVEC LE DÉPARTEMENT DE L'ARIÉGE.

DÉPARTEMENT DE LA HAUTE-GARONNE.

Itinéraire de Paris à Toulouse
PAR MONTARGIS, BOURGES, LIMOGES, TULLE ET MONTAUBAN, 182 LIEUES.

	lieues.		lieues.
De Paris à Nogent-sur-Vernisson (route de Chambéry)	32	Limoges	3
Gien	5	Pierre-Buffierre	3
Argent	4 1/2	Magnac	3
La Chapelle-d'Angillon	5	Masseré	2 1/2
Grangeneuve	3	Uzerche	4 1/2
Bourges	4 1/2	Saint-Pardoux	4
Saint-Florent	3 1/2	Donzenac	3
Charost	2	Brives	3
Issoudun	3	Cressensac	5
Neuvy-Pailloux	3	Souillac	4
Châteauroux	3 1/2	Payrac	5
Lottier	4	Pont-de-Rodes	5 1/2
Argenton	3 1/2	Pélacoy	5 1/2
Le Fay	4	Cahors	4 1/2
Rodes	3	La Madeleine	6
La Ville-au-Brun	2	Caussade	4
Mortcrol	5	Montauban	5 1/2
Chanteloube	4	Grisolles	5
La Maison-Rouge	4	Saint-Jory	3
		Toulouse	4 1/2

Communication de Toulouse à Foix, 19 l. 1/2.

	lieues.		lieues.
De Toulouse à Viviers	6 1/2	Pamiers	3 1/2
Saverdun	5	Foix	4 1/2

61ᵉ et 62ᵉ *Livraisons.* (HAUTE-GARONNE.)

ASPECT DU PAYS QUE PARCOURT LE VOYAGEUR

DE POMPIGNAN A TOULOUSE.

Une lieue après Pompignan, on traverse le bourg de Casteneau de Stréfond, dominé par un monticule sur lequel s'élève un antique château. En sortant de ce bourg, on passe devant plusieurs maisons éparses. Vis-à-vis de Caprais, village situé à droite de la route, on traverse le Lers sur deux ponts; un peu plus loin, on est entre Acapie et Martres, d'où l'on découvre une belle vue sur le cours majestueux de la Garonne et sur les charmants paysages qui bordent ses rives. On traverse ensuite Saint-Jory, village où est établi le relais de poste; après ce village, la route, assez droite, entre dans une riche vallée, bordée d'un côté par le Lers et de l'autre par la Garonne. Cette vallée est peuplée d'un grand nombre d'habitations éparses et d'agréables maisons de campagne; à gauche, on voit le village et l'ancien couvent de Bruguières, bâtis au milieu d'une des plus belles et des plus productives contrées de la France. Au village de l'Espinasse, on jouit d'une vue enchanteresse sur les Pyrénées, que l'on aperçoit à l'horizon, et sur les sites frais et gracieux qui environnent la ville de Toulouse, où l'on arrive par le faubourg d'Arnaud-Bernard, en traversant le canal du Languedoc.

DÉPARTEMENT DE LA HAUTE-GARONNE.

APERÇU STATISTIQUE.

Le département de la Haute-Garonne est formé de l'ancienne généralité de Toulouse, qui faisait partie du ci-devant Haut-Languedoc. Il tire son nom du cours supérieur de la Garonne qui, à partir du point où elle entre sur le territoire français, traverse ce département dans toute sa longueur, du sud-ouest au nord-est. — Ses limites sont : au nord, le département de Tarn-et-Garonne; à l'est, celui de l'Aude; au sud-est, celui de l'Ariége; au sud, les monts Pyrénées qui le séparent de l'Espagne; et à l'ouest, les départements du Gers et des Hautes-Pyrénées.

Le sol du département est entrecoupé presque partout, sur les neuf dixièmes de son étendue, de côteaux d'une longueur inégale et d'une médiocre élévation, qui le coupent en divers sens, et cependant à d'assez grandes distances, pour que les parties unies qui les séparent, présentent au voyageur des plaines spacieuses, fertilisées par de belles rivières et par un grand nombre de ruisseaux : presque tous ces côteaux sont couverts de vignes qui donnent des vins de médiocre qualité. A l'extrémité orientale du département, le sol s'exhausse et commence à former la base de la montagne Noire située dans le département de l'Aude. Au sud, il est hérissé de hautes montagnes qui appartiennent à la chaîne des Pyrénées, entre lesquelles s'ouvrent des ports ou cols plus ou moins accessibles : la Maladetta (montagne Maudite) dont le sommet est en Espagne, et qui a sa base au pied du revers méridional du port ou passage de la Picade; le pic Quairot (Pic-Équarri), le mont-Crabère, semblent des bornes placées sur les confins du département pour marquer la séparation de la France et de l'Espagne. La partie supérieure de ces montagnes offre les scènes les plus pittoresques et les plus magnifiques : là sont suspendues, au-dessus des forêts qui couvrent les premières zones, des lacs glacés d'une profondeur inconnue. Plusieurs lacs profonds se trouvent enfermés entre ces montagnes; d'affreux précipices et d'énormes rochers nus se voient assez souvent près de beaux pâturages, d'épaisses forêts et de riantes vallées; des sommets des montagnes d'Oo, de Venasque et de Crabère, jaillissent des cascades et tombent des torrents qui vont former des rivières,

PETIT ATLAS NATIONAL DES DÉPARTEMENS DE LA FRANCE.

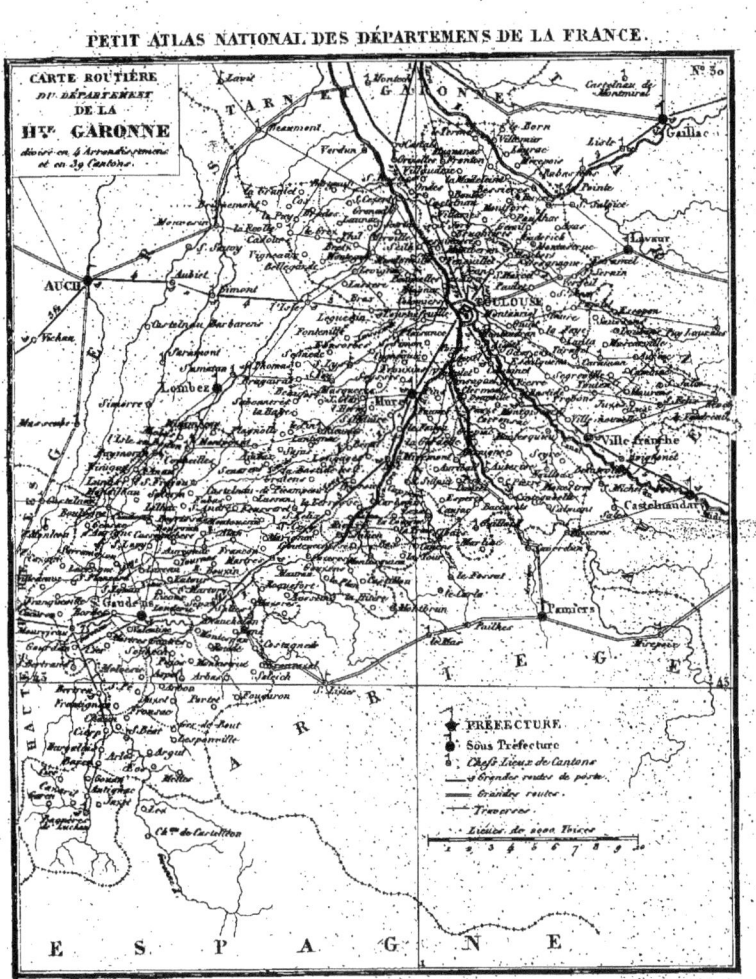

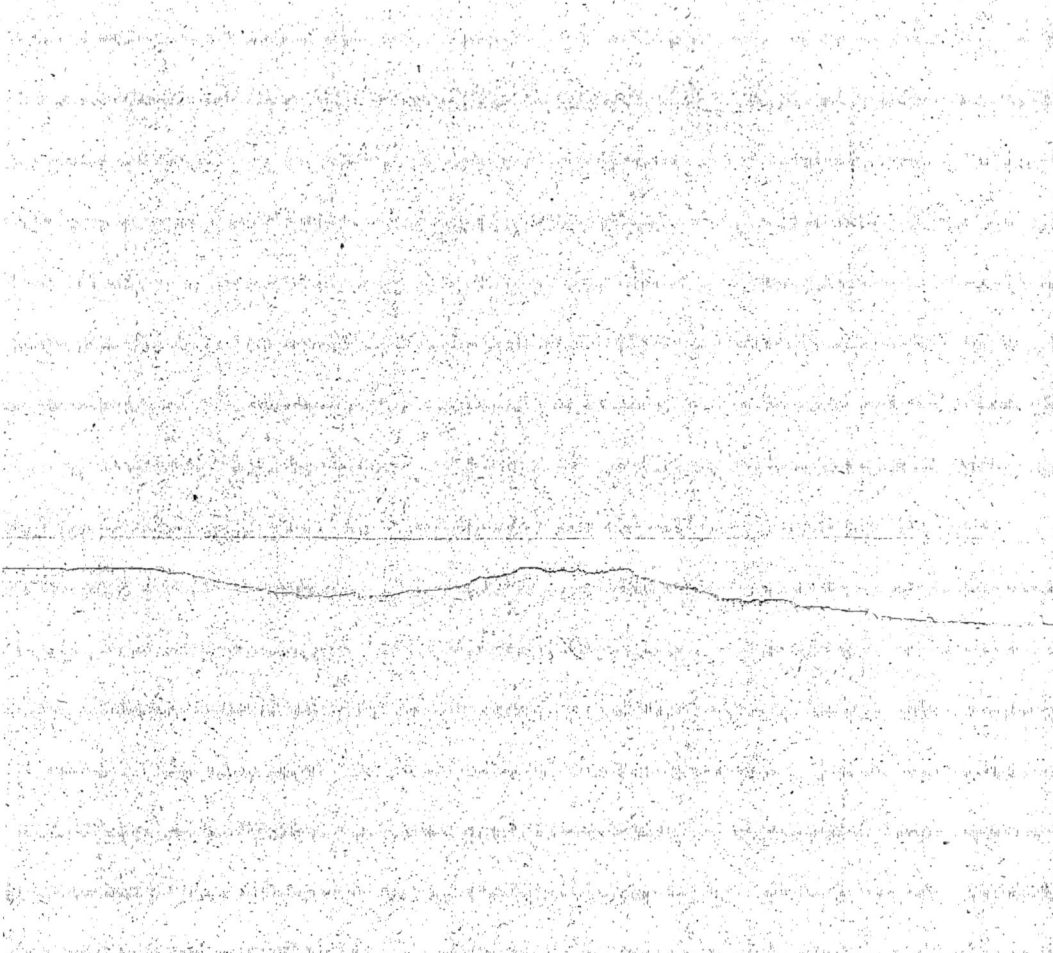

SAINT BÉAT.

CASCADE DE CŒUR.

dont le bruit étonne au milieu de retraites profondes et solitaires. La grandeur et la variété infinie des aspects et des points de vue, le mélange de paysages charmants et d'une nature sauvage, produisent les sites les plus pittoresques que l'on puisse imaginer, et jettent le spectateur dans une espèce d'enchantement. La pente des montagnes est, pour la plupart, de 30 à 40 degrés; en quelques endroits, elles sont à pic et droites comme un mur; quelques-unes sont en surplomb, c'est-à-dire que leurs flancs se creusent de manière que la partie supérieure s'avance dans la ligne horizontale, et déborde la partie inférieure : on fait principalement cette remarque dans les montagnes de granite et de calcaire primitif, et à l'aspect du sud; leurs sommets paraissent généralement accessibles, excepté ceux des montagnes d'Oo, de Quairot et de Clarabide, couverts de glaces et de neiges éternelles. La direction des pentes des vallées est en général du nord au sud; les vallées les plus prolongées, les plus directes et qui offrent les passages les plus faciles ou les plus fréquentés, sont celles de Luchon, dans laquelle on entre par le port de Venasque, celle d'Oo, et celle qui ouvre un passage à la Garonne par l'endroit appelé le Pont-du-Roi.

Le département de la Haute-Garonne est justement renommé par sa grande fertilité; avantage qu'il doit autant à l'industrie de ses cultivateurs qu'à la bonté de son sol. Les récoltes en grains y sont ordinairement prodigieuses, surtout dans la partie au sud de Toulouse; celle qui est arrosée par la petite rivière du Petit-Ger, est continuellement ensemencée, et donne des récoltes de la plus grande beauté. Les environs de Toulouse forment une des plus belles et des plus fertiles plaines qu'on puisse voir; les terres des environs de Rieux, sont si fertiles, qu'il y a des cantons où l'on fait deux récoltes par an. Cappens sur la Garonne, et le vallon de Montesquieu de Volvestre, sont aussi remarquables par leur fertilité.—Les vignes sont un objet de grande culture, et c'est même le plus considérable après les grains. Quoique sillonné par une multitude de rivières et de ruisseaux, le département possède peu de prairies naturelles, les bords des cours d'eau étant presque toujours affectés à la culture des grains; les prairies artificielles n'y sont pas non plus très-multipliées, mais l'étendue des terrains qu'on y affecte devient d'année en année plus considérable, et tend à s'accroître encore. — Les habitations rurales sont généralement éparses sur tout le territoire de chaque commune, et cette dissémination de la population sur une vaste étendue, donne aux campagnes un aspect fort animé.

Le climat du département de la Haute-Garonne est doux et tempéré : le thermomètre y descend rarement à — 10 degrés R. pendant l'hiver, et en été, durant les plus fortes chaleurs, il s'élève de 28 à + 30. La température moyenne de l'hiver est de 2 à + 3°; celle du printemps et de l'automne de 12 à + 14; celle de l'été de 22 à + 24. A l'exception de la région des montagnes, il y a des hivers où il ne tombe presque point de neige; mais assez ordinairement la terre en est blanchie deux ou trois fois; les rivières ne gèlent que très-rarement, une fois au plus sur dix années, et seulement encore dans les endroits où la pente de l'eau est peu rapide. On compte annuellement cent et quelques jours d'un ciel pur et serein, autant à peu près de jours pluvieux, et environ la même quantité de jours d'un ciel nébuleux et sans pluie. — Les vents dominants sont les vents d'ouest et de l'est : le premier, nommé Sers, tourne quelquefois au sud, et il est alors accompagné de pluie; quand il décline vers le nord, il devient sec et assez froid (c'est le vent le plus dominant). Le vent d'est, ou Autan, tourne quelquefois un peu au nord, souffle avec assez de permanence, et est accompagné de beau temps; lorsqu'il décline vers le sud, il n'est pas de longue durée, mais il amène les orages. Ce vent, ordinairement agréable en hiver, est incommode en été par sa chaleur pénétrante qui cause un abattement général, de violents maux de tête et de vifs ressentiments des douleurs habituelles : lorsque la terre est humide, il favorise et accélère la végétation; mais dans les terrains sablonneux, il flétrit et dessèche les fruits et les fleurs.

Le département de la Haute-Garonne a pour chef-lieu Toulouse. Il est divisé en 4 arrondissements et en 39 cantons, renfermant 607 communes.—Superficie, 325 l. carrées. — Population, 427,856 habitants.

MINÉRALOGIE. Mines de fer, cuivre, plomb, zinc, antimoine, bismuth, cristal de roche, houille, jayet. Paillettes d'or dans la Garonne et le Salat. Carrières de marbre de toutes couleurs et de marbre statuaire, granite, grès, ardoises.

SOURCES MINÉRALES à Bagnères-de-Luchon, à Barbazan, Encausse, Flourens. Source salée à Salies.

PRODUCTIONS. Toutes espèces de céréales, maïs, millet noir, sarrasin, pommes de terre, tous les légumes secs, ail en abondance, lin, melons en pleine terre, châtaignes, truffes, tabac, quantité de plantes indigènes et exotiques, arbres fruitiers, orangers pour les fleurs.—54,000 hectares de vignes, produisant annuellement 650,000 hectolitres de vin, dont environ 220,000 sont consommés sur les lieux, et le surplus livré au commerce; les principaux vignobles sont situés dans les arrondissements de Toulouse et de Muret; on en trouve peu dans celui de Saint-Gaudens, et encore moins dans celui de Villefranche. Les principaux crus sont ceux de Villaudric, Fronton, Montesquieu de Volvestre, Cappens, Buzet et Cugnaux.—59,739 hectares de forêts (arbres verts et feuillus). — Grand et petit gibier (perdrix rouges, bécasses, gelinottes, coqs de bruyères, ortolans, ours, loups, différentes espèces d'aigles). — Grande variété de poisson de rivières et de lacs (truites communes et saumonées). — Belles races de chevaux et de bœufs; beaucoup de mulets, ânes, moutons; quantité de porcs et de volailles, notamment d'oies, dont il se fait une immense consommation: on en sale la plus grande partie pour les conserver comme provision de ménage; leur foie sert à faire des pâtés estimés, qui s'expédient principalement aux marchands de comestibles de Paris.—Peu de vers à soie et d'abeilles.

INDUSTRIE. Manufactures de grosses draperies, ras, cadis, burats. Fabriques de toiles à voiles, couvertures de laine et de coton, ruban de fil, faux, poterie d'étain, bougies. Distilleries d'eau-de-vie. Filatures de laine et de coton; scieries de marbre; forges à fer; ferblanteries; fonte et laminage du cuivre; faïenceries; verreries; tuileries; amidonneries; tanneries; maroquineries; fours à cristaux. Fonderies de canons; poudreries et raffineries royales.—Manufactures royales des tabacs. — Émigration annuelle de chaudronniers, remouleurs et autres ouvriers, qui vont exercer leur industrie en Espagne.

COMMERCE de grains et de farine pour les colonies, eaux-de-vie, huiles, savons, laines, pâtés renommés, oies salées; grand commerce d'épiceries; entrepôt du fer de l'Ariége, et d'un grand commerce entre l'Espagne et les départements de l'intérieur.

VILLES, BOURGS, VILLAGES, CHATEAUX ET MONUMENTS REMARQUABLES; CURIOSITÉS NATURELLES ET SITES PITTORESQUES.

ARRONDISSEMENT DE TOULOUSE.

CADOURS. Village situé à 6 l. de Toulouse. Pop. 927 hab.

CASTANET. Joli bourg situé près du canal du Midi, sur la grande route de Toulouse à Carcassonne, à 2 l. de la première de ces deux villes. Pop. 1,064 hab.

Castanet est un bourg fort agréable, embelli et animé par le voisinage du canal; il est surtout remarquable par l'abondant territoire qui l'entoure, et par la prospérité générale qui règne dans ses habitations, toutes propres et généralement bien bâties.

CASTELNAU-D'ESTREFONDS. Bourg situé sur la grande route de Montauban à Toulouse, à 5 l. de cette dernière ville. Pop. 1,800 hab. Il est bâti au pied d'un monticule sur lequel s'élève l'ancien château ou castel auquel il doit son nom.

FLOURENS. Village situé à 2 l. 1/4 de Toulouse. Pop. 300 hab.

EAUX MINÉRALES DE FLOURENS [1].

La commune de Flourens, une des plus riches du département de la Haute-Garonne, possède une fontaine d'eau minérale, connue sous le nom de Sainte-Madeleine, dont les eaux sourdent près de la grande route de Toulouse à Castres, dans un petit vallon allongé, d'un aspect agréable. Ce vallon est formé par deux coteaux couverts de chênes, séparés au nord-est, dans une étendue de 500 mètres, par une double allée de peu-

---

1. Nous devons cette notice à M. le docteur Caüy, médecin inspecteur des eaux minérales de Flourens.

pliers, se rapprochant ensuite au sud-est pour former une gorge dont les côtés, doucement inclinés, sont sillonnés de petits sentiers sinueux qui offrent un bois touffu d'un aspect très-pittoresque. C'est vers le milieu de ce joli vallon que s'élève la belle fontaine de Sainte-Madeleine, à laquelle on arrive par plusieurs avenues garnies de deux rangées d'arbres.

La source de la Madeleine a été découverte en 1821 par M. Cany, docteur médecin à Toulouse, qui en a été nommé médecin-inspecteur par le ministre de l'intérieur, le 31 mai 1823. L'établissement des eaux de Flourens est très-agréablement situé; les malades y respirent un air très-vif et très-pur, et trouvent autour de la source des promenades très-jolies et très-variées.

Saison des eaux. On fait usage des eaux de Flourens toute l'année, mais plus particulièrement depuis le mois de mai jusqu'au mois de novembre, à cause du préjugé qui semble prescrire de ne prendre les eaux que dans la belle saison. Le nombre des malades qui fréquentent la source est peu considérable, attendu que la plupart boivent les eaux à Toulouse où on les transporte journellement.

Prix du logement et de la dépense journalière. Le prix du logement et de la dépense est relatif aux individus : il varie depuis 3 jusqu'à 4 et 5 francs par jour.

Tarif du prix des eaux, 5 cent. le verre.

Propriétés physiques. La pesanteur spécifique de cette eau, prise à l'aréomètre de Nicolson, est de 1,00062. Lorsque l'acide carbonique s'en est dégagé par l'exposition à l'air, sa pesanteur se porte à 1,00135. Elle est fraiche et limpide au moment où elle sort de la fontaine; elle a une odeur et une saveur ferrugineuses très-prononcées, et laisse sur les parois de la bouche une astriction bien manifeste; toutefois elle n'est pas désagréable à boire. Exposée à l'air, cette eau se recouvre d'abord d'une pellicule irisée; ensuite elle perd sa clarté et prend une couleur rougeâtre dans l'espace de quelques heures. Recueillie dans des vases fermés hermétiquement, elle conserve plus long-temps sa transparence, mais elle la perd au bout de douze à quinze heures, et après une journée environ, elle n'a plus ni odeur ni saveur métallique; on trouve alors au fond des vases un dépôt ocracé. Sa température est de + 13° Réaumur, celle de l'air étant à l'ombre de + 16°.

Propriétés chimiques. Les eaux de Sainte-Madeleine de Flourens ont été analysées en 1821, par M. Magnès jeune, pharmacien à Toulouse, et par une commission de médecins et de pharmaciens de la même ville, nommée par le préfet de la Haute-Garonne en 1822.

La commission a reconnu : 1° que cette eau contient de l'acide carbonique libre, des carbonates de fer, des muriates de la chaux, des sulfates et de l'air atmosphérique; 2° que 6 kilog. de cette eau ont produit 0 grain 786 d'acide carbonique, ce qui, en volume, donne 0 litre 39,65, c'est-à-dire environ le quinzième du volume de l'eau; 3° que 12,000 grammes d'eau minérale, limpide, soumis à l'évaporation, ont donné pour résidu une substance d'un jaune doré, pesant 9 gr. 375, qui, après avoir été traitée successivement par divers agents, a fourni :

Muriate de soude	2,235
— de magnésie	0,240
Matière bitumineuse ou résineuse	0,090
Sulfate de soude	0,882
— de chaux	0,233
Sous-carbonate de fer	0,938
— de chaux	3,614
— de magnésie	0,175
Silice	0,135
Matières végétales ou étrangères	0,123
Perte	0,710
	9,375

Cette eau verdit le sirop de violette et rougit la teinture de tournesol. La teinture de noix de galle lui fait prendre une couleur lie de vin. Le prussiate de potasse lui donne une couleur bleue.

Propriétés médicinales. Les propriétés médicinales des eaux de Sainte-Madeleine de Flourens sont les mêmes que celles des autres sources acidules ferrugineuses froides de France, telles que celles de Cransac, Forges, Passy, Vals, etc., qui jouissent d'une réputation méritée.

Ces eaux sont toniques; elles produisent de très-bons effets dans les affections des voies digestives dues à un état de faiblesse radicale, dans les pâles couleurs, la surabondance de la lymphe, la débilité générale qui arrive à la suite des maladies de long cours, ou qui est produite par des pertes abondantes. Elles sont aussi très-efficaces contre les fleurs blanches atoniques, les catarrhes chroniques de la vessie, les incontinences d'urine occasionnées par l'inertie des voies urinaires, les engorgements indolents des viscères du bas-ventre, les maladies scrofuleuses, etc.

Elles sont bonnes également pour accélérer le cours de l'évacuation périodique des femmes, pour rappeler le flux menstruel, et pour le modérer lorsqu'un relâchement de l'utérus rend cette évacuation trop abondante. Enfin, elles conviennent dans toutes les maladies asthéniques où la principale indication est de stimuler les organes et de redonner à leurs fonctions l'énergie qu'elles ont perdue.

MODE D'ADMINISTRATION. Les eaux de Flourens se donnent aux adultes à la dose de deux à trois verres le matin à jeun, à une demi-heure d'intervalle l'un de l'autre, que l'on réitère, selon les cas, dans la journée.

On peut consulter la Notice sur les eaux minérales acidules ferrugineuses de Sainte-Madeleine de Flourens près Toulouse, par G. Cany, docteur-médecin, inspecteur des eaux minérales de Flourens, 1 vol. in-8°, Toulouse, 1824.

FRONTON. Jolie petite ville située à 7 l. de Toulouse. ☞ Pop. 2,225 hab. Elle est bien bâtie en briques, et possède de charmantes promenades.

GRENADE. Jolie petite ville, située à 6 l. 1/4 de Toulouse. ✉ Pop. 4,240 hab. Elle est régulièrement bâtie, en briques, dans un territoire fertile en grains, sur la rive droite de la Save, un peu au-dessus de son confluent avec la Garonne.—*Fabriques* de cadis, ras et serges communes. Tanneries.

LÉGUÉVIN. Village situé à 3 l. 1/2 de Toulouse. ☞ Pop. 978 hab.

LEVIGNAC. Bourg situé à 5 l. de Toulouse. Pop. 750 hab.

MADELEINE (la). *Voy.* FLOURENS.

MONTASTRUC. Bourg situé à 5 l. de Toulouse. Pop. 1,135 hab.

TOULOUSE. Grande, belle, riche et très-ancienne ville. Chef-lieu du département. Cour royale d'où ressortissent les départements de la Haute-Garonne, de l'Ariège, du Tarn et de Tarn-et-Garonne. Tribunaux de première instance et de commerce. Chambre et bourse de commerce. Chef-lieu de la 10ᵉ division militaire. Hôtel des monnaies (lettre M). Archevêché. Académie universitaire. Faculté de droit, des sciences, des lettres, et de théologie pour la confession helvétique. Académie royale des sciences, inscriptions et belles-lettres. Académie des jeux floraux, dont l'institution remonte à l'année 1323. Société royale d'agriculture. Société archéologique du midi de la France. Société des beaux-arts. École secondaire de médecine. École d'artillerie. École royale vétérinaire. Séminaire diocésain. ✉ ☞ Pop. 59,630 hab.

Il est peu de villes en France dont l'origine soit aussi ancienne que celle de Toulouse; quelques auteurs prétendent même que sa fondation est plus ancienne que celle de Rome. Ce qui paraît constant, c'est que cette ville a effectivement été une des plus grandes, des plus populeuses et des plus florissantes cités des Gaules, chef-lieu du pays habité par les Volces Tectosages. L'abbé Audibert, qui a fait sur ce sujet une savante dissertation, conjecture, d'après plusieurs monuments découverts dans le lieu appelé Vieille-Toulouse, contre le sentiment du plus grand nombre des historiens, que cette ville a commencé d'exister dans l'endroit qui porte ce nom, et qui est éloigné d'une forte lieue de la ville actuelle; il prouve ensuite que Toulouse était une ancienne colonie fondée par les Grecs de Marseille. Les Romains, après avoir conquis le pays des Volces, mirent Toulouse au nombre des villes alliées de leur république. Plus tard, ils y établirent une colonie qui devint riche et puissante : l'ouvrage de Ptolémée et des médailles de ce temps confirment cette dénomination, dont toutefois il est difficile de fixer l'époque exacte. Les Romains embellirent cette ville d'un capitole, d'un palais, d'un amphithéâtre, et de plusieurs autres édifices publics dont on voit encore quelques vestiges.

Lors de l'irruption des Cimbres, les habitants de Toulouse, séduits ou épouvantés par ces Barbares, embrassèrent leur parti, et firent prisonniers les soldats romains qui étaient dans leur ville. Le consul Q. Servilius Cepion, que la république romaine avait envoyé pour gouverner la province, s'étant ménagé dans Toulouse des intelligences, entra pendant la nuit dans cette ville, s'en rendit maître, et, sous prétexte de punir la trahison des Toulousains, abandonna leur ville au pillage. On croit que ce fut après ce désastre que les habitants abandonnèrent insensiblement leur ancienne ville et jetèrent les fondements de la nouvelle. Bientôt son commerce, ses écoles la rendirent célèbre. Au commencement du Vᵉ siècle, les Vandales désolèrent tout le pays, mais Toulouse fut, dit-on, préservée de ce fléau par les prières et les vertus de saint

Exupère, qui en était évêque. Les Visigoths l'assiégèrent, s'en rendirent maîtres, et l'abandonnèrent pour passer en Espagne. En 419, les Visigoths rentrèrent à Toulouse, qui leur fut cédée par l'empereur Honorius; ils y établirent le siége de leur empire, et cette ville devint la capitale de leur royaume; prérogative dont elle jouit sans interruption pendant quatre-vingt-huit ans.

En 508, Clovis, après avoir soumis une grande partie de l'Aquitaine, entra sans aucune résistance dans cette ville. Le royaume de Toulouse cessa d'exister depuis cette conquête, et Narbonne fut alors le chef-lieu du pays qui restait aux Visigoths. Charlemagne, après avoir délivré l'Espagne des Sarrasins, forma le royaume d'Aquitaine, dont Toulouse devint la capitale. Cette ville passa ensuite sous la domination des comtes, qui ne purent la défendre contre l'invasion des Normands. Toulouse fut le théâtre où divers conciles furent tenus et où ces assemblées générales de la chrétienté signalèrent par des actes éclatants leur souveraine puissance. Après la répudiation d'Éléonore d'Aquitaine par Louis le Jeune, cette ville fut assiégée par Henri, roi d'Angleterre, qui fut obligé de se retirer après trois mois d'efforts inutiles pour s'en rendre maître.

Vers la fin du XIe siècle, le Languedoc fut tourmenté par les troubles que fit naître la secte dite des Albigeois, et Raimond VI, comte de Toulouse, fut accusé de favoriser les sectaires et d'en négliger la recherche. Au bruit de cette nouvelle, le pape Innocent III envoie dans les états de Raimond trois légats chargés de chasser des provinces méridionales les hérétiques ou de les ramener à la foi; leurs efforts furent vains, et le succès ne favorisant point leurs entreprises, ils durent se retirer. Peu de temps après avoir quitté Toulouse, l'un d'eux, Pierre de Castelnau, fut assassiné au moment de s'embarquer pour traverser le Rhône. Raimond, ayant été accusé auprès du saint-siége d'avoir donné un asile aux assassins dans ses états, fut excommunié par une bulle publiée en 1199. Une croisade pareille à celles qui avaient été entreprises contre les infidèles de l'Asie, fut prêchée en France, du consentement du roi; et pour qu'il n'y eût aucune différence entre cette croisade et les autres, les peines réservées aux coupables étaient communes aux sectateurs égarés du Christ et à ceux de Mahomet; de même aussi les récompenses promises à leurs vainqueurs étaient la remise de leurs péchés, les pardons et les indulgences accordés même pour les plus grands forfaits. Raimond épouvanté envoie des ambassadeurs à Rome pour faire accepter sa soumission. Le pape lui envoie un nouveau légat, qui se fit remettre, pour sa garantie, les sept châteaux que possédait le comte dans la province, et consentit à lui donner l'absolution. Raimond se rendit à cet effet à Saint-Gilles, et se présenta, nu jusqu'à la ceinture, au milieu d'une foule immense, devant la porte de l'église, où il fit serment d'obéir aux ordres du pape et des légats. Le serment prêté, on le fit entrer dans le temple en le frappant de verges, depuis la porte jusqu'à l'autel, où le légat lui imposa l'obligation de prendre part à la croisade contre ses propres sujets. Simon de Montfort en fut déclaré le chef; la plupart des seigneurs entrèrent dans cette milice odieuse et fanatique; l'armée monta à près de 50,000 hommes; Carcassonne et Béziers en furent les premières victimes. L'inquisition fut établie pour rechercher et livrer au supplice les Albigeois, Vaudois et autres sectaires qui prêchaient contre le luxe du clergé, les prétentions de Rome et la corruption des ecclésiastiques : elle fut d'abord confiée aux évêques ou à des prêtres séculiers; mais enfin les dominicains furent chargés exclusivement de cet odieux ministère; saint Dominique en fut un des principaux soutiens : on voit encore à Toulouse la maison qu'habitait ce moine et ses inquisiteurs; la rue où momentanément siégea cet horrible tribunal, n'a cessé de porter le nom de rue de l'Inquisition, et elle le porte encore.

Les habitants de Toulouse, après avoir été assiégés, pillés par Foulques, leur évêque, et Simon de Montfort, leur usurpateur, se virent pendant long-temps en butte aux déprédations, aux fureurs, aux supercheries de ces deux brigands. Après s'être soumis par force à ces tyrans, et avoir vu leur ville démantelée, les Toulousains éprouvèrent de nouveaux désastres. Simon de Montfort, soupçonnant leur fidélité, marcha avec une armée formidable contre leur ville. Pour éviter les maux qu'on leur préparait, les habitants envoyèrent au-devant de ce général, des députés pour l'apaiser et faire leur soumission. Montfort, n'écoutant que son inhumanité et les conseils sanguinaires de Foulques, fit arrêter et lier ces députés, et les envoya au château Narbonnais. L'évêque Foulques, joignant la fourberie à la cruauté, offrit à Montfort d'aller lui-même à Toulouse, et de déterminer les habitants à venir lui demander grâce, afin qu'étant tous à sa disposition, il pût s'en venger sans coup férir. Montfort accepta l'offre; l'évêque entra aussitôt dans Toulouse, mit tout en usage pour persuader les habitants d'aller incessamment implorer la clémence du général, en leur promettant qu'ils seraient pardonnés. Confiants dans la parole de leur pasteur, les Toulousains le suivirent; mais à mesure qu'ils arrivaient devant Montfort, ils étaient arrêtés et chargés de fer. Une si noire trahison jette l'épouvante parmi ceux qui venaient les derniers; ils retournent en fuyant, rentrent dans leur ville, et annoncent à ceux de leurs concitoyens qui y étaient restés, cette malheureuse nouvelle. La désolation se répand dans tous les esprits; l'indigne prélat arrive aussitôt, fait mettre la ville au pillage, et par ses ordres les troupes dépouillent les maisons, violent les filles, les femmes, et laissent partout des traces de leurs brutalités et de leurs brigandages.

Le peuple, indigné de cette trahison, pense à défendre ses biens, sa vie et sa liberté; tous les citoyens courent aux armes, s'attroupent dans les rues et s'y barricadent. Les soldats de Montfort s'avancent contre les Toulousains; mais ceux-ci les chargent avec toute l'ardeur que peut inspirer le désespoir de leur situation, en font un carnage horrible, et forcent les autres à prendre la fuite. Montfort, piqué de tant de résistance, ordonne de mettre le feu à la ville; mais les habitants font main-basse sur les soldats, les poursuivent de rue en rue, et les forcent à fuir de nouveau. Ne pouvant réussir par la force, Montfort a recours à la trahison; par son ordre, l'évêque rentra dans Toulouse, où il publie que le général des croisés se repent de sa conduite passée, et est prêt à donner la liberté aux prisonniers et à vivre désormais en bonne intelligence avec les habitants, pourvu que ceux-ci voulussent rentrer chez eux et lui remettre leurs armes, ainsi que les tours de leurs maisons. L'évêque et l'abbé de Saint-Sernin se rendant garants de cette promesse, les Toulousains acceptèrent cette proposition. Simon de Montfort, instruit de leurs intentions pacifiques, fit déclarer par les mêmes prêtres que, pour rendre la paix plus authentique, il irait le lendemain lui-même, suivi de ses barons, la signer dans l'hôtel-de-ville. Il s'y rend en effet à la tête de ses troupes, fait déposer les armes aux habitants; mais à peine s'en sont-ils dessaisis, qu'il s'empare des tours des maisons, y met ses soldats en garnison; puis, par la plus noire des perfidies, il fait arrêter et mettre dans les fers les principaux citoyens qui assistaient à la réunion, et exige pour leur rançon la somme exorbitante de trente mille marcs d'argent.

Bientôt après cet arrangement, Montfort part pour aller s'opposer aux progrès que le jeune Raimond faisait contre lui dans le Languedoc. A peine l'usurpateur a-t-il quitté les murs de Toulouse, que, ranimant son corps courbé sous le faix des ans et des malheurs, le vieux Raimond sort d'un antique château qui lui servait de retraite dans les Pyrénées, et pénètre dans la capitale de ses états, où il est accueilli avec joie par les habitants, qui s'arment tous pour sa défense. Montfort, instruit de cet événement, s'empresse de se rendre sous les murs de Toulouse; tandis qu'il médite de s'en emparer, une pierre, dirigée par un des assiégés, le frappe à la tête et délivre la terre du monstre. Après la mort de Montfort, le roi de France, cédant aux instances réitérées du pape, se croise contre Raimond et vient mettre le siège devant Toulouse, qu'il est obligé de lever après six semaines d'efforts inutiles, et après avoir éprouvé des pertes considérables. Sur ces entrefaites, Raimond VI fut enlevé presque subitement à sa famille, par une maladie dont il fut atteint au mois d'août, à Toulouse. Dès l'invasion de ce mal inconnu, il perdit la parole. Il conserva cependant assez de connaissance pour donner beaucoup de signes de contrition; on lui vit, entre autres, baiser à plusieurs reprises la croix du manteau des frères hospitaliers de Saint-Jean, dont il avait été couvert pendant son agonie. Il s'était voué à cet ordre dès l'époque des persécutions auxquelles il avait été en butte; et tous les malheurs qu'il avait éprouvés par l'intolérance de l'église, n'avaient point suffi pour étouffer sa dévotion. Il avait fait d'abondantes aumônes aux prêtres et aux monastères; il s'était montré scrupuleux dans l'accomplissement de toutes les pratiques de piété; et dans le temps où il était excommunié, on le voyait demeurer long-temps à genoux, en prières, aux portes des églises où il n'osait entrer. Mais les religieux lui reprochaient de sentir quelque pitié pour les hérétiques, de ne point se complaire dans les tourments qu'il leur infligeait, d'avoir même souvent dérobé des sectaires au supplice. Ils le punirent de sa pitié, non-seulement pendant sa vie, mais encore bien des siècles après sa mort. Son fils ne put jamais obtenir que son corps reçût les honneurs de la sépulture; son cercueil fut déposé auprès du cimetière de Saint-Jean de

Toulouse, en attendant que l'Église permit de l'ensevelir. Il y était encore au XIVe siècle ; mais comme il était en bois, et que personne ne prenait soin de le garder, il fut brisé avant le XVIe, et ses os furent dispersés ; le crâne seul de Raimond VI fut conservé long-temps encore dans la maison des hospitaliers de Saint-Jean de Toulouse.

Sous le règne de Charles IX, Coligny tenta, sans succès, de s'emparer de Toulouse, dont il dévasta les environs. Quelque temps après, la nouvelle de la fatale journée de la Saint-Barthélemi servit de prétexte à Toulouse pour l'exécution des plus horribles massacres ; elle fut annoncée aux capitouls par une lettre du fameux Joyeuse, qui n'éveilla que trop la haine des catholiques. « En ces temps, dit un auteur contemporain, les catholiques de Toulouse firent aussi un grand massacre de ceux de la religion. Les choses s'y passèrent comme s'ensuit. Le dimanche, huitième jour après le massacre de Paris, sur les huit heures du matin, les principaux catholiques eurent avertissement de ce qui s'estoit passé, et lettres du conseil secret touchant ce qu'ils avoient à faire ; cela fait, ils s'assemblent, et au sortir de ce conseil font fermer les grandes portes, ne laissant que les petites ouvertes, ès-quelles ils commirent gens propres. Incontinent le bruit court par la ville que les seigneurs et gentilshommes avoient été saccagés dans Paris. Ce qu'étant rapporté à ceux de la religion dudit Toulouse, qui estoient sortis de la ville dès les cinq heures du matin pour aller au prêche de Castanet, les uns furent d'avis de se retirer ailleurs, les autres, de retourner dans la ville donner ordre à leurs affaires. Quant à ceux qui estoient si mal avisés, on les laissoit entrer paisiblement en telle sorte qu'on retenoit leurs épées et dagues à la porte. Sur le soir, les corps-de-garde furent posés en divers endroits. Mais d'autant que plusieurs conseillers de la religion estoient hors, afin de les attraper, on ne garda pas les portes si soigneusement le lendemain : ainsi entroit et sortoit qui vouloit sans être aucunement enquis. Cela estoit fait pour attirer aussi les autres simples gens errans sur les champs, et pour surprendre les villes circonvoisines qui sont de la religion. Le premier président, nommé Daffis, homme caut et inhumain, même à l'endroit de ses propres enfans, qu'il ne peut voir ne sentir, manda aux conseillers absens que sous sa parole ils s'en vinssent, et que leur absence ne servoit qu'à émouvoir les habitans dudit Toulouse. Qu'il estoit bien vray qu'on avoit massacré à Paris, mais ce n'estoit que querelles particulières, et que pour cela le roy n'entendoit point rompre son édit de pacification. Aucuns se laissèrent persuader et s'en retournèrent. Les autres flairans le danger, ne laissèrent de se sauver, comme à Montauban, Puylaurens, Réalmont et ailleurs. Le mardy, pour retenir ceux qui estoient dans la ville et attirer les autres estant dehors, le parlement fit publier à son de trompe quelque forme de volonté du roy, par laquelle défenses estoient faites de ne molester en rien ceux de la religion, ains de les favoriser. A cette proclamation estoient les présidens, le sénéchal, les capitouls, le viguier et autres, accompagnez de leur guet avec armes. Cela mit en soupçon plusieurs desdits de la religion, spécialement les conseillers, qui dès lors se transportèrent par devers le premier président pour savoir à quoi tendoient telles façons de faire. Il leur répondit que c'estoit seulement pour empêcher l'émotion du peuple. Or voyant que leur pipée ne pourroit attraper les oiseaux échappez, ils se déchargèrent sur ceux qui estoient en leur puissance. Ainsi donc le mercredy, jour suivant, sur les dix heures du matin, ayant divisé leurs sergens par troupes et ez quartiers, ils les firent entrer ez maisons desdits de la religion, qui furent emprisonnez en divers couvens et prisons de la ville : ce qui fut fait partout, le mercredy. La garde fut redoublée aux portes, et un du parlement, avec quelque marchand catholique, députez pour commander en chacune des portes, pour reconnoître tous ceux qui sortiroient et retenir les fuyans. Commandement fut fait aussi à toute personne de déceler ceux de ladite religion qu'on sauroit estre cachez, à peine d'en répondre. Au moyen de quoy plusieurs estans découverts, furent constituez prisonniers. Entre iceux estoient cinq ou six conseillers, hommes doctes et notables, lesquels consoloient les autres. Or ils demeurèrent ainsi arrêtez l'espace de trois semaines. Cependant les catholiques faisoient entreprises sur les villes circonvoisines ; firent surprendre Castres, où il eut quelques gens de la religion tuez. Les autres ayant fait quelque résistance, se sauvèrent.

« Les trois semaines expirées, ils mirent tous ces prisonniers ensemble dans la conciergerie ; en quoi on commença à connoître leur intention : car ils n'avoient différé que pour amples mandemens de Paris, qui leur furent aussi apportés par leurs députez, nommez Delpech et Madron, riches bourgeois de la ville, lesquels exhibèrent le commandement de par le roy, que si le massacre n'estoit encore fait, ils ne différassent plus longuement de mettre à exécution sa volonté. A quoi ils furent prompts. Et un samedy matin, avant soleil levé, quelques écoliers, batteurs de pavé, et autres garnemens, au nombre de sept ou huit, armez de haches et de coutelas, entrerent dans ladite conciergerie, et faisans descendre ces pauvres prisonniers les uns après les autres, les massacrèrent au pied des degrez d'icelle conciergerie, sans leur donner aucun loisir de parler, ny moins prier Dieu. On tient qu'ils massacrèrent jusques au nombre de trois cens. Après les avoir pillez et dépouillez de leurs accoutrements, ils les estendirent sur la place tous nuds, leur ôtant même la chemise, et leur laissant pour toute couverture une feuille de papier à chacun d'eux sur leurs parties honteuses. Ils les laissèrent en vue de tous l'espace de deux jours entiers, pendant lesquels on cava de grandes fosses en l'archevêché dudit Toulouse, où les corps cruellement mutilez furent jetés l'un sur l'autre ainsi nuds. Quant aux conseillers prisonniers, après avoir estez massacrez, ils furent pendus avec leurs robes longues, au grand orme qui est en la cour du palais; et cependant les maisons desdits de la religion furent saccagées et pillées. »

Telles furent les scènes sanglantes qui se passèrent dans Toulouse après qu'on y eut appris les événements, plus terribles encore, arrivés dans Paris, et les suites funestes de la journée de la Saint-Barthélemi. Depuis cette époque, tous les ans on célébrait à Toulouse, par une procession de reliques et par des feux de joie, l'anniversaire de cette journée. En vain plusieurs ordonnances royales avaient défendu cette odieuse fête, les habitants de Toulouse la célébraient avec le même empressement que les jeux floraux : elle fut encore célébrée en 1789.

Pendant les guerres de la ligue, Toulouse prit parti contre Henri III. Après la mort du duc de Guise aux états de Blois, les ligueurs de la province, et surtout ceux de Toulouse, se portèrent aux derniers excès. Le premier président Duranti, violent ennemi des hérétiques, mais fidèle au roi, fut assassiné; son corps fut traîné tout sanglant par les pieds avec une corde jusqu'au milieu de la place Saint-Georges; et comme il n'y avait pas de potence, on le mit au pilori, en attachant derrière lui le portrait de Henri III. Les uns lui arrachaient la barbe, les autres le tiraient par le nez qu'il avait aquilin, en lui disant : « Le roi t'était « cher, te voilà maintenant avec lui. » L'avocat général Daffis fut également massacré. Toulouse fit alors des services pour le duc de Guise, et se soumit au duc de Mayenne, qui nomma lieutenant général de la ligue en Languedoc le grand-prieur de Joyeuse, en remplacement de son père. Lorsque la nouvelle de l'assassinat de Henri III fut connue à Toulouse, on remercia publiquement Dieu de sa mort, et l'on fit serment d'égorger le premier qui parlerait de recevoir Henri IV. Les Toulousains firent un service solennel pour Jacques Clément; le provincial des minimes en fit l'oraison funèbre et le mit au rang des martyrs; enfin, les zélés ligueurs exposèrent ses images à la vénération publique, le mirent dans les litanies des saints, et le parlement déclara, les chambres assemblées le 22 août 1589, « que la « cour, avertie de la miraculeuse et épou- « vantable mort de Henri III, advenue le « premier jour de ce mois, enjoint à tous « princes, prélats, seigneurs et autres de « quelque état et condition qu'ils soient, de « s'unir derechef pour la conservation de la « foi catholique; avec ordre à tous les évê- « ques et pasteurs du ressort, de rendre « grace à Dieu de la délivrance de Paris et « des autres villes du royaume, et de faire « des processions et des prières publiques « tous les ans le 1er d'août, en reconnois- « sance des bienfaits qu'il leur avoit faits ce « jour-là; avec défense de reconnoître pour « roi Henri de Bourbon, prétendu roi de « Navarre, et de le favoriser, à peine d'être « puni de mort comme hérétique, et in- « jonction à tous les évêques et pasteurs de « faire publier de nouveau et garder la bulle « du pape Sixte V, donnée contre ledit « Henri de Bourbon; en vertu et par l'au- « torité de laquelle ladite cour l'a déclaré « et déclare incapable de jamais succéder à « la couronne de France, pour les crimes « notoires et manifestes amplement conte- « nus en icelle. » Les Toulousains n'ouvrirent leurs portes à Henri IV qu'en 1596, trois ans après son abjuration; deux ans après son entrée à Paris, seize mois après la reconnaissance de tout le royaume, quand le duc de Mayenne et les chefs des ligueurs avaient fait leur accommodement; alors que le roi catholique, le démon du Midi, commença à vouloir la paix, et que le pape la désirait entre les deux couronnes, et seulement au moment où la reddition de

Marseille complétait la soumission générale.

Depuis le temps de la Ligue jusqu'à la révolution, Toulouse jouit d'un repos tardif, mais qui ne fut troublé par aucun événement désastreux. En vain la Fronde s'agita-t-elle dans la Guienne, les Toulousains, éclairés par l'expérience du malheur, restèrent fidèles à l'autorité royale. — Le procès de Calas, œuvre du fanatisme et de la barbarie expirante, est un épisode remarquable de l'histoire de cette ville. Calas, négociant de Toulouse, de la religion réformée, homme recommandable par sa probité et la simplicité de ses mœurs, fut accusé d'avoir étranglé son fils, homme d'un caractère sombre, inquiet, qui, passant rapidement du libertinage à la dévotion, avait, dit-on, voulu quitter la religion de son père pour embrasser le catholicisme : ce fils fut trouvé pendu. Le parlement de Toulouse jugea qu'un père protestant était bien capable de pendre son fils ; et ce malheureux vieillard fut rompu vif le 9 mars 1762. Ce supplice, qui révolta l'Europe entière, fut consacré à Toulouse par un *Te Deum* solennel !.... La femme de Calas, son fils puîné furent bannis. Cette malheureuse famille appela au roi de cette atrocité : on revit le procès ; on pensa qu'un père âgé de soixante-trois ans n'aurait jamais pu avoir assez de force pour pendre seul un jeune homme de vingt-neuf ans ; on remarqua qu'aucun témoin oculaire n'avait déposé contre Calas, etc., et cinquante magistrats assemblés pour cette grande affaire déclarèrent à l'unanimité Calas et sa famille innocents. Toutefois, l'arrêt du conseil qui justifiait Calas, ne put être affiché à Toulouse.

Le 10 avril 1814, pendant qu'à Paris le sénat décrétait la déchéance de Napoléon et de toute sa famille, le maréchal Soult, qui commandait à Toulouse, ignorant ce qui se passait dans la capitale, prenait toutes les mesures pour défendre la ville menacée par l'armée anglaise, sous les ordres du général Wellington. En effet, le 10 avril, il se livra sous les murs de cette ville, entre les deux armées, une bataille sanglante où l'on fit des prodiges de valeur de part et d'autre. A cette journée de gloire pour l'une et l'autre armée, succéda une journée d'effroi pour les habitants de Toulouse, lorsque le 11 on vit l'armée combinée, occupant toutes les positions extérieures de la ville, maîtresse de tenter un dernier effort, sûre de réussir et d'emporter la place. Alors on se rappela les désastres d'une ville prise d'assaut, et chacun en redouta les déplorables suites. Le maréchal Soult était décidé à s'ensevelir sous les décombres lui et son armée ; mais la voix de l'humanité et de la raison dompta cet intrépide guerrier : il céda à des forces supérieures et abandonna la ville, dirigeant sa retraite sur la route du Bas-Languedoc.

Dans cette journée mémorable, vingt-cinq mille Français, sous les ordres du maréchal Soult, disputèrent la victoire, pendant quatorze heures, à une armée de cent mille Anglais, Portugais et Espagnols, commandés par le duc de Wellington. L'affaire commença à la pointe du jour par l'incendie de quelques maisons éparses dans la campagne, et ne se termina qu'à la nuit. Attaqués successivement dans toutes leurs positions, par des forces infiniment supérieures à celles qu'ils pouvaient opposer, les Français se maintinrent partout, et même prirent l'offensive sur quelques points, avec tant de valeur et d'audace, que l'ennemi eût été forcé à la retraite, si quatre régiments de cavalerie, que multipliait cependant l'habileté du général Soult, qui les commandait, avaient pu suffire pour déterminer le mouvement rétrograde de l'armée anglaise. On s'étonnera moins des prodiges des soldats français, dans cette grande journée, en se rappelant qu'ils avaient pour chef le vainqueur d'Oporto, les généraux Drouet, Rey, Soult, Closel, Harispe, Gazan et Berton. Ils y perdirent trois mille hommes, et l'ennemi évalua lui-même sa perte à six mille morts et douze mille blessés. Avant l'action, les étudiants en droit et en médecine se distinguèrent par leur zèle à travailler aux redoutes et aux têtes de pont. Plusieurs périrent sur le champ de bataille où ils allaient relever les blessés, en partageant leur péril. Des femmes couraient de rang en rang sous la mitraille ennemie, portant des rafraîchissements et des secours aux soldats, déchirant leurs propres vêtements pour étancher leur sang et couvrir leurs blessures.

Si le gain d'une bataille doit être assigné à celui qui en retire les avantages, l'armée française, obligée d'évacuer la ville vingt-quatre heures après la bataille de Toulouse, a dû s'avouer vaincue ; s'il appartient à celui qui enlève les positions de son ennemi et reste maître du champ de bataille, aucune des deux armées n'a obtenu cet honneur ; mais si le nombre des blessés et des morts décide de la victoire, si les succès balancés dans une lutte inégale s'estiment en raison des efforts de courage qu'ils ont dû coûter à l'un des deux partis, la bataille de Toulouse doit être inscrite dans les fastes militaires de la nation française, au nombre des victoires les plus glorieuses.

Lors de la seconde rentrée des Bourbons, le département de la Haute-Garonne, ainsi que plusieurs autres départements du Midi, virent s'organiser des associations politiques qui répandirent une terreur profonde dans cette contrée. Sous prétexte de comprimer les partisans de Bonaparte et s'annonçant comme chargés de la vindicte publique, les membres de ces associations satisfirent leur haine, leurs vengeances privées, et se portèrent à de coupables et dangereux excès. Cependant le maréchal-de-camp Ramel, commandant à Toulouse, était parvenu à contenir leur fureur, lorsque lui-même fut surpris, égorgé, et barbarement mutilé par une bande de forcenés qui s'étudièrent à prolonger ses dernières souffrances. Ce crime fut commis au milieu d'un peuple fanatisé, tout aussi passivement attentif à ce spectacle qu'il le serait à celui d'une cérémonie funèbre, ou d'une exécution judiciaire; toutes choses dont le peuple toulousain ne cessa d'aimer la vue, depuis la croisade des Albigeois. Les assassins se trouvèrent aussi comme encouragés par l'inaction des habitants que leur éducation devait garantir des passions populaires. Plusieurs fonctionnaires administratifs et judiciaires étaient en ville au moment où le crime se commit; n'ayant pas essayé de le prévenir ou de l'empêcher, ils s'abstinrent de le constater. En vain, long-temps après, les lois poursuivront-elles les assassins; les lois seront éludées ou impuissantes.

La ville de Toulouse s'honore, à juste titre, d'une institution célèbre, connue sous le nom de Jeux floraux. Les peuples de tous les temps et de tous les lieux ont aimé les jeux et les fêtes; et le plaisir est tellement le vœu de la nature, que sans lui ses plus beaux ouvrages ne se conserveraient pas. Parmi les diverses sortes de jouissances qu'il est donné à l'homme de goûter, celles de l'esprit sont, sans contredit, les plus pures comme les plus nobles, et les institutions qui les consacrent et les perpétuent sont celles qui honorent le plus l'humanité. Telles furent dans l'antiquité ces réunions d'artistes et de héros, de savants et de philosophes, qui dans les jardins de l'Académie et dans les autres lieux se rassemblaient pour parler des choses propres à agrandir l'esprit humain, à élever l'âme et à faire admirer toutes les productions du génie, comme à en répandre les germes. Ces réunions polirent, civilisèrent les hommes en perfectionnant les arts et les sciences; et mêlant le plaisir à la vertu, elles détruisirent l'ignorance, qui est à l'esprit humain ce que les ténèbres sont à la nature. Au commencement du XIVe siècle, et malgré l'imperfection dans laquelle étaient les lois en France, et la rouille gothique qui s'attachait encore aux conceptions de l'esprit humain sous le beau ciel du Languedoc, sept gentilshommes de Toulouse s'assemblèrent dans un des jardins du faubourg Saint-Étienne de cette ville; là, ils invitèrent, par une épître en rimes provençales, tous les trouvères ou troubadours, c'est-à-dire les poètes de la langue d'Oc, de se rendre dans Toulouse le premier jour du mois de mai, s'engageant solennellement de récompenser celui d'entre eux qui aurait le mieux composé une pièce de poésie. Ils annoncèrent que cette récompense, conforme en tout aux motifs qui l'avaient fait naître, consisterait en une simple violette d'or. A peine leur projet fut-il connu, que non-seulement il eut l'assentiment du peuple toulousain, mais des capitouls eux-mêmes, qui décidèrent, dans un conseil général, que non-seulement ce serait la ville qui ferait les dépenses nécessaires pour les frais de l'établissement et des prix, mais que cette fête serait renouvelée chaque année. Tous les troubadours qui jouissaient alors de quelque célébrité s'empressèrent de répondre à la fameuse épître, et la plupart d'entre eux se présentèrent au lieu du rendez-vous au jour indiqué. Ils lurent leurs vers, et ce fut Arnaud Vidal, de Castelnaudary, qui remporta le prix et obtint le premier la violette d'or. L'année suivante, les sept fondateurs prirent le nom de Mainteneurs de l'académie; mais le nombre des rivaux dans cette sorte de lutte augmentant, et leurs vers n'ayant pas tous un mérite égal, on crut devoir ajouter une églantine et un souci d'or, qui furent destinés à servir de second et de troisième prix. L'académie ajouta de plus, que celui des prétendants qui remporterait les trois prix à la fois, serait proclamé *docteur en gaie science*. Cette institution, à la fois spirituelle et galante, fut attribuée à une jeune femme aimable, et paraît en effet émaner d'un sexe que l'on doit considérer comme le premier législateur des temps héroïques du moyen âge. Toutefois, cette tradition, dépourvue de preuves, et qui date seulement de 1540, n'a que des traces incertaines et vagues, tandis que la tenue de l'assemblée des sept gentilshommes fondateurs des Jeux floraux, est constatée par l'existence des registres de ces jeux tenus dans le Capitole. Mais soit que Clémence Isaure ait fondé ou non ces jeux, on n'en prononce pas moins son éloge tous les ans pendant leur célébration; on couronne même sa statue des fleurs que le printemps fait naître, et cela parce que, dit-on, elle a assuré et le retour et l'éclat de cette riante fête, en laissant de grands biens aux capitouls, sous la condition expresse de les employer à sa consécration.—Soumis, comme tout ce qui existe, à l'influence destructive du temps, mais négligés plutôt qu'oubliés, les Jeux floraux languirent sans doute pendant les siècles de troubles et d'anarchie qu'éprouva le Languedoc aux jours fatals des guerres de religion. Sous le règne de Louis XIV, un Français, né à Toulouse, y ranima le zèle que cette ville avait eu pour les Jeux floraux. Les troubles politiques de la fin du siècle dernier anéantirent momentanément cette institution, qui fut rétablie en 1806, sous le gouvernement de Napoléon.

Toulouse est une grande et assez belle ville, fort agréablement située sur la rive droite de la Garonne que l'on y passe sur un beau pont en pierres de taille, qui communique au grand faubourg Saint-Cyprien, traversé par une belle et large rue. Au nord du faubourg, des jardins, des promenades et de belles habitations le séparent du canal du Midi, qui s'y joint au canal de Brienne. Cette jonction est une des belles choses qu'offre Toulouse aux étrangers, tant pour le bas-relief dont est décoré le pont jeté sur les deux canaux au point même où ils se réunissent, pour la double et magnifique allée qui borde ces canaux, que pour la double et magnifique écluse par laquelle leurs eaux s'épanchent. La ville se présente agréablement du côté de la Garonne par les beaux quais qui bordent le fleuve; du côté opposé, elle est entourée de remparts flanqués de grosses tours rondes, placées de distance en distance, dont on a commencé la démolition, et qui disparaîtront bientôt entièrement. La forme de l'enceinte est un ovale irrégulier qui comprend l'île de Tounis, située en face du faubourg Saint-Cyprien. L'intérieur de cette ville ne répond à sa belle position, ni par l'éclat de ses édifices, ni par l'élégance de leurs formes; elle est presque toute composée de grandes maisons d'une architecture surannée, construites en briques rouges mal cimentées avec de la terre glaise ou de mauvais mortier, qui lui donnent un air assez triste; les plus anciennes maisons et les bas quartiers sont construits en pans de bois dont les interstices sont remplis avec du torchis. Les rues joignent au défaut d'être étroites, et dès lors incommodes, à celui d'être tortueuses et désagréables; elles sont on ne peut plus mal pavées en cailloux roulés tirés de la Garonne, et leurs nombreuses sinuosités sont loin de contribuer à la salubrité de l'air sous un ciel dont l'ardeur tend sans cesse à le corrompre. Toutefois il est juste de dire que depuis quelques années, l'administration municipale s'est livrée à de grandes améliorations en élargissant ou redressant les principales rues, en rajeunissant les anciennes constructions, en assainissant les quartiers qu'on ne peut embellir. La place du Capitole est vaste, ornée de quatre jolies fontaines placées à chacun de ses angles; les deux façades, parallèles aux angles du Capitole, sont régulières; plusieurs projets sont présentés pour embellir celle qui est en face. La place La Fayette est circulaire, environnée de bâtiments uniformes, ornée d'une magnifique fontaine, et très-belle; du milieu, on voit vers l'est une fort belle promenade composée de trois allées parallèles qui conduisent au bord du canal du Midi; l'un des côtés est occupé par l'hôtel de l'Europe, près duquel sont des bains de santé fort agréables. La place de la Trinité est aussi décorée d'une belle fontaine. Outre les belles allées qui bordent les canaux de Brienne et du Midi, Toulouse possède plusieurs autres promenades, dont les plus remarquables sont : le cours Dillon, situé sur la rive gauche de la Garonne; la magnifique avenue de la porte Neuve; l'Esplanade, dont les allées se réunissent comme autant de rayons à un boulingrin circulaire, au centre duquel on a placé un jet d'eau en gerbe; le jardin public; le jardin des plantes, le plus vaste et le plus beau de France après celui de Paris, etc.

Le Capitole, où l'Hôtel-de-Ville, est situé à peu près au centre de Toulouse, sur la place qui porte le même nom; sa façade, exposée à l'ouest, a été terminée en 1769; elle a 60 toises de longueur, et est composée d'un arrière-corps et de trois avant-corps, dont deux terminent les extrémités; la grande entrée est dans le troisième. Cet ouvrage est décoré d'un ordre d'architecture ionique colossal, qui porte un soubassement continu, avec des portiques refendus, et dont les claveaux sont ornés de têtes. L'avant-corps du milieu est enrichi de huit colonnes de marbre rouge de Carrare. Il est terminé par un fronton triangulaire, dans le tympan duquel sont figurés les médaillons de Louis XIII, de Napoléon et de Louis XVIII, auxquels on a substitué, depuis la révolution de 1830, cette légende en lettres dorées : Liberté, ordre public. — Sur les côtés, on voit deux génies, et aux extrémités, la Force et la Justice. Les frontons des avant-corps latéraux sont circulaires ; ils renferment, dans leur tympan, les armes de la ville, et ils sont terminés par un groupe de figures. On voit sur le fronton de la salle du spectacle, la Tragédie et la Comédie, avec leurs attributs. Celui de l'autre extrémité du bâtiment est surmonté par la figure de Clémence Isaure, restauratrice des Jeux floraux ; elle tient dans sa main les fleurs que l'on distribue aux auteurs couronnés par l'académie. Vis-à-vis est Pallas, déesse des sciences et des arts. Ce grand morceau d'architecture est de la composition de Cammas, peintre de la ville et professeur. Les sculptures ont été exécutées par Parant, professeur à l'école des arts de Toulouse.

En entrant dans l'hôtel-de-ville, on trouve d'abord un grand vestibule orné de trophées. A droite est un vaste corps-de-garde, et à gauche un péristyle et un arceau par lequel on arrive dans les bureaux de la police, celui de l'état-civil, et celui où l'on vise les passe-ports des étrangers. — L'on trouve dans la première cour, terminée à droite et à gauche par des arceaux qui soutiennent les galeries supérieures, deux portes ornées de colonnes cannelées d'ordre ionique, et de figures. On voit, au-dessus de l'entablement en charpente, un peu surchargée d'ornements, une niche où est placée la statue de Henri IV, en marbre noir ; la tête et les mains sont de marbre blanc. Cette cour fut bâtie sous le règne de ce prince, et c'est là où le duc de Montmorency eut la tête tranchée.

La porte dont nous venons de faire la description, sert d'entrée à une espèce de vestibule, au milieu duquel on trouve, à gauche, une belle grille en fer qui sert de clôture au grand escalier qui conduit aux salles des Illustres et du Trône ; après cette grille est l'entrée des anciennes prisons de la ville, et au-dessus de cette entrée se trouve celle de la caisse municipale ; puis attenant ce local, la porte de sortie du vestibule, par laquelle on entre dans la seconde cour du Capitole : l'on aperçoit, en face, une petite porte carrée qui servait d'introduction à un bel escalier dont la construction permettait d'y faire monter des chevaux. C'est par là que l'on parvenait aux archives et à la plate-forme du donjon, sur laquelle on plaçait autrefois de l'artillerie. Cette plate-forme est couverte d'un dôme qui était, il y a peu de temps encore, surmonté d'une statue en plomb représentant la Renommée. Cette statue portait, d'une main, une girouette, et s'appuyait de l'autre sur un cartouche, sur lequel sont gravées les huit lettres initiales C.P.Q.T.M.D.LV. (Capitolium Populus Que Tolosanus, 1555).

Dans cette même cour, à droite, on trouve une porte qui conduit dans un local appelé le Petit-Consistoire. Cette salle est encore digne d'être visitée : la voûte en est gothique ; elle est soutenue par plusieurs arcs-doubleaux ; on voit au-dessus de la cheminée un grand tableau allégorique, peint par Jacques Boulevène, de Moissac, en 1595. On voit au milieu de ce tableau un jeune guerrier vêtu à la romaine, et couronné de laurier ; il tient de la main gauche une pique, de l'autre il couronne la Prudence. Celle-ci tient dans une main une sphère, dans l'autre un sceptre surmonté d'un œil, et une chouette est placée sur son épaule. A gauche, on voit un jeune homme qui tient un sablier ; une grue est à côté de lui. C'est dire allégoriquement aux magistrats : « Voulez-vous que votre administration soit « glorieuse? Soyez prudents, sages et vigi- « lants. »

Le grand escalier, dont l'entrée est sous le vestibule que nous venons de décrire, introduit dans la première galerie appelée salle des Pas-Perdus, et, par cette galerie, dans la salle des Illustres Toulousains. Là, sont placés dans des niches, au bas desquelles ou lit des inscriptions latines, les bustes des grands hommes auxquels la ville de Toulouse se glorifie d'avoir donné le jour.

La salle de Clémence Isaure est le lieu où l'académie des Jeux floraux tient ses séances ; elle est située à l'extrémité de celle des Illustres ; une porte grillée, placée à la droite du buste du roi, y donne entrée. La statue en marbre de Clémence Isaure, placée autrefois sur son tombeau dans l'église de la Daurade, a été mise dans cette salle, où elle semble présider : on lit au-dessous, gravée sur une table d'airain, une copie de l'inscription qui décorait autrefois son sépulcre ; nous en donnons ici la traduction :

« Clémence Isaure, fille de Louis Isaure, « de l'illustre famille des Isaures, s'étant « vouée au célibat, comme l'état le plus « parfait, et ayant vécu cinquante ans vierge, « établit, pour l'usage public de sa patrie,

ÉGLISE ST SERNIN
à Toulouse.

PLACE DE LA TRINITÉ
à Toulouse.

EGLISE DES JACOBINS
à Toulouse

« les marchés au blé, au poisson, au vin et « aux herbes, et les légua aux capitouls et « aux citoyens de Toulouse; à condition « qu'ils célébreraient chaque année les Jeux « floraux dans la maison publique qu'elle « avait fait bâtir à ses dépens; qu'ils y don- « neraient un festin, et qu'ils porteraient « des roses sur son tombeau; que s'ils né- « gligeaient d'exécuter sa volonté, le fisc « s'emparerait, sous les mêmes charges, sans « autre forme de procès, des biens légués. « Elle a voulu qu'on lui érigeât en ce lieu « un tombeau où elle repose en paix. Elle « a fait cette institution de son vivant. »

On remarque encore dans la salle de l'académie, le buste en marbre blanc d'André Bernard, religieux augustin, né à Toulouse, et couronné poëte lauréat par Henri VII, roi d'Angleterre; ceux de mesdames de Montégut et d'Esparbès, maîtresses des Jeux floraux, et le portrait du poëte Godolin, par Nicolas de Troy, peintre de la ville.

La Cathédrale, dédiée à saint Étienne, est digne de fixer l'attention par la différence des genres empreints sur ses diverses parties; la plus ancienne construction est la nef, bâtie vers le commencement du XIIIe siècle, par les ordres de Raimond VI, comte de Toulouse, dont on voit encore les armes sculptées sur une des clefs de la voûte. Le grand portail, d'un style tout différent de celui de la nef, a été construit par Pierre Dumoulin, archevêque de Toulouse; on remarque au-dessus, une grande rosace dont les compartiments sont sculptés fort délicatement. Le chœur, brûlé vers le commencement du XVIIe siècle, a été reconstruit de 1609 à 1612, ainsi que l'atteste une inscription gravée en lettres d'or sur une table de marbre noir placée au-dessus de la porte du chœur; il est aisé de voir que ce chœur est le commencement d'une nouvelle église, qui n'a pas été continuée, et dont on a changé l'emplacement, de manière que l'axe du chœur ne répond plus à celui de la nef. Le maître-autel, placé dans un angle de la nef, est d'ordre corinthien; les colonnes, frises et panneaux sont en marbre du Languedoc.

L'église de Saint-Sernin, où Saint-Saturnin, ne promet pas, par son extérieur, le vaste grandiose qu'offre son intérieur. Elle a la forme d'une croix allongée et est remarquable en ce que, bâtie avant l'introduction en France de l'architecture gothique, et au moment de la décadence de l'architecture romaine, elle est néanmoins construite dans les principes de celle-ci; on voit partout le plein cintre, qui est employé jusque dans les moindres détails. Cette église passe pour avoir été bâtie vers le XIe siècle. La coupole, dont la voûte est ornée de peintures d'un assez bon style, est formée par quatre piliers qui supportent un clocher à flèche fort élevé; autour du chœur se trouvent des chapelles renfermant plusieurs reliquaires. Sous le maître-autel, qui est très-élevé et surmonté par un baldaquin, existent des châsses fort anciennes, parmi lesquelles figurent celle de saint Saturnin : on descend dans ces caveaux, qu'on a érigés en chapelles, par deux escaliers en pierre.

L'église de la Daurade est un édifice moderne dont l'intérieur est fort beau; mais les bas côtés ne sont pas en rapport avec la nef principale.

On croit généralement que Clémence Isaure fut inhumée dans cette église; et c'est pour cela que la bénédiction des fleurs en or et en argent, destinées aux vainqueurs du concours des Jeux floraux, a lieu tous les ans dans cette église.

L'église de la Dalbade paraît une construction très-ancienne. Elle n'a qu'une porte gothique dont les sculptures sont assez curieuses.

L'église Saint-Pierre se fait remarquer par un dôme d'un très-bon goût, surmonté d'une statue en plomb d'une très-grande proportion. L'intérieur a été orné par plusieurs artistes toulousains.

L'hôtel de la préfecture, anciennement l'archevêché, est remarquable par sa masse imposante; c'est le plus bel édifice moderne de Toulouse, après le Capitole. L'intérieur est très-beau; les appartements du rez-de-chaussée, la salle du synode et les jardins, méritent surtout de fixer l'attention.

Le Musée est établi dans le beau vaisseau de l'église des Augustins; on y arrive par un cloître où l'on remarque quelques fragments de sculpture et d'inscriptions antiques. Comme tous les musées, celui de Toulouse renferme quelques tableaux originaux et un plus grand nombre de copies. Le milieu est occupé par une large et longue table sur laquelle sont rangés divers objets de curiosités, entre autres un beau torse antique, des vases, des lampes, et deux roues de char antique en bronze, bien conservées.

Le cloître attenant au musée renferme le riche produit des fouilles faites en 1827 près de la ville de Martres. Dans un assez petit espace, on a trouvé, à quatre pieds au-dessous du sol, soixante bustes d'empereurs et d'impératrices, en marbre d'Italie; une statue de Jupiter Serapis, plusieurs fragments de bas-reliefs représentant les travaux d'Hercule, un grand nombre de chapiteaux corinthiens, de frises et d'ornements d'architecture, d'un très-beau style. Au milieu de ces marbres si remarquables par leur nombre et par leur exécution, on distingue une tête de Vénus en marbre grec, qui le dispute, par la pureté du style et la beauté des formes, à tout ce que l'antiquité a produit de plus parfait.

FONTAINES PUBLIQUES. Toulouse possède un grand nombre de fontaines, alimentées par les eaux de la Garonne, qui sont élevées au moyen d'une machine hydraulique construite par M. Abadie. Les eaux sont distribuées par cent et une bornes-fontaines, par cinq fontaines monumentales, par trois abreuvoirs, et par deux gerbes jaillissantes; leur distribution ne se borne pas au service public, 15 pouces d'eau ou 30,000 litres par vingt-quatre heures, sont réservés pour être concédés aux particuliers qui désirent en avoir à domicile.

La fontaine la plus remarquable est celle de la place de la Trinité, exécutée sur concours par M. Urbain Vitry, ingénieur de la ville; elle se compose de trois marches circulaires en pierre de taille, supportant un bassin ou vasque de 15 pieds de diamètre, au milieu duquel s'élève un double socle triangulaire en marbre blanc; il supporte trois sirènes en bronze, entre lesquelles est un balustre de même métal. Ce groupe soutient, à 12 pieds au-dessus du sol de la place, une coupe, également en marbre blanc, de 6 pieds 1/2 de diamètre : sur les pans coupés du socle sont trois têtes de lion ou mascarons en bronze. L'eau qui jaillit du milieu de la coupe, s'élève à 24 pieds au-dessus du sol; après être retombée dans la cuvette supérieure, la majeure partie tombe en nappe, et forme comme un voile d'eau au-devant des sirènes. Une autre partie passant par les tuyaux qui traversent les figures, va couler par les têtes de lion ou mascarons; celle destinée à la consommation se rend du bassin inférieur à trois bornes-fontaines établies au bas des marches.

LE PONT qui réunit les deux rives de la Garonne est remarquable par sa largeur et sa solidité : commencé sur les plans de l'architecte Bachelier en 1543, et terminé en 1600, il est percé de sept arches, dont celle du milieu a cent pieds d'ouverture; les piles sont percées elles-mêmes de trous en forme de coquilles, pour l'écoulement des eaux dans les grandes crues. Une porte en arc de triomphe et en briques, qu'on attribue à François Mansard, le termine du côté du faubourg Saint-Cyprien, qu'elle sépare de la ville.

On remarque encore à Toulouse les hôtels de Malte, de Levy, de Mac-Carthy; le palais de justice et celui de la cour royale; l'observatoire, que l'excellence des instruments qu'il renferme et le talent de ses observateurs ont rendu célèbre; l'école vétérinaire; l'abattoir; le château-d'eau; l'hôtel-des-monnaies; les bibliothèques publiques, contenant ensemble 60,000 volumes; l'école d'artillerie; les casernes; l'arsenal; le polygone; le moulin à poudre; l'hôpital de la Grave et l'hôtel-Dieu, qui, réunis, peuvent contenir 2,000 individus; la maison d'arrêt; les moulins de Basacle et du Château; le temple calviniste; la synagogue, etc., etc.

Toulouse a vu naître un grand nombre de personnages remarquables, parmi lesquels nous citerons : Clémence Isaure; Gui Dufaur de Pibrac; le vertueux président Duranti; le célèbre jurisconsulte Cujas; le poète Maynard; l'historien Catel; le peintre Antoine Rivalz; Palaprat; l'annaliste Germain Lafaille; Campistron; l'immortel Paul Riquet; l'ingénieur Deville; l'ex-ministre Bertrand de Molleville; le général Dupuy, mort au Caire les armes à la main; les généraux Roguet et Verdier; MM. Picot de Lapeyrouse, de Villèle, Baour-Lormian, Soumet, Esquirol, Lamothe-Langon, de Puymaurin, de Montbel, Laïs, etc., etc., etc.

Beaucoup d'esprit et de gaieté; beaucoup de penchant à l'obligeance et aux sentiments affectueux; beaucoup de douceur et d'amabilité dans le commerce de la vie, tels sont, avec un grand fond de vivacité, source ordinaire d'une excessive promptitude dans le jugement comme dans la détermination, les traits éminemment caractéristiques du Toulousain. L'étude des lois et leur application, les travaux scientifiques et littéraires, la culture des arts, particulièrement de la musique et de la danse, les plaisirs et les fêtes, tels sont les principaux et divers éléments des occupations auxquelles il se livre avec le plus d'ardeur. Extrême dans le bien comme dans le mal, il met, il porte tout au superlatif. Malgré les excès trop nombreux que nous nous dispenserons de citer, le peuple de Toulouse, si prompt à s'exalter, n'a pas dans son assiette naturelle les mœurs brutales qu'on reproche à certaines autres contrées du Midi : on remarque même une certaine douceur dans son langage, dans son patois, son accent et ses manières, comparés surtout au langage rude, à l'accent désagréable et aux manières brusques du peuple marseillais.

Le sexe, à Toulouse, surtout dans les classes inférieures, allie à la vivacité de l'esprit le charme séduisant de la beauté; les Toulousaines sont, en général, petites, et quoiqu'elles aient ordinairement les cheveux noirs, la blancheur de leur teint ne peut être surpassée. Dans leurs traits, le piquant s'allie à la grâce; la fraîcheur de leur visage, l'incarnat de leurs lèvres attestent la pureté du sang; des dents petites et perlées, des yeux superbes, presque toujours fendus en amande et voilés par de longues paupières, ajoutent à leurs agréments. A ces qualités extérieures, elles joignent une ame aimante, et un caractère d'une pétulance singulière; elles font de l'amour la principale affaire de la vie : c'est là le besoin de leur jeunesse. Ce sentiment leur plaît, les entraîne, les enivre et les occupe constamment, même au milieu de leurs travaux; elles sont franches, gaies, communicatives. De tout temps, on a accusé les grisettes de Toulouse d'avoir un faible pour les étudiants en droit : c'est encore aujourd'hui comme avant la révolution; toutefois, aussi bien partagées du côté du cœur que sous une foule d'autres rapports, elles ne songent pas à tirer parti de l'amour de leur amant; aucune idée d'intérêt ne se mêle à leur tendresse; elles reçoivent peu, et presque toujours des cadeaux sans conséquences, faits à de longs intervalles; elles ont une sorte de délicatesse naïve qui leur fait attacher un grand prix à se donner, et point à se vendre.

La jeunesse toulousaine est douée, à un haut degré, du génie musical, et dans aucune ville de France il n'existe des oreilles plus sensibles à l'harmonie. Le Toulousain chante, pour ainsi dire, en naissant. Pour se faire une idée de son goût exquis et de l'expression délicieuse de ses chants, il faut l'avoir entendu pendant ces belles nuits d'été, où des centaines de groupes, parcourant les rues, font entendre des accents pleins de charmes; tantôt c'est un air simple ou mélancolique, tantôt un mouvement gai, vif, pressé, mais toujours un chant pur et mélodieux : chacun des musiciens fait sa partie avec une rare intelligence. On ne peut se lasser d'écouter les chants nocturnes de ces Orphées populaires. Jamais, dans nos contrées du Nord, on n'a éprouvé une pareille jouissance. A Paris, surtout dans les dernières classes de la société, les voix sont rauques, et comme noyées dans le vin ou les liqueurs spiritueuses : on souffre en entendant chanter les enfants de Paris, tandis que ceux de Toulouse et de la France méridionale paraissent faire partie de ces troupes d'intelligences éthérées, envoyées pendant la nuit pour consoler les malheureux, ou pour donner à quelque dévot personnage un avant-goût des concerts du ciel.

Industrie. Fabriques de grosse draperie, couvertures de laine, soieries, gazes, indiennes, amidon, vermicelle, bougies, carton, cordes d'instruments, papiers peints, faïence, faux.—Filatures de coton, teintureries, distilleries d'eau-de-vie, martinets à cuivre, fonderies, tanneries et maroquineries. Manufactures importantes de faux et d'acier. Teintureries.—Fonderie de canons.—Poudrerie et raffinerie royale.—Manufacture royale des tabacs.

Commerce de grains et farines pour les colonies; de vins, eaux-de-vie, denrées coloniales et du Midi, épiceries, huiles, savon, fer, laines d'Espagne, draperie, quincaillerie, plumes et duvets. — Entrepôt des fers de l'Ariége et d'un grand commerce entre l'Espagne et les départements de l'intérieur. L'heureuse position de Toulouse semble inviter les habitants à se livrer aux spéculations et aux entreprises les plus hardies et les plus lucratives. — On peut évaluer le commerce du blé à un million d'hectolitres par année, et la circulation qu'il produit, à dix millions de francs. Six minoteries fournissent annuellement cent quarante mille hectolitres de grains convertis en minots.

A 12 l. de Montauban, 16 l. d'Albi, 181 l. de Paris. — *Hôtels* de France; du Grand-Soleil; des Ambassadeurs, d'Espagne, Baichères.

VERFEIL. Bourg situé à 3 l. 3/4 de Toulouse. Pop. 2,558 hab.

VIELMUR. Bourg situé sur le Tarn, à 9 l. de Toulouse. Pop. 6,053 hab.

ARRONDISSEMENT DE SAINT-GAUDENS.

ARBAS. Village situé à 5 l. 1/2 de Saint-Gaudens. Pop. 1,138 hab. — *Fabriques* de sabots et de peignes. Forge à la catalane. Verrerie.

ASPET. Petite ville située à 2 l. 1/2 de Saint-Gaudens. Pop. 5,575 hab. Elle est bâtie dans une position pittoresque sur le torrent de Soubeil et près de la rive droite du Gers. — *Fabriques* de clous, de peignes et d'ouvrages en buis. Martinets à parer le fer. — *Commerce* considérable de porcs pour la France et l'Espagne.

AURIGNAC. Jolie petite ville située à 3 l. 3/4 de Saint-Gaudens. Pop. 1,433 hab. Elle est assez bien bâtie sur le penchant d'un coteau au pied duquel coule la Louge. — *Fabriques* d'étoffes de laine. Tanneries. — *Commerce* de cuirs, laine, et bestiaux.

BAGNÈRES-DE-LUCHON. Jolie petite ville, située à 9 l. 1/4 de Saint-Gaudens. ⊠ ☞ Pop. 2,677 hab.

Cette ville est bâtie à l'extrémité de la vallée de Luchon, vers les confins du ci-devant diocèse de Comminge, à peu près au milieu de la chaîne des Pyrénées. Elle est placée auprès d'une gorge qui conduit aux vallées populeuses d'Oneil et du Larbouts, sur la rive droite du Go, au nord-ouest d'un riant et fertile vallon, aussi entouré de montagnes cultivées à leurs bases, et couvertes à leurs sommets de bois propres à la construction. Une autre rivière, nommée la Pique, prend sa source dans les hautes montagnes que l'on voit au midi; après avoir fertilisé de ses eaux et engraissé de son limon les belles et immenses prairies qui entourent Bagnères, elle va se confondre avec la rivière du Go, qui descend à grand bruit du lac de Séculejo. De la réunion des eaux de la Pique et du Go, se forme, au-dessous du bourg appelé Barcugnas, une nouvelle rivière qui prend le nom de Neste-de-Luchon, laquelle, après avoir traversé dans toute sa longueur cette belle et riche vallée, va grossir la Garonne de ses eaux au-dessous du village de Cierp.

EAUX THERMALES DE BAGNÈRES-DE-LUCHON[1].

Bagnères-de-Luchon tire son nom de ses eaux thermales, *Aquæ Balneariæ Lixoniensis*. Elle est bien bâtie, traversée dans tous les sens par des rues larges, propres et bien pavées, dont la principale mène à l'établissement des bains.

La ville forme un triangle dont chacune des pointes est prolongée par une allée, l'une de platanes, l'autre de sycomores, la troisième de tilleuls. Celle-ci est, sans contredit, la plus agréable, surtout pendant les mois de juin et de juillet, où ces arbres sont en fleur, et répandent l'odeur la plus suave. C'est cette allée de tilleuls qui mène de la ville aux bains; elle est bordée de maisons de droite et de gauche pendant une grande partie de son cours. Dans peu d'années, ces maisons joindront la ville aux bains. C'est là le beau quartier.

Le climat de Luchon est en général très-doux, le froid y est très-modéré pendant l'hiver. L'été est assez chaud, le printemps et l'automne présentent de beaux jours. La température qui règne dans les mois de juillet et d'août est quelquefois très-élevée, mais elle est presque toujours adoucie le matin et le soir par les brises des montagnes et par les zéphyrs qui paraissent sortir du fond des forêts environnantes, de manière que les chaleurs ne sont fortes à Luchon que depuis dix heures du matin jusqu'à quatre. Les vents qui dominent dans la vallée de Luchon sont : le nord, le sud et l'ouest; ces trois espèces de vents y règnent tour à tour. Le vent du nord, s'il souffle long-temps, procure des froids âpres; il est vif et pénétrant, et règne ordinairement pendant l'hiver. Les tièdes vapeurs du sud, qui ont pour barrière la chaîne des Pyrénées, portent sur la végétation et sur l'économie animale, une impression dont elles souffrent singulièrement. L'ouest, qu'attirent les gorges de Payssas et les vallées d'Oneil et du Larbouts, amène de fréquentes pluies. Les orages y sont assez fréquents vers la fin de juillet et dans le mois d'août. La grêle, fléau dévastateur des moissons, n'y tombe presque jamais.

L'élévation de Bagnères-de-Luchon au-dessus du niveau de la mer, est de 314 toises. Le territoire de cette ville n'a point de vignobles; la proximité des montagnes, dont les sommets sont toujours couverts de neige, les rendent trop froid pour que la vigne puisse y prospérer. La fraise et la framboise mûrissent avec profusion dans les montagnes qui se trouvent à une exposition orientale; elles ont un parfum et un goût délicieux. C'est dans la vallée de Luchon que l'étranger admire la patience industrielle et pénible de l'habitant des Pyrénées; on y voit combien le peuple sait tirer parti de la terre la plus stérile, du sol le plus ingrat; toutes les terres se fertilisent sous les mains de ce laborieux cultivateur. Le grand nombre de

---

[1] Nous devons cette intéressante notice sur les eaux minérales de Bagnères-de-Luchon, à l'extrême obligeance de M. le docteur Barrié, inspecteur de cet établissement important, que ses père et grand-père ont dirigé pendant plus d'un siècle.

CASTEL-VIEL
près de Bagnères

ruisseaux qui entrecoupent les prairies donnent à la végétation un luxe et une variété qui étonnent. Les champs, divisés par des haies, et les nombreuses lignes de démarcation qu'on observe, annoncent à l'étranger le prix qu'on attache à la propriété. On n'est pas moins étonné, lorsqu'on aperçoit une nombreuse population animée, vivifier par des travaux les plus pénibles cette contrée que la nature semblait avoir condamnée à une éternelle stérilité, sans le bienfait inappréciable des sources sulfureuses qu'elle renferme.

La vallée de Luchon est assez large près de Bagnères, pour mériter presque d'être nommée plaine; elle est partagée en prairies et en terres labourables ; les prés sont bien arrosés. Les champs sont cultivés en maïs et en céréales graminées; ils rapportent souvent deux récoltes dans la même année; après le seigle ou le froment, on sème du sarrasin qui a le temps de croître ou de mûrir avant la mauvaise saison. Outre la plaine, les flancs de la montagne sont cultivés en maïs et en froment vers le bas, puis en seigle, si haut qu'il peut aller, et toujours trop haut, comme dans le pays de Foix, comme dans presque toutes les montagnes.

Outre le bénéfice que retire Bagnères du concours des étrangers que ses eaux y attirent, il s'y fait quelque commerce (surtout par contrebande) avec l'Espagne. On élève, dans les hautes montagnes des environs, beaucoup de gros bétail.

Autour de Bagnères, on nourrit une grande quantité de chèvres qui rentrent tous les soirs dans la ville ou dans les villages voisins, au lieu que les vaches restent sur la montagne, où elles sont retirées dans des granges. Il n'y en a qu'un très-petit nombre qui rentrent en ville, surtout dans la belle saison.

Les routes qui conduisent à Luchon sont belles et praticables. La vallée de Luchon commence à Cierp et se termine à la tour de Castel-Vieil, où les montagnes de Barèges et de Saint-Mamet semblent se réunir. Depuis le village de Cierp jusqu'à celui de Cier-de-Luchon, les montagnes se séparent pour laisser, d'un côté, un passage à une des principales sources de la Garonne, et de l'autre, une route extrêmement variée qui offre plusieurs villages et de riantes habitations sur les hauteurs, dont quelques-unes sont situées d'une manière pittoresque.

Les eaux thermales sulfureuses de Bagnères-de-Luchon jouissaient d'une grande célébrité du temps des Romains, ainsi qu'il est facile de s'en convaincre par un grand nombre de débris d'autels, de sarcophages, etc., sur lesquels on lit des inscriptions latines. Les restes impérissables des monuments fondés par ce peuple étonnant, qui portait l'empreinte de son génie, de sa magnificence et de son bon goût dans tout ce qu'il entreprenait, furent découverts, ainsi qu'une vaste piscine très-bien conservée, dans les fouilles que firent les célèbres Bayen et Richard, dont la mémoire est encore si chère aux savants et aux hommes vertueux. Il est naturel de croire que ces débris avaient servi à élever un édifice thermal et des autels votifs. Ces monuments annoncent en outre, d'une manière certaine, que l'efficacité des eaux de Bagnères était déjà connue et révérée dans les temps les plus reculés ; ils nous apprennent qu'à cette époque les bains de Luchon étaient en réputation, et qu'alors comme aujourd'hui ces sources thermales étaient propres à la guérison des diverses affections morbides, ou à leur soulagement. De là, sans doute, les vœux que l'on adressait aux aimables divinités des eaux et des montagnes ; c'est du moins ce que l'on est fondé à croire par l'inscription suivante : *Nymphis Lucanus et erotis montibus*. De là aussi, le dieu qu'on fit de la vallée de Luchon, *Lixoni deo fabferta-V. S. L. M.* Sur une autre pierre on lit : *S. V. M. Pompenis Masenlinus-V. S. L. M.* Mais de tous les marbres portant des inscriptions, celle qui a fixé plus particulièrement l'attention des antiquaires est la suivante : *Nymphis T. Claudius Rufus. V. S. L. M.* C'est ici que s'est accompli le vœu de Claudius Rufus, aux divinités des eaux.

Le maréchal duc de Richelieu se transporta à Bagnères-de-Luchon dans l'année 1762 ; ce protecteur des sciences et des arts utiles favorisa le rétablissement des bains. A cette même époque, Luchon n'offrait guère que des masures en ruine, quelques chaumières et un très-petit nombre d'habitations. Dans le mois de juin 1765, Bayen et Richard firent, par ordre du gouvernement, des fouilles qui mirent à découvert les précieuses sources de Bagnères. Creusant à une certaine profondeur, on trouva des quartiers de marbre blanc en forme de pilastres, où étaient tracées au ciseau des moulures, des figures symboliques. Sur l'un de ces débris on lisait : *Deo Lixoni* ; sur l'autre : *Nymphis augustissimis sacrum*.

Depuis plus d'un siècle, les eaux de Bagnères-de-Luchon sont sous la direction d'un membre de la famille Barrié. Un des aïeux de l'inspecteur actuel, qui était souvent appelé à Bagnères pour y diriger les malades auxquels il avait conseillé l'usage des eaux, fut le premier qui les fit connaître. Les cures nombreuses opérées sous les yeux de M. Barrié, commencèrent leur réputation, qui a toujours été en augmentant depuis cette époque reculée.

Dans l'origine, les eaux de Bagnères, dépourvues de réservoir, allaient se disperser dans les champs et dans les prés; là, elles formaient des mares croupissantes, d'où s'exhalaient leurs principes les plus précieux. Les gens du peuple se baignaient pêle-mêle, en tremblant au seul aspect des lieux. Vers 1737, environ, M. Jean Barrié, médecin très-avantageusement connu par une pratique heureuse et une longue expérience dans l'art de guérir, nommé d'abord inspecteur et ensuite intendant de ces eaux, consacra son temps et ses veilles à connaître leurs effets salutaires et à les constater par des observations répétées qu'il s'empressa d'adresser à la Société royale de médecine, qui les accueillit avec intérêt. Depuis cette époque, la réputation bien méritée des sources de Luchon s'est rapidement accrue. On peut donc regarder M. Jean Barrié comme le véritable créateur de ces eaux minérales, qu'il a dirigées pendant près d'un demi-siècle avec une rare sagacité. Si l'illustre Bayen a donné aux eaux de Luchon une grande célébrité par une analyse chimique, celle que leur a acquise le fils du médecin distingué dont nous venons de parler, qui les a administrées, comme inspecteur, pendant plus de trente ans, n'a pas contribué à leur donner une grande partie de la haute réputation dont elles jouissent. Depuis cette époque, la renommée des eaux sulfureuses de Bagnères-de-Luchon s'est conservée et accrue au travers de tous les systèmes, comme le bienfait le moins équivoque de la nature. Généralement connues et appréciées dans toute la France, elles sont fréquentées chaque année par les malades des contrées les plus éloignées.

L'édifice thermal est situé au pied d'une montagne, à l'extrémité d'une belle allée, d'environ 400 toises de longueur, et d'une largeur proportionnée. C'est un bâtiment vaste, élégant, commode et solide, construit depuis 1807, à peu de distance des sources qui le dominent. Sa forme offre un rectangle oblong, ayant la direction du levant au couchant; on y entre par quatre grandes portes. Dans l'intérieur, est un carré en forme de vestibule, et de chaque côté, de longs et larges corridors voûtés en maçonnerie et carrelés en dalles. On compte dans le corridor de la droite dix cabinets, neuf simples, ayant chacun une baignoire de beau marbre des Pyrénées, et le dixième avec deux baignoires. Treize cabinets forment le corridor de la gauche. Les deux premiers, ayant chacun un vestibule, sont les cabinets où l'on reçoit les douches actives de la grotte supérieure; les suivants ont comme les autres chacun une baignoire de marbre; l'avant-dernier en a deux, et le dernier en renferme quatre : celui-ci est destiné aux indigents qui obtiennent gratuitement les bains, les douches, la boisson de l'eau minérale, et les soins du médecin inspecteur.

L'arrière-corps de l'édifice thermal est composé de six cabinets, dont quatre à une baignoire et deux doubles. Tous les cabinets sont pourvus des objets nécessaires aux baigneurs. Chacun d'eux est indiqué par un numéro, et sur chaque porte est placé un tableau où sont inscrits les noms des personnes qui se baignent, et l'heure qui leur est fixée par l'inspecteur.

A la droite du grand bâtiment, se trouve un petit édifice séparé, qui renferme la source de Richard. Il est divisé en deux petits corridors, voûtés en maçonnerie, ayant chacun quatre cabinets; dont trois à une baignoire et le quatrième à deux. Toutes ces baignoires sont de marbre, et chaque baignoire est alimentée par l'eau de cette source qui touche à ce bâtiment.

A l'extrémité du grand édifice, et sous la toiture, sont construits d'immenses réservoirs hermétiquement fermés. Chacun verse, par le moyen d'un conduit, et à l'aide d'un gros robinet de bronze, l'eau qu'il reçoit, pour la diriger ensuite dans toutes les baignoires. Quatre robinets placés dans chaque cabinet, versent séparément dans les cuves l'eau de quatre sources. La première fournit l'eau de la Reine : son élévation, qui est de cinq pieds au-dessus de la baignoire, permet d'employer en douche l'eau de cette source. Le second robinet verse l'eau blanche, qui sert à faire un bain tempéré avec l'eau de la Reine. Le troisième verse l'eau froide; par le quatrième, s'écoule l'eau de la grotte inférieure, aussi précieuse qu'utile pour rendre le bain plus actif, susciter des crises, soit par les pores cutanés, soit par les voies urinaires.

A la partie gauche du grand édifice, à la base de la montagne qui le domine, est un petit bâtiment, en face d'une très-jolie cour plantée de tilleuls; il renferme cinq baignoires qui reçoivent l'eau d'une source minérale appelée source *Ferras*, laquelle est presque contiguë à ce bâtiment. Au-dessus de celle-ci, se trouve encore une autre source que l'on n'emploie qu'en boisson. Ces deux fontaines minérales et thermales, que l'on utilise dans plusieurs maladies, ne contiennent aucun principe sulfurique.

A l'extrémité supérieure, se trouve ce que l'on appelle la buvette: quatre robinets versent les eaux salutaires, et chaque malade y boit celle qui lui est ordonnée.

On prépare à Luchon un plan général de restauration pour les thermes, qui doit être mis sous peu de temps à exécution. Bientôt cet établissement possédera les divers appareils si ingénieux pour donner les douches descendantes, soit à l'arrosoir, soit au piston, et les ascendantes pour les maladies vaginales et intestinales. Chaque réservoir aura assez d'élévation pour que la chûte d'eau soit rapide et proportionnée à l'état des malades et à l'indication que l'on veut remplir.

Les eaux de Bagnères sont assez abondantes pour qu'on puisse donner par jour six cents bains et trois cents douches, sans compter les eaux que l'on boit et celles que l'on emporte. Toutes les sources appartiennent à la commune, qui ne possède aucun hôpital, ni civil, ni militaire.

Indépendamment de la promenade étendue et bien plantée de magnifiques sycomores qui borde les avenues du faubourg de Barcugnas, on en trouve une autre d'un aspect aussi riant que pittoresque, qui mène au village de Montauban, situé au bas de la montagne. Bagnères possède encore une promenade non moins agréable, située à l'ouest de la ville, et formée par une rangée de beaux platanes: elle mène aux fertiles et gras pâturages des vallées d'Oneil et du Larbouts. Mais la principale et la plus belle allée de Luchon est celle qui conduit et se termine au bâtiment thermal.

Bagnères-de-Luchon offre aux étrangers un séjour agréable et des buts de promenade charmants, dans diverses directions. « Les femmes, dit M. Arbanère[1], que la maladie ou le plaisir amènent aux bains de Bagnères; les hommes qui, par leur constitution ou leurs goûts, leur ressemblent; ou ceux qui, nés susceptibles d'affronter les hautes sommités, sont retenus par le charme des femmes sur leurs pas, trouvent dans le large bassin de Luchon une foule de sites charmants qui peuvent satisfaire le projet qu'ils ont conçu de l'étude des montagnes. Ils sont le motif et le terme de promenades délicieuses. La cascade voisine du village de Juzé, celle du village de Montauban, étonnent et ravissent l'habitant des plaines, dont les yeux n'étaient accoutumés qu'aux chutes de faibles ruisseaux. La promenade au monticule de Castel-Vieil offre un plateau couvert des ruines d'une tour que l'imagination peut se représenter comme l'ancien séjour d'un farouche châtelain, la prison d'une belle, intéressante par ses pleurs et son amour pour un brave chevalier à qui elle fut ravie par félonie: ces ruines attestent la vengeance du paladin qui, de retour des champs de la Palestine, punit le ravisseur, reprend son amie éplorée, et livre aux flammes et à la destruction les noires tourelles de Castel-Vieil. Souvent une troupe aventureuse de baigneuses, parvenue après de longs efforts à ce tertre, se repose sur les ruines, en écoutant ce récit d'un aimable conteur; leurs regards, ranimés par le repos, contemplent les frais paysages du vallon de la Burbe, du cours supérieur de la Pique, de la belle vallée de Luchon, peuplée de beaux villages placés pittoresquement sur la croupe des montagnes qui encadrent majestueusement ce vaste bassin où Bagnères s'élève comme une métropole, avec ses thermes élégants, ses verdoyantes allées et ses maisons charmantes, couvertes de l'ardoise bleuâtre. D'autres promeneurs, plus hardis, gravissent au-delà du labyrinthe placé près de l'établissement thermal, sur les dernières rampes de la montagne de Super-Bagnères, et, à leur retour, fixent fortement l'attention d'une tendre mère, d'une sœur chérie, ou plus encore d'une amante, par la peinture de la sombre forêt. Le but d'une longue course des hôtes de Bagnères sera le village de Cazeril, situé à mi-hauteur de la montagne de ce nom. Les jeunes et jolies baigneuses n'y parviendront qu'avec le secours de ces petits chevaux dociles, qui, partout aux eaux thermales, rendent facile l'observation de l'ordonnance du médecin pour l'exercice.

« Un autre terme de l'exploration des montagnes pour les sociétés de Bagnères, est la vallée du Lys. Le fond de cette vallée offre plusieurs belles cascades, successivement engendrées les unes des autres; et derrière, au-dessus des bois qui atteignent à une assez grande hauteur, s'élève majestueusement à 1,630 toises, la cime de Cabrioules, nue et

---

[1]. Tableau des Pyrénées françaises, tom. I, pag. 152.

neigeuse, appartenant à la masse des montagnes d'Oô. »

Les savants et les étrangers qui se rendent à Luchon dans la saison des eaux, ne manquent jamais d'aller jouir de la vue du lac d'Oô, qui est un objet d'une grande curiosité. Pendant plus de deux lieues de cet agréable voyage, on n'aperçoit que les sites les plus variés : de vastes rideaux de pins et de sapins qui se groupent au loin, forment des points de vue où l'œil aime à s'égarer. Quelques moments avant d'arriver sur les bords du lac, on entend le bruit tumultueux de la cascade qui tombe avec fracas, et qui se précipite de plus de huit cents pieds de hauteur ; son eau alimente un vaste bassin de trois mille toises de circonférence, désigné sous le nom de lac d'Oô ou de Séculéjo. Au-dessus de celui-là, on trouve encore quatre autres lacs ; le dernier est le lac glacé du port d'Oô. On ne doit pas manquer non plus de visiter la *Maladetta*, montagne d'une étendue prodigieuse et d'une hauteur surprenante, toujours couverte de neiges éblouissantes et de glaces éternelles ; le port de la Picade, celui de Venasque, etc. *Voy.* VENASQUE.

Le voisinage de la vallée d'Arran, province de Catalogne, et de Venasque, province d'Aragon, engagent beaucoup de baigneurs à visiter ces lieux, pour y observer les mœurs si pittoresques de l'un et de l'autre peuple.

Un autre endroit propre à satisfaire la curiosité est Barcugnas, séjour remarquable de goîtreux, qui touche à Bagnères, et d'où l'on jouit de la belle perspective du vallon. De tous les temps, on a cherché l'origine de cette disposition qu'ont les habitants des Alpes et des Pyrénées au goître et au crétinisme ; les auteurs qui se sont occupés de ces altérations, ont beaucoup varié sur les causes qui peuvent les produire. Le goître est endémique dans les vallées pyrénéennes ; on l'observe rarement sur le sommet des montagnes de première formation, mais presque toujours dans les vallées étroites, resserrées, humides et exposées à la réverbération des rayons solaires. La stagnation de l'air, favorisée par la forme tortueuse des vallées, paraît être la principale cause de cette maladie. Il ne faut pas croire que ceux qui sont atteints du goître soient de véritables crétins. On observe dans l'un et l'autre sexe des personnes de beaucoup d'esprit qui ont des goîtres.

On ne fait pas attention aux goîtres dans les Pyrénées, tant cette difformité est commune. Cette maladie, qui est souvent héréditaire dans les familles, dépend absolument des localités. Les femmes y sont plus sujettes que les hommes. On observe que l'habitation des lieux très-élevés, les voyages, les émigrations dans les pays étrangers contribuent à faire disparaître cette affection. Les jeunes gens qui quittent leurs villages pour courir le monde, et qui sont atteints de cette maladie, se trouvent, en revenant quelque temps après au sein de leur famille, débarrassés de cette désagréable infirmité.

On observe que dans les villes, et en général dans la classe aisée, le goître est infiniment plus rare que dans les villages et les hameaux où il est assez commun.

« La vue de la nature humaine (dit M. de Saussure, dans son Voyage au Mont-Blanc), avilie et dégradée, cause à tous les hommes un sentiment pénible. Celui qui n'est pas habitué à voir l'espèce dégénérer et descendre, pour ainsi dire, au dernier degré de l'échelle animale, doit être bien surpris quand il jette un coup d'œil sur ces malheureux crétins, le rebut de la nature et de la société. Quelles impressions douloureuses ne produisent-ils pas ? Presque toujours à l'imbécillité ou à l'absence totale des facultés intellectuelles, ils réunissent la figure la plus hideuse et la plus dégoûtante. On remarque chez ces individus ainsi dégradés, un grand relâchement dans leur physique ; leur peau est flasque, ridée, livide et d'une couleur terreuse. Leur taille ne dépasse que très-rarement quatre pieds ; ils sont presque toujours sourds et muets, et ne profèrent que quelques mots mal articulés. On observe parmi les crétins des nuances assez graduées ; depuis cette abolition complète des facultés pensantes jusqu'à une parfaite intelligence, on peut établir plusieurs degrés. »

Cette cruelle infirmité, qui est souvent le seul et triste héritage que les parents laissent à leurs enfants, est devenue, depuis une vingtaine d'années, moins fréquente dans la vallée de Luchon ; il n'y a même plus aujourd'hui qu'un très-petit nombre de goîtreux dans toute l'étendue du bassin de Bagnères. Le croisement des races, le plus d'aisance dont jouissent les habitants depuis que les eaux sont fréquentées, les maisons aérées et saines qu'ils ont construites, une nourriture composée de bons aliments, le vin, dont ils font usage quelquefois, paraissent avoir concouru à changer ces constitutions si frêles et ces vices héréditaires. Ces mêmes causes contribuent chaque jour à diminuer le nombre des goîtreux.

Bagnères-de-Luchon est, dans la saison

des eaux, le rendez-vous des géologues, des botanistes, des minéralogistes, ainsi que des peintres, qui viennent dessiner les beaux paysages des alentours: le botaniste y trouve des plantes rares et curieuses pour enrichir son herbier; le zoologue des insectes, des oiseaux et d'autres animaux; et le minéralogiste peut y faire des observations aussi intéressantes que variées.

Les chevaux du canton de Luchon, peu remarquables par leurs formes extérieures, semblent être d'une espèce particulière. Ils sont pleins de force, de vigueur et de courage, et courent d'un pas rapide et ferme dans les montagnes, sans presque jamais faire un faux pas. Les étrangers les recherchent pour les courses qu'ils font, soit dans la plaine, soit dans les lieux élevés.

Les cabinets de lecture, ressource si précieuse pour les loisirs des baigneurs, ne doivent pas être oubliés: on en trouve, à Luchon, de très-bien montés en bons livres.

SAISON DES EAUX. C'est ordinairement vers le quinze mai que les étrangers commencent à arriver à Luchon; ils ne le quittent qu'à la fin d'octobre. La douceur du climat, la beauté des sites, la force de la végétation permettent d'y rester jusqu'à cette époque. Il est facile de prouver que les eaux sulfureuses peuvent être ordonnées avec succès en tout temps et dans toutes les saisons, en prenant cependant les précautions nécessaires par rapport aux influences atmosphériques. On voit chaque année des malades passer l'hiver à Luchon, prendre les bains et les douches tous les jours, et obtenir des cures merveilleuses.

Les étrangers qui fréquentent les sources thermales pour cause de maladie sont en grand nombre. En général, les personnes qui se rendent à Luchon sont atteintes d'affections plus ou moins graves qui nécessitent l'administration prolongée des eaux sulfureuses. Il se rend chaque année à Luchon de 14 à 1,500 personnes de toutes les classes de la société.

PRIX DU LOGEMENT ET DE LA DÉPENSE JOURNALIÈRE. Dans toute cette partie des Pyrénées, la nature se présente sous l'aspect le plus varié et le plus brillant; elle étale une infinité de productions différentes. Dans une position aussi heureuse, doit-on être surpris que Bagnères fournisse tout ce qui est nécessaire à la vie. Tout y abonde pendant la saison des eaux. Les tables d'hôte sont nombreuses et bien pourvues des mets les plus sains et les plus délicats. Le prix de la nourriture est de trois francs par jour. On peut l'augmenter ou le diminuer suivant l'aisance des personnes. Les maisons que les étrangers occupent à Bagnères sont meublées avec autant d'élégance que de goût. Les appartements en sont commodes et agréables, surtout ceux situés sur la grande allée des bains. L'homme riche trouve à Luchon des hôtels; l'homme aisé des maisons sans luxe, et l'indigent, des maisons saines et salubres. Pour les premiers, chaque appartement coûte de 4 à 5 fr. par jour, pour les seconds 2 fr. Les malheureux peuvent se loger et se nourrir au plus bas prix possible.

TARIF DU PRIX DES EAUX, BAINS ET DOUCHES. Dans les baignoires du grand bâtiment, comme dans celles des bâtiments Richard et Ferras, les prix des bains sont fixés ainsi qu'il suit:

Du 1er novembre au 30 avril, compris le chauffage du linge.... 40 c.
Douche............................ 15
Du 1er mai au 31 octobre, chauffage du linge compris........ 75
Douche............................ 30
Dans les rondes de trois et quatre heures du matin, le prix du bain dans le grand bâtiment n'est que de 50
Celui des douches................. 25
Bains d'étuve; le prix du bain ordinaire S. A. D................. 75
Boissons.
Prix du litre, bu aux sources.... 05 c.
Id.   transporté non bouché 10
Id.   id.   bouché... 15

NOMS ET TEMPÉRATURE DES SOURCES THERMALES.

Eau de la grotte supérieure.... 60° c.
Eau de la Reine................ 51 1/4
Source aux Yeux................ 48
Source blanche................. 31 1/4
Source froide.................. 24
Eau de la grotte inférieure, dans l'étuve....................... 50 3/4
Source Richard................. 51 1/4
Eau de la source Ferras, à la buvette........................ 37 3/4
Source Ferras pour les bains... 35
Source des Romains, qui doit être utilisée aux piscines, dans la restauration prochaine de nos thermes................... 42 1/2

Il est vraiment remarquable que, dans l'espace si rétréci où viennent sourdre les sources, on trouve des degrés de chaleur si différents, depuis le 24e jusqu'au 60e.

Il n'est pas inutile non plus de faire observer que la montagne qui domine les bains et d'où s'écoulent les eaux thermales et sulfureuses, est de nature granitique, curieuse à observer par les dimensions de ses cristaux, et par les variétés infinies que présente leur agrégation.

ANALYSE DES SOURCES. La seule analyse exacte et publiée qui existe sur les eaux minérales et thermales sulfureuses de Bagnères-de-Luchon, est celle qui fut faite en 1766 par le savant et modeste Bayen, qui s'occupa avec ardeur de la recherche des différentes substances qui entrent dans la composition des eaux. Après un travail long et assidu, après avoir répété plusieurs fois les mêmes expériences, cet homme de génie, à qui la chimie doit de si grands progrès, fut conduit à conclure que ces eaux étaient minéralisées par le sulfure de soude. Il y trouva encore du carbonate de soude, du muriate de soude, du sulfate de soude, une matière grasse qui est vraisemblablement la barégine découverte par M. Longchamp, et une certaine quantité de silice. Cette analyse, faite avec une rare sagacité, se trouve consignée dans l'ouvrage intitulé Opuscules chimiques, etc.

M. Save, pharmacien distingué à Saint-Plancard, a voulu rectifier cette analyse. Ce chimiste ne croit pas que le sulfure de soude soit le minéralisateur des eaux de Luchon; il croit, d'après ses expériences, que c'est le gaz hydrogène sulfuré. Mais le travail le plus récent et le plus complet sur la nature et la composition des diverses sources de Luchon, est l'analyse que vient de faire M. Longchamp, si connu par ses recherches chimiques sur les eaux minérales. Ce savant, expressément chargé par S. E. le ministre de l'intérieur de faire l'analyse des sources de Luchon, s'est acquitté de sa mission avec autant de zèle que de talent. Le public attend avec impatience le résultat de ses travaux.

Malgré l'exactitude et la multiplicité de ses procédés analytiques, l'illustre Bayen ne put parvenir à déterminer d'une manière rigoureuse les quantités de soufre contenues dans les différentes sources de Luchon. Voici les résultats obtenus par les expériences de M. Longchamp.

Sulfure de cuivre produit par 4 liv. 5 onc. d'eau des différentes sources.

Grotte inférieure....... 0,140 gramm.
Source Richard....... 0,116
Grotte supérieure....... 0,115
Source de la Reine.... 0,102
Source Blanche....... 0,004

Les autres sources ne fournissent aucun précipité par le sulfate de cuivre acidulé, à l'exception de la Source aux Yeux qui est analogue à celle de la Reine, et de celle des Romains qu'on n'a pu mettre à découvert, mais qui est aussi très-sulfureuse.

Les travaux chimiques de M. Longchamp doivent nous faire espérer une analyse complète, mais bien différente, sous tous les rapports thérapeutiques, de celles de MM. Bayen et Save. Déjà, il a constaté l'existence de la soude à l'état caustique dans les eaux sulfureuses des Pyrénées. Ce fait important pour l'art médical nous explique les cures merveilleuses qui s'opèrent chaque année chez les malades atteints, soit de plaies d'armes à feu, soit d'ulcères atoniques et scrofuleux.

PROPRIÉTÉS PHYSIQUES. Les propriétés physiques des diverses sources de Luchon ont à peu près les mêmes principes. Elles ne diffèrent que par les proportions des matières sulfureuses qu'elles contiennent. Elles sont claires et limpides, à l'exception de la blanche qui est louche. Leur saveur est fade et douceâtre; les personnes qui les boivent pour la première fois éprouvent une certaine répugnance. Ces eaux, surtout les plus chaudes, ont une odeur forte et pénétrante de soufre; elles laissent exhaler des émanations semblables à celles des œufs couvés. Cette odeur frappe l'odorat à une certaine distance du bâtiment thermal. La froide et la blanche contiennent une grande quantité de matières filamenteuses blanchâtres, que l'on appelle *glairine* ou *barégine*. Les plus chaudes, qui sont les plus minéralisées, laissent sur les canaux par où elles coulent et dans les lieux où elles viennent sourdre, des masses de soufre sublimé qui forment quelquefois des stalactites. Les pièces d'argent que l'on trempe dans ces eaux prennent une couleur noire, mais plus promptement dans celles qui ont une température plus élevée. Cette couleur, qui est due à la combinaison du soufre avec l'argent, est aussi foncée, et dure plus longtemps que celle que les eaux des autres sources leur impriment. La source chaude de Richard présente les mêmes qualités physiques; mais, plus douce, plus savonneuse, elle contient en plus grande quantité cette substance gélatineuse, qui n'est peut-être pas sans action sur notre économie. Dans le lieu où viennent sourdre les sources de la Reine et de la Grotte, on voit s'élever à leur surface des bulles que l'on croit être du gaz azote.

Les deux sources de l'établissement Ferras (nom de l'ancien propriétaire) sont claires et limpides; elles ne laissent dégager aucun principe sulfureux, ainsi que la froide du grand établissement. On n'observe aucun précipité par le sulfate de cuivre acidulé. On peut regarder les bains Ferras comme préparatoires à ceux plus actifs de Richard et de la Reine.

PROPRIÉTÉS CHIMIQUES. L'analyse des eaux sulfureuses de Luchon fut faite, comme nous l'avons déjà dit, par le savant Bayen. Le public doit attendre le nouveau travail de M. Longchamp, qui a fait un séjour prolongé aux eaux de Luchon, dans le seul but de se livrer aux recherches les plus exactes sur la composition des diverses substances fixes et gazeuses qu'elles contiennent.

Le mélange de certaines sources offre au malade qui se baigne, une couleur laiteuse. Ce phénomène chimique, que les étrangers sont à même d'observer quand ils ont resté quelque temps dans le bain, est intéressant à connaître. Voici l'hypothèse m'a présente M. Longchamp : l'eau de la source blanche est louche, ce qui résulte du soufre qu'elle retient en suspension, et qui provient de la décomposition de l'hydrosulfure contenu dans cette eau. Il est probable que l'eau de la source blanche renferme dans le sein de la terre une quantité de soufre plus grande que celle qui est nécessaire à la saturation des bases. Cet hydrogène sulfuré se trouvant brûlé par une cause quelconque, il en résulte que l'eau contiendra plus d'acide sulfurique que les bases ne pourront en saturer, et par conséquent elle se trouvera pourvue d'une certaine quantité de cet acide libre.

Lors donc que l'on mêle l'eau blanche avec celle d'une autre source quelconque, elle réagit sur celle-ci à la manière des acides; et cet acide se combinant avec les bases, met à nu l'hydrogène sulfuré que contient l'eau de la source à laquelle on a mêlé la blanche. Cet hydrogène sulfuré, devenu libre, est bientôt décomposé par le contact de l'air et par la lumière, et de là résulte le trouble que présente dans quelques instants le mélange des deux eaux. Cette couleur laiteuse devient plus prononcée à l'époque des grands orages. M. Longchamp n'a observé ce phénomène chimique qu'à Bagnères-de-Luchon.

PROPRIÉTÉS MÉDICINALES. Les eaux minérales de Bagnères-de-Luchon, qui par leur mélange forment un composé savonneux, sont employées avec succès depuis plus d'un siècle dans un grand nombre de maladies chroniques, et sont rangées parmi les plus utiles médicaments de cette nature. Que d'observations vraies et exactes ne pourrait-on pas publier pour constater leur efficacité!

Les dix sources, soit thermales, soit sulfureuses, dont se compose l'établissement de Bagnères-de-Luchon, permettent aux médecins de varier les moyens thérapeutiques qu'offrent ces sources, et de les utiliser suivant leur force et leur énergie, dans un grand nombre d'affections morbides. Mais il est toujours nécessaire, dans l'emploi de tel ou tel bain, dans le mélange des eaux qui doivent le composer, de bien connaître le tempérament, la sensibilité plus ou moins prononcée des organes, la mobilité nerveuse des malades. La manière de les employer doit être méthodique. Les eaux de Luchon sont curatives dans un grand nombre d'affections morbides. Elles déterminent, par leur action qui est toujours vive, un mouvement qui s'opère du centre à la circonférence. Elles agitent beaucoup pendant qu'on en fait usage; mais il ne faut pas les juger par les effets du moment. Elles sont propres à rappeler l'exhalation cutanée; elles sont très-utiles toutes les fois qu'il est nécessaire d'exciter le système dermoïde. Elles méritent la première place parmi les moyens si multipliés qu'on a proposés pour la curation des dartres : leur propriété pour guérir ce genre d'affection est connue aujourd'hui de tous les praticiens. Elles font transpirer abondamment; prises en bains et en douches, elles donnent de la douceur et de la souplesse au système cutané, et favorisent, de cette manière, des moiteurs, qui sont si salutaires dans les rhumatismes fixes ou vagues, et dans certaines dartres où la peau est sèche et rugueuse. L'utilité des eaux de Luchon est constatée depuis long-temps dans les engorgements glandulaires, soit du cou, soit du mésentère, lorsqu'ils ne sont pas trop anciens. Chaque année on amène à Luchon des enfants atteints de ces cruelles maladies. J'ai vu des affections très-graves se dissiper insensiblement par l'usage des eaux, surtout en leur associant les antiscorbutiques, les amers, un régime tonique et fortifiant.

On les emploie aussi avec succès dans les roideurs des tendons et des ligaments articulaires. A la suite des luxations, des fractures et des entorses, elles dégorgent ces parties de manière à leur rendre leur première souplesse. Les eaux de Luchon conviennent dans les dérangements qui surviennent à la tête du fémur, dans les tumeurs blanches des articulations; maladies qui sont presque toujours produites par le vice scrofuleux, et qui sont si fréquentes et si graves chez les enfants. Les malades qui expectorent une humeur plus ou moins épaisse, boivent avec avantage l'eau de la Reine, coupée avec du lait. L'eau de cette source sulfureuse est très-utile dans l'asthme humide; mais si on observe une certaine disposition à la formation des tubercules à l'hémoptysie, il faut toujours craindre leur excitation dans l'économie.

Les affections herpétiques, qui se présentent à l'observation sous tant de formes différentes, et dont le traitement est si difficile, et souvent si infructueux, guérissent par l'usage bien administré et long-temps soutenu des eaux, et par la combinaison d'un traitement interne, lorsqu'il devient nécessaire.

Les sources sulfureuses de Luchon sont si efficaces dans les maladies cutanées, qu'il n'est presque pas de dartres, de pustules, de psoriasis, que l'usage bien administré des sources sulfureuses ne parvienne à dissiper, ou du moins à soulager d'une manière sensible, pourvu toutefois que ces diverses affections ne tiennent point à un germe développé ou caché d'infection vénérienne.

On observe souvent que les maladies pour lesquelles on vient à Luchon, prennent, du premier au dixième bain ou douche, un caractère d'acuité; leur action détermine dans l'économie une excitation générale. Nous voyons alors se montrer sur le système tégumentaire des éruptions miliaires qui dans leur naissance sont fort rouges, accompagnées de démangeaisons excessives, avec chaleur, mais qui pâlissent et disparaissent dans deux ou trois jours.

C'est en observant ces crises que les eaux provoquent cette agitation interne, ces mouvements fébriles qui sont si nécessaires pour opérer la solution de certaines maladies chroniques.

Combien les eaux sulfureuses de Luchon ne sont-elles pas curatives dans les maladies du système lymphatique! Elles sont un stimulant actif pour les fonctions des organes sécrétoires et excrétoires; elles réveillent l'action de la glande engorgée, et la mettent en état de réagir.

Il faut observer avec soin les paralytiques, parce que l'action trop prononcée des eaux sulfureuses peut accélérer le mouvement du sang, et donner lieu à de nouveaux accidents. Il est important, dans l'administration des eaux, d'avoir égard à l'âge, au tempérament de l'individu, et à la sensibilité plus ou moins conservée du système musculaire. Il est nécessaire que les personnes atteintes de paralysies prennent le bain à une douce température, et pendant une demi-heure seulement. Ce n'est qu'à mesure que le corps acquiert de la force qu'on augmente le degré de chaleur de l'eau, et qu'on administre la plus active. Si le pouls est tendu, la physionomie animée, en un mot, qu'on observe une prédominance marquée dans le système sanguin, il ne faut permettre dans ce cas ni l'usage des bains, même les plus tempérés, et moins encore les douches : c'est dans cette affection toujours grave qu'il est important de diriger le traitement avec prudence et discernement, et se rappeler combien il est quelquefois dangereux de déterminer une excitation générale.

Ce n'est que dans le cas où la paralysie est causée par l'atonie, ou qu'elle est partielle, qu'on peut espérer de relever le ton et d'accroître l'énergie de l'excitabilité par l'usage des eaux sulfureuses de Luchon. La guérison de ce genre d'affection est bien difficile lorsqu'il y a des congestions sanguines ou séreuses dans un des lobes du cerveau.

Les bains de Luchon ne sont pas moins utiles dans les catarrhes de la vessie. Les injections faites avec l'eau de la Reine sont le moyen le plus efficace qu'on puisse opposer aux leucorrhées ou fleurs blanches.

Chaque année, il arrive à Luchon des malades atteints de catarrhes chroniques de la muqueuse laryngée trachiale et bronchique, qui se trouvent parfaitement bien de l'usage des eaux, prises en bains, en douches, en boisson, et quelquefois en vapeur. Ce n'est qu'en rétablissant les fonctions de la peau qu'on obtient souvent des guérisons surprenantes dans ce genre d'affections.

Elles sont utiles toutes les fois qu'il s'agit de rappeler la sensibilité, de rétablir le ton et la régularité du système musculaire. Les personnes affectées de rhumatisme chronique, fixe ou errant, sont en général promptement soulagées par l'usage de ces eaux. Les étuves, qui agissent avec une grande force et qui sont si puissantes pour rétablir les fonctions du système dermoïde, sont employées avec succès, soit dans les dartres rebelles, soit dans les rhumatismes.

Les personnes douées d'un tempérament nerveux ne peuvent point en général supporter l'action trop énergique des eaux de la Reine et de la Grotte, soit prises en bains, soit en boisson : alors on commence à les faire baigner à l'établissement Ferras, et ensuite à celui de Richard. Ces précieuses sources produisent les meilleurs effets toutes les fois que la force de la constitution, ou une vive susceptibilité nerveuse, donnent aux maladies chroniques un caractère plus ou moins aigu; c'est alors qu'elles agissent par une action doucement résolutive, sans que le médecin ait à redouter les suites d'un ébranlement, soit nerveux, soit artériel. Elles conviennent encore toutes les fois que l'on a à craindre une disposition inflammatoire, dans les rhumatismes avec atrophie, dans les névralgies en général, dans les désordres de la menstruation.

Le eaux de Luchon, sagement administrées, ne conviennent pas dans toute sorte de maladies. Il ne faut point faire de ce moyen précieux de guérir, une panacée universelle. La connaissance parfaite de la maladie doit seule déterminer dans le choix qu'on en doit faire, ou en interdire l'usage quand le cas l'exige.

Quelque salutaires que soient les eaux sulfureuses de Luchon, elles peuvent devenir dangereuses, si l'on en fait usage sans règle et sans précaution. Elles sont nuisibles dans les inflammations qui conservent un caractère aigu, dans les lésions organiques du système artériel, dans les irritations essentielles du système nerveux, dans les tempéraments sanguins exposés aux congestions vers le cerveau.

MODE D'ADMINISTRATION. On fait usage des eaux sulfureuses de Bagnères-de-Luchon en boisson; on les emploie encore à l'extérieur en bains et en douches, en lotions ou injections, et en bains de vapeur. M. le docteur Barrié a plusieurs fois constaté que le sédiment qu'on trouve dans les réservoirs des sources chaudes, mêlé avec une boue limoneuse qui exhale une forte odeur sulfureuse, est utile dans les engorgements scrofuleux, dans quelques ulcères de nature dartreuse, dans les douleurs articulaires chroniques.

Les malades boivent chaque matin depuis un à six verres d'eau de la Reine, de Richard, et quelquefois de la Grotte. Cette variation dans la quantité de la boisson et dans la qualité de la source est subordonnée au tempérament de chaque malade, à l'âge et aux dispositions de l'estomac.

C'est dans la matinée que l'on va à jeun boire les eaux à la source. On laisse ordinairement entre chaque verre un intervalle d'un quart d'heure, quelquefois d'une demi-heure. On peut boire, soit en se promenant, soit dans son bain. La source dont on se sert le plus fréquemment en boisson est celle de la Reine, qu'on prend pure; souvent il est nécessaire de modérer son activité en la coupant avec du lait. On se baigne ordinairement le matin. Il est d'usage de rester une heure dans son bain; on se recouche immédiatement après. C'est en restant pendant quelque temps dans cet état de repos, que les crises par les sueurs surviennent, et que les malades, surtout les dartreux et les rhumatisants, chez qui elles sont si nécessaires, se trouvent soulagés. En général, si l'on veut retirer quelque avantage de l'usage bien dirigé des eaux sulfureuses de Luchon, il faut y séjourner assez long-temps; s'il est des maladies qui se dissipent quelquefois après avoir pris une vingtaine de bains, il en est une foule d'autres qui exigent un traitement plus long et plus suivi. Un séjour de deux mois est souvent nécessaire. Les malades se rendent à l'établissement à pied, en voiture, ou dans des chaises à porteurs.

Les douches descendantes sont les seules dont on fasse usage. Les eaux que l'on emploie à cet objet sont ou la Reine ou la Grotte supérieure; cette dernière, à cause de sa haute température, est mêlée avec celle d'eau minérale froide. On emploie avec succès les étuves de la Grotte inférieure dans un grand nombre de maladies, mais principalement dans les dartres rebelles et dans les affections rhumatismales chroniques, où il est si nécessaire d'activer les fonctions des exhalants cutanés.

BARBAZAN. Village situé à 3 l. de Saint-Gaudens. Pop. 500 hab. Il est bâti à l'extrémité de la vallée de Saint-Bertrand, près d'un petit lac, sur la rive droite de la Garonne. On trouve dans ses environs une source d'eau minérale froide.

BARTHE-LA-RIVIÈRE. Village situé à 1 l. de Saint-Gaudens. Pop. 1,300 hab. On y trouve une source thermale, anciennement connue des Romains.

BÉAT (SAINT-). Petite ville située à 6 l. 3/4 de Saint-Gaudens. ✉ Pop. 1,272 h. Cette ville est située sur la Garonne, entre deux montagnes élevées, ce qui lui donne un air sombre et triste. Elle est assez bien bâtie, en marbre provenant des carrières environnantes, et préservée des inondations de la Garonne par une forte digue. Saint-Béat ne se compose que de deux rues qui communiquent par un beau pont en pierre: sur la rive gauche est la rue principale, qui s'élargit en une place à l'une de ses extrémités; à l'autre, est un édifice dont le rez-de-chaussée forme la halle aux grains, et dont le premier et unique étage contient l'hôtel-de-ville; sur l'autre rive on remarque plusieurs grandes et belles maisons, une longue promenade ombragée, et une tour carrée en ruine, restes d'anciennes fortifications, qui, à une époque très-reculée, défendaient cette porte des Pyrénées. De ce côté de la Garonne, et au-dessous du pont, est un mamelon de roches que couronnent, de la manière la plus pittoresque, les débris d'un château fort du moyen âge.

Le marbre puant abonde dans le voisinage de Saint-Béat, et l'on voit à l'est, au lieu appelé la Penne-Saint-Marin, une vaste carrière taillée dans un marbre compact isabelle et blanc rosé; cette carrière, jadis exploitée par les Romains, est creusée en large cheminée jusqu'à la cime du mont; on a trouvé dans les décombres des blocs énormes de marbre parfaitement écarris. Une carrière plus intéressante est celle située sur la rive gauche de la Garonne; elle donne un beau marbre blanc statuaire.

La Garonne du port de Viella, et celle d'Artigues, plus importante, servent à charrier des troncs de sapins que l'on abandonne au courant, et qui sont arrêtés, vers Saint-Béat, par une estacade. Là, chaque propriétaire reconnaît les bois à sa marque; c'est le principal commerce de la vallée, dont les habitants s'enrichissent de l'exploitation des forêts espagnoles.—Exploitation des carrières de marbre et d'ardoises.—*Commerce de chevaux et de mulets pour l'Espagne.*

On ne doit pas manquer de visiter aux environs de Saint-Béat les sources de la Garonne. Après avoir passé Bososte, et près des ruines de Castel-Léon, on laisse, à droite, l'embouchure et l'étroite gorge d'Artigues-Telline, qui fournit les principales sources du fleuve. Cette gorge n'est qu'une forêt continuelle de la plus grande beauté. A son centre, se voit le beau village d'Artigues, pittoresquement placé dans un site sauvage, d'où l'on contemple, d'une part, le beau vallon où elle débouche, et de l'autre, la chute rapide et tumultueuse du torrent dont les eaux viennent sans cesse se briser contre les roches qui encombrent son lit. On passe cette branche de la Garonne sur un pont de pierre, et bientôt les habitations éparses sur le penchant des monts diminuent, ainsi que les champs, et ensuite les prairies. Après avoir dépassé la station d'un antique ermitage auquel tient une maison hospitalière, on s'enfonce dans l'épaisseur des forêts par un sentier assez uni, et qui monte insensiblement au-dessus des précipices du torrent et sous de magnifiques ombrages. Ils abritent le voyageur jusqu'au point où se présente à ses regards surpris, au lieu nommé le Plan-de-Gouéou, l'énorme gouffre qui vomit par deux bouches la noble source de la Garonne, l'une des singularités les plus remarquables des Hautes-Pyrénées, et la plus digne d'être visitée par les voyageurs et les curieux.

BERTRAND-DE-COMMINGES (S*t*-). Ancienne et jolie ville, située à 3 l. 1/2 Saint-Gaudens. Pop. 847 hab.

Cette ville, l'ancienne *Lugdunum Convenarum* de Strabon et de Pline, doit son nom actuel à saint Bertrand, l'un de ses évêques, qui la restaura en 1100, du sac qu'elle éprouva, en 584 ou 585, par Gontrand, roi de Bourgogne, pour avoir donné asile au faux Gondebaud. Elle fut jadis ornée par les Romains d'un grand nombre de monuments et de constructions, dont on a recueilli et découvert, à diverses époques, des restes précieux, au milieu des ruines de cette nouvelle Acropolis, qui, telle qu'un nid d'aigle, couronne un monticule assez élevé. Les plus grands restes d'antiquités se trouvent au bas de la montagne, dans la petite plaine de Volcabère, où s'étendait la ville.

Saint-Bertrand est agréablement situé, dans une contrée fertile, près de l'Aune et non loin de la rive gauche de la Garonne. Ses rues sont larges et bordées de maisons vastes et bien bâties. L'ancienne cathédrale est une jolie église, ornée intérieurement de boiseries sculptées d'une grande beauté.

Atelier de marbrerie. Scierie hydraulique de marbre de trente-six lames, mue par la Garonne.

BOULOIGNE. Village situé à 4 l. 1/2 Saint-Gaudens. ✉ Pop. 1,587 hab.—Tanneries.

ENCAUSSE. Village situé à 1 l. 3/4 de Saint-Gaudens. Pop. 600 hab.

Ce village est situé dans l'une de ces gorges riantes et cultivées que forment, par leurs ondulations, les collines boisées qui de la Garonne s'élèvent progressivement vers la chaîne des Pyrénées et en forment les premiers degrés; à peu de distance de la route départementale qui conduit de Saint-Gaudens à Aspet.

EAUX MINÉRALES D'ENCAUSSE [1].

On trouve à Encausse deux sources d'eaux thermales désignées sous les noms de Grande

---

[1]. Cette notice a été rédigée d'après les renseignements qui nous ont été adressés par M. le docteur J. F. Doueil, médecin inspecteur des eaux minérales d'Encausse.

SAINT-BERTRAND.

et Petite Source, qui peuvent fournir à 340 bains dans l'espace de 25 heures. Ces sources, fréquentées depuis l'année 1564, sont la propriété de la commune.

Le bâtiment, nouvellement construit, est propre et commode. Il contient 18 baignoires en marbre. Les cabinets, spacieux, beaux et parfaitement éclairés, où sont placées les baignoires, sont rangés sur deux lignes parallèles, à droite et à gauche, et séparés par un vaste corridor, pavé en larges dalles. A côté se trouve le chauffoir et un superbe salon.

Saison des eaux. La saison dure depuis le mois de juillet jusqu'à la fin d'octobre. Le nombre des malades varie de 300 à 400 par an. Des salles de bal et de jeu, des promenades charmantes dans les riantes prairies qui entourent le village, offrent aux malades des objets de distraction agréables.

Prix du logement et de la dépense journalière. On trouve à Encausse toutes les commodités nécessaires à la vie, à un prix très-modéré. La dépense journalière peut s'élever à 1 fr. 30 c., et le logement à 50 c.

Tarif du prix des eaux, bains et douches. Boisson, par jour... 0 f. 05 c.
Bain............... 0   50
Douche............ 0   25

Propriétés physiques. L'eau des deux sources est parfaitement claire et limpide ; elle n'a aucune odeur ; lorsqu'on la goûte, on éprouve une saveur désagréable, mais très-faible. La pesanteur spécifique de cette eau est à celle de l'eau distillée comme 1,00173 est à 1,00000. Sa température est constamment de 19° 1/2 du th. de Réaumur.

Propriétés chimiques. Ces eaux ont été analysées par MM. Gassen de Plantin, médecin à Rieux; de Bernard, professeur de médecine à Toulouse; Sase, chimiste à Saint-Plancard, en 1805, et par M. Saint-André, professeur de médecine à Toulouse.

Les divers procédés chimiques qu'on a employés, ont donné le résultat dont le détail suit : 4,891 grammes 5 (10 livres d'eau) ont produit un résidu de 13 gr. 852, qui a été séparé en six substances salines dans les proportions suivantes :

	Gram.
Sulfate de chaux..........	7,961
Sulfate de magnésie et soude.	2,866
Muriate de magnésie......	1,751
Carbonate de magnésie....	0,212
Carbonate de chaux.......	1,062
	13,852

Propriétés médicinales. Les maladies dans lesquelles on les administre avec le plus de succès, sont les rhumatismes, les coliques bilieuses et néphrétiques, les affections cutanées, mélancoliques, hypochondriaques, histériques, la leucorrhée, la chlorose et autres maladies des femmes ; les obstructions des viscères abdominaux, les fièvres intermittentes, de long cours particulièrement. On les emploie fréquemment avec avantage contre les paralysies.

Les observations recueillies sur les effets généraux de ces eaux, ont démontré qu'elles étaient très-efficaces pour ramollir le tissu fibreux. On attribue à cet effet la guérison des personnes atteintes de rhumatismes. Les jeunes personnes frappées d'accidents qu'occasionne une menstruation difficile, doivent le retour aisé du cours périodique à l'effet émollient des bains. On voit souvent des fièvres intermittentes quartes, après avoir résisté à tous les remèdes usités en pareil cas, guérir comme par enchantement par le seul usage de l'eau de la Grande source en boisson. N'est-ce pas à l'effet purgatif désobstruant qu'on doit attribuer ces cures ? n'est-ce pas aussi à l'effet émollient des bains qu'est due l'amélioration de tant d'affections nerveuses, mélancoliques, hypochondriaques, etc. ? Le sentiment, le mouvement et les forces sont souvent rétablis par la douche forte sur les membres frappés de paralysie.

Mode d'administration. On administre les eaux d'Encausse en bains, en douches, et en boisson le matin à jeun. Elles produisent, chez les pituiteux surtout, des selles abondantes.

FOS. Joli village situé près des frontières de l'Espagne, à 8 l. 1/4 de Saint-Gaudens. Pop. 1,400 hab.—Scieries hydrauliques de planches.

GAUDENS (SAINT-). Jolie ville. Chef-lieu de sous-préfecture. Tribunaux de première instance et de commerce. Société d'agriculture. Collège communal. Direction des douanes. ✉ ☞ Pop. 6,179 hab.

Cette ville, jadis capitale du Nébouzan, est fort agréablement située, sur une colline, près de la rive gauche de la Garonne; elle se compose principalement d'une rue spacieuse, propre et bordée de plusieurs maisons bien bâties, parmi lesquelles on remarque une magnifique auberge (l'hôtel de France). On y voit une des plus anciennes églises de la contrée, dont les voûtes sont à plein cintre et à double archivolte.

Saint-Gaudens est la véritable clef des

montagnes, sur la partie orientale des Hautes-Pyrénées. Sur le bord de la Garonne, règne une esplanade d'où l'on jouit de charmants points de vue sur la vallée.

Fabriques de cadis, burats, étoffes de laine, rubans de fil. Papeteries. Tanneries. Verreries. Faïenceries. Tuileries. Scieries hydrauliques. Moulins à farine, à huile et à foulon. — *Commerce* de grains, grosses draperies, fil, clous, bougies, mulets et bestiaux, avec l'Espagne, etc.

A 16 l. de Tarbes, 21 l. de Toulouse, 202 l. de Paris. — *Hôtel* de France. — Voitures pour Toulouse, Bagnères-de-Bigorre, Barèges, Cauterets, Saint-Sauveur et Bagnères-de-Luchon.

GOURDAN. Village situé à 3 l. de Saint-Gaudens. Pop. 1,117 hab. Il est sur la rive droite de la Garonne, où il a un beau port de construction. — Carrières de marbre.

ISLE-EN-DODON (l'). Petite ville située à 8 l. 1/4 de Saint-Gaudens. ⊠ Population 1,697 hab.

MARTORY (SAINT-). Petite ville située à 4 l. 1/2 de Saint-Gaudens. ⊠ Population 1,167 hab.

La situation de Saint-Martory est à la fois pittoresque et favorable à son commerce : au centre aboutissent quatre grandes routes qui communiquent aux grandes villes environnantes ou qui conduisent en Espagne. Cette ville s'étend sur les deux rives de la Garonne; mais la partie la plus considérable occupe la rive gauche; ses deux quartiers communiquent par un pont de trois arches, d'un effet remarquable à cause de la beauté du site. Une vieille et grosse tour carrée en ruine, une antique abbaye, qui s'élève sur un roc dont la Garonne a rongé la base, avoisinent le pont et ajoutent à son effet; tandis qu'au-dessus, sur la rive gauche, se dressent d'âpres falaises couronnées de débris de châteaux féodaux. — *Fabrique* de draps.

MIRAMONT. Village situé à une demi-lieue de Saint-Gaudens. Pop. 1,497 hab. — *Fabrique* de draps communs. Filature de laine. Teinturerie.

MONTREJEAU. Jolie petite ville, fort agréablement située au confluent de la Garonne et de la Neste, à 3 l. de Saint-Gaudens. ⊠ Pop. 2,991 hab.

Il est difficile de trouver une situation plus délicieuse que celle de Montrejeau; bâtie au débouché des montagnes, cette ville occupe un de ces beaux plateaux qui existent le long et au pied de la chaîne des Pyrénées, et les regards se promènent de cette situation sur les riants paysages formés par le confluent de la Neste et de la Garonne, sur le riche territoire que ces deux rivières arrosent avant leur réunion; enfin, sur le magnifique amphithéâtre des monts. On jouit de ces beaux points de vue de plusieurs maisons particulières, notamment des terrasses qui ornent la belle habitation de M. Lassus de Camon.

Montrejeau est une ville propre et bien bâtie, qui a sur la grande route une fort belle rue, et sur la Garonne un quartier bien construit, dont les deux parties communiquent par un pont en marbre de six arches, d'une élégance remarquable.

Fabriques en grand de tricots et bas de laine à l'aiguille. Tanneries. — *Commerce* de grains, bestiaux, mulets, pelleterie, bois de construction, merrain, etc.

PLANCARD (SAINT-). Bourg situé à 3 l. de Saint-Gaudens. Pop. 1,150 hab.

OO. Village situé à 10 l. 1/2 de Saint-Gaudens. Pop. 376 hab.

Ce village est le dernier de la vallée du Larbouts; il occupe un bassin en forme d'entonnoir, qui semble être sans issue. Avant d'y arriver, on laisse, sur la droite, une petite gorge qui conduit au port de Peyre-Sourde, pour aller dans la vallée de Louron, qui est peuplée de charmants villages pittoresquement situés. A partir d'Oo pour se diriger vers les montagnes du Larbouts, la vallée devient très-étroite; on monte d'abord un peu, et bientôt se présente, à droite, une belle cascade qui s'étend en nappe sur la pente unie d'un rocher. Après avoir gravi pendant une demi-heure un sentier qui suit le cours du torrent, dont les eaux tombent en hautes et bruyantes cataractes, on arrive, au sortir du lac de Séculéjo, à sa première chute, la plus forte de toutes. Cette cataracte est d'un effet admirable, mais moins belle toutefois que l'énorme cascade qui alimente le lac, qui est à 718 toises d'élévation, selon M. Charpentier. Là, se présente, dans tout son ensemble et toute sa majesté, l'un des plus beaux spectacles de la nature sauvage : un lac de forme ovale, qui a plus de deux cent mille toises carrées, selon les supputations de M. Ramond; une enceinte presque entièrement circulaire de hautes montagnes qui, partant de la digue du lac, ne cessent de s'exhausser et s'escarpent toujours plus jusqu'à leur centre; de ce centre, une cascade, la plus volumineuse des Hautes-Pyrénées, tombe perpendiculairement de huit cents pieds de haut, un léger ressaut seulement partageant sa chute en deux par-

PORT DE VENASQUE.

SAINT-MARTORY.

ties qui paraissent égales. Ce tableau et cet encadrement sont dignes l'un de l'autre; ils doublent l'admiration et la portent jusqu'à l'extase. — Au-dessus des cimes supérieures de Séculéjo, après avoir passé la hauteur d'où part la cascade, on monte par un ravin qui conduit au bassin qu'occupe le lac d'Espingo, source immédiate de la grande cascade. Un autre petit lac, nommé Souansat, baigne les pieds du pic d'Espingo, sur les flancs duquel on parvient au port d'Oo, passage élevé de 1,500 toises, qui conduit au revers d'Espagne.

SALIES. Petite ville située à 5 l. de Saint-Gaudens. Pop. 790 h. On y trouve une source salée dont on extrait du sel très-blanc. —*Fabriques* d'étoffes de laine. Faïencerie.

SAUVETERRE. Petite ville située à 2 l. de Saint-Gaudens. Pop. 2,256 hab.

TROUILLE. Village situé à 5 l. 1/2 de St-Gaudens. Pop. 468 hab.—Forges. Verrerie.

VALENTINE. Petite ville située sur la rive droite de la Garonne, à 3/4 de l. de Saint-Gaudens. Pop. 1,050 hab.—*Fabriques* d'étoffes de laine.

VENASQUE (PORT DE). A trois heures de distance de Bagnères-de-Luchon, en remontant le cours de la Pique, on trouve l'Hospice de Luchon, refuge ou point de repos à l'approche des monts élevés, si dangereux quand l'ouragan y règne, qu'on y a mis en maxime, *que là le père n'attend point son fils, ni le fils son père;* ce n'est qu'une cabane de pasteur, habitable seulement l'été, et qu'on abandonne l'hiver, en la laissant ouverte et pourvue de bois, pour les voyageurs qui viennent ou qui vont en Espagne. De cet endroit, pour atteindre la crête des Pyrénées, on monte par une rampe assez développée jusqu'à un bassin d'un aspect sévère par l'état de déchirement des montagnes, au pied desquelles se présentent quatre lacs remarquables. On monte ensuite de plus en plus rapidement, à travers d'énormes éboulements, par un sentier en zigzags fréquemment repliés sur eux-mêmes, et l'on arrive en deux heures, comme au sommet d'un ravin, à l'espèce de déchirure qui traverse la Penna Blanca, ou le rocher Blanc, formé d'une masse de marbre gris clair veiné de blanc; c'est là le passage qui conduit sur le versant espagnol; c'est le port de Venasque, auquel M. Cordier donne 1231 toises d'élévation; il conduit à la ville espagnole de Venasque, avant laquelle est aussi un hospice, au bas de la première descente. Du passage de la Penna Blanca, on voit se déployer, au levant, l'énorme masse des montagnes Maudites; celle qui porte le nom de Maladetta est le point le plus élevé des Pyrénées.

VILLENEUVE-DE-RIVIÈRE. Bourg situé à 1 l. de Saint-Gaudens. Pop. 1,593 h. — Filature de laine.

ARRONDISSEMENT DE MURET.

AUTERIVE. Bourg situé sur la rive droite de l'Ariége, qui y est navigable et que l'on passe sur un pont de briques, à 4 l. 1/2 de Muret. ✉ Pop. 1,900 h. —*Fabriques* de draps pour l'habillement des troupes.

CALMONT. Bourg situé à 7 l. de Muret. Pop. 1,600 hab.

CARBONNE. Petite ville fort agréablement située sur la rive gauche de la Garonne, près du confluent de l'Arize, à 5 l. de Muret. Pop. 1,981 hab.—*Fabriques* de draperies. Moulin à foulon. Teintureries. Briqueteries.—*Commerce* d'huiles et de laines.

CAZERES. Jolie petite ville, située à 8 l. 3/4 de Muret. Pop. 2,597 hab. Elle est assez bien bâtie, sur la Garonne, qui commence en cet endroit à être navigable.—*Fabriques* de chapeaux communs. Tanneries et teintureries. — *Commerce* de bestiaux.

CINTEGABELLE. Petite ville située à 6 l. de Muret, au confluent du Lers et de l'Ariége, dont la navigation commence en cet endroit. Pop. 3,738 hab.

FOI (SAINTE-). Bourg situé à 6 l. de Muret. Pop. 1,250 hab.

FOUSSERET (le). Petite ville située à 10 l. de Muret. Pop. 2,115 hab.

GAILLAC-TOULZA. Bourg situé à 6 l. 3/4 de Muret. Pop. 1,700 hab.

LYS (SAINT-). Bourg situé à 3 l. 1/2 de Muret. ✉ Pop. 1,233 hab.

MARTRES. Petite ville située à 9 l. 3/4 de Muret. ✉ ⚘ Pop. 1,550 hab.—Manufacture de faïence façon anglaise.

MIREMONT. Petite ville située à 4 l. 1/2 de Muret. Pop. 1,248 hab. Elle est bâtie sur un coteau entièrement tapissé de bois, au milieu desquels sont disséminés çà et là de nombreux villages et quelques châteaux. — Briqueterie.

MONTESQUIEU-DE-VOLVESTRE. Petite ville située sur une hauteur, au bord du canal du Midi : à 7 l. 1/2 de Muret. Pop. 3,747 hab. — Manufacture de draps, ras, droguet. Salpêtrerie. Tuilerie.

MURET. Jolie ville. Chef-lieu de sous-préfecture. Tribunal de première instance. Société d'agriculture. ✉ ☞ Pop. 3,787 h.

Cette ville est agréablement située, dans une belle vallée, au confluent de la Louge et de la Garonne, qu'on y passe sur un pont suspendu d'une dimension et d'une solidité remarquables. Elle est assez bien bâtie en briques, sur le penchant d'un coteau, et célèbre par le siège qu'elle soutint contre le roi d'Aragon, en 1213.

Fabriques de grosse draperie, de faïence blanche et façon anglaise. Tanneries.

A 5 l. de Toulouse, 177 l. de Paris.

NOÉ. Petite ville située à 3 l. 1/4 de Muret. ✉ ☞ Pop. 800 hab.

PLAN (le). Bourg situé à 9 l. 1/4 de Muret. pop. 1,150 hab.

RIEUMES. Petite ville située à 4 l. 1/4 de Muret. Pop. 1,610 hab.—*Fabriques* de toiles.

RIEUX. Petite ville située à 6 l. 1/4 de Muret. ✉ Pop. 1,994 hab. Elle est bien bâtie, dans une position agréable sur l'Arize, et possède une belle église surmontée d'un clocher d'une hardiesse remarquable.—*Fabriques* de draps et de chapeaux. Briqueterie.

SULPICE (SAINT-). Bourg situé à 3 l. 3/4 de Muret. Pop. 1,200 hab.

VENERQUE. Bourg situé à 2 l. 3/4 de Muret. Pop. 950 hab.

ARRONDISSEMENT DE VILLEFRANCHE.

AURIAC. Petite ville située à 5 l. 1/2 de Villefranche. Pop. 1,737 hab.

AVIGNONET. Petite ville située près du canal du Midi, à 1 l. 3/4 de Villefranche. Pop. 2,450 hab.

BASIÈGE. Petite ville agréablement située sur le Lers et le canal du Midi, à 2 l. de Villefranche. ✉ ☞ Pop. 1,695 hab.

CARAMAN. Bourg situé à 4 l. 1/2 de Villefranche. ✉ Pop. 2,425 hab.

FÉLIX-DE-CARAMAN (SAINT-). Jolie petite ville, située à 5 l. 1/4 de Villefranche. Pop. 2,500 hab. Elle est bien bâtie en pierre et possède plusieurs habitations remarquables; la promenade publique domine la plaine de Revel, à l'extrémité de laquelle s'élève la montagne Noire, d'où descend la plus grande partie des eaux qui alimentent le canal du Midi.—Aux environs, et non loin du bassin de Naurouse, on voit un obélisque élevé à la mémoire de l'immortel Riquet.

LANTA. Petite ville située à 5 l. 1/2 de Villefranche. Pop. 1,537 hab.

MONTGISCARD. Petite ville située sur un coteau, près du canal du Midi, à 3 l. 1/2 de Villefranche. Pop. 1,475 hab.

NAILLOUX. Bourg situé à 3 l. de Villefranche. Pop. 1,353 hab.

REVEL. Petite ville située à 7 l. 1/2 de Villefranche. ✉ Pop. 5,456 hab. Elle est bâtie sur une hauteur qui domine une plaine fertile, et d'où l'on jouit d'une vue fort agréable. On doit visiter, aux environs, le beau bassin de Saint-Féréol, que nous décrirons dans la livraison du département du Tarn (*voy.* SOREZ). — *Fabriques* de bas, bonnets, toiles, couvertures, liqueurs. Filatures de coton. Teintureries. Tuileries. Tanneries. — *Commerce* de grains, farines.

VILLEFRANCHE-DE-LAURAGUAIS. Petite ville. Chef-lieu de sous-préfecture. Tribunal de première instance. Société d'agriculture. ✉ ☞ Pop. 2,652 hab.

Cette ville est située dans une vaste plaine renommée par sa fertilité, sur le Lers, près du canal du Midi. Elle est généralement bien bâtie en briques, et formée principalement d'une rue très-longue que traverse la grande route.

Fabriques de toiles à voiles, bonneterie, couvertures de laine, poterie de terre. Tannerie.—*Commerce* de grains, maïs, chanvre, toiles, etc.

A 9 l. de Toulouse, 190 l. de Paris.

FIN DU DÉPARTEMENT DE LA HAUTE-GARONNE.

IMPRIMERIE DE FIRMIN DIDOT FRÈRES,
RUE JACOB, N° 24.

Guide Pittoresque

DU

VOYAGEUR EN FRANCE.

ROUTE DE PARIS A TOULOUSE,

TRAVERSANT LES DÉPARTEMENTS

DE SEINE-ET-OISE, DU LOIRET, DU CHER, DE L'INDRE, DE LA CREUSE, DE LA HAUTE-VIENNE, DE LA CORRÈZE, DU LOT, DE TARN-ET-GARONNE, DE LA HAUTE-GARONNE, ET COMMUNICATION AVEC LE DÉPARTEMENT DE L'ARIÉGE.

DÉPARTEMENT DE L'ARIÉGE.

Itinéraire de Paris à Toulouse,

PAR MONTARGIS, BOURGES, LIMOGES, TULLE ET MONTAUBAN, 182 LIEUES.

	lieues.		lieues.
De Paris à Nogent-sur-Vernisson (route de Chambéry)	32	Limoges	3
Gien	5	Pierre-Buffierre	3
Argent	4 1/2	Magnac	3
La Chapelle-d'Angillon	5	Masseré	2 1/2
Grangeneuve	3	Uzerche	4 1/2
Bourges	4 1/2	Saint-Pardoux	4
Saint-Florent	3 1/2	Donzenac	3
Charost	2	Brives	3
Issoudun	3	Cressensac	5
Neuvy-Pailloux	3	Souillac	4
Châteauroux	3 1/2	Payrac	5
Lottier	4	Pont-de-Rodes	5 1/2
Argenton	3 1/2	Pélacoy	5 1/2
Le Fay	4	Cahors	4 1/2
Rodes	3	La Madeleine	6
La Ville-au-Brun	2	Caussade	4
Morterol	5	Montauban	5 1/2
Chanteloube	4	Grisolles	5
La Maison-Rouge	4	Saint-Jory	3
		Toulouse	4 1/2

Communication de Toulouse à Foix, 19 l. 1/2.

	lieues.		lieues.
De Toulouse à Viviers	6 1/2	Pamiers	3 1/2
Saverdun	5	Foix	4 1/2

63ᵉ et 64ᵉ Livraisons. (ARIÉGE.)

ASPECT DU PAYS QUE PARCOURT LE VOYAGEUR

DE TOULOUSE A FOIX.

En sortant de Toulouse, on entre dans une riche et fertile plaine, où l'on côtoie la rive gauche de la Garonne jusqu'à Portet, bourg situé au confluent de ce fleuve et de l'Ariége. Peu après, on laisse à droite la route de Bagnères-de-Luchon, puis on traverse la Garonne sur un beau pont nouvellement construit en briques, qui aboutit au joli village de Pinsaguel. Au delà de ce village, la route longe la rive gauche de l'Ariége, qui reçoit la Lèze à une demi-lieue plus loin. On passe ensuite au Vernet; à Viviers, joli hameau vis-à-vis duquel on aperçoit la petite ville de Miremont, bâti sur un coteau boisé où se montrent plusieurs villages et de nombreux châteaux. Un peu plus loin, on voit sur la rive droite de l'Ariége, le bourg d'Auterive, qui communique à la route par un pont récemment construit en briques; à une demi-lieue de distance, on laisse sur la droite, au bord de l'Ariége, le village de Baccarest et le beau domaine du maréchal Clausel; peu après on passe du département de la Haute-Garonne dans celui de l'Ariége. Saverdun est une ville bien bâtie, et fort agréablement située sur un coteau qui borde la rive gauche de l'Ariége, que l'on y passe sur un beau pont. Au sortir de cette ville, on entre dans une plaine extrêmement fertile, bordée d'un côté par le Crieu et de l'autre par l'Ariége; à l'issue de cette plaine apparaît la jolie ville de Pamiers. Au delà de cette ville, la route est parfaitement tracée le long de l'Ariége, dont les bords, extrêmement boisés, offrent des sites charmants. En remontant la vallée, on traverse Saint-Jean-du-Falga, Varilhes, Saint-Jean-des-Vergers, et, après avoir joui de plusieurs beaux aspects qu'offrent les charmants châteaux et les jolis villages qui décorent le pied de la colline boisée qui règne le long de l'Ariége, on découvre la ville et le château pittoresque de Foix.

DÉPARTEMENT DE L'ARIÉGE.

APERÇU STATISTIQUE.

Le département de l'Ariége est formé du ci-devant pays ou comté de Foix, du Couserans qui dépendait de la Gascogne, et de quelques communes de la ci-devant province du Languedoc. Il tire son nom de l'Ariége, qui le traverse dans sa plus grande longueur, du midi au nord, et prend sa source dans le petit étang appelé l'Estagnol de l'Aurigera, au pied du pic de Framiquel, entre l'Andorre et la vallée de Carol. — Ses bornes sont : à l'est, le département de l'Aude et celui des Pyrénées-Orientales; au sud, ce dernier département, le pays d'Andorre et les Monts-Pyrénées qui le séparent de l'Espagne; à l'ouest, le département de la Haute-Garonne; au nord, ceux de la Haute-Garonne et de l'Aude.

Ainsi que les départements situés au pied des Pyrénées, ce département se compose de plaines et de montagnes. Des trois arrondissements qui le forment, celui de Foix est tout entier dans les montagnes; celui de Saint-Girons y est dans sa presque totalité; mais celui de Pamiers est presque complètement en plaine. Ces montagnes s'élèvent graduellement du nord au sud : d'abord peu remarquables à la limite septentrionale du département, elles acquièrent une hauteur considérable vers le centre, et parviennent à la plus grande élévation sur l'extrême frontière; leur direction est, en général, celle de l'est à l'ouest. Elles forment trois lignes distinctes et à peu près parallèles entre elles, dont les deux antérieures sont appelées les Anti-Pyrénées. La première qu'on trouve en allant vers

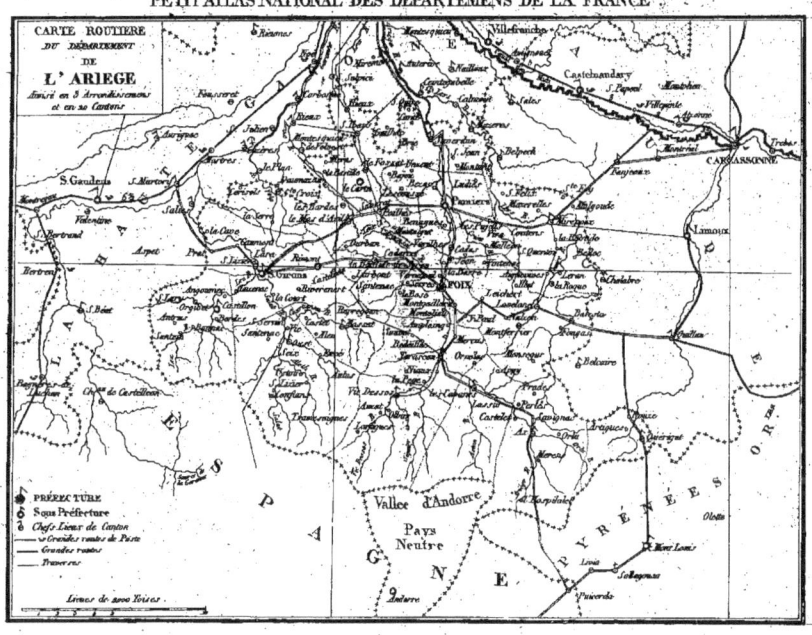

l'Espagne, est une longue colline appelée Plantaurel ; elle n'est interrompue que par des coupures où passent l'Ariége, le Lers, la Touire et le Douctouire. La ligne de moyenne hauteur qui est entre la précédente et l'extrême frontière est hérissée de pics très-remarquables, tels que ceux d'Orcizet, de Paillères, de Saint-Barthélemy : cette ligne, qui est aussi coupée par l'Ariége, est continuée par la chaîne qui borne au midi la vallée de Barguillère, où coule le Larget. Enfin, la ligne la plus élevée comprend le roc Blanc près de Quérigut, le puy Prigue, les pics de Fontargente, de la Serre, du port d'Auzat, du port de Negres-de-l'Os, et la montagne de Montcalm ; point le plus élevé de toute la partie orientale des Pyrénées. Les points culminants de ces montagnes au-dessus du niveau de l'Océan ont été évalués ainsi :

   Le glacier de la pique de Montcalm...... 3251 mètres.
   La pique d'Estats...................... 3020
   Le pic de la Serrère................... 2953
   Le pic du port de Siguer............... 2931
   Le pic de Pedrous...................... 2904
   Le pic de Mont-Valier.................. 2816
   Le pic de Fontargente.................. 2820
   Le pic de Saint-Barthélemy ou d'Appi... 2382
   La pique des Tres-Seignous............. 2333

A travers cette partie de la vaste chaîne des Monts-Pyrénées existent des cols ou sentiers plus ou moins périlleux, spécialement désignés sous le nom de *Ports*, servant de passages entre la France, l'Andorre et l'Espagne. En voici la nomenclature dans l'ordre qu'ils présentent du sud-est au nord-ouest : le port de Meringues, appelé communément port d'Andorre ; il peut être franchi à cheval une partie de l'année, et continuellement à pied dans les temps ordinaires. Le port de Fray-Miquel, praticable en tout temps à pied et quelques mois de l'année à cheval. Le port de la Porteille-Blanche, pratiqué par les muletiers. Le port de Puy-Maurin ou de Puy-Morent, qui conduit directement d'Ax à Puycerda ; il est le plus fréquenté de tous, et peut être franchi à cheval en toute saison, même par une armée avec quelques pièces d'artillerie de petit calibre. Le port de Fontargente ou de la Cabane, praticable à cheval pendant quelques mois de l'été, et par les piétons pendant toute l'année, excepté dans les mauvais temps. Le port de Bagnels, praticable à cheval pendant la belle saison. Le port de Siguer, praticable pendant toute l'année, mais seulement à pied. Le port de Nieure, passage très-périlleux qui ne peut être fréquenté qu'à pied pendant quelques mois de la belle saison. Le port Vieux-de-l'Arbeille, encore plus périlleux que le précédent. Le port de l'Arbeille ou de Vicdessos, praticable seulement à pied dans la belle saison. Le port de Carroussan, praticable pour les piétons durant la belle saison seulement. Le port de Rat, fréquenté presque toute l'année par les piétons, et pendant quelques mois seulement par des chevaux qu'on tient par la bride. Le port d'Arrens, praticable à pied dans la belle saison seulement. Le port de Bouet, praticable toute l'année pour les piétons, et pendant trois mois de l'été pour les chevaux menés en main. Le port Vieux-de-Remouzet et le port de Staz, praticables pour les piétons pendant quelques mois seulement. Le port du Plat, praticable pour les gens de pied pendant quelques mois de la belle saison. Le port de Tabascan ou de Lugunes, praticable pour les piétons, et, pendant trois ou quatre mois, pour des montures menées en main. Les ports de Garbet, de Guillon, de Saunous, d'Annes, d'Arcius, de Collat, conduisant à Tabascan (Espagne) ; ils ne peuvent être franchis que par les piétons et non sans danger. Les ports de la Tessé-d'Alet, de la Loé, d'Ustou : ce dernier peut être passé à cheval dans la belle saison ; les autres ne sont praticables qu'à pied. Le port de Lesiou, fréquenté principalement par les contrebandiers, qui ne peuvent le traverser qu'à pied dans la belle saison. Le port de Salau, que les chevaux et les mulets peuvent franchir dans la belle saison ; c'est le meilleur et le plus fréquenté de tous les ports de l'arrondissement de Saint-Girons. Les ports d'Aure-Noire et de Berbegué, fréquentés seulement par les bergers et les contrebandiers. Le port d'Aula, qui mène à Allous, à la vallée d'Aran et à la célèbre chapelle de Montgard ; il peut être franchi à cheval en été. Les mauvais passages de Tindareille, des Montagnolles, de Clavière, de Girette, non qualifiés de ports, et fréquentés seulement par les bergers et par les contrebandiers. Le port d'Orle, praticable à cheval dans la belle saison et très-fréquenté. Le port d'Uret, qui conduit à la vallée d'Aran ; c'est un mauvais passage, pratiqué seulement par les bergers et par les contrebandiers. Le port de la Hourquette, assez bon passage que l'on peut traverser à cheval en été pour se rendre dans la vallée d'Aran. Le portillon d'Albi et le pic de la Crabère, mauvais passages qui conduisent dans la vallée d'Aran, que fréquentent seulement les bergers et les contrebandiers.

Il est peu de pays où le sol soit plus varié que dans le département de l'Ariége. On y voit des terres fortes, principalement aux environs de Mirepoix, Lezat, Daumazan ; des terres légères, comme la plaine de Boulbonne ; des terres graveleuses ou pierreuses, comme à Pamiers, Saverdun, Laroque ; des terres noires, comme à Saint-Girons, Massat, Erce, Castillon, et dans la plupart des vallées ; des terres sablonneuses, comme dans la vallée de la Barguillière ; des terrains arides, des landes, des bruyères, surtout au sommet des montagnes et de la plupart des coteaux. En général, le sol se divise en partie haute et basse : la première fournit principalement des bois et des pâturages ; la seconde est remarquable par sa fécondité, notamment les territoires de Pamiers, de Saint-Girons et de Mirepoix ; elle produit du froment, du maïs, du millet, du sarrasin, des fruits excellents et du vin en assez grande quantité. La culture de la vigne est même propagée jusqu'au milieu des plus hautes montagnes ; il y en a en hautin largement espacées, qu'on laisse croître à la hauteur d'environ six pieds, en associant les souches avec l'érable ou avec d'autres arbres ; il y en a en espalier qui tiennent le milieu entre les hautins et les vignes basses ; enfin, dans les endroits où un terrain de bonne qualité était presque tout couvert de grosses pierres roulées, principalement du côté de Montgaillard, on a ramassé ces pierres dont on a fait divers tas dispersés çà et là, dans lesquels on a placé un plus ou moins grand nombre de souches de vigne, suivant l'étendue de ces tas : on laboure le reste du terrain qui se trouve débarrassé. Cette variété, qui contraste avec des vignes ordinaires et des vergers qui sont en plaine, avec les arbres qui bordent l'Ariége, et avec les montagnes que l'on voit à différentes distances, forme un coup d'œil charmant pour le voyageur qui parcourt la route de Foix à Tarascon.

La vallée d'Andorre, qui limite au sud le département de l'Ariége, est un pays neutre, situé sur le versant méridional de la chaîne des Pyrénées. Cette vallée, bornée de tous côtés par des pics élevés, a environ sept lieues de longueur du nord au sud, et à peu près autant de largeur de l'est à l'ouest. Le sol en est extrêmement montagneux, rocailleux et peu fertile. Cependant les hauteurs y sont couvertes de pins et les pâturages excellents. Elle renferme six communautés qui sont : Andorre-la-Vieille, Canillo, Encamp, la Massane, Ordino et Saint-Julien ; et trente-quatre villages ou hameaux formant une espèce de république gouvernée par ses propres magistrats. Le gouvernement se compose d'un conseil général de vingt-quatre membres nommés à vie : quatre dans chaque communauté. Ce conseil a deux syndics qu'il choisit ; ils convoquent les assemblées et gèrent les affaires publiques. Avant la révolution de 1789, le tribunal criminel était composé de deux juges appelés viguiers, l'un nommé par le roi de France, l'autre par l'évêque d'Urgel, et auxquels étaient adjoints six habitants de la vallée, nommés par le conseil général, pour juger ensemble en premier et dernier ressort les affaires criminelles. — Il y a dans cette vallée des mines de fer et plusieurs forges. A l'exception des ouvriers employés aux mines, tous les habitants sont pasteurs.

Le département de l'Ariége jouit d'un climat en général fort doux, mais il est plus tempéré au nord qu'au midi. Les plus grands froids se font ordinairement sentir du 20 décembre au 21 janvier; ils ne sont pas excessifs, et il est très-rare que le thermomètre centig. descende au-dessous de — 12°. Les plus grandes chaleurs règnent aussi environ un mois, du 20 juillet au 20 août; le thermomètre monte alors de + 35 à 36°. La température de l'hiver est de — 3 à 4°; celle du printemps et de la fin de l'automne de + 12 à 14°, et celle de l'été de + 25 à 28°. Les plus grandes variations du baromètre n'excèdent pas un pouce et demi.—Pendant les mois de mars, d'avril et de mai, le temps est extraordinairement variable et le plus souvent pluvieux; on remarque quelquefois en un seul jour le chaud, le froid, la pluie, la neige, le grésil, le soleil, le vent, en un mot, les différents phénomènes qui ne se montrent ailleurs qu'à différentes époques. L'été est ordinairement fort chaud; l'automne est la plus belle saison; en hiver, la nature se montre prodigue de vents, de pluies, de neiges, d'ouragans, etc. — Le vent nord-ouest est celui qui règne le plus fréquemment dans ces contrées; et lorsque d'autres vents soufflent sur le sol, souvent le nord-ouest agite les couches supérieures de l'atmosphère: après ce vent, le plus dominant est le vent d'est, puis le sud-est. Les vents impétueux sont assez rares.—On évalue à 128 la moyenne des jours de pluie et de neige.

Le département de l'Ariége a pour chef-lieu Foix. Il est divisé en 3 arrondissements et en 20 cantons, renfermant 335 communes. — Superficie, 280 lieues carrées. — Population, 253,730 habitants.

Minéralogie. Indices de mines d'or. Paillettes d'or dans l'Ariége, le Salat, l'Arize, et dans plusieurs ruisseaux; traces de mines de plomb argentifère, qui passent pour avoir été exploitées par les Romains. Mines de fer très-riches (voy. Sem, pag. 14). Mines de cuivre, de plomb, de zinc, de manganèse. Houille, jayet, plombagine. Carrières de marbre, d'ardoises, de plâtre, de pierres de taille calcaires et de grès. Pierres à rasoir, pierres de touche, amiante. Terres à faïence et à poterie, terres alumineuses et pyriteuses, marne, tourbe, etc., etc., etc.

Sources minérales à Ax, Audinac, Carcanières, Aulus, Ussat, la Bastide-sur-l'Hers.
Productions. Toutes les céréales, maïs, millet, sarrasin, châtaignes, fruits excellents, chanvre, lin, pâturages. — 7,232 hectares de vignes, produisant, année moyenne, 100,000 hectolitres de vin qui se consomment dans le pays et ne suffisent pas pour la consommation.—92,567 hectares de forêts (arbres feuillus et arbres verts).—Gibier très-abondant (ours, chamois, renards, blaireaux, coqs de bruyères).—Très-bon poisson (truites saumonées, excellentes écrevisses).—Peu de chevaux, mais de belle race. Bêtes à cornes. Beaucoup de moutons. Éducation très-soignée des mérinos.

Industrie. Fabriques de tissus de coton et de laine, de draps, bonneterie en laine, jayet, peignes de corne et de buis; filatures de laine et de coton. Plus de 40 forges à la catalane, et des martinets donnant du fer, de l'acier, des faux, etc. Verreries, tanneries, faïenceries et papeteries.

Commerce de grains, beurre, fromages, cire, miel excellent, huile à brûler, moutons et veaux gras, laines, bois de construction, fer, résine, poix, térébenthine, liège, marbre, jaspe, etc.

DÉPARTEMENT DE L'ARIÉGE.

VILLES, BOURGS, VILLAGES, CHATEAUX ET MONUMENTS REMARQUABLES; CURIOSITÉS NATURELLES ET SITES PITTORESQUES.

ARRONDISSEMENT DE FOIX.

ALZEN. Village situé à 3 l. de Foix. Pop. 934 hab. On y voit les ruines d'un vieux château, une antique chapelle, et une belle cascade formée par une petite rivière qui traverse la montagne. — Source d'eau minérale.

APPI. Village situé à 7 l. 1/2 de Foix. Pop. 236 hab. On y voit un étang très-vaste et une grotte remarquable.

ASTON. Village situé à 6 l. 1/2 de Foix. Pop. 529 hab. Il est sur l'étang très-poissonneux de Fontargente, et possède une source d'eau minérale sulfureuse.

AUZAT. Village situé à 8 l. 1/4 de Foix. Pop. 1,875 hab. On y remarque les ruines du château fort de Montréal, avec lequel communiquent plusieurs grottes remarquables.

AX. Petite ville située au pied des Pyrénées, sur l'Ariége, à 11 l. de Foix. ✉ ⚜ Pop. 1,927 hab.

Cette ville est assise en partie sur un rocher peu élevé, au pied des Pyrénées, à 365 toises au-dessus du niveau de la mer. Elle est assez bien bâtie, à l'intersection de trois jolis vallons arrosés par les torrents d'Ascou, d'Orgeix et de Mérens, qui, en se réunissant sous ses murs, prennent le nom d'Ariége. Elle est entourée de montagnes granitiques, en grande partie cultivées, qui offrent une agréable variété de bois, de prés et de terres labourables, entremêlés de rochers agrestes, de cascades pittoresques, formant un tableau véritablement enchanteur.

Le sol des environs est très-maigre : aussi ses productions sont loin de suffire aux besoins des habitants. La masse des montagnes parallèles qui forment la vallée d'Ax est généralement composée de granite à travers lequel on rencontre des schistes alumineux micacés et du calcaire. Les anciens y trouvaient de l'or. Il y a quelques mines de fer, mais pauvres et négligées; à cinq lieues au-dessous d'Ax, dans la belle vallée de Vic-Dessos, existe la fameuse mine de Rancié.

Cette ville est la patrie du célèbre médecin Roussel, un de nos plus ingénieux écrivains, auteur du Système physique et moral de la femme.

EAUX THERMALES D'AX [1].

Ax est célèbre par ses sources d'eaux sulfureuses thermales, dont la température varie de 16 à 62 degrés du thermomètre de R.

Les eaux d'Ax étaient connues dans les temps les plus reculés; l'histoire du comté de Foix, rédigée en 1609, en fait mention; un large bassin, qu'on appelait le bassin des Ladres ou des Lépreux, existe encore tout près de l'hôpital, et fut construit en 1200; une étuve adossée aux murs de cet édifice atteste l'antiquité et la bonté des eaux. Mais c'est surtout depuis le commencement du XVIIIe siècle, que les sources d'Ax sont fréquentées avec assiduité. Leur abondance est telle que l'on marche en quelque sorte sur un océan souterrain, car on ne peut guère creuser le sol à vingt pieds de profondeur sans rencontrer des eaux chaudes. Les établissements sont aujourd'hui organisés de manière à pouvoir donner, en ne travaillant que cinq heures le matin et autant le soir,

---

[1]. Nous devons cette notice à l'extrême obligeance de M. le docteur Astrié, inspecteur des bains d'Ax et l'un des médecins les plus instruits et les plus zélés du département de l'Ariége. Né dans le pays même, M. Astrié dirige depuis sept ans, avec autant de talent que de succès, les baigneurs dans les divers modes d'administration dont les eaux d'Ax sont susceptibles.

ΛΣ.

plus de mille bains par jour, et l'on pourrait très-facilement étendre ce nombre.

Quelques-unes des sources appartiennent à la commune; la plupart sont la propriété de plusieurs particuliers qui font peu de chose pour en favoriser la vogue. Toutes les sources sont chaudes. Pour avoir à Ax de l'eau fraîche, il faut la prendre dans la rivière, et encore on doit choisir les endroits; car il y sourd beaucoup de sources chaudes.

Il existe à Ax un hospice civil, et l'on y construit dans ce moment un hôpital militaire, destiné à devenir une succursale de Barèges. Ax possède en effet des eaux aussi efficaces et beaucoup plus abondantes.

Plusieurs sources ne sont employées qu'aux usages les plus vulgaires; on s'en sert pour le lavage des laines dont il se fait un commerce bien peu considérable comparativement à ce qu'il était autrefois. Le pauvre trempe sa soupe dans l'eau thermale, y fait cuire les herbes, les légumes, les œufs, y lessive son linge, et y puise l'eau pour pétrir son pain : ce qui est d'une grande économie.

D'autres sources coulent sans utilité. Ce pays est, sans contredit, le plus riche de France en eaux minérales: tous les voyageurs en conviennent. Une vapeur sulfureuse annonce au loin à l'odorat la nature de ces eaux salutaires.

On compte à Ax environ cinquante-trois sources. Les principales sont :

La Canalette, $+22°$ 1/2 de R., située au Couloubret. Rafraîchissante, apéritive.

L'eau du Breil, $+25°$ 1/2 de R., située au Breil. Rafraîchissante, apéritive.

Saint-Roch, $+24°$ de R., située au Teix. Mêmes propriétés.

L'eau-Bleue, $+37°$ R., située au Teix. Diurétique, légèrement tonique.

Le n° 4, $+34$ R., située au Teix. Mêmes propriétés.

Le n° 5, $+44°$, située au Teix. Diaphorétique, stimulante.

L'eau de Bain-Fort, $+37°$ 1/2, située au Couloubret. La plus usitée en boisson contre les maladies de la poitrine.

L'Étuve, $+54°$, située près de l'hôpital. Très-active et détersive.

La Pyramide, $+53°$ 1/2, située au Teix. Très-active et détersive.

Les Canons, $+62°$, située près du bassin des Ladres. La plus chaude et la plus expansive.

La température des sources qui sont au-dessus de $+28°$ est invariable dans toutes les saisons; celle des autres baisse pendant l'hiver. Les sources qui fournissent aux bains et aux douches sont réparties dans trois établissements : le Couloubret, le Teix ou le Tech, et le Breil.

Le Couloubret, situé près de l'hôtel de France, sur la rive droite de l'Ariége, est le plus ancien établissement; il date de 1780. On y compte seize baignoires, trois douches et un bain de vapeur; huit sources y fournissent l'eau nécessaire au service. Venel visita ces sources en 1754, et Chaptal les analysa en 1787.

Le Teix, fondé par les soins de M. Boulié, chirurgien d'Ax, a été autorisé par le gouvernement d'après l'analyse des sources dont fut chargé M. Dispan, professeur de chimie à la faculté des sciences de Toulouse. Cet établissement est le plus considérable des trois; il possède trente-cinq baignoires, six douches, un bain de vapeur, et huit sources principales.

Le Breil doit son nom à une fontaine très-fréquentée par les buveurs. Il a été formé en 1820, au fond du jardin de l'hôtel d'Espagne, au sud-est de la ville. Cet établissement renferme huit baignoires, deux douches et un bain de vapeur; cinq sources, distribuées en un pareil nombre de réservoirs clos et surmontés de voûtes en maçonnerie, y fournissent en abondance les eaux nécessaires. Les bains sont couronnés de terre végétale très-productive, quoique la couche soit généralement très-mince; la végétation y est très-active, à cause de la chaleur souterraine.

SAISON DES EAUX. La saison des bains s'ouvre au mois de juin et ne finit qu'en octobre. La durée du traitement est, en général, de quatre à cinq semaines. C'est pendant les mois d'août et de septembre qu'a lieu la plus grande affluence des étrangers. Il vient annuellement à ces eaux plus de mille malades, dont environ un tiers se compose d'indigents à qui l'on donne gratuitement les bains. Une ligne de poste directe de Toulouse à Ax a été établie depuis quatre ans.

Un climat tempéré, un air infiniment salubre, des eaux de rivière fraîches, limpides et légères; un excellent gibier; des aliments très-sains; les vins du Roussillon et de l'Espagne, des sites pittoresques et variés qui sont un puissant attrait pour la curiosité; une belle route semée de nombreux villages, de faciles moyens de transport, des logements commodes, voilà le résumé des avantages et des ressources qu'offre cette contrée. On y trouve à peu près tous les objets d'utilité et d'agrément.

PRIX DU LOGEMENT ET DE LA DÉPENSE JOURNALIÈRE. Toutes les classes de la société peuvent se loger et se nourrir à Ax selon leur convenance et à bon marché. La plus belle chambre ne coûte qu'un franc par jour, et l'on en a à cinq sous. A 4 francs par jour, les plus exigeants sont logés et nourris dans de superbes hôtels.

TARIF DU PRIX DES EAUX, BAINS ET DOUCHES. On boit les eaux à discrétion, sans rétribution. Le bain coûte 75 c. et dure une heure, y compris le temps de se déshabiller et de s'habiller; la douche, 75 c., et dure une demi-heure au plus; l'étuve, 75 c., et dure aussi une demi-heure au plus.

ANALYSE DES EAUX D'AX, par M. Magnes.
Eau du Breil:

Première source, fournissant
   aux cabinets n°s 1 et 2... 39° 00 c.
Deuxième source, fournissant
   au cabinet n° 3......... 43 35
Troisième source, fournissant
   aux cabinets n°s 4 et 5... 42 50
Quatrième source, se rendant
   au n° 6............... 40 00
Cinquième source, désignée
   sous le nom de Bain-Fort et
   destinée au service de la
   douche et du bain de vapeur................ 66 50
Sixième source, dite de la
   Pompe............... 40 00

Leur poids spécifique diffère peu de celui de l'eau pure.

Les sources 1, 2, 3, 4, fournissant aux bains 1, 2, 3, 4, 5, 6, sont, à fort peu de chose près, identiques quant à leurs parties constituantes.

Toutes contiennent de l'acide hydrosulfurique libre.

Cent mille parties de ces eaux évaporées à siccité ont donné un résidu sec pesant 23 63, et formé, d'après M. Magnes, de

Chlorure de sodium (sel marin)   3 53
Matière végéto-animale......   3 88
Carbonate de soude.........   8 12
Silice...................   3 88
Oxide de manganèse........   0 35
Alumine..................   0 17
Perte....................   3 70
                                 23 63

Sources n°s 5 et 6. Cent mille parties traitées de la même manière, ont fourni, outre l'acide hydrosulfurique libre, un résidu sec pesant 12 17, et formé de

Chlorure de sodium.........   2 65
Matière végéto-animale......   2 12
Carbonate de soude.........   3 52
Silice...................   2 13
Oxide de manganèse........   0 17
Alumine..................   0 17
Perte....................   1 41
                                 12 17

Toutes ces eaux sont glaireuses, propriété due à la matière végéto-animale qu'elles retiennent en dissolution.

Eaux du Couloubret. Deux analyses des eaux du Couloubret sont dues à M. Magnes; celle du Bain-Fort et celle de la source n° 4 de cet établissement.

Bain-Fort du Couloubret. Cent mille parties de ces eaux, outre l'acide hydrosulfurique libre, ont fourni par l'évaporation à siccité un résidu sec pesant 18 50, et formé de

Chlorure de sodium.........   2 21
Matière végéto-animale......   2 21
Carbonate de soude.........   7 06
Silice...................   3 53

Oxide de manganèse	0 22
Alumine	0 44
Perte	2 83
	18 50

Eau de la source n° 4 du Couloubret. Cent mille parties, outre l'acide hydrosulfurique libre, ont fourni par l'évaporation à siccité un résidu sec pesant 17 70, et formé de

Chlorure de sodium	1 77
Matière végéto-animale	2 21
Carbonate de soude	6 18
Peroxide de fer	0 88
Oxide de manganèse et magnésie	0 44
Silice	3 54
Perte	2 68
	17 70

PROPRIÉTÉS PHYSIQUES. Les eaux d'Ax sont claires et limpides comme celles des Pyrénées. Leur saveur et leur odeur ressemblent à celles des œufs couvés. Quelques sources sont onctueuses au toucher; elles contiennent en quantité notable une matière albumineuse végéto-animale, dont la nature n'est pas encore bien déterminée par les chimistes, mais dont l'heureux effet est de modérer l'action stimulante des autres principes minéralisateurs. Les orages et les pluies ne troublent jamais les sources; elles ne sont point gelées même dans les plus rudes hivers. Nulle part, dans la chaîne des Pyrénées, la chaleur des eaux n'est si variée ni si élevée. Elle offre, dans sa graduation, une très-longue échelle qui s'étend depuis 16 jusqu'à 62 degrés du thermomètre de Réaumur. Les sources au-dessus de 35 degrés ont une température constante et un volume invariable dans toutes les saisons. Il n'en est pas ainsi des autres dont la chaleur baisse un peu pendant les longues pluies, et sous l'influence d'un froid continu.

PROPRIÉTÉS CHIMIQUES. Les eaux d'Ax brunissent ou noircissent les métaux blancs, tels que l'argent, le plomb, le bismuth, l'antimoine, etc. Les proportions de leurs principes constituants diffèrent beaucoup dans chaque source. Certaines déposent plus de soufre que d'autres, qui, en revanche, char-rient plus de matière albumineuse. L'eau minérale soumise à l'ébullition perd son caractère sulfureux; ce qui prouve qu'il est dû simplement à l'hydrogène sulfuré dont elle est abondamment pourvue.

PROPRIÉTÉS MÉDICINALES. Toutes les eaux minérales excitent plus ou moins, et ont une action spéciale sur tel ou tel système. Les eaux d'Ax sont en général apéritives, diurétiques, détersives, fondantes et sudorifiques; elles stimulent vivement tout l'organisme, et poussent vivement à la peau, au point de provoquer des sueurs abondantes, et quelquefois même des éruptions générales. Leur activité, qu'elles doivent au principe sulfureux, triomphe des catarrhes invétérés, des rhumatismes chroniques, des affections cutanées (les dartres et la gale), des maladies scrofuleuses; en un mot, de toutes ces infirmités rebelles aux traitements ordinaires, et qui ne cèdent qu'à des agents pénétrants et à des impressions vives.

MODE D'ADMINISTRATION. Elles s'administrent dans toutes les formes: 1° en boisson: on les coupe d'abord avec le lait, l'eau d'orge, le sirop de gomme, etc., pour prévenir ou modifier une excitation trop forte. On en boit ordinairement de quatre à six verres le matin à jeun; on procède par tâtonnement et par gradation; 2° en lotions, très-appropriées aux ulcères, aux dartres, etc.; 3° en injections, pour déterger les ulcérations internes; 4° en bains, dont on gradue à volonté la force et la chaleur; 5° en douches ascendantes et descendantes; 6° en étuves ou bains de vapeur qui agissent avec une grande énergie, et sont un puissant instrument de guérison.

OBSERVATIONS GÉNÉRALES. On sent facilement que la réunion dans un même lieu de tant de sources médicinales, et la grande variété de minéralisation et de température dont elles sont douées, est, pour l'art de guérir, un avantage inappréciable, vu l'immensité d'indications fournies par les tempéraments, les âges, les sexes, et par ces dispositions particulières, infiniment diversifiées, que présentent les maladies. Aussi le gouvernement vient de jeter enfin ses regards sur ce lieu thermal si digne de son attention; il donne lui-même l'heureux exemple de la confiance que ces eaux méritent d'inspirer, en y envoyant les défenseurs de la patrie. Nul doute que la ville d'Ax ne devienne un jour, comme Baréges, fameuse dans les annales militaires. L'identité de principes dans les eaux garantit l'identité des résultats, et l'expérience l'a depuis longtemps démontré. Il s'en faut de beaucoup que ces établissements soient fréquentés en raison de leur importance. Les propriétaires n'ont malheureusement ni la volonté ni les moyens de suivre le mouvement général qui s'imprime de nos jours à ce genre d'industrie. Quel parti le génie des spéculations ne pourrait-il pas tirer des bienfaits que la nature prodigue dans ce pays presqu'en pure perte? Dans des mains habiles, les sources de la santé deviendraient celles de la richesse.

BASTIDE-DE-SEROU (la). Jolie petite ville, située sur la rive droite de l'Arize, au confluent du ruisseau de Laujol, à 4 l. 1/2 de Foix. Pop. 2,911 hab.

Vers 1150, c'était déjà un bourg connu sous le nom de Montesquieu. En 1689, les habitants de la campagne, pour se soustraire aux brigandages des Camisards, s'y réfugièrent en foule, et les comtes de Foix leur permirent d'en agrandir l'enceinte. Ce fut de la circonstance de ce refuge provoqué par la frayeur (en patois *férou*), que ce bourg aurait pris le nouveau nom de la Bastide-de-Férou, et par corruption la Bastide-de-Serou, son vrai nom actuel, indiqué mal à propos dans le Bulletin des lois, dans toutes les cartes et ouvrages géographiques, sous celui de la Bastide-de-*Seran* ou de *Cérons*.

Cette ville est assez bien bâtie, sur l'Arize, que l'on franchit sur un pont en pierre d'une seule arche. On y a construit récemment une fort belle halle. — Aux environs, on remarque une grotte spacieuse, et une mine de cuivre dont l'exploitation est abandonnée.

Fabriques de bonneterie en laine. Faïencerie. Filature de laine. Tuilerie, briqueterie. Scieries hydrauliques.

BÉDEILLAC. Village situé à 5 l. de Foix. Pop. 552 hab.

Ce village possède une des plus belles grottes du département, dont la profondeur est d'environ une demi-lieue; pour la voir, il faut s'adresser au maire ou au curé, qui donnent, avec la permission, un guide de leur choix. L'avenue de la grotte de Bédeillac n'offre point de difficulté; on y arrive par un chemin de pied assez commode. La beauté de sa voûte frappe d'admiration le grand nombre de curieux qui la visitent; rien n'est imposant comme son entrée; sa hauteur, sa hardiesse et sa masse laissent bien loin tous les travaux que l'homme pourrait entreprendre pour chercher à l'imiter. A quelques pas de l'entrée, on voit la voûte s'abaisser, ensuite s'exhausser, et la caverne s'agrandir jusqu'à ce qu'elle s'ouvre en salle immense, pavée et voûtée de cristallisations qui brillent à la lumière des flambeaux comme des pierres précieuses; les stalagmites s'unissent fréquemment aux stalactites par des colonnes qui s'élèvent du sol jusqu'aux voûtes. Plusieurs galeries se prolongent en divers sens, tantôt à droite, tantôt à gauche. Un petit ruisseau limpide coule pendant quelque temps et se perd dans un trou. On montre successivement le buffet d'orgues, le bénitier, la tombe de Roland, la cape de l'évêque, la grosse et la petite cloche, ainsi que d'autres concrétions que l'on désigne sous les noms de différentes parties d'une cathédrale gothique.

BÉLESTA. Petite ville située près d'une belle forêt de sapins, à 9 l. de Foix. Pop. 2,293 hab.

On remarque, aux environs de cette ville, la célèbre fontaine intermittente de FONTESTORBE, qui sort d'un antre large et profond, au pied d'une montagne. Elle est si abondante que ses eaux, jointes à celles de la rivière de Lers, qui dans ce lieu n'est qu'un petit ruisseau, suffisent pour alimenter, en se divisant, une grande forge et quelques usines, placées à quelques centaines de mètres de distance. Sa voûte est percée d'un soupirail qui s'élève perpendiculairement et sort à une hauteur considérable. Cette source offre une vue magnifique, dont plusieurs peintres ont profité pour composer de charmants tableaux.

La fontaine de Fontestorbe est particulièrement remarquable par son intermit-

GROTTE DE BÉDAILHAC.

tence, qui a fait le sujet des méditations du P. Planquet et du savant Astruc, lesquels ont expliqué son cours périodique par le jeu du siphon, ce qui a donné l'explication de toutes les fontaines intermittentes. Le phénomène n'a lieu que pendant les mois d'été : la fontaine ne coule alors que par intervalles, disparaissant pendant 32 minutes 30 secondes, après chaque écoulement de 36 minutes 36 secondes de durée ; le retour de l'eau est annoncé par un bruit assez fort. Les pluies font cesser l'intermittence et rendent le cours continu.

Exploitation en grand des carrières de marbre. Scieries hydrauliques de marbre, porphyre et albâtre. Forges et martinets à fer. — *Commerce* considérable de bois de sapin.

BOUAN. Village agréablement situé, au milieu de prairies entourées de coteaux couverts de vergers et de bocages, sur l'Ariége, à 5 l. de Foix. Pop. 234 hab. On voit près de ce village, dans les rochers et à l'entrée de plusieurs grottes, des restes d'antiques fortifications, des citernes assez bien conservées, etc. Malgré leur importance, ces constructions, que les habitants appellent *las gleizos* (les églises), sont à peine connues et n'ont encore fixé l'attention d'aucun historien.—*Fabriques* de draps, couvertures, cartons. Filature de laine, corderie et moulin à foulon.

BRASSAC. Village situé à 1 l. 1/2 de Foix. Pop. 234 hab. — *Fabriques* de chevilles pour les vaisseaux.

CABANNES (les). Joli bourg situé sur l'Aston, à 6 l. 1/2 de Foix. Pop. 663 hab. Il est assez bien bâti, et possède une grande place publique où aboutit une rue formée de maisons élevées et généralement bien construites.

On remarque, près du pont jeté sur l'Aston, le fameux château de Gudannes, bâti dans une situation très-pittoresque, sur une plate-forme entourée de jardins et de bosquets couronnés de sapins, de frênes et de mélèzes. Du haut des terrasses de ce château, on aperçoit, sur un pic escarpé, les ruines du château de Leudre, et, dans le lointain, celles du château de Lordat. L'ancien seigneur de Gudannes était appelé le *roi des Pyrénées*. — Aux environs, forges à la catalane.

CARCANIÈRES. Village situé à 12 l. de Foix. Pop. 243 hab. On y trouve une source d'eau thermale sulfureuse.

CARLA-DE-ROQUEFORT. Village situé à 4 l. de Foix. Pop. 404 hab. On voit aux environs, sur la cime de deux mamelons, les restes de deux antiques châteaux. Quelques auteurs désignent à tort ce village comme le lieu de naissance du célèbre Bayle.

CAUSSOU-ET-SABENAC. Village situé à 9 l. 1/2 de Foix. Pop. 502 hab. Il possède une mine de plomb, une grotte curieuse et une source d'eau minérale.

CELLES. Village et ancien château, situés à 3 l. de Foix. Pop. 893 hab.—Forge à la catalane.

CHATEAU-VERDUN. Village situé à 6 l. 3/4 de Foix. Pop. 223 hab. On y voit un château bâti sur un rocher élevé, qui paraît avoir été très-fort ; un peu plus bas est une chapelle gothique dédiée à la Vierge.

DURBAN. Village situé près des ruines d'un ancien château, à 6 l. 1/2 de Foix. Pop. 1,140 hab. On trouve sur son territoire beaucoup de poissons et de coquillages à l'état fossile.

FOIX. Ville ancienne. Chef-lieu du département. Tribunal de première instance. Chambre consultative des manufactures. Société d'agriculture et des arts. Collége communal. ✉ ⚜ Pop. 4,857 hab.

L'origine de cette ville remonte à des temps éloignés, mais l'époque en est inconnue. Élie de Pamiers et Olhagaray font remonter sa fondation à une haute antiquité ; Busching et Expilly lui donnent pour fondateur une colonie de Phocéens de Marseille ; mais, d'après le savant M. Dumège, il paraît que cette ville est loin d'avoir une origine aussi ancienne. Quoi qu'il en soit, il fallait que cette ville existât au moins dans le Ve siècle, puisqu'il paraît certain qu'il y avait alors une basilique dédiée à saint Nazaire, dans laquelle furent transférées les reliques de saint Volusien. Foix et son château sont célèbres par les siéges qu'ils ont soutenus :

ils résistèrent, en 1210, aux efforts de Simon de Montfort et de l'armée croisée contre les Albigeois; les habitants, armés seulement de pierres, repoussèrent les croisés et les mirent en fuite après leur avoir tué beaucoup de monde. En 1272, le comte de Foix, enhardi par la situation avantageuse du château, où il s'était renfermé, osa défier le roi de France, Philippe-le-Hardi, contre lequel il s'était révolté. Philippe, plein d'indignation et respirant la vengeance, vint l'assiéger avec une puissante armée, et fit serment d'emporter la place à quelque prix que ce fût. La résistance fut si longue et si opiniâtre que le roi entreprit de faire abattre l'énorme rocher qui porte le fort. A une époque où la poudre n'était pas encore inventée, c'était une entreprise difficile. Néanmoins on se mit à l'œuvre; de vastes quartiers de pierre étaient déjà renversés, et le rocher commençait à surplomber d'un côté, lorsque le comte, effrayé, se soumit et demanda grâce. Dans le XVIe siècle, la ville et le château, pris et repris par les catholiques et par les religionnaires, eurent beaucoup à souffrir des violences des deux partis. Les temps qui suivirent, plus paisibles, permirent à Foix de réparer ses désastres; toutefois cette cité en a peu profité pour s'embellir.

Cette ville, anciennement capitale du comté de Foix, est fort pittoresquement située au pied des Pyrénées dont les premiers gradins sont cultivés en vignes. Elle est circonscrite, à l'ouest, par l'énorme rocher sur lequel s'élève le château; au nord-ouest, par la rivière de l'Arget et par les rochers nus et à pic de la montagne de Saint-Sauveur; au nord, au nord-est et à l'est, par la rivière de l'Ariége et par la montagne du Pech; au sud-est, s'étend seulement la surface plane de son territoire. C'est dans cet espace resserré que la ville a été bâtie de la manière la plus irrégulière; les rues en sont étroites et mal percées; les maisons les plus anciennes y sont du plus mauvais goût: on y voit cependant plusieurs belles constructions, élevées notamment depuis l'année 1820, et l'on y remarque quelques édifices dignes de la curiosité des voyageurs; nous citerons principalement:

Le Château, formé de trois grandes tours gothiques, servant de prisons, construites en pierre de grès, dans la direction du nord au midi, à peu de distance l'une de l'autre, et s'élevant à une hauteur assez considérable, sur l'énorme rocher isolé qui borne la ville à l'ouest. Deux de ces tours sont carrées, et la troisième est ronde. Celle qui se trouve le plus au nord a été fondée sur des substructions, et annonce par son antique physionomie qu'elle fut bâtie à une époque reculée, que quelques géographes font remonter au règne de Dagobert, vers 630, sans que l'on sache trop sur quelle autorité l'on s'appuie pour lui assigner cette date. La seconde tour, quoiqu'elle ne paraisse pas aussi antique, existe encore depuis fort long-temps. La tour ronde, bien moins ancienne que les deux autres, a été construite dans le XIIe siècle; c'est la plus remarquable des trois.

Le château de Foix proprement dit est situé au pied et au nord-nord-ouest du rocher qui supporte les trois tours; il sert aujourd'hui de palais de justice.

L'abbaye de Foix a été fondée au confluent de l'Ariége et de l'Arget, à l'occasion des reliques de saint Volusien, martyr; elle fut unie, en 849, par Charles le Simple à l'abbaye de Saint-Tibery. Avant la révolution, ce monastère appartenait aux chanoines réguliers de la congrégation de Sainte-Geneviève. Après la suppression des ordres monastiques, il fut successivement occupé par l'administration départementale, les tribunaux et la préfecture. En l'an XII, un incendie le consuma presque entièrement; les bâtiments, reconstruits sur le même plan, servent aujourd'hui d'hôtel de préfecture.

L'église paroissiale de Saint-Volusien, qui remplace l'ancienne église de Saint-Nazaire; elle fut reconstruite par Roger II, comte de Foix. Cette église n'a qu'une nef; le chœur, semi-circulaire, est entouré de jolies chapelles.

Le pont à deux arches, en pierre, sur l'Ariége, fait ou commencé dans le XIIe siècle, par Roger-Bernard Ier, dit le Gros, et achevé ou refait dans le XVe siècle, par Gaston, fils de Jean et de Jeanne d'Albret;

CHÂTEAU DE FOIX.

FOIX.

c'était, pour ce temps-là, un ouvrage remarquable. Il a été élargi en 1823, pour en mettre la largeur en harmonie avec celle de la nouvelle rue, dite du Pont, formée à cette époque.

Les casernes, vaste bâtiment moderne, dont la construction ne remonte qu'à l'an 1824. Elles sont situées au fond de la promenade de Villote, sur les bords et la rive gauche de l'Ariége.

Foix possède aussi une bibliothèque publique, contenant 8,000 volumes.

Fabriques de fer, d'acier, de faux, de limes. M. Ruffié, propriétaire des forges de Foix, dont les produits ont obtenu plusieurs prix aux expositions du Louvre, a donné une très-grande extension à ce genre d'industrie. Laminoirs, martinets pour le fer et le cuivre; tanneries; fabriques de serges et cadis, de chandelles. — *Commerce* de grosses draperies, cuirs, laines, bestiaux, fers, cuivre, limes, faux, térébenthine, poix, résine, etc.

FONTESTORBE. *Voy.* Bélesta.

GANAC. Village situé à 1 l. 1/4 de Foix. Pop. 1,388 hab. — *Fabriques* de clous.

GOULIER. Village situé à 8 l. 1/4 de Foix. Pop. 1,324 hab. Il est dominé par un rocher que couronnent les ruines d'un ancien château fort dont il reste encore une tour bien conservée. Les deux tiers des habitants sont occupés à extraire le minerai de fer de Rancié. *Voy.* Sem.

JEAN-DE-VERGERS (SAINT-). Village situé à 1 l. 1/4 de Foix. Pop. 541 hab. On y remarque le presbytère et l'église paroissiale.

LAVELANET. Jolie petite ville, située sur la Touire, à 7 l. de Foix. ⊠ Popul. 1,852 hab. Aux environs, entre ce bourg et le village de Laroque, on voit un gouffre profond où se jette une partie de la rivière de Touire. — *Fabriques* de draps, cuirs-laine, coatings. Filatures de laine. Tannerie. Teinturerie. Moulins à foulon. Scieries hydrauliques de planches.

LORDAT. Village situé à 8 l. de Foix.

Pop. 255 hab. On y voit les restes d'un ancien château fort dont l'enceinte est très-vaste. — Carrières de marbre.

MIGLOS. Village situé dans une haute vallée, à 6 l. de Foix. Pop. 1,188 hab. — Aux environs, sur la cime aiguë d'un rocher, on remarque un château moderne bâti sur l'emplacement d'un antique château fort, qui commandait les deux vallées de Miglos et de Vic-Dessos.

MONTFERRIER. Bourg situé au pied d'une montagne, à 6 l. 1/2 de Foix. Pop. 1,751 hab.

MONTGAILLARD. Bourg situé à 1 l. 1/4 de Foix. Pop. 754 hab. Il est formé de deux rangées de maisons bâties sur le bord de la route, et dominées, à gauche, par un mamelon arrondi, que surmonte un mont isolé où l'on voit quelques vestiges d'un ancien château fort démoli par ordre de Louis XIII.

MONTSÉGUR. Village situé à 7 l. 1/2 de Foix. Pop. 750 hab.

Ce village est dominé par un pic escarpé où l'on voit les ruines d'un ancien château fort, célèbre par les siéges qu'il a soutenus et par la défaite des Albigeois. De vaillants chevaliers, qui s'étaient illustrés dans toutes les guerres de la province, ne trouvant plus un lieu où reposer leur tête, s'étaient enfermés dans ce château qu'ils croyaient imprenable. Tous les habitants étaient également résolus à ne pas se rendre tant qu'il leur resterait un souffle de vie; les femmes mêmes devaient combattre, car elles savaient que si elles étaient arrêtées, aucun égard pour leur sexe ne les déroberait aux bûchers. Cependant l'archevêque de Narbonne et l'évêque d'Albi résolurent d'assiéger ce château, sans attendre les ordres de Raimond VII, qui était alors à Rome, sans même lui demander son consentement; ils prêchèrent une sorte de croisade, et ils rassemblèrent ainsi des milliers de fanatiques, avec lesquels ils vinrent investir Montségur, au mois de mars 1244. La résistance fut longue, et les assaillants désespéraient du succès, lorsque la hardiesse de quelques montagnards, qui escaladèrent au milieu de la nuit des rochers que, de jour, ils n'osaient regarder sans frémir, les rendit maîtres du château. La chrétienté entière célébra cet événement comme un des plus grands triomphes de la croix; il est surtout impossible de peindre la joie des évêques et celle des fidèles que leur prédication avait rassemblés, ou les délices avec lesquels ils jouirent du spectacle pour lequel ils avaient combattu, lorsque deux cents victimes vivantes, de tout rang, de tout sexe, de tout âge, furent consumées en même temps, en leur présence, dans les flammes. Il y avait déjà bien des années qu'on n'avait vu dans la province un si nombreux sermon : c'était le nom du sacrifice; aussi les hymnes et les chants de joie des saints qui entouraient le bûcher, s'élevaient-ils jusqu'au ciel, et étouffaient-ils les cris de douleur des malheureux que les flammes dévoraient [1].

Le château de Montségur avait été taillé dans le roc calcaire; les matériaux qui en furent extraits servirent pour la pierre de taille; le moellon et la chaux qu'on employa pour élever, par des murailles, les quatre côtés de l'excavation. L'accès en est difficile, et l'on n'y parvient que par des sentiers extrêmement roides.

NIAUX. Village situé à 5 l. de Foix. Pop. 320 hab. On y voit une grotte remarquable renfermant deux petits lacs et de belles concrétions.

ORGEIX. Village situé dans une vallée agreste, à 11 l. 1/2 de Foix. Pop. 266 hab. On voit, aux environs, un élégant château près duquel se trouve une forge à la catalane, alimentée par un magnifique canal.

ORLU. Village situé à 12 l. de Foix. Pop. 534 hab. A une demi-lieue au-dessus de ce village, dans une gorge horrible, on trouve une forge à la catalane, alimentée par les eaux de l'Ariége, qui forme en cet endroit une magnifique cascade.

PAUL-DE-JARRAT (SAINT-). Village situé dans un joli vallon, à 2 l. 1/2 de Foix. Pop. 1,365 hab. — Forges et martinets. Moulins à plâtre.

PERLES-ET-CASTELET. Village situé à 9 l. 1/2 de Foix. Pop. 522 hab.—Forges, martinets et scieries hydrauliques.

PRADES. Village situé à 4 l. 3/4 de Foix. Pop. 827 hab. On y voit les ruines du vaste château, dit de la Reine Marguerite, dans l'enceinte duquel on a construit plus de vingt habitations.—Scieries hydrauliques.

QUÉRIGUT. Bourg situé à 16 l. 1/2 de Foix. Pop. 578 hab. On y voit les restes d'un château fort.

QUIÉ. Village situé à 1 l. 1/2 de Foix. Pop. 263 hab. On y remarque les ruines d'un château fort bâti dans une position formidable, dont il est souvent parlé dans les guerres du Languedoc.

RABAT. Village situé dans une vallée fort agréable, à 5 l. de Foix. Pop. 1,250 h. On y voit les ruines d'un antique château, et, à peu de distance, celles du château de Calames, bâti sur une montagne escarpée, où les habitants des campagnes placent le séjour des Fées. — Forges.

RANCIÉ. *Voy.* **SEM.**

ROUZÉ. Village situé à 16 l. 1/4 de Foix. Pop. 487 hab. On y voit les restes du fameux château d'Usson, détruit en 1792.

SAURAT. Petite ville située à 5 l. de Foix. Pop. 5,014 hab. On y remarque une église fort ancienne, autrefois dans la dépendance du chapitre de Saint-Saturnin de Toulouse, qui l'avait acquise du seigneur de Saurat en 800, en échange de certains droits féodaux.

Patrie du général Laffitte, surnommé le La Fayette de l'Ariége.—Forges, martinets, scieries hydrauliques, carrières d'ardoises.

SEM. Village situé à 7 l. 1/2 de Foix. Pop. 439 hab. C'est sur son territoire que se trouve la mine de fer de Rancié, une des plus importantes de la France.

La couche ferrifère de la mine de Rancié consiste en minerai pur ou presque pur, disposé par bandes ou grosses plaques qui alternent avec des bandes d'un calcaire plus ou moins chargé de matières ferrugineuses. Cette couche se dirige, sans grandes déviations, de l'ouest-nord-ouest à l'est-sud-est. Son

---

[1]. Hist. de Languedoc, XXV, c. 83, p. 447.

inclinaison, vers le sud-sud-ouest, varie de zéro à 40 degrés. Son épaisseur ou puissance offre encore de plus grandes variations : elle va quelquefois, quoique bien rarement, à 30, et même jusqu'à 40 mètres ; d'autrefois elle n'est que d'un mètre et au-dessous : moyennement, on peut l'estimer à 10 mètres.

Son bord occidental paraît à la superficie de la montagne, et cet affleurement y forme comme une large bande verticale, ou plutôt située dans un plan vertical. Des galeries ouvertes depuis le pied jusqu'à la cime de la montagne, et dirigées à peu près horizontalement, ont atteint partout le bord oriental : les plus longues ont près de 600 mètres ; ce serait la plus grande dimension dans le sens horizontal. Dans le sens vertical, à partir de la cime jusqu'aux travaux les plus profonds, elle a 610 mètres. Ce gîte de minerai est un de ces amas parallèles aux couches de la montagne, d'une formation à peu près contemporaine à la leur, et que les minéralogistes allemands nomment *Stockwerk*.

Le minerai qui la constitue consiste :

1° Principalement en fer hydraté compacte : lorsqu'il est entièrement pur, il renferme près de 60 pour cent de fer métallique ; dans son état ordinaire, il en contient 54. Il est assez fusible, mais moins que le suivant. 2° En fer carbonaté, le plus souvent mélangé avec le précédent ; mais quelquefois aussi il est pur. Même dans l'intérieur de la mine il est en partie décomposé et imprégné d'oxide de manganèse : dans cet état, il forme la mine noire qui est très-fusible et plus propre que toute autre à la production de l'acier de forge. Non décomposé et pur, le fer carbonaté contient 47 p. cent de fer. 3° En fer peroxidé, très-rarement seul, et presque toujours mêlé en petite quantité à l'hydrate compacte. C'est le plus riche des minerais de Rancié, il contient jusqu'à 70 pour cent de fer ; mais c'est le moins fusible.

Le minerai, tel qu'on l'extrait, et qui résulte du mélange des espèces dont nous venons de parler, ne contenant presque point de matières terreuses, et surtout de matières siliceuses, étant généralement assez fusible, et d'un tissu en partie relâché, est éminemment propre au travail des forges catalanes : il y rend de 29 à 35 p. cent en fer forgé, et qu'on livre au commerce.

La couche paraissant au jour sur le flanc de la montagne, il n'y a eu à faire ni recherche, ni travail préliminaire à l'exploitation. Tout porte à croire que, dans l'origine, les habitants de la vallée se sont réunis en petites brigades, de quatre ou cinq individus : chacune, travaillant pour son propre compte, s'est attachée sur un des points de l'affleurement où le minerai paraissait suffisamment riche. En suivant, même dans ses détours, le filet qu'il formait, abattant sa masse avec le pic, elle s'est avancée à peu près horizontalement dans la montagne. Lorsque ce riche filon présentait un renflement, on l'exploitait dans toute sa largeur, et il en résultait une chambre : si cette largeur était trop considérable, on laissait en place quelques piliers de minerai pour soutenir la voûte. Les pierres ou les minerais pauvres qu'il avait fallu arracher, demeuraient dans la mine ; et au milieu de ces blocs, on laissait subsister un passage qu'on soutenait à l'aide d'un grossier boisage.

De cette manière, sans règle et sans ensemble, on a exploité, dans les siècles antérieurs au nôtre, presque toute la couche métallifère. Les piliers laissés se sont fendillés ; l'action décomposante de l'air, action qui se fait dans l'intérieur de la mine, y a contribué : ils ont été attaqués et affaiblis par des mineurs vagabondant de chantier en chantier, ainsi que cela se fait encore aujourd'hui ; ils sont tombés, les voûtes qu'ils soutenaient se sont écroulées, et la plupart des chambres ont été remplies de monceaux de décombres.

En 1760, il y avait encore dix mines, c'est-à-dire dix galeries d'entrées ouvertes ; maintenant on n'en a plus que deux, l'Auriette et la Craugne. M. d'Aubuisson n'en a point trouvé d'autres, en 1811, lorsqu'il a été chargé du 17ᵉ arrondissement des mines du royaume, lequel comprend le département de l'Ariège. La première, alors comme aujourd'hui, ne lui a présenté qu'une immense masse d'éboulis, au milieu desquels la nécessité de vivre porte deux cents mineurs à s'ouvrir de petits chantiers, où ils recherchent, brisent et extraient les blocs de minerai qui y sont enfouis. Ils travaillent sous des voûtes formées par des quartiers de roche et des fragments de la couche, sans liaison, s'appuyant simplement les unes contre les autres. Sans hyperbole, on peut dire que ces ouvriers ont continuellement la mort en équilibre sur leur tête; qu'un rien peut rompre cet équilibre, et les anéantir sous des milliers de quintaux de pierres. Ici tous les secours de l'art ne peuvent rien : en bonne police, de tels chantiers devraient être fermés. Mais comment nourrir les mineurs qui y gagnent leur pain; comment pourvoir de minerai les cinquante forges qui se pourvoient à Rancié? »

La mine de la Craugne était, à la même époque, dans un état bien plus satisfaisant. Sur un massif de très-beau minerai, ayant 80 mètres de hauteur et 20 de large, il y avait quinze chantiers les uns au-dessus des autres. Mais tout cela est aujourd'hui épuisé. Des éboulements qui se succèdent depuis quinze ans, et dont le dernier ne date que de 1833, ont tout détruit : les masses de minerai qui subsistaient encore, piliers, voûtes, etc., ont été brisés et précipités sur les éboulis inférieurs; c'est là que des mineurs, acharnés sur ces restes faciles à exploiter, comme des oiseaux de proie sur les cadavres dont un champ est jonché, s'empressent à l'envi de terminer la tâche journalière qu'ils ont à remplir, ne s'inquiétant d'ailleurs en aucune manière du danger qui plane sur eux. Là, ils sont dans un vide immense où des vestiges de voûte, des rochers à moitié détachés menacent de les écraser dans leur chute. Tous les moyens de l'art ne sauraient empêcher ou prévenir de tels éboulements. Quels étançons pourraient soutenir ces voûtes à perte de vue, et toutes fendillées? sur quel fondement solide pourrait-on les asseoir?

La mine de Rancié finit, comme finissent, dans tous les pays, les mines exploitées en *Stockwerk*, c'est-à-dire par chambres et étages : au bout d'un temps plus ou moins long, cet échafaudage s'écroule, et on n'a plus qu'un monceau de ruines.

On ne connaît aujourd'hui de minerai en place que pour une vingtaine d'années, non compris quelques piliers, quelques placages contre les parois de l'encaissement de la couche; piliers et placages qui sont au milieu de la masse d'éboulis qui remplit l'espace jadis occupé par la couche métallifère. On a encore, dans cette même masse, de nombreux blocs et fragments de cette couche, que les mineurs vont chercher, briser et extraire.

A chacune des deux exploitations ouvertes, la Craugne et l'Auriette, on a une grande galerie du service ordinaire. Celle de la Craugne entre d'abord dans une grande masse d'éboulis qu'elle suit sur une longueur de 106 mètres; elle se continue, pendant 24 mètres, en plein roc : au delà, on parcourt 40 mètres dans un très-grand vide; sur le pont Chassepot, lequel est comme soutenu en l'air, et à 40 et 50 mètres au-dessus du fond, par de grosses barres de fer implantées par un bout dans la roche qui forme une des parois du vide. Après ce pont, la galerie se ramifie; une partie va aux chantiers supérieurs, et l'autre, ayant 151 mètres de long, va aux chantiers inférieurs. La galerie de l'Auriette suit d'abord un vide peu élevé; puis elle entre dans des éboulis, qu'elle parcourt en faisant un assez grand nombre de sinuosités dans tous les sens : elle a 540 mètres. Généralement ces galeries sont bien soignées, et maintenues par de bons cadres de boisages. Des ouvriers particuliers sont chargés de ce service.

Pour aller de ces grandes galeries à chacun des chantiers d'exploitation, on n'a plus que des passages étroits et très-tortueux, des rampes très-roides, des échelons très-pénibles. Il n'en peut guère être autrement : ces chantiers n'ont qu'une durée presque éphémère; ce sont les brigades de mineurs qui les ont ouverts à leurs propres risques, qui en sont comme les maîtresses; elles pratiquent et entretiennent leurs passages, sous l'inspection des jurats.

Les ingénieurs des mines de Rancié ne pouvant empêcher les grands éboulements, et l'écrasement des galeries ou portions de galerie qui en est la suite, ont dû faire en sorte que si ces accidents arrivaient, les ouvriers qui seraient dans leurs ateliers ne se trouvassent pas séparés à jamais des vivants. En 1821, soixante-cinq d'entre eux sont restés enfermés dans les mines pendant dix-huit heures. Pour prévenir le malheur que nous venons d'indiquer, il a fallu ouvrir aux mineurs des portes de derrière, des galeries de secours. La mine de la Craugne a, dans sa partie supérieure, la belle galerie Saint-Louis, excavée en plein roc dans toute sa longueur qui est de 222 mètres, et qui offre en conséquence une retraite assurée, un passage exempt de tout danger : à sa partie inférieure, se trouve la galerie de communication avec l'Auriette, qui donne les moyens de sortir par cette mine. De celle-ci, par la même voie, on peut, en montant, sortir par la Craugne : et il ne sera pas difficile, lorsque les travaux de recherche seront repris, d'ouvrir une issue de sa partie inférieure à la grande galerie d'écoulement.

Le minerai de Rancié est porté dans les forges du département de l'Ariége et des pays environnants, jusqu'à 30 lieues de distance; celui qui va en Monségou en parcourt près de 32. Ces forges sont au nombre de cinquante-six ; quelques-unes renfermant deux foyers, on peut porter ce nombre à soixante-cinq ; cinquante-deux se trouvent dans le département de l'Ariége. Elles sont de l'espèce dite Forges à la catalane, vraisemblablement parce que les premières que l'on a fait connaître étaient en Catalogne; d'ailleurs il n'y en a point d'autres dans les Pyrénées.

Une telle forge consiste en une simple baraque formée de quatre murs et d'une toiture, ayant de 100 à 300 mètres carrés de superficie, et renfermant : 1° un foyer ou feu, sorte de creuset pratiqué dans une grossière maçonnerie, et dont la longueur moyenne est de 67 centimètres, la largeur de 69 cent. et la profondeur de 84 ; 2° en une trompe placée derrière le foyer, et qui lui fournit le vent ; 3° en un gros marteau pesant de 600 à 700 kilogr., mis en jeu par une roue à palettes de 2 mètres 50 cent. à 3 mètres de diamètre. Une de ces forges, avec sa charbonnière et quelques petites constructions accessoires, coûte d'ordinaire de vingt-cinq à trente mille francs.

L'homme qui, étranger à l'art des usines, après avoir jeté un coup d'œil sur les grands établissements à fer de la France, entre dans une forge catalane des Pyrénées, frappé de l'exiguité du local, de la grossièreté apparente des constructions, de la simplicité des procédés, croit y voir cet art dans son enfance; tandis que le métallurgiste y admire le mode le plus simple, le plus direct et le plus économique d'extraire le fer de certains minerais. Et en effet, dans ces forges on a de toutes les machines soufflantes (la trompe) la moins compliquée, celle qui exige le moins de frais d'établissement et d'entretien, et dont le jeu est le plus régulier. La trompe est composée de deux arbres creusés ou de deux grands tuyaux placés verticalement, par lesquels l'eau tombe du fond d'un réservoir dans une chambre ou caisse à vent. L'intérieur de ces tuyaux est beaucoup plus large que leur entrée; l'eau a ainsi la liberté de se diviser en gouttes qui entraînent dans la caisse à vent l'air qu'elles rencontrent ; et cet air est continuellement remplacé par celui qui s'introduit à travers des ventouses ; c'est ainsi qu'on appelle des trous faits en pente de dehors en dedans, au côté des tuyaux. L'eau frappe sur une taque ou table horizontale ; elle se sépare en rebondissant de l'air qu'elle entraîne, et tombe au fond de la caisse. Elle y trouve une issue par laquelle elle ne peut s'échapper en aussi grande quantité qu'elle y arrive, sans la surmonter de quelque décimètre pour acquérir une vitesse suffisante. L'air, qui s'accumule au-dessus de la surface, se trouve ainsi renfermé et sort par la première ouverture qu'il rencontre, et par conséquent par celle qui répond à la tuyère, qui est la seule qu'on lui offre; le vent est d'autant plus sec que cette dernière ouverture est plus élevée. Les marteaux, avec leurs rouages, sont encore remarquables par leur simplicité et leur solidité.

Dans les forges à la catalane, lorsqu'on veut opérer, on prend généralement 480 kilogrammes de minerai, dont une partie a été préalablement écrasée sous le gros marteau ; on le dispose convenablement dans le creuset, on le recouvre de charbon et l'on donne le vent. On en augmente graduellement la force, et on ajoute successivement de nouveau charbon et du minerai pulvérisé, pendant que le fondeur (*escola*) dirige et soigne l'opération.

L'eau et l'acide carbonique qui étaient dans le minerai sont d'abord vaporisés, et il reste des molécules d'oxide de fer entremêlées d'une petite quantité de molécules pierreuses. Celles-ci fondent, se séparent, comme par liquation, des autres, qu'elles entraînent en assez grand nombre; elles forment un courant de scories incandescent: c'est le laitier. Les molécules d'oxide, par l'influence de la chaleur qui les pénètre et du charbon qui les entoure, se réduisent et se carburent même: l'action du vent leur enlève ensuite et en grande partie le carbonate, et elles passent à l'état métallique. Elles se ramollissent et se soudent les unes aux autres : cette opération est favorisée par la dépression que le fondeur, armé d'un gros ringard, exerce sur elles dans ses diverses manipulations; et elles finissent par ne plus former qu'une masse, un masset. On le sort du foyer, on le traîne sous le gros marteau et on l'y bat; le martelage resserre ses molécules les unes contre les autres, et il exprime le laitier qui s'y trouvait encore mêlé. Puis on cingle ce masset, c'est-à-dire qu'on le divise en deux massoques, qu'on partage ensuite en deux massoquettes. Celles-ci sont reportées sur le feu, où se fait le masset suivant: elles y sont chauffées, et puis étirées en grosses bandes, ou en barres, que l'on livre au commerce. La confection d'un masset dure six heures, et elle produit environ 155 kilogrammes de fer forgé, avec une consommation de 1,90 mètre cube de charbon de chêne, de hêtre, etc., pesant moyennement 430 kilogrammes. Huit ouvriers sont employés à la forge: ils y travaillent jour et nuit, pendant les six jours ouvrables de la semaine, et ils font 24 massets, donnant environ 3720 kil. de fer; c'est 91 quintaux du pays par semaine; quelquefois on va à cent et même plus. En moins de dix heures de temps, d'un minerai qui contient environ 54 de fer, on en retire 32 en barres livrables au commerce. (6 heures pour faire le masset, et 3 ou 4 pour l'étirer).

Pour obtenir un quintal de ces barres, on ne dépense que 2 3/4 quintaux de charbon : ce n'est guère que moitié de ce qu'on emploie par les procédés ordinaires. Cette économie de combustible, que l'on n'a atteint nulle autre part, a frappé tous les hommes de l'art; à peine Dietrich, qui connaissait très-bien les forges de l'Allemagne et du nord de la France, eut-il vu celles du pays de Foix, qu'il fut, dit-il, enthousiasmé de cette économie, comme de la simplicité des procédés et des ateliers.

Le fer qui en provient est dur et plus ou moins aciéreux, très-propre aux outils aratoires et à plusieurs autres usages. Il convient particulièrement à la cémentation : la nature du minerai et le mode de fabrication en font une sorte d'acier naturel; par suite, lorsqu'il a été cémenté, il peut revenir au feu un grand nombre de fois, sans perdre sa qualité aciéreuse; il n'en est pas de même de l'acier obtenu avec le fer doux provenant de l'affinage de la fonte. Dans la plupart des massets, il y a même une partie fort aciéreuse, le fer fort, qui en est la douzième ou quinzième partie, et que l'on vend à un plus haut prix. Il en est même quelques portions qui sont un véritable et bon acier, nommé fer cédat dans le pays.

Le charbon, lorsqu'il arrive aux forges, est, autant que possible, mis dans vingt ou trente cases en bois, dites parsons, contenant chacune ce qui est nécessaire à un masset. Le minerai qu'on y emploie est également mesuré ou pesé; de sorte que chaque dix heures, tout maître de forges sait combien il vient de gagner ou de perdre dans son travail : y a-t-il un mode d'administration plus simple et plus rassurant ?

Mais, d'un autre côté, le fer des forges catalanes a le très-grand inconvénient de n'être pas homogène : il renferme des parties plus ou moins aciéreuses, des molécules d'acier inégalement réparties dans sa masse. Il est en outre pailleux et il se crique assez souvent. Ces défauts l'ont fait bannir des ateliers où il faut un fer très-doux et d'un très-facile travail, et ils le rendent peu propre à quelques services.

Lorsqu'il n'est pas bien travaillé, il donne quelquefois lieu à ces petites solutions de

THERMES D'OSSAT
près Tarascon

CHÂTEAU DE LA GARDE.

continuité ou poils noirâtres que l'on voit sur les lames des rasoirs, des sabres, et que l'on nomme cendrures.

On reproche encore aux forges catalanes de dépenser beaucoup d'eau, de ne pas bien parer leur fer, et de ne pas retirer tout celui qui est dans le minerai.

L'économie de l'eau motrice, dans les lieux où elle est peu abondante, serait obtenue par la substitution des machines soufflantes à piston aux trompes, et des roues à augets ou à aubes courbes aux roues à palettes. Des expériences faites par M. d'Aubuisson indiquent que, pour donner une même quantité de vent, une bonne machine à piston n'exige pas la moitié de l'eau qu'emploie une trompe; et une telle machine peut être établie sur une petite chute, tandis qu'il en faut une de plus de 4 mètres pour une trompe. Mais une telle amélioration ne peut concerner que quelques forges particulières, celles où l'eau manque, et elle ne remédierait pas au mal général.

On remédie journellement au mauvais parage. Les marteaux actuels sont moins gros et mieux faits. Dans les nouvelles usines, on établit encore un marteau d'environ 200 kilogrammes destiné au parage. Mais il est douteux que dans l'Ariége on puisse avoir recours au mode si expéditif des laminoirs. Les grandes forges à deux feux ne font guère plus de 3000 quintaux métriques de fer par an; et un tel produit n'occuperait pas un laminoir pendant un quart de l'année. Un établissement central pourrait être établi avec plus de chances de succès; mais encore les frais d'établissement et d'entretien sont considérables : pour laminer, par deux opérations, du très-gros fer, des massoquettes, il faut compter sur un déchet de 15 pour cent au moins, et sur l'emploi de 120 kilogrammes de houille par 100 quintaux de fer laminé; et la houille dans l'Ariége coûte moyennement 6 fr. les 100 kilogrammes.

Quant à ce qui est du fer qu'on retire du minerai, on remarquera que la quantité totale qui s'y trouve contenue est généralement de 54 pour cent, et qu'on en retire 32 : si ce même minerai eût été jeté dans un haut fourneau, il eût rendu au plus 50 pour cent de fonte, laquelle eût donné à l'affinerie 33 de fer forgé : ainsi, sous ce rapport, il n'y a pas une grande différence entre le produit des deux procédés.

TARASCON. Ville ancienne, située à 4 l. 1/4 de Foix. ✉ ☜ Pop. 1,551 hab.

Tarascon est l'ancien *Tascodenitari* cité par Pline; c'était une des quatre principales villes du comté de Foix, qui fut en partie détruite par un incendie sous l'un des derniers comtes. Cette ville est agréablement située dans un étroit bassin, au confluent de l'Ariége et du torrent qui traverse la vallée de Vic-Dessos. Au centre, s'élève un mont isolé surmonté d'une tour ronde, haute et svelte, unique reste de l'ancien château. Elle a des rues escarpées et tortueuses, des maisons vieilles et mal bâties, à l'exception de celles qui bordent les rives de l'Ariége, que la route côtoie par une belle rue neuve qui communique par un pont de marbre avec le faubourg; sur l'autre rive, on aperçoit un bel édifice moderne, où est établie une manufacture.

Aux environs, on remarque l'église de Notre-Dame de Sabart, en grande vénération dans la contrée; et, dans le voisinage, des grottes curieuses par leur conformation.

Fabriques de cuirs. Filatures de laine. Forges.— *Commerce* et entrepôt de fer que fournissent les nombreuses forges des environs. Foires très-importantes de trois jours, très-fréquentées par les Espagnols; il s'y vend beaucoup de bestiaux, de laine, de fer, de fromages et autres produits des montagnes.

URS. Village situé à 8 l. de Foix. Pop. 231 hab. On y voit les restes d'un ancien château fort qui était autrefois considérable. —Forges, martinets, scierie hydraulique.

USSAT. Village situé à 5 l. de Foix. Pop. 200 hab.

Ce village est dans une agréable situation, au milieu d'une gorge formée par des montagnes calcaires et traversée par l'Ariége. Il possède un bel établissement thermal où les malades trouvent une nourriture abondante et saine, et tout ce qu'ils peuvent désirer pour leur commodité et leur agrément. Il y a des bains propres et bien tenus, des douches, des étuves, des chambres bien meublées et bien décorées, et un vaste salon de compagnie.

L'établissement renferme trente baignoires, pour la plupart creusées dans le sol, près du lit même du ruisseau thermal, ce qui permet d'en renouveler l'eau à volonté. Au sud-est des bains, et de l'autre côté de la rivière de l'Ariége, on remarque une montagne de 318 mètres de hauteur, dans l'intérieur de laquelle il y a des grottes spacieuses qui offrent un des plus beaux spectacles de la nature ; les voûtes et le sol de ces souterrains sont tapissés de belles stalactites, concrétions très-variées dans leurs formes. Dans plusieurs endroits, les stalactites et les stalagmites forment, par leur réunion, une suite de colonnes dont la vue est des plus agréables.

Saison des eaux. L'eau d'Ussat n'est point employée à l'intérieur ; on n'en fait usage qu'en bains, qui se prennent depuis le mois de juin jusqu'au mois d'octobre. Le nombre des malades qui fréquentent l'établissement thermal est annuellement de sept à huit cents. Le prix de la nourriture journalière et du logement varie de 3 à 5 fr.

Propriétés physiques. Les eaux d'Ussat sont claires, limpides, inodores, sans saveur marquée, grasses et onctueuses au toucher. Elles laissent dégager de temps en temps des bulles de gaz acide carbonique qui viennent crever à leur surface. Leur température varie, suivant la disposition des baignoires, de 26 à 31° du th. de Réaumur. La source fournit en vingt-quatre heures environ cinq cents mètres cubes d'eau ; elle appartient à l'hôpital de Pamiers. Son produit annuel est d'environ 4,500 fr.

Propriétés chimiques. D'après l'analyse de M. Figuier, les eaux d'Ussat contiennent :

Acide carbonique libre...... 1 00
Chlorure de magnésium...... 3 40
Sulfate de magnésie........ 27 35
Carbonate de magnésie...... 0 97
Carbonate de chaux........ 26 53
Sulfate de chaux.......... 30 34

Propriétés médicinales. Des observations exactes et nombreuses constatent les propriétés diurétiques et anti-psoriques de ces eaux ; elles ont surtout le précieux avantage d'accélérer la guérison des vieux ulcères, et de rendre la force aux membres débilités par des coups, par des fractures et par des luxations. Appropriés à toutes les irritations chroniques des organes internes, les bains le sont surtout aux maladies si variées de l'organe utérin chez les femmes. On les emploie aussi avec succès pour les névroses, les névralgies douloureuses, les affections spasmodiques et convulsives.

Parmi les personnages marquants qui ont été soulagés par les bains d'Ussat, on cite Louis Bonaparte et le prince Czartorisky.

Vèbre. Bourg situé à 7 l. 3/4 de Foix. Pop. 525 h. On y trouve une source d'eau ferrugineuse.

Verdun. Village très-ancien, situé à 6 l. 3/4 de Foix. Pop. 704 hab. — Source d'eau thermale savonneuse. Scierie hydraulique.

Vic-Dessos. Bourg situé dans la vallée de son nom, à 7 l. 3/4 de Foix. Pop. 1,108 hab.—Nombreuses forges à la catalane, alimentées par la mine de Rancié.

ARRONDISSEMENT DE SAINT-GIRONS.

Alos. Village situé sur le ruisseau de Souladet, à 2 l. 1/2 de Saint-Girons. Pop. 1,005 hab. On y voit un ancien château bâti dans une situation pittoresque.—Forges.—Commerce de fromages fabriqués dans les montagnes environnantes.

Arrout. Village situé à 2 l. 1/4 de Saint-Girons. Pop. 245 hab.—Exploitation des carrières d'ardoises d'excellente qualité.

Audinac. Village célèbre par ses eaux minérales, situé à une demi-lieue de Saint-Girons, commune de Montjoie.

EAUX MINÉRALES D'AUDINAC [1].

Les premières observations sur les eaux d'Audinac datent de 1798, époque où un pharmacien de Saint-Girons en fit alors l'analyse, d'après le bruit qui s'était répandu dans la contrée des guérisons opérées par l'emploi de ces eaux sur des individus affectés de rhumatismes ou de dartres, au moyen d'immersions dans une mare voisine de la source. Les années suivantes, on vit s'augmenter sensiblement le nombre des personnes qui se rendaient dans les mois d'août et de septembre à Audinac, pour chercher dans ses boues liquides la guérison ou le soulagement de leurs infirmités. Mais cette médication toute empirique, et uniquement conseillée par les malades eux-mêmes, qui se racontaient les uns aux autres le résultat de leurs offices, restait étrangère aux principes dogmatiques. En 1778, une guérison nouvelle, et qui fit d'autant plus de sensation dans le pays, que la personne qui en était le sujet appartenait à la classe distinguée de la société, contribua beaucoup à étendre la réputation des eaux d'Audinac. Une dame de Nancy, parente de l'évêque du Couserans, était venue le visiter à Saint-Lizier, lieu de sa résidence principale, et voisin d'Audinac; elle entendit parler de ces eaux et de leurs bons effets contre les dartres. Affectée depuis long-temps d'une maladie de ce genre, qui avait résisté à divers traitements, elle voulut essayer sur elle-même l'action de ces sources minérales; elle s'y fit transporter avec une baignoire, y prit des bains et guérit. Cet événement fit grand bruit : les médecins du pays s'occupèrent enfin d'Audinac, et commencèrent, depuis cette époque, à prescrire dans certains cas de maladie, l'usage, tant intérieur qu'extérieur, de ces eaux.

Les sources minérales sourdent dans un enfoncement dont les bords, du côté méridional, sont médiocrement élevés, et s'appuient, en s'étendant au loin, sur une masse de chaux carbonatée grise et informe, que traversent quelques couches de spath calcaire cristallisé; tandis que, du côté du nord, le terrain va en s'élevant à une bien plus grande hauteur, et forme un immense amphithéâtre, que couronne majestueusement la montagne de Calivert. La roche qui sert de support à cet amphithéâtre septentrional est mélangée de chaux carbonatée proprement dite, de chaux carbonatée salifère, et de chaux carbonatée solide. La nature du sol environnant est argilo-calcaire, d'une couleur de cire.

Ces sources sourdent par deux jets ou courants, séparés l'un de l'autre par une distance de sept à huit pas. Le propriétaire a disposé l'un à l'usage de la boisson, et l'autre à celui des bains et douches. La première source, à laquelle on donne le nom d'Eau de la fontaine, donne de sept à huit pouces d'eau par minute; la seconde, dite Eau des bains, fournit de dix à douze pouces. Il y a seize baignoires, placées dans douze cabinets.

La température de l'Eau de la fontaine est de 17° Réaumur; celle de l'Eau des bains est de 18°.

Un vaste hôtel, construit à une centaine de pas de distance des fontaines minérales, avec lesquelles il communique par une belle allée de platanes, sert à loger les étrangers malades; il est bâti sur une hauteur, au bord de la grande route qui conduit à Saint-Girons. On y trouve des chambres à coucher commodes, et une très-belle salle à manger; à côté sont les écuries et les remises.

Audinac n'est éloigné que de deux mille toises de Saint-Girons, chef-lieu d'arrondissement, renommé par ses foires considérables, où affluent un grand nombre d'habitants de l'Ariége et des départements voisins. Le pays environnant présente une agréable variété de monticules boisés, dont les intervalles sont remplis par de belles prairies et des champs fertiles : il abonde en excellent gibier et en poisson délicieux. La chasse y est facile et agréable.

SAISON DES EAUX. La saison des eaux commence à la fin de mai et se prolonge jusqu'à la fin de septembre.

Quatre cents malades environ se rendent

---

[1]. Les renseignements sur les eaux minérales d'Audinac nous ont été fournis par M. le docteur Lacanal, médecin inspecteur de l'établissement.

chaque année à Audinac pour y boire les eaux ou prendre les bains.

Prix du logement et de la dépense journalière. On paie pour le logement et la nourriture 4 fr. 50 c. par jour, non compris le prix des bains et des boissons de l'eau minérale.

Tarif du prix des bains et des douches. Le prix de la boisson est de 20 cent. par jour, ou 5 fr. pour la saison ; celui du bain est de 60 cent., et celui de chaque douche, 50 cent.

Analyse des sources minérales. Trois analyses ont été publiées sur ces eaux : la première, faite par Campmartin en 1768, parut en 1772, dans le Dictionnaire minéralogique et hydrologique de Buchoz ; la seconde, beaucoup plus exacte, eut pour auteur M. La Beaumèle, professeur de physique et de chimie à l'école centrale de l'Ariége, qui la fit imprimer à Foix, dans une thèse, en thermidor an IX (août 1801) ; la troisième est celle de M. Magnes, pharmacien distingué de Toulouse : elle a été faite et publiée en 1807.

D'après le travail de M. La Beaumèle, l'eau des sources d'Audinac est minéralisée par les substances suivantes : de l'acide carbonique en excès et presque libre, dissolvant du carbonate de chaux et du carbonate de fer. 2° Du sulfate de chaux et du sulfate de magnésie. Le gaz qui s'en dégage est de l'acide carbonique mêlé de gaz azote.

D'après M. Magnes, elle contient en outre du muriate de magnésie, une matière bitumineuse, et quelques atomes inappréciables d'hydrogène sulfuré.

La proportion du gaz acide carbonique libre est d'un sixième du volume de l'eau ; celle du carbonate de fer est de 5 grains par 15 livres d'eau.

Propriétés physiques. Considérées dans leurs phénomènes physiques, les eaux d'Audinac sont inodores et d'une transparence parfaite ; elles ont un goût légèrement styptique, mais agréable ; elles moussent faiblement par l'agitation. Du fond des bassins où elles sourdent, se dégage constamment des bulles qui s'élèvent à la surface de l'eau, et qui sont formées par du gaz acide carbonique ; les deux sources conservent leur volume et leur température indépendants des variations atmosphériques. L'état de sécheresse ou d'humidité, de chaleur ou de refroidissement de l'air, n'a aucune influence sur elles, qui se montrent constamment en même quantité, même transparence et même degré de chaleur.

Propriétés chimiques. Les eaux d'Audinac doivent être rangées dans la classe des salino-gazeuses et ferrugineuses. 15 livres d'eau, analysées en 1835 par M. Magnes Labens, pharmacien à Toulouse, ont donné :

Gaz hydrogène sulfuré... quantité inap.
Gaz acide carbonique libre   2 gr. 45
Sulfate de chaux..........   100
Sulfate de magnésie......   90
Muriate de magnésie.....   50
Carbonate de chaux......   72   3/4
Sous-carbonate de fer....   10   1/4
Bitume..................   5
Perte...................   9
                           ─────────
                            337 grains.

Propriétés médicinales. Prises à l'intérieur, ces eaux paraissent déterminer un certain degré d'excitation dans l'estomac et le tube intestinal, ainsi que dans tous les organes du bas-ventre qui concourent immédiatement aux fonctions digestives, dont elles rétablissent l'énergie normale. Leur influence sur la sécrétion de la bile, des urines et des menstrues, est très-marquée. Elles opèrent souvent les plus heureux effets lorsqu'il faut combattre des engorgements hépatiques et hémorrhoïdaux ; calmer l'irritation des reins et de la vessie, entretenue par du gravier ou des glaires ; provoquer ou rétablir le flux périodique des personnes chlorotiques ; arrêter ou diminuer les écoulements blancs ou rouges de la matrice ou du vagin, que cause et entretient l'atonie de ces organes, et qui amènent à leur tour, par leur durée ou leur intensité, la débilitation de l'estomac et l'épuisement consécutif de tout le système.

Les eaux d'Audinac conviennent encore dans les affections scorbutiques, soit locales, soit générales ; elles diminuent ou arrêtent les hémorrhagies passives provenant de cette diathèse : elles sont enfin très-utiles dans certaines maladies cutanées, dans les rhumatismes chroniques, dans les engorgements lymphatiques.

On remarque, dit M. Alibert dans son Précis historique sur les eaux minérales, que presque toutes les maladies soumises aux soins de M. le docteur Lacanal, dans l'établissement d'Audinac, dépendent d'un état de faiblesse. Dans ce nombre, il faut ranger les affections arthritiques et rhumatismales non fébriles, les engorgements des viscères du bas-ventre, etc., etc. Une observation digne d'être citée est celle d'une hématurie dans un homme de soixante-trois ans, d'un tempérament sec et irritable, qui existait depuis plusieurs années, et avait résisté aux traitements des plus habiles praticiens de Toulouse. Le malade vint à Audinac, y but les eaux, prit les bains pendant un mois, et vit cesser sa maladie. Il put se livrer impunément à des courses à pied, tandis que jusqu'alors le moindre exercice provoquait chez lui les plus graves accidents.

MODE D'ADMINISTRATION. On boit ces eaux le matin, depuis un verre jusqu'à dix et douze. Elles produisent des urines abondantes et des selles plus ou moins fréquentes. Ces effets ne sont pas néanmoins constants chez tous les individus; il en est qu'elles semblent au contraire constiper. On les boit pures le plus ordinairement; mais dans certains cas on y ajoute de la gomme, des sirops gommeux, la décoction d'orge ou de chiendent, du petit lait, ou bien du sulfate de magnésie ou de la crème de tartre, ou l'on fait prendre en même temps quelques préparations particulières suivant les indications à remplir, par exemple des pillules, du calomel, du carbonate de fer, etc.

Dans la plupart des cas, et surtout dans les rhumatismes et les maladies de la peau, on fait concourir avec la boisson de l'eau minérale, l'usage des bains, et quelquefois aussi celui des douches [1].

AULUS. Village situé à 6 l. de Saint-Girons. Pop. 897 hab. On y trouve une source d'eau thermale assez fréquentée par les habitants du pays.—Aux environs, mine de zinc, de plomb argentifère, dont l'exploitation est suspendue.

AUTRAS. Village situé à 5 l. de Saint-Girons. Pop. 377 hab. Aux environs, sur la montagne de l'Izard, on voit une chapelle dédiée à la Vierge, qui est en grande vénération dans le pays; les bergers s'y rassemblent le 5 août de chaque année pour y offrir à la Vierge une bête à laine; et le nombre des bêtes données ainsi s'élève quelquefois à plus de cent cinquante.

BORDES (les). Village situé à 3 l. de Saint-Girons. Pop. 1,028 hab. On y voit une grotte curieuse et facile à parcourir.— Carderie.

CASTELNAU-DURBAN. Village situé à 3 l. 1/2 de Saint-Girons. Pop. 1,602 hab. — Martinets à cuivre, forges. Carrières de marbre non exploitées.

CASTILLON. Petite ville située sur la rive droite du Lez, à 2 l. 1/2 de Saint-Girons. Pop. 1,000 hab. — Scieries hydrauliques. Carderie.

COUFLENS. Village situé à 5 l. 1/4 de Saint-Girons. Pop. 1,267 hab.—Aux environs, près du village de Salau, dépendant de la commune de Couflens, on voit la belle source du Salat, qui jaillit avec abondance au pied d'un rocher, par neuf ouvertures appelées les neuf fontaines.

CROIX (SAINTE-). Petite ville située sur le Volp, à 3 l. 1/2 de Saint-Girons. Pop. 1,761 hab. On y voit une grotte assez curieuse; l'église paroissiale et celle d'un ancien couvent de religieuses de l'ordre de Fontevrault, méritent aussi d'être remarquées.—*Fabriques* de draps communs. Tuilerie, verrerie, faïencerie.

---

[1]. On peut consulter sur les eaux minérales d'Audinac :

Mémoire lu en 1802 à la Société de médecine de Toulouse, par le docteur Guichon, et publié par lui en 1804.

Analyse de l'eau minérale d'Audinac, par MM. Lafont et Magnes (Bulletin de pharmacie).

EICHEL. Village situé à une demi-lieue de Saint-Girons. Pop. 390 hab.—Papeterie. Moulin à huile. Carderie. Carrière de marbre gris.

ENGOMER. Village situé à 1 l. de Saint-Girons. Pop. 869 hab. — Forges à la catalane.

ERCÉ. Village situé à 4 l. 1/2 de Saint-Girons. Pop. 3,256 hab. — *Commerce* de beurre excellent, bestiaux, truites renommées. Carrière de marbre blanc statuaire.

GIRONS (SAINT-). Jolie petite ville. Chef-lieu de sous-préfecture. Tribunal de première instance. Collége communal. ✉ Pop. 4,381 hab.

Saint-Girons portait autrefois le nom de Bourg-sous-Vic, et le quartier le plus ancien porte même encore la dénomination de Bourg; plus tard, la ville prit le nom qu'elle porte aujourd'hui, du saint, d'origine vandale, qui vint prêcher le christianisme dans ses murs, au commencement du Ve siècle. Depuis la révolution et la suppression de l'évêché de Saint-Lizier, elle a vu accroître rapidement sa population, son commerce, son industrie, et surtout le nombre de ses maisons et de ses manufactures.

Cette ville est agréablement située, au pied des Pyrénées, dans un vallon entouré de coteaux cultivés, au confluent du Salat, du Lez et du Baup, au point central où aboutissent les cinq principales vallées de l'arrondissement. Elle est généralement bien bâtie, sur la rive droite du Salat. Sur la rive gauche, se prolonge le faubourg de Villefranche, où l'on remarque l'ancien château, occupé aujourd'hui par le palais de justice et les prisons; c'est principalement du côté de ce faubourg que s'augmente le nombre des habitations. Deux ponts sont jetés sur le Salat : l'un, de quatre arches, en marbre rougeâtre, dit le Pont-Vieux; l'autre, de trois arches, en marbre gris, dit le Pont-Neuf.

Presque au centre de la ville, est bâtie l'église paroissiale, surmontée d'un clocher remarquable par sa forme et son élévation. Jusqu'à la moitié de sa hauteur, ce clocher a la forme d'une tour carrée, percée à chacune de ses faces par des arcades en ogive; le deuxième corps est de forme octogone, et s'élève en retraite sur une partie des murs de la tour et sur des portes à faux aux quatre angles, flanqués chacun d'un chaperon demi-prismatique. Cette partie est couronnée d'une galerie en forme de balcon, où se voit la cloche de l'horloge, et d'où s'élève encore, par une seconde retraite, une flèche déliée de forme octo-pyramidale, dont les arêtes sont hérissées de corbeaux à grandes saillies, vulgairement nommés têtes de loup. Le sommet est couronné d'un globe surmonté d'une girouette et d'une croix horizontale indiquant les quatre points cardinaux.

Saint-Girons possède plusieurs promenades publiques, dont une se trouve hors des vieux remparts. La plus belle, le Champ-de-Mars, longe la rive droite du Salat, en face du palais de justice; elle est ombragée d'un quadruple rang de jeunes ormes, et bordée de bornes en pierre, liées entre elles par de grosses chaînes de fer.

Fabriques d'étoffes de laine, toiles de lin. Filatures de laine. Moulins à foulon, à tan, à huile et à farine. Papeteries. Carderie. Martinets à fer. Scieries de marbre. Teintureries. — *Commerce* important avec les départements méridionaux et l'Espagne, en laines, pelleterie, mulets, chevaux, moutons, bestiaux, papiers, porcs, grains, etc.

A 11 l. 1/2 de Foix, 202 l. de Paris.

LACAVE. Village situé à 3 l. de Saint-Girons. Pop. 412 hab. — Construction de bateaux.

LACOURT. Village situé sur le Salat, à 1 l. de Saint-Girons. Pop. 1,250 hab. On y voit les ruines d'un ancien château et d'une tour dite la Tour de Marmande. — Tuilerie.

LARY (SAINT-). Village situé à 4 l. 1/2 de Saint-Girons. Pop. 1,460 hab. Sur le territoire de cette commune et sur celui de Portet, sont établies des pantières, ou filets, au moyen desquelles on prend quelquefois par centaines les palombes et les bisets qui passent en septembre et en octobre par les gorges que laissent entre elles les montagnes.

LES RIVES DE L'ARIEGE,
au Sud de Tarascon.

SAINT LIZIER.

LIZIER (SAINT-). Petite ville très-ancienne, située sur le Salat, à une demi-lieue de Saint-Girons. Pop. 1,160 hab.

Saint-Lizier était autrefois la capitale du Couserans, petite contrée où l'on ne peut faire un pas sans rencontrer des restes de monuments, de temples antiques, de tombeaux, etc., qui attestent le séjour des Romains. Cette ville a porté primitivement le nom de *Civitas Couseranorum*, puis celui d'*Austria*, et plus tard enfin celui de Saint-Lizier.

Le Couserans, après avoir été pendant 492 ans sous la domination romaine, fut séparé de l'empire et cédé aux Goths par Honorius en 411. Des Goths il passa aux Bourguignons, et ensuite aux rois d'Austrasie, qui le conservèrent jusqu'à la conquête qu'en firent les Sarrasins de 719 à 759. Charlemagne l'érigea en comté, vers 778, et ce pays fut gouverné d'abord par des comtes, et ensuite par des vicomtes.

La ville de Couserans devint le siège d'un évêché dans le courant du Ve siècle. En 708, elle fut assiégée et prise par une armée formidable de Goths, et délivrée, selon la tradition, par les prières efficaces de saint Lizier. Les Sarrasins et les Visigoths réunis la prirent et la saccagèrent en 736; peu après, elle fut rebâtie par les soins de Charles Martel et de saint Lizier. Cette ville fut réduite en cendres en 1120 ou en 1130, par Bernard Ier, comte de Comminges. Dans la suite, les évêques la relevèrent de ses ruines; mais elle perdit dans cette reconstruction jusqu'aux traces de son ancienne splendeur; les matériaux de ses anciens édifices furent employés sans goût; des pièces d'architecture antique, des sculptures, des marbres rares, furent enfouis dans la fondation des nouveaux édifices.

Cette ville est bâtie sur le penchant méridional d'une colline, et sur la rive droite du Salat. La partie supérieure, qui se présente en amphithéâtre, est couronnée par le palais épiscopal, bel édifice que fit élever à grands frais l'évêque Bernard de Marmiesse, de 1655 à 1680 : la façade, décorée de trois tours semi-circulaires, se prolonge de l'est à l'ouest, et produit un bel effet de perspective, vue du côté de Saint-Girons ; il est occupé par l'hospice général du département. On remarque encore à Saint-Lizier : l'hôpital civil, fondé en 1750, et rebâti sur un plan plus vaste en 1751 ; le pont sur le Salat, etc.

Fabriques de tissus coton et laine. Filature de laine. Papeteries. Moulin à tan. Scierie hydraulique de marbre.

MASSAT. Petite ville située à 4 l. 1/2 de Saint-Girons. Population, y compris celle de plusieurs villages séparés qui dépendent de cette commune, 9,322 hab. Population agglomérée, 1,635 hab.—Aux environs, on voit sur une colline les ruines du vieux château d'Amour ; sur la montagne de Lers se trouve un grand lac, au-dessus duquel un écho fort remarquable répète avec précision un grand nombre de syllabes.—Forge à la catalane. Scieries hydrauliques. Carderie. Moulins à huile et à farine.—*Commerce* de beurre et de bestiaux.

MERCENAC. Village situé à 1 l. 3/4 de Saint-Girons. Pop. 650 hab.—Verrerie.

MONTESQUIEU. Village situé à 1 l. 1/4 de Saint-Girons. Pop. 815 hab. On y voit les ruines d'un vieux château et la grotte de Laguère.

MONTGAUCH. Village situé près d'un coteau où se trouvent plusieurs grottes très-profondes, à 1 l. 1/4 de Saint-Girons. Pop. 507 hab.

MONTJOIE. Village situé à une demi-lieue de Saint-Girons. Pop. 1,889 hab.

Ce village est remarquable par un clocher bâti sur les restes d'un temple antique dédié à Jupiter, qui portait le nom de *Mons Jovis*, et d'où dérive le nom qu'il porte aujourd'hui. On trouve aux environs les eaux minérales d'AUDINAC. *Voy.* ce mot.

MOULIS. Bourg situé à 1 l. de Saint-Girons. Pop. 2,700 hab. — Au hameau d'AUBER, dépendant de cette commune, on voit une grotte fort remarquable facile à parcourir, et une carrière de marbre noir exploitée jadis par les Romains.

OUST. Petite ville située à 3 l. de Saint-Girons. Pop. 1,621 hab. — Filature de laine. Carderie. Forges. Éducation des bestiaux.

PRAT-ET-BONREPEAUX. Village situé à 2 l. 1/2 de Saint-Girons. Pop. 1,439 hab. Il est sur la rive gauche du Salat, et dominé par une colline dont le sommet est couronné par un antique château, d'où l'on jouit d'une vue admirable, au pied duquel on franchit sur un pont de marbre d'une seule arche le ruisseau poissonneux de la Gouarige. — Aux environs se trouve une grotte spacieuse. — Construction de bateaux. Tuilerie. Moulins à farine. Scieries hydrauliques de planches. Nombreuses carrières de plâtre.

RIMONT. Petite ville située dans un fond, à 2 l. 1/2 de Saint-Girons. Pop. 2,421 hab. — *Fabriques* de poterie de terre.

SEIX. Petite ville située sur la rive gauche du Salat, à 3 l. de Saint-Girons. Pop. 3,822 hab. On y remarque les ruines du vieux château de Mirabat.

Seix possède de belles carrières de marbre exploitées, et l'on vient d'y établir une scierie de trente-six lames. C'est la patrie de M. Pagès de l'Ariège, publiciste et député. — Aux environs, mines de plomb, de cuivre et d'argent, dont l'exploitation est suspendue.

SENTEIN. Village situé à 4 l. 1/2 de Saint-Girons. Pop. 1,270 hab. — Aux environs, sur la montagne élevée de l'Areigue, on voit un vaste étang et une très-belle cascade. — Carrières de marbre et d'ardoises ; mines de fer et d'argent non exploitées.

USTON. Petite ville située près d'une belle forêt de sapins et de hêtres, à 5 l. 1/4 de Saint-Girons. Pop. 2,897 hab.

Le territoire de cette commune renferme plusieurs curiosités naturelles, entre autres de très-belles cascades ; trois lacs, dans l'un desquels prend sa source la rivière d'Alet ; deux grottes, dont l'une, appelée grotte de Font-Sainte, est traversée par l'eau d'une source limpide, et peut être parcourue sans danger d'une extrémité à l'autre. A côté de cette grotte existe une antique chapelle bâtie à côté de la fontaine, qui jouit dans la contrée d'une grande célébrité, et où l'on se rend en pèlerinage de plusieurs points éloignés, lorsqu'il existe des épidémies.

ARRONDISSEMENT DE PAMIERS.

BASTIDE-SUR-L'HERS (la). Joli bourg très-bien bâti et fort agréablement situé sur la rive droite du Lers, à 10 l. 3/4 de Pamiers. Pop. 620 h. — *Fabriques* de peignes de corne et de buis. Centre de la fabrique et du commerce du jayet.

EAUX MINÉRALES DE FONCIRGUE.

A dix minutes de la Bastide, sur les limites du territoire de cette commune et de celle de Peyrat, sourdent des eaux minérales, connues et fréquentées depuis la plus haute antiquité sous la dénomination d'eaux de Foncirgue ou de la Bastide-du-Peyrat. Ces eaux sont reçues dans un vaste établissement de création récente, où se trouvent réunis des chambres de bains, un vaste hôtel, des chambres élégamment décorées, avec écuries, remises, etc.

PROPRIÉTÉS PHYSIQUES ET CHIMIQUES. L'eau de Foncirgue est claire, limpide, sans cesse agitée par un dégagement très-tumultueux d'un gaz incolore, sans que pour cela sa transparence en soit troublée. Sa température est constamment de + 20° cent. ; sa pesanteur spécifique, comparée à l'eau distillée, prise par 1000, est de 1001, 0001. La teinture de tournesol étendue est presque sans action sur l'eau de Foncirgue ; l'eau de chaux altère un peu sa transparence et y détermine un précipité copieux ; l'oxalate d'ammoniaque y détermine un précipité manifeste, et le sous-acétate de plomb un précipité très-abondant. Cette eau verdit fortement le sirop de violete.

D'après l'analyse faite en 1835 par MM. les docteurs G. Fau et A. Fau, 50 litres de cette eau contiennent les principes suivants :

Gravé par Hopwood.

Bayle.

	centim. cubes
Acide carbonique	1351
Azote	969
Oxigène	221
Matière organique ressemblant à l'ulmine	1 gr. 760
Sulfate de magnésie	0 634
Hydrochlorate de magnésie	0 086
Magnésie combinée à la matière organique	0 361
Hydrochlorate de chaux	0 181
Sulfate de soude	0 060
Sulfate de chaux	1 665
Carbonate de chaux	9 487
Carbonate de magnésie	0 576
Oxide de fer et phosphate terreux	0 389
Silice	0 122
Perte	0 349
	15 gr. 670

PROPRIÉTÉS MÉDICINALES. L'usage des eaux de Foncirgue, soit en bains, soit en boisson, a presque toujours opéré des guérisons complètes sur une infinité de sujets atteints des affections suivantes : gastrites et entérites chroniques, catarrhes ou autres maladies de la vessie, suppressions du cours périodique, gonorrhées invétérées, jaunisse, hémorrhoïdes, ophthalmies rebelles, dyssenteries opiniâtres, maladies cutanées, fistules, même avec carie des os. Enfin, c'est surtout dans la classe si étendue des névroses que leur emploi a fréquemment attesté leur opportunité.

BLAUD. Village du canton de Mirepoix, situé au pied de la montagne du Puy-du-Till. Cette montagne est percée de plusieurs trous profonds qu'on appelle Barènes ; ce sont des soupiraux, qui chassent un vent connu dans le pays sous le nom de vent du Pas. Le vent souffle dans toute la vallée en suivant sa direction. Il ne cesse jamais, mais il se ralentit souvent, et passe par tous les degrés de la force. On l'a vu déraciner des arbres, et d'autres fois on le sent à peine, même en se plaçant à l'ouverture des soupiraux. C'est en été, par un temps serein, qu'il souffle avec la plus grande violence ; mais en hiver, et dans les temps nébuleux et pluvieux, il est doux et modéré. Généralement il n'est pas sensible durant le jour ; mais dès que le soleil baisse, il commence à souffler, augmente avec l'obscurité, dure toute la nuit, et ne se calme enfin qu'à l'aube renaissante.

On a cru trouver l'explication de ce phénomène dans l'effet d'un gouffre nommé l'Entounadou, et qui reçoit les eaux d'un vallon voisin. Ce gouffre communique certainement avec les cavités du Puy-du-Till, puisque des brins de paille et des morceaux de liége qu'on y a jetés, sont ressortis peu de temps après, chassés par le vent des soupiraux de la montagne. D'après une explication donnée par le savant Astruc, ce seraient les vapeurs des eaux de l'Entounadou qui, après avoir circulé dans l'intérieur des cavités, causeraient le vent du Pas, dont la force se modifie suivant la température de l'intérieur et celle de l'air extérieur.

CARLA-LE-COMTE. Village situé à 5 l. de Pamiers. Pop. 1,842 hab. C'est la patrie du célèbre philosophe et critique P. Bayle, né en 1647, mort en 1706.

CRAMPAGNAC. Village situé à 9 l. de Pamiers. Pop. 624 hab. On y remarque une grotte spacieuse, du fond de laquelle sort un ruisseau qui se précipite dans l'Ariége.

FONCIRGUE. Voy. LA BASTIDE-SUR-L'HERS.

FOSSAT (le), Bourg situé sur la rive gauche de la Lèze, à 5 l. de Pamiers. Pop. 915 hab.

LAGARDE. Village situé à 7 l. 3/4 de Pamiers. Pop. 708 h. On y voyait jadis un des plus beaux châteaux de la contrée, dont il ne reste plus que quelques murailles ruinées et des terrasses assez bien conservées, d'où la vue s'étend au loin sur les environs. — Belle filature de laine.

LAROQUE. Bourg situé sur la Touire, qu'on y passe sur deux ponts, à 9 l. 1/4 de Pamiers. Pop. 984 hab.

Cette commune, dont l'origine est très-ancienne, renfermait autrefois quatre paroisses et était très-peuplée. La tradition rapporte qu'elle fut décimée par la peste noire, qui enleva en fort peu de temps plus de 6,000 personnes. Le clocher de la principale église renferme une cloche sur laquelle on lit la date de CCCLXXXV (sans doute 1385). — Aux environs, se trouvent deux grottes remarquables connues sous les noms de Peyro Traucado et de l'Entouñadou. — *Fabriques* de bonneterie en laine, draps. Filatures de laine. Moulins à foulon. Tuileries. — *Commerce* de bestiaux.

LERAN. Joli village situé à 9 l. de Pamiers. Pop. 1,113 hab. On y voit un antique château remarquable par un écho qui répète jusqu'à dix-sept syllabes.—*Fabriques* de bonneterie, peignes de buis et de corne. Filature de laine. Moulin à jayet. Tannerie.

LEZAT. Petite ville située à 4 l. 1/2 de Pamiers. Pop. 2,752 hab. Elle a été fondée en 1139 pour défendre l'abbaye de son nom, située sur la rivière de Lèze. On trouve journellement sur son territoire un grand nombre de médailles romaines.

LOUBENS. Village situé à 3 l. 1/2 de Pamiers. Pop. 424 h. On y voit une grotte d'environ 400 mètres de longueur qui mérite d'être visitée.—Tuilerie.

MAS-D'AZIL (le). Petite ville située sur l'Arize, à 5 l. 1/2 de Pamiers. ✉ Population, 2,908 hab. Elle est bâtie dans un beau vallon entouré de montagnes assez élevées et très-fertile.

Le seul monument d'architecture que cette ville renferme, est l'église paroissiale autrefois dépendante d'une ancienne abbaye de saint Benoît, dont il ne reste depuis longues années d'autres vestiges qu'une mosaïque que l'on vient de découvrir en fouillant le terrain sur lequel s'élevait jadis le monastère.

A peu de distance de cette ville, la rivière de l'Arize passe à travers un immense rocher escarpé, où ses eaux se précipitent avec fracas. On peut traverser cet antre curieux sans flambeaux, en suivant le cours de la rivière. Vers le milieu s'élève un énorme pilier qui soutient les deux immenses voûtes dont se compose la caverne. Non loin de là, on aperçoit une vaste ouverture qui donne entrée à une grotte supérieure très-profonde, et qu'on ne peut visiter qu'avec des flambeaux. Cette grotte a servi d'asile dans les anciennes guerres; elle était fermée par un mur dans lequel était pratiquée une porte formée par une pierre sur laquelle étaient gravées les armes du comte de Foix.

Au nord et à l'est du Mas-d'Azil, on voit, sur les montagnes qui entourent cette ville, deux dolmens bien conservés.

Fabriques d'alun et de couperose, de peignes de bois. Filature de laine. Carderie. Mine de lignite non exploitée.

MAZÈRES. Petite ville située à 4 l. de Pamiers. Pop. 3,170 hab.

Mazères n'était qu'un village en 1251, époque où Béranger, abbé de Boulbonne, en fit une ville où les comtes de Foix bâtirent un château qui devint leur résidence ordinaire. C'est dans ce château que le célèbre Gaston Phébus reçut, en 1390, le roi Charles VI, auquel il offrit de magnifiques présents, tant en chevaux qu'en objets rares et précieux.

MIREPOIX. Jolie ville située sur le Lers, à 6 l. de Pamiers. Collège communal. ✉ Pop. 3,633 hab.

Quelques auteurs pensent que Mirepoix était jadis la principale ville des *Tasco deunitari*, dont parle Pline. Cette ville antique, que détruisirent sans doute les Goths, les Vandales ou les Sarrasins, fut, vers l'an 1000, rebâtie sur la rive droite du Lers, entre la rivière et le coteau, sous la protection d'un château fort qui venait d'y être construit, et dont on voit encore des restes imposants; elle reçut alors le nom de Mirapech ou Mirapic, dont on a fait Mirepoix. En 1289, cette ville fut détruite de fond en comble par une inondation extraordinaire de la rivière du Lers, que grossit encore la rupture d'un grand lac qui existait près de Puivert; le château fut seul préservé, par sa position élevée, de ce grand désastre, qui porta la désolation dans la contrée. Les habitants qui purent s'échapper, se réfugièrent sur la rive gauche de la rivière, où ils bâtirent la ville actuelle. En 1363, cette ville fut pillée et incendiée par une troupe de maraudeurs commandés par un nommé Jean Petit. Quelque temps après, les habitants

CLOCHER DE MIREPOIX.

CHÂTEAU DE MIREPOIX.

MIREPOIX.

l'environnèrent de larges fossés et l'entourèrent de murailles, où l'on entrait par quatre portes.

Le plus ancien document qu'on ait du château de Mirepoix, dont les restes attestent la puissance de son fondateur et l'acharnement des guerres de son époque, est de 1062. Il y est dit que ce château fut pris le 22 septembre 1209 par l'armée des croisés commandés par Simon de Montfort, après une résistance qui n'eut pour objet que de favoriser la fuite de Roger, seigneur de Mirepoix, qui l'occupait avec un petit détachement de soldats. Le château de Mirepoix fut donné, avec titre de maréchal de la Foi, à Guy de Lévis, un des lieutenants les plus distingués de Simon de Montfort. Roger se réfugia avec ses gens au château de Monségur, où ils furent tous, comme hérétiques, impitoyablement passés au fil de l'épée. Repris en 1223 par Raimond Roger, comte de Foix, qui mourut d'une maladie contractée à ce siège, le château de Mirepoix rentra bientôt en la possession de Guy de Lévis, et devint depuis la résidence de ses descendants en ligne droite, jusqu'au XVIe siècle, époque à laquelle il prit le nom de château de Terride. Voici à quelle occasion :

Jean de Lévis, treizième seigneur de Mirepoix, épousa, le 13 février 1563, Catherine Ursule de Lomagne, fille d'Antoine de Lomagne, vicomte de Gimois, baron de Terride (château situé près de Beaumont-de-Lomagne). Elle porta en dot à son époux la baronnie de Terride, à condition que leur postérité joindrait ce nom et celui de Lomagne au nom de Lévis. Ils eurent huit enfants, dont l'un d'eux, Jean de Lévis, reçut le nom de comte de Terride. Ce terrible seigneur, redouté et aimé de ses voisins, parce que son caractère offrait tout à la fois un mélange de dureté et de bonté, mourut en 1644 dans le château de Mirepoix, qu'on a depuis appelé le château Terride, nom qui ne lui porta pas bonheur, car bientôt après les seigneurs de Mirepoix transférèrent leur résidence au château de Lagarde, dans la commune de ce nom, à une lieue de Mirepoix. Ce château, cité à juste titre comme un édifice très-remarquable, fut signalé à l'époque de la première révolution comme château fort, et en grande partie démoli, quoique ses larges terrasses, les tours qui les flanquaient aux quatre angles, ses avenues, eussent été embellies à grands frais, de manière à faire perdre l'idée de ses anciennes fortifications et de son caractère primitif. Sa ruine est à déplorer, parce qu'il eût pu recevoir une destination avantageuse et profitable au pays.

Il ne reste plus de l'ancien château, qui passait à juste titre pour un des plus beaux du midi de la France, qu'une tour carrée en pierre de taille, bien conservée, qui sert d'habitation ; un grand corps-de-logis délabré, bâti en pierres et en briques ; une enceinte de fossés comblés en grande partie de ruines et de débris ; deux ponts, une cour en place d'armes, entourée de meurtrières, et les restes d'une enceinte de murs flanqués de tourelles.

Mirepoix était autrefois le siège d'un évêché, érigé en 1318 et supprimé en vertu du concordat de 1801. Cette ville est agréablement située, sur le Lers, qu'on y passe sur un beau pont. Elle est bien bâtie, propre, embellie de belles plantations et ornée de fontaines publiques alimentées par une machine hydraulique exécutée sous la direction du célèbre mécanicien Abadie. Ses places publiques sont vastes, bien plantées et fort agréables ; la grande place est entourée de galeries couvertes. Les larges fossés qui l'entouraient autrefois ont été comblés il y a déjà plusieurs années, et forment aujourd'hui quatre cours ou boulevards qu'embellissent de belles plantations.

Mirepoix possède un bel et vaste hospice bâti sous la direction de M. Mercadier, ancien ingénieur en chef du département, sur un terrain dépendant de l'ancien hospice qui fut démoli. Les travaux du nouveau bâtiment, commencés en 1780 sous les auspices de M. de Cambon, dernier évêque de Mirepoix, ne furent terminés qu'en 1789, et la dépense s'en éleva à la somme de 79,271 fr., provenant, savoir : 25,200 de dons faits par M. l'évêque de Cambon, 8,000 fr. d'un secours accordé par le diocèse, 13,500 fr. environ de dons faits par divers particuliers, et le surplus de la caisse de l'hospice. La disposition heureuse du bâtiment a permis d'y placer depuis une pension et des écoles où les jeunes personnes suivent les leçons des professeurs attachés au collége de la ville; une école primaire pour les jeunes élèves, et une seconde école toute gratuite pour les jeunes filles.

L'église paroissiale, qui n'a jamais été achevée, mais dont on admire le chœur entouré de sept chapelles, est surmontée d'un clocher à flèche d'une exécution remarquable; il s'élève jusque vers le tiers de sa hauteur en forme de tour carrée que couronne une galerie flanquée aux quatre angles de quatre légères et élégantes pyramides, et d'où s'élance dans les airs une flèche octogone hérissée à tous ses angles de consoles ou modillons. A l'un des angles de la tour carrée, se lie une petite tourelle octogone, qui renferme l'escalier.

Le cimetière est entouré de larges allées bordées de cyprès; on y remarque une grande chapelle, des autels, des monuments funèbres ombragés de saules, des massifs d'arbres et d'arbrisseaux divers mêlés de fleurs, et une belle croix en fer élevée sur un piédestal en pierre de taille.

Le pont jeté sur la rivière du Lers est un des plus beaux du Midi : commencé en 1777 d'après les principes du célèbre Peyronnet, et sur le plan de M. de Garigny, membre de l'académie des sciences de Toulouse et ingénieur de la province de Languedoc, il fut achevé en 1791. Ce pont, en belles pierres de taille, a sept arches d'environ vingt mètres d'ouverture et d'une exécution parfaitement soignée; il ne laisse à désirer qu'un peu plus de largeur. La chaussée qui, par un plan parfaitement horizontal, lie, vers le midi, le pont à la ville, et, vers le nord, aux embranchements des routes de Carcassonne au levant, et de Villefranche au couchant, est aussi tout à fait digne de remarque : elle a, non compris le pont, plus de deux cents toises de longueur, sur vingt pieds de hauteur et quarante de largeur, en augmentant toujours vers sa base.

— A une courte distance, et presque en face du pont, on voit les restes d'un ancien couvent de cordeliers, dans l'enceinte d'un vaste enclos où est le tombeau des auteurs du maréchal Clauzel, possesseur de cette propriété, qui s'étend sur le revers du coteau où gissent les ruines de l'ancien château Terride.

On remarque encore à Mirepoix : l'hôtel-de-ville, édifice spacieux et bien distribué; les restes des bâtiments de l'ancien évêché.

La ville de Mirepoix a donné le jour à plusieurs hommes remarquables, parmi lesquels nous citerons l'astronome Vidal, que le célèbre Lalande appelait l'hermégiste français; le maréchal Clauzel, membre de la Chambre des députés, aujourd'hui gouverneur d'Alger.

Fabriques de toiles communes, couvertures de laine, serges, grosses draperies, peignes de buis, savon. Filature hydraulique de laine.

MONTAUT. Bourg situé à 2 l. 1/4 de Pamiers. Pop. 1,072 hab.

Ce bourg, remarquable par sa tour de construction gothique, existait déjà l'an 1121; il a été plusieurs fois saccagé dans les guerres de religion, et a eu ses vêpres siciliennes.

PAMIERS. Ancienne et jolie ville. Chef-lieu de sous-préfecture. Tribunal de première instance. Société d'agriculture. Collége communal. Évêché. Grand séminaire. ✉ ☞ Pop. 6,018 hab.

On prétend que Pamiers est d'origine celtique. Les traditions populaires et les chroniques s'accordent sur ce point, et les ruines qu'on trouve dans les environs semblent donner quelque probabilité à cette opinion; toutefois l'histoire regarde comme des fables absurdes, tout ce qu'on débite sur l'origine de cette ville. Ce qu'il y a de certain, c'est qu'elle appartenait, avec le pays voisin, aux comtes de Carcassonne. Ce ne fut d'abord qu'un simple château auprès de l'abbaye de Frédélas, monastère qui subsistait vers l'an 960. On croit que Roger II, comte de Foix, avait fait bâtir ce château depuis son retour de la Terre-Sainte (en 1124), et qu'il lui donna le nom d'Appamée ou d'Appamia, en mémoire de la ville d'Appamée en Syrie, d'où il avait apporté des reliques. Il serait possible cependant qu'antérieurement il eût existé en ce lieu une ville qui aurait été ruinée dès les premiers siècles de l'ère chrétienne. Suivant l'opinion des habitants, elle aurait eu une étendue considérable; et l'on cite, à l'appui de cette assertion, la dénomination de certains quartiers voisins de la ville actuelle, qui semblent en effet rappeler la destination qu'on leur suppose. Tels sont la place au blé, la place aux pots, quartiers aujourd'hui couverts de vignes. Dans l'Histoire générale du Languedoc, il est dit que cette ville a été formée, dans sa naissance, du village de Frédélas, du château de Pamiers et de deux villages voisins qui, s'étant agrandis dans la suite, n'ont composé qu'un seul corps sous le nom de Pamiers.

Dans l'origine, Pamiers appartenait à une antique abbaye dont cette ville était voisine; mais, forcée d'appeler à son secours les comtes de Foix contre les comtes de Carcassonne, elle passa bientôt à la maison de Foix. Un des comtes de ce nom la saccagea en 1208, en défendant les droits de Raimond, comte de Toulouse, contre les croisés. Les Gascons tentèrent, sans succès, de s'en emparer en 1577. Le prince de Condé la prit à la tête des protestants, et la livra à ses soldats qui la pillèrent et la saccagèrent.

Cette ville est située sur l'Ariége, au milieu d'une campagne riante entourée de coteaux fertiles. Elle est généralement bien bâtie, formée de rues larges et bien percées. Il ne reste plus aucun vestige de son ancien château, dont l'emplacement, qui a conservé le nom de Castellat, est devenu une promenade remarquable par sa situation et par la vue pittoresque dont on y jouit; elle est élevée fort au-dessus de la ville, qu'elle domine, et qu'on découvre tout entière; de là, les regards se promènent à l'ouest et au sud sur des coteaux riants, premiers plans d'un amphithéâtre de monts dont les cimes glacées se perdent dans les nues; une plaine immense, dont l'œil ne peut mesurer l'étendue, et où l'on suit avec plaisir le cours de l'Ariége, forme au nord un superbe tapis de verdure, tandis qu'à l'est de riches vignobles et les plaines fertiles de Mirepoix et de Mazères présentent un spectacle plein d'intérêt et de variété.

On remarque à Pamiers : le palais de justice; l'évêché; sept églises; le couvent des carmélites; l'hospice civil, bâtiment vaste et bien aéré. La cathédrale, surmontée d'un beau clocher, est un bel édifice bâti sur les dessins de Mansard.

Fabriques de serges, burats, liqueurs fines, clous, limes. Filatures de laine et de coton. Papeterie. Scieries hydrauliques de planches. Aciérie. Moulins à farine et à foulon. — *Commerce* de grains, laines, crin, bonneterie, etc.

A 4 l. de Foix, 15 l. de Toulouse, 195 l. de Paris.

PEYRAT. Village situé à 11 l. de Pamiers. Pop. 302 hab. — *Fabriques* d'ornements en jayet.

QUINTIN (SAINT-). Bourg situé à 6 l. de Pamiers. Pop. 806 hab. — *Fabriques* de draps.

SAVERDUN. Jolie petite ville, située sur la rive gauche de l'Ariége, à 3 l. 1/2 de Pamiers. ✉ ☞ Pop. 3,327 hab.

Saverdun passe pour être une ville d'origine gauloise, où l'on trouve fréquemment dans les fondations d'anciens édifices, des médailles grecques et romaines. Elle est généralement bien bâtie, et conserve encore quelques restes de ses anciennes fortifications. Cette ville fut long-temps dans le domaine des comtes de Toulouse; pendant la guerre des Albigeois, elle soutint un long siége contre Simon de Montfort, qui fut obligé de se retirer; elle a été depuis unie au comté de Foix. On y remarque un hôpital fondé le 12 février 1289 par Arnaud Noël, docteur en droit, d'après l'autorisation accordée le 4 février 1285, par Roger Bernard, comte de Foix, qui dota cet hospice de plusieurs biens.

Saverdun est la patrie du pape Benoît XII; du lieutenant-général Sarrut, et du poëte Labouïsse-Rochefort. — Scieries hydrauliques de planches. Tuilerie.

VALS. Village situé à 3 l. 1/2 de Pamiers. Pop. 141 hab.

On voit près de ce village, sur la rive droite du Lers et sur le penchant d'un coteau élevé, une église fort ancienne, taillée dans le roc, et d'une construction singulière.

Ce n'est, en grande partie, qu'un souterrain obscur où l'on peut entrer par deux issues, l'une de bas en haut, et l'autre en sens contraire; l'ouverture inférieure est formée par la séparation de deux rochers : elle a trois pieds de large sur neuf de hauteur, et forme absolument l'entrée d'une grotte; l'ouverture supérieure est une espèce de portail qui se trouve presque au-dessus de l'édifice. Le sanctuaire est éclairé par deux lucarnes qui ne laissent entrer qu'un faible jour; il est dominé par la nef, qui forme une galerie dans laquelle sont deux petites chapelles; au-dessous est l'escalier rocailleux de l'entrée souterraine. Cette église est surmontée par une tour d'une architecture élégante, près de laquelle est une chapelle surmontée d'une autre tour dont cette chapelle forme la base.

L'église souterraine de Vals est sous l'invocation de la Vierge, qui, s'il faut en croire les on dit, y a fait jadis beaucoup de miracles. Malgré leur extrême dévotion à leur patronne, les habitants de Vals ont tellement laissé dégrader cette église, que l'évêque du diocèse s'est vu forcé de la mettre en interdit, ce qui immanquablement amènera l'entière destruction de ce monument remarquable.

VARILHES. Petite ville située sur la rive droite de l'Ariége, à 2 l. de Pamiers. Pop. 1,556 hab.

L'origine de cette ville paraît être fort ancienne, et il est probable qu'elle existait au VIe siècle sous le nom de Villa-Saxosa (ville pierreuse). Elle avait un château auquel les habitants mirent le feu en 1211, pour l'empêcher de tomber en la possession de Simon de Montfort, qui parvint toutefois à s'en emparer et y mit une garnison; le comte de Foix le reprit en 1228.

On remarque aux environs, une grotte assez curieuse, et l'église souterraine de Vals (*voy.* ce mot).

YBARS (SAINT-). Petite ville située à 5 l. de Pamiers. Pop. 2,474 hab.

Cette ville est bâtie dans une situation agréable, sur une élévation qui domine toute la vallée de Lezat. On y voit une vieille tour dont la construction paraît remonter au temps des guerres de religion qui désolèrent la contrée. La tradition rapporte que les Albigeois s'emparèrent de la ville, qui portait alors le nom de Sauveterre, qu'ils passèrent par les armes une partie des habitants, et que ceux qui purent s'échapper, se retirèrent, avec ce qu'ils avaient de plus précieux, dans le château, où ils firent une si vigoureuse résistance, qu'on ne put les forcer, et qu'ils obtinrent une capitulation honorable. L'anniversaire de cet événement est encore célébré chaque année par une procession solennelle.

FIN DU DÉPARTEMENT DE L'ARIÉGE.

IMPRIMERIE DE FIRMIN DIDOT FRÈRES,
RUE JACOB, N° 24.

Guide Pittoresque
DU
VOYAGEUR EN FRANCE.

ROUTE DE PARIS A ALBI,
TRAVERSANT LES DÉPARTEMENTS

DE SEINE-ET-OISE, DU LOIRET, DE LA NIÈVRE, DE L'ALLIER, DU PUY-DE-DÔME, DE LA HAUTE-LOIRE, DU CANTAL, DE L'AVEIRON, DU TARN, ET COMMUNIQUANT AVEC CELUI DE LA LOZÈRE.

DÉPARTEMENT DU PUY-DE-DOME.

Itinéraire de Paris à Albi,
PAR MOULINS, CLERMONT ET RODEZ, 165 LIEUES 1/2.

	lieues.		lieues.
De Paris à Moulins (v. route de Chambéry)	72 1/2	Lempdes	4 1/2
Châtel-Neuve	5	La Baraque	6
Saint-Pourçain	3	Saint-Flour	5
Mayet-d'École	4	Chaudes-Aigues	7 1/4
Gannat	2 1/2	La Guiolle	7 1/4
Aigueperse	2	Espalion	5 1/2
Riom	4	Rodez	7
Clermont	4	La Mothe	6
Condes	5 1/2	Les Farguettes	7
Issoire	2 1/2	Albi	5

Communication de Saint-Flour à Mende, 19 l.

	lieues.		lieues.
De Saint-Flour à la Bessière-de-Lair	6 1/2	Saint-Amant	6
Saint-Chély	4 1/2	Mende	5

ASPECT DU PAYS QUE PARCOURT LE VOYAGEUR
DE MOULINS A LEMPDES.

En sortant de Moulins, on passe l'Allier sur le beau pont de cette ville, et, laissant en face la route de Bordeaux par Limoges, on suit, à gauche, une longue avenue de peupliers qui borde le cours de l'Allier et se termine au château de Bressoles. Le pays est agréable, boisé et légèrement montueux jusqu'à Châtel-Neuve, village bâti sur une colline sablonneuse qui se termine par une côte qui descend dans les riches campagnes de Saint-Pourçain. On passe la Sioule au-dessous de cette ville, et l'on suit, pendant trois lieues, une route droite et assez monotone, qui aboutit à la vallée de la Sioule, au-delà de laquelle on aperçoit un joli coteau de vignes, parsemé de châteaux et de maisons de campagne. La vallée s'élargit aux environs du relais de Mayet-d'École, assez beau village que l'on rencontre deux lieues et demie avant d'arriver à Gannat, ville assez mal bâtie, mais entourée de charmantes promenades. En sortant de cette ville, on traverse une belle plaine en longeant, à droite, un côteau planté de vignes; à gauche est le village de Poisat, et à droite, le château de Jayet, qui domine une contrée agréable et fertile; peu après, on passe du département de l'Allier dans celui du Puy-de-Dôme. Saint-Genest est un village situé à un quart de lieue de Jayet; à gauche, on aperçoit le château de Villemont, environné d'avenues, et un peu avant Aigueperse, où l'on voit la fontaine empoisonnée, source d'où s'exhale une assez grande quantité de gaz acide carbonique; elle est située au pied du monticule de Montpensier, dont l'ancien château, démoli sous Louis XIII, a vu mourir Louis VIII. Aigueperse est une petite ville bâtie dans un territoire riant et fertile, consistant principalement en une longue et large rue que traverse la grande route. Au-delà de cette ville, le pays que l'on parcourt est agréablement diversifié jusqu'à la vallée du Sardon; après avoir passé cette rivière, on gravit une côte assez rude, d'où l'on descend dans les délicieuses campagnes de Riom, où l'on arrive par un faubourg décoré d'une belle fontaine, où se développe une double rampe qui monte à la ville. Entre Riom et Clermont, la contrée que l'on traverse est une des plus agréables qu'il soit possible de parcourir; on voyage constamment à l'ombre des noyers, au milieu des vignes, des vergers et des prairies. Sur la droite, on aperçoit le château Gay; on traverse ensuite Montferrand, ville ancienne, qui n'est plus aujourd'hui qu'un faubourg de Clermont, avec lequel on communique par une belle avenue de saules qui traverse la plus belle partie de la Limagne.

Au sortir de Clermont, les campagnes les plus fertiles, les plus riants paysages apparaissent de tous côtés aux yeux du voyageur, qui parcourt avec délices la partie la plus étendue et la plus variée de la Limagne. Cette contrée, dont le seul nom rappelle le plus beau séjour, présente un bassin environné de hautes montagnes, et parsemé lui-même de coteaux élevés. C'est à ces montagnes et à ces collines que la Limagne doit sa fécondité : arrosée par les sources et les eaux pluviales qui en découlent, elle produit sans interruption, et offre aux yeux une des vues les plus riantes et les plus riches qui soient peut-être dans l'univers. Son sol, partout fertile, présente alternativement des vergers, des prairies, des vignobles, et tous les genres de culture possible; il est entrecoupé de nombreux ruisseaux dont les eaux, divisées par l'industrie des habitants en mille canaux, augmentent sa fécondité et donnent à ses prairies et à sa verdure une fraîcheur et une jeunesse éternelle. Tout décèle la fécondité du sol et la prospérité du pays.

A mesure que l'on s'éloigne de Clermont, on aperçoit, à droite et à gauche, une foule de bourgs et de villages; on ne passe cependant que dans le hameau de Pérignat, et laissant à gauche, à environ une lieue de distance, la ville de Pont-du-Château. On traverse ensuite Veyre, bourg placé entre Martres et Monton; Coudes, où est établi le relais, et qui est un village bâti dans une situation pittoresque au pied d'une colline baignée par l'Allier, rivière que l'on côtoie en la remontant, pour gagner une hauteur d'où l'on descend, par une pente insensible, dans la belle et fertile plaine d'Issoire. Au sortir de la ville de ce nom, on passe la Couze, et l'on suit une route bien ombragée, qui traverse un pays toujours riche, pittoresque et varié, qui se prolonge jusqu'à Saint-Germain-Lambron, où commence une plaine dépouillée d'arbres, à laquelle succèdent de beaux coteaux couverts de vignes. En gravissant la côte de Lempdes, on quitte la Limagne, et l'on passe du département du Puy-de-Dôme dans celui de la Haute-Loire.

DÉPARTEMENT DU PUY-DE-DOME.

APERÇU STATISTIQUE.

Le département du Puy-de-Dôme est formé de la ci-devant Basse-Auvergne, et tire son nom d'une haute montagne placée vers le centre de la chaîne des Monts-Dômes. Ses bornes sont : au nord, le département de l'Allier; à l'est, celui de la Loire; au sud, ceux de la Haute-Loire et du Cantal; à l'ouest, ceux de la Creuse et de la Corrèze.

La surface de ce département présente un immense bassin onduleux d'environ soixante lieues carrées, connu sous le nom de Limagne, et deux longues chaînes de montagnes qui le flanquent à l'est et à l'ouest. Les montagnes orientales, qui s'étendent sur environ quatre-vingts lieues carrées, sont couvertes de bois de sapins entre lesquels apparaissent

PETIT ATLAS NATIONAL DES DÉPARTEMENS DE LA FRANCE.

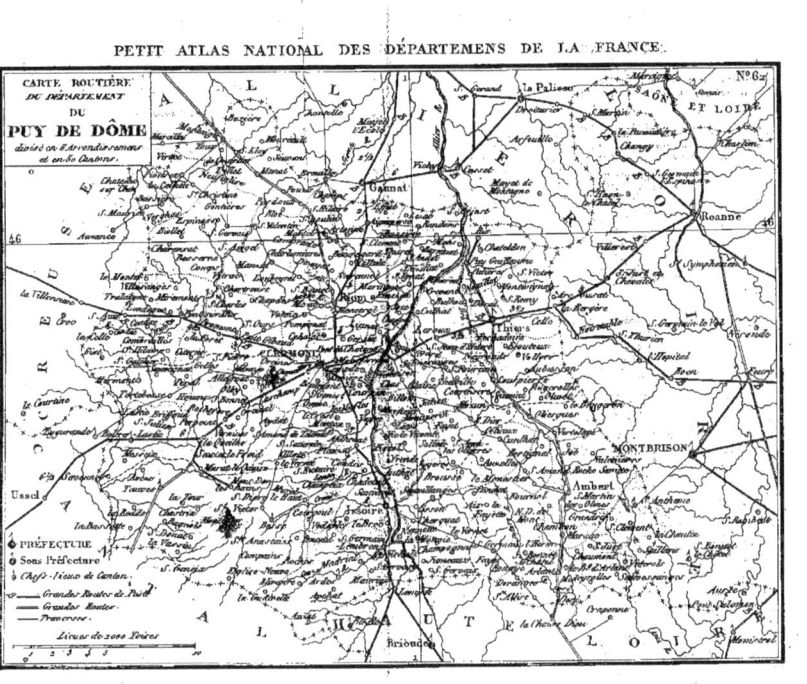

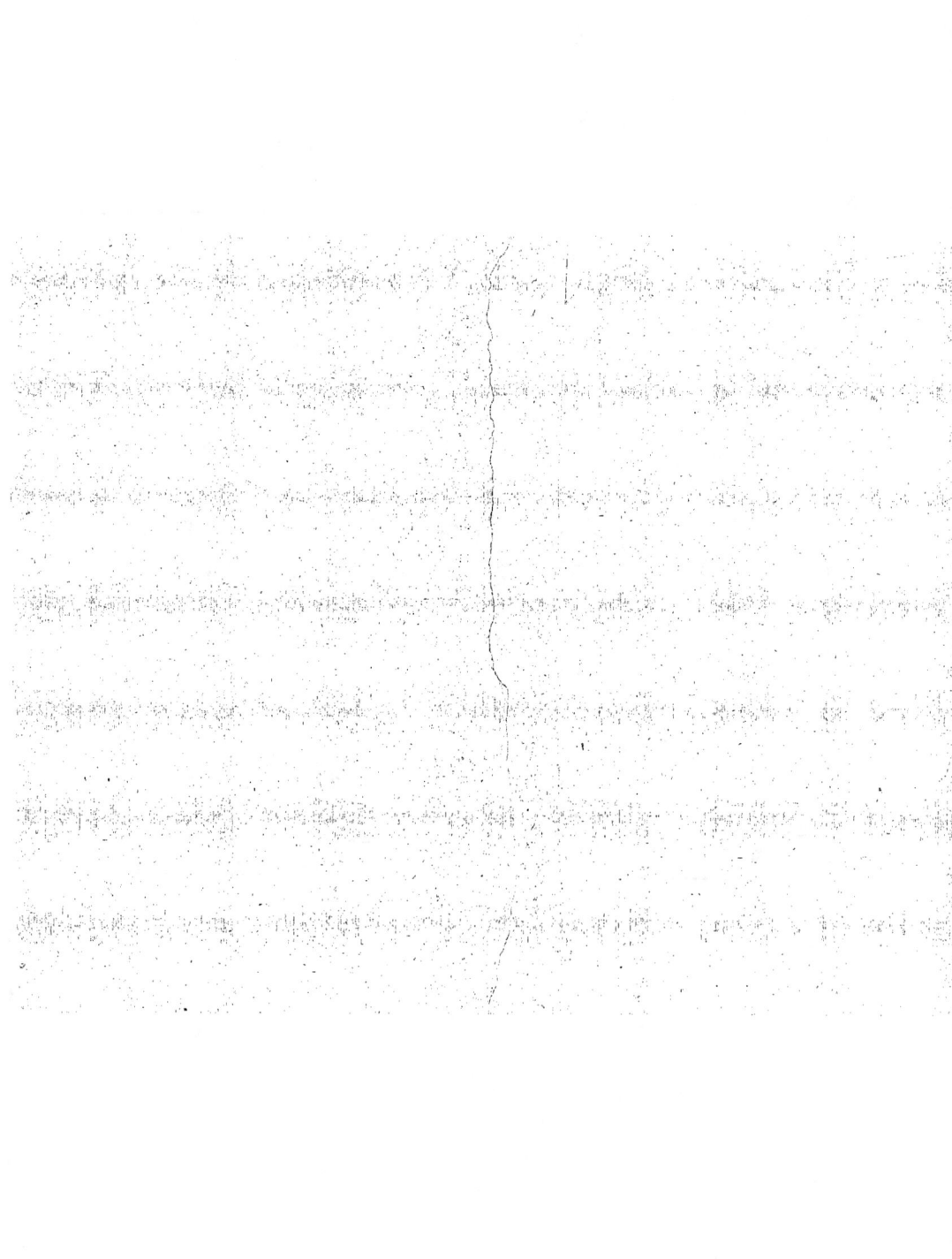

de maigres pâturages et quelques terres peu fertiles où l'on ne cultive guère que du seigle. À l'ouest, les montagnes, dont la base commune est d'environ 600 mètres au-dessus du niveau moyen de la Limagne, se partagent en deux groupes principaux : au nord, le Puy-de-Dôme élève fièrement sa cime conique au-dessus des pays qui forment la chaîne des Monts-Dômes, renommée par ses beautés sans nombre et par ses points de vue magnifiques; cette chaîne s'étend depuis Volvic jusqu'à Monteynard, et laisse apercevoir une suite de plus de soixante puys avec leurs cratères antiques, leurs ravins, leurs courants de laves, leurs prismes et leurs colonnes de basalte. Au sud, s'étend la chaîne des Monts-Dores, que domine le Puy-de-Sancy, la plus haute des montagnes de l'intérieur de la France.

Le Puy-de-Dôme présente un cône majestueux, qui a pour cime un plateau très-étendu, et qui, exact dans toutes ses proportions, offre l'agrément d'une beauté riante. Depuis sa base jusqu'à son sommet, l'on parcourt un tapis de verdure où paissent de nombreux troupeaux; car, malgré sa pente escarpée, il est couvert d'herbe dans toute sa superficie, excepté dans deux ou trois endroits où il laisse percer des protubérances de laves blanches, qui semblent ne se montrer là que pour avertir qu'il a été volcanisé, et qu'il ne l'a pas été comme les autres montagnes. On ne saurait croire combien ce jet magnifique est agréable sous sa robe verte, et quel charme inconcevable lui donne cet ensemble de grandeur et de grâce. — On monte au pic par deux chemins différents : l'un, au midi, est nommé le chemin d'Alagnat; l'autre, au nord, est appelé la Gravouse. De la crête de cette montagne se déploie un des plus beaux spectacles et une des vues les plus riches du monde entier. Élevé de 958 toises au-dessus du niveau de la mer, et de 690 au-dessus du sol inférieur de Clermont, rien ne borne plus les regards que dans un lointain immense. On a sous les yeux quarante puys avec leurs cratères antiques, leurs ravins, leurs courants de lave, et leurs lits de pouzzolane noire ou rouge. Plus loin, c'est la Limagne entière avec ses villes, ses villages et ses monticules sans nombre; partout des champs de toute couleur, des vignobles, des habitations disséminées sur cette vaste surface, des chemins à perte de vue, des chaînes de montagnes : tout se réunit pour former un coup d'œil enchanteur qui embrasse cent trente lieues de pays. — Quoique le Puy-de-Dôme ne soit qu'un rocher brûlé, cependant les pluies et les vapeurs dont il est imbibé sans cesse, lui donnent une fécondité rare, et cette fécondité, il la communique aux montagnes qui l'entourent : toutes, si l'on en excepte une ou deux, sont couvertes, ainsi que lui, d'une herbe touffue, et toutes servent de pacages.

Le Mont-Dore, qui donne son nom à toute la chaîne des Monts-Dores dont il est le point le plus remarquable, a 1,048 toises d'élévation au-dessus du niveau de l'Océan (90 toises de plus que le Puy-de-Dôme). On peut difficilement se faire une idée de l'étendue d'aspect qu'offre cette montagne; de son sommet, on aperçoit les Alpes, et elle-même est aperçue de Nevers qui en est à trente lieues, et de Montauban, qui en est à près de quarante. Au-dessus du village des Bains s'ouvre du sud au nord une belle et magnifique vallée qui a près d'une lieue et demie de long sur un quart de lieue de large. Traversée dans tout cet espace par la Dordogne, par quelques terrains cultivés et par de riants pâturages, elle est fermée à son extrémité supérieure par de très-hautes montagnes dont les masses s'arrondissent autour d'elles en demi-cercle : deux entre autres offrent un spectacle digne de la plus grande attention : l'une est sillonnée de ravins affreux; l'autre, placée vis-à-vis, présente une énorme roche volcanique sur laquelle s'élèvent d'immenses prismes de basalte. Si ces deux montagnes contribuent par leurs formes à varier le tableau charmant de la vallée, d'un autre côté la hauteur de celles qui l'encaissent, et au milieu desquelles domine le Mont-Dore, imprime à tout cet ensemble un air de grandeur et de majesté. Ce mont célèbre, couvert de verdure en très-grande partie, est en même temps hérissé de pics hideux, et déchiré d'espaces en espaces par de larges ravins. Dans le nombre de ces ravins, il en est un immense qui, se rapprochant vers le bas par ses deux côtés, et se terminant en pointe, offre au loin la figure d'un triangle. Il supporte un banc de lave duquel tombe et se précipite une cascade dont les eaux vont former en partie la petite rivière qui traverse la vallée; le fond rouge du ravin rend plus éclatant encore l'argenté brillant de la cascade. Partout ailleurs cette riche et vaste décoration serait admirée, même isolée de tout ce qui l'entoure : ici elle ravit, parce qu'elle est le dernier trait d'un tableau magnifique, parce que, placée au point central de la circonférence de la vallée, elle attire et fixe irrésistiblement tous les regards.

Les montagnes de la chaîne occidentale renferment plusieurs lacs, dont les plus remarquables sont : le lac Pavin, le lac du Chambon et le lac Chauvet. Le lac Pavin est situé sur le sommet d'une montagne de la chaîne des Mont-Dores, dans le cratère d'un ancien volcan, à trois quarts de lieue sud-ouest de Besse; son diamètre moyen est de 700 toises; sa plus grande profondeur est de 288 pieds; il ne nourrit pas de poisson, à cause de la fraîcheur de ses eaux. Ce lac est environné d'un rideau de verdure, qui s'élève sur ses bords jusqu'à la hauteur de 120 pieds, le suit dans son contour, et le couronne agréablement. Cette ceinture est en talus escarpé, couverte d'une belle pelouse, et en grande partie de bois; le lac se déborde par une échancrure du cratère, d'où l'eau coule sur un lit de laves et tombe en cascade dans un canal qu'elle s'est creusé sur le penchant de la montagne, puis gagne le vallon que traverse le ruisseau de la Couze. — Le lac du Chambon est formé par l'interruption momentanée du cours d'un ruisseau qui descend des montagnes du Mont-Dore, et qui, sous le nom de Couze, se jette dans l'Allier près de Coudes. Ce lac est très-poissonneux; il offre quelques îlots couverts de grands arbres, et très-pittoresques. — Le lac Chauvet, arrondi comme le lac Pavin, mais moins grand et moins profond, est entouré de basaltes sur lesquels croissent de belles forêts de hêtres, qui rendent ses bords très-pittoresques.

Le bassin de la Limagne, dont la longueur est d'environ vingt-cinq lieues sur une largeur de 3 à 5, offre une continuité de plaines fertiles, bien cultivées, et de belles prairies coupées par un nombre infini de ruisseaux et de canaux; les coteaux y sont couverts de vergers et de vignes; les champs, plantés d'une multitude de châtaigniers dont le vert feuillage répand sur les sites divers qu'offre ce charmant pays, un agrément indescriptible. Quelque bon que soit en général le sol de la Limagne, cependant il ne faut pas le regarder comme également fertile dans toutes ses parties; la vérité exige qu'on le distingue en sol de première et de seconde qualité : la première est celle formée par la terre volcanique; la seconde est celle dont la terre a reçu l'action des eaux, comme l'autre a subi celle du feu : les grandes plantations de noyers sont encore un caractère distinctif de cette première partie, et le noyer se trouve partout où il y a terre volcanique; aussi la belle Limagne en est-elle couverte. — La terre volcanique occupe toute la plaine et le penchant d'un grand nombre de coteaux, qui sont aussi chargés de noyers que la plaine elle-même; toute la portion de la plaine d'Auvergne comprise sous le nom de marais, aux deux bords de l'Allier, dans une étendue de dix lieues de long sur quatre de large, est formée de cette terre volcanique; aussi est-elle de la plus grande fertilité. La plaine de Clermont, qui vient ensuite, large de trois lieues, sur une longueur égale, participe de la même fertilité; elle a peut-être encore plus de beautés de sites et de détails que la première; c'est sûrement la partie la plus riante de la Limagne. La plaine de Plouzat qui la suit, a une longueur de deux lieues sur autant de large; c'est un magnifique et riche pays : là finit la belle Limagne. Viennent après, la plaine d'Issoire et les gorges nues et resserrées qui y conduisent; celles-ci, dont l'étendue est de deux lieues, sont bien arides. La plaine d'Issoire, longue aussi de deux lieues, large d'une seule, est beaucoup moins bonne que celle de la vraie Limagne.

Le département du Puy-de-Dôme compte trois zones de productions et de climats absolument différents. La première admet toutes les cultures, les fruits et la vigne; la seconde est bornée à la production des grains sans la vigne; la troisième, n'admettant ni la vigne, ni les fruits, est bornée en presque totalité à l'herbage, soit comme prairies, soit comme simple pâturage. On doit donc distinguer le climat et le sol du département en partie tempérée et très-abondante, en partie froide et médiocre, en partie glaciale et cependant très-bonne. La première zone comprend le bassin de la Limagne, traversé en ligne droite par l'Allier; chaque rivière affluente de l'Allier forme un vallon plus ou moins large, mais toujours excellent, participant à toutes les qualités du sol et du climat de la Limagne. La seconde zone est formée par les montagnes basses qui enveloppent la Limagne; le sol est maigre, graveleux, chargé de quartz et d'autres parties infertiles; le blé, le seigle et l'avoine en sont à peu près les seules productions; toutefois la partie méridionale a quelques cantons un peu moins disgraciés de la nature, surtout celui que l'on appelle Planèze. La troisième zone est la région des hautes montagnes, destinée uniquement à l'herbage et au bétail. Ainsi, l'on voit que la première zone est au pied des montagnes, la seconde à mi-côte, et la troisième à leur cime.

Le blé, la vigne, le chanvre, l'huile, les prairies et les fruits sont les produits principaux de la Limagne. L'espèce la plus commune du blé est le froment, qui nourrit la plus grande partie de la population et est l'objet d'une exportation assez considérable. La vigne couvre une grande partie des coteaux et même des plaines; on la substitue au grain dans beaucoup d'endroits où le sol est cependant plus propre à la culture des céréales qu'à celle de la vigne. Les chanvres sont une des productions principales du pays; il y vient très-gros et très-grand, et s'élève en quelques cantons aux proportions des arbrisseaux; mais les toiles qui en proviennent sont dures et grossières. La seconde zone de la Limagne est couverte de noyers de la plus belle venue : beaucoup de champs en sont bordés, et la terre de cet heureux pays est si fertile, que les récoltes souffrent à peine de la présence de ces arbres monstrueux, qui fournissent au peuple l'huile dont il assaisonne tous ses repas. Les prairies abondent dans quelques cantons, surtout depuis Riom jusqu'à Veyre; elles sont enfermées dans de vastes enclos arrosés par les eaux qui découlent des montagnes, et, après avoir fourni deux ou trois coupes de foin, on y introduit le bétail qui y vit autant que la prolongation de l'automne peut le permettre. Les prairies sont garnies d'arbres fruitiers, notamment d'abricotiers, dont on fait des pâtes d'un goût exquis, et de pommiers qui fournissent à une exportation considérable, surtout pour Paris, où toutes les pommes dites de bateau viennent d'Auvergne.

La population de la Limagne est immense. Les villes et les villages très-populeux se touchent, et couvrent une partie des coteaux et des mamelons qui s'élèvent du milieu des plaines, de manière à répandre un air de vie sur toute la contrée. La blancheur des maisons, recouvertes de chaux vive, donne de l'éclat à toute cette scène, et les villages très-nombreux offrent le plus charmant coup d'œil : mais l'intérieur ne répond pas à ce que promet l'extérieur : rien au monde n'est plus hideux, plus misérable, ni plus sale; aussi ces habitations, si riantes au dehors, ces villages qui font la décoration du pays et le charme du voyageur, sont-ils des foyers d'exhalaisons pestilentielles et de fièvres qui dévorent habituellement les habitants de cette terre promise.

Le climat du département du Puy-de-Dôme est très-variable; les changements de température y sont très-brusques; les nuits et les matinées presque toujours très-fraîches. En hiver le froid est vif; l'époque de sa plus grande intensité est de la fin de décembre à la fin de février; dans la Limagne il ne dure guère que douze à quinze jours, et il est rare que le thermomètre descende à — 15° cent. En été, la chaleur est très-grande dans les vallées; à l'air libre et à l'ombre, le thermomètre marque souvent + 30° cent. L'époque ordinaire des plus grandes chaleurs est la fin de juillet et le commencement d'août.—Le vent dominant est celui du sud-ouest, qui souffle avec une grande violence pendant sept ou huit jours, à quatre époques différentes de l'année; ce vent est humide et amène les pluies : c'est lui qui précède les orages de juillet. Le vent de nord-est est froid, et cause les désastreuses gelées du printemps. Les montagnes, surtout celles de l'ouest, sont exposées à des ouragans terribles : on peut comparer ceux d'été aux tempêtes de certaines côtes d'Afrique; pasteurs et troupeaux les redoutent singulièrement. Ces écirs ou tourmentes d'hiver ressemblent à celles des monts de Norwège, et sont surtout funestes aux voyageurs et aux rouliers. Ces orages durent souvent plusieurs jours, et de tous ceux qui ont la témérité de s'y exposer, ou le malheur d'en être surpris trop loin des habitations, très-peu échappent à une mort cruelle. C'est dans les gorges tortueuses des montagnes que ces vastes trombes terrestres exercent leur ravage : telle est leur violence, que piétons, cavaliers, voitures chargées, sont en un instant culbutés. Des tourbillons continuels d'une neige abondante enveloppent et aveuglent hommes et animaux; cette neige s'accumule; les fonds se comblent, la route devient méconnaissable; on s'égare, on se précipite, on périt enseveli sous vingt ou trente pieds de neige. La fréquence des malheurs qu'occasionne l'écir d'hiver, a depuis long-temps décidé l'administration à élever dans ces défilés funestes de hautes colonnes en pierre pour diriger les voyageurs; et toutes les communes qui en sont voisines, sont dans l'usage de sonner leurs cloches dès que le soleil est couché, pour aider les infortunés qui seraient égarés, à se retrouver.

Le département du Puy-de-Dôme a pour chef-lieu Clermont. Il est divisé en 5 arrondissements et en 50 cantons, renfermant 443 communes.—Superficie, 425 lieues carrées. —Population, 573,106 habitants.

MINÉRALOGIE. Le département renferme en assez grande quantité des minerais de divers métaux, mais fort peu sont exploités; on ne peut guère citer que le plomb sulfuré de Pont-Gibaud, et quelques filons d'antimoine sulfuré près de Rochefort. Le fer pourrait être exploité sur plusieurs points. On rencontre aussi le zinc, le cuivre et la manganèse, mais en petite quantité. La houille est exploitée avec avantage, notamment aux environs de Brassac, de Singles, de Messeix et près de Montaigu. A Menat, on exploite en grand le tripoli rouge. L'améthyste ou quartz violet se trouve aux environs de Vernet, et on en faisait autrefois un grand commerce. Parmi les substances minérales employées dans les constructions, on distingue les laves de Volvic et de Pariou; les beaux trachytes du Mont-Dore; les calcaires de Chaptuzat et de Chauriat; les granites de Saint-Yvoine, les gneiss de Menat, les arkoses de Coudes et de Montpeyroux; les pouzzolanes de Durthol et de Gravenoire; les basaltes tabulaires de Saint-Bonnet, etc. : on exploite aussi des bitumes dont on couvre des terrasses. Les argiles sont communes et variées, surtout aux environs de Lezoux et de Courpière.

Sources minérales *froides* à Saint-Myon, Médagues, Cornets, Saint-Germain-Lambron, Châteldon, Courpière, Saint-Amand-Rochesavine, Talaru, Arlanc, Jozé, Chapdes, Javel, Leins. — *Eaux thermales* à Gimeaux, Châtel-Guyon, Clermont, Saint-Marc, Martres-de-Veyre, Vic-le-Comte, Châteauneuf, Saint-Nectaire, Sainte-Marguerite, la Bourboule, le Mont-Dore, etc., etc., etc. (*voy.* ces mots).

Productions. Céréales de toute espèce, châtaignes, très-bon chanvre, fruits, pâturages excellents. — 21,160 hectares de vignes, produisant annuellement environ 346,500 hectol. de vin, dont à peu près 180,000 sont consommés sur les lieux, et le surplus livré à l'exportation : les crus les plus estimés sont ceux de Chautergue, Châteldon, Ris, Corent, Chauriat, Mariol et Lachaux. — 57,890 hectares de forêts (arbres verts et feuillus). — Bon poisson de lacs et de rivières (très-belles truites). — Beaucoup de chevaux de petite espèce, bêtes à cornes, moutons.

Industrie. Fabriques de toiles de chanvre, camelots, étamines à pavillon, satins turcs, blondes, dentelles, cartes à jouer, salpêtre, produits chimiques, colle-forte, chandelles, mercerie, quincaillerie, coutellerie, chaudronnerie et ouvrages en cuivre. Filatures de laine et de coton. Exploitation de pierres de taille. Papeteries considérables dont les produits sont estimés; faïenceries et poteries. Brasseries; tanneries; nombreuses scieries hydrauliques.

Commerce de vins, grains, eaux-de-vie, liqueurs, confitures sèches, graines de toute espèce, huile de noix et de chenevis, bestiaux, fromages d'Auvergne, chanvre, laines, toiles, cuirs, papiers, bois, planches de sapin, charbon de terre, etc.

VILLES, BOURGS, VILLAGES, CHATEAUX ET MONUMENTS REMARQUABLES; CURIOSITÉS NATURELLES ET SITES PITTORESQUES.

ARRONDISSEMENT DE CLERMONT.

AMANT-TALLENDE (SAINT-). Petite ville située sur la Veyre, à 4 l. 1/2 de Clermont. Pop. 1,489 hab. — Éducation des chevaux et des abeilles.

AUBIÈRE. Bourg situé sur l'Artier, à 1 l. de Clermont. Pop. 3,513 hab.

AULNAT. Village dépendant de la commune de Malintrat, situé à 2 l. de Clermont. On remarque près de ce village, le Puy de la Poix, monticule formé de tuf basaltique, offrant, au nord, une source de bitume qui donne jusqu'à quatorze kilogrammes de cette substance par jour : l'eau qui sort en même temps que le bitume, est saturée d'hydrogène sulfuré, et contient aussi du sel marin et de la silice.

Un peu au-delà du Puy de la Poix, à gauche de la grande route, on voit un peulvan, grande pierre granitique isolée dont la partie hors de terre a plus de huit pieds de haut.

AYDAT. Village situé sur la Veyre, au bord du lac de son nom, à 5 l. de Clermont. Pop. 1,649 hab.

Quelques auteurs, notamment M. de Montlosier, pensent qu'Aydat était l'ancien *Avitacum*, dont Sidoine Apollinaire faisait ses délices. On voit dans l'église, à 12 ou 13 pieds de haut, près de l'autel, un petit tombeau de Sidoine Apollinaire, portant cette inscription : hic sunt duo innocentes, et sanctus sidonius.

BEAUMONT. Petite ville située à 3/4 de l. de Clermont. Pop. 1,858 hab. Il y avait autrefois une abbaye de filles de l'ordre de saint Benoît.

BEAUREGARD. Joli bourg situé à 5 l. de Clermont. Pop. 1,427 hab.

Beauregard est un des plus jolis bourgs de France, qui paraît avoir été construit sur un plan moderne; il est régulièrement bâti, et se compose de rues bien alignées, qui se coupent à angle droit. Ce bourg occupe le sommet d'un plateau élevé et fort uni, d'où l'on domine sur une vaste étendue de la Limagne, et c'est à cette heureuse situation qu'il doit le nom significatif de Beauregard. On doit voir dans l'église le maître-autel, orné de bas-reliefs et d'un grand nombre de figures en boiserie d'une exécution remarquable.

Le château de Beauregard, ancienne maison de plaisance des évêques de Clermont, a été bâti dans le XVe siècle, par Charles de Bourbon; le célèbre Massillon l'habitait presque continuellement. La chapelle est petite, mais ornée de belles sculptures. Les appartements sont vastes, bien distribués, et donnent sur une terrasse d'où l'on jouit de points de vue délicieux : à l'est, la vue est bornée, à une distance de quatre ou cinq lieues, par la chaîne des montagnes granitiques qui séparent l'Auvergne du Forez ; à l'ouest, s'élèvent à peu près à la même distance les montagnes d'Auvergne, presque toutes volcanisées, et dominées par le majestueux Puy-de-Dôme; au nord-est, la scène s'élargit, se prolonge et offre un lointain immense : l'œil plonge bien avant sur le Bourbonnais, et peut parcourir un espace de dix-huit à vingt lieues, dont les extrémités incertaines se confondent avec les vapeurs de l'atmosphère. La rivière de l'Allier, que l'on voit distinctement passer sous le pont du château, et qui s'approche à un quart de lieue de Beauregard, serpente au milieu du bassin qu'elle féconde et embellit, ajoute un charme indescriptible à ce magnifique tableau; de toutes parts, apparaissent une infinité de fermes, de hameaux, de châteaux ruinés, de bourgs et de villes, des coteaux couverts de vignes, des prairies plantées d'arbres fruitiers, des plaines immenses dont la diversité de la culture charme les yeux, et satisfont le cœur par leur fertilité. Enfin, de cette terrasse et des autres qui entourent le château, on aperçoit distinctement onze villes et quatre-vingt-dix-huit bourgs ou villages.

BILLOM. Très-ancienne ville, située à 6 l. 1/4 de Clermont. Tribunal de commerce. Petit séminaire. ✉ Pop. 4,746 hab.

Billom passe pour une des plus anciennes villes de l'Auvergne. Elle eut jadis une université florissante, qui datait de 1455 et subsista jusqu'en 1555 : à cette époque, cet établissement fut remis aux jésuites, qui le gardèrent jusqu'à la suppression de leur ordre. Ce fut alors qu'on trouva, dans la chapelle du collège de Billom, un tableau dont on fit grand bruit et qui donna lieu à des interprétations dont l'ordre des jésuites eut beaucoup à souffrir : la célébrité que ce tableau obtint tira Billom de son obscurité. Cette ville fut, à une époque reculée, close de murs construits aux dépens des différents corps de métiers; ce qui prouve qu'alors son commerce était considérable. Elle renfermait surtout beaucoup de tanneries, branche d'industrie qui exige un cours d'eau continuel. Billom ne possédant qu'un petit ruisseau, souvent à sec, les habitants avaient creusé, au-dessus de la ville, deux étangs d'une grande étendue, où l'eau du ruisseau et des pluies était retenue et de là distribuée en quantité convenable aux fabriques. Les murs de Billom ont disparu, ses étangs se sont comblés, et son commerce est en partie déchu. C'est néanmoins encore une ville fort industrieuse, et favorablement située au milieu de la partie la plus fertile de la Limagne.

La ville de Billom prenait jadis le titre de capitale de la Limagne; elle est bâtie sur une colline élevée, entourée de hautes montagnes; les orages y sont fréquents, et l'atmosphère y est si pluvieuse, qu'elle a souvent été nommée l'égout de la Basse-Auvergne.

L'église de Saint-Cerneuf est très-ancienne; on prétend qu'elle existait avant Charlemagne, et qu'elle fut enrichie des bienfaits de cet empereur.

Fabriques de fil de Bretagne, toiles, serges, faïence, poterie de terre, briques, tuiles, chaux.— *Commerce* très-étendu de chanvre, fil, laine, grains, bestiaux, bois, mégisserie. Éducation en grand des abeilles.— *Hôtels* Thomas, Jallat.

BOURBOULE (la). *Voy.* MURAT-LE-QUAYRE.

BOURG-LASTIC. Bourg situé à 10 l. de Clermont. ☞ Pop. 2,707 h. On trouve aux environs, à Corne, une source d'eau minérale.

CHAMALIÈRE. Bourg très-ancien, situé dans une plaine fertile, à un quart de lieue de Clermont. Pop. 2,067 hab. — *Fabrique* de cordes d'instruments. Papeterie. Mine de bitume pisasphalte exploitée.

Ce bourg paraît devoir son origine à deux monastères fondés par saint Genest. L'église d'un de ces monastères, dédiée à saint Ramezy, existe encore, et sa construction porte le caractère des constructions du VIIe et du XIe siècle. Chamalière a long-temps appartenu aux dauphins d'Auvergne; l'ancien château était construit près de l'endroit où l'on voit encore une haute tour carrée, qui porte le nom de Tour des Sarrasins.

Près de Chamalière, est la jolie maison de campagne de Montjoli, dont les caves pratiquées sous la coulée de Gravenoire, contiennent presque en tout temps du gaz acide carbonique.

Royat, lieu célèbre dans la Limagne par l'abondance, la pureté et l'utilité de ses eaux, est une dépendance de la commune de Chamalière. Ce village est bâti dans une gorge, entre deux montagnes de basalte, sur un ancien courant de laves, et entouré de gibbosités énormes que la coulée a faites en se boursouflant. Au milieu de ces horreurs on rencontre cependant, presque à chaque pas, des points de vue très-agréables; et les sources nombreuses qui jaillissent ou qui coulent de toutes parts, ont fait naître sur ces antiques masses de lave, plusieurs vergers et quelques prairies dont les nuances riantes réjouissent la vue : la fraîcheur et la solitude de ces retraites charmantes, le vaste ombrage qu'offrent les châtaigniers et les noyers qu'elles nourrissent, y forment, dans la belle saison, un asile délicieux. En remontant la gorge basaltique, on voit de toute part découler et dégoutter les eaux qui descendent des hauteurs voisines; mais à gauche sont des sources abondantes, qui, arrivant à travers la montagne, viennent sourdre sous le basalte qui la couvre. Dans une gorge étroite, au bas de Royat, en descendant un sentier cahotant, et après avoir traversé une petite rivière appelée la Tiretaine, qui court, en bruissant, des villages de Fontanat et de la Font-de-l'Arbre, on trouve une grotte charmante, formée de rochers basaltiques, d'où s'élancent sept jets d'une eau limpide et intarissable, qui va se joindre au joli torrent des sources de Fontanat. Cette grotte est véritablement délicieuse; un jour doux y pénètre à peine, et le soleil n'y jette quelques rayons que pour faire briller les parois humides de la caverne, couvertes de lichens, de mousse couleur d'émeraude, et de verts capillaires, attachés sous la voûte à des fragments de basalte, comme les ornements pendentifs de la clef d'une église gothique. La grotte a environ trente pieds de largeur sur autant de profondeur, et douze à quinze pieds de hauteur; l'aspect et le murmure de ses sources enchantent également les yeux et les oreilles; le site admirable où elle s'ouvre, les masses de rochers qui l'entourent, et les ruines d'édifices religieux qui existent dans le voisinage, concourent à rendre ce site un des plus remarquables du département. — Le village de Royat doit son origine à un ancien monastère de filles, fondé, à ce qu'on présume, par saint Projet, évêque de Clermont, qui vivait dans le VIIe siècle. Il est aussi présumable que l'église qui existe aujourd'hui date de la même époque; son élévation extérieure a un caractère particulier qui la fait ressembler à un temple militant; les chapiteaux romans qui la décorent à l'intérieur, ne laissent presque pas de doute sur l'époque de sa fondation.

Saint-Marc est un hameau dépendant de la commune de Chamalière, situé dans un vallon charmant, très-renommé par ses sources d'eau minérale. On y voit une petite église dans laquelle saint Marc a été enterré; cette église est l'objet d'un pèlerinage très-fréquenté pendant le mois de mai, par les habitants des environs.

EAUX THERMALES DE SAINT-MARC [1].

Une tradition populaire, qui plus tard a été confirmée par des témoignages authentiques, apprend que les Romains avaient établi à Saint-Marc des piscines considérables, et un établissement thermal d'une grande importance par son voisinage de la capitale des Arvernes. Cet établissement, qui subsistait à l'époque de l'envahissement des Gaules par les Barbares, fut probablement détruit par Thierry, fils de Clovis, lors de la dévastation complète qu'il fit des environs de Clermont, dont il s'empara peu après. Enfin, la destruction du château de Gaîfre, en 761, et les éboulements successifs de la montagne de Chaté, à laquelle était adossé l'établissement thermal des Romains, en firent entièrement disparaître les derniers vestiges.

Après des fouilles profondes et des déblais considérables, M. Gérest, propriétaire actuel des sources minérales de Saint-Marc, est parvenu, il y a une quinzaine d'années,

---

1. Nous devons cette notice à M. le docteur Lizet, médecin inspecteur des eaux de Saint-Marc.

GROTTE DE ROYAT.

à découvrir le sol des anciens thermes romains, mais dans un état complet de ruine. On recueillit des fragments de baignoires, des tuyaux de plomb et quelques médailles.

On connaissait autrefois sous le nom d'eaux de Saint-Marc, une petite source qui n'est pas éloignée de celle qui appartient à M. Gérest, et qui est mentionnée par M. Alibert. Mais ces eaux sont aujourd'hui abandonnées; on ne désigne sous le nom d'eaux de Saint-Marc que la source du sieur Gérest, et les malades n'en fréquentent pas d'autre.

L'établissement (si toutefois il est permis de se servir de ce mot) se compose d'un petit appareil pour la douche et d'une demi-douzaine de cabinets de bains, étroits, malaisés; formés de planches mal jointes entre elles, et disposés circulairement autour de la source, sur un espace de quelques toises carrées, à plus de trois pieds au-dessous du niveau du sol. L'esprit actif et entreprenant du propriétaire donnait lieu d'espérer que ces chétives constructions, qui avaient été élevées à la hâte en 1815, ne tarderaient pas à disparaître pour faire place à un bâtiment commode et régulier, où rien ne serait négligé pour la distribution la plus avantageuse des eaux; cet espoir ne s'est point réalisé. Malgré les réclamations du public et les instances mille fois réitérées de l'inspecteur, M. le docteur Lizet, tout est encore dans le même état.

SAISON DES EAUX. Les eaux se prennent depuis le mois de mai jusqu'en septembre. Le nombre des malades qui les fréquentent est annuellement de deux à trois mille.

On jouit à Saint-Marc du voisinage de la ville de Clermont. Les eaux sont d'ailleurs situées dans le délicieux vallon de Royat qui fait l'admiration des étrangers, et que recherchent surtout avec empressement les poëtes et les peintres.

A Saint-Marc, il serait difficile de trouver des logements agréables : tant qu'il n'y aura point d'établissement thermal, les malades seront obligés d'habiter Clermont, qui est à un quart de lieue de la source. Dans cette ville, les logements sont à des prix modérés, et les autres dépenses sont peu considérables.

PRIX DES EAUX, BAINS ET DOUCHES. Le bain coûte 50 centimes, la douche autant; on s'abonne pour les eaux prises en boisson.

PROPRIÉTÉS PHYSIQUES ET CHIMIQUES. Les eaux ont une saveur aigrelette et légèrement astringente; leur température est de 33° cent. Elles contiennent du gaz acide carbonique, une petite quantité de fer, de l'hydrochlorate de soude, du sulfate de magnésie, de la magnésie et de la chaux.

PROPRIÉTÉS MÉDICINALES. De nombreuses observations ont constaté les bons effets de l'usage interne de ces eaux dans la langueur des organes digestifs, dans la chlorose, les engorgements abdominaux, les catarrhes chroniques. Sous forme de bains ou de douches, elles sont très-efficaces dans la roideur des articulations, les ankiloses, les rhumatismes chroniques, les luxations, etc. On les administre en boisson, bains et douches.

CHANONAT. Bourg situé à 2 l. 1/2 de Clermont. Pop. 1,225 hab. Il est bâti dans une belle vallée, chantée par Delille dans son poëme de l'Homme des champs.

Dans un riant vallon, à peu de distance de ce bourg, on trouve une source d'eau minérale froide, que l'on emploie avec succès dans diverses maladies.

CHAS. Village situé à 5 l. de Clermont. Pop. 611 hab. On y voit un vieux château qui a appartenu au chancelier Jean de Gouges, et de belles sources recueillies pour l'usage des habitants.

CLERMONT. Grande et très-ancienne ville. Chef-lieu du département. Tribunaux de première instance et de commerce. Académie universitaire. Académie des sciences, belles-lettres et arts. Collége royal. École secondaire de médecine. École départementale d'accouchements. Chambre consultative des manufactures. Bourse de commerce. ✉ ☞ Population, y compris Montferrand, 28,257 hab.

On a beaucoup écrit sur l'origine de Clermont. Les uns ont prétendu que cette ville était l'ancien Gergovia assiégé par Jules César, et qui était regardé comme une des plus fortes places des Gaules. D'autres, avec plus de raison, croient que Gergovia existait du temps des Gaulois sur la montagne appelée encore aujourd'hui Gergovia, située à deux lieues de Clermont. On ne sait à quelle époque cette forteresse fut détruite : Sidoine Apollinaire, qui habitait l'Auvergne et qui écrivait au Ve siècle, n'en parle point, et l'on peut conjecturer que les Romains, enfin maîtres des Gaules, firent ruiner une ville où leur courage avait échoué, et qui devenait un monument de honte pour eux et de gloire pour les Auvergnats. Sous la domination d'Auguste, les habitants de Gergovia abandonnèrent ce lieu escarpé, peu propre aux nécessités de la vie, et se transportèrent à *Nemetum* ou *Nemosus*, lieu plus commode, qui fut embelli par les bienfaits de cet empereur. Pour en conserver le souvenir, on joignit à son nom celui d'Auguste; la ville fut appelée *Augusto-Nemetum*, devint la capitale des Auvergnats, et reçut, dans la suite, le nom du château qui la dominait. Sous l'empire romain, cette cité devint célèbre, et eut un sénat qui subsistait encore au VIIe siècle; elle fut du nombre de celles qui jouirent du droit latin, droit qui lui donnait l'avantage de se gouverner par ses propres magistrats, et en vertu duquel les habitants pouvaient prétendre au titre de citoyens romains, ainsi qu'aux premières charges de l'empire.—Il paraît que sous les Romains cette capitale fut divisée en deux parties: la Ville et la Cité. La ville était placée au bas du monticule et s'étendait de l'est au midi; plusieurs monuments historiques et des débris antiques de colonnes de marbre, de mosaïques et de constructions romaines, qu'on découvre tous les jours dans cet emplacement, fortifient cette opinion. La cité, construite sur le sommet de l'éminence, dans l'endroit où se trouve la cathédrale, était entourée de murs et fortifiée de belles tours; ce fut pour le besoin de cette partie élevée de la ville qu'il fut construit un aqueduc de plus d'une lieue de longueur, qui partait des montagnes situées à l'occident de Clermont, nom qui devint celui de toute la ville vers le IXe siècle.—Les Auvergnats jouirent de tous les avantages que leur offrait la domination romaine; ils cultivèrent les beaux-arts, établirent des écoles publiques, dont celles de Clermont et d'Issoire étaient les plus fameuses, et embellirent leur ville capitale de plusieurs monuments magnifiques; l'un des plus remarquables était le temple dédié à Mercure sous le nom de *Vasso-Galate*. Cette antique merveille, comme s'exprime Grégoire de Tours, qui n'en parle que d'après ses ruines, était aussi solide que magnifique; le mur qui la formait était double, et celui qui paraissait en dehors, offrait de grosses pierres de taille carrées et sculptées. Pline parle d'une statue colossale de Mercure, regardée de son temps comme une des merveilles du monde, qui était sans doute placée dans ce magnifique temple; elle était en bronze, avait de hauteur 366 pieds, et coûta quatre cent mille sesterces, ce qui peut être évalué à cinq millions de notre monnaie.

Clermont, célèbre par ses prérogatives, par son sénat, par ses édifices magnifiques, perdit dans peu de temps une partie de son bien-être; les fréquentes incursions des barbares du Nord, qui dévastèrent et se partagèrent l'empire romain, causèrent cette fatale révolution. Crocus, à la tête d'une troupe de Vandales, entra en Auvergne en 408, assiégea et prit Clermont, renversa de fond en comble tous les édifices antiques qui décoraient cette ville, notamment le temple de Mercure. Clermont fut encore saccagé en 412 par les capitaines d'Honorius, qui y prirent le lieutenant du tyran Constantin. Euric, roi des Visigoths, l'assiégea sans succès en 473: cette ville était alors défendue par les Bourguignons et par les habitants, secondés par l'évêque Sidoine Apollinaire. L'Auvergne ayant été cédée aux Visigoths, en 474, Euric, irrité de la longue résistance que les habitants de Clermont lui avaient opposée, ennemi d'ailleurs des peuples qui professaient le christianisme, tandis que lui était de la secte des ariens, tourna toute sa colère sur l'évêque Sidoine, qu'il fit renfermer dans le château de Liviane.—Thierry, fils naturel de Clovis, prit Clermont en 507, et soumit pour la première fois toute l'Auvergne à la domination des rois de France. En 532, Thierry ayant appris que son frère Childebert s'était emparé de Clermont, vint assiéger cette ville, la prit, brûla, détruisit, pilla tout sur son passage, et démolit l'aqueduc romain qui conduisait des montagnes voisines les eaux dans cette ville. Quelques années après Chramne, fils de Clotaire, fut envoyé à Clermont pour gouverner la province, et ne se servit de son autorité que pour y exercer des excès de tout genre: entouré de jeunes libertins, ce prince se livrait aux actions les plus violentes et à la débauche la plus honteuse; il enlevait les filles des sénateurs sous les yeux de leurs pères, et après les avoir déshonorées, il les livrait à des brigands. En 761, Pepin s'empara du château de Clarus Mons, bâti sur le sommet du monticule où s'élevait jadis la cité romaine, y mit le feu, fit égorger les habitants sans distinction d'âge ni de sexe; maître de cette forteresse, il prit facilement la ville et y commit les mêmes cruautés. Cette ville fut encore ravagée et détruite en 853 par les Normands, et en 916 par les Danois, auxquels s'étaient joints ces mêmes Normands. Elle fut aussi en proie aux guerres particulières des évêques de Clermont et des comtes d'Auvergne.

En 1095, le pape Urbain II convoqua à Clermont un concile, afin d'y faire voir les dangers auxquels étaient exposés les pèlerins qui se rendaient à Jérusalem, et demander des secours contre les Turcs. L'ermite Pierre, qui avait parcouru la plupart

CATHÉDRALE DE CLERMONT.

FONTAINE DE LA PLACE DELILLE
à Clermont.

des régions de l'Occident, adressait de ville en ville des prédications aux grands et aux petits; aussi ce concile fut-il très-nombreux: treize archevêques, deux cent vingt-cinq évêques, un nombre presque égal d'abbés mitrés, avec plusieurs milliers de chevaliers, et une foule immense d'hommes et de femmes de toute condition, se rassemblèrent en Auvergne; et malgré la rigueur de la saison, plus âpre qu'ailleurs, dans cette région montueuse, ils passèrent sept jours sous la tente, attendant ce que leurs pères spirituels décideraient sur le sort de la chrétienté. Un premier discours du pape Urbain II, fut adressé à la multitude, qui attendait en quelque sorte le signal de courir aux armes. Pierre l'Ermite parla ensuite aux chevaliers assemblés, avec des sentiments vrais, avec des expressions qui partaient d'un cœur ardent et attendri; il excita le plus vif enthousiasme parmi ses nombreux auditeurs, et Urbain lui-même n'y demeura pas étranger; celui-ci prononça un second discours fort long, très-passionné, qui éveilla tour à tour la compassion, l'indignation ou le désir de vengeance, et fut interrompu à plusieurs reprises par les sanglots du peuple et par ses acclamations : *Dieu le veut, Dieu le veut!* s'écria-t-on de toutes parts. A peine Urbain avait-il fini de parler, qu'Aymar, évêque de Puy-en-Velay, se leva, et s'approchant du pape avec un visage rayonnant de joie, il mit un genou à terre, et lui demanda, avec sa bénédiction, son congé pour aller en Terre-Sainte. Non seulement le pape le lui accorda, mais il le nomma vicaire apostolique dans cette expédition. Bientôt l'exemple d'Aymar fut suivi par les ambassadeurs de Raimond de Saint-Giles, comte de Toulouse, qui déclarèrent au pape que leur maître était prêt à partir pour le *grand passage* avec plusieurs milliers de ses sujets. Hugues, frère du roi Philippe, fut parmi les premiers qui s'engagèrent à l'expédition sacrée. La foule des seigneurs et des chevaliers moins illustres qui prirent le même engagement, était si grande, que, pour se distinguer entre les autres, ils se marquèrent d'une croix rouge sur l'épaule droite; et ce signe, qui leur fit donner le nom de croisés, tout comme celui de croisade à leur expédition, contribua bientôt à augmenter leur nombre. On sait que le premier exploit des héros brigands fut d'assiéger une ville chrétienne, qu'ils prirent d'assaut, pillèrent, et dont ils égorgèrent les habitants.

Pendant les guerres de la Ligue, les habitants de Clermont montrèrent pour le parti du roi beaucoup d'énergie et un dévouement héroïque; quelques chanoines de la cathédrale, qui, à l'exemple des curés de Paris, commençaient à soulever le peuple par des discours ou par des sermons séditieux, furent chassés de la ville. Du XIIe au XIIIe siècle, Clermont eut beaucoup à souffrir de nos guerres intestines et des incursions des Anglais; la ville fut plusieurs fois fortifiée et démantelée; ce n'est que depuis un siècle qu'elle a pu s'occuper d'améliorations locales, et depuis trente années seulement qu'elle le fait avec activité.

La ville de Clermont est bâtie à l'entrée d'un vaste bassin semi-circulaire, de plus de six lieues d'étendue, sur un monticule de forme conique, composé de différentes couches de sable, de scories ponceuses, d'argile calcaire, etc., qui tantôt sont horizontales et tantôt sont inclinées.

Cette exposition salubre et pittoresque permet à la ville de jouir à souhait de la vue du superbe panorama qui l'entoure: du nord à l'est, elle voit s'étendre une plaine immense, vallée magnifique qu'arrose l'Allier; de ce côté, la ville de Montferrand occupe le premier plan; au-delà, se montrent une foule de bourgs et de villages, entourés d'une épaisse verdure; de l'autre, se déploie un demi-cercle de monts, dont la ville occupe le centre; le milieu de la courbe est occupé par le majestueux Puy-de-Dôme, divers étages de collines, les unes nues et stériles, les autres couvertes de vignes ou parsemées de bois, s'élèvent du pied de la vallée jusqu'au bord du plateau qui supporte les puys supérieurs. Au sud, on y marque le vaste plateau de Gergovia, le puy volcanique de Gravenoire, et le Mont-Royon, dont le sommet conique offre les ruines d'une forteresse féodale. A l'autre extrémité de la chaîne, ce sont les puys de Chanturges et de Var, qui lèvent leurs croupes scorifiées et chargées de vignobles; mais la vue se reporte incessamment sur le Puy-de-Dôme, qu'un manteau de neige recouvre pendant six mois de l'année, et que couronnent presque toujours les nuages.

Cette ville est ceinte de boulevards plantés d'arbres, et environnée de faubourgs qui forment près de moitié de son étendue. Les rues sont, pour la plupart, étroites, sombres et mal percées; les maisons sont hautes et resserrées, surtout dans la partie la plus élevée de la ville; mais elles sont solidement bâties en laves de Volvic, dont l'aspect est sombre et triste. Les différents quartiers n'ont nulle symétrie; les places sont vastes, mais irrégulières ou mal entourées; toutefois, les nouvelles constructions offrent un aspect agréable, leurs façades sont blanchies, propres et fort jolies.

Les principales places sont : la place d'armes ou de Jaude, parallélogramme de 262 mètres de long sur 82 de large, environnée de maisons presque toutes neuves et bien bâties; la place de la Poterne, située dans la partie la plus élevée de la ville, et dont le terrain est soutenu par un fort mur de terrasse : elle est exposée au nord, plantée d'arbres, et domine sur le faubourg Saint-Alyre, ainsi que sur une grande étendue de pays, et offre aux promeneurs une perspective des plus riches et des plus variées; presque en face sont le Puy-de-Dôme, le Puy-de-Sarcouy et la cime du Quierson, trois sommités qui couronnent agréablement un rideau de collines couvertes de vignes, de vergers et de maisons de campagne : l'espace entre la ville et ces vignobles est un riche bassin parsemé d'une immense quantité d'arbres de toute espèce, qui forment, au milieu des prairies, le tapis de verdure le plus frais et le plus varié.
— La place d'Espagne, située à la suite de celle de la Poterne avec laquelle elle communique par une rampe douce et ombragée, est ainsi nommée parce que des Espagnols, prisonniers en Auvergne, furent employés aux travaux de sa construction; elle domine sur la grande route et offre plusieurs points de vue superbes.—La place du Taureau est parfaitement carrée, et remarquable par une belle fontaine en obélisque, de 35 pieds de haut, élevée à la mémoire du général Desaix; on y jouit d'une vue magnifique sur le riant bassin de la Limagne, sur le plateau de Gergovia et sur le pic de Mont-Royon, couronné par les ruines pittoresques d'un château gothique. Cette place est due à M. de Balainvilliers, qui eut beaucoup de peine à en préserver les plantations de la déprédation des écoliers; à mesure qu'un arbre était planté, il était arraché par cette jeunesse indocile; au lieu de sévir rigoureusement, M. Balainvilliers invita les professeurs du collège à choisir dans chaque classe les meilleurs écoliers, qu'il invita à venir planter en cérémonie, de nombreux arbres dans cette place; et depuis cette époque les écoliers, loin de nuire aux arbres, les arrosaient et les soignaient comme leur propre bien.
—La place Delille, ou Champeix, est vaste, irrégulière, et ornée d'une superbe fontaine de style gothique.

Clermont est une des villes de France qui jouissent des eaux les plus belles, les plus abondantes et les plus salubres; elles arrivent par des conduits souterrains de Royat jusqu'à la partie la plus élevée de la ville, d'où elles se distribuent dans tous les quartiers, où elles alimentent plusieurs fontaines. L'une des plus remarquables est le château d'eau, construit en 1511, et transporté en 1808 à la place où on le voit aujourd'hui. Cette fontaine isolée offre une construction ornée d'une multitude de figures, de jets, de bassins et de bas-reliefs disposés en forme pyramidale, dont l'ensemble, quoique chargé et confus, présente un aspect singulier et riche d'effet; les détails sont surtout curieux par le choix des dessins et la délicatesse de l'exécution. Ce monument est composé d'un bassin de forme circulaire, au milieu duquel s'élève un massif octogone; aux huit angles sont des candélabres alternativement ronds et pentagones, dont les bases sont ioniques, les fûts ornés de feuillages en relief, et surmontés de fleurons; quatre de ces candélabres produisent chacun un jet qui tombe dans le bassin, au milieu duquel s'élève, à la hauteur d'environ vingt-deux pieds, une pile entourée de jets, de petits bassins et de figures. Quatre piliers-butants entourent et soutiennent cette pile; ils sont chargés d'ornements, de bas-reliefs, et surmontés chacun par la figure d'un génie représenté assis, au-dessous duquel sort un jet d'eau. Entre ces quatre piliers, et vers la moitié de leur hauteur, sont quatre bassins adossés qui ont une saillie assez considérable, et dont la forme est très-gracieuse; ces bassins sont en forme de mascaron jetant de l'eau dans le grand bassin; ils sont remplis par des jets que vomissent ou pissent des figures de génies, suivant l'idée singulière de l'artiste. Au-dessus de cette ordonnance est une lanterne percée de fenêtres gothiques, qui sert de réservoir : elle est accompagnée de quatre pilastres chargés de sculptures d'un goût très-pur; au-dessus de chacun de ces pilastres est un génie qui s'appuie sur un écusson. Au milieu de ces quatre génies, s'élève une figure bien plus grande qui sert d'amortissement à toute la fontaine.

La cathédrale de Clermont fut bâtie au Ve siècle, par saint Namatius, 9e évêque d'Auvergne. Suivant Grégoire de Tours, l'édifice avait 150 pieds de longueur sur 60 de largeur; 42 fenêtres l'éclairaient, le toit était soutenu par 70 colonnes, et on y entrait par huit portes. Cette antique métropole fut ruinée par les Barbares, puis rétablie et détruite plusieurs fois. L'église actuelle fut commencée en 1248, par l'évêque Hugues de la Tour, et continuée par ses successeurs; cent ans après sa fondation, elle n'avait pu être achevée, et elle était encore imparfaite en 1496; le portail latéral et les deux tours étaient à construire, ainsi que plusieurs chapelles. Conformément au plan, la nef devait se prolonger du côté de la rue des Gras et aboutir aux escaliers de cette église; le prix énorme demandé par les architectes étant hors de proportion avec les fonds dont on pouvait disposer, on se borna à exécuter les travaux les plus urgents, et on ajourna indéfiniment les autres, notamment la prolongation de la nef, qui est restée jusqu'à présent inachevée et disproportionnée avec la grandeur du reste de l'édifice. Néanmoins, cette basilique, tout imparfaite qu'elle est, peut être comparée avec avantage aux plus beaux monuments gothiques; elle a 300 pieds de longueur, 130 pieds de largeur, et 100 pieds de hauteur du pavé à la voûte, qui est en ogive et soutenue par 56 piliers. Chacun de ces piliers forme un faisceau carré de colonnes rondes extrêmement déliées; au-dessus de la corniche, et à la naissance de la voûte, ces colonnes se détachent et se courbent pour former les arêtes des voûtes; les piliers du rond-point sont surtout remarquables par leur délicatesse. La pierre sombre avec laquelle a été construit ce monument, qui domine toute la ville, lui donne un aspect sévère et imposant; outre plusieurs parties curieuses de sa construction, les vitraux et les riches rosaces de la croisée méritent particulièrement l'attention des artistes et des hommes de goût; on remarque aussi la beauté du chœur, qu'entourent de jolies chapelles. Tout l'édifice est recouvert en plomb, et au-dessus des bas-côtés règnent de vastes terrasses, dont l'une est surtout remarquable par la belle perspective dont on y jouit; l'extérieur est loin d'être beau, l'église étant enclavée et bordée de chétives boutiques; il ne reste qu'un clocher des quatre qui le décoraient autrefois.

L'église de Notre-Dame-du-Port, bâtie vers l'an 580 par saint Avit, évêque de Clermont, fut pillée et brûlée par les Normands en 824. L'évêque Sigon la fit rétablir en 853. C'est le plus ancien et l'un des plus remarquables édifices de Clermont; car il est évident que plusieurs de ses parties appartiennent à la construction primitive. Les ornements et les bas-reliefs de la porte méridionale sont extrêmement curieux; l'extérieur est décoré, en divers endroits, de mosaïques composées de pierres noires et blanches, du plus beau style byzantin. Au-dessous du chœur est une crypte, au centre de laquelle se trouve un puits dont l'eau passait autrefois pour guérir plusieurs maladies; et au-dessus de l'autel de cette chapelle souterraine, on voit une statue de la Vierge, en bois noirci par le temps, objet de grande dévotion pour les habitants de la ville et des lieux circonvoisins, qui y viennent en pèlerinage le 15 mai et les huit jours suivants.

La bibliothèque publique de Clermont occupe un beau bâtiment au sud de la ville, et se compose d'environ 15,000 volumes et de 180 manuscrits, dont quelques-uns sont précieux : on y distingue surtout une Bible en 16 vol. petit in-fol. vélin du XIVe siècle; un beau bréviaire sur vélin du XIVe siècle, enrichi de vignettes et de miniatures; le missel du pape Clément VI; un Salluste, vélin du XIVe siècle, de la plus belle conservation; un Grégoire de Tours, vélin du XIe ou du XIIe siècle; un Sidoine Apollinaire (*Epistolæ*) du XIIe siècle, etc., etc. Cet établissement, orné de la statue de Pascal, par Romey, et du buste de Delille, par Flatters, est ouvert au public trois fois par semaine et très-fréquenté.

On remarque encore à Clermont : le jardin de botanique; le muséum d'histoire naturelle; le cabinet de minéralogie, qui renferme des échantillons des roches et de toutes les substances volcaniques de l'Auvergne; le musée des antiques; le collége; la salle de spectacle; l'hôtel-de-ville; le palais-de-justice; les halles; l'hôtel-Dieu; l'hôpital général, etc., etc. — Près de la ville s'élève le Puy-de-Chateix, couvert de vignes, d'arbres à fruits, et couronné de roches basaltiques; ses flancs offrent des terrains parsemés, jusqu'à une certaine profondeur, d'une grande quantité de grains de blé et de seigle, de haricots, de pois, et réduits en charbon. Le vulgaire voit là les débris des greniers de César; on prétend, avec plus de raison, que, sur le sommet de Chateix, s'élevait l'un des châteaux de Gaïfre, où ce seigneur avait amassé une grande quantité d'approvisionnements de bouche; et que ce château fut brûlé en 761, comme tant d'autres, par Pepin.

EAUX MINÉRALES DE CLERMONT.

Clermont possède plusieurs sources d'eaux minérales ferrugineuses acidules, dont la température varie de 16 à 18 degrés du thermomètre de Réaumur. Les seules dignes de quelque attention sont celles de la Jaude et de Saint-Alyre.

La fontaine de la Jaude est située à l'extrémité d'une grande place, au sud-ouest de la ville : elle est intermittente ; après avoir coulé uniformément quelques minutes, elle éprouve tout à coup des bouillonnements rapides et désordonnés. Elle reprend ensuite son cours naturel pour couler avec impétuosité quelques minutes après. L'eau est claire et limpide ; sa saveur est agréable, vineuse et légèrement astringente. On l'emploie en boisson avec avantage dans les fièvres intermittentes ou printanières, et dans les maladies de l'appareil digestif.

La fontaine de Saint-Alyre est située dans les jardins du faubourg dont elle porte le nom ; elle forme un petit ruisseau qui dépose au fond de son canal des sédiments calcaires et ferrugineux, que l'on est obligé de détruire de temps en temps pour éviter les pétrifications qui en résultent. Une seule fois on a laissé arriver la pétrification à son dernier degré, et il s'est formé un mur de 240 pieds de long, à l'extrémité duquel est un pont de stalactites fort curieux. L'eau de Saint-Alyre ne pétrifie pas, mais elle dépose un suc pierreux qui se forme en incrustations et couvre en un court espace de temps tout ce qu'on lui présente. On construit dans les endroits où le ruisseau forme des chutes, de petites cabanes fermées où l'on place des fruits, du bois, des oiseaux et diverses autres choses, qui parviennent très-promptement à se couvrir d'un sédiment calcaire et forment des objets de curiosité.

Les différentes sources gazeuses qui se voient dans le faubourg de Saint-Alyre, offrent toutes également ces divers effets, parce qu'ils appartiennent à toutes les eaux de ce genre. Dans l'enclos de la Garde, il y en a une qui aboutit, par quelques gargouilles, dans les rues d'Athème et de la Moraie. Là, tombant et coulant le long des murs, elle y a formé une sorte de bornes factices, plus ou moins grosses. La rue nommée des Eaux n'a presque pour pavé que des sédiments devenus pierre ; une des sources y coulait autrefois, et c'est d'elle, sans doute, que la rue a pris son nom.

Clermont est la patrie de Grégoire de Tours ; de J. Bonnefons, que ses poésies licencieuses ont fait comparer à Catulle ; de B. Pascal, l'un des plus illustres écrivains et des plus grands philosophes que la France ait produits ; du célèbre jurisconsulte Domat ; de P. Audiger, auteur d'une histoire manuscrite d'Auvergne ; du brave chevalier d'Assas ; de Bancal-des-Issards, membre de la Convention nationale ; du poète J. Delille ; du grammairien Girard, auteur des Synonymes français ; de J.-A. Dulaure, membre de la Convention et du Conseil des cinq-cents, auteur célèbre de l'Histoire de Paris et d'un grand nombre d'autres ouvrages estimés, mort à Paris le 19 août 1835 ; etc., etc.

INDUSTRIE. Fabriques de bas de soie, droguets, papiers peints, cartes à jouer, ébénisterie, orseille, etc. Filatures de coton et de chanvre ; raffineries de salpêtre ; tanneries et corroieries.

COMMERCE considérable de toiles qui se fabriquent dans le pays, de draperies, chanvre, fil, laines, cuirs, blé, vins estimés, sel, huiles, fromages, et confitures sèches renommées. — Entrepôt de la Provence et du Languedoc pour Paris, et du commerce de Bordeaux pour Lyon. — Entrepôt général de marchandises pour les départements voisins. — Roulage très-actif.

A 23 l. 1/2 de Moulins, 29 l. du Puy, 96 l. de Paris. — *Hôtels* de l'Écu de France, de la Poste, de l'Europe, du Nord.

COURNON. Bourg situé à 2 l. 1/2 de Clermont. Pop. 2,614 h. — Fours à chaux.

CREST (le). Bourg situé à 3 l. 1/2 de Clermont. Pop. 1,206 hab.

DALLET. Village situé sur la rive gauche de l'Allier, à 3 l. de Clermont. Pop. 1,336 hab. — Patrie de l'abbé Banier ; de saint Alyre, 4ᵉ évêque de Clermont.

GENÈS-CHAMPANELLE (SAINT-). Village situé à 3 l. de Clermont. Populat. 2,126 hab.

Le village de Teix, qui fait partie de cette commune, est la patrie de l'académicien Chamfort.

GLAINE-MONTAIGUT. Village situé à 6 l. de Clermont. Pop. 1,075 hab. On trouve sur son territoire les sources d'eau minérale salino-ferrugineuse de Cornets et de Font-Salade.

HERMENT. Petite ville située à 12 l. 1/2 de Clermont. Pop. 564 hab.

Cette ville était autrefois fortifiée, et a soutenu plusieurs sièges dans le XVIᵉ siècle. Elle est bâtie sur des prismes de basalte, et dominée par les ruines d'un ancien château qui a fait partie du comté d'Auvergne.

HEUME-L'ÉGLISE. Village situé au pied du puy de son nom, à 11 l. de Clermont. Pop. 460 hab. Le Puy-d'Heume-l'Église est composé de boules basaltiques que l'on peut séparer en plaques assez épaisses, et qui ont

Gravé sur acier par Nopveud
d'après P. Delaroche.

Delille.

Pascal

jusqu'à douze pieds de diamètre. Le milieu du puy, ou plutôt son point culminant, est occupé par une de ces boules très-grosses, qui paraît elle-même l'assemblage de plusieurs autres plus petites qui auraient ensuite été enveloppées par de nouvelles couches.

LEMPDES. Village situé à 2 l. 1/2 de Clermont. Pop. 1,883 hab.

MARC (SAINT-). *Voy.* Chamalière.

MARTRES-DE-VEYRE. Bourg situé à 3 l. 1/2 de Clermont. Pop. 3,026 hab. — *Fabriques* de sucre de betteraves. Filature de caoutchouc.

On trouve à peu de distance de ce bourg trois sources d'eaux minérales froides acidules, auxquelles on donne le nom de sources de Martres-de-Veyre, ou eaux de Vic-le-Comte. La première, nommée fontaine de Sainte-Marguerite, est sur la rive droite de l'Allier ; la deuxième, dite fontaine du Gravier, est au milieu de la rivière ; la troisième, connue sous le nom de fontaine du Tambour, se trouve sur la rive gauche. La fontaine du Gravier n'est connue que depuis 1664, époque où l'Allier s'étant ouvert pour son lit un nouvel embranchement, découvrit l'île dans laquelle sort la source. Ces trois sources ont porté pendant quelque temps le nom général de Sainte-Marguerite.

L'eau de ces sources est claire et limpide; sa saveur est aigrelette et astringente. Elle contient de l'acide carbonique, du carbonate de fer, de l'hydrochlorate et du sulfate de soude. On en fait usage en boisson, à la dose de cinq ou six verres, dans la chlorose, la débilité de l'estomac, l'engorgement du foie, etc.

MAUZUN. Village situé à 7 l. de Clermont. Pop. 320 hab.

Ce village est bâti au pied d'un pic de basalte dont le sommet est couronné par les ruines majestueuses d'un antique château. La situation élevée du château de Mauzun et sa triple enceinte de murailles l'ont fait remarquer long-temps comme une des plus fortes places de l'Auvergne ; depuis le XIIIe siècle jusqu'au XVIIIe, il a appartenu aux évêques de Clermont, qui l'habitaient une grande partie de l'année ; Massillon sollicita et obtint un arrêt du conseil pour le faire démolir, et il n'y conserva que quelques chambres qu'il convertit en prisons, où il faisait enfermer les prêtres de son diocèse qu'il voulait punir. L'enceinte extérieure de cette forteresse était défendue par dix-neuf tours, et ce nombre, selon la tradition, était celui des villages qui en dépendaient ; chaque village avait sa tour à garder et à défendre. Du haut de ses ruines imposantes, on jouit d'un panorama immense et de la plus grande richesse.

MIREFLEURS. Bourg situé à 3 l. 1/2 de Clermont. Pop. 1,324 hab.

MONTFERRAND. Ville ancienne, formant aujourd'hui un des faubourgs de la ville de Clermont, à laquelle elle a été réunie en 1731.

Montferrand était autrefois une des plus fortes places de l'Auvergne. Vers la fin du siècle dernier, elle était encore entourée de murs épais flanqués de hautes et solides tours, et environnée d'un large et profond fossé ; il ne reste plus que quelques parties de murs, et le fossé a été en partie comblé. Louis le Gros campa devant cette ville en 1131, avec une armée formidable, ce qui détermina les habitants à incendier leurs maisons et à se retirer dans la citadelle, d'où ils incommodaient beaucoup les troupes qui assiégeaient Clermont. Le roi chargea Amauri de Montfort de les surprendre, et quelques-uns d'entre eux étant tombés dans une embuscade, Louis le Gros, pour épouvanter les autres, leur fit couper à tous une main, et les renvoya ainsi mutilés ; exploit sanguinaire, qui fut à peu près le seul de cette armée, à laquelle se soumit le comte d'Auvergne. Le 13 février 1388, Montferrand fut pris par les Anglais. Froissard fait, dans ses chroniques, une longue relation de cette guerre.

Une route magnifique, tirée au cordeau, parfaitement entretenue, bordée de saules et de superbes noyers, joint Montferrand à Clermont, et forme pour l'une et l'autre ville, une belle avenue qui traverse la plus riche partie de la Limagne. L'église, de construction gothique, fut fondée dans le Xe siècle, par un comte de Montferrand.

MONTON. *Voy.* Veyre-Monton.

MURAT-LE-QUAIRE. Bourg situé à 12 l. 1/2 de Clermont. Pop. 1,023 hab.

EAUX MINÉRALES DE LA BOURBOULE.

La Bourboule[1] est un hameau dépendant de la commune de Murat-le-Quaire, où l'on arrive par la grande route qui conduit au

---

1. Cet article est extrait, 1° d'un mémoire qui nous a été adressé par M. Choussy-Dubreuil, propriétaire de l'établissement thermal de la Bourboule ; 2° des Annales scientifiques, industrielles et statistiques de l'Auvergne, publiées par M. Lecocq, professeur de minéralogie à Clermont-Ferrand.

Mont-Dore, dont le bourg de Murat-le-Quaire n'est éloigné que d'une lieue. Arrivé dans ce bourg, on quitte la grande route, et l'on prend un chemin assez rapide, par où l'on descend à la Bourboule, éloignée de Murat d'un petit quart de lieue. Les sources et les maisons qui en sont voisines et constituent le hameau, se trouvent situées dans une belle vallée, traversée par la Dordogne, qui n'est encore qu'un large ruisseau, et qui coule dans la direction de l'est à l'ouest. Cette vallée est la même que celle où est situé le village des Bains-du-Mont-Dore; mais, à la Bourboule, elle s'élargit beaucoup au sud, et procure ainsi à cette localité une température très-douce, qu'elle doit aussi aux montagnes qui l'abritent de toute part. La neige y fond beaucoup plus vite que dans les environs; et, malgré son élévation, qui, aux bains mêmes est de 848 mètres au-dessus du niveau de la mer, on peut, dès le mois d'avril, espérer des jours de printemps, ce qui arrive rarement dans les villages voisins avant le milieu de mai. Partout, excepté au midi, la Bourboule est environnée de montagnes qui circonscrivent le bassin de la Dordogne. La forme de ces montagnes, et la belle végétation dont elles sont couvertes, l'abondance des ruisseaux et des cascades, feraient regarder la Bourboule comme un site des plus pittoresques, si l'on n'était habitué à en trouver de semblables sur tous les points de l'Auvergne. Il existe cependant quelques endroits que l'on voit encore avec plaisir quand on a visité tous les sites curieux de cette contrée. Dans ce nombre, on peut citer la cascade de la Vernière, énorme ravin creusé dans une des montagnes voisines, et ombragé de vieux sapins, au milieu desquels se précipite un ruisseau qui porte ses eaux à la Dordogne; la Roche-Vendeix, célèbre par l'asile qu'elle offrait autrefois à des brigands qui dévastaient l'Auvergne: escarpée de tous côtés, on ne pouvait en aborder le sommet que par un escalier difficile, pratiqué dans le roc; et actuellement encore, on y retrouve les traces d'un ancien château, que le temps n'a pas plus épargné que les brigands auxquels il servait de retraite. A ces sites, on doit ajouter le point de vue dont on jouit, quand, après avoir monté une des montagnes couvertes de sapins qui se trouvent en face et un peu à gauche des bains, on arrive au sommet du Ravin de l'eau salée, dénomination assez impropre, puisque l'eau ne contient pas de sel. Un escarpement à pic, un sol déchiré par les pluies, des arbres abattus par la foudre ou par les ouragans, sont les objets qui s'offrent de toutes parts aux yeux de l'observateur, qui peut les contempler du sommet d'une petite pelouse ombragée par des arbres : l'eau qui découle des fissures du terrain se rassemble bientôt dans le ravin, et active encore la végétation brillante qui contraste avec les déchirures du sol. De là, on voit au-dessous de soi la Roche-Vendeix, la Bourboule et toutes les habitations voisines; la vue n'est bornée que par un rideau de sapins dominant souvent les brouillards qui se rassemblent dans cette vallée. Outre ces différents sites, il en est un encore très-voisin de la Bourboule, qui peut être considéré comme un panorama des Monts-Dore; c'est le Puy-Gros, dont le sommet atteint 1,488 m. d'élévation, c'est-à-dire quelques mètres de plus que le Puy-de-Dôme. On découvre de là, non seulement tous les lieux que l'on vient de citer, mais encore les environs du village des Bains, et l'ensemble des montagnes dont le groupe a reçu le nom de Monts-Dor ou Monts-Dores. On suit dans toute sa longueur la belle vallée de la Dordogne; on aperçoit les montagnes qui la bordent, couvertes de forêts de sapins, vers la base desquelles viennent se mêler quelques hêtres; et l'on y jouit souvent du spectacle imposant que présentent les nuages, quand, abaissés vers ces montagnes, ils semblent sortir des forêts pour errer sur les pelouses immenses des plateaux qui les avoisinent.

C'est dans le fond de la vallée, au pied de la montagne, et, comme nous l'avons dit plus haut, à 848 m. d'élévation, que sourdent les eaux minérales. Les unes, et ce sont les plus élevées, sortent immédiatement du granite, les autres s'échappent des tufs ponceux qui lui sont adossés. Il paraît certain, du reste, que, par des fouilles bien dirigées dans ces tufs, on parviendrait à trouver leur issue du granite, et que l'on gagnerait probablement plusieurs degrés de température.

Les sources sont au nombre de six : la principale, ou le Grand-Bain, est celle qui fournit toute l'eau à l'établissement thermal. Son produit est de 20 litres par minute. Un peu plus bas, et toujours dans le même sol, est le Petit-Bain, désigné sous le nom de Bagnasson. L'eau de la source est recueillie dans une fosse carrée, d'où elle s'échappe pour se perdre. La quantité d'eau peut être évaluée à 10 litres par minute. Ces deux sources, quoique de température différente, sont de même nature, et se distinguent de toutes les autres par leur composition chimique.

La troisième est celle que l'on désigne sous le nom de Fontaine des Fièvres : elle coule par un tuyau dans un bassin creusé dans le tuf, et est enfermée dans un petit bâtiment. Son produit est d'environ dix litres par minute. Les quatrième et cinquième sources, dites de la Rotonde, à cause du petit bâtiment qui les abrite en partie, sont les plus élevées, et sortent immédiatement du granite. Ces deux filets d'eau sont peu abondants, et de température différente. Enfin, la sixième, que l'on désigne sous le nom de Source du Jardin, est une des moins élevées. Elle donne environ 5 litres par minute, et se perd dès sa sortie. On voit, par cet exposé, que le volume d'eau serait assez considérable si des conduits la recevaient et l'amenaient dans un seul bassin; on pourrait espérer de réunir 50 litres par minute.

L'établissement thermal forme un petit bâtiment dont la façade est au sud-est. La source du Grand-Bain sort dans un coin, et distribue séparément son eau dans huit baignoires. Dans celle qui est la plus voisine de la source, l'eau est tellement chaude qu'on ne peut la supporter. Au moyen d'une pompe et de conduits qui se trouvent placés sur des baignoires, cette eau est élevée, et sert pour les douches. On a trouvé, en creusant les fondements de cet établissement, une ancienne fosse, dont l'origine date de l'ère romaine, et qui fait penser que ces eaux furent usitées autrefois en même temps que celles du Mont-Dore. D'anciens titres prouvent aussi que, dès 1460, il y avait un hospice établi à ces sources, et qu'il payait des droits au seigneur de Murat.

Des documents irréfragables attestent l'ancienne célébrité des eaux de la Bourboule, qui se distinguent de toutes celles du département du Puy-de-Dôme, par une plus grande quantité de matières salines, et par une température plus élevée de 10 degrés centigrades.

La température de ces différentes sources n'est pas toujours la même, excepté cependant celle du Grand-Bain et du Baguasson. Les autres varient un peu selon les saisons, ce qui paraît dû au plus ou moins d'épaisseur des dépôts ponceux qu'elles traversent après leur sortie du granite. La plus chaude où le Grand-Bain donne 52° centigrades, et la plus froide, qui est une de celles qui sont enfermées dans la Rotonde, en donne seulement 12.

Eau du Grand-Bain. Cette eau paraît limpide quand on la recueille dans un vase; mais elle a un aspect louche dans les baignoires, ou quand elle se trouve en grande masse; elle a une légère odeur fade, une saveur d'abord acide, et ensuite salée; elle est onctueuse au toucher; sa température est, comme nous l'avons vu, de 52° centigrades; il s'en dégage une assez grande quantité de gaz acide carbonique pur; elle laisse déposer sur les parois des baignoires une assez forte proportion de carbonate de fer, et se couvre à sa surface d'une pellicule irisée, due à une matière grasse particulière, qui lui communique son onctuosité. Sa pesanteur spécifique, comparée à celle de l'eau distillée, est de 1,008.

D'après les expériences faites sur 5,000 grammes d'eau du Grand-Bain, 1,000 gr. donnent la composition suivante :

Acide carbonique libre 1,4402
Azote. 0,0756
Hydrochlorate de soude 3,3662
Bicarbonate de soude 1,9394
Sulfate de soude 0,2656
Hydrochlorate de magnésie . . . 0,1490
Hydrochlorate de chaux 0,0142
Silice 0,0667
Alumine 0,0435
Bicarbonate de fer . . . .
Matière grasse animale, soluble par sa combinaison avec la soude . . . .
Matière animale insoluble . . . .
Hydrosulfate de soude . . . .
Perte 0,0220
———
7,3923

Source des Fièvres. L'eau de cette source est limpide, transparente, même en grande masse : elle n'a pas sensiblement d'odeur; mais pourtant, quand on entre dans le bâtiment qui l'abrite, on sent distinctement une légère odeur d'hydrogène sulfuré. Sa saveur est d'une acidité bien prononcée, ensuite salée, et paraît plus forte que celle du Grand-Bain; ce qui tient probablement à l'absence de la matière organique. Elle laisse dégager beaucoup de gaz acide carbonique, et les surfaces sur lesquelles elle se répand, sont couvertes de carbonate de fer, dont elle se dépouille presqu'entièrement peu de temps après sa sortie. Sa pesanteur spécifique, comparée à celle de l'eau distillée, est de 1,005; sa température moyenne est de 31° 1/2 centigrades; mais il paraît, d'après les observations de M. le docteur Mercier, qu'elle varie un peu selon les saisons; ce qui est vraisemblable, puisqu'elle parcourt un trajet assez long dans le tuf volcanique, après sa sortie du granite.

D'après les expériences faites sur 4,000 gr. d'eau de la source des Fièvres, cette eau doit être composée de la manière suivante:

Acide carbonique libre	2,4525
Hydrochlorate de soude	2,7914
Sulfate de soude	1,7766
Bicarbonate de soude	1,3562
Hydrochlorate de magnésie	0,0328
Hydrochlorate de chaux	0,0179
Silice	0,1121
Alumine	0,0278
Carbonate de fer, des traces.	
Hydrosulfate de soude, des traces	
Perte	0,0189
	8,5862

Pour rendre autant que possible l'établissement thermal de la Bourboule utile à tous les malades qui viennent y chercher des secours, le propriétaire actuel, M. Choussy-Dubreuil, y a fait faire des améliorations importantes. Les baignoires ont été munies de robinets, soupapes et siphons; elles n'ont plus de communication entre elles, et le service en est fait avec beaucoup de propreté et de régularité. Le plus ou moins d'éloignement où elles se trouvent de la source, fait que leur température varie depuis 35° Réaumur, et même au-dessous, jusqu'à 40°. Ces eaux peuvent, par ce moyen, convenir à la constitution des malades, qui souvent ne supportent qu'une température assez basse, et qui d'autres fois ont besoin de toute l'activité et de toute la chaleur des eaux pour certaines maladies chroniques que les médecins semblent abandonner.

Les douches descendantes et ascendantes, si utiles dans un grand nombre de maladies, sont administrées avec beaucoup de facilité et avec autant de force qu'on le désire. L'eau qui les alimente est contenue dans un tuyau de plomb servi par une pompe qui permet de les donner à la température la plus élevée.

Toutes les eaux qui peuvent venir à l'établissement vont être réunies dans un ou deux réservoirs, afin de fournir à un plus grand nombre de bains à des températures variables.

SAISON DES EAUX. La saison des bains s'ouvre le 25 juin et finit le 30 septembre: beaucoup d'étrangers arrivent même vers la fin de mai, et prolongent leur séjour jusqu'à la mi-octobre. Pendant ce temps, les malades peuvent jouir de très-belles promenades. Outre la Roche-Vendeix, la Cascade de la Vernière, ils peuvent encore visiter la Plaine Brûlée ou Bourlade, la Roche des Fées; et surtout les belles allées qui côtoient la Dordogne, tout auprès de l'établissement thermal, et qui simulent des charmilles taillées en berceau.

PRIX DE LA DÉPENSE JOURNALIÈRE. Les habitants de la Bourboule sont attentifs aux soins que nécessitent les malades. Ils les ont prodigués, en 1827, à plus de cinq cents, qui, en général, n'ont eu qu'à se louer du bon accueil des hôtes. On pourrait citer plusieurs hôtels qui offrent des chambres commodes, bien tenues, et propres à loger beaucoup de monde. On y trouve des tables d'hôte bien servies. Ces avantages pourront attirer à la Bourboule des personnes aisées qui aiment la propreté, la commodité, et souvent une sorte d'élégance.

Le prix du logement et de la nourriture varie suivant les moyens des baigneurs: de deux à cinq francs, logement compris. On vit très-bien à la Bourboule.

TARIF DU PRIX DES EAUX, BAINS ET DOUCHES.

	fr.	c.
Le prix de chaque bain est fixé à		75
Celui de chaque douche		75
Celui des bains partiels		75
Celui des bains de vapeur	1	
Les personnes qui font usage à l'intérieur des eaux d'une des sources minérales, paient pour tout le temps du séjour	1	
Chaque litre destiné à l'exportation, à quelque source minérale qu'il soit rempli		15

Les bains partiels du soir sont gratuits pour les personnes qui fréquentent l'établissement, et auxquelles ils ont été ordonnés comme adjuvants des autres moyens.

PROPRIÉTÉS MÉDICINALES. M. le docteur Mercier, ex-inspecteur des eaux de la Bourboule, a remarqué qu'en général l'usage extérieur des eaux du Grand-Bain et du Bagnasson, imprimait une activité extraordinaire à la circulation, agissait en stimulant le système capillaire de la surface, et, par suite, tous les autres systèmes, et produisait un mode d'excitation qui a tous les caractères d'une révulsion, d'autant plus énergique qu'elle peut s'exercer sur toute la périphérie du corps. Aussi ces eaux sont employées avec succès dans les rhumatismes fibreux ou musculaires, dans les vieux ulcères, les engorgements articulaires indolents, dans les tumeurs scrofuleuses, et même dans certaines paralysies, indépendantes de prédispositions apoplectiques. Leur action sur les

ROCHEFORT.

ARRONDISSEMENT DE CLERMONT.

maladies cutanées est beaucoup plus grande qu'on ne pourrait le supposer, si l'on n'attribuait cette action qu'à la petite quantité d'hydrosulfate qu'elles renferment. L'eau de la fontaine des Fièvres est laxative, et doit en partie cette propriété au sulfate de soude qu'elle contient.

La source tempérée de la Rotonde a la réputation de guérir la chlorose. Cette réputation est confirmée par les observations de M. le docteur Mercier; mais l'analyse n'y indique qu'une très petite quantité de carbonate de fer.

NÉBOUZAT. Bourg situé à 5 l. 1/4 de Clermont. Pop. 858 hab.

Ce bourg est entouré de murs cyclopéens, et possède une source d'eau minérale acidule froide, déposant beaucoup d'oxide de fer. On y remarque, près de la grande route, la belle cascade de Sallian.

ORCIVAL. Village situé à 6 l. 1/4 de Clermont. Pop. 760 hab. On y voit une église remarquable, renfermant une image de la Vierge, qui y attire annuellement une affluence considérable de pèlerins le jour de l'Ascension.

PÉRIGNAT-ÈS-ALLIER. Village situé près de la rive droite de l'Allier, à 3 l. 1/2 de Clermont. Pop. 556 hab.

Ce village est près des restes de l'ancienne route romaine de Limoges à Lyon, par Billom. On y voit une colonne milliaire portant cette inscription romaine :

I CAES DIVI TR : IANI : ARTHICI FL DIVI N :
EVAE NE : RAIANUS HADRI : :

PLAUZAT. Bourg situé à 6 l. 1/4 de Clermont. Pop. 1,200 hab.

PONT-DU-CHATEAU (le). Petite ville bâtie dans une situation pittoresque, sur la rive gauche de l'Allier, à 3 l. 3/4 de Clermont. Pop. 3,429 hab.

Cette ville était, au commencement du XIIe siècle, une des plus fortes places de la Limagne : Louis le Gros la prit en 1126. C'est une des petites villes d'Auvergne les plus avantageusement situées; la route de Bordeaux à Lyon qui la traverse, et le port qu'elle possède sur l'Allier, y entretiennent un commerce assez étendu. On y remarque un beau château bâti au bord de l'Allier, sur une colline très-élevée coupée presque verticalement; il est précédé d'une grande place plantée d'arbres, occupée autrefois par des fossés et par d'anciennes fortifications. De cette place, qui domine une grande partie du bassin de l'Allier, on jouit d'un point de vue magnifique sur les belles plaines et les riches vallées de la Limagne.

Commerce de vins, chanvres, noir animal, pierres de Volvic, houille, pommes, bois, tripoli, grains, fourrages, meules de moulin, sabots, etc. — Port d'embarcation pour tout le département, d'où sortent annuellement environ 300 bateaux pour Paris et la Loire. — *Hôtel* Armillon.

RAVEL-SALMERANGES. Village situé à 7 l. de Clermont. Pop. 1,003 hab.

On voit dans ce village un ancien château fort bien conservé, qui a appartenu au roi Philippe le Bel, et de 1608 à 1813 à la famille d'Estaing. Ce château, flanqué de tours rondes, est bâti sur la croupe d'une montagne, et domine une des plus belles parties de la Limagne. — Manufacture importante de poterie romaine, grès, creusets renommés.

ROCHEFORT. Petite ville située dans une profonde vallée, sur la Sioule, à 8 l. 1/2 de Clermont. Pop. 1443 hab. Elle est bâtie dans un pays pittoresque, au pied d'une montagne volcanique couverte de scories et dominée par les ruines d'un antique château qui a appartenu aux comtes d'Auvergne. Près de là sont deux grottes curieuses, formées dans la lave. (*Voy. la gravure.*)

ROYAT. *Voy.* CHAMOLIÈRE.

SATURNIN (SAINT-). Bourg situé sur la rive droite de la Monne, à 4 l. de Clermont. Pop. 1,397 hab.

VERNET (le). Village situé à 6 l. 1/2 de Clermont. Pop. 1,053 hab.

Ce village possède une fontaine d'eau minérale. Aux environs, on trouve des filons de quartz améthiste, que les Espagnols ont exploité pendant quelque temps, et quelques filons de minerai de plomb.

VERTAIZON. Bourg très-agréablement situé, à 5 l. de Clermont. Pop. 2,753 hab. On y voit les ruines d'un château fort qui était entouré d'une triple enceinte de murailles, et qui appartenait anciennement aux comtes d'Auvergne.

VEYRE-MONTON. Joli bourg agréablement situé, au pied de la colline de Monton et du bourg qui la couronne, dont Veyre paraît être le faubourg. A 3 l. 3/4 de Clermont. Pop. 3,262 hab. — *Commerce* de vins.

VIC-LE-COMTE. Petite ville située dans un territoire fertile en excellents vins, à 5 l. de Clermont. Pop. 3,153 hab.

Cette ville était jadis la capitale du petit comté d'Auvergne. Elle fut entourée de murs, dont on voit encore quelques restes, ainsi que des anciennes portes de ville. Le ligueur Larochefoucauld Randan l'assiégea et la prit en 1589, après un siége de vingt jours. Vic-le-Comte possède une sainte chapelle remarquable, fondée par les anciens comtes d'Auvergne. Quoiqu'elle ait été en partie dévastée en 1793, elle est néanmoins entière, et pourrait être restaurée; l'intérieur est revêtu de marbre de Nonette, et l'on y remarque des statues allégoriques, ainsi que des détails très-soignés. Les vitraux, qui sont fort beaux, forment des tableaux magnifiques : ceux du côté droit représentent tous les mystères de la Passion, et ceux du côté gauche les figures de l'Ancien Testament.

Aux environs de Vic se trouve une source d'eau minérale très-fréquentée. *Voy.* MARTRES-DE-VEYRE.

ARRONDISSEMENT D'AMBERT.

AMAND-ROCHE-SAVINE (SAINT-). Bourg situé à 2 l. d'Ambert. Pop. 2,204 hab. On trouve aux environs deux sources d'eau minérale ferrugineuse froide, désignées sous les noms de source de Saint-Amand et source de Fayolle.—Mine de plomb sulfuré argentifère exploitée.

AMBERT. Petite ville. Chef-lieu de sous-préfecture. Tribunaux de première instance et de commerce. Chambre consultative des manufactures. Société d'agriculture. ✉ Pop. 7,650 hab.

Ambert n'est pas une ville fort ancienne. C'était autrefois une place forte, chef-lieu du pays des Livradois, qui obtint le droit de commune en 1239. Cette place tomba en 1574 au pouvoir d'un parti de protestants, commandé par un brigand nommé de Marle, qui massacra les principaux habitants, livra la ville au pillage, et y fit détruire les fabriques et les usines ; ce brigand, assiégé lui-même dans Ambert par les catholiques, fit une résistance telle qu'il les força à abandonner le siége.

Cette ville est agréablement située, au pied des montagnes, dans une longue et fertile vallée arrosée par la Dore et par de nombreux ruisseaux. Elle est généralement bien bâtie; mais les rues en sont étroites et tortueuses; ce qui en rend l'aspect triste ; ses environs offrent des sites charmants et de jolies habitations. On y remarque l'église Saint-Jean, édifice d'une construction simple et solide, entièrement bâti en granit, et surmonté d'un clocher d'une grande élévation. Aux environs sont les eaux minérales froides de Talaru.

Fabriques d'étamines à pavillon pour la marine, lacets, rouleaux, jarretières, serges pour tamis, toiles dites rebattage, dentelles, épingles. Filature de laine.—*Manufactures* considérables de papiers fins pour impression et gravures, qui occupent plus de soixante usines.—*Commerce* de merceries, de laine, papiers, cartes à jouer, fromages, réputés les meilleurs de l'Auvergne, etc.

A 16 l. de Clermont, 106 l. de Paris par Moulins.—*Hôtels* de la Paix, de la Tête d'or, Croiset.

ANTHÈME (SAINT-). Bourg situé sur l'Ance, à 6 l. 1/4 d'Ambert. Pop. 3,286 h.

ARLANC. Petite ville située à 3 l. 3/4 d'Ambert. Pop. 3,567 hab.

Cette ville est fort agréablement située, dans une riante contrée, sur la croupe et le penchant d'une montagne, au pied de laquelle coule la Dolore. Elle est éloignée d'environ 380 toises du bourg d'Arlanc, qui en est une dépendance, et où se trouve l'église paroissiale. On y trouve une source d'eau minérale acidule froide.—*Fabriques* de blondes, dentelles, de lacets et autres objets de mercerie.—*Commerce* de cuirs.

AUZELLES. Bourg situé à 4 l. d'Ambert. Pop. 2,635 hab.

BONNET-LE-CHASTEL (SAINT-). Village situé à 3 l. d'Ambert. Pop. 1,400 hab.

CHAMPÉTIÈRES. Village situé à 2 l. d'Ambert. Pop. 1,539 hab.—*Fabriques* de couvertures. Filature de laine.

CHAPELLE-AGNON (la). Village situé à 4 l. d'Ambert. Pop. 2,817 hab.

CUNLHAT. Bourg situé à 5 l. d'Ambert. Pop. 3,470 hab. C'était autrefois une commanderie de l'ordre de Malte, qui fut réunie à celle de Montferrand. On a trouvé plusieurs fois dans cette commune, et en creusant à très-peu de profondeur, des fragments de mosaïques romaines.—*Fabriques* de toiles, étamines, calicots, etc.

FOURNOLS. Bourg situé à 3 l. 1/4 d'Ambert. Pop. 2,072 hab.

GERMAIN-L'HERM (SAINT-) Petite ville située dans un pays aride et couvert, à 5 l. d'Ambert. Pop. 2,144 hab.—*Fabriques* considérables de dentelles noires et blanches. Filatures de laine.

Le village de FRANGONET, dépendant de la commune de Saint-Germain l'Herm, est la patrie d'Anne Dubourg, assassiné judiciairement, et brûlé sur la place de Grève de Paris, en 1559.

MARAT. Bourg situé à 2 l. 3/4 d'Ambert. Pop. 2,796 hab.

MARSAC. Bourg situé à 2 l. 1/4 d'Ambert. Pop. 3,206 hab.—*Fabriques* de dentelles et d'objets de mercerie. Papeteries.

OLLIERGUES. Petite ville située sur la Dore, à 4 l. d'Ambert. Pop. 1,937 hab. On y voit un vieux château qui a appartenu à la maison de la Tour d'Auvergne, et les débris d'un ancien pont.—*Fabriques* d'étamines à pavillon, toiles dites rebattage, camelots, etc.

VIVEROLS. Bourg situé sur la rive gauche de la Ligoune, à 4 l. d'Ambert. Pop. 1,525 hab.—*Fabriques* de dentelles.

ARRONDISSEMENT D'ISSOIRE.

ARDES. Petite ville située sur la Grande Couze, à 5 l. d'Issoire. ⊠ Pop. 1,803 h.

Cette ville était autrefois la capitale du duché de Mercœur; les seigneurs de ce nom y possédaient un magnifique château qui a été détruit en 1634 par ordre du cardinal de Richelieu, et dont il reste encore quelques tours. L'église paroissiale est un bel édifice de construction gothique, qui paraît avoir été élevé dans le XIIe siècle.

AUZAT-LE-LUGUET. Village situé à 8 l. 3/4 d'Issoire. Pop. 1,817 hab.—Mines d'antimoine exploitée, et fabrique de régule.

BAGNOLS. Village situé à 9 l. 1/4 d'Issoire. Pop. 1,898 hab.

BARD. Village situé à 3 l. d'Issoire.

On trouve dans ce village des sources d'eaux minérales froides qui sourdent en plusieurs endroits d'un monticule au pied duquel elles forment un petit ruisseau. Trois de ces sources seulement sont un peu abondantes; la plus considérable, qui se dégorge dans un bassin de pierre, est préférée pour l'usage, comme étant la meilleure.

Les eaux de Bard sont très-limpides; leur saveur est légèrement acide et salée; quoique d'une chaleur égale à la température de l'atmosphère, elles bouillonnent, pétillent et s'agitent long-temps même après avoir été puisées. M. Monnet de Champeix, dans l'analyse qu'il a faite de ces eaux, a trouvé qu'elles contenaient des carbonates de magnésie et de soude, du sulfate de chaux et de l'acide carbonique.

Ces eaux s'emploient avec succès dans les engorgements des viscères abdominaux. On assure qu'elles ont opéré la guérison de certaines fièvres intermittentes qui avaient résisté au quinquina.

BEAULIEU. Village situé à 3 l. d'Issoire. Pop. 904 hab.

On trouve au-dessous de ce village, sur la rive gauche de l'Alagnon, une source minérale froide, que l'on croit acidule et ferrugineuse. Cette source sort d'une grotte fort étroite creusée dans le roc qui borde la rivière; elle paraît et disparaît très-souvent, sans qu'on puisse en attribuer la cause ni à la pluie, ni à la sécheresse; elle est réellement périodique, puisqu'elle a ses temps marqués pour ses apparitions et ses disparitions. L'intérieur de la grotte est tapissé en certains endroits d'une matière saline, d'une stypticité insupportable.

L'eau de Beaulieu a beaucoup d'analogie avec celle de Bard, dont elle n'est pas éloignée.

BESSE. Petite ville située au milieu de montagnes volcaniques sur la Couze, à 7 l. 1/2 d'Issoire. ⊠ Pop. 2,075 hab.

Cette ville est bâtie sur une masse énorme de lave basaltique; toutes les maisons sont construites en basalte, ce qui leur donne un aspect sombre et assez triste.

A peu de distance de Besse, près de la rivière, jaillit d'un rocher une source minérale froide appelée la Villetour. Les eaux de cette source, qui se rassemblent dans un petit bassin, ont une saveur piquante et aigrelette. L'analyse qui en a été faite a démontré qu'elles contenaient beaucoup d'acide carbonique, du sulfate de chaux et une petite quantité de fer. — Les eaux de Besse s'emploient avec succès dans les maladies de l'estomac, les engorgements des viscères, les affections nerveuses et hypocondriaques, et les douleurs de tête invétérées.

On doit visiter à une demi-lieue de Besse le lac Pavin, vaste étendue d'eau limpide, à bords escarpés et basaltiques; c'est un ancien cratère, profond de 288 pieds. (*Voy*. page 4.) Sur le bord méridional de ce lac s'élève le puy de Montchalme, volcan moderne qui a donné la longue coulée de lave qui vient se terminer à Sauriers : dans cette coulée, à 1,400 mètres de distance des bords du lac, existe le Creux-du-Soucy, cavité profonde, qui contient de l'eau dont la surface est élevée de 186 pieds au-dessus du lac.

BRASSAC. Village situé à 3 l. 3/4 d'Issoire. Pop. 2,017 h.—Exploitation de houille.

BREUIL (le). Village situé à 2 l. d'Issoire, près de la rive gauche de l'Allier. Pop. 526 hab.

BROC (le). Village situé à 1 l. 1/2 d'Issoire. Pop. 1,147 hab.

CHAMPEIX. Petite ville située à 3 l. 1/4 d'Issoire. Pop. 1,458 hab.

Cette ville est bâtie au pied des montagnes, dans une gorge profonde, sur le bord de la Couze, qui roule ses eaux sur la coulée de lave du volcan de Murol, et divise la ville en deux parties. On y voit une place très-vaste.

Sur une montagne de granite isolée, d'environ 300 pieds de hauteur, s'élevait jadis l'ancien château seigneurial, dont on voit encore des restes considérables, notamment des glacis et des murs très-épais. Ce château fut assiégé sous le règne de Louis XIII, et ne put être pris que par la famine.

COUDES. Village situé sur la rive gauche de l'Allier, à 2 l. 1/4 d'Issoire. Pop. 1,473 hab. Il est bâti dans une position pittoresque, au bas d'une montagne volcanique, dont le sommet est terminé par les ruines d'un vieux château qui a appartenu à Philippe-Auguste, à Henri III et à Louis XIII.

FLORET. Village situé à 2 l. d'Issoire. Pop. 625 hab. On y trouve une source d'eau minérale. — *Patrie* de M. Favard de l'Anglade.

GERMAIN-LEMBRON (SAINT-). Petite ville située à 2 l. 1/4 d'Issoire. Popul. 1,983 hab. — *Fabriques* de noir animal.

A une lieue sud de Saint-Germain-Lembron, on remarque un monticule conique, surmonté de constructions fort singulières. Le flanc nord-ouest de la colline est tapissé de verdure, les autres côtés sont hérissés de prismes basaltiques pentagones fort réguliers; la plupart, arrachés de leurs sièges primitifs, ont servi à des constructions qui occupent le pourtour du sommet du pic. Ce sont comme autant de chambres à peu près carrées, au nombre d'une centaine, de 10 à 16 pieds de côté, sur 3 et 4 pieds au-dessus du sol, n'ayant entre elles aucune communication. Le sommet du monticule est couronné par une tour carrée, bâtie d'un double rang de prismes basaltiques, et dont les angles seuls sont en grès. Quoique la partie supérieure de cette tour ait été détruite, elle a encore dix mètres d'élévation; il n'y a qu'une seule entrée fort étroite, et les traces de deux fenêtres très-petites, placées à une grande hauteur. Cette colline est appelée dans de vieux titres *Mons Cæsaris*; on ignore l'objet de ces constructions, qui appartiennent plus probablement au moyen âge qu'à l'époque romaine.

ISSOIRE. Ville ancienne. Chef-lieu de sous-préfecture. Tribunaux de première instance et de commerce. Collège communal. ✉ ☞ Pop. 5,990 hab.

Issoire était florissante sous les Romains, et avait une école très-célèbre. Saint Austremoine, premier évêque de Clermont, après avoir établi la religion catholique en Auvergne, se retira près d'Issoire, et y fut massacré l'an 295. Cette ville fut saccagée d'abord par les Romains, puis par les Visigoths, les Vandales, les dauphins d'Auvergne et les armées royales. Pendant le peu de temps où elle jouit de quelque repos, elle augmenta son industrie et répara ses ruines et ses fortifications; mais les guerres de religion attirèrent sur elle de nouvelles calamités. En 1573, un de ses habitants, Merle, qui s'était fait protestant et chef d'une horde de dévastateurs, s'empara de cette ville, la saccagea et en dévasta le territoire. L'année suivante, une armée, commandée par les ducs d'Anjou et de Guise, s'avança pour chasser Merle, et fit le siège d'Issoire. La ville fut prise par les soldats catholiques, qui, irrités de la résistance, se livrèrent à tous les excès. Les habitants s'étaient réfugiés dans l'église paroissiale, ils y furent tous massacrés et la ville fut brûlée. — Une nouvelle ville se forma quelques années après; les ligueurs l'assiégèrent, la prirent et la pillèrent; les habitants de Clermont, qui tenaient pour Henri IV, vinrent les en chasser et reprirent la ville.

Issoire est située agréablement dans la partie la plus vivante de la Limagne, au milieu d'un beau bassin entouré de montagnes, et près du confluent de la Couze et de l'Allier. Elle est en général bien bâtie, propre et bien percée. Au centre est une place très-vaste, où se tiennent les marchés. C'est la patrie du chancelier Duprat.

On doit voir à Issoire les décorations extérieures de l'église paroissiale; et aux environs les eaux minérales de Leius, et plusieurs rochers volcaniques d'une forme singulière.

Fabriques de chaudrons et ouvrages en cuivre. Nombreuses huileries. — *Commerce* considérable de bestiaux et d'huile de noix.

A 7 l. 1/2 de Clermont, 103 l. 1/2 de Paris. — *Hôtels* de la Paix, du Mont-Dore, des Voyageurs, du Saint-Esprit.

JUMEAUX. Village situé à 4 l. d'Issoire. Pop. 1,826 hab.

MONT-DORE-LES-BAINS. Village situé

dans une vallée pittoresque, entourée de montagnes qui abondent en produits minéralogiques et en plantes médicinales, et célèbre par ses bains d'eaux thermales. — Pop. 1,010 hab.

EAUX THERMALES DU MONT-DORE.[1]

Le Mont-Dore n'était qu'un chétif et pauvre village, lorsqu'en 1810, sur les données de M. Ramond, alors préfet du Puy-de-Dôme, et dont le nom est demeuré si cher à l'Auvergne, les eaux furent acquises au nom du gouvernement. En 1819, les premiers fonds furent obtenus par M. de Rigny, l'un des successeurs de M. Ramond, et les travaux commencés alors n'ont plus été interrompus jusqu'à leur entier achèvement. L'industrie particulière, encouragée et sagement dirigée, a suivi l'impulsion donnée, et de nombreuses maisons bien construites sont venues remplacer les anciennes masures.

Le Mont-Dore se trouve adossé à la base de la montagne de l'Angle d'où naissent les sources, et à peu près au milieu d'une profonde vallée qui se courbe en croissant, du nord au midi, et que la Dordogne, qui y prend naissance, sillonne dans toute sa longueur. Les montagnes qui ferment la vallée, quoique fort élevées, sont partout couvertes d'une végétation vigoureuse, et présentent de nombreuses et profondes écorchures souvent couronnées par d'énormes bancs de rochers laissés à nu par les éboulements. Ces accidents de terrain sont surtout remarquables et nombreux sur les pics qui contiennent l'enceinte vers le sud. La sévérité de leur aspect, leurs pentes perpendiculaires, les flancs noircis et absolument nus de ces étroites déchirures, leur ont fait donner le nom de *Cheminées* ou Gorges d'enfer. D'énormes roches pyramidales restées debout au milieu de ce désordre, s'élancent en aiguilles du fond de l'abîme, et impriment à ce site une physionomie encore plus sauvage. Point de terres cultivées dans le fond de la vallée. Tout est en prairies. Sur les pentes, où une industrie opiniâtre dispute pas à pas le sol aux éboulements des cimes qui tendent sans cesse à l'envahir, croissent çà et là quelques hêtres et quelques arbustes.

D'immenses forêts de sapins les couvraient naguère encore de leur sombre verdure; mais elles s'éloignent et reculent chaque année vers les crêtes. Comme le reste de l'Auvergne, cette contrée fut jadis tourmentée par les éruptions volcaniques. Tout y porte leur empreinte de désordre et de dévastation; tout, dans cet amas confus de monts de formation secondaire, entassés pêle-mêle dans ces vallées profondes, parsemées d'énormes débris de laves, sillonnées de nombreux torrents qui se précipitent des cimes, tout, disons-nous, atteste d'une manière irréfragable les effets terribles de ces effrayantes convulsions, qui, dans des siècles reculés, vinrent bouleverser ce sol.

L'époque de la découverte des eaux thermales du Mont-Dore se perd dans la nuit des temps. Depuis une longue suite d'années, les sources minérales et thermales attirèrent un nombreux concours de malades, comme l'attestent les ruines d'immenses établissements romains décombrés lors des fouilles faites en 1817, pour les premiers travaux des constructions modernes; et l'affluence des malades qui venaient y refaire une santé délabrée devait être considérable, la réputation et les effets salutaires de ces sources bien établis, si l'on en juge par la magnificence des édifices antiques, et les soins multipliés que les Romains avaient apportés à leur construction.

On compte au Mont-Dore sept différentes sources, toutes d'une température assez élevée, à l'exception de la fontaine Sainte-Marguerite qui est froide. Voici les noms de ces sources, dans l'ordre suivant lequel elles s'échappent successivement de haut en bas, des flancs de la montagne qui leur livre passage.

Fontaine Sainte-Marguerite, froide et acidule. — *Fontaine Caroline*, découverte pendant le séjour au Mont-Dore de Mme la duchesse de Berry, dont elle porte le nom. Temp. 45° cent.; volume, 43 décimètres cubes par minute.—*Bain de César*, volume 41 décimètres. Temp. 45°. — *Grand Bain* ou *Bain Saint-Jean*, composé de divers filets d'eau réunis. Leur température varie de 50 à 20 et 21°, des plus puissants aux plus maigres. Ils alimentent cinq baignoires placées sur la même ligne, et de leur mélange résulte une température moyenne, qui, pour la première de ces baignoires, est de 46°; pour la seconde, de 41°; la troisième, de 42° 5; la quatrième de 42°; et la cinquième de 39° 5. Volume total du Grand Bain, 38 déc. cubes par minute.—*Bain Ramond*,

---

[1] C'est à M. le docteur Bertrand, médecin-inspecteur des eaux du Mont-Dore, dont il dirige l'emploi avec le plus grand succès depuis plus de 30 ans, que nous sommes redevables de cette notice, qui offre un résumé exact de l'ouvrage important publié sur les eaux du Mont-Dore, par cet estimable et savant médecin.

récemment découvert, et conservé tel qu'on l'a trouvé. Vol. 13 déc. cubes. Temp. 42°.
—*Bain Rigny*, récemment découvert. Temp. 42°. Vol. 12 déc. cubes par minute.—*Fontaine de Sainte-Madeleine*. C'est la source dont les eaux se prennent en boisson. Temp. 45° 5. Vol. total, augmenté encore par les nouvelles recherches, 247 déc. cubes par minute.

Le volume et la température demeurent constamment les mêmes dans toutes les saisons de l'année. Le produit total des sources permet de donner environ sept à huit cents bains ou douches par jour. Les sources sont la propriété du gouvernement. Elles sont affermées 12,050 fr. par an.

D'abord propriété particulière, la cession des bains fut ordonnée en 1810 pour cause d'utilité publique, et moyennant indemnité. Depuis cette époque, un vaste établissement s'est élevé aux frais du trésor public. L'étendue de ses développements, la solidité et l'élégante simplicité de ses masses, sont en harmonie avec la physionomie sévère du climat, et des sites au milieu desquels il se trouve placé. Sur un de ses côtés, a été construit un hôpital destiné au traitement des indigents.

Entièrement construit en lave volcanique, l'établissement présente trois grandes masses ou divisions principales appuyées l'une à l'autre :

1° Le pavillon où se trouvent, chacune avec leur douche, les cinq baignoires alimentées par les sources Saint-Jean ; plus, deux autres cabinets placés sur les deux angles du carré. Cette partie est aussi connue sous le nom de Grands-Bains. On s'y baigne dans l'eau minérale pure et à sa température native.

2° La grande salle attenante au pavillon, et présentant neuf cabinets de bains sur chacune de ses ailes, en tout dix-huit bains et autant de douches. C'est là que s'administrent les bains tempérés. Sur ces dix-huit cabinets, six sont munis d'une douche ascendante.

3° Enfin, un troisième corps-de-logis encore plus étendu, ou bâtiment de l'administration ; qui vient se développer perpendiculairement aux deux précédents, et n'est séparé de la grande salle que par le palier du grand escalier de service. Là, se trouve le grand salon de réunion avec deux salles de billard, etc. Voilà ce qui constitue le premier étage.

Au rez-de-chaussée, une partie des thermes, plus spécialement désignée sous le nom de *piscines*, est exclusivement affectée au service des indigents. Deux grandes piscines, onze douches et trois baignoires le composent. Toutes les eaux qui s'y rendent sont vierges et pures de tout contact avec les eaux de vidange des parties supérieures. En avant des piscines, et séparé seulement par l'entrée des deux rampes latérales du grand escalier, se trouve un beau promenoir couvert où viennent jaillir les eaux destinées à la boisson, dans quatre grandes cuvettes en lave. Le promenoir, qui forme la partie inférieure de la façade et donne entrée dans le monument, est percé de cinq larges portes en arceau, fermées par des grilles de fer. Ces voûtes sont en berceau et supportent le salon de réunion, qui est de même étendue. Aux deux extrémités du promenoir et sur les deux côtés qui terminent la façade des thermes, se trouvent les bains de pieds, les bains et les douches de vapeur. La couverture de ce vaste ensemble est surtout remarquable : elle imite la tuile romaine, mais en grandes proportions, et se compose tout entière de dalles en lave du pays.

La source de César vient sourdre dans un petit édifice isolé qui porte le caractère de la plus haute antiquité ; mais il se rattache aux thermes par un spacieux réservoir qui leur est adossé, et dans lequel ses eaux sont entreposées pour aller ensuite, mêlées avec celles de la source Caroline, fournir toutes les douches de la grande salle et des piscines.

SAISON DES EAUX. La saison du Mont-Dore commence vers le 20 ou 25 juin, pour se terminer du 15 au 20 septembre. Cette époque est dans l'année la seule où l'on puisse espérer un temps bien favorable, dans une vallée placée à plus de 1000 mètres au-dessus du niveau de la mer, et dont les sommets des montagnes qui l'environnent de tous côtés, n'ont, pour la plupart, pas moins de 1700 à 2000 mètres d'élévation.

Le nombre des malades qui se rendent au Mont-Dore est considérable, et tend chaque année à s'accroître depuis la création du nouvel établissement qui vient d'être terminé. Les personnes qui accompagnent les baigneurs, contribuent surtout à rendre plus nombreuse et plus brillante la société choisie qui s'y trouve à cette époque. Les étrangers se réunissent dans un vaste et beau salon, dans lequel on donne des bals plusieurs fois par semaine.

Le village du Mont-Dore peut recevoir six à sept cents étrangers. Il s'y rend annuellement douze quinze cents personnes, et l'on y traite en outre gratuitement près de quatre cents indigents.

Pendant la journée, lorsque le temps est beau, les sites voisins du Mont-Dore offrent aux curieux des buts de promenades aussi variés que pittoresques. Peu de baigneurs partent sans avoir visité la cascade du Queureilh, le lac Pavin, le château de Murol, le salon de l'arbre Rond, les bois du Capucin, les gorges d'Enfer, la vallée de la Cour, sans avoir gravi le pic de Sancy, ou fait un pèlerinage à la jolie et mystérieuse cascade de la Vernière. On se sert, pour faire ces courses, des chevaux du pays, habitués aux fatigues des montagnes, et que les habitants viennent offrir aux baigneurs moyennant une légère rétribution. Au retour, les charmes d'une réunion rendue plus aimable encore par l'abandon qui y règne, et deux fois par semaine les plaisirs plus bruyants du bal, appellent à d'autres distractions la population brillante, mais bien passagère, qui anime le Mont-Dore.

PRIX DU LOGEMENT ET DE LA DÉPENSE JOURNALIÈRE. La dépense journalière est de 5 à 7 fr. pour la table et le logement. Des hôtels nombreux ont été récemment construits, et l'on y trouve toutes les aisances convenables. La durée du séjour n'excède pas 15 à 18 jours.

TARIF DU PRIX DES EAUX, BAINS ET DOUCHES. Bain, 1 fr.; douche, 1 fr.; eaux de boisson, 75 c. pour la durée du traitement; bain de pieds, pris à l'établissement, 15 c.; id. à domicile, 25 c.

Le prix des bains et douches de vapeur n'est point encore fixé.

PROPRIÉTÉS PHYSIQUES. Toutes les sources thermales du Mont-Doré se ressemblent tellement sous ce rapport, qu'on peut les confondre dans la même description. Comme je l'ai déjà dit, leur volume constant, invariable, est de 247 décim. cubes par minute. Elles sont incolores, un peu onctueuses au toucher, sans odeur sensible, d'une saveur d'abord acidulé, puis onctueuse et salée. Elles se couvrent, lorsqu'on les expose à l'air et en repos, d'une pellicule irisée et nacrée, composée de silice. Leur pesanteur spécifique est de très peu supérieure à celle de l'eau distillée. Elles laissent déposer assez abondamment un sédiment jaunâtre, comme ocracé.

ANALYSE DES DIVERSES SOURCES. L'analyse la plus complète des eaux du Mont-Dore connue jusqu'ici est celle de M. Bertrand, médecin inspecteur; mais elle remonte déjà à quelques années. Bientôt, sans doute, nous en devrons une plus récente aux savantes recherches de M. Longchamps, qui s'est occupé de ce travail en 1825.

La fontaine Sainte-Marguerite ne contient d'autre principe minéralisateur que du gaz acide carbonique. A 16 degrés et sous une pression barométrique de 678 m., elle en renferme 450 centim. cubes par litre.

La source de Sainte-Madeleine, sur vingt-six litres, contient :

Gaz acide carbonique libre... 6,905 m.
Carbonate de soude.......... 10,040
Sulfate de soude 3,028
Hydrochlorate de soude...... 7,602
Carbonate de chaux.......... 6,162
Carbonate de magnésie....... 2,018
Alumine..................... 3,293
Oxide de fer................ 0,584

Grand Bain, sur vingt-six litres :

Acide carbonique libre ..... 9,452 m.
Carbonate de soude.......... 10,624
Hydrochlorate de soude...... 7,808
Sulfate de soude............ 2,656
Carbonate de chaux.......... 7,330
Carbonate de magnésie....... 2,496
Silice...................... 2,071
Alumine..................... 1,593
Oxide de fer................ 0,212

Bain de César, mêmes principes que la Madeleine : seulement la silice y remplace l'alumine.

PROPRIÉTÉS MÉDICINALES. Les eaux et les bains du Mont-Dore conviennent dans le catarrhe et la péripneumonie chroniques, mais sans fièvre, ni chaleur à la peau. On les emploie en général, avec succès, contre les affections chroniques survenues à la suite de la rétrocession d'un principe morbide, de la suppression de quelque flux habituel à l'économie. Elles produisent de bons effets dans les affections anciennes du cœur, de l'estomac, des intestins, de l'utérus; pourvu toutefois que ces viscères soient exempts d'altérations organiques. On les voit réussir contre les rhumatismes, les embarras goutteux des articulations, et dans les paralysies dont la cause ne réside point dans le cerveau ou ses dépendances. Enfin, leur emploi est avantageux pour dissiper ou alléger les infirmités de tout genre amenées par des excès ou des habitudes vicieuses. En général, on doit espérer de bons effets de leur action dans les cas où une forte révulsion opérée sur toute la périphérie, peut devenir avantageuse, et ces cas ne sont pas moins nombreux que n'est puissante la médication alors employée.

Mode d'administration. On administre les eaux du Mont-Dore en boisson, en douches et en bains. Les bains sont pris à la température native des sources, ou tempérés de chaleur. On emploie aussi fréquemment et avec succès les demi-bains et les bains de pieds d'eau thermale. Des douches ascendantes, des bains et des douches de vapeur sont également établis depuis 1830.

Le Mont-Dore est à 9 l. de Clermont, 105 l. de Paris.

MUROLS. Bourg situé à 5 l. 1/4 d'Issoire. Pop. 696 hab.

On croit que Murols est le *Meroliacense Castrum*, cité par Grégoire de Tours, dans la description du siège que fit, en 532, Thierry d'un château de ce nom. Quoi qu'il en soit, le château de Murols est une des plus importantes constructions du moyen âge : il est assis sur le sommet d'une pyramide revêtue de murailles construites avec le basalte de la montagne; tout autour règne une vaste terrasse circulaire, dont la perspective est admirable par son étendue et sa variété.

Murols est curieux par des produits volcaniques qui abondent dans ses environs ; on y trouve des colonnes de basalte de plusieurs formes, des scories, des pouzzolanes, etc. A Schat sont des sources abondantes sortant de la lave. A un quart de lieue au-dessus du bourg, est le lac Chambon, un des plus grands et des plus poissonneux de l'Auvergne.

NECTAIRE (SAINT-), ou SÉNECTAIRE. Bourg situé à 7 l. d'Issoire. Pop. 1,270 hab.

Ce bourg est bâti dans un fond, au-dessus d'une espèce d'amphithéâtre formé par une masse de granite, sur le sommet de laquelle est bâtie l'église, dans un endroit coupé à pic, ce qui lui donne un aspect fort pittoresque. — *Fabriques* de fromages réputés les meilleurs et les plus délicats du pays.

EAUX MINÉRALES DE SAINT-NECTAIRE.

Dans un vallon, à peu de distance de ce village, on voit un grand nombre de sources d'eaux minérales très-abondantes, dont on distingue particulièrement les suivantes : 1° le Gros-Bouillon ; 2° la Vieille source ; 3° la source de la Côte ; 4° la source du Rocher, qui toutes ont une température de 31° de Réaumur ; 5° la source Pauline, temp. 28° ; 6° la source de la Voûte, et 7° la source du Chemin, temp. 20°.

Ce n'est que depuis très-peu d'années qu'on a repris l'usage des eaux de Saint-Nectaire, qui étaient tout à fait abandonnées, quoiqu'il paraisse, par des vestiges d'un établissement thermal récemment découvert, qu'elles aient été autrefois connues des Romains. Les sources appartiennent à divers particuliers, qui les exploitent eux-mêmes. On a bâti depuis peu cinq ou six maisons qui peuvent recevoir environ quatre-vingts malades; l'établissement des bains, auquel on fait annuellement de nombreuses augmentations, a besoin de recevoir encore de grandes améliorations. — Un peu avant d'arriver aux eaux, on jouit du spectacle que présente la belle cascade de Saillans, et au-delà, on peut visiter celle des Granges.

Propriétés physiques et chimiques. Ces eaux sont louches, de couleur blanchâtre, d'une saveur acidule, puis fortement alcaline, d'une odeur de gaz hydrogène sulfuré. Elles contiennent en dissolution de l'acide carbonique libre, du bi-carbonate de soude, du sulfate et du muriate de soude, des traces de fer, et du gaz hydrogène sulfuré, qui ne fait que traverser l'eau sans s'y mêler.

Propriétés médicinales. Les eaux de Saint-Nectaire sont employées avec succès dans les rhumatismes, les paralysies, les leucorrhées, etc. M. le docteur Bertraud les recommande particulièrement dans le traitement de la gravelle. On en fait usage en bains, en douches, et en boisson, à la dose de deux ou trois verres jusqu'à huit ou dix.

La saison des eaux commence le 15 juin et dure jusqu'au 15 ou 20 octobre.

NONETTE. Petite ville située sur la rive droite de l'Allier, à 1 l. 3/4 d'Issoire. Pop. 668 hab. On y trouve des sources minérales qui ont déposé de grandes masses de travertin, que l'on exploite sous le nom de marbre de Nonette.

Sur la cime de la montagne sont les ruines d'un vieux château, qui passait pour une des plus fortes places de l'Auvergne. Ce château fut assiégé, pris et démoli par Philippe-Auguste en 1213, reconstruit par Jean, duc d'Auvergne, et détruit en 1634 et 1658 par ordre du cardinal de Richelieu et du cardinal Mazarin.

PARDINES. Village situé à 2 l. d'Issoire. Pop. 300 hab. Ce village est célèbre par l'éboulement considérable qui eut lieu le 23 juin 1737, et qui détruisit une grande partie des habitations, dont plusieurs furent

SAINT NECTAIRE.

entraînées dans le vallon par la chute du terrain supérieur, ainsi que les arbres et les rochers.

RENTIÈRE. Village situé à 5 l. 1/2 d'Issoire. Pop. 610 hab.

A l'extrémité de la vallée où est bâti ce village, il se détacha, le 9 mars 1783, une masse de granite haute d'environ 400 pieds et de semblable largeur, qui tomba en se brisant dans le fond de la vallée, suspendit pendant vingt-quatre heures le cours de la rivière de Couze, et forma un lac dont les eaux n'abandonnèrent le vallon que longtemps après, en se faisant jour peu à peu à travers leur digue.

SAURIER. Village situé à 2 l. 3/4 d'Issoire. Pop. 520 h. On y trouve une source d'eau minérale.

SAUXILLANGE. Petite ville située à 3 l. d'Issoire. Pop. 1,748 hab. — *Fabriques* d'étamines, camelots, faux, faucilles, lames de scies, etc.

TAUVES. Bourg situé à 12 l. d'Issoire. ⊠ Pop. 2,631 hab.

TOUR-SAINT-PARDOUX (la). Bourg situé à 10 l. d'Issoire. Pop. 1,922 hab.

USSON. Petite ville située dans une contrée riante et fertile, à 2 l. d'Issoire. Pop. 881 hab.

Cette ville est bâtie sur une montagne escarpée, dont le sommet est couvert par les ruines d'un antique château fort, que sa situation avantageuse et sa triple enceinte ont fait regarder pendant plusieurs siècles comme une place imprenable. Le château d'Usson fut pris par les Anglais; mais en 1371, Duguesclin assiégea cette forteresse, et, après quelques tentatives, parvint à s'en rendre maître par composition. Louis XI y fit enfermer, en 1468, Antoine de Châteauneuf, seigneur du Lau, qui parvint à s'évader, et causa, par sa fuite, la mort de Charles de Melun, gouverneur du château, de son fils, et du procureur du roi d'Usson, que Louis XI fit décapiter pour les punir de leur négligence. Charles IX donna ce château à Marguerite de Valois, lors de son mariage avec le roi de Navarre, qui fut depuis Henri IV, et c'est en vertu de cette donation que cette reine, d'abord prisonnière, puis maîtresse de ce château, y séjourna pendant vingt ans consécutifs, et lui donna, tant par ses honteux déréglements que par l'accueil qu'elle y fit aux gens de lettres, dont Usson était le refuge, une grande célébrité.

Le château d'Usson était beaucoup plus considérable que son emplacement ne semble l'annoncer aujourd'hui; le cardinal de Richelieu le fit démolir en 1634, et on dit même que ce ministre assista à cette démolition. La couleur noire du rocher et des murailles qui existent encore, le délabrement universel de ce produit des feux souterrains, et le souvenir qui se rattache à ce monument de la tyrannie féodale, offrent un aspect imposant.

VODABLE. Petite ville située à 2 l. 1/4 d'Issoire. Pop. 789 hab.

Cette ville est bâtie sur un rocher basaltique, sur lequel on voit encore les restes d'un palais magnifique où les dauphins d'Auvergne faisaient leur principale résidence, et qui fut détruit en 1634, par ordre du cardinal de Richelieu.

ARRONDISSEMENT DE RIOM.

AIGUEPERSE. Petite ville située à 3 l. 3/4 de Riom. ⊠ ☞ Pop. 3,217 hab. — *Fabriques* de toiles.

Cette ville, nommée en latin *Aquæ Cœrulæ*, existait au XIIe siècle, et au XIVe elle avait des privilèges et des établissements qui supposent une population considérable. Elle est bâtie dans une contrée fertile, sur le ruisseau de Luzon, le long duquel elle s'étend et ne forme qu'une seule rue fort longue, bordée de belles maisons. On y remarque l'église de Notre-Dame, où se voit un bon tableau représentant le martyre de saint Sébastien, et une sainte chapelle, fondée en 1475 par Louis de Bourbon, dauphin d'Auvergne; l'hôtel-de-ville possède la statue du chancelier de L'Hôpital, né au château de la Roche, situé à peu de distance d'Aigueperse.

A un quart de lieue d'Aigueperse, se trouve une source d'eau minérale d'où se dégage une très-grande quantité de gaz acide carbonique pur. Près de cette fontaine s'élève la butte de Montpensier, d'où l'on jouit d'une vue magnifique, et dont le sommet est couronné par les ruines d'un antique château, démoli en 1637 par ordre du cardinal de Richelieu.

ARTONNE. Petite ville située dans une belle et fertile contrée, près de la rive gauche de la Morge, à 2 l. de Riom. Pop. 1,890 hab.

Artonne était, à ce que l'on assure, une ville très-florissante du temps des Romains, et l'on croit que son nom lui vient d'un autel consacré à Jupiter tonnant. On y découvre fréquemment, en creusant la terre, des vases antiques, des urnes et des médailles romaines.

AYAT. Village situé à 6 l. de Riom. Pop. 632 hab. C'est la patrie du général Desaix, mort glorieusement à la bataille de Marengo, le 14 juin 1800.

BLOT-L'ÉGLISE. Village situé à 7 l. de Riom. Pop. 1,158 hab.

BROMONT. Bourg situé à 6 l. de Riom. Pop. 3,091 hab.

CHAPDES-BEAUFORT. Village situé à 4 l. de Riom. Pop. 2,031 h. On y trouve une source d'eau minérale.

CHATEAUGAY, anciennement VIGOSCHE, village situé au pied d'une montagne basaltique, sur laquelle est bâti un ancien château fort. A 1 l. de Riom. Pop. 998 h.

CHATEAUNEUF. Village situé sur la rive gauche de la Sioule, à 6 l. de Riom. Pop. 639 hab.

Ce village possède des sources d'eaux thermales, qui paraissent avoir été connues des Romains. On y compte sept sources principales, connues sous le nom de Grand bain (24 degrés R.); bain Chevarrier (24 degr.); bain rafraîchissant (24 à 25 deg.); Petit-Rocher (16 deg.); Grand bain chaud (31 deg.); bain tempéré (25 deg.); et Grande-Fontaine. Les quatre premières sont situées au lieu de Bordas; il y a trois bains ou cuves. Les trois autres, appelées bain Méritis, se composent de deux bains.

La saison des eaux commence au 1er mai et se prolonge jusqu'à la fin d'octobre. — Il s'y rend annuellement de cinq à six cents malades.

Ces eaux sont limpides, incolores, et ont une légère odeur de gaz hydrogène sulfuré. On les emploie avec avantage dans les rhumatismes chroniques, les ulcères fistuleux, les chutes de l'utérus, et autres affections analogues. On les administre en bains et en douches. Dans beaucoup de cas, les malades se trouvent bien d'adjoindre aux bains et douches de Châteauneuf, les eaux acidules de Châtel-Guyon, que l'on boit à la dose de deux ou trois verres chaque matin.

CHATEL-GUYON. Village situé dans un pays agréable et fertile, au pied d'une petite montagne, à peu de distance de la grande route de Paris à Clermont, à 1 l. de Riom. Pop. 1,718 hab.

En remontant un ruisseau qui côtoie le village, on trouve une petite cascade où l'eau, par sa chute, forme des stalactites pendantes. De tout côté, on voit sourdre et percer des jets d'eaux gazeuses et ferrugineuses, qu'on reconnaît aux dépôts d'une ocre rougeâtre qu'ils laissent dans leurs cours, ou aux bulles de gaz qui viennent crever à la surface du liquide.

A cinq ou six cents pas de Châtel-Guyon, on trouve cinq sources d'eaux gazeuses thermales, dont les deux principales ont reçu le nom de Fontaine d'Asan et de Fontaine Grillée.

L'eau de Châtel-Guyon a une saveur aigrelette, piquante et un peu amère; elle est claire, très-limpide, et n'a pas d'odeur particulière. Sa température est de 30° du th. centig. Cette eau a été examinée par M. Cadet, qui y a trouvé une petite quantité de fer, de l'hydrochlorate de soude, de la magnésie, du sulfate de magnésie et de la chaux, tenus en dissolution par le gaz acide carbonique. Une lumière s'y éteint à quatre pouces au-dessus du niveau de l'eau.

L'eau de Châtel-Guyon s'emploie avec succès dans les fièvres intermittentes, dans les maladies des viscères abdominaux, les affections nerveuses, la chlorose, les fleurs blanches. On en fait usage en boisson, à la dose de plusieurs verres chaque matin. Il ne faut les prendre qu'en petite quantité, à cause de leur propriété enivrante et de leur vertu laxative.

COMBRONDE. Bourg situé à 2 l. 1/2 de Riom. Pop. 1,955 hab. — *Commerce* de bestiaux.

EFFIAT. Village situé dans une plaine agréable et fertile, à 3 l. 1/2 de Riom. Pop. 1,767 hab.

ENNEZAT. Bourg situé à 2 l. 1/4 de Riom. Pop. 1,513 hab. — *Fabriques* de sucre de betteraves. — *Commerce* de grains.

Ennezat possède une église remarquable, construite vers la fin du VIe siècle, dont le rond-point a été converti, vers le XIVe siècle, en un vaste chœur d'architecture sarrasine, ce qui offre l'alliance bizarre et curieuse de deux genres d'architecture différents, et de deux époques très-distantes l'une de l'autre.

GERVAIS (SAINT-). Petite ville située à 6 l. de Riom. Pop. 2,394 hab.

GIAT. Bourg situé à 13 l. 1/2 de Riom. Pop. 2,309 hab. — *Commerce* de bestiaux.

GIMEAUX. Village situé à 1 l. de Riom. Pop. 627 hab. On y trouve une source d'eau thermale ferrugineuse, qui forme des dépôts

PONT GIBAUD.

CHÂTEAU DE RANDAN.

calcaires ferrugineux dignes d'être observés.

JAVEL. *Voy.* PONT-GIBAUD.

MANZAT. Bourg situé à 3 l. 1/4 de Riom. Pop. 1.742 hab.

MAUZAT ou **MOZAT.** Bourg situé à un quart de lieue et à l'extrémité d'un des faubourgs de Riom. Pop. 1,152 hab.

L'église de ce bourg est un édifice construit dans le VIIIe siècle, qui mérite d'être visité; quoiqu'elle ait subi beaucoup de réparations, elle conserve encore de précieux restes de son antiquité; on y remarque surtout des chapiteaux de colonnes fort curieux, et une belle châsse, ouvrage du XIIe siècle.

MENAT. Bourg situé à 7 l. de Riom. Pop. 2,020 hab. — Exploitation de schiste bitumineux.

MONTAIGUT. Petite ville située sur le sommet d'une montagne, à 12 l. 1/2 de Riom. Pop. 1,421 hab.

MONTEL-DE-GELAT. Bourg situé à 11 l. de Riom. Pop. 1,622 hab.

MYON (SAINT-). Village situé à 2 l. de Riom. Pop. 721 hab.

EAUX MINÉRALES DE SAINT-MYON.

Saint-Myon est bâti sur une éminence au pied de laquelle jaillit une source d'eau minérale acidule froide, qui jouit d'une réputation justement méritée.

PROPRIÉTÉS PHYSIQUES ET CHIMIQUES. L'eau de Saint-Myon est limpide, incolore, d'une saveur piquante et aigrelette; elle laisse échapper constamment de grosses bulles d'air. La source est enfermée dans un bâtiment couvert, situé au bord de la Morge, où elle se décharge. Il paraît que plusieurs filets se perdent dans la rivière, car de toutes parts on voit des bulles de gaz percer à travers l'eau et venir crever à sa surface. Cette eau contient de l'acide carbonique en excès, du carbonate et du sulfate de chaux, et de l'hydrochlorate de soude.

PROPRIÉTÉS MÉDICINALES. L'eau de Saint-Myon est employée avec le plus grand succès dans l'atonie de l'appareil digestif, les engorgements des viscères abdominaux, les affections catarrhales chroniques, les maladies de langueur, les fleurs blanches, etc. On en fait usage en boisson, pendant une vingtaine de jours durant la belle saison; elle supporte très-bien le vin qu'elle rend piquant et plus agréable. Cette eau a beaucoup d'analogie avec l'eau de Seltz.

PIONSAT. Bourg situé sur le Boron, à 8 l. de Riom. Pop. 2,120 hab.

PONT-AU-MUR. Bourg situé sur le Sioulet, à 7 l. 1/4 de Riom. ✉ ⚒ Pop. 2,085 hab.

PONT-GIBAUD. Petite ville située sur la Sioule, à 6 l. 1/2 de Riom. ✉ ⚒ Pop. 847 hab.

Cette ville est bâtie sur une coulée de lave, dans une contrée abondante en produits minéralogiques et géologiques très-variés. Elle est dominée par un ancien château qui a appartenu aux dauphins d'Auvergne.

Le château de Pont-Gibaud est un vieux manoir très-solidement construit en grosses pierres de taille, et s'élève sur un plan quadrilatère; au centre est une cour; à un de ses angles une grosse tour ronde, également en pierres de taille, et dont les murs ont 13 pieds d'épaisseur: elle est élevée de trois étages, dont chacun est couvert par une voûte en forme de calotte sphérique un peu alongée. Cette tour est le donjon. Au centre de l'appartement du rez-de-chaussée, on voit une ouverture circulaire qui servait d'entrée à la prison, ou plutôt à une basse-fosse humide, où l'on descendait les prisonniers au moyen d'une corde ou d'une poulie.

A un quart de lieue de Pont-Gibaud, se trouve la fontaine d'eau minérale acidule de Javel. Aux environs, près de Tournebise, on voit un camp retranché dont on attribue la construction aux Gaulois; et non loin de là, la fontaine d'Oulé, dont les eaux sont constamment gelées pendant tout l'été.

Exploitation des mines de plomb argentifère. Fonderie de plomb. Scieries hydrauliques. Superbe moulin à farine.

RANDAN. Petite ville située à 5 l. de Riom. ⚒ Pop. 1,745 hab.

Cette ville est remarquable par un riche manoir dont l'aspect pittoresque se marie admirablement avec celui des beaux sites qui l'entourent. Du haut des balcons, on aperçoit une vaste plaine formée au levant par les montagnes du Forez; à droite, les tours rougeâtres du château se détachent sur le Puy-de-Dôme et le Mont-Dore, qui, du commencement de l'automne à la fin du printemps, sont blancs comme les géants des Alpes. La maison de Polignac posséda longtemps le château et la seigneurie de Randan; c'est aujourd'hui la propriété de Mme Adélaïde, qui a fait agrandir et orner cette belle habitation, fondé diverses écoles à Randan, et rendu son nom cher aux habitants par d'innombrables bienfaits.

RIOM. Jolie ville. Chef-lieu de sous-préfecture. Cour royale. Tribunaux de prémière instance et de commerce. Collége communal. ✉ ☞ Pop. 12,379 hab.

Riom n'est pas une ville ancienne; du temps de Grégoire de Tours, ce n'était qu'un village nommé *Vicus Ricomagensis*, et ce n'était encore qu'un bourg ou un village défendu par un château, du temps de Philippe-Auguste, qui s'en empara, ainsi que de la plus grande partie de l'Auvergne. Cet événement fut avantageux au bourg de Riom, qui devint alors le siége d'un bailliage, et reçut divers priviléges qui l'élevèrent au rang de ville. Avant que Clermont fût devenu la capitale de l'Auvergne, ce titre appartenait à Riom, alors résidence habituelle des ducs et comtes de cette province. Cette ville s'agrandit et s'embellit de nombreux édifices, et c'est encore la seconde ville de l'Auvergne. Elle est bien bâtie, percée de rues larges, entourée de promenades ombragées, et s'élève sur un monticule, au pied duquel coule la petite rivière d'Ambène; une plaine riante et fertile l'entoure. Toutes les constructions sont en lave de Volvic, ce qui leur donne un aspect sombre et bizarre qu'augmente leur style déjà ancien. La ville a plusieurs fontaines remarquables; les bâtiments des tribunaux, les hôpitaux, la sous-préfecture sont propres et de bon style. Une des promenades est décorée d'une colonne élevée à Desaix. Du sommet du petit dôme de Marturel et de la tour de l'Horloge, on jouit d'une magnifique vue sur toute la Limagne, sur le Puy-de-Dôme et les montagnes qui l'entourent. On remarque surtout le pittoresque château de Chazeron et de délicieuses campagnes parsemées de villages et de maisons de plaisance.

Il reste encore à Riom quelques parties du château ducal, monument assez curieux du moyen âge. Lorsque les ducs cessèrent de l'habiter, il devint palais de justice, et il a subi depuis tant de changements et de réparations, qu'il ne conserve presque plus rien de son état primitif, à l'exception toutefois de la sainte-chapelle, qui a été conservée en son entier. Cet édifice fut bâti en 1382 par Jean de Berry, premier duc d'Auvergne; mais de grandes réparations en plusieurs parties indiquent le travail de la fin du XVe siècle.

Patrie du poëte Danchet; de Ch. Rome, auteur du Dictionnaire de la marine française, et l'un de ceux qui ont le plus contribué aux progrès de l'art nautique.

Fabriques de toiles, distilleries d'eaux-de-vie. Tanneries. — *Commerce* de blé, vins, chanvre, fruits, huile de noix, pâtes d'abricots, etc.

À 3 l. de Clermont, 93 l. de Paris. — *Hôtels* de France, de la Colonne, du Vaisseau, de l'Écu.

TOURNOEL. *Voy.* VOLVIC.

VOLVIC. Bourg situé à 4 l. de Riom. Pop. 3,032 hab.

Ce bourg offre une masse de lave d'une profondeur inconnue et dont la coulée paraît sensiblement descendre des volcans voisins. C'est de cette inépuisable carrière que sont sorties les villes de Clermont, de Riom, et un grand nombre d'autres cités, de bourgs et de villages de la Limagne, car depuis un temps immémorial on n'emploie pas, dans la construction des monuments et des maisons, d'autres pierres de taille que celles extraites de la carrière de Volvic.

Le CHATEAU DE TOURNOEL, une des plus belles ruines féodales du département du Puy-de-Dôme, est une dépendance de la commune de Volvic. Ce château est en partie démantelé, mais le donjon et quelques vieilles tours bien assises sur le rocher, bravent et soutiennent encore les efforts du temps et des hommes. Un sentier sinueux conduit jusqu'à la porte principale; on laisse à droite, en entrant, une tour à bossages, qui a dû être construite sous, François Ier; puis, après avoir passé sous la dernière porte dont la baie est encore colorée par les tons rougeâtres des rouilles de la herse, on pénètre dans un vestibule qui donne sur le préau. Un concierge garde ces vénérables débris, et le possesseur actuel de ce vieux manoir a porté le soin jusqu'à faire remplacer les toitures que les ouragans enlèvent quelquefois. De la plate-forme du donjon, on jouit d'une superbe vue sur la riche Limagne, sur son magnifique bassin tracé dans toute son étendue par l'Allier, qui court rapidement au milieu d'épais bocages et de brillantes moissons : on embrasse d'un regard une plaine de dix-huit lieues de long sur une largeur qui est souvent de huit lieues, bordée de deux grandes chaînes de montagnes qui la dominent, et forment, de chaque côté, le cadre de cet immense tableau.

Le château de Tournoel a été regardé comme imprenable jusqu'à l'époque où Gui de Dampierre s'en empara sous le règne de Philippe-Auguste. Charles d'Apchon, qui en était gouverneur, le défendit contre les ligueurs en 1590, et périt, les armes à la main, dans une sortie. Ce château fut de nouveau assiégé, pris et en partie brûlé par les ligueurs, en 1594.

CHÂTEAU DE TOURNOEL.

RIOM.

ARRONDISSEMENT DE THIERS.

AUGEROLLES. Bourg situé à 4 l. de Thiers. Pop. 2,762 hab.

CHATELDON. Petite ville célèbre par ses sources d'eaux minérales, située à 2 l. 1/2 de Thiers. Pop. 1,733 hab.

EAUX MINÉRALES DE CHATELDON.

Cette ville est dans une situation très-agréable, au milieu des montagnes, près de la Dore, dans un vallon entouré de coteaux couverts de vignes. On y trouve deux sources d'eaux minérales acidules froides; l'une, désignée sous le nom de Source des Vignes, l'autre sous celui de Source de la Montagne. La première sourd au pied d'un coteau couvert de vignes, à peu de distance de la ville; la seconde naît sur le penchant d'un coteau couvert de broussailles; c'est la plus abondante des deux.

Les eaux de Chateldon ont une saveur aigrelette, piquante et légèrement astringente. Elles contiennent une quantité assez considérable de gaz acide carbonique, des carbonates de soude et de magnésie, de l'hydrochlorate de soude, et du fer tenu en dissolution par le gaz acide carbonique.

Ces eaux sont apéritives et rafraîchissantes. Elles conviennent dans la faiblesse des organes digestifs, les rougeurs de la face, les leucorrhées constitutionnelles, le catarrhe chronique de la vessie, l'incontinence d'urine, etc. On les boit froides à la dose de quatre à cinq verres jusqu'à douze ou quinze.

COURPIÈRE. Petite ville située sur la rive gauche de la Dore, à 3 l. 3/4 de Thiers. Pop. 3,408 hab.

JOZE. Village connu par ses eaux minérales, situé à 3 l. 1/2 de Thiers. Pop. 1,088 hab.

EAUX MINÉRALES DE JOZE OU DE MÉDAGUES.

A peu de distance de Joze, on trouve au hameau de Médagues, sur le bord de l'Allier, deux sources d'eaux minérales acidules froides; une troisième source existe dans une île au milieu de la rivière. Les deux premières sont connues dans le pays sous le nom de Petit-Bouillon et de Grand-Bouillon. Elles sourdent dans une prairie, à peu de distance l'une de l'autre, ont les mêmes propriétés et sont également abondantes.

PROPRIÉTÉS PHYSIQUES. Ces eaux sont claires, transparentes; elles ont une saveur acidule, vive, piquante, et laissent échapper de grosses bulles d'air qui viennent crever à leur surface. Les bestiaux les recherchent beaucoup, et l'on assure que ceux qui en boivent sont préservés des maladies endémiques ou épidémiques dont souvent ont été affectés les bestiaux des autres parties du département.

En général, on remarque que partout où l'on trouve des eaux minérales froides ou d'une température modérée, les animaux les recherchent de préférence aux autres. M. Legrand d'Aussi a eu lieu de faire cette observation à Médagues; pendant plus de deux heures il n'a vu aucun animal venir se désaltérer à la rivière, moutons, vaches et autres, tous venaient aux deux sources. Il en était de même pour celle de l'île : il a vu successivement six volées de pigeons s'y abattre pour boire : pas un seul de ces oiseaux ne s'est désaltéré à la rivière, quoiqu'elle coulât des deux côtés.

LEZOUX. Ancienne et jolie petite ville, située dans une plaine fertile, à 3 l. 3/4 de Thiers. ✉ ☞. Pop. 3,447 hab.—*Fabriques* de faïence et de poterie de terre. Tanneries.

Cette ville est généralement bien bâtie et possède des promenades agréables. Les troupes du roi s'en emparèrent par escalade en 1592; peu de temps après, les ligueurs la prirent d'assaut et en massacrèrent la garnison. On doit visiter aux environs les châteaux de FONTENILLES et de LIGONES.

MARINGUES. Jolie petite ville, située à 5 l. de Thiers. ✉ Pop. 4,181 hab.

Cette ville est assez bien bâtie, sur la Morge et près de son confluent avec l'Allier. Les ligueurs la prirent en 1589, mais elle leur fut enlevée peu de temps après.—Nombreuses tanneries et chamoiseries renommées.

MÉDAGUES. *Voy.* JOZE.

PUY-GUILLAUME. Bourg situé à 3 l. de Thiers. Pop. 1,526 hab.—*Commerce* de bois de construction débités par les nombreuses scieries hydrauliques des environs.

REMY (SAINT-). Bourg situé à 1 l. de Thiers. Pop. 3,915 hab. — *Fabriques* de coutellerie fine.

RIS. Bourg situé à 4 l. de Thiers. Pop. 1,534 hab.

THIERS. Ville ancienne. Chef-lieu de sous-préfecture. Tribunaux de première instance et de commerce. Chambre consultative des manufactures. Conseil de prud'hommes. Collège communal. ✉ ☞ Population, 9,836 h. b.

Thiers doit son origine à un ancien château qui existait dans les premiers temps de la monarchie, et que Grégoire de Tours désigne sous le nom de *Castrum Thigernum*. Thierry brûla ce château et les maisons qui y étaient contiguës, en 532. Quelque temps après, vers l'an 580, Avitus Ier, évêque de Clermont, y fonda une église qu'il dédia à saint Genest. Le château fut pris en 1210, par Guichard, sire de Beaujeu et de Montpensier.

Cette ville est dans une situation pittoresque, sur la croupe et le penchant d'une montagne qui domine au loin toute la contrée, et que l'on aperçoit distinctement de Clermont, qui en est à plus de neuf lieues. Elle est généralement bien bâtie, et l'aspect en est riant et gracieux, mais les rues en sont étroites, tortueuses et escarpées. Ses environs offrent, d'un côté, des sites curieux et sauvages; de l'autre, des coteaux couverts de riches vignobles et de vertes prairies. De la partie la plus élevée de la ville, l'œil embrasse dans toute son étendue la fertile Limagne, avec ses villes, ses villages et ses innombrables monticules; tandis que, dans le lointain, on aperçoit les montagnes majestueuses qui, de toutes parts, hérissent l'Auvergne et la couvrent en grande partie. Au pied du rocher à pic, sur lequel une partie de la ville est bâtie, la rivière, la Durole, roule avec fracas ses eaux resserrées dans une gorge étroite, fait mouvoir plusieurs forges et papeteries, et se réunit à la Dore un peu au-dessous de Thiers.

L'église Saint-Jean, un peu écartée de la ville, et qui est bâtie sur un plateau élevé au-dessus du cours de la Durole, est remarquable par son site pittoresque; près de là, on peut voir la gorge du Trou-d'Enfer et les cascatelles de Thiers, tout aussi dignes des pinceaux des artistes que celles de Terni.

Fabriques considérables de coutellerie et de grosse quincaillerie; de draps, broderies, fils à coudre, gainerie, tabletterie, ouvrages en cuir bouilli, rubans, cartons, cartes à jouer. Nombreuses papeteries dont les produits sont très-estimés; tanneries. — *Commerce* de basalte, porphyre, meules à moulins, faïence, poterie, cuirs, papiers, quincaillerie et coutellerie d'un prix modique.

A 9 l. 1/2 de Clermont, 95 l. de Paris. — *Hôtel* de la Poste.

VOLLORE-VILLE. Petite ville située à 3 l. 1/4 de Thiers. Pop. 3,881 hab.

Cette ville est l'ancien *Volotrense Castrum*, dont parle Grégoire de Tours. On y voit les ruines d'un château qui fut assiégé et pris par Thierry, roi de Metz, en 532.

A trois cents pas environ de Vollore, sur un angle de terre assez élevé, on voit les restes d'une colonne milliaire, élevée l'an 45 de notre ère, en l'honneur de l'empereur Claude, lorsqu'il revint victorieux de la Bretagne. On a placé une croix au-dessus de ce monument, et les habitants croient que l'inscription antique qu'on y lit, est une oraison.

FIN DU DÉPARTEMENT DU PUY-DE-DÔME.

IMPRIMERIE DE FIRMIN DIDOT FRÈRES, RUE JACOB, N° 24.

ENVIRONS DE THIERS.

Guide Pittoresque
DU
VOYAGEUR EN FRANCE.

ROUTE DE PARIS A ALBI,
TRAVERSANT LES DÉPARTEMENTS
DE SEINE-ET-OISE, DU LOIRET, DE LA NIÈVRE, DE L'ALLIER, DU PUY-DE-DÔME, DE LA HAUTE-LOIRE, DU CANTAL, DE L'AVEIRON, DU TARN, ET COMMUNIQUANT AVEC CELUI DE LA LOZÈRE.

DÉPARTEMENT DU CANTAL.

Itinéraire de Paris à Albi,
PAR MOULINS, CLERMONT ET RODEZ, 165 LIEUES 1/2.

	lieues.		lieues.
De Paris à Moulins (v. route de Chambéry)	72 1/2	Lempdes	4 1/2
Châtel-Neuve	5	La Baraque	6
Saint-Pourçain	3	Saint-Flour	5
Mayet-d'École	4	Chaudes-Aigues	7 1/4
Gannat	2 1/2	La Guiolle	7 1/4
Aigueperse	2	Espalion	5 1/2
Riom	4	Rodez	7
Clermont	4	La Mothe	6
Coudes	5 1/2	Les Farguettes	7
Issoire	2 1/2	Albi	5

Communication de Saint-Flour à Mende, 19 l.

	lieues.		lieues.
De Saint-Flour à la Bessière-de-Lair	6 1/2	Saint-Amant	6
Saint-Chély	4 1/2	Mende	5

ASPECT DU PAYS QUE PARCOURT LE VOYAGEUR
DE MASSIAC A LA CALM.

On passe l'Alagnon sur un pont de pierre en sortant de Massiac, et l'on gravit une côte rude, très-sinueuse, qui suit, en serpentant, le sommet d'une longue colline. Cette montée offre long-temps la vue pittoresque de la ville que l'on vient de quitter, et celle du vieux château de Vernières flanqué de quatre grosses tours, qui s'élève d'une manière imposante sur une éminence d'où il paraît commander toute la contrée. Le plateau va toujours en s'exhaussant jusqu'au hameau de Loubinei, où l'on traverse une des plus hautes montagnes du Cantal, qui offre un passage difficile dans le temps des neiges et des tourmentes. Le revers de ce plateau conduit, par une pente longue, douce et sinueuse, dans le faubourg de Saint-Flour, qu'une rue escarpée joint à la ville, bâtie sur le sommet d'une montagne basaltique. On sort du faubourg sans entrer en ville, en passant devant l'hôpital, et l'on gravit une côte assez roide, d'où l'on descend dans une grande vallée. La route, presque constamment montueuse jusqu'au village des Ternes, parcourt un pays agréable. Après avoir passé la rivière de Jurol, on entre dans des plaines monotones entrecoupées de coteaux qui offrent des descentes et des montées rapides que l'on est obligé de franchir. Au hameau de l'Air, on jouit d'une fort belle vue sur le paysage environnant; puis on descend rapidement dans la pittoresque vallée de la Truyère, par une longue rampe connue dans le pays sous le nom de côte de Laneau, tracée sur le flanc escarpé d'une montagne dont la Truyère baigne le pied, et qu'il a fallu tailler à pic, souvent dans le roc vif, jusqu'à des hauteurs prodigieuses, pour obtenir la largeur rigoureusement nécessaire; de distance en distance, on a été obligé d'établir de forts murs de soutènement et des parapets qui rendent la route solide et sûre. Les travaux de cette route, péniblement tracée sur le bord de ravins et de précipices effroyables, ont mis à nu des coupes magnifiques qui facilitent les recherches du minéralogiste, et laissent voir au géologue les couches entortillées de gneiss et de micaschiste, traversées de filons de quartz, avec tourmaline; des masses plus ou moins volumineuses de mica, etc. A peu près au milieu de la côte ou ravin appelé le Saut-du-Loup, le rocher, bizarrement excavé, présente l'aspect d'une énorme tête de monstre; les yeux, la gueule, le menton, tout est bien figuré; aussi les habitants du voisinage en font-ils l'épouvantail des enfants. Au-dessous de ce rocher bizarre, on longe pendant quelque temps la Truyère, que l'on traverse sur un beau pont de trois arches, nouvellement construit. Au-delà de ce pont, la vue, fatiguée de l'immense précipice sur lequel on vient de marcher pendant environ mille toises, et de l'espèce de désert qu'on vient de parcourir, se repose agréablement sur les bords riants et habités de la rivière. Du pont de Laneau, on marche encore pendant à peu près une heure sur le même terrain avant d'arriver à Chaudes-Aigues. Au sortir de cette ville, un quart de lieue de montée conduit sur un plateau granitique. On traverse ensuite, avec plusieurs ravins, les ruisseaux ou torrents qui en séparent les bassins, jusqu'à une côte au pied de laquelle on longe, à droite, une auberge isolée, seul lieu habité sur cette route jusqu'à La Calm, premier village du département de l'Aveiron.

DÉPARTEMENT DU CANTAL.

APERÇU STATISTIQUE.

Le département du Cantal est formé de la partie de l'ancienne province d'Auvergne, connue sous le nom de Haute-Auvergne, et tire son nom de la plus élevée de ses montagnes, qui en occupe à peu près le centre. Ses bornes sont : à l'est, les départements de la Lozère et de la Haute-Loire; au sud, ceux de la Lozère et de l'Aveiron; à l'ouest, ceux du Lot et de la Corrèze; au nord, ceux de la Corrèze et du Puy-de-Dôme.

Le département est hérissé de montagnes qui composent la majeure partie de son sol. La principale est le Cantal, connue des anciens sous le nom de *Mons Celtorum*. Ce mont, dont l'énorme base s'étend du nord au sud, dans une longueur de trois lieues, est environné d'audacieux rivaux d'une étonnante élévation, quoique subordonnée à la sienne dans la proportion suivante :

  Plomb du Cantal.................... 993 toises.
  Puy-de-Griou....................... 967
  Puy-Violent........................ 960
  Puy-Mary........................... 956
  Col-de-Cabre....................... 953

Ces énormes aspérités, réunies dans un rayon de moins de trois lieues de diamètre, sont autant de cônes aigus qui s'élèvent avec audace infiniment au-dessus des autres montagnes dont elles sont environnées, et qui peut-être elles-mêmes ne sont que leurs débris. L'escarpement de ces cônes rend leur accès presque impraticable. Quand on considère du village des Chazes, le Puy-de-Griou, entièrement coupé à pic de ce côté, tandis qu'en

face, le Plomb du Cantal s'élance jusqu'aux nues avec une égale roideur, l'aspect menaçant de ces formidables escarpés répand dans l'ame une involontaire terreur; on est tenté de fuir, on oublie presque que le globe les supporte. Mais après ce premier mouvement, si la curiosité innée dans l'homme réveille sa témérité, et qu'il parvienne, par exemple, au sommet du Puy-de-Griou, c'est alors qu'avec plus de raison il est permis de trembler. A peine le plateau que l'on trouve à la cime a-t-il six pieds de large. Le moindre étourdissement, l'espèce d'ivresse où plonge l'immensité qui se développe sous vos yeux, cette vibration qu'éprouvent les jambes à la suite d'une longue et pénible montée, la moindre distraction, le plus léger faux pas, mille accidents enfin, ou physiques ou moraux, peuvent vous précipiter au fond des abimes qui vous entourent. On est vraiment suspendu entre la vie et la mort.

La nature de ces montagnes est volcanique, et c'est ici surtout que l'incendie a été terrible : tous les savants s'accordent à y reconnaître les indices de l'un des plus célèbres embrasements que le globe puisse compter dans ses révolutions; mais on en ignore absolument l'époque. Les laves ont coulé avec une telle abondance, qu'elles ont comblé les vallées qui jadis séparaient quelques montagnes inférieures, et formé de vastes plateaux qui s'abaissent en s'éloignant du centre, et laissent entre eux de larges et profondes vallées presque parallèles, dont il sera parlé ci-après.

La nature semble communément traiter en marâtre les hautes montagnes, et ne composer leur draperie que des attributs lugubres et majestueux de sa sévérité et de son courroux ; c'est ce qu'elle a fait à l'égard du groupe le plus élevé du Cantal; mais les montagnes inférieures et les plateaux qui leur servent d'appendices ont été plus favorisés. Quoique couvertes de neige pendant cinq mois de l'année, elles se parent de verdure à la belle saison et offrent d'excellents pâturages. L'herbe la plus fraiche, le gazon le plus touffu, les tapissent ; les violettes, les hyacinthes, les muguets sauvages, les marguerites de tout genre, les primerolles, les œillets champêtres, émaillent et parfument à l'envi cette verdure délicieuse dont la délicate saveur appelle au printemps les troupeaux avides d'en jouir : mais ce n'était pas assez de ces dons, et, plus généreuse encore, c'est là qu'elle a caché des plantes, ces simples salutaires dont le baume a plus d'une fois rappelé la vie dans le sein de l'homme déja glacé par l'approche du trépas. Cette région est semée de petites maisons appelées Burons, servant de demeure, après la fonte des neiges, aux bergers chargés de la garde des vacheries et de la manipulation des fromages célèbres sous le nom de fromages du Cantal, et qui forment une des principales branches de commerce du département.

C'est vers les extrémités inférieures des plateaux et dans les vallées qui les séparent, que se trouvent les villes, les bourgs et villages, ainsi que les terres cultivées, parce que ces contrées sont à la fois moins froides, plus fertiles et plus riantes. C'est là aussi que les troupeaux viennent passer l'hiver dans de vastes étables dont l'étage supérieur contient les grains et fourrages de la ferme.

La plupart des vallées du Cantal offrent l'aspect le plus agréable; vivifiées par des rivières et des sources qui jaillissent de toutes parts, la végétation s'y développe avec une étonnante vigueur; des bosquets, des haies vives, des clôtures de toute espèce, et des chemins, divisent et subdivisent à l'infini cette terre couverte de riches moissons, de prairies verdoyantes et émaillées de fleurs; des jardins et des vergers entourent des habitations modestes, mais propres, dominées par les clochers de villages ou par les ruines d'anciens châteaux forts, souvent aussi par des rochers énormes à la cime desquels est une chapelle ou un ermitage. Tous ces objets sont, par les souvenirs qui s'y rattachent, autant de dieux pénates qui ramènent sans cesse l'Auvergnat voyageur au sein de sa patrie, et qui l'occupent quand il en est éloigné. — La plus grande et la plus belle des vallées du Cantal est celle de Cère, qui prend naissance au pied sud-ouest du Cantal, et se termine à la plaine d'Arpajon; sa direction est du levant au sud-ouest, sa longueur d'environ six lieues, sa largeur d'une lieue. Elle est arrosée par la rivière de Cère qui, après avoir descendu de cascade en cascade jusqu'à la commune de Vic, serpente lentement dans une contrée délicieuse et fertile, et va, au-dessous d'Arpajon, se réunir à la Jordanne, pour ensuite verser leurs eaux dans la Dordogne, près de Gagnac (Lot). — Le vallon de Jordanne, d'abord séparé de la vallée de Cère par un pays très-montueux, court dans la même parallèle; mais il est à la fois plus resserré et plus sinueux; il commence au pied du Puy-Marcy et du Col-de-Cabre, au-dessous de la commune de Mandailles, et se termine à Aurillac en se réunissant à celui de Cère. Sa longueur est d'environ cinq lieues. La Jordanne, qui l'arrose, tombe de précipice en précipice jusqu'à la commune de Lascelle, où elle ralentit son cours pour aller paisiblement se mêler à la Cère. C'est le vallon le plus varié et le plus pittoresque du département. — A peu près encore dans la même parallèle et à une légère distance, se trouve le vallon de la Roquevieille, se prolongeant vers Marmanhac; il prend naissance au pied de la montagne dite de Ramels, et finit à la plaine de Jussac. Sa longueur est d'environ trois lieues, sa forme presque ovale. Il est arrosé par la rivière d'Authre, qui se jette dans la Cère. De superbes prairies, de belles maisons de campagne, situées sur les parties latérales de ce vallon, lui donnent un aspect très-riant. — A une lieue vers le nord-ouest, on aperçoit le petit vallon de Tournemire: il forme un demi-cercle, dont une extrémité touche le Puy-Chavaroche, et l'autre le pont de Saint-Cernin; il est arrosé par la Doire, qui se jette dans la Bertrande. — En remontant du pont de Saint-Cernin vers l'est, on trouve le vallon de Saint-Chamand et de Saint-Projet, qui commence à la base du Puy-Chavaroche; il est arrosé par la Bertrande, dont les eaux se mêlent à celles de la Maronne. — Le vallon de Fontanges commence à l'extrémité du bois Noir, près la base du Puy-Chavaroche, appelé aussi l'Homme de pierre. Sa direction est très-tortueuse; mais il est très-riant et pittoresque; l'Aspre et la rivière de Saint-Paul qui l'arrosent, prennent ensemble le nom de Maronne à Saint-Martin-Valmeroux; celle-ci, après avoir baigné plusieurs communes du canton de Pleaux, arrondissement de Mauriac, va tomber dans la Dordogne près d'Argentat (Corrèze). — De Saint-Martin, en se dirigeant vers Mauriac, on trouve les vallons de Drugeac et de Mazerolles; ce dernier est arrosé par la rivière d'Auze, qui forme la belle cascade de Salins, près du bourg de ce nom, coule ensuite vers l'ouest, et va se jeter dans la Dordogne entre les communes de Chalvignac et de Tourniac. Ses bords sont escarpés de rochers ou couverts de bois. — En revenant aux montagnes de Chavaroche, entre l'Homme de pierre et le Puy-Mary, commence un vallon profond dont la direction est du sud-est au nord-ouest, parcouru par la rivière de Mars. Au pied du Puy-Mary et du Col-de-Cabre, commencent encore les charmants vallons de Cheylade et de Dienne; le premier court du sud au nord: il est arrosé par la Rue; le second, après avoir suivi la même parallèle, plus inclinée vers l'est, se détourne tout à coup vers le nord et nord-ouest; la Santoire, qui l'arrose, se mêle à la Rue, forme la cascade du Saut de la Saule, près de Vebret, et va tomber dans la Dordogne non loin de Bort (Corrèze). — La partie nord du département, c'est-à-dire les cantons de Riom-ès-Montagnes et de Saignes, arrondissement de Mauriac, offre de très-jolis bassins arrosés par de nombreux ruisseaux qui se déchargent dans la Sumène. — En revenant à Dienne, près du Puy-Mary, et en s'éloignant de ce point dans la direction du Murat, on rencontre le vallon d'Alagnon, qui prend naissance aux gorges du Lioran, près de la base nord-est du mont Cantal; sa direction irrégulière est du sud-ouest à l'est-nord-est. La rivière du même nom, qui le parcourt, va se jeter dans l'Allier près de Charbonnières (Puy-de-Dôme), après avoir baigné Murat, Massiac, et les communes intermédiaires. — La gorge profonde de Brezons et la rivière de même nom, qui prennent également leur origine au pied du Cantal, ont leur direction du nord au midi; et se terminent au vallon de Raulhac, arrosé par le Goul, lequel, ainsi que la précédente, se jettent dans la Truyère au midi du département. — La Truyère, dont la source est dans les montagnes de la Margeride, reçoit dans son cours l'Andes, qui passe à Saint-Flour, plusieurs autres ruisseaux qui descendent des flancs du Cantal vers le midi, et se jette dans le Lot, à Antraigues ou Entraigues (Aveiron). — De ce dernier vallon, l'on revient vers celui de Cère; et l'on a ainsi tourné toute la chaîne des montagnes. Il n'y a pas de vallon vers le levant; cette partie est occupée par une grande plaine, dite la Planèze, dont la fertilité en grains lui a valu le surnom de Grenier de la Haute-Auvergne.

Toutes les rivières qu'on vient de nommer, ainsi que les ruisseaux qu'elles reçoivent, sont très-poissonneuses; on y pêche du saumon, des truites, des anguilles, des ombres-chevaliers, etc.: elles ne sont point navigables ni susceptibles de le devenir; la rapidité de leurs cours, leurs cascades multipliées, les roches au travers desquelles elles se sont frayé un passage, s'opposent à toutes les tentatives qu'on pourrait faire à cet égard; mais leurs eaux, qui ne servent guère qu'à l'irrigation des prairies, pourraient être avantageusement utilisées par l'établissement d'usines et de manufactures.

CLIMAT. Il serait très-difficile d'assigner au juste la température du Cantal, quoique le maximum du froid puisse être généralement évalué de 14 à 15 degrés, et celui de la chaleur de 24 à 25 degrés. On pourrait néanmoins diviser le département en trois climats distincts : le premier et le plus doux comprendrait tout le pays situé au midi et au couchant des montagnes, c'est-à-dire les arrondissements d'Aurillac et de Mauriac. Le second, de température moyenne, serait celui qui est au nord et à l'est des mêmes montagnes, partie qui embrasse à peu près les arrondissements de Saint-Flour et de Murat. Le troisième et le plus rude, formé d'une portion de chacun des quatre arrondissements, embrasserait les grandes hauteurs intermédiaires entre le Plomb du Cantal, le Puy-de-Griou, le Col-de-Cabre, le Puy-Mary, l'Homme de pierre et le Puy-Violent, dans la direction du levant au couchant. Toute cette partie ne présente que des pacages, et d'autres habitations que les burons des vachers.

MINÉRALOGIE. Tous les anciens auteurs ont rapporté que la rivière de Jordanne roulait des paillettes d'or, ce qui annoncerait la présence d'une mine de ce métal dans le voisinage; mais elle n'est pas connue. Les autres minéraux qu'on trouve dans le Cantal sont le cuivre, le fer, le plomb, l'argile, les pyrites, le soufre, l'alun, l'antimoine, le schorl, des cristaux, la houille, la tourbe, la pierre à chaux, le granit, le basalte, le schiste, etc.

EAUX MINÉRALES ET THERMALES. Il serait trop long de nommer ici toutes les sources de cette nature qui se trouvent dans le département; et l'on se contentera d'indiquer les plus fréquentées : ce sont celles de Chaudes-Aigues, de Condat, de Marcenat, de Cheylade, de Jalleyrac, de Vic, de Mandailles, de la Bastide, de Saint-Martin-Valmeroux, de Teissières-les-Boulies, etc. Ces eaux sont plus ou moins chaudes, froides, tempérées, alcalines, acidules, ferrugineuses, gazeuses, oxigénées, etc., etc.

PRODUCTIONS. Froment, seigle, méteil, orge, sarrasin, avoine, légumes secs et verts de toute espèce, fruits, noix, châtaignes; un peu de vin dans une douzaine de communes; du chanvre, du lin, et surtout d'excellents fourrages qui font la richesse principale et la plus assurée du pays, soit par le beurre et le lait qu'ils procurent à la consommation, soit par les fromages qu'on exporte, dont la quantité s'élève annuellement à 50,000 quintaux, soit enfin par la vente d'une immense quantité de bétail que les pacages ont nourri.— 39,462 hectares de forêts.—388 hectares de vignes. — Élève en grand des bêtes à cornes et des mulets dits d'Auvergne. Chèvres, porcs, moutons noirs, abeilles. — Grand et petit gibier (sangliers, chevreuils, lièvres, perdrix rouges et grises, etc.)—Beaucoup de poisson (truites).

INDUSTRIE. Tanneries, verreries, papeteries, teintureries, faïenceries, poteries; fabrication de dentelles, d'étoffes communes, de toiles, de rouenneries, etc., etc. Mais l'industrie, ou plutôt les industries que les Cantaliens vont exercer au dehors, est la ressource la plus importante des familles non propriétaires; elle produisait autrefois environ trois millions de revenu au pays; aujourd'hui on peut supposer ce taux réduit à moitié. Les émigrants se répandent dans toute la France et en Espagne; ils sont, pour la plupart, marchands colporteurs, marchands de parapluies, chaudronniers, étameurs, remouleurs, potiers d'étain, savetiers, commissionnaires et porteurs d'eau. Des écrivains ont attribué ces migrations à la misère; d'autres ont blâmé les Auvergnats de porter au dehors une activité qu'ils pourraient employer plus utilement dans leurs foyers. La première de ces assertions est fausse, du moins généralement parlant, car, d'un côté, l'agriculture manque de bras, et emploierait par conséquent un plus grand nombre d'individus qui y trouveraient un moyen d'existence; d'autre part, le mouvement ne s'opère guère que vers l'automne, alors que les travaux agricoles sont suspendus pour cinq ou six mois, tandis que la rentrée a lieu d'ordinaire vers le printemps. C'est donc moins pour fuir la misère que pour utiliser ailleurs un temps qu'ils seraient forcés de passer chez eux dans l'oisiveté. D'ailleurs, les émigrants appartiennent presque tous à la classe de cultivateurs à l'abri de l'indigence, et qui ne s'éloignent que dans le dessein d'acquérir des capitaux. Les hommes de la classe pauvre, au contraire, n'ayant pas de quoi faire une descente en Espagne ou à Paris, restent garçons de ferme ou bergers. On trouverait peut-être encore avec plus de certitude la cause de cet usage dans d'antiques habitudes, dans l'appât du gain, dans l'inquiétude de caractère, et surtout dans l'instinct d'une activité sans aliment dans un pays privé des bienfaits des grandes manufactures, et que domine cependant le sentiment de ses propres forces. C'est cet instinct puissant que suivaient autrefois les Gaulois, et que de nos jours suivent encore les Suisses dans leurs migrations militaires. Pourquoi, dans les mêmes lieux, refuserait-on d'assigner les mêmes causes aux mêmes effets, bien que ces effets aient, selon la différence des temps et des gouvernements, reçu des directions et des caractères essentiellement différents?

Quant au reproche adressé aux Auvergnats de priver leur propre pays des ressources de leur génie et de leur activité, il n'est pas mieux fondé. Il est vrai que les nombreuses chutes d'eau pourraient être mises à profit pour l'établissement de grandes manufactures et usines; il est vrai aussi que les richesses enfouies dans le sein de ces montagnes pourraient être plus avantageusement exploitées; mais, pour former de grands établissements, il faudrait de grands capitaux, et l'argent est rare dans ce pays.

Commerce. La position topographique du Cantal, la difficulté des communications, le manque de canaux et de rivières navigables, semblaient s'opposer à ce que le commerce proprement dit y reçût un grand développement; cependant, plus fortes que tous les obstacles, la nécessité et la nature de quelques-unes de ses ressources ont établi, avec le dehors, un échange de denrées considérable. En échange de ses chevaux, de son bétail, de ses fromages, de ses cuirs, toiles et cire vierge, le Cantal reçoit des grains, des vins, des huiles, du sel, des fers, des cuivres, des draps, et presque tous les objets de luxe.

VILLES, BOURGS, VILLAGES, CHATEAUX ET MONUMENTS REMARQUABLES; CURIOSITÉS NATURELLES ET SITES PITTORESQUES.

ARRONDISSEMENT D'AURILLAC.

ARPAJON. Bourg situé à 1 l. 1/4 d'Aurillac. Pop. 2,234 hab.

Cette commune occupe un magnifique vallon arrosé par les rivières de Cère et de Jordanne qui la fertilisent. On y remarque de belles maisons de campagne. L'église, dédiée à saint Vincent, renfermait autrefois un tombeau en marbre blanc, sur lequel on lisait: *Constantinus nobilis*, et qui fut brisé à la fin du XVIIe siècle. L'antique château de Conros, où, selon Grégoire de Tours, Clotaire se retira pendant quelque temps, fait partie de cette commune. — Martinets. Tuilerie. Fours à chaux.

AURILLAC. Ancienne et jolie ville. Chef-lieu du département. Tribunaux de première instance et de commerce. Collége communal. ✉ ☞ Pop. 9,766 hab.

L'origine d'Aurillac parait incertaine; quelques auteurs la font remonter à Marcus-Aurelius-Antonius; d'autres seulement à la fondation du monastère par saint Gérand, vers la fin du IXe siècle. Sans admettre ici la première opinion, on peut du moins élever des doutes sur la seconde. Saint Odilon, abbé de Cluny, contemporain de saint Gérand, et qui a écrit sa vie, assure que ce prince était né à Aurillac; la ville existait donc déjà, et cela paraît si vrai qu'à l'époque de la fondation de l'abbaye, on comptait à Aurillac quatre églises: Saint-Benoît, Saint-Lazare, Sainte-Marie-Madeleine et Saint-Clément, où fut inhumé le comte Gérand, père de saint Gérand, mort longtemps avant ladite fondation. Si enfin l'on remonte au principe des grandes habitations, on trouvera aussi que la position d'Aurillac est la plus avantageuse de la Haute-Auvergne, et que, par conséquent, c'est dans cet endroit que les colons durent s'établir de préférence. Quoi qu'il en soit de l'antiquité plus ou moins reculée de cette ville, il est certain que son abbaye, fondée par saint Gérand en 899, était une des plus célèbres et des plus riches du royaume. Elle fut sécularisée par le pape Pie IV, en 1561, et on y établit une école qui fut dans le Xe et le XIe siècle une des plus célèbres de France; elle a produit plusieurs savants, dont le plus distingué est le fameux Gerbert qui devint pape sous le nom de Sylvestre II, en 999.

De toutes les églises qui existaient du temps de saint Gérand, il ne reste plus que celle de ce nom, seulement en partie conservée, et celle de Notre-Dame, d'une date postérieure; les autres ont été successivement détruites lors des guerres civiles dont Aurillac eut à souffrir. Cette ville soutint plusieurs siéges pendant les diverses courses des Anglais aux XIVe et XVe siècles. Plus tard, elle fut prise et reprise par les ligueurs et les protestants qui s'en disputèrent la possession avec acharnement et qui ne firent jamais faute de la piller et saccager, notamment en 1569. Cependant, elle

AURILLAC.

n'en fut pas moins le siége de plusieurs tribunaux très-anciens.

La ville d'Aurillac est agréablement située sur la rive droite de la Jourdanne, à l'extrémité d'une vallée pittoresque qu'arrose cette rivière. Au-dessous de la ville, la vallée s'élargit et va joindre celle de la Cère; l'ensemble de ces deux vallées est borné au sud et à l'est par des coteaux peu élevés couverts de forêts; au nord et à l'ouest apparaissent les extrémités des chaînes de montagnes du Cantal. Cette ville est bien bâtie et se présente agréablement aux yeux du voyageur; les rues sont assez mal percées, mais larges, propres et arrosées par des ruisseaux d'eau courante, alimentés par deux sources très-abondantes reçues dans un grand réservoir au haut de la ville, et par un canal dérivé de la Jourdanne, qui fait mouvoir plusieurs usines, et qui traverse les rues basses. Les maisons sont couvertes en ardoises provenant des carrières environnantes. Au bas de la ville est une belle promenade appelée Cours-Montyon, ou plus communément le Gravier, qui longe le cours de la Jourdanne; les routes de Rodez, de Clermont, de Saint-Flour et de Tulle, forment aussi aux abords de la ville autant de belles avenues, dont l'agrément est encore augmenté par la beauté des campagnes environnantes.

Les plus anciens monuments d'Aurillac sont : le château de Saint-Étienne, qui domine la ville à l'ouest : encore ne reste-t-il des temps anciens qu'une tour carrée, tout le reste étant beaucoup plus moderne. Ce château, ancienne habitation des comtes d'Auvergne, a soutenu plusieurs siéges, et a été saccagé à diverses époques. — L'église Saint-Gérand ou du Chapitre, ornée de beaucoup de tableaux.—L'abbaye des Bénédictines, située dans le faubourg de Bouis.— L'église de Notre-Dame-des-Neiges, édifice du XIIIe siècle, orné de beaucoup de tableaux, et dont la voûte est très-belle.—Le collège, renfermant la bibliothèque publique, contenant 7,000 volumes, et le cabinet de minéralogie.

On remarque encore à Aurillac l'hôtel de la préfecture; l'hôtel-de-ville; la halle au blé, précédée d'une place où l'on voit un beau bassin de serpentine, de dix pieds de diamètre; la salle de spectacle; le pont sur la Jourdanne; la colonne élevée pour perpétuer la mémoire de M. de Montyon, dont le nom est justement vénéré dans toute la contrée; le haras, composé de chevaux arabes, turcs, anglais, normands, et de races indigènes; la grande place du marché; l'hippodrome situé à un quart de lieue de la ville, destiné aux courses de chevaux, auxquelles concourent tous les départements du midi : ces courses ont lieu, depuis 1825, les 28 et 30 mai, et le 1er juin de chaque année.

Aurillac est la patrie de plusieurs hommes distingués, parmi lesquels nous citerons : saint Gérand; le pape Sylvestre II; le professeur d'hébreu Jean-de-cinq-arbres; le maréchal de Noailles; Piganiol de la Force, auteur d'une description de la France; le général d'Estaing, qui s'illustra en Égypte et en Italie; le général de division Belzons, mort glorieusement dans la fatale campagne de Russie.

Fabriques de dentelles et de blondes, d'orfévrerie, de chaudrons et d'ustensiles de cuivre rouge et jaune. Martinets à cuivre. Papeteries. Tanneries. Brasseries. Teintureries. — *Commerce* considérable de chevaux et de mulets, bestiaux, fromages, chaudronnerie. Entrepôt de diverses marchandises et commerce très-actif.

A 14 l. de Tulle, 13 l. 1/2 de Rodez, 137 l. de Paris.—*Hôtels* des Voyageurs, des Trois Frères.

BOISSET. Village situé à 6 l. d'Aurillac. Pop. 1,800 hab. On y remarque les châteaux de Conquans, d'Entraigues et de Solignac.

CALVINET. Bourg situé à 6 l. 1/2 d'Aurillac. Pop. 316 hab. Il y avait anciennement un château fort, chef-lieu d'une baronnie considérable qui appartint successivement aux comtes de Rodez, aux barons de Villemur, et fut enfin cédé au prince de Monaco en 1642. Les religionnaires y avaient garnison en 1591.

CARLAT. Bourg situé à 3 l. d'Aurillac. Pop. 1,000 hab.

Ce bourg était jadis célèbre par un antique château qui était regardé comme une des plus anciennes forteresses de France, et comme la plus forte place de l'Aquitaine. Sous les Romains, il fut long-temps possédé par la maison prétorienne de Ferréol; sous Charlemagne, c'était le chef-lieu héréditaire d'un comté, qui fut plus tard divisé en deux vicomtés. Le château de Carlat, suivant la description des anciens historiens, était entouré de rochers escarpés, et ne communiquait avec la campagne que par un sentier en zigzag pratiqué dans le basalte : indépendamment de la forteresse qui était très-vaste, il existait dans la double enceinte qui l'entourait, les bâtiments nécessaires à la garnison, la maison du gouverneur, un couvent de religieuses, une église et un cimetière. — Après la bataille de Vouillé, le château de Carlat résista avec succès aux armes de Clovis; il fut aussi une des principales barrières qui arrêtèrent les conquêtes de Thierry. Louis le Débonnaire en fit le siége en 839, et le prit sur les partisans de son fils. Les Anglais le prirent par ruse en 1359, l'abandonnèrent quelque temps après; et s'en ressaisirent en 1370; deux ans après, ils en furent chassés par le duc de Bourbon; mais ils ne tardèrent pas à y rentrer, et le possédèrent jusqu'en 1387. Jacques d'Armagnac, duc de Nemours, dont Louis XI avait juré la perte, s'y retira en 1459, et y fut assiégé inutilement pendant dix-huit mois par les troupes du roi, qui furent obligées de se retirer. En 1475, Louis XI en fit faire de nouveau le siége par le duc de Beaujeu; la place fut serrée de si près que Jacques d'Armagnac fut obligé de se rendre. On sait qu'il fut enfermé à Pierre-en-Scize, transféré à la Bastille, renfermé dans une cage de fer, d'où il ne sortit que pour aller au supplice, par ordre du cruel et bigot Louis XI, qui eut la barbarie de faire placer les deux jeunes enfants du duc d'Armagnac, mains liées et tête nue, sous l'échafaud, afin que le sang de leur père rejaillit sur eux!... — En 1568, le château de Carlat fut assiégé et pris par les religionnaires du Languedoc, sur lesquels il fut repris par les royalistes, qui le rendirent aux premiers en 1583. — Marguerite de Valois, première femme de Henri IV, chassée d'Agen par sa mauvaise conduite, vint à Carlat en 1585, et y séjourna dix-huit mois; mais ses amours scandaleux ayant soulevé contre elle tous les habitants de Carlat, force lui fut d'en sortir précipitamment pour se réfugier à Usson. Le château de Carlat fut encore assiégé en 1602, et défendu par Mme de Morèze, qui, s'étant emparée de la place en l'absence de son mari, arrêté par ordre du roi, déclara qu'elle ne la rendrait qu'autant que son mari serait remis en liberté, ce qu'elle ne fut pas long-temps à obtenir. — Henri IV, instruit des vexations qu'exerçaient dans les environs les gentilshommes qui gardaient la forteresse de Carlat, en ordonna la démolition, qui fut exécutée en 1603. Il ne reste plus aujourd'hui de cet immense château qu'une apparence de murs d'enceinte et de fortifications, que l'on voit du côté du bourg; sur le plateau, tout à fait nivelé et couvert d'un maigre gazon, on n'aperçoit que quelques indices de construction. Ce plateau, escarpé de trois côtés, paraît inaccessible, et devait l'être surtout lorsqu'il était entouré de doubles murailles de fortifications; la communication avec les montagnes voisines était alors, et est encore aujourd'hui interceptée par une tranchée. — L'église est placée, ainsi que le bourg, au nord-est, au-dessous du plateau basaltique qui supportait la forteresse.

Près de Carlat, est la jolie vallée de Raulhac, remarquable par sa belle végétation, et non loin de là le château de CROPIÈRE, où l'on trouve des eaux minérales ferrugineuses acidules, très-fréquentées par les habitants des villages voisins. Le château de Cropière appartenait à la famille de Fontanges; Mlle de Fontanges, maîtresse de Louis XIV, y fut reléguée, et l'on y voit encore son portrait. Ce château est aujourd'hui la propriété de M. de Valady.

CERNIN (SAINT-). Bourg situé à 3 l. 3/4 d'Aurillac. Pop. 3,180 hab. On remarque sur son territoire les châteaux de Cros, de Bournazel, l'antique tour de Marzères, et les jolies campagnes du Cambon et des Réjaux.

CRANDELLES. Village situé à 2 l. d'Aurillac. Pop. 825 hab. Cette commune occupe un pays montagneux, médiocrement productif; mais ses habitants ont su se créer d'autres ressources: ils avaient formé, long-temps avant la révolution, une association que son commerce en Espagne avait rendue florissante; ses bénéfices s'élevaient annuellement à plus de 150,000 francs: malheureusement la guerre d'Espagne sous Napoléon força la société à abandonner les établissements qu'elle possédait dans ce royaume, et lui porta un coup terrible, dont elle a cherché à se relever depuis; mais il est à craindre qu'elle n'y parvienne de bien long-temps, et peut-être n'atteindra-t-elle jamais le degré de splendeur auquel elle était parvenue avant cette époque.

CROPIÈRE. *Voy.* CARLAT.

MAMET (SAINT-). Village situé dans un pays boisé, à 4 l. d'Aurillac. Pop. 1,805 hab. On y voit un assez beau château, et une église ancienne assez bien ornée.

MANDAILLES. Village situé sur la Jourdanne, à 5 l. d'Aurillac. Pop. 870 hab.

Au village de LIADOUZE, placé à peu de distance de Mandailles, on remarque une fort belle cascade. On doit visiter aussi, entre les hameaux de la Sanhe et de Frigivialle, le saut de la Menette, ravin très-profond que s'est creusé la Jourdanne dans la brèche trachytique; il doit son nom à l'action d'une femme dévote qui, dans un moment d'exaltation, s'y précipita il y a

CHÂTEAU DE POLMINHAC.

fort long-temps. De chaque côté de ce ravin, il existe une magnifique cascade, dont on n'admire les horribles effets qu'en descendant au fond du ravin.

MARCOLÈS. Bourg situé à 4 l. d'Aurillac. Pop. 1,450 hab. Ce bourg a été plus considérable, ainsi que l'indiquent d'anciennes portes et des murs d'enceinte. Il fut saccagé pendant les guerres du XIVe siècle, par les Anglais, et plus tard par les religionnaires. On y remarque les châteaux de Poux, de Faulat et de Morélié.

MARMAGNAC. Village situé au milieu d'une jolie vallée, à 2 l. 1/2 d'Aurillac. Pop. 2,000 hab.

On voit à peu de distance le château de SÉDAIGES, ancien manoir flanqué de tours, entouré d'un beau parc et de charmants jardins; les eaux qui s'échappent en jets impétueux ou qui forment de bruyantes cascades, les sombres et vertes charmilles, les beaux hêtres de la forêt, les vertes prairies, tout forme un ensemble de richesses et de beautés qu'on ne voit pas sans plaisir et sans étonnement dans un pays généralement agreste et sauvage.

Sur la gauche de la vallée de Marmagnac, se trouvent les restes d'un fort creusé dans le rocher, ainsi qu'une chapelle taillée elle-même dans le roc.

MAURS. Petite ville située à 8 l. 1/2 d'Aurillac. ⊠ Pop. 2,892 hab. Cette ville est dans une agréable situation, dans le vallon d'Arcambie arrosé par la Rance, sur la route d'Aurillac à Figeac. Elle était autrefois resserrée par un grand mur de défense, et possédait un monastère de l'ordre de Saint-Benoît; c'était le chef-lieu d'une des quatre prévôtés de la Haute-Auvergne. Les religionnaires la prirent et la pillèrent en 1578 et 1583, et la peste y fit de grands ravages en 1588. La place publique est ornée d'une fontaine jaillissante, construite en 1818. Le climat de Maurs est le plus doux du département, et permettait jadis aux habitants d'élever des vers à soie, branche d'industrie qui est aujourd'hui abandonnée. On récolte sur son territoire de bons fruits, du froment, de l'orge et du beau chanvre. — *Commerce* de toiles, cire vierge, châtaignes réputées les meilleures du pays, et d'une grande quantité de cochons gras qui fournissent d'excellents jambons.

MONTSALVY. Petite ville, située à 6 l. 1/2 d'Aurillac. Pop. 840 hab. Cette ville est bâtie sur un plateau élevé, dominé lui-même par les montagnes appelées Puy-de-l'Arbre, où MM. Méchin et Delambre ont opéré plusieurs mois pour tracer la levée du quart du méridien qui sert de base aux nouvelles mesures. On voit près de cet endroit les ruines du château de Mandulphe, appartenant jadis à la maison d'Armagnac. De ce point, l'horizon est assez étendu pour pouvoir distinguer le clocher de Rodez, les côtes de Figeac, les montagnes de Salers et du Plomb du Cantal, rayon de plus de douze lieues.

On remarque à Montsalvy l'église Notre-Dame, d'une belle architecture gothique, fondée, avec un monastère, en 1073, par Béranger II, comte de Carlat, et l'hôtel-de-ville, aussi d'ancienne architecture. Le mur du Diable, construit de blocs énormes, que l'on pourrait appeler cyclopéens, est à peu de distance de la ville.

Depuis quelques années, Montsalvy possède un établissement bien digne d'intérêt. C'est un institut de sourds et muets, dû à la philanthropie de MM. Pissin-Sicard et Croiseuil, qui le dirigent, et que le conseil général du département a doté; en 1829 il y avait 40 élèves.

Commerce de toiles qui se fabriquent dans la ville, et qui y occupent la majeure partie de la population : ces toiles sont fort estimées des habitants du midi, qui en achètent annuellement pour plus de 400,000 fr. Les productions du canton sont le seigle, les fruits, vins légers, châtaignes, et surtout des pois verts excellents, qui s'exportaient autrefois jusqu'à Paris.

POLMINHAC. Village situé dans une belle vallée, à 3 l. d'Aurillac. Pop. 1,600 hab. La route d'Aurillac à Saint-Flour traverse cette commune, où sont situés les antiques châteaux de Pestels et de Polminhac. Le premier a donné son nom à une famille très-marquante ; le second fut pris par les d'Armagnacs, en 1409, pendant leurs querelles avec les vicomtes de Murat. Il y a d'autres châteaux aux hameaux de Vixouze, de Clavières et de Murat-Lagasse.

RAULHAC. Village situé dans la jolie vallée de son nom, arrosée par le Goul, à 4 l. d'Aurillac. Pop. 800 hab. L'église paroissiale est vaste, fort ancienne, et surmontée d'un clocher très-élevé.

ROQUEBROU (la). Petite ville située sur la Cère, à 4 l. 3/4 d'Aurillac. Pop. 1,361 hab.

Les environs de cette ville sont embellis par quelques maisons de campagne sur l'une et l'autre rive de la Cère. Il y a aussi un hôpital bien tenu pour les vieillards infirmes.

L'antique château dont les ruines dominent la ville, a successivement appartenu aux seigneurs de son nom, aux barons de Montal et aux marquis d'Escars, qui y firent une longue résidence. La Roquebrou est aussi la patrie de J. Briende, médecin fort distingué, mort en 1812, auteur de la Topographie médicale de la Haute-Auvergne, ouvrage couronné par la Société royale de médecine. — *Fabriques* de poterie de terre estimée. Tanneries. — *Commerce* de moutons.

SIMON (SAINT-). Village situé à 1 l. 1/2 d'Aurillac. Pop. 1,500 hab. — Martinets à cuivre. Papeterie.

TEISSIÈRES-LES-BOULIES. Village situé à 3 l. 1/2 d'Aurillac. Pop. 750 hab.

Ce village possède des eaux minérales froides très-fréquentées. La source, peu abondante, est sur le bord du ruisseau de Veaurs, dans le fond d'un vallon boisé, resserré, et d'un abord difficile, appelé Malacombe, à 1 l. de Teissières. La température de ces eaux est de + 11° cent.; elles déposent un peu d'oxide de fer, et de temps à autre des bulles de gaz viennent crever à leur surface. M. Lapeyre, pharmacien à Aurillac, qui les a analysées en 1823, a trouvé qu'elles contenaient de l'acide carbonique, des carbonates de chaux, de magnésie et de soude, du sulfate et de l'hydrochlorate de soude, de la silice, de l'oxide de fer, et une matière grasse colorante.

Les fissures qui avoisinent la source sont tapissées de fer sulfuré en jolis cristaux.

THIÉZAC. Bourg situé dans une contrée très-pittoresque, sur la Cère, à 5 l. d'Aurillac. Pop. 2,050 hab.

A peu de distance de ce bourg, au-dessous du hameau de Vaurs, on remarque la cascade du Pas-de-la-Cère. En cet endroit, la rivière se précipite entre deux murailles, qu'à leur prodigieuse élévation, au poli de leur surface, à la dureté des roches dont elles sont composées, on croirait l'œuvre des géants, et qui sont dues à l'action lente mais infatigable des eaux, qui, encore aujourd'hui, cherchent à approfondir leur lit déjà si profond.

La vallée de la Cère, à partir de Thiézac, est embellie par de jolis châteaux ou maisons de campagne, ainsi que par des ruines d'anciens castels, parmi lesquelles on remarque celles de Recoules et de Muret. L'église paroissiale est belle et bien ornée.

De Thiézac à Saint-Jacques, on traverse le pays désigné sous le nom de Pas-de-Compain, où l'on voit des escarpements affreux: la route y a cependant été établie, mais avec une extrême difficulté; les nombreuses coupures que sa construction a nécessitées dans les conglomérats, les eurites et les trachytes de toute espèce, laissent voir de la manière la plus satisfaisante ces diverses formations. Dans cette traversée, la rivière de Cère saute bruyamment de rochers en rochers, et forme de nombreuses cataractes qui attirent continuellement l'attention du voyageur.

TOURNEMIRE. Village situé dans un joli vallon arrosé par la Doire, à 3 l. 1/4 d'Aurillac. Pop. 700 hab.

Tournemire était autrefois défendu par le château de ce nom, aujourd'hui détruit, que Pépin assiégea et prit en 767, sur Waifre, duc d'Aquitaine; c'est dans ce même château que Mérigot Marcel, pillard anglais, fut arrêté en 1390. L'église de ce village est ancienne, le chœur est orné de peintures à fresque, et quelques-unes des chapelles le sont de sculptures en bois fort curieuses.

Le château d'ANJONY, construit sur un conglomérat très-escarpé du côté de la vallée, joint le village de Tournemire. C'est un vrai manoir féodal, dont la construction rappelle l'époque où chaque résidence seigneuriale était une véritable forteresse. Le corps principal est un parallélogramme flanqué de quatre tours rondes très-élevées. Tout dans cette demeure porte l'empreinte du temps où les arts, encore dans l'enfance, manifestaient cependant leurs efforts par des productions remarquables; on y voit un appartement meublé avec toutes les somptuosités du XVIe siècle: riches tapisseries, meubles de toute espèce, tableaux d'histoire, portraits de famille, s'y trouvent réunis, pour donner une idée du luxe de ces anciens temps.

VIC-SUR-CÈRE ou **VIC-EN-CARLADÈS.** Jolie petite ville, située à 4 l. d'Aurillac. ✉ Pop. 1,976 hab.

Cette ville est située à l'origine du charmant vallon de son nom, formé par la rivière de Cère qui, sortant tout à coup d'une gorge resserrée par des montagnes et des rochers énormes, se déroule majestueusement en flots transparents et paisibles, au milieu de vastes et riantes prairies qu'elle fertilise. Les environs offrent des promenades charmantes, soit que l'on parcoure la vallée, soit que l'on monte sur les plateaux qui la couronnent. Les eaux, les cascades s'y rencontrent à chaque pas, et y entretiennent une fraîcheur et un luxe de verdure qu'on trouve difficilement ailleurs.

CHÂTEAU DE ROUFFIAC.

La ville est assez bien bâtie et fort propre; une belle route royale la traverse, et les diligences de Saint-Flour à Aurillac, qui s'y croisent tous les jours, y établissent des communications aussi faciles que commodes. L'air y est d'une salubrité remarquable, jamais on n'y voit aucune maladie épidémique. Le sang y est beau, le sexe très-gai et porté au plaisir; les distractions y sont aussi agréables que multipliées.

EAUX MINÉRALES DE VIC [1].

La ville de Vic est particulièrement connue par ses sources d'eaux minérales, dont la découverte remonte à une très-haute antiquité. Ces sources paraissent avoir été fréquentées par les Romains après leur conquête des Gaules. Des travaux qui viennent d'y être exécutés par le propriétaire, ont fait découvrir une espèce de cuve taillée dans le roc, où l'on venait puiser l'eau. Autour de cette cuve naturelle, on a trouvé des vases antiques et des médailles romaines qui remontent aux premiers empereurs romains. Ces médailles ont été trouvées en quantité: il y en a eu de déposées à la mairie de Vic, au cabinet d'histoire d'Aurillac; l'inspecteur et le propriétaire en possèdent plusieurs. On y a trouvé aussi des monnaies du moyen âge, ce qui annonce que ces eaux étaient fréquentées à cette époque.

Les eaux minérales de Vic naissent à la base de la montagne appelée le Griffoul, dans la plus riante partie de la vallée, à cinq minutes de la ville. Il y existe un établissement construit récemment, renfermant quatre sources, dont les eaux sont reçues dans de grandes cuves en pierre, d'où on les extrait au moyen de robinets en cuivre.

La fontaine de Teissières est située dans une gorge très-escarpée et aride; le chemin pour l'aborder est pénible; quand on y est arrivé, on semble séparé du reste de la terre. Les coteaux escarpés, mais couverts d'arbres de diverse espèce, seraient susceptibles de former des promenades agréables par leur fraîcheur et leur solitude. La découverte de la principale source de Teissières doit être aussi très-ancienne, puisqu'elle a contribué à distinguer la commune de Teissières-les-Bouliès de Teissières-de-Cornet. La source minérale, située sous un ravin profond et au bord d'un petit ruisseau, sourd dans un grand trou formé naturellement. Les bulles de gaz acide carbonique, qui la minéralisent principalement, s'échappent en forme de forte ébullition, et semblent une bouilloire. Les autres sources ne fournissent rien qui constate leur antiquité, que la tradition.

Toutes ces eaux sont assez abondantes: il n'y a eu de mesurées que celles de Teissières et de Vic. Celle de Teissières fournit onze litres à la minute. Celle de Vic, restaurée récemment, est plus abondante. On recueille dans quatre grandes cuves les eaux des quatre sources, un peu différentes dans leurs principes, et dont il se fait des exportations considérables.

Dans aucun de ces endroits il n'existe d'établissement public. A Vic seulement, il y a un hôpital communal, destiné à recevoir les infirmes et les malades de la commune; il pourrait, à raison de l'heureuse position de cette ville, et de l'importance des eaux minérales dans beaucoup de maladies, surtout dans les maladies calculeuses, devenir un établissement public très-utile aux malades atteints de cette cruelle maladie, qui viendraient y chercher leur guérison.

SAISON DES EAUX. Les eaux minérales de Vic et des environs sont fréquentées depuis la mi-juin jusqu'à la mi-septembre, par ceux qui les prennent passagèrement, et en quantité suffisante pour produire des effets comme purgatives et apéritives: elles le sont toute l'année par les personnes qui en font un usage habituel pour remédier aux maladies calculeuses, ou à quelques maladies chroniques. Les habitants d'Aurillac et de beaucoup d'autres endroits environnants font usage des eaux de Vic sans être malades, et les mêlent avec le vin des repas, auquel elles donnent le piquant du champagne, ce qui donne lieu à une exportation assez considérable.

Le nombre des malades qui fréquentent annuellement les eaux de Vic dans l'intervalle de trois mois, varie de 800 à 1,500. A Teissières, on n'en compte guère au-delà de deux cents, et l'exportation des eaux est presque nulle, le gaz adhérant si peu à l'eau, quoique dans des proportions supérieures à celles de Vic, qu'elles ne peuvent supporter le transport que dans des vases débouchés, ce qui leur fait perdre tous leurs principes minéraux.

PRIX DU LOGEMENT ET DE LA DÉPENSE JOUR

---

[1]. Nous sommes redevables de cette notice sur les eaux minérales de Vic-sur-Cère aux communications officieuses de M. le docteur Siganiol, médecin-inspecteur de cet établissement, résidant à Aurillac, et de M. le docteur Duprat, médecin-inspecteur adjoint, résidant à Vic.

NALIÈRE. Les logements et la nourriture sont à des prix modérés. Il y a plusieurs tables à la portée de toutes les fortunes, dont le prix varie depuis un fr. jusqu'à trois francs. Pour quatre francs par jour, on est bien nourri et bien logé.

TARIF DU PRIX DES EAUX. Chaque buveur paie au propriétaire deux francs pour toute la saison. Le prix du litre d'eau cacheté pour l'exportation coûte dix centimes. Il n'existe ni bains ni douches, mais on se propose de mettre à profit les dépôts qui se forment dans les réservoirs.

PROPRIÉTÉS PHYSIQUES. Les eaux de Vic sont claires, limpides, d'un goût salé, ferrugineux, piquant et très-agréable. Leur surface se couvre d'une légère pellicule irisée lorsqu'on les expose à l'air. Elles déposent au fond des bassins un dépôt ocracé couleur de rouille. Leur température est constamment de 11° du th. de Réaumur.

PROPRIÉTÉS CHIMIQUES. Les eaux de Vic ont été analysées par M. Darcet, à son passage à Vic en 1827, et par M. Lapeyre, pharmacien à Aurillac; celui-ci a aussi analysé les eaux de Teissières.

Une analyse plus récente a donné pour deux livres d'eau les produits suivants :

Acide carbonique libre, une faible proportion
Carbonate de protoxide de fer. 1/2 gr.
Sulfate de soude............ 2
— de chaux............ 1
Sulfate de magnésie........ 1, 50
Hydrochlorate de soude...... 0, 50

On s'occupe en ce moment d'une nouvelle analyse que l'on a l'espoir de voir publier incessamment.

PROPRIÉTÉS MÉDICINALES. Les eaux minérales de Vic conviennent dans les douleurs de tête, soit nerveuses ou rhumatismales; dans les ophthalmies chroniques, les aphthes et engorgements des gencives; les engorgements lents des amygdales qui succèdent aux angines répétées; les palpitations de cœur sans vice organique très-développé; les engorgements des viscères abdominaux, ceux surtout qui succèdent aux fièvres intermittentes mal traitées ou mal jugées; dans les constipations opiniâtres, les flux hémorrhoïdaux, les fleurs blanches, même invétérées, et qui souvent occasionnent la stérilité; dans les pâles couleurs, l'ictère, les catarrhes chroniques de la vessie et de l'urètre, et à la suite de longues gonorrhées; dans le calcul urinaire, les coliques néphrétiques, et principalement lorsque ces coliques dépendent de la gravelle; dans les fièvres dites putrides, les affections scorbutiques, scrofuleuses, etc.

MODE D'ADMINISTRATION. Ces eaux s'administrent en boisson le matin à jeun, à la dose de cinq à six verres jusqu'à 12 à 15. On la boit aussi dans le cours de la journée, soit seule, soit mêlée au vin. Quelques personnes en font un usage habituel, à la dose d'un litre par jour, et divisé. On l'emploie aussi en injection dans la vessie et dans le vagin.

ARRONDISSEMENT DE SAINT-FLOUR.

ALLEUSE. Village situé sur les bords du Jurol, à 2 l. 1/2 de Saint-Flour. Pop. 900 hab. On y remarque, sur la cime d'un pic très-élevé et presque inaccessible, les ruines encore considérables d'une ancienne forteresse prise et reprise plusieurs fois par les Anglais, notamment en 1370 et 1380. Le fameux Mérigot Marcel, chef de pillards, s'y maintint long-temps et désola les campagnes voisines. Ce château, racheté pour la seconde fois en 1387, fut enfin démoli par les habitants du pays qui craignaient de voir renouveler les exactions dont ils avaient été si long-temps les victimes.

ANDELAT. Village situé à 1 l. de Saint-Flour. Pop. 700 hab. On y remarque les châteaux du Ronchain, de Colsac, et les ruines de celui du Saillant, qui fut pris par les Anglais en 1357; ils le gardèrent jusqu'en 1387, qu'ils le rendirent par composition. Tout auprès, se trouve une belle cascade dont la chute est de vingt toises.

AURIAC. Village situé à 6 l. de Saint-Flour. Pop. 1,200 hab. On y remarque les tours et châteaux de Chazelles, de Gironde, de Grenayé, et celui de Chavagnac.

BREZONS. Village situé dans une gorge au pied du Plomb du Cantal, à 7 l. de Saint-Flour. Pop. 1,400 hab. On y remarque les châteaux de Lavoix, celui du Griffoul, et des vestiges d'une voie romaine.

CHALIERS. Village situé à 3 l. 1/2 de Saint-Flour. Pop. 1,500 hab. On y trouve une fontaine d'eau minérale, et l'on y voit encore les ruines d'un ancien château que les Anglais prirent en 1357, et qu'ils rendirent en 1370. Ceux de la Bessayre, de

Longevialle, de Pompignat et de Loubaresse, dépendent aussi de cette commune.

CHAUDES-AIGUES. Jolie petite ville, située à 6 l. 1/4 de Saint-Flour. ✉ ☞ Pop. 2,351 hab.

Cette ville est assez bien bâtie, dans une gorge horrible, au pied des montagnes qui séparent l'Auvergne du Gévaudan. On y arrive de Saint-Flour par une route vraiment étonnante par les difficultés qu'on eut à vaincre dans certains passages. Telle est spécialement la partie qu'on a nommée le Saut-du-Loup, et qui, commençant au-dessous de Sioujac, côtoie, entre des montagnes à pic, le ruisseau de ce nom jusqu'à son embouchure dans la Truyère, puis la Truyère jusque vers l'endroit où on la traverse. Pour tracer le chemin, on fut obligé de suspendre avec des cordes les ouvriers qui plantèrent les jalons. La roche est un granite à éléments très-fins, dont la dureté est telle qu'on n'a pu l'entamer qu'avec la poudre à canon; et néanmoins cette roche si dure, cette montagne si roide, on les a ouvertes et creusées dans une longueur de plus de 1000 toises. Le chemin, au-dessus de la Truyère et du ruisseau, depuis 350 jusqu'à 400 pieds d'élévation, et, dans toute son étendue, il ne présente qu'un long précipice qui fait frémir. A droite, est la montagne avec sa hauteur rapide et ses roches menaçantes; à gauche, cette gorge profonde dans laquelle les eaux roulent en grondant. On les voit presque perpendiculairement sous ses pieds; le moindre faux pas ferait rouler dans l'abîme qu'elles parcourent; et ce danger, dont on ne peut s'empêcher d'être effrayé, ne laisse pas admirer assez la hardiesse de l'ingénieur qui osa tracer là un chemin, le courage de ceux qui l'exécutèrent, et la beauté de cette route, qui, conduite avec un art infini, ne marche que par une pente presque insensible.

EAUX MINÉRALES DE CHAUDES-AIGUES.

Chaudes-Aigues a passé long-temps pour être l'*Aquæ Calentes* de Sidoine Apollinaire; mais lors des dernières constructions faites au Mont-Dore, on a découvert d'anciens bains et des vestiges d'édifices romains, qui prouvent évidemment que l'application du passage de cet auteur n'appartient pas à Chaudes-Aigues. Elle tire cependant son nom des eaux thermales qui jaillissent de plusieurs points de son enceinte, et qui étaient fameuses au Ve siècle sous le nom de *Calentes Baiæ*. On y compte douze sources très-abondantes, qui sortent toutes d'une montagne volcanisée. Les principales sont: celle du Par, dont la température est de $+88$ degr. du th. centig.; c'est celle qui fournit le plus grand volume d'eau; elle produit 8543 mètres cubes en 24 heures: c'est une des plus chaudes et des plus abondantes que nous ayons en France; la source de la grotte du Moulin du Ban, qui élève le thermomètre cent. à $+68$ degrés. Il y a en outre plusieurs sources qui sourdent dans quelques maisons voisines de la fontaine du Par, et donnent au même thermomètre $+67°$ 1/2. La vapeur qui s'exhale des sources est telle qu'on ne peut y tenir la main au-dessus sans l'avoir enveloppée. Et cependant, au milieu de ces tourbillons de fumée, sur le roc même d'où l'eau sort, il y a deux plantes qui végètent. L'une est celle que les botanistes appellent *tremella reticulata*; l'autre est une espèce de fucus ou de mousse: celle-ci est d'un vert éclatant, le plus beau possible; mais, quoique croissant dans la vapeur, elle en occupe néanmoins l'extrémité. La tremelle, au contraire, se trouve au-dessus de la bouche même de sortie, à l'endroit où la fumée est plus épaisse et plus brûlante.

L'eau thermale, en sortant de la montagne, descend par une pente rapide dans la rue du Parc, et va se perdre plus loin dans la petite rivière qui traverse Chaudes-Aigues. Les vapeurs qu'elle élève dans son cours couvrent en partie la rivière et la rue. Il en est de même des autres sources et filets d'eau. Chacun fumant de son côté, la ville est enveloppée du nuage humide qu'ils exhalent.

La source du Par alimente une belle fontaine continuellement fréquentée par des femmes chargées de cruches, qui viennent y puiser de l'eau qu'on emploie généralement à tous les usages domestiques: leur tête est couverte d'un petit chapeau rond, noir et sans fond, selon la mode du pays; mais sous cette drôle de coiffure, on trouve de beaux yeux, des couleurs fraîches, quelquefois même des figures agréables, et surtout de la physionomie. Les indigents trouvent une grande ressource dans le haut degré de température de ces eaux; ils peuvent y préparer une partie de leurs aliments; un œuf y durcit dans cinq minutes d'immersion. Les bouchers vont y épiler leurs cochons, les pieds et les têtes de veau; deux ou trois seaux au plus suffisent pour cette opération. La propriété qu'ont les eaux de Chaudes-Aigues de bien dissoudre le savon les fait surtout rechercher pour le dégraissage et le blanchiment des laines: depuis un temps immémorial on les emploie au lavage des laines qu'on tire du département de l'Aveiron; deux ou trois lavages suffisent pour leur donner un éclat éblouissant.

En hiver, c'est avec cette eau que les maisons sont échauffées : on recueille à la source un certain volume d'eau, qui, conduit sous les rues par des canaux en bois, va, par des embranchements particuliers, se distribuer dans le rez-de-chaussée de chaque maison; à l'entrée du logement est pratiqué un canal en maçonnerie avec son écluse, et au milieu, un petit bassin, recouvert d'une pierre mobile; l'eau entrant par le canal va se répandre et circuler dans le bassin, échauffe le pavé, et sort au-dehors pour aller se perdre dans la rivière. En ouvrant plus ou moins la petite écluse, et par conséquent en admettant un volume d'eau plus ou moins grand, il est possible de donner au chauffoir la température que l'on désire. Ce mode de chauffage procure aux habitants l'avantage d'économiser une grande quantité de combustible, qui est rare et assez cher dans le pays.

La petite ville de Chaudes-Aigues renferme trois cents maisons, et pourrait recevoir cinq à six cents étrangers. Le mouvement annuel des malades est de trois à quatre cents personnes, pour la plupart des villes environnantes. La vie animale y est très-abondante et à très-bon marché. On y remarque un établissement d'incubation artificielle, monté en 1827 par M. Darcet, au moyen d'étuves chauffées par les eaux thermales. Cet établissement, dirigé par M. Felgère aîné, est aujourd'hui (1832) dans le plus grand état de prospérité.

Au nord-est et à cinq ou six minutes de Chaudes-Aigues, sont les eaux minérales froides de la Condamine, dont on ne fait encore aucun usage.

Propriétés physiques. Les eaux de Chaudes-Aigues sont sans odeur; leur saveur ne diffère pas beaucoup de celle de l'eau chaude ordinaire; on s'aperçoit néanmoins qu'elles laissent sur la langue un peu d'astringence et de stypticité. Elles sont très-onctueuses et donnent à la peau beaucoup de souplesse. Leur chaleur, leur quantité et leur limpidité ne varient jamais; cependant elles déposent, par le refroidissement, des couches énormes de carbonate calcaire.

Propriétés chimiques. M. Berthier, savant minéralogiste, à qui l'on doit une belle analyse des eaux de Chaudes-Aigues, a reconnu que ces eaux contenaient de l'hydrochlorate de soude, du sous-carbonate de soude, du carbonate de chaux, du carbonate de fer, et de la silice. M. Grassal, médecin-inspecteur des établissements de Fontanès, de Sainte-Marie et de Chaudes-Aigues, a constaté là présence de l'acide carbonique libre, et du gaz hydrogène sulfuré, dans la source du Moulin Blanc.

Propriétés médicinales. Malgré la haute température et les vertus puissantes des eaux de Chaudes-Aigues, elles sont peu fréquentées, et étaient, pour ainsi dire, dans un oubli profond avant la publication de l'ouvrage de M. Alibert sur les eaux minérales. Ce savant médecin se croit fondé à croire que si l'établissement thermal de Chaudes-Aigues était aussi connu qu'il le mérite, il deviendrait un jour le Carlsbad de la France, où les malades afflueraient de toutes parts.

Les eaux thermales de Chaudes-Aigues pourraient être employées avec de grands avantages en boisson, en bains et en douches, dans les affections rhumatismales chroniques, dans la paralysie partielle, dans les engorgements des viscères abdominaux, etc.

FAVEROLLES. Village situé à 3 l. de Saint-Flour. Pop. 1,100 hab. Ce village, où l'on voit une église très-ancienne, possède près du château de Montchauson une source d'eau minérale acidule froide.

FLOUR (SAINT-). Ville ancienne. Chef lieu de sous-préfecture. Tribunaux de première instance et de commerce. Collége communal. Société d'agriculture. Évêché. ✉ ⚒ Pop. 6,464 hab.

Saint-Flour, que l'on aperçoit de très-loin, est construit sur un plateau basaltique, et tire son nom de saint Flour, premier évêque de Lodève, qui, après avoir prêché l'Évangile dans les montagnes d'Auvergne, mourut vers l'an 389 sur le mont où existe aujourd'hui la ville, désigné alors sous le nom de *Mons Indiciacus*, à cause d'un phare ou signe indicateur qui servait de guide aux voyageurs.

Les matériaux dont se compose le sol de cette ville, leur nature, leur forme, décèlent une partie de sa terrible histoire. Un torrent de matières enflammées, sorti des flancs volcaniques des monts du Cantal, parcourut un espace de cinq lieues, s'arrêta où il trouva un obstacle à son cours, s'y refroidit, et laissa une énorme masse de basalte, curieux monument de l'une des plus grandes convulsions du globe. Bientôt les eaux courantes dégarnirent le terrain qui avait servi de digue au torrent volcanique; la masse basaltique résista et se maintint telle qu'on la voit actuellement, avec la différence qu'y ont apportée les œuvres de la civilisation. Cette masse est couronnée par un vaste plateau où se distinguent les extrémités régulières des colonnes prismatiques qui la composent, et où est bâtie la ville.

Si l'on en excepte le côté qui regarde l'ouest, où le volcan du Cantal a fait irruption, et une petite étendue qu'occupe l'avenue de Murat, cette masse est partout escarpée et coupée à pic. Sa hauteur au-dessus du sol inférieur est d'environ soixante-seize pieds. Pour monter du faubourg à la ville, on a pratiqué, autour de la montagne, un fort beau chemin en rampe : pour le tracer, il a fallu entamer un massif immense de basaltes dont les colonnes bordent la route.

On ignore l'époque des premiers établissements faits sur ce rocher. On sait seulement que dans les temps anciens il était désigné comme un lieu de rendez-vous ou un signal pour les voyageurs égarés. Saint-Flour fut élevé à la dignité épiscopale, et commença dès lors à prendre l'aspect d'une cité : par lettres du mois de janvier 1372, Charles V accorda aux habitants une charte de commune et des privilèges.

Il y a plusieurs églises et monuments à Saint-Flour, qui méritent d'être cités : la cathédrale, la Récluse, au faubourg, bâtie par saint Odilon en même temps que le pont, et qui possède deux arcs à plein cintre de l'austère roman ; le couvent des jacobins, en 1353 ; le collège des jésuites, fondé par Annet de Fontanges, en 1590, et enrichi de douze mille livres par Marie de Brezons, en 1641 ; le couvent de la Visitation, fondé par Charles de Noailles, en 1625, et doté par Mlle d'Alègre, et dont la communauté, nouvellement rétablie, s'applique à l'instruction des jeunes personnes ; l'établissement des sœurs de saint Vincent de Paul, qui instruisent gratuitement les pauvres et soignent les malheureux malades ; le séminaire, très-beau bâtiment avec une belle église, des terrasses et un superbe jardin en amphithéâtre dont la vue s'étend vers l'est et le midi ; le palais épiscopal ; l'hôpital, qui domine sur la promenade, bel et vaste édifice bien aéré et disposé pour recevoir un grand nombre d'infirmes et de vieillards. La promenade publique, à laquelle on peut reprocher d'être trop largement dessinée pour la population à laquelle elle est destinée, est néanmoins fort belle, bien plantée, entourée de parapets, et domine, en forme de terrasse, sur une suite de collines vers le nord et l'est, dont la vue est variée et pittoresque.

Saint-Flour doit presque tous ses établissements utiles ou d'agrément à Paul de Ribeyre, son évêque vers le milieu du XVIIIe siècle, qui n'épargna ni soins ni dépense. Il fit bâtir l'hôpital, le séminaire, restaurer le collège, ouvrir une communication avec la grande route, et en même temps décorer cette entrée par un beau portique sur lequel le corps municipal fit placer les armes du prélat avec l'inscription suivante, de la composition de Du Belloy :

De Ribeyre en ces lieux tu vois le moindre ouvrage ;
Compter nos monuments, c'est compter ses bienfaits.
De l'Église et du pauvre il accroît l'héritage,
Et lègue à ses parents les heureux qu'il a faits.

Le commerce de Saint-Flour consiste en grains, cuirs tannés dans le faubourg, fabrication d'orseille, de colle-forte, d'étoffes communes, dentelles dans le genre de celles d'Aurillac ; poteries, qui passent pour les plus belles et les plus solides du Cantal ; cuivres travaillés, et un assez grand détail pour la consommation des environs. Le faubourg, situé au bas du rocher, présente plus d'activité que l'intérieur de la ville ; c'est là que passent la route de Perpignan et celles qui la croisent. On y jouit d'une température plus douce et des avantages de la rivière, qui force fréquemment les habitants de la ville à descendre et remonter péniblement le rocher, dont les sources sont peu abondantes.

Saint-Flour est la patrie de Pierre Coutel, président du grand-conseil sous François Ier ; de Gilbert Jovin, jésuite, connu par ses poésies lyriques ; du poète Jean Pogheolat ; de M. Buirette, plus connu sous le nom de Du Belloy.

À 13 l. 1/2 d'Aurillac ; 19 l. de Mende ; 120 l. de Paris. — *Hôtels* Amagnat, Aubertat, Delcros, Missonnier.

FOURNOLS. Village situé à 3 l. 1/4 de Saint-Flour. Pop. 350 hab. Il est bâti à l'extrémité septentrionale de la Planèze, arrosée par l'Areuil. Voyageurs, qui dans le trajet de Clermont à Saint-Flour, seriez surpris par une de ces tourmentes qui règnent l'hiver sur la haute Fageole, rabattez-vous un peu à l'ouest, et bientôt vous trouverez dans une situation solitaire, pittoresque, sauvage même, entouré de bois, de vallons, de rochers et de prairies, l'ancien château de la Roussière, avec ses tours et tourelles. Frappez à la porte avec assurance, vous êtes certains d'y trouver la douce hospitalité, accompagnée de tous les agréments d'une société jeune, aimable et gaie, que vous regretterez en partant et dont vous conserverez douce souvenance. S'il fait jour encore, surtout si le soleil luit ; montez au Trocadéro, et là, après avoir promené vos regards sur ce pays agreste, vous découvrirez, par une admirable échappée de vue vers le sud, cette belle et grande plaine appelée la Planèze, que la bonté de son sol a fait surnommer le Grenier de la Haute-Auvergne. Dans un coin de ce tableau vous apparaîtra fièrement perchée sur son roc, la ville noire (Saint-Flour), avec sa cathédrale, ses clochers, ses boulevards et ses maisons sombres ; assemblage de beautés et de contrastes que vous eussiez vainement cherché ailleurs.

MAGNAC. Village situé à 5 l. de Saint-Flour. Pop. 100 h. On y trouve une source d'eau minérale ferrugineuse acidule.

MALOMPISE. Village situé sur la rive gauche de l'Alagnon, à 6 l. de Saint-Flour. On y voit une église qui remonte à une époque reculée, où l'on remarque de beaux chapiteaux de colonnes et un bénitier fort ancien. Sur la rive droite de l'Alagnon, on doit visiter la chapelle de Vauclair, et au-dessus les vestiges d'un vieux château.

MARIE-DU-CANTAL (SAINTE-). Joli village situé à 6 l. 1/2 de Saint-Flour. Pop. 700 hab.

Ce village est dans une situation pittoresque, à l'extrémité d'une plaine riante et fertile, qui domine un profond vallon où coule la Truyère, que l'on y passe sur un pont remarquable. Il est bien bâti et jouit d'une vue très-étendue.

A peu de distance de cet endroit, on trouve le hameau de Ravèles, où sourdent deux sources d'eaux minérales acidules ferrugineuses, fréquentées annuellement par environ douze cents personnes.

PROPRIÉTÉS PHYSIQUES ET CHIMIQUES. L'eau de Sainte-Marie est claire, limpide, d'une saveur aigrelette et piquante très-prononcée dans les temps secs. Elle tient en dissolution du carbonate de fer et une quantité assez considérable d'acide carbonique.

PROPRIÉTÉS MÉDICINALES. On fait usage de ces eaux en boisson, à la dose de quelques verres. Elles sont très-efficaces et opèrent des guérisons promptes dans le traitement de la chlorose, de l'aménorrhée, des hémorrhagies passives, et dans les maladies qui sont produites par l'atonie de l'appareil digestif.

MASSIAC. Petite ville située dans un vallon resserré, arrosé par l'Alagnon et l'Arcueil, à 6 l. 3/4 de Saint-Flour. ✉ Pop. 1,905 hab.

Cette ville, à laquelle on arrive par une belle allée de peupliers, est traversée par la route de Saint-Flour à Clermont, avec un embranchement vers Murat par la rive gauche de l'Alagnon ; ce chemin, nouvellement construit à travers des rochers et des précipices, ne cède en rien à ce qui a été fait de plus hardi dans les Alpes. L'admiration du voyageur augmente encore en contemplant une contrée aussi riante et aussi pittoresque que celles des Alpes et des Pyrénées. Le nouveau massif construit pour le nivellement de la route vers Saint-Flour, au bas d'une côte extrêmement roide, n'est pas moins digne d'attention. Nous devons aussi mentionner deux rochers très-curieux qui dominent la ville sur les rives opposées de l'Alagnon, couronnés par des chapelles autrefois habitées par un ermite et par une Madeleine qui s'offraient réciproquement leurs prières.

NEUVÉGLISE. Bourg situé à 4 l. de Saint-Flour. Pop. 3,060 hab.

ORADOUR. Bourg situé à 5 l. de Saint-Flour. Pop. 1,400 hab.

PAULHENC. Village situé à 6 l. 3/4 de Saint-Flour. Pop. 1,000 hab. Il possède une fontaine d'eau minérale au lieu de Fontanes, et l'on y voit les châteaux d'Estresses et de Turlande.

PIERREFORT. Gros bourg situé près de pacages où l'on engraisse beaucoup de moutons, à 6 l. de Saint-Flour. Pop. 1,350 hab. L'étymologie de Pierrefort vient d'un ancien château dont les ruines, assises sur un rocher, dominent le bourg. Ce château fut le théâtre de plusieurs scènes au moins dramatiques pendant les guerres de religion ; il fut assiégé, sous le règne de Henri IV, par un seigneur de Fontanges, qui voulait ravoir sa fille enlevée par celui de Pierrefort. L'église est très-ancienne et construite à côté des ruines du fort ; des piliers en soutiennent la voûte, et l'on remarque des caveaux autour de la nef.

ROFFIAC. Bourg situé à 1 l. 1/2 de Saint-Flour. Pop. 1,005 hab. Les ruines d'un vieux château attenant à l'église, sur le bord de la rivière d'Arder ; la variété des sites qui l'entourent ; la route de Murat à Saint-Flour qui le traverse, rendent Roffiac très-pittoresque.

RUINES. Bourg situé à 3 l. de Saint-Flour. Pop. 597 hab. On croit qu'il tire son nom de la destruction d'une ville considérable, dont on trouve fréquemment des traces dans le voisinage.

URCISE (SAINT-). Gros bourg situé à

CHÂTEAU D'AUZERS.

9 l. 1/4 de Saint-Flour. Pop. 1,900 hab. Il est bâti dans un pays de montagnes granitiques, et était anciennement fortifié.

VALUÉJOL. Village situé à 3 l. de Saint-Flour. Pop. 1,554 hab. C'est l'ancienne Avalogile, mentionnée dans une charte de Charles le Chauve en faveur du chapitre de Brioude.

ARRONDISSEMENT DE MAURIAC.

ANGLARS. Bourg situé à 1 l. 3/4 de Mauriac. Pop. 2,800 hab. Il forme une commune divisée en quarante-deux hameaux épars sur une assez grande superficie, entre les rivières d'Auze et de Mars. Son territoire est fertile en grains et fourrages d'excellente qualité, qui nourrissent une grande quantité de bétail de la plus belle espèce. La population de cette commune est, sans contredit, l'une des plus remarquables du département, et peut-être de la France entière, par la beauté du sang; les femmes y sont belles et mises avec goût; les hommes sont d'une taille avantageuse, bien faits, agiles, vifs et courageux; on leur reproche d'être querelleurs, et ils sont redoutés dans les fêtes de village. Leurs ancêtres prirent part à la guerre des sabots, en 1635, ce qui leur a valu le sobriquet de *carabins* (carabiniers). L'église d'Anglars est belle, solidement construite, et son clocher commande une grande étendue de pays, notamment la belle vallée de Mars dominée par le bourg.

APCHON. Bourg situé sur une hauteur, à 8 l. 3/4 de Mauriac. Pop. 700 hab. Il est dominé par les antiques débris d'un château fort bâti sur la cime d'un rocher escarpé qui commande la jolie vallée arrosée par la rivière de Rue. Ses environs offrent de vastes pacages et de belles prairies, mais il s'y récolte peu de grains. Le commerce des fromages, celui du gros bétail, et la fabrication de dentelles communes, forment les principales ressources du pays.

AUZERS. Village situé à 4 l. 1/2 de Mauriac. Pop. 1,031 hab. On y remarque un vaste château flanqué de trois grosses tours, et surmonté de plusieurs tourelles crénelées, bâti vers la fin du XVe siècle. A quelque distance du bourg, se voit l'antique tour de Marlat, qui remonte à une antiquité reculée; elle est aujourd'hui entièrement cachée sous le lierre qui la tapisse.

CHALVIGNAC. Village situé à 1 l. 1/2 de Mauriac. Pop. 1,300 hab. Cette commune occupe une assez grande étendue sur la rive gauche de la Dordogne, dont les côtes sont très-boisées.

Sur un plateau basaltique très-élevé, escarpé de tous côtés, on aperçoit de fort loin les ruines imposantes de l'antique château de Miremont, qui présente aujourd'hui l'aspect des anciennes fortifications des temps féodaux : pont-levis, machicoulis, meurtrières, double enceinte, etc. Ces ruines dominent les gorges de la Dordogne, et plus de cent villages du Cantal ou de la Corrèze. L'approche de ce fort était très-difficile : aussi a-t-il soutenu plusieurs siéges contre les Anglais en 1183, 1196, 1357, 1359, etc. A cette dernière époque, Robert Knol le surprit et y laissa le fameux Mandonet Badafol, qui ravagea long-temps le pays; il en fut pourtant expulsé en 1374, s'en empara de nouveau, et le rendit ensuite par composition.

Pendant les guerres de religion, Madeleine de Saint-Nectaire, veuve de Gui de Saint-Exupéry, se rendit célèbre par sa valeur : elle marchait à la tête d'un corps considérable de la noblesse du pays, avec lequel elle battit souvent les troupes du baron de Montal. Celui-ci, sans cesse inquiété par cette amazone, résolut de l'assiéger dans son château, qui fut inutilement battu de neuf cents coups de canon en 1574. Madeleine se défendit en héroïne; par de fréquentes sorties avec beaucoup de succès; mais la fortune n'est pas toujours constante : elle l'éprouva; dans l'une de ces sorties, son adversaire feignant de refuser le combat, l'attira dans la plaine, pour donner à une embuscade, postée d'avance, le temps de se placer sur ses derrières pour lui couper la retraite; faisant ensuite volte-face, il revint à la charge et la combattit avec acharnement. Dans ce péril extrême, Madeleine ne se déconcerta pas : voyant l'impossibilité de regagner le fort, elle soutint l'attaque avec tant d'intrépidité, qu'avec des forces bien inférieures, elle parvint à atteindre la nuit avant que le sort du combat fût décidé, et, trompant alors la vigilance de l'ennemi, elle se dégagea à la faveur de l'obscurité, passa la Dordogne avec tout son monde, et le lendemain, pendant que Montal ne savait où la chercher, elle courut au château de Turenne demander du secours, revint deux jours après, tomba à l'improviste sur l'armée de Montal, la mit en déroute, complète, tua ce général de sa main, et rentra triomphante à Miremont, qu'une garnison fidèle avait su lui conserver. Madeleine de Saint-Nectaire était si belle, si avenante, disent les historiens, que les gentilshommes qui combattaient pour elle, animés autant par le désir de lui plaire que par l'amour de la gloire, étaient autant de héros auxquels rien ne résistait. C'est sans doute à sa beauté qu'elle est redevable de la réputation de femme galante que la tradition lui conserve; car vous ne trouveriez pas dans tout le pays un seul villageois qui ne soutint fort et ferme qu'elle revient encore chaque nuit expier les fautes de sa vie : tous l'ont vue errer et se plaindre, tantôt sur les plates-formes du château, tantôt sur les bords d'une fontaine, dans un petit bois voisin, jadis théâtre de ses plaisirs, et qui porte encore le nom de Fontaine de l'Amazone.

CHAMPAGNAC. Village situé à 3 l. 3/4 de Mauriac. Pop. 1,500 hab. Cette commune occupe un plateau terminé à l'ouest par des précipices qui bordent la rive gauche de la Dordogne. Il y a des houillères abondantes et de bonne qualité, mais l'exploitation est peu importante à cause de l'éloignement et du défaut de communications faciles avec les grands foyers d'industrie.

CHAMPS. Village situé à 6 l. 3/4 de Mauriac, au confluent de la Tarantaine et de la Rue. Pop. 1,756 hab.—*Commerce* de boissellerie, sabots, planches de sapin, merrain, etc. — Scierie hydraulique.

DRUGEAC. Joli village situé dans la partie la plus agréable d'un riant vallon, à 2 l. de Mauriac. Pop. 1,550 hab. Il y a un ancien château incendié à l'époque de la révolution, et restauré depuis peu : on admire l'énorme tilleul placé dans la cour. L'église paroissiale offre une voûte gothique assez belle et des vitraux de couleurs très-anciens. Deux tilleuls remarquables par leur grosseur et par leur élévation ombragent la place de l'église et lui servent d'ornement.

FONTANGES. Joli bourg situé dans l'une des plus riantes vallées du département, au pied des montagnes de Salers, d'où descend la rivière d'Aspre qui l'arrose, et dont les eaux sont particulièrement propres au blanchissage des toiles et des fils, à 4 l. 1/2 de Mauriac. Pop. 1,400 hab. Son commerce, comme celui de tout le canton, consiste en bétail et en fromages.—Aux environs, on voit, sur un rocher escarpé, les ruines d'un ancien château, berceau de la belle duchesse de Fontanges, une des maîtresses de Louis XIV.

Le hameau de LA BASTIDE, dépendant de la commune de Fontanges, possède des eaux minérales froides, qui y attirent dans la belle saison un grand nombre de personnes. A un quart de lieue de ce hameau, au-dessous de celui de la Peyre-Delcros, on arrive à un grand escarpement renfermant une espèce de grotte tapissée d'efflorescences de sulfate de fer, où l'on voit un arbre énorme à l'état de fossile ; on en reconnaît parfaitement l'écorce et les couches concentriques, de même que les ramifications de ses premières branches. Très-près de là, est une belle cascade, qui couvre toute la largeur du ravin.

JALEYRAC. Village situé dans un beau et fertile vallon, à 1 l. 1/2 de Mauriac. Pop. 1,200 hab. Au-dessous de ce village, naît d'une montagne primitive, une source d'eau minérale ferrugineuse froide, autrefois très-fréquentée des gens du pays, mais trop mal tenue aujourd'hui pour avoir la même vogue.

LOUPIAC. Village situé à 2 l. 3/4 de Mauriac. Pop. 508 h. Le château de Branzac, quoique maintenant délabré, offre l'aspect d'un édifice jadis somptueux, et qui contraste singulièrement avec les sites pittoresques, mais sauvages, qui l'entourent, sur la rive gauche de la Maronne.

MADIC. Village situé à 4 l. 3/4 de Mauriac. Pop. 450 hab. Cette commune occupe un joli vallon sur la rive gauche de la Dordogne, qui la sépare du département de la Corrèze. On y remarque un beau lac, et, à la cime d'une butte, les ruines d'un château flanqué de plusieurs tours, qui pendant plus de quatre siècles fut la résidence de la maison de Chabannes.

Au-dessous de Madic, on voit la Dordogne se frayer un passage dans une gorge profonde, à travers des rochers de forme colossale, contre lesquels ses eaux viennent se heurter avec fracas : à l'aspect de ces lieux sauvages, on ne saurait se défendre d'un sentiment d'effroi ; mais bientôt après, on suit le cours de ces eaux fougueuses dans des sites variés qui reposent agréablement la vue.

Au hameau de Saint-Thomas, on passe la Rue sur un pont d'une seule arche, et l'on est à vingt minutes du Saut-de-la-Saule, belle cascade formée par cette rivière. Pour y parvenir, on suit un sentier à droite de la rivière, et on arrive sans fatigue jusqu'à mi-chemin. Là, il n'y a plus d'autre passage que le lit même de la rivière, que l'on remonte en posant le pied sur des pierres lisses et glissantes, ou sur des pointes de rocher que l'action des eaux a mises à nu. Après avoir franchi péniblement divers accidents, on arrive en face du Saut-de-la-Saule, qui serait bien mieux nommé Saut-de-la-Rue. En cet endroit, la rivière, dont le cours est généralement très-rapide, est parvenue à creuser dans le roc une espèce de canal en pente, d'où elle se précipite, d'une hauteur de 25 à 30 pieds, dans un bassin profond, avec une impétuosité d'autant plus grande, que ce canal, très-étroit, n'est point en rapport avec la masse d'eau qui s'y accumule. De grêles broussailles, quelques arbres rabougris, que l'on aperçoit sur les hauteurs qui dominent d'un côté ces lieux sauvages, sont les seuls objets qui viennent contraster avec ceux qui forment l'ensemble de ce singulier tableau.

MARTIN - VALMEROUX (SAINT-). Petite ville située à 4 l. 1/2 de Mauriac. ✉ Pop. 1,446 hab.

Cette ville est bâtie dans un vallon fertile, arrosé par la Maronne. Derrière l'église, qui est assez belle, on voit une petite place sur laquelle on a construit une jolie fontaine. Très-près de la rive gauche de la Maronne, se trouvent les eaux minérales froides acidules de la Font-Sainte, qui sont très-fréquentées dans le mois de juillet et d'août, par les habitants du voisinage. D'après l'analyse de M. le docteur Mourguye, un kilogramme de ces eaux contient une grande quantité d'acide carbonique libre; 3 décig. de carbonate de protoxide de fer; 2 gr. de carbonate de chaux; 2 gr. de carbonate de magnésie. Elles déposent un sédiment ferrugineux peu abondant.—Une autre source, qui n'a point encore été analysée, existe à la sortie de Saint-Martin, sur la gauche du chemin qui conduit à Fontanges.

Au côté opposé de la vallée, on voit sur une petite élévation les ruines de l'ancien château royal de Crèvecœur, dont il ne reste que quelques murailles et une partie d'une tour ronde.

MAURIAC. Ancienne et jolie petite ville. Chef-lieu de sous-préfecture. Tribunal de première instance. ✉ Pop. 3,530 hab.

Cette ville est avantageusement située sur le penchant d'une colline volcanique. Son territoire, bien cultivé, produit des grains de toute espèce, du chanvre, du lin, des fruits, d'excellents légumes, beaucoup de fourrages, et on y élève quantité de bestiaux, ainsi que des chevaux renommés.

Suivant quelques auteurs, Mauriac était connu dès l'an 377, époque à laquelle l'empereur Gratien y aurait eu un palais où il venait se délasser des soins de l'empire et jouir des plaisirs de la chasse. Il paraît plus vraisemblable que cette ville doit son origine à sainte Théodéchilde, fille de Clovis, qui, ayant suivie son frère Thierry en Auvergne, s'y fixa, y fit bâtir l'église de Notre-Dame-des-Miracles, et fonda un monastère qu'elle dota de biens confisqués sur un seigneur du pays, nommé Bazolus, qui avait opposé de la résistance aux Francs.

En 1357, les Anglais, commandés par Robert Knol, s'emparèrent de cette ville, qui fut prise et pillée par les protestants en 1574.

L'église gothique de Notre-Dame-des-Miracles, fondée par Théodéchilde et reconstruite au XIIIe siècle, est fort jolie, bien conservée et ornée de figures singulières; le chœur et la porte principale paraissent remonter au IXe ou au Xe siècle, tandis que la nef, les bas-côtés, et surtout les chapelles latérales, sont d'un temps beaucoup plus moderne; un beau bas-relief représentant l'Ascension occupe la partie inférieure de l'archivolte de la porte d'entrée. Elle doit son nom aux miracles qui s'y opéraient, dit-on, anciennement, et que l'on attribuait à une statue de la Vierge, en bois très-noir, placée au-dessus du maître-autel; cette image attire encore de nos jours, le 9 mai de chaque année, un grand concours de peuple.

L'église du monastère était encore plus belle et plus antique, puisque l'époque de sa reconstruction est fixée à 820. Elle occupait l'emplacement d'un ancien temple élevé à Mercure par les Gaulois, ou par les Romains. Audigier prétend qu'on en retira une inscription gravée sur une lame de cuivre, indiquant la date de la fête qu'on y célébrait. La statue de ce dieu était, dit-on, en vermeil, et fut employée à faire des calices et autres objets destinés au culte catholique lors de l'établissement du christianisme. Cette superbe église est en ruine. Le collège, fondé par Guillaume du Prat, évêque de Clermont en 1550, et l'un des premiers qui furent professés par les jésuites, soutient encore aujourd'hui son ancienne réputation.

Sur la cime d'une colline voisine, se voient les restes de l'antique chapelle de saint Mary ou Marius, apôtre de la Haute-Auvergne. On jouit de ce point, d'une vue très-étendue. C'est sur le penchant de cette butte, autour de la chapelle, que se tient la célèbre foire du 8 juin, la plus considérable de l'arrondissement. L'immortel Montyon fit embellir la ville au moyen d'un atelier de charité, et la fontaine en forme d'obélisque qui se voit à l'extrémité de la promenade appelée Placette, est due à cet intendant philanthrope. On y lit une inscription composée par Marmontel, qui était du voisinage et qui avait fait ses premières études au collège de Mauriac. Une autre fontaine, placée plus au centre de la ville, est aussi digne de remarque.

Mauriac n'a d'édifices modernes que son hôtel-de-ville, qui orne la principale place, et un assez grand nombre de maisons particulières construites avec goût, quelquefois avec élégance. La sous-préfecture, le tribunal, les prisons, l'hospice et la gendarmerie, occupent les bâtiments de l'ancien monastère, ainsi que ceux du couvent des religieuses de Saint-Dominique.

La promenade dite la Placette, en forme de terrasse, et plantée par les soins de M. Grasset, ancien maire, domine de beaux jardins et un joli vallon tapissé de prairies dont les hauts-côtés sont garnis de maisons de campagne et de villages.

Le commerce de Mauriac, favorisé par plusieurs bonnes communications, est assez actif; c'est un entrepôt de diverses denrées et marchandises nécessaires aux montagnes, telles que les grains, les vins, les fruits, le sel, les objets de luxe et tout ce qui concerne le détail. Les foires, au nombre de huit, sont très-fréquentées; il s'y fait un commerce considérable de bêtes à cornes, de mulets, de chevaux estimés, de moutons et de cochons gras.

Mauriac a fourni quelques hommes célèbres : saint Odilon, abbé de Cluny, auteur de la Vie de saint Gérand d'Aurillac; l'abbé Chappe, célèbre astronome, auteur d'un Voyage en Sibérie où il avait été envoyé pour observer le passage de Vénus, en 1760; de M. Vacher de Tournemine, ancien président du tribunal, magistrat éclairé et intègre, savant distingué, député consciencieux, dont les assemblées législatives ont tant de fois admiré le talent et les lumières.

A 9 l. d'Aurillac, 128 l. de Paris.—*Hôtels* de l'Écu de France, des Voyageurs, de la Promenade.

MÉALLET. Village situé à 2 l. 3/4 de Mauriac. Pop. 1,024 hab. Cette commune occupe un terrain inégal et peu fertile entre les rivières de Marliou et de Mars. S'il faut s'en rapporter à Grégoire de Tours, c'est là qu'on doit chercher la grotte où vécut saint Calupan, dont il ne reste plus de trace, l'entrée ayant été obstruée par des éboulements successifs de rochers. A peu de distance du village, sont les ruines du château de Courdes, et un peu plus loin, sur le revers de la côte de Marliou, se trouvent les débris de la tour du Herm, que l'on croit avoir servi de vigie intermédiaire entre celles d'Arches et de Marlat. On y a découvert des médailles des empereurs Néron et Vespasien.

Le château de MONTBRUN, édifice du XIVe siècle, nouvellement restauré, situé à mi-côte de la vallée de Mars qu'il domine dans sa plus belle partie, fait aussi partie de cette commune.

MENET. Bourg situé à 6 l. de Mauriac. Pop. 1,200 hab. On y voit un beau lac et les ruines du château de MURAT-L'ARABE, qui dominent toute la contrée. Le château de LA CLIDELLE, non loin du bourg, au bord d'un précipice affreux, au bas duquel coule la Sumène, est une habitation agréable dont les alentours sont très-pittoresques.

MOUSSAGES. Village situé à 3 l. de Mauriac. Pop. 1,100 hab. Cette commune occupe le haut du plateau entre les rivières de Marliou et de Mars. Il y a plusieurs châteaux existants ou ruinés; au nombre des premiers, il faut citer ceux de Veyssel, de Fressanges, de Valmaisou et de Valens. Celui-ci, sans contredit le plus remarquable, est l'un des plus beaux édifices du XVe siècle qui existent dans le pays; mais il est dans un délabrement tel, qu'il y aurait beaucoup à craindre pour sa ruine prochaine, si la solidité de sa construction ne lui assurait encore une longue existence; les murs ont 7 pieds d'épaisseur.

PLEAUX. Petite ville située dans une plaine très-fertile en grains, à 3 l. de Mauriac. Pop. 3,125 hab. — *Commerce* de bestiaux, mulets, bêtes à laine, toiles, cire vierge et cochons gras. L'émigration y est néanmoins très-considérable; c'est un besoin réel d'alimenter l'esprit d'activité qui tourmente les habitants. Aussi l'aisance y est-elle doublée, et par les productions agricoles et par le numéraire qui rentre chaque année des autres provinces de France, et surtout de l'Espagne, où les habitants de Pléaux et des communes environnantes vont exercer leur industrie; ils sont, pour la plupart, marchands de parapluies, merciers ambulants, chaudronniers, etc.

RIOM-EZ-MONTAGNES. Petite ville située à 7 l. 1/4 de Mauriac. Pop. 1,048 h. Elle est bâtie dans les montagnes, au mi-

CHÂTEAU DE SOURNIAC.

lieu de riches pacages où l'on élève une quantité prodigieuse de bétail dont le produit est fort considérable; le commerce des fromages n'y est guère moins important. Les découvertes qu'on a récemment faites près de Riom, d'urnes cinéraires, de médailles romaines, et de vestiges assez étendus, font supposer que ce lieu a été plus considérable, et la tradition porte que ce fut une ville ruinée par les Sarrasins. L'église, dont le clocher semble avoir été une tour fortifiée, est très-ancienne.

SAIGNES. Bourg situé à 4 l. de Mauriac. Pop. 600 hab. — *Fabriques* de toiles qui s'exportent dans les départements du Midi. L'origine de Saignes se rattache à l'existence d'un ancien château fort dont les ruines couronnent une roche basaltique au milieu du bourg. On trouve au-dessus du fort des vestiges d'habitations romaines, et, à peu de distance, une fontaine d'eau ferrugineuse.

SALERS. Petite ville très-ancienne, située dans les montagnes, au pied du groupe des monts du Cantal, à 4 l. 1/4 de Mauriac. Pop. 1,400 hab.

Cette ville était, dans l'origine, un fief considérable, que le maréchal de La Fayette, gouverneur de Salers sous Charles VII, fit fortifier pour la mettre à l'abri des entreprises des Anglais. — Pendant les guerres de religion, les huguenots la surprirent, la pillèrent et massacrèrent un grand nombre d'habitants. L'église paroissiale, l'hôpital fondé par Pierre Lizet, et les bâtiments d'un ancien couvent de religieuses, affectés aujourd'hui à un pensionnat de demoiselles, sont les seuls édifices publics que la révolution ait laissés debout. La place principale est ornée d'une belle fontaine, et la petite promenade qui domine les jolis vallons de Saint-Paul et de Fontanges, au pied de monts altiers dont la tête se perd dans les nues, offre une vue étendue et pittoresque.

Commerce de bestiaux, fromages, grains et denrées.

SALINS. Village situé à 1 l. 1/2 de Mauriac. Pop. 500 hab. On remarque, à peu de distance, le joli château de Mazerolles, bâti sur une hauteur de la manière la plus pittoresque, au milieu de jardins disposés en terrasses, et de promenades qu'ombragent de beaux arbres.

A cinq cents toises de Salins, la rivière d'Auze se précipite perpendiculairement, d'une hauteur de plus de cent pieds, et forme la plus belle cascade de tout le département: l'aspect de cette belle chute, sa majestueuse élévation, la blancheur éblouissante de ses eaux; qui contraste agréablement avec la verdure des arbres qui la dominent et avec la couleur foncée du basalte, donnent au paysage un caractère particulier de beauté qui étonne et charme la vue. Les voyageurs peuvent se procurer le plaisir de voir cette belle cascade en se détournant seulement d'un petit quart d'heure de la route d'Aurillac, au-dessus du pont de Mazeroles.

SCORAILLES. Bourg situé à 1 l. 1/4 de Mauriac. Pop. 700 hab. Il est bâti dans une heureuse position au-dessus de la vallée d'Auze et près de la route de Pléaux. On y voit les ruines d'une ancienne forteresse désignée, dans l'histoire, sous le nom de *Castrum Scorallum*, et regardée comme inexpugnable. Pépin le Bref, qui depuis plusieurs années poursuivait avec un féroce acharnement Waiffre, duc d'Aquitaine, vint, vers la fin de l'année 767, assiéger le château, qui tenait, comme ceux de Carlat, de Peyrusse et de Tournemire, pour le malheureux duc, et parvint, après beaucoup de difficultés, à s'en rendre maître. Les ruines se voient encore près de l'église, et paraissent être de la plus haute antiquité.

SOURNIAC. Village situé à 1 l. 1/2 de Mauriac. Pop. 200 hab. On y voit un joli château bâti en 1636 par Gabriel de la Garde, officier de mérite dont les beaux et nombreux services militaires se trouvent relatés dans des lettres et brevets de Louis XIII. — A environ trois cents toises plus loin, vers le nord-ouest, sur l'angle saillant d'un plateau très-élevé, est un autre château, celui de SARTIGES, bâti à côté des ruines d'un plus ancien dont l'existence remontait au XIe siècle, et qui fut assiégé et détruit par les Anglais en 1357. Du plateau de Sartiges, qui domine le bassin formé par le versant des rivières de Sumène, de Marliou et de Mars, on jouit d'une vue étendue et pittoresque. L'œil embrasse à la fois la majeure partie du revers occidental de la chaîne de montagnes qui s'étend du Cantal au Mont-Dore, tandis que, vers le nord-ouest, se découvrent au-delà de la Dordogne, les vastes bruyères et des bois de châtaigniers bornés au loin par les montagnes de Maymac (Corrèze). Ce pays, quoique très-agreste et sillonné de gorges profondes, est en grande partie cultivé, couvert de verdure et parsemé de villages et d'habitations éparses qui en rendent l'aspect très-varié.

TRIZAC ou TRISAC. Gros bourg situé à 4 l. de Mauriac. Pop. 1,700 hab. On y remarque la belle habitation de M. Thuret, et une ancienne fontaine dont les eaux sont vives et abondantes. A quelque distance, dans les montagnes, se trouve une source intermittente qui reste quelquefois plusieurs années à sec; à d'autres époques, l'eau en sort tout à coup en abondance par gros bouillons. Son apparition est regardée comme un signe précurseur de disette, pronostic trop souvent réalisé. — Dans la commune de Trizac, se trouvent aussi les châteaux délabrés de Chavaroche, de Cheyrouse, de Lieuchy et de Peyrol, et celui de la Veyssière.

VEBRET. Village situé à 4 l. 3/4 de Mauriac. Pop. 1,440 hab. Cette commune occupe une partie de la vallée de Sumène, limitée par la rive gauche de la Rue, qui forme, près du hameau de Rochemont, la belle cascade du Saut-de-la-Saule (*voyez* MADIC). — Le château de Chayssac, appartenant à M. de Ribier, et celui de Cousans, à M. de Fontanges, sont dans les dépendances de Vebret. Le dernier, perché sur un roc qui domine le vallon, date du XVe siècle.

YDES. Village situé dans le joli vallon de Sumène, à 4 l. 1/2 de Mauriac. Pop. 1,000 hab. On y remarque une église très-ancienne et bien conservée, qui a successivement appartenu aux templiers et à l'ordre de Malte; elle est ornée, à l'extérieur, de sculptures curieuses et d'un zodiaque en bas-relief au-dessus de la porte.

Ydes est dominé par une butte que couronne la tour carrée du Châtelet, construite en 1448, et d'où l'on jouit d'une belle vue sur une vallée riante et pittoresque. C'est le séjour de prédilection de M. de Ribier, auteur du Dictionnaire statistique du Cantal, qui y cultive avec succès une grande collection d'arbres fruitiers, et une vigne, qui est l'unique de l'arrondissement.

ARRONDISSEMENT DE MURAT.

ALLANCHE. Petite ville située au milieu des montagnes, à 4 l. de Murat. Pop. 2,502 hab.

Cette ville est assez bien bâtie, fort propre et ornée d'une fontaine dont les eaux sont très-abondantes. — L'église paroissiale, ancienne et bien décorée, et le vieux château de Cheyladet, en sont les seuls édifices un peu remarquables.

Allanche a vu naître plusieurs hommes de mérite, entre autres François de Dienne, lieutenant-général; Charles de Dienne, aussi lieutenant-général; Balthazard de Dienne, chef d'escadre de la marine royale; Ferdinand de Dienne de Curières, officier supérieur, qui a fait plusieurs campagnes sous Napoléon; de la Volpilière, écrivain du XVIIe siècle; M. Ganilh, ancien député, que ses talents et ses écrits en matière de finance placent à un rang distingué; M. l'abbé de Pradt, ancien archevêque de Malines, si connu dans le monde politique et littéraire, et que le superbe établissement qu'il a formé à Pradt, près de cette ville, ne fera pas connaître moins avantageusement de ceux qui s'occupent d'agriculture. — *Commerce* de grains, vins et denrées que l'on tire de la Limagne ou de la Planèze pour l'approvisionnement des montagnes dont Allanche est l'entrepôt.

BREDON. Bourg situé sur l'Alagnon, dans une vallée remarquable par la beauté de ses cascades, à une demi-lieue de Murat. Pop. 2,400 hab. Il est bâti sur un rocher de basalte dans l'intérieur duquel les habitants se sont creusé plusieurs demeures assez commodes.

Près de Bredon, sur la rive gauche de l'Alagnon et au-dessus du moulin de Stalapos, il existe une source d'eau minérale ferrugineuse acidule.

Au-dessus des hameaux de Fraisse-Haut et de la Veyssière, dépendant de la commune de Bredon, on voit des grottes très-curieuses à plusieurs étages, creusées dans le conglomérat. Dans cette partie de la vallée, les couches volcaniques en superposition immédiate atteignent une hauteur extrêmement considérable (800 à 900 pieds d'épaisseur).

CELLES. Village situé sur la rive droite de l'Alagnon, à 2 l. de Murat. Pop. 800 h. L'église paroissiale est d'une construction fort ancienne; elle a successivement appartenu aux templiers et à l'ordre de Malte.

CHALINARGUES. Bourg situé à 1 l. 3/4 de Murat. Pop. 1,500 hab. L'église de ce bourg est fort ancienne. Près de la route de Massiac à Murat, on voit sur un rocher basaltique très-escarpé quelques vestiges de tours qui faisaient partie de l'ancien château de Cheylard, au-dessous duquel existe une magnifique cascade, qui forme,

MURAT.

avec les ruines du château et la végétation qui l'entoure, un charmant paysage.

CHANET. Village situé à 4 l. de Murat. Pop. 300 hab. — Aux environs de ce village, à 400 mètres au-dessus du moulin de la Peyronée, on trouve, dans un petit bois, les eaux minérales ferrugineuses acidules de Couches, dont la température est de $+11°$ R.

CHEYLADE. Bourg situé près des sources de la Rue, à 3 l. de Murat. Pop. 2,000 hab. On y remarque le château de Cheylade existant avant 1239, et ceux de Curières, du Cayre et du Sartre. — Au hameau de Fouilloux est une fontaine d'eau ferrugineuse très-fréquentée des habitants du pays. — A la Roche-Violette se voit un ancien monument, appelé la Tombe de l'Anglais, qui renferme, dit-on, les dépouilles d'un général de cette nation, tué dans ces parages au XIVe siècle.

CONDAT. Bourg situé dans un bassin profond et triangulaire, dont le paysage est vraiment délicieux, à 7 l. de Murat. Pop. 3,123 hab.

A peu de distance de Condat, vers l'est, sur la rive droite de la Santoire et à la base d'un grand escarpement de roche primitive, coulent trois sources d'eaux minérales froides, peu abondantes, dont les bassins sont creusés dans la roche même. M. le docteur Mourguye, qui a analysé un litre d'eau de l'une de ces sources, a trouvé qu'elle contenait une petite quantité d'acide carbonique, 2 décig. de carbonate de protoxide de fer, 3 décig. de carbonate de magnésie, 1 gramme de carbonate de chaux, 1 g. 1/2 de sulfate de soude, et 1 g. 1/5 de sulfate de magnésie. Ces sources sont fréquentées par les habitants du pays.

Très-près de Condat, on voit au bord de la rivière une belle grotte qu'on dit avoir été un ermitage.

DIENNE. Joli village situé au milieu des montagnes, sur la rive gauche de la Santoire, à 2 l. 1/4 de Murat. Pop. 1,950 h. Le chemin de Bort à Murat traverse dans cette commune, par un trajet d'environ une heure, la haute montagne du Limon, passage fort redouté en hiver : dans les temps de grandes neiges, le voyageur doit faire attention à ne pas perdre de vue les bornes plantées pour servir d'indicateurs, car s'il s'en écartait, il serait en péril de se perdre.

JOURSAC. Bourg situé à 3 l. 1/2 de Murat. Pop. 1,025 hab. Sur un plateau basaltique très-rapproché de ce bourg, on voit les superbes ruines du fort de Mardogne qui commandent la vallée et une partie de la Planèze.

MARCENAT. Bourg situé à 7 l. de Murat. Pop. 2,200 h. On y trouve une source d'eau minérale ferrugineuse acidule froide, dont on fait peu d'usage. — Émigration annuelle de colporteurs, ferblantiers, etc.

MOISSAC. Bourg situé à 7 l. de Murat. Pop. 650 hab.

MURAT. Petite ville. Chef-lieu de sous-préfecture. Tribunal de première instance. Société d'agriculture. Collége communal. ✉ ☞ Pop. 2,941 hab.

Cette ville est bâtie au pied du mont Cantal, sur la rive droite de l'Alagnon; ses rues étroites et tortueuses, très en pente et pavées d'un basalte glissant, sont, pour la plupart, difficiles à parcourir en hiver; c'est la ville la plus malpropre du Cantal. Elle est défendue des vents du nord et du nord-ouest par de grandes roches basaltiques composées de colonnes prismatiques qui ont depuis quatre jusqu'à quarante pieds de longueur, depuis cinq jusqu'à huit faces, et qui, vues de loin, offrent l'aspect d'un jeu d'orgue. Sur ce rocher, appelé de Bonnevie, sont les vestiges d'un château fort à l'origine duquel se rattache celle de la ville. C'était une de ces constructions à défier les plus braves et les plus instruits des hommes de guerre de ce temps; car, outre ses fossés, ses ponts-levis, ses nombreuses tours et sa double enceinte, le rocher qui le portait lui prêtait une merveilleuse défense naturelle. Cette forteresse, qui avait titre de vicomté, fut confisquée par Charles VI au profit de Jean, seigneur de l'Isle.

Renaud II, vicomte de Murat, furieux de se voir dépouillé, reprit son château, s'y fortifia, et, après un siége de onze mois, pendant lequel il se défendit en désespéré, resta maître de la forteresse; mais ayant refusé de rendre la foi-hommage à Bernard d'Armagnac, son suzerain, celui-ci s'empara du château de Murat, où Renaud fut fait prisonnier.

Louis XI, après avoir fait décapiter Jacques d'Armagnac, en 1477, s'empara du château de Murat et le fit raser. Cette forteresse, reconstruite de nouveau, subit, vers la fin du XVIe siècle, le destin de tous les châteaux pris et repris tour à tour par les catholiques et les protestants. Jugée inutile, ou peut-être même dangereuse à conserver, Louis XIII en ordonna la démolition en 1633, opération longue et dispendieuse pendant laquelle la ville fut souvent exposée par le jeu de la mine qu'il fallut employer pour faire sauter les fortifications.

Les principaux édifices de Murat sont : l'église de Notre-Dame-des-Oliviers, érigée en chapitre en 1350, incendiée en 1493, et rebâtie par Anne de France, duchesse de Bourbon et vicomtesse de Murat, dont on voit les armes peintes sur les vitraux ; le couvent des Récollets dit de Saint-Gal, aux portes de la ville, sur la route d'Aurillac, fondé par Bernard d'Armagnac en 1430 : la maison est assez belle et sert aujourd'hui d'hôpital ; le couvent des religieuses de Saint-Dominique, occupé par les administrations publiques.

Murat se glorifie d'avoir donné le jour à plusieurs hommes distingués, parmi lesquels on doit citer Traverse d'Auteroche, médecin de Louis XI ; Nicolas Teillard, général des finances sous le même roi ; Jean de l'Hôpital, médecin de Charles de Bourbon, connétable, et père du célèbre Michel de l'Hôpital, chancelier de France, etc.

Industrie et commerce. Le commerce de Murat est très-animé, surtout en grains, parce que, placée entre Aurillac et la Planèze, cette ville est en quelque sorte l'entrepôt obligé des blés récoltés dans cette partie. Son voisinage des grands herbages donne également une étendue considérable à son commerce de fromages : la vente annuelle de cette denrée s'élève, année commune, à 15,000 quintaux métriques. L'activité de Murat a pris un nouvel essor depuis l'ouverture de la route vers Massiac par les rives de l'Alagnon, et qui abrège de six lieues le trajet d'Aurillac à Clermont, outre l'avantage immense d'éviter les montagnes qui rendent la route par Saint-Flour si difficile. — Une partie des habitants de la classe peu aisée s'occupe de la fabrication d'étoffes et de dentelles communes ; l'autre partie émigre et va exercer dans les autres provinces de France les professions de marchands colporteurs, chaudronniers, fondeurs de cuillers, porteurs d'eau, revendeurs de peaux de lièvres, etc. Année commune, le nombre des émigrants s'élève, pour tout l'arrondissement, à environ 5000 individus.

On doit visiter, à une lieue de Murat, dans la paroisse de Moissac, l'énorme rocher de Laval, masse de basalte presque entièrement taillée à pic, qui offre de superbes colonnes prismatiques. — A peu près à la même distance, sur la route d'Aurillac, près du lieu de Chambon, dépendant de la commune de Brédon, on trouve un amas considérable de bois brûlé, enfoui sous plusieurs couches de terre. Près de là se voit une roche de colcotar, de bol rouge, et ces singularités ne sont pas les seules que les minéralogistes ont découvertes dans les environs de Murat.

La route d'Aurillac à travers les monts du Cantal en offre encore un plus grand nombre : on marche d'abord entre deux chaînes de rochers ; on s'élève ensuite vers les hautes régions à travers la forêt de Liorant, dont les noirs sapins attirent la vue de ce côté, tandis que le bruit des cascades retentit de tous côtés. On doit parcourir cette route à cheval pour bien jouir du spectacle imposant qu'elle présente ; c'est une allée tortueuse tracée au milieu de gorges effrayantes, et qui, suivant toujours le pied des montagnes, en fait parcourir toutes les sinuosités et offre aux yeux mille contrastes. Après avoir franchi le Pas de Compain, passage fameux dans le pays ; après avoir cent fois mesuré de l'œil, tantôt avec frémissement, tantôt avec admiration, les crêtes chenues d'énormes aspérités et les abîmes profonds qui sont à leur pied, on arrive, sous la douce influence de l'air du midi, dans des vallons riants, frais, couverts de bois verdoyants, arrosés par la Cère, dont le bruissement n'est plus celui d'un torrent, mais le cours d'une onde pure qui va caressant les fraîches prairies qu'elle fertilise. Arrivé dans cette belle vallée, l'esprit se repose des volcans, des enfers, des orages, des eaux furieuses, et de la triste verdure des sapins.

PEYRUSSE. Bourg situé à 4 l. de Murat. Pop. 1,240 hab. Il est dominé par un ancien château fort construit sur un rocher que l'on croit être l'ancienne Petruvia, assiégée et prise par Pepin sur Waiffre, duc d'Aquitaine, en 767.

FIN DU DÉPARTEMENT DU CANTAL.

IMPRIMERIE DE FIRMIN DIDOT FRÈRES,
RUE JACOB, N° 24.

Guide Pittoresque
DU
VOYAGEUR EN FRANCE.

ROUTE DE PARIS A ALBI,
TRAVERSANT LES DÉPARTEMENTS

DE SEINE-ET-OISE, DU LOIRET, DE LA NIÈVRE, DE L'ALLIER, DU PUY-DE-DÔME, DE LA HAUTE-LOIRE, DU CANTAL, DE L'AVEYRON, DU TARN, ET COMMUNIQUANT AVEC CELUI DE LA LOZÈRE.

DÉPARTEMENT DE L'AVEYRON.

Itinéraire de Paris à Albi,
PAR MOULINS, CLERMONT ET RODEZ, 165 LIEUES 1/2.

	lieues.		lieues.
De Paris à Moulins (v. route de Chambéry).	72 1/2	Lempdes	4 1/2
Châtel-Neuve	5	La Baraque	6
Saint-Pourçain	3	Saint-Flour	5
Mayet-d'École	4	Chaudes-Aigues	7 1/4
Gannat	2 1/2	La Guiolle	7 1/4
Aigueperse	2	Espalion	5 1/2
Riom	4	Rodez	7
Clermont	4	La Mothe	6
Coudes	5 1/2	Les Farguettes	7
Issoire	2 1/2	Albi	5

Communication de Saint-Flour à Mende, 19 l.

	lieues.		lieues.
De Saint-Flour à la Bessière-de-Lair	6 1/2	Saint-Amant	6
Saint-Chély	4 1/2	Mende	5

ASPECT DU PAYS QUE PARCOURT LE VOYAGEUR,
DE LA CALM A TANUS.

Après avoir dépassé le village de la Calm, une descente rapide conduit au fond d'un vallon où coule la Réols; on gravit ensuite une côte extrêmement rude, dont le versant opposé aboutit par une pente sinueuse à de belles prairies. Toute cette surface montueuse est couverte de gras pâturages, et sillonnée par de nombreux ruisseaux abondants en truites. La Guiolle est une petite ville bâtie sur le sommet et le penchant d'une butte basaltique : en la quittant, le pays perd, avec son élévation et ses laves, sa physionomie à la fois volcanique et montagneuse, et avec ses pâturages sa richesse pastorale. Après le village du Cayrol, on traverse une plaine élevée, entre des côtes et des bois, et l'on descend bientôt, à travers les noyers, les vergers et les vignobles, dans le magnifique bassin d'Espalion, petite ville où l'on passe le Lot sur un pont de pierre. On gravit, en sortant de cette ville, une côte sinueuse où l'on jouit d'une fort belle vue sur une contrée riante, agréablement coupée de champs bien cultivés, de bois et de vallons. Vis-à-vis du bourg de Bozouls, on passe le Dourdou, et après avoir traversé le village de Lioujas, on descend dans une belle et large vallée d'où l'on a eu perspective la ville de Rodez qui, dominée par la cathédrale, domine elle-même tout le pays qui l'entoure, par sa position sur une colline baignée d'un côté par l'Aveyron, et de l'autre par l'Eauterne.

On sort de cette ville pour se diriger sur Albi par Carcenac, Lamotte et Tanus. Carcenac est un petit et assez triste village; Lamotte un triste hameau, et Tanus un village on ne peut plus intéressant par son site, au fond d'un vallon sauvage et pittoresque où coule le Viaur. Ce village possède des mines de plomb non exploitées et un vieux château gothique : le pont ancien sur lequel on passe le Viaur s'allie parfaitement avec l'aspect romantique du château et du vallon, dont on franchit toute la largeur en traversant le pont jeté d'une montagne à l'autre, et dont une des piles s'appuie d'un côté sur le département de l'Aveyron, et de l'autre sur celui du Tarn.

DÉPARTEMENT DE L'AVEYRON.

APERÇU STATISTIQUE.

Le département de l'Aveyron est formé du Rouergue, pays qui dépendait autrefois de la ci-devant province de Guienne, et tire son nom de la rivière de l'Aveyron qui y coule de l'est à l'ouest, et le divise en deux parties.—Ses bornes sont : au nord, le département du Cantal; à l'est, ceux de la Lozère et du Gard; au sud, ceux de l'Hérault et du Tarn, et à l'ouest, celui du Lot.

Ce département, presque entouré par les Cévennes et les hauteurs du Cantal, est lui-même entrecoupé de montagnes couronnées de vastes forêts et dont les sommités sont couvertes de neige pendant plusieurs mois de l'année. Le sol est très-élevé et très-inégal; au nord, il est hérissé de montagnes volcanisées qui se lient à la chaîne de celles d'Auvergne, et qui sont séparées par des précipices affreux. C'est surtout depuis la Guiolle jusqu'à Naves que ces montagnes présentent les traces les plus étonnantes d'antiques incendies; les naturalistes parcourent avec une avide curiosité les cratères éteints, environnés de scories pulvérulentes, de matières torréfiées, mélangées de spath, de quartz et de granite : ils admirent ces basaltes prismatiques, figurant des colonnes groupées en jeux d'orgues et des pilastres veinés de différentes couleurs; ces buttes isolées lancées par d'épouvantables fournaises; ces remparts perpendiculaires de coulées de laves, subitement arrêtées dans leur fusion par la masse des eaux qui couvraient les plaines inférieures. — La plupart des montagnes du département ont un aspect très-sauvage et offrent des phénomènes remarquables : la surface de la petite contrée située près de la limite orientale, entre le Tarn, la Jonte et la Dourbie, affluents du Tarn, est jonchée de rochers à figures cubiques ou pyramidales, offrant de loin au voyageur l'aspect lugubre de tours et d'antiques châteaux tombant en ruine. — La chaîne située entre le Lot et l'Aveyron recèle de riches mines de charbon de terre qui, s'enflammant quelquefois spontanément, présentent le spectacle effrayant d'un volcan; ces combustions internes produisent de l'alun en grande quantité, et d'autres substances minérales. Les montagnes qui forment cette chaîne sont toutes de forme mamelonnée; leurs pics, très-rapprochés et plantés de beaux arbres, se dessinent dans les cieux en festons verdoyants. — Les montagnes d'Aubrac s'étendent sur une longueur de onze lieues, depuis la rive gauche de la Truyère jusqu'à la rive droite du Lot : tout ce pays a une physionomie sauvage; c'est la Sibérie du département; pendant le temps des neiges, les chemins n'y sont marqués que par de longues pierres dressées de distance en distance; dans les plus pauvres chaumières, hommes et animaux habitent pêle-mêle, et, comme chez certains peuples d'Afrique, les enfants ont pour compagnons les béliers et les veaux. Dans ce pays, la verdure ne commence à poindre que dans la première quinzaine d'avril; mais bientôt les montagnes offrent la végétation la plus brillante, et se couvrent de nombreux troupeaux amenés de toutes les parties du département où l'on éprouve la pénurie des fourrages : les pâturages sont divisés par montagnes ou buttes isolées; et pour en faire connaître l'étendue, on dit : C'est une montagne de trente, de quarante vaches. En été, ces montagnes présentent le plus magnifique spectacle : élevées en amphithéâtre les unes sur les autres, elles sont couvertes d'une pelouse dont la teinte douce est rehaussée par la pourpre des bruyères; d'innombrables filets d'eau entretiennent toujours la verdure, toutes fleurs y brillent encore quand ailleurs les chaleurs ont desséché les campagnes. Mais pourquoi faut-il que cette pompe de la nature, cette magnificence champêtre ne puissent prolonger leur durée pendant toute l'année? Dans les

PETIT ATLAS NATIONAL DES DÉPARTEMENS DE LA FRANCE

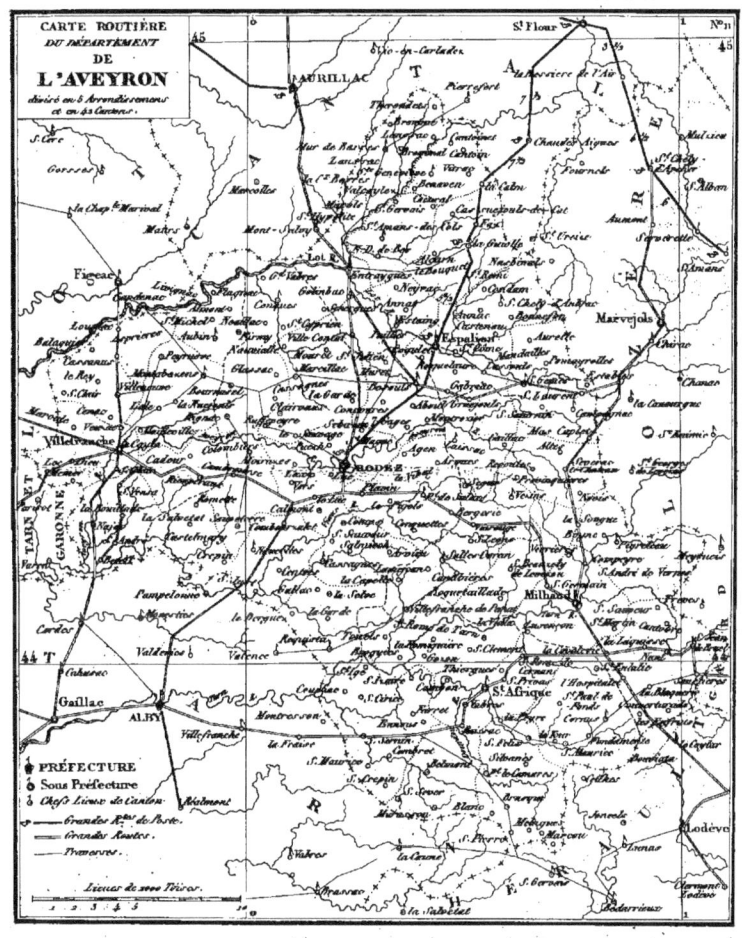

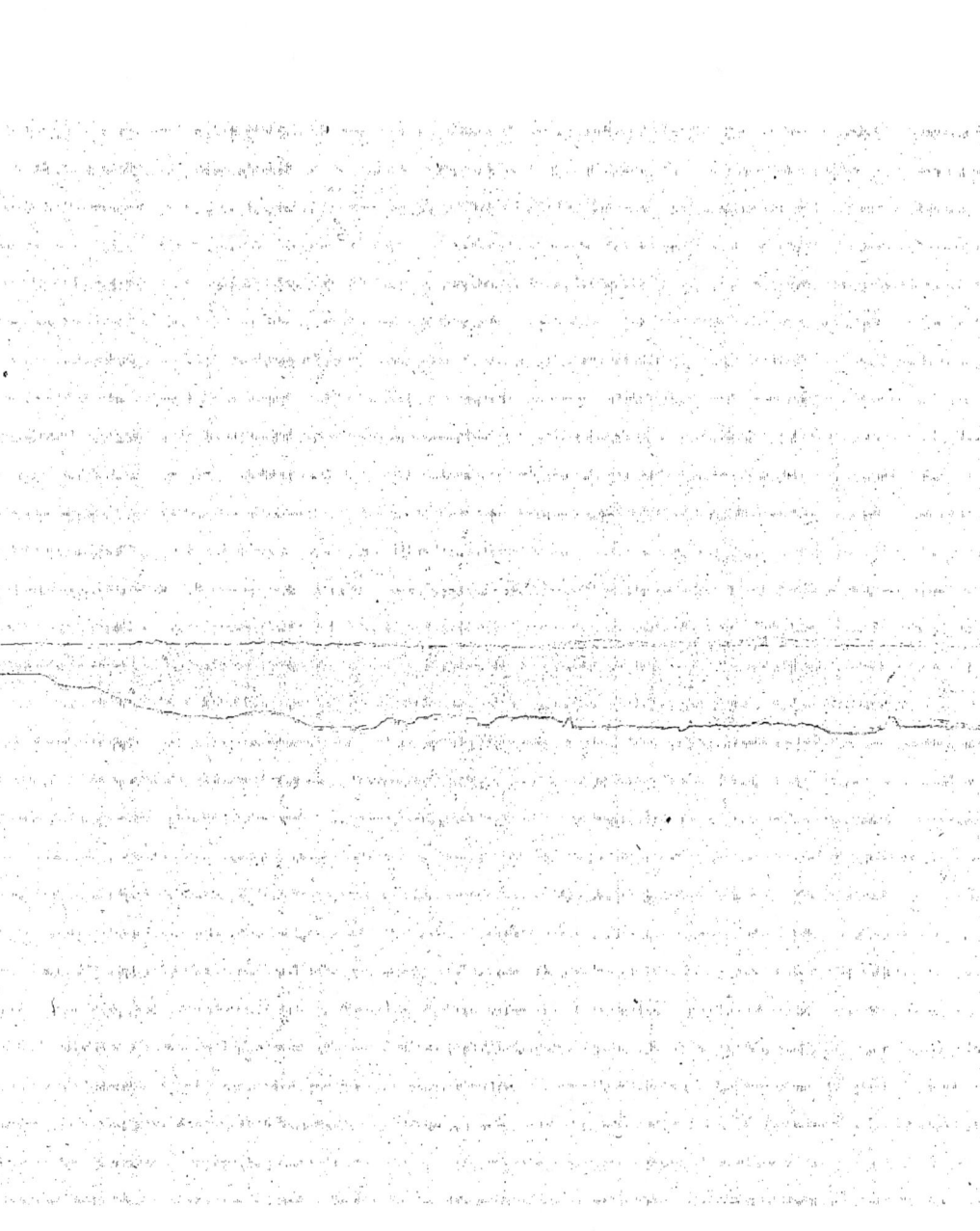

premiers jours d'octobre, les troupeaux regagnent leurs étables ; les montagnes, abandonnées et dépouillées de verdure, se couvrent de neiges et de brouillards. Pendant l'hiver, toute la contrée est ensevelie sous des monceaux de neige ; les eaux gelées des torrents sont suspendues en longs filets de cristal, et les cimes des arbres qui restent découvertes, sont chargées de givre qui ne fond que vers le milieu du printemps.

On jouit, dans l'Aveyron, d'un climat pur, qui cependant est assez froid dans certaines parties, particulièrement sur les montagnes. L'hiver se fait sentir près de six mois sur les plateaux du nord, ainsi qu'à l'extrémité du Levezou. Quoique moins froide dans les cantons occidentaux que dans la région septentrionale, la température y est encore assez rude pour s'opposer à la culture des céréales un peu délicates. Le climat est généralement chaud dans la région orientale, où sont situés tous les vignobles du département. Dans la partie septentrionale, on passe subitement d'un froid à un chaud excessif, toujours hiver ou été ; dans la partie occidentale, l'air est en général tempéré. Dans l'une, les formes robustes du sexe donnent à leurs traits un air de ressemblance avec ceux des hommes ; dans l'autre, le tempérament des hommes est plus délicat et se rapproche plus de la complexion des femmes. Dans la première partie, la prosodie du langage est dure et martelée ; dans la seconde elle est douce et traînante ; dans celle-là, l'urbanité et les modes n'ont pour ainsi dire pu gravir les montagnes ; dans celle-ci, elles sont arrivées par les belles routes qu'on y a construites depuis long-temps ; là, se trouvent les vertus des premières sociétés, ici les lumières des peuples civilisés ; enfin, quand on est passé du nord à l'ouest du département, on croit être descendu des montagnes de la Suisse dans les plaines du Languedoc, et l'on n'a pas fait six lieues. — Dans un pays aussi élevé que l'Aveyron, les vents doivent être impétueux ; aussi arrive-t-il quelquefois qu'ils enlèvent les toits des maisons et déracinent même les chênes. Celui du midi est si violent, qu'il force les branches d'un grand nombre d'arbres de se diriger vers le nord. Dans la partie méridionale, il pleut par le vent du sud ; dans le reste du département, par celui de l'ouest.

Le département de l'Aveyron a pour chef-lieu Rodez. Il est divisé en 5 arrondissements et en 42 cantons, renfermant 215 communes. — Superficie, 450 lieues carrées. — Population, 359,056 hab.

MINÉRALOGIE. Nombreuses mines de fer, de cuivre, et de plomb sulfuré argentifère, antimoine, zinc sulfuré et sulfaté. Mines de houille importantes, qui occupent plus des deux tiers de la surface du département, et sont exploitées avec succès sur plusieurs points. Carrières de marbre, de plâtre, de pierres meulières. Pouzzolane, argile à potier. Terres alumineuses exploitées en grand. Tourbières.

SOURCES MINÉRALES à Cransac, Sylvanès, Pont-de-Camarès (Andabre et Prugné).

PRODUCTIONS. Seigle printanier et d'automne, froment, avoine blanche, orge, sarrasin, plus de vingt variétés de châtaignes, truffes, champignons, fruits. — 13,700 hectares de vignes, produisant annuellement 280,000 hectolitres de vins communs, qui se consomment dans le département. Les meilleurs crûs sont ceux de Lancedot, d'Aynac, de Marcillac, et quelques autres de l'arrondissement de Rodez. — 47,511 hectares de forêts (arbres verts et feuillus). — Élève des chevaux, mulets, ânes. Nombreux haras particuliers. Belle espèce de bêtes à cornes. Nombreux troupeaux de moutons, chèvres, porcs gras. Grand et petit gibier (loups, renards, blaireaux, chevreuils). — Très-bon poisson (truites et écrevisses, saumons dans le Viaur, etc.)

INDUSTRIE. Manufactures de draps, cadis, tricots, ratines, serges, couvertures de laine. Fabriques de bonneterie en laine et en coton, feutres et forces pour les papeteries, toiles grises et d'emballage. Ganterie renommée. Nombreuses filatures de laine et de coton. Extraction et raffinage d'alun et de sulfate de fer. Forges, hauts fourneaux, fonderies et batteries de cuivre, et fabriques d'ouvrages en cuivre rouge et jaune. Papeteries. Tanneries, mégisseries et chamoiseries. Teintureries. Éducation des vers à soie. Exploitation de houille.

COMMERCE de grains, pruneaux, amandes, châtaignes, cire, jambons, fromages de Roquefort et de la Guiolle, moutons, bestiaux, cuirs, gros draps, laines, toiles, chanvre, ustensiles de cuivre, gants de peau, houille, alun, clous, tonnellerie, bois merrain et propre à la fabrication des meubles, etc.

DÉPARTEMENT DE L'AVEYRON.

VILLES, BOURGS, VILLAGES, CHATEAUX ET MONUMENTS REMARQUABLES; CURIOSITÉS NATURELLES ET SITES PITTORESQUES.

ARRONDISSEMENT DE RODEZ.

BOURNAZEL. Village situé à 8 l. 1/2 de Rodez. Pop. 800 h. On y voit les restes d'un magnifique château, remarquable par la perfection des sculptures et la richesse des ornements qui le décoraient.

BOZOULS. Petite ville située près de la rive droite du Dourdou, à 5 l. de Rodez. Pop. 2,876 hab.

CALMONT. Bourg situé à 4 l. 1/2 de Rodez. Pop. 240 hab.—*Fabriques* de toiles. —*Commerce* de bestiaux pour l'approvisionnement de Marseille et de Bordeaux.

Au sud de Calmont, sur la rive gauche du Viaur, on voyait autrefois la riche abbaye de Bonnecombe dont il ne reste presque aucun vestige.

CAMBOULAS. Bourg situé à 4 l. 1/2 de Rodez. Pop. 1,200 hab.—*Fabriques* d'étoffes de laine et de bourre de bœuf et de chanvre, qui se vendent à si bon marché, qu'un homme de forte taille peut se vêtir complètement pour moins de six francs.

CASSAGNES-BEGONHES. Village situé à 5 l. 3/4 de Rodez. Pop. 1,543 hab.

Ce village est entouré de murs et beaucoup plus ancien qu'un grand nombre de villes de France. Les Anglais s'en rendirent maîtres sous le règne de Charles VI, et l'on voyait encore leurs léopards sur les portes vers la fin du siècle dernier. L'intérieur est obscur et malpropre.

CHRISTOPHE (SAINT-). Village situé à 5 l. 1/2 de Rodez. Pop. 817 hab. Il est bâti dans une situation agréable et dominé par une tour gothique, et par un mont en cône tronqué, dont le double effet ajoute au ton pittoresque de son charmant paysage.

CLAIRVAUX. Bourg situé à 4 l. 1/2 de Rodez. Pop. 550 hab.

On remarque aux environs de ce bourg la jolie grotte de Salles-Pinson, composée de stalactites et de stalagmites produites par l'infiltration des eaux; elle se cache au fond d'une prairie derrière une touffe de noyers, et offre un site extrêmement agréable.

COMPS. Bourg situé à 3 l. 3/4 de Rodez. Pop. 1,200 hab.

CONQUES. Petite ville située sur le Dourdou, à 9 l. 1/2 de Rodez. Pop. 1,309 hab.

Cette ville est bâtie, ou plutôt cachée, dans une profonde vallée : rien n'est plus sauvage que cette position; on n'y voit de la terre et de la végétation que dans les fentes de rocher, le ciel qu'en regardant au-dessus de sa tête, le soleil que lorsqu'il approche de son zénith; on n'y entend d'autre bruit que celui du torrent qui se précipite du haut de la montagne, où tout enfin rappelle l'ancienne Thébaïde.

Conques doit son origine à une abbaye, fondée vers les premiers temps de la monarchie, qui s'enrichit rapidement des dons des peuples et des rois, et compta jusqu'à neuf cents moines; ses titres féodaux formaient un immense cartulaire, qui fut brûlé publiquement peu de temps après l'extinction des droits féodaux. La ville est située à mi-côte, et la pente de ses rues est si rapide, que les puits se trouvent de niveau avec les greniers; si on laisse tomber un peloton de fil au haut de la ville, on est obligé d'aller le chercher au bas. L'abbaye et le cloître sont vers le centre; c'est un assez bel édifice gothique, dont le portail, chargé de sculptures grossières, passait jadis pour une merveille.

Patrie de Chirac, premier médecin de Louis XV.

MARCILLAC. Petite ville située sur le Craynaux, à 5 l. 1/2 de Rodez. Pop. 1,603 hab. Elle est bâtie au milieu d'un bassin de prairies, entouré de vignobles et de bourgs; ses dehors, ombragés de noyers et de beaux peupliers qui bordent la rivière, offrent des promenades délicieuses; mais l'intérieur est obscur et sans régularité. Le pavé des rues est continuellement couvert de paille et de feuilles; il est impossible de faire un pas sans que les pieds enfoncent dans le fumier et que l'odorat soit désagréablement affecté. —*Fabriques* de toiles.—*Commerce* de vins, d'huile de noix et de bestiaux.

NAUCELLE. Bourg situé dans une large vallée qui le sépare de Sauveterre, à 8 l. 1/2 de Rodez. P. 1,043 h. Il se compose de vieilles maisons qui semblent cacher leur délabrement derrière une ceinture de vieilles murailles.

PONT-DE-SALARS. Village situé à 5 l. 3/4 de Rodez. Pop. 1,800 hab.

RADEGONDE (SAINTE-). Village situé à 2 l. de Rodez. Pop. 1,100 hab.

RODÈZ.

TOUR DE RODEZ.

EGLISE ANTIQUE DE LESCURE.

On croit que ce village possédait, avant l'établissement des Romains dans le pays, un édifice gaulois, sur les ruines duquel on construisit, dans le XIIIe ou XIVe siècle, une forteresse dont les ruines sont les plus considérables de toutes celles qui existent encore dans le département. D'anciens titres portent qu'elle appartenait en commun aux cultivateurs des environs, et que chacun d'eux y possédait une chambre pour s'y réfugier en temps de guerre, ou quand des brigands désolaient la campagne. Depuis, lorsque l'anarchie féodale eut cessé, on y bâtit un clocher, et l'intérieur fut converti en église. Ce fort, à cause de sa situation élevée, s'aperçoit de très-loin et sert de point de reconnaissance aux voyageurs.

REQUISTA. Bourg situé à 15 l. de Rodez. Pop. 3,547 hab. Ce bourg est l'entrepôt des villages voisins, qui y portent des fromages, du beurre, du fil et des toiles, dont il se fait un grand commerce.

RIGNAC ou RINHAC. Bourg situé à 8 l. 1/2 de Rodez. ✉ ☞ Pop. 1,719 hab. Ce bourg, qui domine une petite plaine fertile, est très-ancien. Il était autrefois fortifié. Les états de la province y furent assemblés en 1382. — *Fabriques* de bonneterie en laine. — *Commerce* de porcs et de bestiaux.

RODEZ ou RHODEZ. Ville fort ancienne. Chef-lieu du département. Tribunaux de première instance et de commerce. Chambre des manufactures. Société d'agriculture. Collége royal. École des sourds-muets. Évêché. Grand séminaire. ✉ ☞ Pop. 8,210 hab.

L'origine de Rodez, comme celle de toutes les villes anciennes, se perd dans les ténèbres des temps passés. On sait seulement qu'elle était, sous le nom de *Segodunum*, la capitale des *Ruteni*, dont César fait mention dans ses Commentaires. Elle est désignée sous le nom de *Segodum* dans la carte de Peutinger, et sous celui de *Rutena* dans Grégoire de Tours. Après la décadence de l'empire, la possession de cette ville fut disputée par les Visigoths et par les Francs, et dans cette lutte elle fut prise et reprise plusieurs fois, notamment par Théodoric. Dès le Ve siècle, elle était le siége d'un évêché. Sous Charlemagne, elle fut incorporée à l'Aquitaine. Les Normands l'attaquèrent à deux reprises différentes dans le IXe siècle. Dans le XIIe, c'était une ville forte, sur laquelle le comte et l'évêque prétendaient avoir des droits égaux. En 1210, elle fut attaquée par les Albigeois, qui furent défaits par le seigneur de Ténière au moment où ils allaient s'y introduire. En 1351, la crainte des Anglais, qui ravageaient le Rouergue, fit entourer de fortifications la partie de la ville appelée la Cité ; ces fortifications furent augmentées et réparées en 1440, mais elles n'empêchèrent pas, quatre ans plus tard, lors de la guerre contre le comte d'Armagnac, l'armée royale d'entrer dans ses murs. Pendant les troubles du XVIe et du XVIIe siècle, cette ville resta fidèle à la cause royale, et repoussa toujours les calvinistes.

La ville de Rodez est bâtie sur la crête et sur le penchant d'une colline dont l'Aveyron baigne la base, à cent cinquante pieds environ au-dessus de cette rivière. De quelque côté qu'on y arrive, on l'aperçoit de très-loin, et son élévation lui procure un climat très-sain, un horizon fort étendu ; toutefois cet horizon n'est pas aussi agréable qu'il est vaste, le vallon de l'Aveyron étant dépourvu de prairies, de vignes, de vergers et d'ombrages. La ville est petite et généralement mal bâtie ; ses rues sont étroites, tortueuses, escarpées, assez malpropres, et l'obscurité en est augmentée par les saillies que, dans la plupart des maisons construites en bois, le premier étage forme sur le rez-de-chaussée ; le pavé y est inégal, raboteux, sillonné de profondes ornières, hérissé de cailloux pointus. Il est cependant à remarquer que des maisons neuves et de bon goût s'y construisent journellement, et qu'on y trouve plusieurs places publiques spacieuses et assez régulières. Les dehors de cette ville sont fort agréables ; de charmantes promenades l'entourent et forment de superbes terrasses qui s'étendent depuis les murailles jusqu'à la rivière : la plus belle est à quelque distance de la ville, avec laquelle elle communique par une triple allée de tilleuls de la plus belle venue ; c'est une esplanade carrée et plantée en quinconce ; le terrain s'abaisse insensiblement de ce côté, et Rodez présente en cet endroit un abord facile et une entrée magnifique. Sur presque tous les autres points, cette antique cité est entourée d'une profonde vallée circulaire, qu'on peut regarder comme ses fossés naturels. L'air y est vif et sain, le sang très-beau : on remarque surtout avec plaisir la beauté, l'éclat et la fraîcheur des femmes, qui presque toutes sont des plus jolies.

La cathédrale est un superbe édifice, bâti en forme de croix latine, du XIIIe au XVIe siècle. Ses voûtes hardies, sa teinte antique, ses vitraux mystérieux, tout concourt à lui imprimer un caractère qui porte dans l'ame un pieux recueillement : elle a 97 m. 45 c. de longueur sur 36 m. de large ;

la voûte est haute de 33 m. 33 c. On admire surtout les arabesques pleines de grace et de goût qui décorent la partie latérale du chœur et l'entrée de la sacristie. La disposition de cette cathédrale est remarquable, et ne se trouve que dans quelques-unes des églises du midi de la France; le frontispice qui donne sur la place d'armes est sans portail, et il n'y existe que des entrées latérales; en face du chœur, à l'endroit où se trouve ordinairement la principale entrée, est un grand autel appuyé contre la muraille. A côté est une chapelle du Saint-Sépulcre, remarquable par la voûte plate qui lui sert de plafond. Le clocher, qui est le principal ornement de cette basilique, s'aperçoit de plus de quinze lieues; il est carré jusqu'au tiers de sa hauteur, et s'élève ensuite en tour octogone flanquée de quatre tourelles qui portent sur les angles de la base; la partie supérieure, accompagnée des mêmes tourelles, qui arrivent jusqu'au sommet, est ronde et terminée par une plate-forme, au milieu de laquelle est une jolie lanterne percée à jour, couronnée par une statue de la Vierge de grandeur colossale : les quatre tourelles sont couronnées elles-mêmes par les statues des quatre Évangélistes. On parvient à la partie supérieure par un joli escalier intérieur en colimaçon, placé au milieu d'une lanterne travaillée à jour avec la plus grande délicatesse. Dans le pourtour du clocher, règnent, en filigranes non moins délicats, trois galeries étagées l'une sur l'autre, et pratiquées sur des encorbellements; la première au haut de la partie carrée, la seconde de la partie octogone, et la troisième de la partie ronde. Cette dernière couronne le clocher en entourant la plate-forme qui le termine.

On remarque encore à Rodez le palais épiscopal, édifice moderne, qui n'a toutefois de frappant que ses terrasses et son escalier extérieur en fer à cheval, construit à l'instar de celui du palais de Fontainebleau; l'hôtel de la préfecture, bâti depuis peu au centre de la ville; les beaux bâtiments du collège royal, construits par les jésuites peu avant leur suppression; le séminaire; la bibliothèque publique, renfermant 16,000 volumes; le cabinet d'histoire naturelle et de physique; le nouvel hôtel-de-ville; l'hôpital; le haras, établi dans les bâtiments d'une ancienne chartreuse; le beau cloître des Cordeliers, ouvrage du XIVe siècle, etc.

On doit visiter aux environs le charmant village de Salles-Comtaux et les belles cascades dont nous donnons ci-après la description.

Rodez est la patrie de Hugues Brunet, troubadour du XIIIe siècle; du peintre A. Crozat; de M. Alexis Monteil, auteur d'une bonne statistique de l'Aveyron, de l'histoire des Français des divers états aux cinq derniers siècles, et de plusieurs autres ouvrages estimés; de M. Delrieu, auteur dramatique.

Fabriques de serge et de tricots pour l'habillement des troupes, couvertures de laine, bougie, chandelles, cartes à jouer. Filatures de laine. Teintureries. Tanneries. — *Commerce* de grosses draperies et autres objets de ses manufactures, de laines, toiles grises, fromages, mulets et bestiaux. — Pépinière départementale.—Dépôt d'étalons.

A 17 l. d'Albi, 147 l. de Paris.—*Hôtels* des Princes, des Voyageurs, de la Ville de Paris.

SALLES-COMTAUX ou **SALLES-LA-SOURCE**. Petite ville située à 3 l. de Rodez. Pop. 2,210 hab.

Cette ville est bâtie dans un vallon extrêmement pittoresque et qui peut être comparé à tout ce que l'Italie offre de plus beau en ce genre. Sur presque tous les points, les bords de ce vallon sont coupés à pic, et lorsqu'on y arrive, on aperçoit à une profondeur effrayante, de beaux vergers, des cascades, de riantes prairies, qui semblent des lieux dont il paraît impossible d'approcher. Mais, en se détournant sur la gauche, on arrive à un côté ombragé de chênes et moins escarpé, par lequel on descend insensiblement. Parvenu au bas, on se croit cerné par un rempart circulaire de rochers qui encadrent un paysage varié par de petits coteaux, par des villages, des filets d'eau, des champs, des plantations de noyers et de vignes; ces hautes roches, en projetant leurs ombres tantôt d'un côté et tantôt de l'autre, augmentent encore l'effet de cette belle scène.

A l'extrémité méridionale du vallon, est un massif de pierre calcaire sur lequel est bâti Salles-Comtaux. Du haut de cette élévation, se précipite un ruisseau qui se divise en deux cascades de 40 pieds de haut. Leurs eaux tombent dans deux bassins, d'où elles s'échappent pour aller fertiliser des prairies et arroser ensuite le vallon de Marcillac. Derrière ces cascades, se trouve une superbe grotte en forme de fer à cheval; sa voûte s'élève en entonnoir; son entrée, couronnée de frênes, de figuiers sauvages, de lierre, de scolopendre et de plusieurs plantes sarmenteuses, qui pendent en festons, est taillée en arc très-ouvert, et laisse pénétrer dans l'intérieur les rayons du soleil reflétés par la surface des deux bassins; la grotte, remplie alors d'une vive clarté, laisse apercevoir les mousses fraîches qui en tapissent l'intérieur : les gouttes d'eau qui tombent de la voûte, brillantes comme des perles, la fraîcheur des eaux et le parfum des prairies, font éprouver au spectateur des sentiments délicieux; sa vue se promène avec plaisir sur le charmant vallon de Marcillac, dont le paysage, entrecoupé de vergers et de belles prairies, offre un aspect enchanteur.

Une autre cascade fort intéressante est celle placée directement au-dessous des terrasses du château de Saint-Laurent. Au lieu de s'élancer en courbe parabolique comme presque toutes celles qui existent dans les montagnes, elle roule ses eaux le long d'un canal naturel dont l'inclinaison s'éloigne peu de la ligne verticale. La roche qui forme le fond et les parois du canal a été percée d'outre en outre, et forme un véritable pont sous l'arcade duquel les habitants passent pour aller d'une rive à l'autre, pont qui a cela d'étrange qu'à la différence des ponts ordinaires, les eaux passent dessus et les hommes dessous. Ce curieux arceau conduit à un sentier frais et ombragé qui conduit lui-même le long de la rive gauche du Craynaux, à son confluent avec le ruisseau de Souyri.

SALVETAT (la). Petite ville située à 13 l. 1/2 de Rodez. Pop. 1,036 hab.

SELVE (la). Bourg situé dans un vallon bien cultivé et arrosé par trois ruisseaux, à 10 l. 1/2 de Rodez. Pop. 900 hab. On y voit un vieux château bâti par les templiers. — *Commerce* de toiles. Verrerie à bouteilles.

SOLSAC. Village situé à une lieue de Salles-Comtaux. On y voit une grotte de trois cents pieds de profondeur, dont l'entrée spacieuse, ombragée de tilleuls et de frênes, est fermée par un mur en maçonnerie où l'on n'a laissé qu'une petite porte.

Non loin de là, du côté du sud-est, on rencontre l'épouvantable abîme appelé dans le langage pittoresque du pays, le Tindoul ; c'est une grande crevasse triangulaire, de 140 pieds de profondeur et de 94 pieds de tour, dont tous les côtés sont coupés à pic ; dans les fentes des rochers croissent, vers l'orifice, des chênes, des cerisiers et des frênes qui, malgré leur position, s'élèvent perpendiculairement à l'horizon. En penchant le corps pour voir le fond de cet abîme, on est saisi d'effroi et l'on court risque d'éprouver des tournoiements de tête : aussi est-il prudent de se coucher pour y regarder à son aise et sans crainte des suites d'un vertige.

VALADI. Bourg situé au pied d'un coteau planté de vignes qui domine un bassin de prairies, à 4 l. 3/4 de Rodez. Population 1,800 hab.

ARRONDISSEMENT DE SAINT-AFFRIQUE.

AFFRIQUE (SAINT-) ou SAINT-FRIC. Jolie ville. Chef-lieu de sous-préfecture. Tribunaux de première instance et de commerce. Chambre consultative des manufactures. Société d'agriculture. Collège communal. ✉ ⚘ Pop. 6,336 hab.

Saint-Affrique est une ville ancienne, qui fut fortifiée en 1357 et qui devint plus tard une des places principales que possédaient les calvinistes. Le prince de Condé l'assiégea inutilement en 1628, mais l'année suivante elle fut obligée de se rendre à Louis XIII, qui la fit démanteler. Après cette époque, la ville a pris de l'extension, et a acquis une certaine importance sous le rapport commercial et industriel.

Cette ville est située dans un beau et frais vallon entrecoupé de prairies, de vergers et de vignes, que l'on trouve plus délicieux encore lorsqu'on le compare au pays nu et hérissé de rochers qui entoure Saint-Affrique sur presque tous les points. Elle se présente fort bien par une belle avenue, un beau pont et une belle rue spacieuse qui l'entoure en arc de cercle et en forme de boulevards, ou qui la traverse en la séparant de ses faubourgs, bien plus beaux et plus considérables que la ville même, dont l'intérieur se compose de maisons gothiques, de rues obscures et mal alignées.

Le principal édifice que l'on y remarque, en y arrivant d'Albi, est l'hôpital, qu'on voit à droite avant de passer le pont : on y a établi la mairie et le collège. En face est le palais de justice, nouvellement construit. L'église paroissiale est moderne et assez jolie. Une belle fontaine décore le milieu de la principale rue.

Fabriques de draps, cadis, molletons, couvertures de laine. Filature de coton et de laine. Tanneries et mégisseries. — *Commerce* considérable de laines, dont Saint-Affrique approvisionne les fabriques de Castres et de Carcassonne, de fromages de Roquefort, etc.

A 16 l. 1/2 de Rodez, 17 l. 1/2 d'Albi, 188 l. de Paris.

ANDABRE. *Voy.* Pont-de-Camarès.

BELMONT. Bourg situé à 6 l. de Saint-Affrique. Pop. 2,151 hab. Il est bâti sur le penchant d'un coteau au pied duquel coule la Rance, et remarquable par une église paroissiale surmontée d'un beau clocher à flèche d'une construction hardie.

BROQUIES. Bourg situé sur la rive droite du Tarn, à 6 l. de Saint-Affrique. Pop. 1,400 hab.— *Commerce* de vins, noix, fruits et pruneaux.

BRUSQUES. Petite ville située à 7 l. de Saint-Affrique. Pop. 1,100 h. Elle est bâtie sur le penchant d'une colline, du sommet de laquelle on découvre l'intérieur de son enceinte. Ses maisons antiques, bâties d'une pierre veinée comme le marbre, produisent par leurs teintes un effet pittoresque.— *Fabriques* de draps.

CAMARÈS. *Voy.* Pont-de-Camarès.

COMBRET. Bourg situé à 6 l. de Saint-Affrique. Pop. 1,100 hab.

CORNUS. Petite ville située à 7 l. 1/4 de Saint-Affrique. Pop. 1,813 hab.

Cette ville est bâtie sur le penchant d'un coteau couronné par un joli bouquet de hêtres qui donne un air de fraîcheur à son paysage. L'intérieur n'est rien moins qu'agréable; les rues sont mal pavées, malpropres et bordées de maisons mal bâties. — *Fabriques* de draps communs, d'étoffes mélangées de fil et de coton, de forces pour papeteries. Filatures de laine. Préparation des fromages façon de Roquefort.

COUPIAC. Bourg situé à 8 l. de Saint-Affrique. Pop. 2,200 hab.

EULALIE (SAINTE-). Bourg situé à 6 l. de Saint-Affrique. Pop. 1,600 h. C'était jadis un ancien chef-lieu d'une des plus riches commanderies de l'ordre de Malte.

FAYET. Village situé à 5 l. 3/4 de Saint-Affrique. Pop. 1,123 hab. — *Fabriques* de cadis et de tricots.

FÉLIX (SAINT-). Bourg situé à 4 l. de Saint-Affrique. Pop. 700 hab. Il est bâti sur un coteau et domine un vallon agréable, varié par des vergers, des vignes, des prairies, et arrosé par la Sorgue. — *Fabriques* de draps. Filatures de laine.

PONT-DE-CAMARÈS. Petite ville située à 5 l. de Saint-Affrique. Pop. 2,679 hab.— *Fabriques* de draperies. Filatures de laine.

Cette ville, mal construite, mal percée et encore plus mal pavée, est bâtie en amphithéâtre sur les flancs d'un rocher escarpé et de difficile accès, qui s'élève à pic au bord du Dourdou, que l'on traverse sur un pont fort ancien, au-delà duquel se trouve un joli faubourg très-peuplé, très-propre et d'un séjour agréable.

EAUX MINÉRALES D'ANDABRE.

A une demi-lieue est de Pont-de-Camarès, au hameau d'Andabre et dans celui de Prugne, on trouve deux sources d'eaux minérales salino-ferrugineuses froides, connues sous le nom d'Eaux froides de Camarès [1].

Les eaux minérales d'Andabre sourdent dans un vallon ouvert, au nord-ouest de Sylvanès, et ne sont séparées de cet établissement thermal que par une chaîne de montagnes du troisième ordre, qui, se dirigeant de l'est au sud-ouest, couronnent l'un et l'autre vallon, vont s'attacher au pic de Roste, et se prolongent jusqu'au Pont-de-Camarès.

L'époque de la découverte des eaux d'Andabre est inconnue. L'académie royale des sciences de Paris en fit l'analyse en 1670, Malrieu en 1772. Cette analyse fut renouvelée, en 1802, par M. le docteur Caucanas, qui publia quelques observations sur les propriétés médicinales de ces eaux.

La source de l'eau minérale d'Andabre jaillit du sein d'un rocher schisteux, en deux filets séparés de quelques mètres l'un de l'autre, et réunis en un seul, qui coule et s'élève en bouillonnant avec bruit dans un bassin de forme carrée, de 83 centimètres de diamètre, tout nouvellement reconstruit pour isoler entièrement l'eau minérale de toute eau étrangère. Cette source est entourée d'un joli bouquet de platanes, de tilleuls et d'ormeaux, auquel viennent se joindre de belles plantations de saules et de peupliers d'Italie, formant des allées agréables. Des bois de chênes, où croissent aussi le genêt, le genévrier, le thym, le serpolet, couvrent le coteau qui domine à l'est et forment un beau rideau de verdure. En face, au nord-ouest des eaux minérales, à cent mètres de leur bassin, est un bel établissement construit depuis peu pour le logement des buveurs, auxquels une large terrasse plantée de beaux arbres sert de promenade. A trois cents pas de là, est la fontaine minérale de Prugne. Le nouvel établissement de bains est situé à dix mètres à l'ouest du grand établissement.

Le vallon d'Andabre est dominé, au nord, par l'antique château de Gissac. Il produit des fruits de bonne qualité, de bons légu-

---

[1]. Cette notice est extraite d'un Mémoire sur les eaux minérales gazeuses ferrugineuses d'Andabre, qui nous a été adressé par l'auteur, M. L. Coulet, docteur médecin, membre de l'Athénée médical de Montpellier, inspecteur des eaux thermales de Sylvanès et des eaux minérales froides de Camarès.

mes, des fraises renommées, des céréales qui donnent du pain de bon goût; nulle part on ne trouve du gibier plus savoureux; les pays voisins fournissent d'excellentes truites, des volailles délicates, du fromage frais de Roquefort, et des melons délicieux. Enfin, on trouve réuni, sans parcimonie, dans l'établissement d'Andabre, tout ce que l'on peut désirer pour la commodité et l'agrément de la vie. Bon nombre de buveurs s'y rendent tous les ans des départements de l'Aveyron, du Tarn, de la Haute-Garonne, du Lot, de la Lozère, de Tarn-et-Garonne, du Gard, de l'Hérault et des autres départements méridionaux.

Andabre est à 15 l. de Rodez et à une demi-lieue de Sylvanès. L'heureuse situation de cet établissement et la disposition des lieux y favorisent les plaisirs de la chasse, les petites courses, les promenades à pied, à cheval, les exercices de toute espèce, si nécessaires pour seconder l'usage des eaux.

Saison des eaux. La saison des eaux d'Andabre est ouverte du 15 juin à la fin d'octobre; c'est le temps le plus propice pour en faire usage. Quoique ces eaux souffrent facilement le transport, on fait généralement mieux de les prendre à la source.

Propriétés physiques. Les eaux d'Andabre sont claires, limpides, inodores, pétillantes, mousseuses, d'une saveur acidule, ferrugineuse, un peu salée, et très-agréable. Leur température habituelle, prise à la source, est de + 12° centig.

Propriétés chimiques. Il résulte de l'analyse faite par M. le docteur Coulet, que l'eau minérale d'Andabre contient un volume de gaz acide carbonique libre égal au sien; que les autres substances, sur 10,000 parties en poids, s'y trouvent dans les proportions suivantes:

Carbonate de chaux	2,051
Carbonate de magnésie	1,526
Carbonate de fer	0,565
Sulfate de soude	6,954
Chlorure de sodium	0,820
Sous-carbonate de soude	18,735
Eau	9,969,349
	10,000,000

Propriétés médicinales. On prescrit l'usage des eaux froides de Camarès dans les engorgements des viscères abdominaux, l'atonie du canal digestif, la débilité des premières voies, les affections bilieuses, les affections des voies urinaires et de l'organe utérin, les affections du système lymphatique, les leucorrhées, la chlorose, etc.

Mode d'administration. On fait usage des eaux froides de Camarès en boisson et en bains. On les associe aux bains de Silvanès, où on les transporte dans des jarres bien bouchées, pour prévenir le dégagement du gaz acide carbonique.

L'usage de l'eau minérale d'Andabre en bain doit toujours être précédé de celui de l'eau minérale en boisson. Le degré de température à donner au bain doit être relatif à la sensibilité du baigneur, au degré d'activité qu'on veut lui donner, et au genre d'affection qu'on se propose de traiter. Le baigneur doit rester dans le bain aussi longtemps qu'il s'y trouve agréablement.

On doit commencer à boire les eaux de bon matin et assez tôt pour qu'elles soient passées quand l'heure du déjeuner arrive. La dose à prendre dans la matinée ou dans un temps donné, la durée de la saison, sont relatives et doivent être déterminées par les circonstances qui modifient l'action du remède.

ROME-DE-TARN (SAINT-). Petite ville située à 4 l. de Saint-Affrique. Pop. 3,134 h.

Cette ville est bâtie en amphithéâtre sur la rive gauche du Tarn, que l'on y passe sur un beau pont en pierre de six arches; elle a de vieux remparts, des fossés, des faubourgs, et ne laisse pas que d'être assez commerçante.

A peu de distance de cette ville, au milieu d'une prairie, on remarque un rocher calcaire couronné de noyers, d'où l'on jouit d'un coup d'œil agréable sur le Tarn. En cet endroit, le rocher est battu avec bruit par les eaux de la rivière, qui offre, à 70 pieds au-dessous, plusieurs grottes charmantes, où la fraîcheur est continuellement entretenue par la proximité d'une cascade de 80 pieds de haut. On trouve dans l'intérieur de ces grottes des sièges naturels, d'où la vue se porte sur le côté opposé, couvert de vignes et d'amandiers.

Fabriques de mouchoirs. Tanneries. — *Commerce* de vins et d'amandes.

ROQUEFORT. Village situé à 2 l. 1/2 de Saint-Affrique.

Ce village, renommé par les fromages qui portent son nom, est bâti aux deux tiers de l'élévation de la colline de Combalou, coupée à pic du côté du sud et un peu moins escarpée du côté du nord, où sont groupées les habitations. Dans la partie supérieure, on voit, dans le prolongement d'une des rues, un passage étroit, formé par deux grands rochers dont l'un avance sur l'autre en corniche très-saillante. Cette ouverture, qui est tournée au nord, finit en cul-de-sac, a un aspect caverneux, et le soleil y laisse à peine tomber quelques rayons aux plus beaux jours de l'année. C'est là qu'est située l'entrée des caves à fromages, au nombre de vingt environ; plusieurs ont été taillées entièrement dans le roc; d'autres n'y sont encaissées qu'à moitié, et leur partie antérieure est bâtie en maçonnerie. Il y en a qui ont trois étages, d'autres deux, et d'autres un seul; l'intérieur est assez étroit et forme des coudes où des anfractuosités; aux côtés sont adossées des tablettes recouvertes de paille, sur lesquelles on range les fromages; la température de ces caves est à peu près, pendant toute l'année, de $+ 10°$ R. Dès que les fromages sont secs, on les porte dans ces caves, on les y sale, chaque côté l'un après l'autre, à vingt-quatre heures de distance, avec du sel fin; au bout de deux jours, on les frotte avec un gros linge, et, plus tard, on les ratisse avec un couteau. Ces opérations terminées, on met huit à dix fromages en pile, et on les y laisse quinze jours, au bout desquels ils se couvrent de moissure fort longue que l'on enlève, puis on les remet sur les tablettes. On renouvelle tous les quinze jours, pendant deux mois, l'opération de l'enlèvement de la moisissure, qui, de blanche qu'elle était d'abord, devient successivement verdâtre ou rougeâtre; c'est lorsque les fromages sont dans ce dernier état qu'ils sont mis dans le commerce.

SERNIN (SAINT-). Bourg situé sur la Rance, à 7 l. de Saint-Affrique. ✉ Pop. 2,574 hab.

Ce bourg est bâti en amphithéâtre d'une manière très-pittoresque, sur une butte flanquée par trois hautes montagnes; les revers qui lui font face sont cultivés en vignes jusqu'à mi-côte; au-dessus, sont des châtaigneraies, des pâturages et des friches. L'enceinte du bourg s'étend depuis le haut de la butte jusqu'à la rivière de Rance. — *Fabriques* de grosses draperies.

SEVER (SAINT-). Bourg situé à 8 l. de Saint-Affrique. Pop. 900 hab.

SILVANÈS. Joli village situé à 6 l. de Saint-Affrique. Pop. 500 hab.

EAUX THERMALES DE SILVANÈS.

Ce village est célèbre par ses bains d'eaux thermales. Il est bâti dans un vallon escarpé, au milieu d'un groupe de collines boisées d'un aspect très-agréable. La colline qui renferme les eaux thermales à sa direction du nord-ouest au sud-ouest; elle est couverte de chênes et de hêtres; les terres de sa surface sont martiales, bitumineuses et grasses; souvent une légère fumée s'élève de son sommet. On soupçonne que son intérieur renferme des mines de fer et de soufre. Les eaux thermales jaillissent au pied de cette colline et forment deux fontaines: celle qui remplit le caveau des bains élève le thermomètre à $+ 32°$, et dans les bassins où l'on se baigne, à $+ 30°$: l'autre source, qui coule à l'air libre, n'a que $+ 28°$ de chaleur; ses eaux, semblables à la première, s'emploient en boisson. Un peu au-dessous de ces deux fontaines, on en trouve une troisième dont on n'a pas encore déterminé les propriétés. La colline d'où naissent les eaux thermales contient aussi des eaux minérales froides, connues sous le nom d'eaux minérales de Camarès; celles-ci jaillissent au bas de la montagne, sur le revers opposé. *Voy.* PONT-DE-CAMARÈS.

L'établissement thermal est situé au milieu d'une immense prairie; c'était jadis une abbaye de bernardins, qui porta d'abord le nom de *Salva nos*, d'où est venu le nom de Silvanès. Il renferme la fontaine des eaux thermales, dont les eaux sont conduites dans deux bassins séparés pour les deux sexes, où l'on prend les bains: chaque bassin peut contenir une douzaine de personnes à la fois. Ce bâtiment, où logent presque tous les étrangers, est d'une forme régulière et peut recevoir environ cent personnes. Les environs offrent de belles allées d'arbres, des prairies en pente douce, dominées par des collines boisées, dont la verdure donne au pays une physionomie agréable.

SAISON DES EAUX. Les bains de Silvanès sont fréquentés depuis le mois de mai jusqu'à la fin de septembre. La saison est communément de vingt à trente jours. Il y a peu d'eaux thermales en France qui soient aussi fréquentées, mais c'est seulement par les habitants des contrées voisines. Les eaux minérales de Camarès servent ordinairement de préparation aux bains de Silvanès.

PROPRIÉTÉS PHYSIQUES. Les eaux de Silvanès sont limpides, d'une odeur sulfureuse, d'une saveur piquante, ferrugineuse et légèrement salée. Leur surface se couvre d'une pellicule irisée. Elles déposent un sédiment d'une nature onctueuse.

PROPRIÉTÉS CHIMIQUES. Ces eaux ont été analysées par M. le docteur Malrieu et par M. Virenque, professeur de chimie à Montpellier. Leurs principes constitutifs sont les sulfates de soude et de magnésie, le muriate de soude, le carbonate de fer, l'acide carbonique, et le gaz hydrogène sulfuré.

PROPRIÉTÉS MÉDICINALES. Les bains de Silvanès s'emploient avec de grands succès

RUINES DE L'ABBAYE D'AUBRAC.

CHÂTEAU D'ESPALION.

dans la paralysie, les rhumatismes chroniques, les sciatiques, les maladies scrofuleuses et rachitiques, les affections dartreuses et psoriques, les ulcères rebelles, etc. Les douches produisent de bons effets lorsque les maladies ou les douleurs sont locales, et souvent pour seconder leur action on leur associe les boues grasses, onctueuses, que déposent les eaux.

Quelques médecins les prescrivent en boisson dans le traitement des maladies urinaires, les coliques bilieuses, les maladies du foie, etc.

VABRES. Petite ville située à 1 l. de Saint-Affrique. Pop. 1,550 hab.

Cette ville est bâtie sur le Dourdou, qu'on y passe sur un beau pont, près du confluent de cette rivière avec la Sorgue. Elle doit son origine à une célèbre abbaye de bénédictins, fondée au IXe siècle, et érigée en évêché en 1317. La cathédrale est peu remarquable; les rues sont solitaires, et en quelques endroits ombragées par des marronniers.

ARRONDISSEMENT D'ESPALION.

AMANT (SAINT-). Village situé à 10 l. d'Espalion. Pop. 1,098 hab.

AUBRAC. Village situé au milieu des montagnes de son nom, à 8 l. d'Espalion. On y remarque les ruines pittoresques d'une maison hospitalière, appelée la Domerie d'Aubrac, bâtie en 1120. La tradition rapporte qu'Adalard, vicomte de Flandre, allant en pèlerinage à Saint-Jacques de Galice, fut attaqué par des brigands sur l'une des plus âpres montagnes du Rouergue. A son retour, et voulant procurer aux autres pèlerins une retraite commode et sûre dans ce difficile passage, il fit bâtir au milieu d'une vaste forêt un monastère dont les religieux devinrent membres de l'ordre hospitalier d'Aubrac. Cet ordre, qui resta unique et indépendant jusqu'à sa suppression en 1789, avait pour marque distinctive une croix de taffetas bleu à huit pointes, cousue à gauche sur l'habit. Dans le principe, il était composé de prêtres, de chevaliers, de frères-lais, de donats, de dames et de servantes consacrées au service des pauvres. Le chef de l'ordre, ou supérieur, avait le titre de Dom, et la maison hospitalière celui de Domerie. Les chevaliers, au nombre de douze, guidaient et escortaient les voyageurs dans les gorges des montagnes voisines. (*Voyez la gravure.*)

CHELY (SAINT-). Bourg situé à 3 l. 1/2 d'Espalion. Pop. 3,289 hab.—*Fabriques* de cadis et de flanelle.—*Commerce* de bestiaux.

COME (SAINT-). Petite ville assez mal bâtie, mais très-agréablement située sur le Lot, à 1 l. 1/2 d'Espalion. Pop. 2,000 hab. —*Fabriques* de flanelle.

CURIÈRES. Village situé à 5 l. 1/2 d'Espalion. Pop. 1,250 hab. — *Patrie* de M. de Frayssinous, évêque d'Hermopolis.

ENTRAIGUES. Petite ville située à 8 l. d'Espalion. Pop. 2,885 hab.

Cette ville est bâtie entre trois hautes montagnes, au confluent de la Truyère et du Lot, qui commence en cet endroit à être navigable. C'était autrefois une place très-forte, qui fut prise par Charles VII, lorsqu'il n'était encore que dauphin. — *Fabriques* d'ouvrages au tour. — *Commerce* considérable de merrain.

ESPALION. Petite ville. Chef-lieu de sous-préfecture. Collège communal. ✉ ⚒ Pop. 3,545 hab.

Cette ville est bâtie au milieu d'un vaste bassin embelli par la verdure, les prairies et les vignes : la fertilité de ce bassin, les arbres fruitiers et les noyers qui l'ombragent, la sinueuse rivière du Lot qui l'arrose, les hautes galeries qui le bordent, enfin les deux pics escarpés de Calmont et de Roquelaure, couronnés des ruines de deux forteresses gothiques qui dominent la rive opposée, où elles semblent se menacer l'une l'autre comme aux temps féodaux, tout semble avoir été réuni pour former aux alentours d'Espalion le plus délicieux paysage. Une grande rue droite, décorée d'une fontaine, qui aboutit au pont jeté sur le Lot, traverse son enceinte dans sa plus grande dimension; une autre rue parallèle, plus large et moins longue, complète, avec quelques ruelles, la totalité de cette petite ville, où il règne toutefois une assez grande activité.

Fabriques de burats rayés et unis, colle-forte façon anglaise. Filatures de laine. Blanchisseries de cire. Tanneries. — *Commerce* de vins, merrain, laines, basanes pour relieurs, etc.

A 6 l. de Rodez, 137 l. de Paris.

ESTAING. Petite ville située à 2 l. 1/2 d'Espalion. Pop. 1,375 hab.

Cette ville est bâtie dans une position extrêmement pittoresque, sur la rive droite du Lot, au pied des montagnes de la Viadème. Elle occupe un escarpement de rochers, à travers lesquels le Lot passe avec peine, et est dominée par les restes imposants du château gothique des comtes d'Estaing, qui s'élève sur un rocher à pic et contribue à rendre le site d'Estaing tout-à-fait extraordinaire. — *Fabriques* de toiles et de grosses draperies. — *Commerce* de pois verts.

GENEVIÈVE (SAINTE-). Bourg situé à 11 l. 1/2 d'Espalion. Pop. 1,938 hab.

GENIÈS-DE-RIVE-D'OLT (SAINT-). Jolie petite ville située sur le Lot, à 5 l. 1/4 d'Espalion. Tribunal de commerce. Chambre consultative des manufactures. Collége communal. ✉ Pop. 3,831 hab.

Cette ville est bâtie au fond d'un charmant vallon, environné de coteaux couverts de vignes, de vergers et de bois, et sillonné par des ruisseaux qui se précipitent en cascades et mettent en mouvement plusieurs usines. L'enceinte de Saint-Geniès a la forme d'une étoile : les rues sont larges, droites et bien pavées; les maisons, en général, belles et d'un aspect riant; les quartiers séparés par le Lot communiquent entre eux par un assez beau pont. Cette ville est la plus active et la plus industrieuse de tout le département.

Patrie de l'abbé Raynal; du naturaliste Bonaterre; du capucin Chabot, mort sur l'échafaud révolutionnaire.

Fabriques importantes de cadis refoulés, cordelats, impériales, tricots, burats, flanelles, tapis de table, couvertures de laine et de coton. Grande filature de laine au rouet, et fabriques de trames pour les manufactures de Castres, de Rodez, etc. Nombreuses teintureries. Tanneries importantes. Clouteries. — *Commerce* de laines, draperies, bois pour meubles, tonnellerie, etc.

GUIOLE (la). Petite ville située à 6 l. d'Espalion. ✉ Pop. 2,448 hab.

Cette ville est bâtie dans une contrée sauvage, au centre des montagnes de Viadène, sur le penchant d'une roche basaltique au pied de laquelle coule la rivière de la Selve. C'était jadis une des châtellenies du Rouergue, où l'on avait établi un séminaire et un collége secondaire.

Le sommet de la montagne où s'élève la Guiole, a servi de point d'observation à MM. Delambre et Méchain, qui en ont évalué la hauteur à 550 toises au-dessus du niveau de la mer. Le sang est aussi beau dans cette ville que l'air y est pur; les femmes surtout y sont d'une extrême fraîcheur.

La Guiole est le centre d'un commerce assez considérable d'excellents fromages qui se fabriquent dans les montagnes environnantes; ils sont de la même nature et de la même forme que ceux du Cantal, mais supérieurs à ceux-ci pour la qualité. Le fromage de la Guiole ne le cède pas à celui de Hollande, auquel il ressemble pour la pâte comme pour le goût; et s'il prenait envie à quelques propriétaires montagnards qui le fabriquent, de lui donner la forme et la dimension de ce dernier, il n'y a pas de doute que cette espèce de contrefaçon ne trompât beaucoup d'amateurs.

Fabriques de bas à l'aiguille et d'étoffes de laine. — *Commerce* de fromages et de bestiaux.

MUR-DE-BARREZ. Petite ville située à 17 l. d'Espalion. ✉ Pop. 1,687 hab.

Cette ville a joué un assez grand rôle dans l'histoire du Rouergue; c'était une place forte, érigée en commune dès l'an 1246, et située sur les frontières de l'Auvergne. Les vicomtes de Carlat y possédaient un château fort dont les Anglais s'emparèrent en 1418, et qui leur servit de point d'appui et de retraite dans leurs expéditions contre l'Auvergne : ce château a été rasé en 1620. Les fortifications de Mur-de-Barrez attirèrent fréquemment sur cette ville les malheurs de la guerre; plusieurs fois prise et reprise, elle éprouva des désastres successifs qui ont empêché son accroissement et long-temps anéanti son industrie. — On a exploité dans ses environs, pendant le XVIe siècle, des mines d'argent et d'antimoine qui ont été abandonnées depuis.

VILLECOMTAL. Petite ville située dans un vallon agréable qu'arrose le Dourdou. Pop. 1,500 hab.

ARRONDISSEMENT DE MILHAUD.

AGUESSAC. Joli village, situé sur la rive droite du Tarn, à 1 l. 1/2 de Milhaud. Pop. 600 hab. — Tanneries.

BAUZELY (SAINT-). Bourg situé à 4 l. de Milhaud. Pop. 1,911 hab. Il est bâti au pied des montagnes et défendu des vents du nord par le Levezou; au levant coule la petite rivière de la Meuse, qui fertilise une vaste étendue de prairies; les environs abondent en excellents fruits que l'on exporte au loin. — Mine de houille.

CAVALERIE (la). Petite ville située à 3 l. 1/2 de Milhaud. Pop. 800 hab. Elle est bâtie au milieu de rochers et ceinte de hauts remparts brunis par le temps, qui dérobent à la vue les habitations intérieures.

CAMPAGNAC. Bourg situé à 10 l. de Milhaud. Pop. 1,600 hab.

MONNA.

COMPEYRE. Petite ville située d'une manière pittoresque sur le penchant oriental d'une montagne au pied de laquelle coule le Tarn, à 1 l. 1/2 de Milhaud. Pop. 1,100 hab. Elle était jadis fortifiée et a soutenu un siége contre les calvinistes.

CREYSSEL. Village situé dans une contrée pittoresque, sur la rive gauche du Tarn, à une demi-lieue de Milhaud. On y remarque une belle cascade qui tombe de cent pieds de haut, et un rocher de tuf très-curieux, formé de feuilles et de branches d'arbres pétrifiées.

GEORGES (SAINT-). Village situé à 2 l. 1/2 de Milhaud. Popul. 1,653 habitants. —Exploitation de houille, d'alun et de sulfate de fer.

JEAN-DU-BRUEL (SAINT-). Petite ville située à 7 l. 1/2 de Milhaud. Popul. 2,500 hab. Cette ville est bâtie au pied des montagnes qui se rattachent à la chaîne des Cévennes. Une longue rue la traverse du nord au sud, et le centre en est marqué par une place spacieuse. — *Fabriques* d'étoffes de laine commune, bonneterie en coton, chapeaux.—*Commerce* de tonneaux, merrain, planches, fruits, grains et bestiaux.

LAISSAC ou **LAYSSAC.** Bourg situé à 10 l. de Milhaud. Pop. 1,702 hab.

Au sud de ce bourg, sur le sommet de la montagne de Montberle, existe un camp retranché dont l'enceinte pouvait contenir dix à douze mille hommes : on y voit des tranchées, des glacis et des épaulements bien conservés.

Fabriques de cadis. *Manufactures* considérables de poterie de terre. Filatures de laine. Papeterie.

LAVERNHE. Village situé à 4 l. 1/4 de Milhaud. Pop. 900 hab.

Ce village doit son origine à un monastère de l'ordre de Saint-Benoît, fondé par Raymond, fils du comte de Rouergue. Dans le XIe siècle, ce monastère, dont les bâtiments existent encore, était un lieu d'asile contre les nobles maraudeurs qui, par passe-temps, ravageaient le pays. Quatre sommités dominent la plaine de Lavernhe, et sont couronnées par des retranchements à triple enceinte parfaitement conservés : il en est deux surtout fort remarquables ; l'un taillé à pic à la pointe du marteau dans une épaisseur du roc dit de la Folie ; l'autre, plus singulier, sur le plateau de Courry, au point appelé Putcharlou, s'élève à la seconde enceinte en double mamelon conique, d'environ vingt mètres sur une large base.

MILHAUD ou **MILLAU.** Ville ancienne. Chef-lieu de sous-préfecture. Tribunaux de première instance et de commerce. Chambre de commerce. Société d'agriculture. Collége communal. ✉ ☞ Pop. 9,866 hab.

Cette ville, que l'on croit être l'ancien *Æmilianum* des Romains, fut le siége d'une vicomté qui appartint à la maison des comtes de Barcelone, rois d'Aragon, qui y firent bâtir un château dont il reste encore quelques vestiges. Ce fut une des premières villes où se propagea la doctrine de Calvin. Elle y fut adoptée par tous les habitants sans exception : il résulte en effet d'une enquête faite en 1563, et qui eut lieu maison par maison, qu'il ne s'y trouvait pas alors une seule personne qui demandât la célébration de la messe. Milhaud compta long-temps parmi les principales places des calvinistes. Il y fut tenu, en 1573, une assemblée générale des députés des protestants, à l'effet de conférer sur les moyens de traiter de la paix. Une autre assemblée générale y eut lieu en 1620, où l'on se décida à soutenir la guerre contre Louis XIII : la ville se soumit en 1629, et ses fortifications furent démolies. Depuis lors, la ville cessa de s'occuper des affaires politiques ou religieuses, et tourna tous ses efforts vers le commerce et l'industrie, qui en ont fait la ville la plus riche et la plus peuplée du département.

Milhaud est situé dans un bassin agréable, entouré de coteaux plantés de pêchers et d'amandiers, un peu au-dessous du confluent du Tarn avec la Dourbie. Ses rues sont étroites, mais bien percées. La ville est généralement bien bâtie, et possède des fontaines, un lavoir public, de jolies places, des promenades agréables, et un beau pont sur le Tarn, construit en 1817 ; un des côtés de la principale place offre une galerie couverte.

Patrie du général de division Sarret, tué en l'an II près de Barcelonnette ; des lieutenants-généraux Solignac et Rey, qui prit Gaële ; de M. de Bonald, et de M. Gaujal, auteur d'Essais historiques sur le Rouergue.

Fabriques de draperies, gants de peau. Chamoiseries très-renommées. Tanneries. Mégisseries. Filatures de soie.—*Commerce* de laines en suint et filées, de cuirs, bois de construction, merrain, fromages de Roquefort, vin, amandes, bestiaux, etc.

A 14 l. de Rodez, 20 l. de Mende, 152 l. 1/2 de Paris.—*Hôtels* du Commerce, du Chapeau rouge, du Lion d'or.

MONNA. Village situé à peu de distance de Milhaud. C'est la résidence de M. de Bonald.

NANT. Petite ville située dans le riant vallon de la Dourbie, au milieu de belles prairies et d'une forêt d'arbres fruitiers, à 6 l. de Milhaud. Pop. 3,203 hab.

La chaîne de rochers calcaires qui bordent la rive droite de la Dourbie jusqu'à son embouchure dans le Tarn, renferme un grand nombre de grottes, dont celle de la Poujade, située au pied d'un rocher à pic, est la plus intéressante. En y entrant par le côté droit, on franchit un monticule formé par des quartiers de rochers détachés de la voûte, au-delà duquel se trouve un ruisseau qui, en cet endroit, remplit plusieurs petits bassins. Après les avoir traversés, on parvient à une autre élévation moins haute que la première ; c'est l'endroit le plus curieux de la grotte, soit par les jeux bizarres de la nature, soit par les concrétions de toutes formes qui s'y trouvent rassemblées. Là, on voit tout ce qu'on veut voir : les dévots y trouvent des chaires à prêcher ; les gourmands des pâtés, des tourtes, des jambons, des raisins, des champignons ; les enfants, des lions et des monstres ; les jeunes gens tout ce que l'imagination peut enfanter dans ses saillies les plus licencieuses. La grotte de la Poujade a environ cinq cents pieds de long sur cent vingt de large et cent de hauteur ; son entrée est inabordable dans la saison des pluies.

PEYRELEAU. Village situé à 5 l. 1/2 de Milhaud. Pop. 420 h.— *Fabriques* de bonneterie en coton. — *Commerce* de bestiaux.

SALLES-CURAN. Bourg situé à 5 l. 1/2 de Milhaud. Pop. 2,531 hab.

SEGUR. Petite ville située à 10 l. de Milhaud. Pop. 1,500 hab.

SEVERAC-LE-CHATEAU. Petite ville située près de la source de l'Aveyron, à 6 l. de Milhaud. ⊠ Pop. 2,800 hab.—Exploitation de houille.

Séverac est une ville fort ancienne, qui était en 884 chef-lieu d'une viguerie, et qui devint plus tard celui d'un duché-pairie. Elle est en général assez mal bâtie, sur le penchant d'un cône fort élevé, dont le sommet est couronné par les restes d'un ancien château fort qui passait jadis pour imprenable ; les rues en sont étroites, escarpées et tortueuses ; les maisons très-anciennes et d'une solide construction. — Le château, bâti vers le milieu du XVIIe siècle, consiste en un grand corps-de-logis disposé en carré long, autrefois flanqué de tours qui ont été détruites ; on y entrait par trois ponts-levis. Il est entouré de remparts épais qui soutiennent deux plates-formes élevées en amphithéâtre l'une sur l'autre ; de ces hautes terrasses plantées d'allées d'ormes, l'œil suit pendant plusieurs lieues le cours de l'Aveyron, dont les sinuosités sont dessinées par les frênes, les peupliers et les saules qui bordent ses rives.

VEZINS. Bourg situé à 5 l. de Milhaud. Population de la commune, 1,721 hab.

ARRONDISSEMENT DE VILLEFRANCHE.

ASPRIERES. Bourg situé à 6 l. 1/2 de Villefranche. Pop. 1,413 hab. — Mines de zinc et de plomb.

AUBIN. Petite ville située à 8 l. 1/2 de Villefranche. Pop. 3,392 hab.

Cette ville consiste en une longue rue bâtie sur le penchant d'une colline ; elle est commandée par un ancien fort qu'on dit avoir été bâti par les Romains, et son genre de construction, où l'on ne voit ni ogives, ni machicoulis, semble appuyer cette opinion.

Exploitation de houille, d'alun et de sulfate de fer. — *Commerce* considérable de toiles fabriquées dans les communes voisines. Aux environs, à DECAZE-VILLE, hauts-fourneaux et forges à l'anglaise.

CRANSAC. Bourg situé à 8 l. 1/2 de Villefranche. Pop. 500 hab.

Ce bourg est bâti sur une colline située au milieu d'un vallon agréable, et domine des prairies qui s'étendent au couchant jusqu'à la petite ville d'Aubin. On y respire un air doux et tempéré, et on y est garanti de la violence des vents par les montagnes couvertes de forêts de châtaigniers, de vergers ou de vignes, qui l'environnent presque de toutes parts.

EAUX MINÉRALES DE CRANSAC.

A environ cinq cents pas, et au nord de Cransac, on voit jaillir des sources d'eau minérale qui depuis plus de huit siècles ont rendu Cransac célèbre dans le midi de la France. Ces sources sourdent au pied de montagnes arides, dont quelques-unes jettent des fumées noires d'une odeur désagréable : toutes ne fournissent pas une eau égale en propriétés : aussi les distingue-t-on en eaux minérales anciennes et en eaux minérales nouvelles. Celles-ci ne sont connues que depuis 1811.

Propriétés physiques. L'eau minérale de Cransac est froide, claire, limpide et sans odeur. Son goût est un peu amer et styptique.

PROPRIÉTÉS CHIMIQUES. D'après l'analyse de M. Vauquelin, l'eau de Cransac contient des sulfates de chaux, de magnésie et d'alumine; une petite quantité de muriate de magnésie et un peu d'acide sulfurique. La source nouvelle contient des sulfates de chaux, de manganèse et de fer.

PROPRIÉTÉS MÉDICINALES. Les eaux de Cransac sont apéritives, diurétiques et toniques; leur emploi est surtout avantageux dans les engorgements abdominaux, la chlorose, la suppression des règles, accompagnée d'un état de langueur, les leucorrhées chroniques, les fièvres quartes rebelles, l'atonie de l'estomac, les rhumatismes chroniques, les douleurs anciennes, la paralysie, etc. Elles sont nuisibles aux personnes qui ont la poitrine délicate.

On a remarqué qu'il existait entre l'eau de Cransac et celle de Passy près Paris une analogie assez marquée.

MODE D'ADMINISTRATION. L'eau de Cransac doit être bue froide, autant que faire se peut; autrement on court risque de la décomposer. Ceux qui ne peuvent la supporter froide ne doivent augmenter sa température naturelle qu'en ajoutant à chaque verre de cette eau quelques cuillerées d'eau chaude ordinaire. Un des premiers effets qu'elle produit ordinairement est de procurer des selles abondantes et même des vomissements, mais il est prouvé qu'on s'y accoutume peu à peu.

Au milieu de la montagne au bas de laquelle naissent les eaux minérales, au centre d'un bois de châtaigniers touffus, on trouve des étuves, espèces de cavernes ténébreuses creusées en pente douce près des feux souterrains des houillères embrasées, au bas desquelles on a pratiqué une niche avec un siège. Ces excavations ont sept à huit toises en tous sens. L'air qu'on y respire est extrêmement chaud et chargé de vapeurs sulfureuses. Dans la niche du fond, la température s'élève de 35 à +40° du th. de Réaumur; aussi les malades qui y demeurent de 20 à 30 minutes sont baignés d'une abondante sueur. Cet établissement, trop peu connu et beaucoup trop négligé, serait susceptible de grandes et importantes améliorations. Les rhumatismes chroniques les plus invétérés, les douleurs arthritiques des grandes articulations, les névralgies les plus opiniâtres, spécialement les sciatiques rebelles, ont souvent été guéris comme par enchantement après cinq ou six bains d'étuves.

Les eaux de Cransac sont très-fréquentées, mais seulement par les habitants des arrondissements voisins. Il vient dans certaines années jusqu'à trois mille personnes, tant pour boire les eaux que pour faire usage des bains d'étuves.

Non loin de Cransac, dans la direction et un peu au delà des étuves, se trouve la montagne brûlante de Fontaynes, ancienne houillère qui a pris feu depuis un assez grand nombre de siècles pour que la tradition en soit perdue. Sa hauteur est d'environ 400 pieds; à mi-côte, on voit une grande crevasse de forme elliptique, dont le grand axe se dirige du pied au sommet de la montagne, et renferme dix-huit cratères groupés sur trois points. Pendant le jour, le feu n'est pas apparent, mais la nuit le spectacle en est effrayant pour ceux qui ne sont pas familiarisés avec ce phénomène; en s'approchant de l'endroit où le feu est apparent, on sent la terre résonner sous ses pas : si, bravant la fumée et la forte chaleur qu'on éprouve à la plante des pieds, on veut regarder dans les soupiraux, la vue plonge dans des gouffres de braise dont l'incandescence est très-vive; les bâtons qu'on y enfonce sont, au bout de quelques minutes, enflammés et souvent brûlés.

FIRMI. Village situé à 9 l. 1/2 de Villefranche. Pop. 1,524 hab.—Forges à l'anglaise et quatre hauts-fourneaux.

MONTBAZENS. Bourg situé à 6 l. 1/4 de Villefranche. Pop. 2,717 hab.

Le village de LIVIGNIAC, remarquable par la richesse et la beauté de son territoire, est une dépendance de la commune de Montbazens; c'est la patrie de M. La Romiguière, profond métaphysicien et l'un de nos meilleurs écrivains.

NAJAC. Petite ville située sur le penchant d'une colline, à 4 l. 3/4 de Villefranche. Pop. 2,417 hab.

Cette ville, bâtie sur la rive gauche de l'Aveyron, qu'on y passe sur un assez beau pont de pierre, ne consiste que dans une longue rue qui, du plateau de la colline, descend vers la rivière et se termine par une belle place. Elle est dominée par un ancien château d'une construction si solide qu'une armée révolutionnaire qui avait juré de le raser, ne parvint, après beaucoup d'efforts, qu'à en détacher quelques pierres.

Fabriques de serges, étoffes mélangées de laine et de fil, toiles rousses, grises, et d'emballage, fil retors.—*Commerce* de jambons, renommés, châtaignes, prunes, figues, toiles et bestiaux.

PEYRUSSE. Ville ancienne, réduite aujourd'hui à l'état de simple bourg, située à 5 l. 1/2 de Villefranche. Pop. 900 hab. — *Commerce* de truffes qui se trouvent sur son territoire.

RIEUPEYROUX. Petite ville située à 5 l. 3/4 de Villefranche. Pop. 2,663 hab.

SANTIN (SAINT-). Village situé à 11 l. de Villefranche. Pop. 1,088 hab. — Aux environs, exploitation de houille.

VILLEFRANCHE. Jolie ville. Chef-lieu de sous-préfecture. Tribunal de première instance. Société d'agriculture. Collége communal. ✉ ☞ Pop. 9,540 hab.

Villefranche doit son origine à Alphonse, comte de Toulouse et frère du roi Louis IX, qui en traça les fondations près de l'emplacement de l'ancienne cité de Carentomag. En 1351, c'était une ville fortifiée qui fut souvent prise et reprise; elle souffrit considérablement dans les guerres du XVIe et du XVIIe siècle. Les paysans insurgés, connus sous le nom de Croquants, la pillèrent en 1643. La peste la désola d'une manière cruelle en 1558 et en 1628.

Cette ville est bâtie dans une situation agréable et saine, au confluent de l'Alzou et de l'Aveyron; elle occupe la tête septentrionale d'une vallée circonscrite à l'est par une petite montagne, et sur tous les autres points par un rideau circulaire de collines. Au levant, cette ceinture est interrompue par deux gorges qui donnent passage aux rivières de l'Alzou et de l'Aveyron; au sud, par le cours de cette dernière rivière; et au nord-ouest, par l'extrémité d'un vallon d'où coule un ruisseau qui va baigner les murs de la ville. Les terres et les coteaux environnants sont soutenus à des distances inégales par des murs de terrasse qui forment des gradins plantés de vignes, de pêchers et d'autres arbres fruitiers. Cette belle perspective est encore variée par des bosquets, des filets d'eau, des prairies, des terres à blé, de jolies maisons de plaisance, et par un grand nombre de colombiers isolés, dont la blancheur ressort agréablement sur le vert foncé du pampre des vignes.

En arrivant par les hauteurs du sud-ouest, Villefranche présente deux villes; l'une dont les maisons sont groupées sans aucun intervalle : c'est la ville proprement dite; l'autre dont les bâtiments plus espacés paraissent ombragés par les peupliers des champs voisins: ce sont les faubourgs. L'enceinte de la ville a la forme d'une losange; sa position en pente douce dispose les toits en échelons et les découvre tous à l'œil; l'antique église collégiale et sa haute tour dominent toutes les autres constructions et forment un effet très-pittoresque. Les quartiers de Villefranche sont régulièrement distribués; ils forment des parallélogrammes partagés par une ruelle étroite. Quatre grandes rues assez bien alignées, qui, vers le centre, se coupent à angles droits, divisent la ville en neuf parties; les faubourgs, au nombre de cinq, correspondent aux principales portes. La place du marché est grande et carrée, mais les maisons qui l'entourent, et qui pour la plupart sont hautes et vieilles, lui donnent un air sombre et triste; elle est entourée d'un portique d'une architecture claustrale, qui sert de halle, et met à couvert pendant le mauvais temps les marchands et les acheteurs; une belle terrasse, à laquelle on monte par un escalier à double rampe, orne le côté du nord; dans un enfoncement, on voit une fontaine publique de forme carrée, autour de laquelle règne une balustrade en fer.

L'ancienne collégiale offre un beau vaisseau d'architecture gothique, qui mérite l'attention des artistes; un superbe porche décore son entrée, et sert de base à une haute tour flanquée de quatre tourelles. — La maison commune n'est remarquable que par ses bâtiments spacieux. Le cloître de l'ancienne chartreuse, affecté aujourd'hui à un hôpital, offre un beau modèle d'architecture gothique.

On remarque encore à Villefranche le collége; la bibliothèque, contenant 7,000 vol.; les promenades; le cabinet de physique; et le cercle de réunion où s'assemblent les principaux habitants.

Patrie du maréchal de Belle-Isle, du docteur Alibert.

Fabriques importantes de toiles grises et d'emballage, d'ouvrages en cuivre jaune et de fonderie. Martinet à cuivre. Batteries de fer. Tanneries. Papeteries. — *Commerce* de grains, vins, seigle, millet, chènevis, truffes, jambons, champignons, bestiaux, chaudronnerie, toiles, cuirs, papiers, filasse, etc.

A 11 l. de Rodez, 12 l. de Cahors, 150 l. de Paris. — *Hôtels* du Grand-Soleil, des Quatre Saisons.

VILLENEUVE. Jolie petite ville, située au milieu d'un riant vallon, à 2 l. 1/2 de Villefranche. Pop. 3,372 hab. — *Commerce* de vins et de bestiaux.

FIN DU DÉPARTEMENT DE L'AVEYRON.

Guide Pittoresque
DU
VOYAGEUR EN FRANCE.

ROUTE DE PARIS A ALBI,
TRAVERSANT LES DÉPARTEMENTS

DE SEINE-ET-OISE, DU LOIRET, DE LA NIÈVRE, DE L'ALLIER, DU PUY-DE-DÔME, DE LA HAUTE-LOIRE, DU CANTAL, DE L'AVEYRON, DU TARN, ET COMMUNIQUANT AVEC CELUI DE LA LOZÈRE.

DÉPARTEMENT DE LA LOZÈRE.

Itinéraire de Paris à Albi,
PAR MOULINS, CLERMONT ET RODEZ, 165 LIEUES 1/2.

	lieues.		lieues.
De Paris à Moulins (v. route de Chambéry)	72 1/2	Lempdes	4 1/2
Châtel-Neuve	5	La Baraque	6
Saint-Pourçain	3	Saint-Flour	5
Mayet-d'École	4	Chaudes-Aigues	7 1/4
Gannat	2 1/2	La Guiolle	7 1/4
Aigueperse	2	Espalion	5 1/2
Riom	4	Rodez	7
Clermont	4	La Mothe	6
Coudes	5 1/2	Les Farguettes	7
Issoire	2 1/2	Albi	5

Communication de Saint-Flour à Mende et à Saint-Jean du Gard, 58 l.

	lieues.		lieues.
Saint-Flour	5	Florac	2
La Bessière de Lair	3 1/2	Pompidou	6
Saint-Chély	4 1/2	Saint-Jean du Gard	7
Saint-Amand	6	Anduse	3
Mende	5	Ledignan	3
Molines	7	Nimes	6

ASPECT DU PAYS QUE PARCOURT LE VOYAGEUR,
DE SAINT-FLOUR A SAINT-JEAN-DU-GARD.

En sortant de Saint-Flour, on s'élève sur un plateau de montagnes schisteuses que l'on descend ensuite pour entrer dans le sauvage vallon de la Truyère. On franchit cette rivière au pont de Garabie, puis on gravit, sur la rive opposée, une côte sinueuse, au sommet de laquelle est le hameau de Lers, bâti en laves, sur un terrain volcanisé. Une demi-lieue plus loin, on longe l'auberge de Bellevue, et une lieue au delà on passe du département du Cantal dans celui de la Lozère. Cette partie du plateau, qui paraît en être le point culminant, offre d'énormes blocs de granit empilés les uns sur les autres et plus ou moins arrondis, dont quelques-uns ressemblent à des meules de moulin : plusieurs de ces blocs ne touchent que par un point à ceux qui leur servent de base ; il en est tel qu'on peut faire mouvoir en le secouant, et qu'il serait toutefois impossible à la plus grande force humaine de déplacer.

On traverse le village de Lagarde, puis la petite ville de Saint-Chély, patrie des Roqueaure, où il y a un marché pour la vente des serges et des cadis. On laisse, à droite, la route de Marvejols. On passe dans les jolies vallées de Rimeize et des Estrez, puis à Serverette, village bâti au bord d'un ruisseau limpide, couronné par un modeste château : la route remonte le cours de ce ruisseau jusqu'à Rieutort (*Rivus tortuus*), où ses eaux serpentent dans une prairie ; le paysage est encadré par des bois de pins et de bouleaux, et pittoresquement orné de blocs de granit comme ceux de Lagarde, qui présentent toute sorte de figures.

On arrive à Saint-Amand, autre village, après lequel est un plateau élevé, appelé la Causse de la Roche, où des poteaux plantés le long de la route empêchent, en hiver, que le voyageur ne s'égare au milieu des neiges. Au bout de ce plateau est la longue descente qui conduit dans le vallon de Mende ; rien n'est plus étrange que ce rideau de montagnes nues qu'on a devant soi en descendant : on ne voit pas encore le clocher de Mende, ni ses maisons, ni les prairies qui occupent le fond de la vallée, et il semble qu'on s'avance vers une nature désolée où ne peuvent pas se rencontrer des habitants.

On arrive à Mende en quelque sorte par les toits, et la flèche de la cathédrale est le premier objet qui frappe les yeux. La route tourne autour de la ville par un assez joli boulevard : elle traverse le Lot et le retrouve à quelque distance avant de s'élever sur un plateau appelé la Causse de Sauveterre, non moins redouté en hiver du voyageur que la Causse de la Roche ; on descend de ce plateau dans un beau vallon où sont trois villages, Molines, Ispagnac et Quezac. On laisse le dernier sur la droite, et on traverse les deux autres. Les vignes qu'on a cessé de voir depuis Massiac (Cantal), recommencent ici. Là commence également la région des châtaigniers : rien de plus pittoresque que la route de Molines à Florac, suspendue presque toujours à une assez grande hauteur sur le bord du Tarn, et ombragée par un berceau de châtaigniers.

On traverse, avant d'arriver à Florac, deux ponts, l'un sur le Tarn, l'autre sur le Tarnon, petite rivière qui se jette dans la première. Le vallon de Florac est fertile et verdoyant ; de belles prairies et de beaux noyers contribuent à l'orner. Il est dominé par des roches élevées d'où jaillit une source abondante qui fait tourner, dans la ville, plusieurs moulins.

Après avoir traversé la vallée de Florac, on remonte de nouveau, par la côte de Saint-Laurent, sur les hauteurs dites la Causse de l'Hospitalet (d'un petit hôpital établi sans doute, en d'autres temps, sur ce point élevé). On traverse le Pompidou et Saint-Roman, village avec auberge. La route ne suit plus, après cela, ni une vallée ni un plateau, mais elle court sur la crête d'une montagne d'où l'œil plonge, à droite et à gauche, dans des vallées arrosées par des rivières différentes et habitées par des populations qui n'ont presque aucun rapport entre elles.

On arrive enfin à la limite du département de la Lozère : ce sont deux rochers formant comme une porte d'où la route se précipite par une descente de plusieurs heures dans le département du Gard : rien de plus beau que l'aspect qu'on a du milieu de cette descente, quand tout à coup la vallée de Saint-Jean-du-Gard se déploie aux regards, avec ses mûriers alignés, et sa rivière qui serpente. Le contraste de ce beau coup d'œil avec l'aspect des pays qu'on a parcourus, fait éprouver la sensation d'entrer dans la Terre promise.

PETIT ATLAS NATIONAL DES DÉPARTEMENS DE LA FRANCE

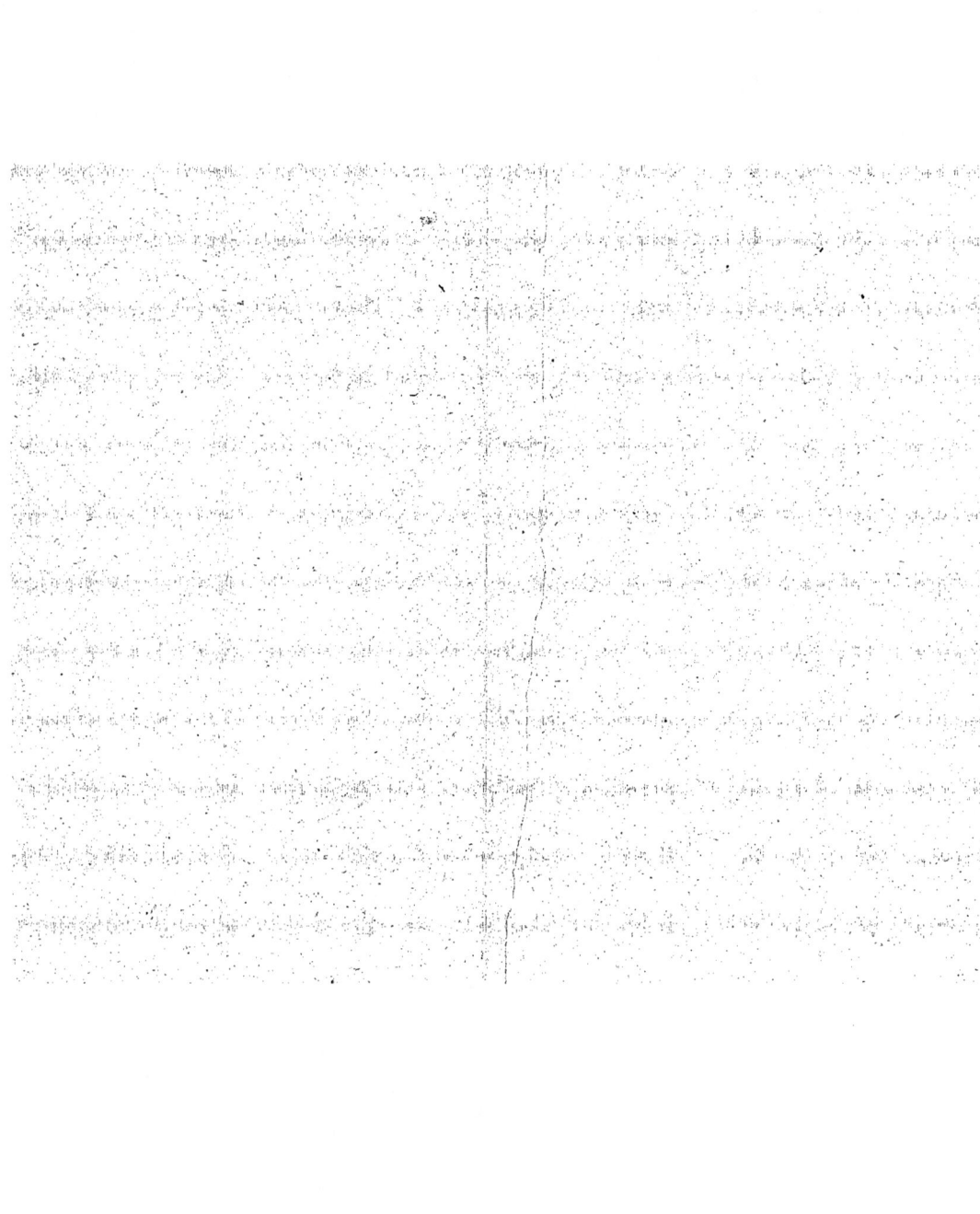

DÉPARTEMENT DE LA LOZÈRE.

APERÇU STATISTIQUE.

Le département de la Lozère est formé de l'ancien pays de Gévaudan et d'une partie des ci-devant diocèses d'Alais et d'Uzès. Il tire son nom de la Lozère, chaîne de montagnes moins remarquable par sa hauteur que par ses beaux pâturages et par la nature des roches de granits quartzeux mêlés de mica noir et de feldspath qui la composent. — Ses bornes sont : au nord, les départements de la Haute-Loire et du Cantal; à l'est, ceux de l'Ardèche et du Gard; au sud, ceux du Gard et de l'Aveyron: ce dernier département le borne aussi à l'ouest.

Le sol de ce département est divisé en trois régions : celle du nord est basaltique ou granitique, et porte le nom de Montagnes; celle du centre, du midi au couchant, est calcaire : on la nomme Causses; celle du midi au levant est schisteuse et forme les Cévennes. Les neiges dont les hauteurs sont couvertes une partie de l'année, donnent naissance à quatre rivières fort connues : l'Allier, le Lot, le Tarn et le Gardon de Mialet, l'une des branches du Gard; les trois premières versent leurs eaux dans l'Océan, et la quatrième dans la Méditerranée. Au haut de la côte de Saint-Laurent-de-Trèves, la grande route de Mende à Nîmes passe près de l'endroit où se fait le partage des eaux du Tarn et de celles du Gard; et l'œil du voyageur peut embrasser à la fois les deux vallées dont les eaux coulent dans des directions opposées. Voici la hauteur des principales montagnes et de quelques lieux élevés du département :

Le plateau du Palais du roi	1,548 mètres.
La Margeride	1,519
La Lozère	1,490
La source de l'Allier	1,432
Le Mont-Mimat	1,111
La Causse de Sauveterre	975
Le pont de Langogne	896
La Causse de l'Hospitalet	780
Les sources du Tarn et de la Cèze	770

La région connue sous le nom de Montagnes ne produit que du seigle, très-peu d'orge et d'avoine, et des fourrages. Les Causses produisent du froment, de l'orge, de l'avoine, peu de seigle, des fourrages, et des fruits; c'est la partie la plus fertile du département. Dans les Cévennes, on récolte beaucoup de châtaignes, très-peu de seigle, une assez grande quantité de pommes de terre, et l'on se livre à la culture du mûrier. La vigne est aussi cultivée dans cette partie du département; mais les vins de la Lozère supportent difficilement le transport.

Le département se divise en deux régions distinctes quant au caractère moral de sa population. La partie nord, composée des arrondissements de Mende et de Marvejols, est toute catholique; la partie sud, formant l'arrondissement de Florac, est principalement protestante. C'est dans l'arrondissement de Florac, au Pont-de-Montvert, qu'a commencé la guerre de religion des Cévennes, dans laquelle la puissance de Louis XIV et le talent militaire du maréchal de Villars triomphèrent avec peine de quelques centaines de Camisards (c'est ainsi qu'on nommait les protestants révoltés). La nature des lieux favorisa beaucoup ceux-ci dans leur résistance. On a pratiqué depuis des routes destinées à rendre plus faciles l'action des troupes et le transport de l'artillerie : ces routes ont tourné, sous d'autres rapports, à l'avantage du pays.

Le genre de culture qui occupe la population des Cévennes contribue autant et plus que la religion à lui imprimer un caractère particulier ; elle est adonnée à la culture des arbres, particulièrement du mûrier. Le travail du mûrier se fait tout à la main : il exige beaucoup de soin et d'industrie ; l'éducation des vers, qui en est la suite, et la filature de la soie, en exigent plus encore : tout cela ouvre davantage l'esprit que le simple labourage, qui est l'occupation des paysans dans le nord du département.

Le Cévenol se nourrit principalement de châtaignes, et vend l'excédant de sa récolte, qui lui sert à acheter un peu de blé. Son industrie s'exerce dans l'art des irrigations : il détourne de loin les sources, et fait des barrages en travers des torrents, pour amener les eaux dans ses prairies. Il construit des murs de terrassement en pierre sèche, pour soutenir les terres sur le penchant des montagnes, et forme ainsi une suite de terrasses pour la plantation des mûriers, ou pour empêcher que les eaux pluviales ne ruinent et n'entraînent les terres. Ces travaux rendent l'aspect des Cévennes extrêmement pittoresque. On ne peut circuler dans les vallées qu'elles laissent entre elles, que par des sentiers escarpés, ou en suivant le lit des torrents. C'est sans doute un grand inconvénient pour la prospérité du pays ; mais c'est un attrait de plus pour le voyageur que la curiosité y conduit. A chaque instant, les yeux sont frappés de quelque spectacle nouveau : ici apparaissent des maisons suspendues sur des rochers ; là on voit les protestants assemblés célébrant leur culte du dimanche sous l'ombrage des châtaigniers [1] ; plus loin, c'est une réunion nombreuse de jeunes filles qui viennent se louer pour la récolte des châtaignes [2] ; chacune porte à la main son petit paquet, qu'elle remet en gage au cultivateur quand ils sont tombés d'accord.

Cette peinture des Cévennes s'applique plus particulièrement au canton de Saint-Germain de Calberte, dans l'arrondissement de Florac. Le lieu principal des loghes pour la récolte des châtaignes, est le village pittoresque des Aires, sur la crête d'une montagne dont les eaux se versent d'un côté dans le Gardon de Saint-Germain, de Mialet et d'Anduse ; de l'autre, dans le Gardon d'Alais.

L'un des sites les plus curieux de ce canton est le Pont des Rousses, situé sur la route de Saint-Germain de Calberte aux Aires : ce pont est jeté sur un torrent qui coule sur un lit de rochers aussi polis et aussi brillants que l'argent. On ne peut fréquenter cette route autrement qu'à cheval ; encore le pied des chevaux a-t-il peine à gravir une côte toute formée d'ardoises qui réfléchissent les rayons du soleil.

Les hautes montagnes de la Lozère sont couvertes d'une pelouse, où vont pâturer en été les troupeaux du Languedoc. Malheur au voyageur qui rencontre sur la grande route ces immenses troupeaux au moment de leur migration annuelle : le bruit lointain des sonnettes suspendues au cou des béliers, annonce leur approche ; la poussière qui s'élève dans les airs ; les bergers marchant en tête, suivis d'un âne portant leurs bagages, et de leurs chiens fidèles ; les enfants du village retenant les brebis, malgré leurs bêlements, pour en tirer un peu de lait ; sont autant d'obstacles pour le voyageur. S'il va dans le même sens qu'un troupeau, il ne fend ses rangs qu'avec beaucoup de peine pour poursuivre sa route ; s'il marche en sens contraire, il est obligé de s'arrêter et de laisser défiler ce troupeau, qui l'enveloppe d'un épais nuage de poussière.

La température est extrêmement variable dans le département de la Lozère. Quelquefois, et à certains degrés de hauteur, on éprouve deux ou trois températures différentes dans la même journée. Au nord, l'hiver dure six mois, et il est des années où cette saison en dure neuf ; vers le midi, l'hiver n'est guère que de quatre mois. En général, la température n'est douce que dans les vallons ou dans la partie méridionale des Cévennes ; les hivers sont ordinairement rigoureux, les printemps pluvieux, les étés souvent orageux,

---

[1]. Ce spectacle devient de jour en jour plus rare par la construction de temples.
[2]. C'est ce qu'on appelle, dans le langage du pays, une logue ou loghe.

HAMEAU DES AIRES.

PONT DES ROUSSES.

les automnes assez beaux, mais vers la fin seulement. Le commencement de l'équinoxe d'automne amène communément des pluies si abondantes, que les torrents qui en proviennent occasionnent de grands dégâts dans les Cévennes. Dans le vallon de Mende, la gelée pénètre ordinairement à deux pieds de profondeur; elle va jusqu'à trois pieds et trois pieds et demi sur les montagnes du nord. La hauteur moyenne du baromètre est de 25 pouces 11 lignes. Les extrêmes limites du thermomètre sont communément de —15° et de + 25° R. — Les vents dominants sont ceux du nord et de l'est dans le nord du département, et ceux de l'ouest et du midi dans le sud. — En général, le pays est assez sain; les hommes et les animaux sont robustes et vigoureux.

Le département de la Lozère a pour chef-lieu Mende. Il est divisé en 3 arrondissements et en 29 cantons, renfermant 188 communes. — Superficie, 269 lieues carrées. — Population, 140,347 habitants.

Minéralogie. Les montagnes du département de la Lozère renferment des richesses minérales susceptibles de devenir l'objet d'exploitations considérables. L'Hospitalet, Saint-Étienne du Valdonnès, Saint-Georges de Levejac possèdent des mines de fer que la pénurie d'eau et de bois ne permet pas d'exploiter. Allenc, Saint-Julien, Blaymar, les Colombettes près d'Ispagnac, possèdent des mines de plomb, dites de vernis : celle d'Allenc est seule exploitée par les habitants, qui vendent le minerai aux potiers d'Alais ou du Cantal. Le canton de Villefort abonde en minéraux de toute espèce : on n'y compte toutefois qu'une exploitation importante, celle des mines de plomb argentifère de Vialas, dont le produit en plomb paie, dit-on, la dépense, et laisse pour revenu net une masse d'argent valant de 80 à 100 mille francs. Saint-Michel de Dèze et le Collet de Dèze possèdent des mines d'antimoine et de plomb sulfuré exploitées. Les environs de Saint-Étienne, arrondissement de Florac, ceux de Moissac, renferment des mines de cuivre peu susceptibles d'exploitation : on voit un très-beau filon, qui mériterait d'être exploité, dans le territoire de Saint-Léger de Peyre, où il sort plusieurs sources d'eau cuivreuse. Après les grandes pluies, le Gardon et la Cèze roulent des paillettes d'or. — Carrières de marbre, porphyre, granit, gypse, etc.

Sources minérales. Établissements d'eaux minérales à Bagnols et à la Chaldette. Sources minérales à Sarroul, près Saint-Chély, à Saint-Pierre, près le Malzieu, à Javols, à Cologne, au Mazel-Chabrier, au Mazel des Laubies, au roc de Saint-Amand, à Laval d'Auroux, à Laval d'Atyer, à Quesac, à Ispagnac et à Florac.

Productions. Froment, seigle, orge, avoine, pommes de terre, marrons et châtaignes renommés, mûriers. Navets de Chastel estimés. Fruits de la vallée du Tarn. — 1,928 hectares de vignes, produisant annuellement 9 à 10,000 hectolitres de vin de qualité très-inférieure. — Bons fourrages. Garance. Pastel. Plantes tinctoriales et médicinales très-abondantes. — 32,275 hectares de forêts (chênes, hêtres, sapins, châtaigniers, etc.) — Peu de chevaux; mulets en assez grand nombre; bêtes à cornes de petite taille, mais vigoureuses. Pâturages qui reçoivent de nombreux troupeaux de moutons transhumants. — Grand et menu gibier (chevreuils, blaireaux, lièvres et lapins en quantité; pluviers dorés, sarcelles, perdrix, grives, cailles, bécasses, etc.). Loups. — Excellent poisson de rivière et de lacs (truites, anguilles).

Industrie. Fabriques de serges, cadis, couvertures de laine, toiles de coton, mouchoirs. Filatures de coton, de laine et de soie. Fonderies de cuivre et de plomb. Éducation des vers à soie. Papeteries. Tanneries, parcheminneries. Tuileries et briqueteries. — Émigration annuelle d'ouvriers qui vont soigner les vers à soie dans le Midi, et y faire en même temps la fenaison et la moisson.

Commerce de châtaignes, fromages, grosse draperie, bestiaux gras et maigres, bœufs de labour, chevaux, mules et mulets, etc.

DÉPARTEMENT DE LA LOZÈRE.

VILLES, BOURGS, VILLAGES, CHATEAUX ET MONUMENTS REMARQUABLES; CURIOSITÉS NATURELLES ET SITES PITTORESQUES.

ARRONDISSEMENT DE MENDE.

ALLENC. Village situé à 3 l. 3/4 de Mende. Pop. 1,584 hab. — *Fabriques* de serges et de cadis. Exploitation des mines de plomb dites de vernis pour les fabriques de poterie.

AMAND (SAINT-). Village situé près de la rive gauche de la Truyère, à 5 l. 1/2 de Mende. Pop. 3,234 hab. Il est bâti au milieu des montagnes, dans un pays fort pittoresque, sillonné par des ruisseaux, des torrents et des cascades. — *Fabriques* considérables et commerce de serge pour rideaux de lits, doublures, habillements, etc.

BAGNOLS. Village situé sur le penchant d'une montagne, près de la rive gauche du Lot, à 3 l. 1/2 de Mende. Pop. 420 hab.

Ce village, dont l'air est généralement froid et les changements de température très-fréquents, possède un établissement d'eaux thermales très-fréquenté. La source se trouve dans un vallon rétréci arrosé par le Lot. Elle se compose de plusieurs filets, qu'on a réunis dans un bassin octogone, et qui, par son aspect, annonce une construction de la plus haute antiquité. Près de cette source, et dans la direction du nord au midi, on voit jaillir des rochers de l'eau froide naturelle. Elle ferait partout ailleurs la boisson des habitants; mais on préfère aller puiser celle qui se trouve à l'extrémité orientale du village; sa qualité gazeuse et sa limpidité la font préférer avec raison. Les eaux minérales thermales de Bagnols sortent de leur réservoir primitif pour suivre une grande conduite en pierre de taille voûtée, et se rendre dans trois salles, dont deux, connues sous les noms de grande et petite douche, forment chacune une vaste piscine destinée aux bains publics, à la douche et aux étuves: la troisième les reçoit dans un grand bassin qui alimente huit baignoires particulières. On voit encore un filet de ces eaux se détacher de la source pour venir dans le vestibule alimenter la fontaine appelée le Robinet, qui est destinée à la boisson jusqu'à dix heures du matin, et ensuite à donner quelques douches légères.

La route pour se rendre de Mende à Bagnols est escarpée, mais accessible aux voitures; on travaille en ce moment à en construire une meilleure qui longera le cours du Lot.

SAISON DES EAUX. La saison la plus favorable pour se rendre aux eaux de Bagnols est depuis le 1er juillet jusqu'au 1er septembre. Le nombre des étrangers est annuellement de 1500.

PROPRIÉTÉS PHYSIQUES. La température des eaux de Bagnols est de 36° de Réaumur dans le premier réservoir, et de 35° dans les deux autres. Ces eaux sont claires et limpides: dans les réservoirs leur odeur est nulle; mais à quelque distance elles répandent une odeur de gaz hydrogène sulfuré. Elles sont grasses et onctueuses au toucher; leur saveur n'a rien de désagréable.

L'abondance des sources est évaluée à 113 litres par minute.

PROPRIÉTÉS CHIMIQUES. « D'après les expériences du docteur Barbut, dit M. Patissier[1], les eaux de Bagnols contiennent du gaz hydrogène sulfuré en grande proportion, du sulfate de chaux, du muriate de magnésie, un peu de fer qui est tenu en dissolution par le gaz hydrogène sulfuré, mais surtout une substance extractive animalisée qui s'y trouve sous forme de savon par sa combinaison avec le carbonate de soude. »

PROPRIÉTÉS MÉDICINALES. Les eaux de Bagnols, prises intérieurement, facilitent l'expectoration, accélèrent la circulation, augmentent la transpiration, l'appétit, et excitent, en quelque sorte, une légère fièvre artificielle. On les emploie avec succès dans les dégoûts opiniâtres, les vomissements muqueux, la diarrhée, la stérilité, les pâles couleurs.

En bains, les eaux de Bagnols conviennent dans les scrofules, la gale, les dartres, les paralysies, les rhumatismes chro-

---

[1]. Manuel des Eaux minérales, page 176.

niques, le rachitis, les fausses ankyloses et les cicatrices mal consolidées.

MODE D'ADMINISTRATION. En boisson, la dose des eaux de Bagnols est d'un à deux ou trois litres, que l'on prend à jeun, de demi-heure en demi-heure.

Les bains se prennent soit dans les piscines publiques, soit dans des baignoires, où on les mélange avec de l'eau froide; mais c'est particulièrement aux étuves et à leur usage presque exclusif, puisqu'on en prend deux ou trois par jour, que Bagnols doit surtout de grands succès.

BLAYMARD. Bourg situé sur le Lot, à 6 l. de Mende. Pop. 583 hab. — *Fabriques* de cadis, serges et autres étoffes de laine.

CHATEAUNEUF-RANDON. Petite ville située sur une montagne, à 6 l. de Mende. Pop. 2,200 hab.

Cette ville était autrefois fortifiée et fut jusqu'à la fin du XVIIe siècle le siège d'une des baronnies du Gévaudan; elle était jadis défendue par un antique château fort dont on voit encore les ruines, et est célèbre par le siège qu'y soutinrent les Anglais en 1380, contre les armées de Charles V, que commandait du Guesclin. Ce héros, aussi respecté des étrangers qu'il était aimé de ses soldats, mourut devant cette place, en donnant aux vieux capitaines qui l'entouraient ce conseil, qu'il avait toujours suivi lui-même : « Qu'en quelque pays qu'ils fissent la guerre, « les gens d'église, les femmes, les enfants « et le pauvre peuple n'étaient pas leurs en- « nemis. » Le gouverneur de Randon avait capitulé avec le connétable, et avait promis de se rendre dans quinze jours, dans le cas où il ne recevrait pas de secours. Lorsque ce temps fut expiré, le maréchal de Sancerre s'avança sur les bords du fossé de la ville assiégée, et somma le gouverneur de rendre la place; le gouverneur répondit qu'il avait donné sa parole à du Guesclin, et qu'il ne la rendrait qu'à lui. Alors Sancerre avoua que le connétable n'était plus : « Eh « bien, reprit le gouverneur, je porterai les « clefs de la ville sur son tombeau. » Sancerre revint tout préparer pour cette cérémonie extraordinaire. On ôta de la tente du héros tout ce qu'elle renfermait de lugubre; son cercueil fut placé sur une table couverte de fleurs. Bientôt on vit le gouverneur de Châteauneuf-Randon sortir de la place à la tête de sa garnison; il traversa l'armée au bruit des trompettes, et arriva dans la tente de du Guesclin : les principaux officiers de l'armée, debout et silencieux, y étaient rassemblés. Le gouverneur se mit à genoux devant le corps du connétable, et déposa sur son cercueil les clefs de la place et son épée. Un modeste monument a été élevé en 1820 au hameau de la Bilarelle, sur le lieu où se passa cet événement.

ESTABLES. Village situé à 5 l. 1/2 de Mende, sur un plateau granitique élevé de 1550 mètres au-dessus du niveau de la mer, nommé le Palais du roi, sans doute parce qu'on remarque dans le voisinage les ruines d'un ancien château qui a appartenu aux rois d'Aragon. Pop. 660 hab.

GRANDRIEU. Bourg situé à 9 l. 1/2 de Mende. Pop. 1,462 hab. On y remarque une tour carrée qui a servi à la détermination des triangles de la carte de Cassini, et les restes de la voie romaine qui conduisait de Lyon en Auvergne.

JULIEN DU TOURNEL (SAINT-). Bourg situé sur la rive gauche du Lot, à 5 l. de Mende. Pop. 1,150 hab. Il doit son origine et son nom à un ancien château qui appartenait au XIIe et au XIIIe siècle à une des plus illustres familles de France, dont était membre le chevalier Guérin, évêque de Senlis et chancelier de France, qui commandait à Bovines l'armée de Philippe-Auguste. Le château de Tournel était une des huit baronnies du Gévaudan. — Aux environs, mines de plomb dont a abandonné l'exploitation.

LANGOGNE. Petite ville située sur la rive gauche et près des sources de l'Allier, à 11 l. de Mende. ✉ Pop. 2,720 hab.

Cette ville est bâtie sur un des plateaux les plus élevés du département. Elle doit son origine à un monastère fondé dans le Xe siècle, dont le vieil édifice religieux existe encore et sert d'église paroissiale. On voit aux environs, sur le Mont-Milan, les vestiges d'un camp romain. — *Fabriques* de draps. Martinets à cuivre. — *Commerce* de mulets et de bestiaux.

LANUÉJOLS ou **LANOUGEOLE.** Village situé à 1 l. 3/4 de Mende. Pop. 650 h.

Un monument romain, le mieux conservé et le plus considérable de tous ceux du Gévaudan, se trouve à l'entrée de ce village. Divers auteurs l'ont mal à propos désigné comme le mausolée de Munatius Plancus, fondateur de Lyon, dont le tombeau existe, suivant Vaysse de Villiers, à Gaëte dans le royaume de Naples. L'architecture du monument de Lanuéjols indique un monument du IIIe siècle. C'est un quadrilatère dont chaque côté est tourné vers un des points cardinaux : les faces extérieures ont une largeur de 6 mètres 75 centimètres ; chaque angle est décoré de pilastres d'ordre corinthien. L'ordonnance générale de l'édifice offre quatre portiques diversement décorés.

Plusieurs anciens châteaux existent sur le territoire de Lanuéjols ; on y remarque le château du Boy et les ruines de celui de Chapieu, qui appartenaient à l'ancienne maison de Châteauneuf-Randon, de laquelle sont sorties celles de d'Apchier et de Joyeuse.

LAUBIES (les). Village situé à 6 l. 1/4 de Mende. Pop. 725. On trouve aux environs une source d'eau minérale acidule, très-fréquentée depuis quelques années.

MENDE. Ville ancienne. Chef-lieu du département. Tribunal de première instance, Évêché érigé dans le Ve siècle. Grand séminaire. Chambre consultative des manufactures. Société d'agriculture, sciences et arts. Collège communal. ◨. ⚜. Pop. 5,822 hab.

Au IVe siècle Mende n'était qu'un petit bourg, nommé *Mimate* ou *Mimatensis Mons*, où fut transféré le siège épiscopal du Gévaudan après la ruine de *Gabalum* ou *Javols*. Saint Privat, évêque de Gabalum, fut martyrisé à Mende par les Vandales et enterré dans la ville même, où on lui éleva un tombeau qui devint, dit-on, célèbre par plusieurs miracles. On croit que la ville fut entourée de murailles par Adolbert III, élu évêque du Gévaudan en 1151.

Mende fut ainsi que les autres villes du Gévaudan le théâtre des guerres civiles, et éprouva toute la vicissitude du sort des armes. Dans l'espace de trente années, cette ville fut sept fois prise, reprise ou saccagée par les religionnaires et les catholiques. Les protestants l'assiégèrent et la prirent par composition en 1562 ; mais n'y ayant laissé qu'une faible garnison, le capitaine Treillant la reprit, à la tête d'un corps de catholiques, peu de jours après. A quelque temps de là les protestants tentèrent inutilement de s'en emparer. Le capitaine Merle, un de ces brigands qui tenaient alors la campagne, l'escalada la nuit de Noël 1579, força les gardes des murailles pendant que les habitants étaient dans les églises, tua le gouverneur, pilla et ruina la ville de la manière la plus barbare, plusieurs édifices furent renversés ou brûlés, et un grand nombre d'habitants massacrés. En 1595, le duc de Joyeuse s'empara de Mende et y fit construire une citadelle qui fut détruite en 1597, après que Henri IV fut parvenu à réduire cette ville sous son obéissance.

Mende est une ville agréablement située sur le bord du Lot, dans un vallon entouré de montagnes d'où coulent de nombreux ruisseaux qui arrosent et fertilisent les jardins des bastides éparses autour de la ville. Ces petites maisons de campagne, toutes éclatantes de blancheur, les prairies et les vergers dont elles sont entourées, offrent un aspect des plus agréables. La ville est entourée d'un petit boulevard qui sert de promenade, mais ses rues sont mal percées, étroites et tortueuses ; elle renferme un assez grand nombre de fontaines publiques, parmi lesquelles on remarque celle du Griffon.

La cathédrale est une église gothique, remarquable par ses deux clochers, dont l'un passe pour un chef-d'œuvre de délicatesse et d'art. L'ancien palais épiscopal, devenu l'hôtel de la préfecture, renferme une belle galerie et un beau salon, dont les plafonds sont enrichis de bonnes peintures par Besnard. Mende possède une bibliothèque publique riche de 6,600 volumes.

Sur la montagne qui domine Mende, et qui s'élève en vue de la ville à plus de 200 mètres, est l'ermitage de Saint-Privat, taillé en partie dans le roc. Le sentier par lequel on y parvient présente de distance en distance des stations à la piété des fidèles. Là, un ermite vit des offrandes qu'on lui apporte ou des charités qu'il descend recueillir : il a vu passer plusieurs révolutions sans qu'elles aient troublé son existence, comme il voit quelquefois l'orage éclater sous ses pieds sans en être atteint [1].

Le célèbre chimiste Chaptal, ancien ministre de l'intérieur et membre de la chambre des pairs, est né en 1756 au village de Nojaret, près de Mende.

Fabriques et *Commerce* considérable de draps communs, connus sous le nom de serges de Mende, que l'on expédie pour l'Espagne, l'Italie, l'Allemagne et l'intérieur. Papeterie.

NAUSSAC. Village bâti dans une situa-

---

[1]. Les révolutions qui ont été si sanglantes dans d'autres lieux, n'ont pas produit à Mende d'excès révoltants. Après les Cent Jours, le préfet du département a été enfermé dans le clocher de la cathédrale, où fut aussi détenu un moment le maréchal Soult ; mais le sang n'a pas coulé dans ces émotions populaires.

FLORAC.

CHÂTEAU DE FLORAC.

MENDE.

tion élevée, à 10 l. de Mende. Pop. 420 h. On y voit les ruines d'un château qu'habita souvent l'héroïque évêque de Marseille, Belzunce.

VILLEFORT. Petite ville située au pied de la montagne de la Lozère, dans un vallon étroit, arrosé par la petite rivière de la Devèze, à 11 l. 1/4 de Mende. ⊠ Pop. 1,516 hab.

Cette ville est environnée de tous côtés d'abondantes mines de cuivre et de plomb, dont on n'exploite que quelques parties. Elle est fort ancienne et faisait autrefois partie du diocèse d'Uzès. Pendant la révolution, ce fut un chef-lieu de district, et le siége d'un tribunal civil. Bâtie au point de partage des départements de l'Ardèche et du Gard, elle ne laisse pas d'avoir une certaine importance par le commerce de transit des vins, soie, sels, houille, blés, farines, châtaignes, qui forment des objets d'échange entre ces départements et ceux de la Loire, de la Haute-Loire et du Puy-de-Dôme. — *Fabriques* de grosses draperies. Fonderie. — Aux environs, exploitation des mines de plomb. — *Commerce* de châtaignes estimées qui se récoltent sur le territoire.

ARRONDISSEMENT DE FLORAC.

BARRE. Petite ville située à 3 l. 1/2 de Florac. Pop. 1,034 hab.

CASSAGNAS. Village situé à 4 l. 1/2 de Florac. Pop. 770 hab. — Mine d'antimoine exploitée.

COLLET DE DÈZE. Bourg situé à 8 l. 3/4 de Florac. Pop. 1,250 hab.

ÉNIMIE (SAINTE-). Petite ville située au milieu de hautes montagnes escarpées, sur la rive droite du Tarn, qui coule en cet endroit entre des rochers à pic. A 4 l. 1/2 de Florac. Pop. 1,219 hab.

Cette petite ville est située au milieu de montagnes hautes et escarpées; elle est très-ancienne et doit son origine à un monastère de religieuses de l'ordre de Saint-Benoît, qui, d'après une ancienne légende, aurait été fondé, dans le VIIe siècle, par la princesse Énimie, fille de Clotaire II, fils de Chilpéric. Cette légende est assez curieuse: elle rapporte qu'Énimie, également belle et vertueuse, avait résolu de se consacrer à Dieu, qu'elle pria, son père voulant la marier, de la rendre si difforme que personne ne voulût l'épouser. Sa prière fut exaucée, et une lèpre affreuse couvrit son corps et son visage; quelque temps après, ayant désiré être guérie, il lui fut révélé qu'elle ne trouverait sa guérison que dans les eaux d'une source, la *Burle*, qui se jette dans le Tarn, près du lieu où est aujourd'hui Sainte-Énimie. La princesse arriva à cette source après bien des fatigues, et fut guérie; mais toutes les fois qu'elle voulait sortir du vallon, la lèpre lui revenait. Énimie crut que Dieu lui ordonnait de passer ses jours dans cette solitude et y fonda un monastère dont elle devint l'abbesse; elle ne quitta plus le cloître que pour aller prier dans une grotte qui existe encore, et sur laquelle on a par la suite bâti une chapelle en son honneur.

Il est difficile de trouver quelque chose de plus sauvage et de plus curieux que le site de Sainte-Énimie, qui mérite, sous beaucoup de rapports, l'attention du voyageur. On fait quelquefois, dans les gorges du Tarn, des parties de pêche, et on en rapporte des truites excellentes; mais quelquefois aussi les paysans des bords du Tarn, jaloux de leur pêche, font pleuvoir des pierres sur les amateurs, et ceux-ci sont obligés d'abandonner leur entreprise. Les gouffres que présentent de distance en distance les torrents de ces montagnes sont comme des garennes où s'entretiennent les truites; l'espèce, sans cela, en serait bientôt anéantie, soit par les pêcheurs, soit par la violence des eaux, quand les torrents débordés entraînent tout sur leur passage.

FLORAC. Petite ville. Chef-lieu de sous-préfecture. Tribunal de première instance. Société d'agriculture. ⊠ ☞ Pop. 2,194 h.

Cette ville doit son origine à un ancien château qui avait titre de baronnie. Elle est agréablement située sur la rive gauche du Tarnon, près de son confluent avec le Tarn et la Mimente, dans un étroit vallon couvert de prairies et parsemé d'arbres fruitiers; les coteaux qui le dominent sont plantés de vignes, surmontés à l'est par des châtaigniers et des chênes, et à l'ouest par des rochers élevés; à leur base, on voit une crevasse pittoresque d'où jaillit une source abondante et limpide dont les eaux traversent la ville, y forment deux bassins tombant en cascade l'un dans l'autre, et font mouvoir plusieurs moulins avant de se mêler à celles du Tarnon. Les eaux de cette source sont rangées dans la classe des eaux minérales acidules.

Florac ne se compose guère que d'une seule rue, où passe la grande route, et d'une petite place. On y a construit récemment une église catholique, un temple protestant, et un palais de justice.

Aux environs est le village de Grizac où naquit Urbain V, élu pape en 1362; et non loin de là la cascade de Brun, qui mérite d'être vue.

GEORGES DE LEVEZAC (SAINT-). Village situé à 10 l. 1/4 de Florac. Population 675 hab.

GERMAIN DE CALBERTE. (SAINT-). Bourg situé dans un territoire presque entièrement couvert de plantations de mûriers, à 7 l. de Florac. Pop. 1793 hab. — Filature de soie à la vapeur. Éducation des vers à soie, des abeilles et des mérinos.

ISPAGNAC. Joli bourg situé dans un vallon agréable, sur la rive droite du Tarn, à 9 l. de Florac. Pop. 1,885 hab. C'est un bourg généralement bien bâti où l'on voit plusieurs belles habitations : on y trouve une source d'eau minérale ferrugineuse froide.

La route de Mende à Florac passe par Ispagnac, et traverse le plateau calcaire et aride qui sépare le bassin du Tarn de celui du Lot : cette haute plaine porte le nom de *Causse de Sauveterre*; privée d'arbres, de ressources et presque de terre végétale, elle est frappée d'une affreuse stérilité qui n'a permis à aucun habitant de s'y établir. On trouve seulement, à un quart de lieue, sur la gauche de la route, dans un petit enfoncement, le Fressinet, misérable hameau où le relais de poste est placé. La *Causse de Sauveterre* a une largeur d'environ 3 lieues, et est élevée de 975 mètres au moins au-dessus de la mer. Le froid, la neige et les tourmentes en rendent quelquefois le trajet périlleux; des voyageurs y sont morts dans des hivers rigoureux.

Fabriques de toiles de coton, mouchoirs, étoffes de soie. Filature de coton.

MEYRUEIS. Petite ville située à 6 l. 1/2 de Florac. ✉ Pop. 2,292 hab.

A peu de distance de Meyrueis est le château de Salgas, propriété de la famille de Bernis, et construit dans le temps de la faveur du cardinal de ce nom. C'est un château moderne avec un parc, où l'on arrive par une route appelée encore la route Cardinale, de même qu'on donne aujourd'hui aux routes, par malignité, le nom du membre du conseil général qui en a obtenu la construction.

On voit près de Meyrueis trois grottes fort remarquables par les congélations qu'elles renferment. Les environs offrent des indices de mines de houille non exploitées.

Fabriques de fromages façon de Roquefort. Manufactures de pointes de Paris, de fil à cardes et d'aiguilles à tricoter. Scierie hydraulique de planches.

POMPIDOU (le). Village situé dans un vallon élevé, à 4 l. 1/2 de Florac. ✉ Pop. 1,100 hab.

PONT DE MONTVERT. Village situé à 4 l. 1/4 de Florac. Pop. 1,442 hab.

PREJET. Village bâti dans une situation pittoresque, sur la rive gauche du Tarn, à 9 l. de Florac. Pop. 400 hab.

On remarque près du village le site pittoresque du Pas du Souci, formé par deux montagnes escarpées de 1,800 pieds d'élévation, entre lesquelles coule le Tarn, dont les eaux s'engouffrent avec un bruit épouvantable sous d'énormes rochers, connus sous le nom de Roc Sourde et de Roc l'Aiguille.

QUEZAC. Bourg situé sur la rive gauche du Tarn, à 2 l. 1/2 de Florac. Pop. 1,250 h.

Ce bourg est ancien et remarquable par un pont gothique surmonté d'une petite chapelle, bâti par le pape Urbain V. On y trouve une source d'eau minérale acidule, qui jouit d'une grande réputation dans le pays, et qui est très-fréquentée dans la belle saison.

VIALAS. Bourg situé dans un canton abondant en minéraux de toute espèce, à 7 l. 3/4 de Florac. Pop. 2,041 hab.

Ce bourg possède une mine de plomb argentifère exploitée, donnant 7 à 800 grammes d'argent par quintal métrique de plomb. Les concessionnaires de cette mine y ont établi une fonderie centrale, qui livre au commerce du plomb doux, du plomb en grenaille, de la litharge rouge, de l'oxide blanc de plomb, et de la céruse.

ISPAGNAC.

ARRONDISSEMENT DE MARVEJOLS.

ALBAN (SAINT-). Petite ville située à 7 l. 1/2 de Marvejols. Pop. 3,300 hab. On y voit un ancien château qui a été converti en hospice pour les femmes aliénées. — *Fabriques* d'étoffes de laine.

AUMONT. Bourg situé à 6 l. de Marvejols. Pop. 1,002 hab.

BRION. Village à 8 l. 3/4 de Marvejols. Pop. 400 hab.

Ce village possède un établissement thermal d'eaux sulfureuses, connu sous le nom de la Chaldette, qui paraissent jouir des mêmes propriétés que les eaux de Bagnols dont nous avons donné ci-dessus l'analyse.

CANOURGUE (la). Petite ville située dans un vallon agréable et fertile, sur l'Urugue et près de son confluent avec le Lot, à 4 l. 1/2 de Marvejols. ✉ Pop. 1,850 hab.

Cette ville passe pour être fort ancienne. On y voit les vestiges d'une fontaine que l'on croit de construction gauloise, et les mines d'un ancien fort. Des fouilles faites en 1829 ont fait découvrir dans les environs des vases et un grand nombre de débris de poterie romaine. La Canourgue est depuis un temps immémorial le centre d'une fabrication de serges et autres étoffes de laine connues sous le nom de cadis de la Canourgue.

Manufactures de serges et de cadisserie. Fabriques de toiles de coton. Grand commerce de cadis et de coton filé.

CHALDETTE (la). *Voy.* BRION.

CHANAC. Petite ville située sur la rive gauche du Lot, que l'on y passe sur un beau pont en pierre de construction récente, à 3 l. 3/4 de Marvejols. Pop. 1,881 hab. On y voit les ruines de l'ancien château des évêques de Mende, qui dominent un vallon étendu; les environs offrent plusieurs monuments druidiques remarquables.

CHÉLY D'APCHIER (SAINT-). Petite ville située au milieu des montagnes, à 8 l. de Marvejols. ✉ ⚔ Pop. 1,651 hab. On trouve aux environs une source d'eau minérale. — *Fabriques* de toiles, serges, cadis. Filatures de coton et de laine. Tanneries et parcheminéries. *Commerce* de grains et de bestiaux.

CHIRAC. Bourg situé sur la rive droite de la Colagne, à 1 l. de Marvejols. Pop. 1,258 hab. — Les Anglais, qui ravageaient le pays environnant, furent défaits aux environs de ce bourg dans le XIVe siècle.

FOURNELS. Village situé à 10 l. de Marvejols. Pop. 550 hab. — *Fabriques* de serges et de cadisserie.

GERMAIN DU TEIL (SAINT-). Village situé à 4 l. de Marvejols. Pop. 1,629 hab.

GRÈZES. Village fort ancien, situé à 1 l. 3/4 de Marvejols. Pop. 460 hab. On voit dans ses environs une grotte remarquable par les congélations qu'elle renferme.

Grèzes était autrefois défendu par un château dont parle Grégoire de Tours. Ce château fut attaqué sans succès par les Vandales au commencement du Ve siècle; dans la suite, il devint le chef-lieu de la vicomté du Gévaudan, fut pris par les protestants en 1617, et démoli par ordre de Louis XIII en 1632.

JAVOLS. Bourg très-ancien, situé sur le Trébouliu, à 5 l. de Marvejols. Popul. 1,169 hab.

Javols occupe l'emplacement de l'ancienne ville gauloise *Gabalum*, capitale des *Gabali*, premiers habitants du Gévaudan. Au IIIe siècle, elle devint le siége d'un évêché, qui deux siècles après fut transféré à Mende. Les Vandales la saccagèrent au Ve et au VIe siècle, et les Sarrasins la détruisirent entièrement dans le VIIe. Javols n'est plus aujourd'hui qu'un bourg peu important, où l'on trouve toutefois des vestiges de son ancienne splendeur. En 1829, en extrayant des pierres pour la restauration de l'église paroissiale, on trouva une enceinte circulaire de murailles assez vaste, formant probablement un cirque, au milieu de laquelle était une colonne en pierre calcaire, dédiée, ainsi que le portait une inscription latine, par la cité des Gabales, à Posthume qui, après avoir été préfet des Gaules, devint empereur en 258. Cette découverte donna l'éveil: on fit d'autres fouilles, et on reconnut les vestiges d'édifices considérables. Parmi les décombres se trouvèrent des statuettes de dieux lares et autres, des couteaux, des médailles, des styles, des clefs, des ustensiles en bronze, des débris de poterie rouge et grise, avec des dessins en relief (représentant des feuilles, des fleurs, des sujets de chasse, etc.), des fragments de marbre précieux et de pavés en mosaïque. — Les médailles ont été déposées au musée de Mende : elles sont de la colonie de Nîmes, avec l'effigie des enfants d'Agrippa, d'Auguste, ayant au revers l'autel de Lyon, consacré à Rome et à cet empereur par soixante nations gauloises au confluent de la Saône et du Rhône; de Tibère, de Claude, de Domitien, de Trajan, d'Hadrien, d'Antonin, de Marc-Aurèle et de Claude le Second dit le Gothique.

LÉGER DE PEYRE (SAINT-). Village situé à 1 l. 1/2 de Marvejols. Pop. 1,500 h. On y trouve plusieurs sources d'eaux minérales qui paraissent tenir en dissolution beaucoup de cuivre. — *Fabriques* de serges, cadis et autres étoffes de laine.

MALZIEU-VILLE (le). Petite ville située sur la Truyère, à 10 l. de Marvejols. Pop. 1,106 hab. C'était jadis une place forte qui fut assiégée et prise par les protestants en 1573 et en 1577; le duc de Joyeuse s'en empara en 1586. — *Fabriques* de serges et de cadis. Tanneries. Manufacture de couvertures de laine, fondée en 1827 par M. le général Brun de Villeret, dont le Malzieu est le lieu de naissance.

MARVEJOLS. Jolie petite ville. Chef-lieu de sous-préfecture. Tribunal de première instance. Société d'agriculture. Collége communal. Petit séminaire. Chambre consultative des manufactures. ✉ ☞ Pop. 3,885 hab.

Cette ville est située sur la rive droite de la Colagne, dans un vallon très-ouvert, planté d'une grande quantité d'arbres fruitiers. C'est une ville très-ancienne, qui eut de l'importance à l'époque des guerres contre les Anglais. Les rois Charles V et Charles VII accordèrent aux habitants plusieurs priviléges, pour les récompenser de la belle conduite et du courage qu'ils montrèrent en diverses circonstances contre les ennemis de la France.

Marvejols a beaucoup souffert pendant les guerres civiles et religieuses. En 1586, le duc de Joyeuse s'en empara pour Henri III, la pilla, y mit le feu et en fit raser les murailles. Six ans après, elle fut rebâtie par Henri IV, qui encouragea sa construction par ses bienfaits. C'est aujourd'hui une ville régulièrement construite, bien pavée, ornée de fontaines, et possédant une assez belle place décorée aussi d'une fontaine et de deux bassins. Un canal de dérivation conduit dans le faubourg de Barré les eaux de la Colagne, qui alimentent des ateliers de teinturiers, et font mouvoir plusieurs moulins.

Marvejols est la seconde ville du département pour la population et pour l'aisance dont jouissent un certain nombre de familles. Quelques-unes ont fait leur fortune dans les colonies, d'autres dans les manufactures. En général, les habitants de Marvejols passent pour être moins sociables que ceux de Mende, c'est-à-dire, pour se fréquenter moins les uns les autres, et pour se prêter moins au désir du premier magistrat de les réunir chez lui : c'est un défaut, si cela provient d'un manque de bienveillance; c'est une qualité, si c'est par goût pour la retraite et pour la vie de famille.

Fabriques de cadis et autres étoffes de laine. Tanneries. Teintureries. Briqueteries. Belle filature de laine. — *Commerce* de serges, tricots, et autres articles des fabriques environnantes.

MONASTIER. Village situé à 1 l. 1/2 de Marvejols. Pop. 550 hab.

Ce village doit son origine et son nom à un ancien couvent de Bénédictins qui dépendait de Saint-Victor de Marseille, et dans lequel Guillaume de Grimoard, qui devint pape sous le nom d'Urbain V, avait fait son noviciat. Une partie de l'église de l'abbaye existe encore et sert de paroisse; c'est un vaisseau gothique, supporté par des colonnes et des pilastres ornés de figures grotesques et d'animaux fantastiques. La porte du chœur est décorée des armes d'Urbain V.

NASBINALS. Bourg situé à 6 l. 3/4 de Marvejols. Pop. 1,214 hab. On y remarque l'église paroissiale, surmontée d'un clocher octogone dont on fait remonter la construction au XIVe siècle, époque où les Anglais occupaient le pays. — *Fabriques* de serges.

SALMON. Village situé sur la rive gauche du Lot qu'on y passe sur un pont d'une seule arche remarquable par son ouverture et son élévation, à 3 l. 1/4 de Marvejols. Pop. 1,500 hab. On voit aux environs plusieurs tombeaux d'israélites creusés dans le roc.

SERVERETTE. Petite ville située près du confluent de la Truyère et du Mézère, à 6 l. de Marvejols. Pop. 984 hab. — *Fabriques* de serges, escots. Tanneries.

FIN DU DÉPARTEMENT DE LA LOZÈRE.

IMPRIMERIE DE FIRMIN DIDOT FRÈRES,
RUE JACOB, N° 24.

Guide Pittoresque
DU
VOYAGEUR EN FRANCE.

ROUTE DE PARIS A ALBI,
TRAVERSANT LES DÉPARTEMENTS
DE SEINE-ET-OISE, DU LOIRET, DE LA NIÈVRE, DE L'ALLIER, DU PUY-DE-DÔME, DE LA HAUTE-LOIRE, DU CANTAL, DE L'AVEYRON, DU TARN, ET COMMUNIQUANT AVEC CELUI DE LA LOZÈRE.

DÉPARTEMENT DU TARN

Itinéraire de Paris à Albi,
PAR MOULINS, CLERMONT ET RODEZ, 165 LIEUES 1/2.

	lieues.		lieues.
De Paris à Moulins (v. route de Chambéry)	72 1/2	Lempdes	4 1/2
Châtel-Neuve	5	La Baraque	6
Saint-Pourçain	3	Saint-Flour	5
Mayet-d'École	4	Chaudes-Aigues	7 1/4
Gannat	2 1/2	La Guiolle	7 1/4
Aigueperse	2	Espalion	5 1/2
Riom	4	Rodez	7
Clermont	4	La Mothe	6
Coudes	5 1/2	Les Farguettes	7
Issoire	2 1/2	Albi	5

Communication d'Albi à Toulouse, 17 l. 1/2.

	lieues.		lieues.
Gaillac	5	Moulbert	3 1/2
La Pointe-Saint-Sulpice	5 1/2	Toulouse	3 1/2

Communication de Saint-Flour à Mende et à Saint-Jean du Gard, 58 l.

	lieues.		lieues.
Saint-Flour	5	Florac	2
La Bessière de Lair	3 1/2	Pompidou	6
Saint-Chély	4 1/2	Saint-Jean du Gard	7
Saint-Amand	6	Anduse	3
Mende	5	Ledignan	3
Molines	7	Nîmes	6

ASPECT DU PAYS QUE PARCOURT LE VOYAGEUR,
DE TANUS A ALBI ET D'ALBI A TOULOUSE.

Après avoir traversé le Viaur sur le pont de Tanus, sous les arches duquel sont presque toujours tendus des filets pour la pêche du saumon, on se dirige sur Cramaux, village renommé par ses mines de houille et de malachite, sa verrerie et ses carrières d'argile à faïence. Au delà de ce village, les collines s'abaissent insensiblement, et l'on se trouve, sans s'en apercevoir, dans la vaste et riche plaine qui précède et entoure Albi. En sortant de cette ville, on laisse, à gauche, les routes de Castres et de Lavaur, et l'on se dirige à travers la riante et fertile plaine qui longe la rive droite du Tarn, que l'on passe à Marssac sur un magnifique pont en pierre de taille. Peu après on voit, à droite, sur une colline aride dont on côtoie le pied, le village de la Bastide de Lévy; au delà commencent les riches vignobles qui se prolongent jusqu'au delà de Gaillac, où l'on arrive par une assez jolie promenade. Entre cette ville et Albi, le cours du Tarn a 30 mètres de pente, rachetée par dix barrages qui forment dix bassins magnifiques de 120 à 130 mètres de largeur. Ces barrages sont établis perpendiculairement au canal de la rivière, et décrivent horizontalement un arc de cercle de 80 à 100 mètres de développement : celui de Pouille, qui est parfaitement horizontal, a près de 13 pieds de hauteur au-dessus de l'étiage; c'est peut-être le plus élevé de tous ceux qui existent en France. Les eaux tombent en cascade dans le bief inférieur en décrivant une surface parabolique; lorsqu'elles sont claires et limpides, et qu'elles réfléchissent les rayons du soleil, on dirait une cascade en cristal.

Au sortir de Gaillac, on longe le Tarn à gauche, en laissant à droite de beaux coteaux de vignes. A deux lieues et demie de distance, on traverse l'Isle, ville ancienne et mal bâtie, où l'on voit toutefois une belle place carrée ornée d'une jolie fontaine et entourée de vieux porches. Deux lieues plus loin, on passe près de Rabastens, dont la route traverse le faubourg et longe la promenade, et une lieue plus loin encore, est la Pointe-Saint-Sulpice, où l'on passe le Tarn sur un beau pont en pierre de taille; peu après on passe du département du Tarn dans celui de la Haute-Garonne. La route se continue dans une superbe vallée jusqu'au village de Gemil, après lequel elle pénètre dans des collines diversement cultivées et entrecoupées de bois. Au milieu de ces collines s'élèvent, sur la gauche, la petite ville de Montastruc. A Monbert, on passe le Giron; on traverse ensuite Castelmoron, Kirié, au-dessous duquel on passe le Lers sur un pont en briques, une lieue avant Toulouse, où l'on arrive par le faubourg Matabiau.

DÉPARTEMENT DU TARN.

APERÇU STATISTIQUE.

Le département du Tarn est formé des ci-devant diocèses d'Albi, de Castres et de Lavaur, qui dépendaient du haut Languedoc, et tire son nom du Tarn, qui y coule de l'est à l'ouest, et le divise en deux parties. Ses bornes sont : au nord et au nord-est, le département de l'Aveyron; à l'est, celui de l'Hérault; au sud, celui de l'Aude; à l'ouest, ceux de la Haute-Garonne et du Lot.

Le territoire de ce département est entrecoupé de montagnes presque partout cultivées, qui, pour la plupart, se terminent en plateaux, et qui laissent entre elles de belles plaines et de profondes vallées : les seules crêtes qui avoisinent l'Aveyron, et celle de Sidobre, aux environs de Castres, sont rocailleuses et arides. Les plus hauts points d'élévation sont : le roc de Montalet, qui a 700 toises au-dessus du niveau de l'Océan; le Signal, placé dans la forêt de Noré, qui a 660 toises d'élévation; le Puy Saint-Georges, qui en a 256. Parmi les plaines d'une certaine étendue, on cite celles du Tarn, de l'Agout, du Dodon, du Tescou, du Cérou, du Thoré, de la Sor, de l'Arn, de la Vèze, de l'Aveyron et du Viaur. On conçoit facilement que les montagnes et les plaines ne donnent pas les mêmes productions : dans la plaine et sur les coteaux, les récoltes consistent en froment, maïs, seigle, vins, chanvre, lin, pastel, anis, fruits et légumes de toute espèce; dans les pays montueux on réserve toujours les meilleurs coins de terre pour le chanvre, qui y réussit fort bien; les autres produits sont principalement en seigle, avoine, bois, sarrasin, châtaignes, noix.

Le climat du département du Tarn est généralement tempéré, et l'air y est fort sain. Toutefois, quand l'atmosphère prend un caractère soit de pluie, soit de sécheresse, le temps reste le même pendant trois ou quatre mois, ou s'il change en sens inverse, de manière à donner de grandes espérances, elles s'évanouissent aussitôt. Si la sécheresse domine au mois de mai et de juin, on voit les pommiers se couvrir de chenilles que la première pluie abondante fait bientôt disparaître. L'époque ordinaire des plus grands froids est du 15 décembre au 15 février; le thermomètre marque alors pour maximum —6° R. La chaleur commence souvent de bonne heure à se faire sentir, de manière que quelquefois le mois de mai est plus chaud que le mois de juin : sa plus grande intensité dure ordinairement quarante jours de juillet et août. Dans les étés ordinaires, le maximum de la chaleur est de +25 à +28° R.; celle des étés brûlants s'élève jusqu'à +32°. Assez ordinairement il n'y a pas de printemps, la fin des hivers se confondant presque toujours

avec le commencement des étés; en revanche, les automnes sont longs et délicieux. — Les vents dominants sont le vent d'ouest, qui souffle chaque mois de l'hiver plusieurs jours de suite; le nord-ouest, qui se fait sentir à diverses reprises pendant le printemps et l'automne; le vent d'est, qui souffle au moins une fois par mois, depuis la fin de novembre jusqu'en septembre de l'année suivante.—Dans les années ordinaires, on compte 61 jours pluvieux, et la quantité de pluie qui en résulte s'élève approximativement de 65 à 68 centimètres.

Le département du Tarn a pour chef-lieu Albi. Il est divisé en 4 arrondissements et en 35 cantons, renfermant 327 communes. — Superficie, 280 lieues carrées. — Population, 335,844 habitants.

Minéralogie. Minerai de fer à Fraysse, Raissac, Saint-Michel, Lacalm, Bonnat, Labarthe, Ambialet, Lacaune, la Cavalerie (près de Moularès), Penne, Saillac; sulfate de fer et d'alumine près de Curvalle; traces de mine de plomb près d'Alban, de Lafenasse, de Tanus, de Brassac, d'Ambialet; indices de mine de cuivre près de Saint-Marcel, de Cramaux, d'Escoussens; mine de manganèse aux environs de Cordes; paillettes d'or dans le Tarn; mine de houille exploitée à Cramaux, et susceptible d'exploitation à Lavaur, Réalmont, Valderies, Labruguière; pétrifications curieuses aux environs de Castres; carrières de pierre de taille à Labruguière, Carlus; carrières de marbre à Saint-Urcisse, Montmirail, Dourgue; marne, argile à briques et à poterie. Toutes les montagnes primitives du département sont formées de granits composés de quartz, de mica noir, blanc ou rouge, et de feldspath, avec quelques fragments de schorl; les montagnes secondaires sont des schistes constamment argileux, ou des masses de chaux carbonatée, quelquefois aussi des tufs presque toujours graveleux.

Sources d'eaux minérales à Roquecourbe, à Montirat, à Méout.

Productions. Quantité de céréales, légumes secs, châtaignes, lin, chanvre, fruits à noyaux, pommiers, cerisiers, safran, pastel, anis, coriandre, bons pâturages. — 30,594 hectares de vignes, produisant annuellement 380,000 hectolitres de vins de bonne qualité, dont la moitié est consommée sur les lieux et le reste livré à l'exportation. — 34,468 hectares de forêts (arbres feuillus).—Gibier abondant.—Peu de bestiaux.—Beaucoup de bêtes à laine.

Industrie. Manufactures de draps fins et communs, de draps croisés, cadis, casimirs, flanelles, serges et autres étoffes de laine. Fabriques de toiles d'emballage, linge de table, siamoises, molletons, couvertures de coton, bonneterie en laine, futailles, liqueurs, confitures. Filatures de coton et de soie; distilleries d'eaux-de-vie; batteries de cuivre; belles verreries; papeteries; tanneries; teintureries.

Commerce de grains, vins, fruits, prunes sèches, miel, cire, indigo, extrait du pastel; bestiaux, fer, charbon de terre, merrain et futailles.

VILLES, BOURGS, VILLAGES, CHATEAUX ET MONUMENTS REMARQUABLES; CURIOSITÉS NATURELLES ET SITES PITTORESQUES.

ARRONDISSEMENT D'ALBI.

ALBAN, jadis Albaing. Petit bourg situé à 6 l. 1/4 d'Albi. Pop. 332 hab.

C'était encore, dans le XVe siècle, une place forte avec un bon château. Pendant toute la fin du XVIe siècle, cette place passa successivement des calvinistes aux ligueurs et de ceux-ci aux royalistes. Ces cruelles vicissitudes des guerres civiles sont sans doute la cause que sous la plupart des maisons d'Alban se trouvent de grandes salles taillées à pic dans le roc, avec des sièges ménagés pour la commodité des habitants qui s'y réfugiaient.

Exploitation de mines de fer très-riches. Mine de plomb non exploitée.

ALBI. Ancienne ville, chef-lieu du département. Tribunaux de première instance et de commerce. Chambre consultative des manufactures. Bourse de commerce. Collège communal. Archevêché. ⊠☞ Population, 11,665 hab.

L'origine d'Albi se perd dans la nuit des temps. Scipion Dupleix attribue sa fondation à Galatès, 11e du nom et 20e roi des Gaulois, qui l'aurait fait bâtir, en mémoire de son père Albis ou Olbuis, l'an du monde

2700, 1301 ans avant l'ère chrétienne; dans le même temps, ajoute-t-il, que Janus fondait le royaume des Latins en Italie. Ces faits, établis du reste d'une manière peu digne de l'histoire, tombent devant le plus léger examen. Moins hardis que cet historien, nous bornerons à dire que, située dans l'ancienne Celtique, la ville d'Albi n'est mentionnée que dans les notices de l'empire sous le titre de *Civitas Albiensium;* elle fournissait déjà à cette époque aux maîtres du monde des corps de cuirassiers désignés sous le nom d'*Equites Albienses,* etc., qui tenaient garnison dans la Thrace. Limitrophe de la contrée habitée par les Volces Tectosages, qui conserve encore tant de précieux restes de son ancienne splendeur, le pays des *Albienses* n'était point étranger à sa magnificence. Des voies militaires traversaient leur territoire; des temples, des palais furent élevés; des bustes, des statuettes, des mosaïques, des médailles, des tombeaux attestent le séjour des Romains dans la cité des Albigeois.

Les Sarrasins prirent la ville d'Albi et la ravagèrent en 730, et Pépin s'en empara en 765. Cette ville a été gouvernée par des vicomtes depuis le VIIIe siècle jusque vers le milieu du XIIIe: le premier fut le vicomte Bernard Ier, et le dernier Raymond Roger; qui, pour avoir pris le parti des Albigeois avec Raymond VI, comte de Toulouse, partagea ses malheurs. Par suite des confiscations qui signalèrent la fin des croisades contre les Albigeois, Albi fut donné à leur plus fougueux ennemi, Simon de Montfort, qui en jouit, tant lui que son fils Amaury, jusqu'en 1249, époque où ce pays fut cédé à saint Louis, quant à la souveraineté; mais le domaine profitable passa à l'évêque, qui s'est trouvé par là un des plus riches prélats du Languedoc. Sous le règne de Louis XIII, Albi, où il existait beaucoup de protestants, se soumit à ce roi ou plutôt au cardinal de Richelieu. Sous Louis XIV, l'évêché d'Albi fut érigé en archevêché par Innocent XI, en faveur de Hyacinthe Ferroni, gentilhomme romain, auparavant évêque d'Ostende et de Mende. Albi eut beaucoup à souffrir de la révocation de l'édit de Nantes, qui força une grande partie des habitants à s'expatrier.

Cette ville est située dans une belle plaine, sur une éminence dont la base est baignée par le Tarn. Comme la plupart des anciennes villes, ses rues sont étroites, mal percées et bordées de maisons en général fort mal construites. Les places intérieures sont petites et peu remarquables, à l'exception de celle du nouveau quartier du Vigan, qui est vaste et régulière, sans pourtant être belle. Les avenues et les promenades qui aboutissent à cette place sont charmantes. Jadis elles furent célébrées par tous les géographes sous le nom de Lices d'Albi: c'étaient alors de longues terrasses bordées de grands arbres, séparées des remparts de la ville par un fossé très-profond qui servait au jeu de mail. Sur ces lices sans doute s'étaient rassemblés, dans les temps chevaleresques, les seigneurs de toute la contrée, pour se livrer au plaisir des courses et des tournois; c'étoit là aussi que se rassemblait le peuple pour assister à ces duels juridiques et à ces épreuves de l'eau ou du feu, dont l'atroce cérémonie est décrite dans quelques manuscrits de la bibliothèque publique d'Albi. Aujourd'hui tous les fossés sont comblés et les remparts abattus. De la place du Vigan aux bords de la rivière, vers le nord, c'est une large voie publique entre des terrasses uniformes et des parapets à hauteur de siége, garantissant une double allée d'ormes. De cette place, en se dirigeant un peu vers le sud, est un beau jardin public planté de tilleuls et de marronniers, entouré pareillement d'ormes à haute futaie, qui aboutissent à trois grandes allées conduisant, entre deux chemins, sur une double rampe de marronniers, de laquelle on découvre au loin la belle façade de l'hospice; tandis que de toutes les autres allées de cette promenade la vue s'étend sur des coteaux plantés de vignes ou sur de riants vallons. — Dans chaque quartier sont des fontaines abondantes et salubres. Celle de Verdusse réunit les eaux de quatre sources qu'elle jette continuellement par cinq bouches de bronze; et ces eaux formeraient une grande rivière si, à quelques centaines de pas, elles ne débouchaient dans le Tarn, après avoir toutefois mis en mouvement deux moulins à blé.

Les faubourgs d'Albi, depuis qu'il n'existe plus de remparts, agrandissent la ville et l'embellissent; leurs rues sont plus larges et plus populeuses. Un seul pourtant, celui de Castelviel, se trouve dans une position qui ne lui permet ni de s'agrandir ni de s'embellir. On y voit les vestiges d'un château fort qui commandait le Tarn et garantissait cette petite cité, aujourd'hui réunie à la ville d'Albi. Ce qu'on appelle le faubourg du Pont est un quartier sur la rive droite du Tarn, traversé par deux grandes rues principales, dont l'une aboutit à la

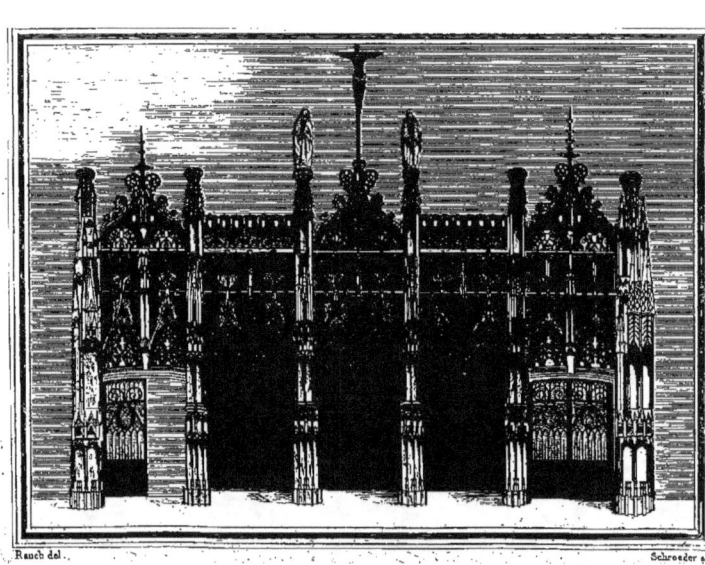

Rench del. Adam sc.

EGLISE SAINT SALVI
à Alby.

route de Cahors et l'autre à celle de Rodez. C'est principalement dans ce faubourg que se trouvent les manufactures.

La CATHÉDRALE D'ALBI, dédiée à sainte Cécile, est l'un des édifices les plus remarquables du département. L'évêque Bernard de Castanet en posa la première pierre en 1282, et elle ne fut entièrement achevée qu'en 1512, deux cent trente ans après sa fondation. La longueur totale du vaisseau dans œuvre, y compris deux chapelles des extrémités opposées, est de 105 mètres 25 cent.; la largeur est de 27 mètres 28 cent.; l'épaisseur des murs, avec les chapelles des deux côtés, prend 15 mètres 6 cent.; la hauteur de la voûte, au-dessus du pavé de l'église, est de 30 mètres; celle du clocher, prise du même pavé, est de 94 mètres 2 cent., et de 130 mètres, prise du niveau des eaux du Tarn. Ce clocher est terminé sans flèche par une plate-forme octogone symétrique de 64 m. de surface.

Dominique de Florence, qui fut deux fois évêque d'Albi, fit construire le premier portail, qu'il orna de statues de saints exécutées avec autant d'art que de perfection. On doit en regretter vivement la perte. Un escalier majestueux conduit à une plate-forme sur laquelle s'ouvre la principale porte d'entrée; des pyramides élégantes et hardies supportent, à une grande hauteur, des arcs décorés dans le style arabe; le ciseau du sculpteur a vaincu toutes les difficultés, et les pierres les plus dures ont été transformées en feuillages et en ornements du goût le plus pur.

L'église est divisée en deux parties : la nef et le chœur. Trois portes, pratiquées dans le jubé et décorées avec la plus grande recherche, conduisent dans celui-ci. La plupart des niches sont privées des statues qu'elles contenaient autrefois, et qui ont été enlevées ou détruites pendant nos troubles civils. La magnificence de ce jubé étonne l'imagination; son aspect riant et varié enchante. Les pierres dont il est composé sont taillées avec tant de facilité et de délicatesse, qu'on les croirait plutôt moulées que sculptées. Le vaisseau offre cela de singulier, qu'il n'a ni croix ni bas côtés, ce qui le fait paraître en dedans d'une longueur au-dessus de la réalité. L'intérieur des murs est décoré de pilastres peu saillants qui soutiennent la voûte, laquelle est entièrement recouverte de peintures appliquées sur un fond d'azur éclatant et remarquable par sa belle conservation. Ces peintures, commencées en 1502, forment un vaste tableau de l'Ancien et du Nouveau Testament. Les arêtes des voûtes servent de cadres aux différents sujets représentés sur cette vaste surface; des arabesques, peintes en blanc, et rehaussées d'or, présentent aux yeux des artistes le type de la grâce et du bon goût, des formes enchanteresses, et un contour non moins pur qu'élégant. Des anges s'y balancent dans les enroulements des feuillages; les patriarches, les prophètes, les saints, les vierges, les martyrs paraissent au milieu de ces arabesques, sur ces voûtes étincelantes d'or et d'azur. Le style du dessin, le jet des draperies, la simplicité des poses de ces peintures magnifiques, tout annonce en elles l'école italienne à l'époque de sa gloire. — Il existait autrefois dans cette église un monument astronomique digne d'être conservé : du haut de la voûte partait une chaîne attachée à un Christ placé au milieu du jubé, et interrompue dans sa longueur par une grande lanterne en fer doré, qu'un rayon de soleil, introduit par un trou pratiqué à la fenêtre qui regarde le levant, traversait au moment de son lever, le jour des équinoxes. — Le chœur, remarquable par l'élégance et la délicatesse des sculptures qui le décorent, est entouré de 72 statues d'une grande beauté. Dans ce sanctuaire sont placées les statues des douze apôtres, et au-dessus des portes latérales on voit deux empereurs chrétiens, Constantin et Charlemagne. La porte extérieure du chœur est ornée de statues de tous les prophètes, de patriarches, de vierges, remplissant les niches creusées dans les piliers qui supportent des arcs en ogive.

L'ÉGLISE DE SAINT-SALVI paraît occuper l'emplacement d'un édifice religieux construit dès les premiers siècles du christianisme. Son architecture annonce qu'il a été construit au plus tôt vers le XIIIe siècle. On remarque, il est vrai, quelques chapelles qui indiquent le style du IXe ou du Xe siècle, et l'on pourrait penser qu'elles appartiennent à une construction antérieure à celle de la plus grande porte de l'église. Le côté du cloître qui subsiste encore est un mélange des styles gothico-lombard et arabe; on y trouve des inscriptions dont la date ne remonte qu'au XIIIe siècle. — La tour du clocher, à laquelle on a cru pouvoir donner une haute antiquité, est entièrement dans le goût arabe; elle est ornée de pilastres, de colonnes, de chapiteaux, qui sont de très bon goût, et forment un ensemble qui plaît à tous les connaisseurs. La tradition veut que cette tour, placée sur le point le plus élevé de la ville, ait servi de fanal pour guider les voyageurs pendant la nuit, lorsque d'Albi à Toulouse le territoire était presque entièrement couvert d'épaisses forêts. — Les formes extérieures de l'église sont très-pittoresques; les proportions de l'intérieur sont très-bien entendues, et la nef offre un aspect majestueux.

L'HÔTEL DE LA PRÉFECTURE, ci-devant palais épiscopal, et dans des temps plus reculés celui des anciens comtes de l'Albigeois, est un immense édifice qui a plus de majesté que d'élégance. Une maçonnerie massive paraît lui servir de base, et il semblerait qu'on a eu pour but d'amonceler des matériaux dans un petit espace : les murs sont entièrement en briques. Il est agréablement situé sur la rive gauche du Tarn qui en baigne les murs, et jouit d'une vue délicieuse. Vu de la rive opposée, il présente une masse des plus imposantes; et quoiqu'il soit, en quelque sorte, groupé avec l'église Sainte-Cécile, dont les proportions gigantesques ne sont en rapport avec aucun autre monument d'Albi, il offre encore l'image d'un palais électoral d'Allemagne. Les tours qui ornent cet édifice de toutes parts, et les formes qu'on lui a données, sont très-pittoresques. Les murs en sont d'une telle épaisseur, que M. de Choiseul fit tailler à pic deux pièces dans l'une des tours massives qu'on y voit, sans que les parties latérales s'en soient jamais ressenties.

L'HOSPICE D'ALBI est un superbe bâtiment, placé entre une grande cour, précédée d'une belle avenue plantée de mûriers, et un jardin spacieux. Ce bâtiment a deux ailes. Le corps-de-logis regarde le levant du côté de l'entrée, et le couchant du côté du jardin : il est situé sur une hauteur, hors la ville; il n'est borné par rien, et sa position est très-favorable à la santé de ceux qui y sont logés. Les salles sont vastes, communiquent entre elles par de grandes portes, sont éclairées par un nombre suffisant de fenêtres qui entretiennent la libre circulation de l'air.

L'ensemble de cet établissement, qui honore infiniment ses fondateurs, forme un enclos bien fermé de 17188 mètres 231 d'étendue, ayant deux jardins, deux grandes cours, et deux petites pour les insensés, des bâtiments très-solides, très-réguliers, très-élevés et bien percés, de belles caves souterraines et voûtées, et tous les accessoires qui rendent le service des malades facile et commode.

On remarque encore à Albi le pont sur le Tarn, composé de sept arches (non compris deux petites arches latérales), dont six sont en ogive et la septième à plein cintre; le collège; la bibliothèque publique, contenant 12,000 volumes; le musée; le cabinet d'histoire naturelle; la salle de spectacle, etc.

Albi est le lieu de naissance de plusieurs personnages célèbres, dont les principaux sont : l'infortuné chef d'escadre Lapeyrouse; le général Dugua, mort au champ d'honneur; le général d'Hautpoult, mort de blessures reçues à la bataille d'Eylau, etc.

Manufactures de draps et tricots de laine pour l'habillement des troupes. Fabriques de toiles d'emballage, linge de table, couvertures de coton, molletons, coutils, toiles de lin et de coton, mouchoirs, cierges, bougies, etc.; forges, fonderies de boulets. Aux environs, extraction de houille; nombreuses papeteries. — *Commerce* de grains, vins, fruits secs, safran, pastel, indigo, merrain, cuirs, bestiaux, laminoirs pour le cuivre, etc.

A 18 l. de Toulouse, 165 l. 1/2 de Paris. — *Hôtels* des Ambassadeurs, de l'Europe, du Commerce, de France.

AMBIALET. Bourg situé sur le Tarn, dans un pays abondant en mines de fer et de cuivre. A 6 l. 1/4 d'Albi. Pop. 3,500 hab.

Ce bourg est bâti dans une situation pittoresque, sur une presqu'île environnée de rochers, dont l'isthme n'a pas plus de trente-six pieds de largeur, position éminemment favorable pour s'y établir militairement, et dont on a profité pour l'établissement de superbes moulins à blé. Dans son cours autour de la presqu'île, le Tarn présente une pente totale de quatre mètres, et cette belle chute a été utilisée sans le secours de barrage, au moyen d'une galerie souterraine ouverte à travers un roc qui joint sans l'isthme les deux bras de la rivière. De grandes masses de rocs découpés en aiguilles qui s'élèvent au-dessus de l'isthme, et quelques murs de défense protègent les usines contre la violence des crues; et quelle que soit la hauteur à laquelle elles parviennent, ces barrières naturelles et artificielles très-fortes sont assez élevées pour qu'elles s'y brisent sans danger.

Ambialet, autrefois siège d'une baronnie qui donnait entrée aux états de Languedoc, présente encore sur les pointes aiguës de ses rochers les ruines d'un château féodal, et non loin de là les restes d'un manoir abandonné. En regard de ces débris, s'élèvent encore au centre de la presqu'île ceux d'un monastère.

ANTONIN-LACALM (SAINT-). Village situé à 6 l. 1/4 d'Albi. Pop. 900 hab.

ARTHEZ. Village situé à 14 l. 1/2 d'Albi,

16. CHÂTEAU DE CASTELNAU DE LÉVI.

sur le bord du Tarn et vis-à-vis de la cataracte du Saut-de-Sabo. Pop. 800 hab. Il a été bâti au XIVe siècle, par Philippe de Valois, et devint quelque temps après un bourg considérable, siège de la judicature royale de l'Albigeois. — *Commerce* de vins et de légumes de son territoire.

AVALETS (les). Village situé entre des coteaux très-rapprochés sur la rive gauche du Tarn, à 2 l. d'Albi. Pop. 318 hab. — Papeterie, martinets à cuivre.

CASTELNAU DE LÉVY. Bourg bâti en amphithéâtre sur la rive droite du Tarn et dominé par un château pittoresque. A 1 l. 1/2 d'Albi. Pop. 1,700 hab.

CRAMAUX. Bourg situé sur la rive droite du Cérou, à 2 l. d'Albi. Pop. 1,765 hab. — Exploitation de belles mines de houille. Indice de mine de malachite qui paraît avoir été exploitée autrefois. Belle verrerie à bouteilles et verroterie noire.

CURVALE. Village situé sur le bord de la Rance, à 6 l. 1/4 d'Albi. Pop. 2,200 hab. — Mines de fer et de plomb.

GRÉGOIRE (SAINT-). Village situé à 3 l. 1/4 d'Albi. Pop. 600 hab.

On trouve sur son territoire la source thermale de Méout, que M. le docteur Lagarde emploie avec le plus grand succès contre les ulcères les plus invétérés, dans les maladies scrofuleuses, et dont les eaux sont exactement de la même nature que celles de Barèges. Il résulte de l'analyse faite par M. Limouzin-Lamothe, pharmacien à Albi, 1° que l'eau de cette source, que les paysans appellent *Toun-tebeso* (fontaine tiède), est réellement une eau thermale, minéralisée par le gaz hydrogène sulfurique, mêlé d'une petite quantité de gaz acide carbonique; 2° que sa température est sujette à de grandes variations; 3° qu'il ne s'y trouve presque pas de silice ni de sulfate de chaux; 4° que les gaz qu'elle contient s'échappent aussitôt qu'elle se trouve en contact avec l'air atmosphérique; 5° que l'usage de cette eau en lotions ou en bains est très-efficace contre les maladies des jambes, et qu'en injections elle a guéri des surdités accidentelles non invétérées; 6° qu'étant résolutive, fondante et diaphorétique, elle serait employée utilement contre les obstructions, la jaunisse, et plusieurs autres maladies de cette espèce.

JUÉRI (SAINT-). Village situé sur le Tarn, à 1 l. 1/2 d'Albi. Pop. 1,425 hab.

Ce village occupe le côté gauche de la belle cataracte dite le Saut-de-Sabo. Depuis Ambialet, le Tarn, qui coule sur un roc schisteux, a un cours assez régulier; mais arrivé au Saut-de-Sabo, il se précipite tout à coup et avec une extrême rapidité dans les tranchées qu'il a pratiquées lui-même à travers un barrage naturel de près de 60 pieds de hauteur. Les sillons et les aspérités dont est recouverte la superficie de ce barrage, font connaître que ce n'est qu'après une longue suite de siècles que la rivière est parvenue à se creuser à travers les roches d'une dureté extrême les tranchées profondes par où elle s'écoule. On ne peut se lasser d'admirer cet accident de terrain, qu'on aime à considérer sous tous ses aspects. Les cataractes que présente ce passage du Tarn sont au nombre de trois: le Saut-de-Sabo proprement dit, qui a trente pieds de hauteur; le Saut-de-Caramauran qui en a un peu moins; la dernière est peu considérable.

Depuis quelques années, une compagnie a utilisé une partie de la force motrice de ce cours d'eau, sur lequel elle a établi une papeterie et une aciérie magnifique, avec laminoirs, fourneaux à réverbère, aiguiseries, etc. Un chemin de ronde est construit au pourtour de l'usine, ménagé dans l'épaisseur d'un mur presque circulaire qui enveloppe et protège l'établissement contre la violence des crues. Le Tarn peut encore s'élever à des hauteurs considérables sans que le travail cesse; alors les ouvriers, sur la tête desquels est suspendue cette rivière qui semble les menacer par ses mugissements, n'en travaillent pas moins en toute sécurité. Sa fureur vaine vient se briser contre cette barrière que lui a opposée la volonté de l'homme. Mais lorsque les eaux s'élèvent à une hauteur telle qu'elles envahissent l'intérieur de l'usine, on n'a plus qu'à déménager promptement, après avoir fermé toutes les vannes de prise d'eau et des fuyans, afin qu'il n'y ait pas de courant dans l'intérieur de l'usine, et que les eaux se trouvant stagnantes ne produisent pas des dégradations. Heureusement que ces envahissements par les eaux sont rares, de courte durée, et que l'activité de l'usine n'en peut souffrir sensiblement.

LASPLANQUES. Village situé à 7 l. 1/2 d'Albi. Pop. 160 hab.

Ce village offre une singularité de position fort extraordinaire: pour y arriver, on descend pendant plus d'une heure par des sentiers tortueux et sombres, et lorsqu'enfin on ne voit d'espace dans le ciel que la grandeur du vallon étroit où l'on se trouve, il faut remonter sur un rocher en pain de sucre où sont placées, l'une auprès de l'autre, dix ou douze chaumières, et une église si rapprochée des bords escarpés du Viaur, qu'un pauvre curé, récitant son bréviaire et oubliant qu'il était impossible de faire le tour de l'église, tomba dans le précipice et y termina ses jours.

LESCURE. Petite ville située à 1 l. d'Albi. P. 2,000 h. C'était autrefois une place assez importante, défendue par un château fort.

Entre cette ville et la rive droite du Tarn, on remarque sur une petite éminence une église champêtre et isolée, dont le plan est entièrement semblable aux édifices construits pendant le Xe siècle, avant la première croisade. Le portail est placé sur trois marches, et au-dessus s'élève un socle où reposent six colonnes, dont les chapiteaux sont ornés de bas-reliefs. Ces colonnes supportent des arcs à plein cintre, au nombre de douze, et qui sont alternativement placés sur un pied-droit et une colonne. On remarque des animaux fantastiques ayant deux corps unis à une seule tête; on y voit successivement des fleurons et des têtes de chat. L'archivolte est ornée de perles et de dés. Aux angles et au-dessus d'une petite corniche qui couronne la partie inférieure, sont placées deux colonnes qui correspondent à deux autres, lesquelles reposent sur le socle. Les chapiteaux de ces colonnes sont ornés de feuilles d'eau. Ils supportent un entablement très-bien décoré. L'architrave est chargée de dés, ainsi que l'archivolte; au-dessus sont placées deux consoles enrichies de figures et d'ornements symboliques. On y remarque, dans les espaces laissés entre les consoles, des têtes ou faces rondes qu'on pourrait prendre pour autant de figures du soleil; enfin, une corniche termine le monument. Entre l'archivolte et l'architrave on remarque une pierre carrée, sur laquelle on a sculpté un cadre circulaire; il contient le monogramme du Christ, formé d'un X, *chi*, et d'un P, *rho*. Ces deux lettres sont cantonnées d'un A, *alpha*, et d'un O, *omega*. Des figures semblables sont placées à la droite et à la gauche de l'archivolte; les chapiteaux des angles offrent quelques sujets tirés de l'histoire sainte, et plusieurs compositions allégoriques. On remarque sur le premier, placé à gauche, Adam et Ève auprès de l'arbre de la science du bien et du mal, au moment où l'esprit tentateur leur présente la pomme fatale; le suivant représente Abraham, à l'instant même où il va frapper son fils unique, et où l'ange vient lui porter l'ordre de ne point consommer ce cruel sacrifice.

Sur le premier chapiteau, à droite, on voit un personnage tenant ou une boule, ou une bourse, et tourmenté par deux démons, ce qui semble indiquer ou l'ambition ou l'amour des richesses. Le second chapiteau offre l'image d'un vieillard assis; sa tête est couverte du Corno, ou bonnet phrygien; il tient sur ses genoux et serre du bras gauche une figure juvénile; son bras droit est élevé. En regard de ce groupe, on remarque un mauvais génie emportant un autre personnage encore jeune. Les figures que l'on voit sur les consoles peuvent, en grande partie, être considérées comme des symboles du cours du soleil; on y reconnaît les signes du bélier, du taureau, du lion, de la Vierge; les figures ou faces rondes placées entre les consoles pourraient être des images du soleil dans les différents signes; et il est à croire que l'architecte aurait placé douze faces entre les consoles, si le nombre des intervalles le lui avait permis.

Selon quelques curieux, ce monument présente des symboles relatifs au culte de Mithra. Suivant d'autres, on y remarque l'*Anna Perenna* des Latins. M. Dumége observe à ce sujet que le cadre circulaire qui a été sculpté entre l'archivolte et l'architrave, contenant le monogramme du Christ, les caractères que l'on voit sur le portail signifient seulement que le Christ est la fin et le commencement de toutes choses.

LOMBERS. Petite ville située à 4 l. d'Albi. Pop. 1,700 hab.

En 1165, il fut tenu à Lombers un concile contre les hérétiques qui se faisaient appeler Bonshommes: c'étaient les disciples de l'hérésiarque Henri, contre lequel saint Bernard avait entrepris, vingt ans auparavant, une mission qui ne produisit pas grand effet. Malgré les prédications du saint abbé, l'hérésie s'étant propagée, donna lieu à une conférence qui se tint à Lombers entre les catholiques et les sectaires, lesquels consentirent à rendre compte de leur croyance devant des commissaires choisis par les deux partis, en présence des évêques, abbés et autres ecclésiastiques dénommés dans l'acte, et de quelques personnes laïques. Une foule de peuples y était rendue, ainsi que presque tous les seigneurs des châteaux de l'Albigeois. Dans cette conférence, les sectaires répondirent aux questions que leur faisait l'évêque de Lodève, et on voit par leurs réponses quels étaient les points sur lesquels ils erraient. Ils s'autorisaient de certains passages de l'Écriture sainte; mais l'évêque leur en opposait d'autres en plus grand nombre et bien plus formels. Enfin, on en vint au jugement, qui ne

CHATEAU DE COMBEFA.

leur était pas favorable. Les sectaires, pour mettre le peuple de leur côté, firent hautement une profession de foi, qui fut trouvée assez exacte. On exigeait seulement qu'ils la confirmassent par serment; mais c'était un point de leur doctrine, qu'il n'était pas permis de jurer, et on leur avait promis, disaient-ils, qu'on ne les forcerait pas à cela. Sur leur refus, ils furent déclarés infâmes et hérétiques, et toute l'assemblée donna les mains à ce jugement. C'est depuis cette condamnation que les hérétiques vaudois commencèrent à être appelés Albigeois.

MARSSAC. Village situé à 2 l. 1/4 d'Albi. Il est sur le Tarn, que l'on y passe sur un magnifique pont de pierre de taille de trois arches à plein cintre; les tympans sont percés par des ouvertures cylindriques qui favorisent le débouché des eaux; sa voie est large, et les avenues sont traitées avec un grand luxe de maçonnerie.

MÉOUT. *Voy.* SAINT-GRÉGOIRE.

MONESTIES. Petite ville située sur la rive droite du Cérou, à 5 l. d'Albi. Pop. 1,467 hab. C'était autrefois une place très forte où les habitants de Cramaux et d'autres communes environnantes se retirèrent en 1359 pour se mettre à l'abri des poursuites des routiers.—*Fabriques* et commerce considérable de toiles.

On remarque sur son territoire les ruines du château de Combefa, édifice construit pendant le XIIIe siècle, et l'une des nombreuses possessions des évêques d'Albi. De hautes tours couronnées de créneaux, une enceinte fortifiée et enveloppée d'un fossé creusé dans le roc, lui donnent l'aspect de la demeure d'un souverain. L'intérieur était décoré avec magnificence, et la chapelle était digne d'attirer les regards : on y voit des figures plus grandes que nature, sculptées en pierre et parfaitement conservées. — Lorsque le prince de Galles menaça la province d'une irruption, ce château fut mis en état de défense; mais l'évêque d'Albi, qui y fut assiégé, craignant que la valeur du petit nombre de ses soldats ne suffit pas pour lui faire obtenir la victoire, se borna à excommunier ses adversaires. Cette forteresse a été détruite en 1763, par ordre de M. de Choiseul, archevêque d'Albi, frère du célèbre ministre de ce nom.

MONTIRAT. Petite ville située à 8 l. 1/2 d'Albi. Pop. 2,000 hab. C'était autrefois un château fort qui dominait la rivière de Viaur, et défendit longtemps les frontières du pays pendant le XIIIe siècle. On y trouve une source d'eau minérale ferrugineuse acidule, qui a beaucoup d'analogie avec les eaux de Bussang et de Spa.

MOULARES. Village situé à 7 l. d'Albi et dominé par le roc de Bar. Pop. 680 hab.

PAMPELONNE. Petite ville située à 8 l. 1/4 d'Albi. Pop. 1,992 hab. En y arrivant d'Albi, on rencontre d'abord une assez vaste place entourée de maisons, et terminée par une longue et large rue qui conduit à la porte principale de ce qu'on appelle la ville, où l'on voit les restes d'un ancien fort : celle-ci est environnée de fossés et d'une promenade, et renferme une autre place qui se termine par une vaste rue semblable à la première, au bout de laquelle se trouve encore une grande place qui donne sur la campagne.—*Fabr.* de toile de ménage.

PAULIN. Bourg situé à 6 l. 1/2 d'Albi. Pop. 2,900 hab. Le château fut pris par les Anglais en 1331, et il fut très difficile de les en expulser.

RÉALMONT. Jolie petite ville, située à 5 l. d'Albi. ✉ Pop. 2,660 hab.

Cette ville fut fondée en 1272, au milieu des forêts où se cachaient les hérétiques pour éviter la terrible sévérité des inquisiteurs. Elle est formée de rues tirées au cordeau qui aboutissent à une place centrale, et est entourée de fort belles promenades. On y arrive et on en sort par des allées ombragées de grands arbres. — *Fabriques* de ras, crépons, burats, serges, toiles. Belles blanchisseries.

ROQUE (la). Village situé à 6 l. d'Albi. On y remarque les restes d'un château assez bien conservé, qui défendait un passage resserré d'un côté par des escarpements, et de l'autre par le torrent impétueux de l'Adou.

TANUS. Village situé à 7 l. 1/2 d'Albi. Pop. 700 hab.

Ce village est bâti au fond d'un vallon sauvage et pittoresque, sur le Viaur, que l'on traverse sur un ancien pont jeté d'une montagne à l'autre. On y voit un château gothique qui domine le village, avec lequel il se groupe agréablement et forme un charmant point de vue. — Mine de plomb exploitée.

VALDERIÈS. Bourg situé à 3 l. d'Albi. Pop. 1,544 hab. Il est bâti dans une belle position au pied de la montagne du Puy Saint-Georges, où l'astronome Méchain avait placé un de ses signaux.—Expl. de houille.

VALENCE. Joli bourg situé dans un pays montagneux, à 6 l. 1/4 d'Albi. Pop. 966 hab. Il est construit sur un plan assez régulier et formé de rues bien alignées; mais les maisons y sont généralement bâties en pierres schisteuses noirâtres, ce qui lui donne un aspect sombre.

VILLEFRANCHE. Bourg situé à 4 l. 1/2 d'Albi. Pop. 726 hab.

Ce bourg doit sa fondation à Philippe de Montfort, qui le fit construire en 1239 et lui donna une charte d'affranchissement que les habitants conservent dans leurs archives, et qui est curieuse à consulter pour connaître en quoi consistaient les franchises de ce temps.

ARRONDISSEMENT DE CASTRES.

AMANS-LA-BASTIDE (SAINT-). Gros bourg situé sur le penchant de la montagne Noire, et sur le Thoré qui le sépare de Saint-Amans-Valtoret, à 6 l. 1/2 de Castres. ✉ Pop. 2,331 hab. — Fabriques de bonnets gasquets pour le levant, draperies. Filatures de laine.

Patrie du maréchal Soult.

ANGLÈS. Bourg situé sur la rive droite de l'Arn, à 6 l. de Castres. P. 2,795 h. — *Fabriques* de draperies. *Commerce* de bestiaux.

BASTIDE-ROUAIROUX (la). Village situé à 9 l. 1/2 de Castres ✉ Pop. 2,412 hab. — *Fabriques* de draps. Teintureries.

BESSONIES (la). Bourg situé à 4 l. 1/2 de Castres, commune de Montudon.

BOISSEZON-D'AUGMONTEL. Village situé à 3 l. 1/2 de Castres. Pop. 3,369 hab. — *Fabriques* de grosses draperies.

BRASSAC. Petite ville située dans un vallon agréable, sur l'Agout, qui la divise en deux parties communiquant ensemble par un pont fort étroit. Goulaud de Biron la surprit par une nuit obscure en 1564, et fit périr un grand nombre de ses habitants. A 7 l. de Castres. ✉ Pop. 1,875 hab. — *Fabriques* de tissus de coton.

BRUGUIÈRE (la). *Voy.* LABRUGUIÈRE.

BURLATS. Bourg situé sur l'Agout, à 2 l. 1/2 de Castres. Pop. 1,320 hab.

On remarque dans cette commune les restes du château de Burlats, qui s'élèvent sur les bords de l'Agout, dans un vallon remarquable par sa fraîcheur et sa fertilité. C'est dans ce château que la reine Constance, sœur du roi Louis le Jeune, et femme de Raymond, comte de Toulouse, vint cacher les chagrins que lui causaient les infidélités de son époux. Elle y donna le jour à une fille aimable, connue sous le nom d'Adélaïde de Toulouse, comtesse de Burlats, célèbre par sa beauté et par les rares qualités de son esprit et de son cœur. Le château de Burlats devint le rendez-vous de tous les troubadours du midi de la France; plusieurs d'entre eux chantèrent la belle comtesse dans des vers qui suffisaient alors pour donner la célébrité. Ce château fut pris sur les catholiques, en 1564, par Goulaud de Biron.

On voit à Burlats une ancienne église construite vers le XIIIe siècle. Son architecture appartient à l'école grecque ou byzantine dont la manière s'introduisit en France après la première croisade. Les parties de cet édifice qui présentent les détails les plus intéressants de l'architecture de cette époque sont les deux portes qui servaient d'entrée à l'ancienne basilique, et quelques chapiteaux qui existent encore dans la nef et les bas-côtés. Dans les portes dont il vient d'être parlé, les imposts, les archivoltes et les chapiteaux des colonnettes qui décorent les montants, sont d'un travail très-gracieux et très-pur; l'ensemble de ces portes est d'ailleurs bien complet et présente sous ce rapport tout l'intérêt qui se rattache aux monuments du XIe et du XIIe siècle.

La commune de Burlats présente plusieurs effets d'équilibre qui méritent de fixer l'attention : l'un des plus remarquables est connu dans le pays sous le nom de Roc qui tremble. Ce roc est de forme ovoïde, d'un granit très-compacte, et l'une de ses pointes repose sur le bord d'un autre rocher un peu creusé, qui le retient en équilibre. Cette masse, qui donne un cube de 12 m. 34 c., se meut lorsqu'on la pousse du midi au nord, en telle sorte que son balancement et ses vibrations cassent des noisettes qu'on y introduit du côté méridional. Les environs offrent encore plusieurs autres rochers placés en équilibre.

A peu de distance du Roc qui tremble, se trouve une grotte qui porte le nom de Saint-Dominique, dont l'entrée assez basse conduit sous une voûte en berceau formée d'énormes rochers qui ne se soutiennent les uns les autres que par leur contact mutuel. Au fond, une ouverture à peu près semblable à celle qui sert d'entrée conduit dans deux vastes grottes d'environ mille toises de longueur sur huit de large, et dont l'une est haute de 30 pieds : ces grottes sont, comme la première, formées de blocs de rochers, et leurs voûtes obscures paraîtraient un effet de l'art si l'on n'apercevait à la

RUINES DU CHATEAU DE RIBLATS.

lueur des flambeaux que les masses qui les composent ne sont unies par aucune espèce de ciment. Sous ses pieds, l'observateur ne cesse d'entendre le bruit d'un ruisseau, qui, peu abondant aux temps ordinaires, sort cependant de la grotte avec fracas et avec assez de force pour mettre en mouvement plusieurs moulins, après un cours invisible de plus d'une demi lieue. Le vallon où serpente ensuite ce ruisseau offre un nombre infini d'immenses blocs de granit qui présentent le spectacle d'une grande cité bouleversée par quelques grandes commotions du globe.

CASTRES. Ville ancienne. Chef-lieu de sous-préfecture. Tribunaux de première instance et de commerce. Chambre consultative des manufactures. Bourse de commerce. Société d'agriculture. Collége communal. ✉ ☿ Pop. 16,418 hab.

Suivant quelques auteurs, Castres a été fondée en 647, et doit son nom à un ancien camp romain; d'autres pensent que cette ville doit son origine à un monastère de bénédictins, fondé, dit-on, par Charlemagne. Simon de Montfort l'obtint des habitants mêmes, qui, dit-on, se donnèrent à lui volontairement. Éléonore, sa fille, l'apporta en dot à Jean, comte de Vendôme, qui la transmit à Jean, comte de la Marche, cadet de la maison de Bourbon. Plus tard, une autre Éléonore, en épousant Bernard, comte de Pardiac, la fit passer dans la maison d'Armagnac. Jacques de Montfort, son fils, ayant été décapité en 1447, tous ses biens furent confisqués, et Louis XI gratifia son lieutenant général Boffilo del Judice de la ville de Castres, donation qui souleva de nombreuses contestations. François Ier, pour les terminer, fit rendre par son parlement un arrêt qui réunit, en 1519, le comté de Castres à la couronne. Les habitants de Castres, au commencement des guerres civiles, embrassèrent le protestantisme, fortifièrent leur ville, et s'érigèrent en république; mais leur parti ayant été vaincu par Louis XIII, ils furent forcés de se soumettre et de démolir leurs fortifications. C'était à Castres qu'était établi autrefois un tribunal appelé la Chambre de l'Édit, où tous les protestants du ressort de Toulouse avaient leurs causes commises. En 1679, Louis XIV fit transférer, on ne sait trop par quelle raison, ce tribunal à Castelnaudary. En 1681, il l'abolit tout à fait.

Cette ville, située dans un bassin agréable et fertile, est séparée en deux parties par l'Agout, qui la traverse dans la direction du nord au sud-ouest. La partie sud-est, nommée Villegoudon, communique avec Castres proprement dit par deux beaux ponts de pierre. Castres est entouré de superbes promenades qu'on nomme Lices; Villegoudon a aussi ses promenades, qui consistent en une vaste esplanade formée de cinq belles allées.

En général, Castres est une ville mal bâtie, formée de rues étroites et tortueuses, où l'on remarque toutefois quelques belles constructions. L'hôtel-de-ville, autrefois palais épiscopal, est un bel édifice construit par J. H. Mansard, dans lequel se trouvent la préfecture, et la bibliothèque publique, renfermant environ 7,000 volumes; il tient à un jardin public, distribué sur le même plan que le jardin des Tuileries de Paris.

L'église Saint-Benoît, jadis cathédrale du diocèse, belle de sa voûte élancée, de ses chapelles bien éclairées, manque de façade. On y voit plusieurs beaux tableaux de Rivals, et quatre statues d'une excellente exécution. Castres possède aussi deux beaux hospices, une jolie salle de spectacle, de belles casernes de cavalerie.

Cette ville est la patrie d'André Dacier, de Rapin de Thoyras, de Sabatier de Castres, etc., etc.

On doit visiter aux environs de Castres la côte des Bijoux, où l'on trouve des pétrifications singulières connues sous le nom de Priapolithes, et qui méritent en effet ce nom, soit qu'on considère leur forme extérieure assez ressemblante à son analogue, soit qu'on examine aussi l'accord des accessoires. L'ensemble de ces pétrifications paraît n'être qu'une argile pétrie à dessein par la main des hommes, et qui s'est pétrifiée avec le temps dans les entrailles de la terre. Le grand nombre de ces priapolithes, dont le coteau abonde, fait conjecturer qu'il exista jadis dans ce lieu ou aux environs un temple consacré à Priape, ou seulement à la nature.

INDUSTRIE. Manufactures de casimirs et de cuirs de laine de première qualité; de draps pour l'habillement des troupes, casiorines, ratines, molletons de laine, flanelles, couvertures de laine, etc. Fabriques de toiles, colle forte, savon noir. Blanchisseries. Teintureries. Tanneries. Papeteries. Forges et fonderies de cuivre.—*Commerce* considérable de draperies, laines, coton, papiers, liqueurs, confitures, etc.

A 10 l. d'Albi, 171 l. de Paris. — *Hôtels* du Grand-Soleil, du Lion d'or, du Tapis vert.

DOURGNE. Gros bourg situé au pied de la montagne Noire, à 5 l. de Castres. Pop. 2,112 hab.

On remarque vis-à-vis de ce bourg un petit temple consacré à saint Estapin, qui attire chaque année, le 6 août, un grand concours de peuple. Non loin de là est une fontaine dont les eaux passent pour avoir la propriété de guérir plusieurs maladies. — *Fabriques* de grosses étoffes de laine. Carrières de marbre gris et de marbre blanc.

LABRUGUIÈRE. Petite ville assez bien bâtie, située sur la rive gauche du Thoré, à 2 l. de Castres. Pop. 3,835 hab. — *Fabriques* de grosses draperies et de couvertures de laine.

LACAUNE. Petite ville située au milieu des montagnes, à 12 l. 1/2 de Castres. ⊠ Pop. 3,681 hab. — *Fabriques* de grosses draperies. Exploitation de mines de fer. — Commerce de bestiaux.

LACAZE. Village situé à 9 l. de Castres. Pop. 2,301 hab. On y voit les restes d'un ancien château qui fut pris par les habitants de Castres en 1562.

LACROUZETTE. Village situé à 3 l. 3/4 de Castres. Pop. 1,170 hab. On remarque aux environs plusieurs monuments celtiques. — *Fabriques* de bonneterie en laine.

LAUTREC. Petite ville située à 4 l. de Castres. Pop. 3,602 hab.

Cette ville, autrefois capitale d'une vicomté d'Albigeois, était anciennement défendue par un château dont il reste à peine quelques vestiges. — *Fabriques* de grosses draperies. — Commerce de bestiaux.

MAZAMET. Petite ville située sur l'Arnette, à 4 l. 1/2 de Castres. ⊠ Pop. 7,098 hab. — *Fabriques* importantes de grosses draperies, flanelles, redins, etc. Teintureries. Moulins à foulon. Papeteries. — Commerce de grains, marrons de très-bonne qualité, etc.

MONTREDON. Village situé à 5 l. de Castres. Pop. 4,832 hab. Il est dominé par une montagne dont le sommet est couronné par les ruines d'un ancien château. — *Fabriques* de bonneterie. — Commerce de bestiaux.

MURAT. Village situé à 17 l. 1/2 de Castres. Pop. 2,942 hab. — Commerce de fromages et de bestiaux.

ROQUECOURBE. Petite ville située sur la rive gauche de l'Agoût, à 2 l. 1/4 de Castres. Pop. 1,717 hab. — *Fabriques* importantes de bonneterie de laine.

SORÈZE. Petite ville située dans une plaine, sur le ruisseau de Sor, à 7 l. de Castres. Pop. 3,142 hab. C'était autrefois une place importante dont les protestants s'emparèrent en 1580; ses fortifications ont été rasées en 1629.

Cette ville possédait autrefois une riche abbaye de bénédictins, fondée dans le IXe siècle par Pepin, roi d'Aquitaine, et connue sous le nom d'abbaye de la Paix. Cette abbaye fut ruinée par les légionnaires dans les guerres du XVIe siècle; mais on en rétablit les bâtiments, et en 1750 le prieur Fougeras y créa un pensionnat dont la réputation s'étendit bientôt, et qui, par les améliorations introduites successivement par dom Lacroix et par dom Despaulx, devint une école, un établissement d'instruction célèbre, et reçut du gouvernement le titre d'école militaire, avec une dotation de cinquante bourses pour l'éducation d'un égal nombre de jeunes gentilshommes.

Quand la révolution eut supprimé les corps religieux, dom Despaulx, ainsi que la plupart de ses confrères, quitta Sorèze; mais il y restait heureusement un maître digne de lui succéder. Dom Ferlus, devenu directeur en chef de l'école, s'entoura de professeurs habiles, et luttant avec courage contre les éléments de destruction qui l'entouraient, conserva ce bel établissement, y maintint les études, en agrandit le cercle, en améliora les détails, et fit enfin de Sorèze ce que nous le voyons aujourd'hui avec sa renommée européenne. Dom Ferlus mourut en 1811. Son frère, qu'il s'était associé, le remplaça dans l'administration du collège dont il fut alors seul propriétaire. On sait quelles persécutions lui suscita la cabale jésuitique en 1823, lorsque, voulant s'emparer de Sorèze, elle poussa l'évêque Frayssinous, ministre de Charles X., à des mesures dont l'indignation publique eut peine à modérer les effets. Forcé un instant de résigner le titre de directeur entre les mains de son gendre, M. Ferlus l'a repris en 1830, sans se priver toutefois de l'utile coopération de M. de Bernard, ancien élève de l'école polytechnique.

Le plan d'études suivi à Sorèze embrasse l'ensemble des connaissances humaines. Toutes les parties de l'instruction, réunies dans les autres collèges, sont là séparées. Chaque élève peut suivre un ordre d'enseignement conforme à l'état qu'il doit embrasser. Il y a quarante professeurs, plus deux préfets d'études. Les bâtiments sont disposés de manière à recevoir 430 pensionnaires : on trouve dans le collège un observatoire, un cabinet d'histoire naturelle, un jardin de botanique, une école de natation, un manége, un arsenal pour les exercices militaires, un laboratoire de chimie, un théâtre où les élèves s'exercent à la déclamation. Le

SORÈZE.

prix des études est fixé à 1,000 fr., non compris la rétribution universitaire.

Au midi de Sorèze et sur le revers de la montagne Noire, on remarque une grotte, nommée en langage du pays *lou traouc d'el Calel*. On y entre par une première cavité de 2 m. 50 c., semblable à ces trous qu'on ne forme que pour extraire du gravier. A l'un de ses côtés se trouvent quelques noisetiers, qu'il faut écarter pour pénétrer dans une longue allée, tantôt assez large pour y marcher à l'aise, tantôt au contraire si étroite qu'on craint de s'y engager de manière à ne pouvoir bientôt ni avancer ni reculer ; et ce n'est pas la seule crainte qu'on éprouve : on ne marche en effet dans ce séjour ténébreux que sur un sol de terre glaise ou de cailloux, également glissants, également humectés par les abondantes filtrations, et environnant des puits sans nombre, dont la profondeur n'est pas connue ; tandis que dans le haut, des pièces de roc menacent de se détacher des voûtes sur le curieux observateur. Après bien des sinuosités ainsi parcourues, on aboutit à une salle assez vaste, de forme circulaire, où le premier objet qui attire les regards est une colonne de plus de 3 mètres de hauteur sur 40 centimètres de diamètre. Cette colonne, ou plutôt cette stalagmite, qui a resté suspendue au plafond, après que sa partie inférieure a été cassée, est de couleur roussâtre et veinée en forme de cannelure, ayant une espèce de noyau dans le centre. Toutes les autres stalactites qu'on trouve dans cette salle et qui en tapissent les parois, n'ont rien d'extraordinaire, quand on connaît l'effet des eaux qui filtrent à travers des couches de terre et de roche calcaire ; ce sont, comme toutes les concrétions de ce genre, des aiguilles plus ou moins grandes, plus ou moins blanches, des cônes ou des cylindres d'un albâtre plus ou moins susceptible de poli ; il n'est pourtant d'aucun usage, parce qu'il est impossible de l'extraire en grande masse, tant les passages sont impraticables, surtout lorsqu'il faut nécessairement se traîner sur les mains et sur le ventre. Cependant, quand on a le courage de franchir ces divers obstacles, l'on rencontre plusieurs autres salles et des galeries très-variées, soit par leurs formes et leurs dimensions, soit par les ornements dont les concrétions terro-aqueuses ont embelli les plafonds et les parois. Quelques-unes de ces parois présentent le plus beau marbre statuaire, mais dont l'extraction coûterait des sommes et des soins qui ne seraient pas compensés par la solidité de la jouissance. Introduisez un naturaliste doué d'une imagination vive : elle transforme tout ce qu'il rencontre sur ses pas, ici en draperies flottantes, là en décorations arabesques ; plus loin ce sont des jeux d'orgues, des champignons, des choux-fleurs, des gâteaux de toute espèce.... Eh ! que ne voyait pas don Quichotte dans la caverne de Montesinos ! La vérité pourtant oblige l'homme le moins enthousiaste à convenir qu'il trouve, dans la grotte du Calel, des albâtres si beaux, qu'un bloc épais de 20 c. est encore diaphane.

On doit aussi visiter aux environs de Sorèze l'immense réservoir de Saint-Féréol, destiné à alimenter le canal du Midi. Ce bassin, un des plus beaux ouvrages de construction en ce genre, a été formé d'un vallon dans lequel coule le ruisseau du Laudot : les deux collines qui forment le vallon, se resserrant un peu au-dessous d'un endroit assez large, ont été réunies par une énorme muraille de 820 mètres de longueur à sa base, de 25 mètres de hauteur, garnie des deux côtés d'un terrassement dont le pied est soutenu par un mur plus bas et plus court que celui du milieu, et qui forme une chaussée de 120 mètres de largeur. A la base de ce grand ouvrage est un corps solide de maçonnerie fondé et enclavé de toute part dans le roc vif. Ce vaste bassin contient 27 millions de mètres cubes d'eau : huit jours suffisent pour le vider ; mais il faut plus d'un mois pour le remplir. Pour faire écouler les eaux, on a construit des vannes dont la première vide les eaux de superficie jusqu'à 1 mètre 95 cent. de profondeur, à compter de la surface du bassin ; la seconde fait descendre l'eau jusqu'à 7 m. 47 cent. ; tout le reste, jusqu'à 1 mètre 95 cent. au-dessus du fond, se vide par trois tubes ou robinets en bronze de neuf pouces de diamètre, scellés dans le mur avec les plus grandes précautions. Au-dessous est une dernière issue fermée par une porte qui s'ouvre lorsque les robinets ne donnent plus d'eau ; elle sert à mettre le réservoir entièrement à sec ; et quand on donne passage aux dernières eaux, elles forment un courant si rapide, que le limon est entraîné à 200 mètres de distance. On parvient aux robinets par une longue voûte qui se termine par un escalier où l'on descend aux robinets d'où les eaux s'échappent dans une autre voûte inférieure : c'est un large aqueduc bordé de deux trottoirs et appelé voûte d'Enfer, à cause du bruit effrayant de la chute des eaux quand les robinets sont ouverts.

Sorèze a des fabriques de bonneterie en laine et en coton; plusieurs tanneries et des filatures de coton.

VABRE. Bourg situé sur la rive gauche du Gijou, à 6 l. 1/4 de Castres. ⊠ Pop. 2,274 hab. Aux environs, on remarque, sur un monticule qui domine la rive gauche de l'Agout, l'ancien château de Ferrières, autrefois prison d'État. — *Fabriques* de cotonneries, d'étoffes en laine, appelées sargues et de cuirs de laine. Belle filature de coton.

VIANE. Petite ville située à 12 l. de Castres. Pop. 2,000 hab. C'était autrefois une place forte que le prince de Condé assiégea sans succès pendant dix jours avec sept pièces de canon.

VIELMUR. Village situé à 3 l. 1/4 de Castres. Pop. 1,053 hab. — *Fabrique* de bas de laine tricotés. Filature de coton.

ARRONDISSEMENT DE GAILLAC.

CADALEN. Bourg situé à 3 l. de Gaillac. Pop. 2,190 hab. C'était jadis un château qui a joué un grand rôle dans les guerres civiles et religieuses.

CAHUZAC. Bourg situé à 2 l. 1/4 de Gaillac. Pop. 1,500 hab.

CASTELNAU-DE-MONTMIRAIL. Petite ville située dans une contrée fertile en grains, à 3 l. de Gaillac. Pop 3,104 hab. Dans le XIIIe siècle, c'était déjà un château considérable. Louis XIII y séjourna en 1622. — Carrière de marbre.

CORDES. Petite ville située à 6 l. de Gaillac. ⊠ Pop. 2,602 hab.

Cette ville est bâtie sur une éminence en pain de sucre, et les rues ont des pentes si rapides, que les voitures sont obligées de faire de longs circuits pour arriver jusqu'au sommet, où se trouvent les restes d'un ancien fort, et une place assez vaste, d'où la vue s'étend fort loin. Cordes possède aussi quelques édifices qui paraissent être du moyen âge, et qui ont été bien conservés par les particuliers qui les habitent. — *Fabriques* de produits chimiques. Tanneries.

GAILLAC. Ville ancienne. Chef-lieu de sous-préfecture. Tribunal de première instance. Société d'agriculture. Collége communal. ⊠ Pop. 7,725 hab.

Cette ville existait avant le VIIIe siècle, mais elle doit son importance au monastère de Saint-Michel, qui dépendait de l'abbaye de Figeac au commencement du Xe siècle, et qui devint aussi une abbaye indépendante, autour de laquelle se forma insensiblement une ville considérable et populeuse, qui fut souvent prise et reprise dans les guerres civiles et religieuses. Vers la fin du XVe siècle, Gaillac était déjà le siége de la judicature royale du pays d'Albigeois. Louis XI, encore dauphin, y tint les états du Languedoc.

La ville de Gaillac est bâtie partie dans un fond et partie dans une belle et fertile plaine, sur la rive droite du Tarn. Elle est en général assez mal percée et entourée de faubourgs : celui où l'on arrive du côté d'Albi est vaste, bien aligné et dans une situation charmante; il aboutit à une grande place qui laisse apercevoir la partie la plus élevée de la cité, ainsi qu'un petit jardin qui la décore du nord au sud.

Gaillac est la patrie de l'historien du Languedoc, dom Vaissette; du célèbre médecin Portal.

Le territoire de cette ville produit en abondance des vins spiritueux, foncés en couleur, et qui peuvent supporter les plus longues traversées maritimes sans altération. Ces vins sont embarqués sur le Tarn, conduits à Bordeaux, et donnent lieu à un commerce considérable.

Fabriques de futailles, chapellerie, ouvrages au tour. Distillerie d'eau-de-vie. Teintureries. Tanneries. Construction de bateaux. — *Commerce* de vins, eau-de-vie, grains, fruits, produits du jardinage, etc.

A 5 l. d'Albi, 162 l. de Paris. — *Hôtels* Astruc, Raffis, Salabert.

LAGRAVE. Petite ville située sur le Tarn, à 3/4 de l. de Gaillac. Pop. 500 hab. Elle était autrefois défendue par un château fort dont le comte Raymond s'empara en 1211, et voici comment. Les habitants, qui subissaient la domination de Montfort, désiraient fort de rentrer sous celle de Raymond, et un tonnelier leur en procura le moyen, mais un moyen trop cruel pour mériter un succès durable. Comme le gouverneur du château faisait réparer un tonneau, l'ouvrier, qui ne cherchait que l'occasion de tuer ce gardien incommode, lui persuade d'entrer un moment dans le tonneau, pour bien juger s'il est réparé suivant ses intentions; le gouverneur se courbe pour examiner l'intérieur du tonneau, et le tonnelier lui abat la tête d'un seul coup de hache. Aussitôt les habitants de Lagrave prennent les armes, et font main basse sur toute la garnison. Mais le fameux Baudouin, allié de Montfort, averti de cette perfidie, arriva de grand matin devant le château avec une troupe de gens bien armés et portant la bannière du comte de Toulouse. Les habitants, trompés par cette bannière, lui ouvrent leurs portes, et Baudouin, profitant de leur erreur et de leur surprise, les fait tous passer au fil de l'épée.

LISLE. Jolie petite ville située sur la rive droite du Tarn, à 2 l. 1/2 de Gaillac. Pop. 5,065 hab. Elle se compose, en général, d'une grande rue traversée par la route d'Albi, coupée par une place régulière et décorée d'une belle fontaine. Ses alentours offrent de charmantes promenades.

MARCEL (SAINT-). Village situé à 3 l. de Gaillac. C'était, vers le XIIIe siècle, un château, qui soutint un siège de plus d'un mois contre Simon de Montfort, qui fut contraint de se retirer, mais qui, l'ayant surpris quelque temps après, le ruina de fond en comble. — Mine de manganèse.

MONTANS. Village situé à 3/4 de l. de Gaillac. Pop. 1,450 hab. On trouve dans ses environs plusieurs débris d'antiquités romaines.

PENNE. Bourg situé à 6 l. 1/2 de Gaillac. Pop. 2,200 hab. C'était autrefois un château fort de grande importance, où l'on gardait les chartes des comtes de Toulouse. — Mines de fer.

PUYCELCI. Petite ville située à 4 l. de Gaillac. Pop. 1,950 hab. Au XIVe siècle, Puycelci était un château royal dont les Anglais tentèrent souvent sans succès de s'emparer. — Fabriques de fromages estimés, de sabots, merrain et tonnellerie. Mines de fer importantes.

RABASTENS. Ville ancienne, très agréablement située sur la rive droite du Tarn, à 2 l. 1/2 de Gaillac. ✉ Pop. 6,966 hab. Comme toutes les villes anciennes, Rabastens est généralement mal bâti, formé de rues étroites et mal percées; mais son faubourg et les promenades qui les séparent, sont fort agréables. On y voit les restes d'un antique château fort qui a souvent été assiégé, pris et repris dans les guerres du XIIIe et du XIVe siècle. — Commerce de grains, vins, fruits, etc.

SALVAGNAC. Bourg situé sur une éminence qui domine la route et la rivière de Tescou, à 6 l. 1/4 de Gaillac. Pop. 1,718 hab. — Commerce de bestiaux. Forges.

URCISSE (SAINT-). Village situé à 6 l. de Gaillac. On y trouve des carrières de marbre gris-blanc et de la plus grande finesse.

VAOUR. Bourg situé sur le point le plus élevé de la montagne qui sépare la vallée du Tarn de celle d'Aveyron, à 7 l. de Gaillac. Pop. 644 hab. On y voit un château qui a appartenu à l'ordre de Malte.

VIEUX. Village situé à 2 l. de Gaillac. Pop. 450 hab. Il était jadis célèbre par un monastère qui a servi de retraite à plusieurs saints personnages.

ARRONDISSEMENT DE LAVAUR.

BRIATEXTE. Bourg situé à 3 l. de Lavaur. Pop. 1,150 hab. Dans le XVIe siècle, les protestants prirent souvent ce bourg, qui résista toutefois avec succès en 1622 au maréchal de Thémines, qui fut obligé d'en lever le siège.

CUQ-TOULZA. Village agréablement situé sur une hauteur, au pied de laquelle passe le Girou, à 3 l. 3/4 de Lavaur. Pop. 1,189 hab.

GIROUSSENS. Bourg situé à 3 l. 1/4 de Lavaur. Pop. 1,755 hab. C'était autrefois un château considérable, dont les Anglais s'emparèrent en 1377. — Fabrique de poterie de terre.

GRAULHET. Petite ville agréablement située sur le Dadou, à 4 l. 1/2 de Lavaur. Pop. 5,097 hab. — Fabriques considérables de chapellerie commune. Nombreuses tanneries. Blanchisseries de laines et d'étoffes de laine. — Commerce considérable de chevaux.

LAVAUR. Ville ancienne, chef-lieu de sous-préfecture. Tribunal de 1re instance. Société d'agriculture. Collège communal. ✉ 7,179 hab. Elle est bâtie dans une contrée fertile, sur la rive gauche de l'Agout, que l'on y passe sur un pont très-hardi de 48 m. 73 c. d'ouverture, et de 27 m. 45 c. de hauteur. On y trouve une petite bibliothèque publique, renfermant environ 4,000 volumes. Lavaur, qui depuis fut élevé au rang de ville épiscopale, n'était, en 1211, qu'un fort château, appartenant à une veuve nommée Guiraude, que son frère Aimery de Montréal était venu joindre avec quatre-vingts chevaliers, après avoir été dépouillé par les croisés de ses propres fiefs. Aimery et Guiraude, ainsi que plusieurs de leurs défenseurs, professaient la réforme des Albigeois; ils avaient ouvert dans leurs murs un asile aux malheureux réformés, qu'on persécutait dans le reste de la province, en sorte qu'on regardait leur forteresse, qui était bien munie de vivres, entourée d'épaisses murailles et ceinte de fossés profonds, comme un des siéges principaux de l'hérésie.

Le fanatique Fouquet, évêque de Toulouse, ayant persuadé à une partie des habitants de cette ville que leur mélange avec les hérétiques les rendait un objet d'horreur pour les chrétiens, les enrôla dans une société qu'on nomma la *Compagnie Blanche*, qui s'engageait par serment à détruire les hérétiques par le fer et par le feu; cinq mille de ces fanatiques furent envoyés au siége de Lavaur. Simon de Montfort employa, pour abattre les murailles de cette place, une machine ingénieuse, qu'on nommait *le Chat*; c'était une tour mobile en bois, d'une forte construction, bâtie hors de la portée des assiégés, laquelle était tout entière revêtue de peaux de moutons, avec la fourrure en dehors, pour la mettre à l'abri de l'incendie. Lorsqu'elle était garnie de soldats à ses embrasures, et sur la plate-forme à son sommet, on la faisait avancer sur des rouleaux jusque tout près des murs; alors le flanc s'ouvrait, et un immense soliveau, armé de crochets de fer, en sortait comme la griffe du chat, ébranlait la muraille par des coups répétés, à la manière du bélier des anciens, arrachait et entraînait les pierres qu'il avait démolies. Simon de Montfort fit usage de cette machine, mais les larges fossés de Lavaur empêchaient qu'on ne pût la conduire jusqu'au pied des murailles. Les croisés, sous les ordres de Montfort, travaillaient sans relâche à combler le fossé, tandis que les habitants de Lavaur, qui pouvaient descendre par des chemins souterrains, déblayaient chaque nuit tout ce qui avait été jeté pendant le jour; enfin, Montfort réussit à remplir leurs souterrains de flamme et de fumée, de manière à empêcher les assiégés d'y passer plus longtemps; alors les fossés furent bientôt comblés, le chat fut avancé jusqu'au pied du mur, et sa terrible griffe commença à ouvrir et élargir la brèche. Le 3 mai 1211, Montfort jugea la brèche praticable; les croisés se préparèrent pour l'assaut; les évêques, l'abbé de la Courdieu, qui exerçait les fonctions de vice-légat, et tous les prêtres revêtus de leurs habits pontificaux, se livrant à la joie de voir commencer le carnage, entonnèrent l'hymne *Veni, Creator*; les chevaliers se précipitèrent sur la brèche, la résistance devint impossible, et Simon de Montfort n'eut plus d'autre soin que d'empêcher les croisés de faire main-basse sur les habitants de Lavaur, et de les exhorter à faire des prisonniers, pour ne point priver les prêtres du Dieu vivant des joies qui leur étaient promises.

« Bientôt, dit le moine de Vaux-Cernay, « on entraîne hors du château Aimery, « seigneur de Montréal, et d'autres chevaliers « jusqu'au nombre de quatre-vingts. Le noble « comte ordonna aussitôt qu'on les suspen- « dît tous à des potences : mais dès qu'Ai- « mery, qui était le plus grand d'entre eux, « eut été pendu, les potences tombèrent ; « car dans la grande hâte où l'on était, on » ne les avait pas suffisamment fixées en « terre. Le comte voyant que cela entraî- « nerait un grand retard, ordonna qu'on « égorgeât les autres; et les pèlerins, rece- « vant cet ordre avec la plus grande avidité, « les eurent bientôt tous massacrés en ce « même lieu. La dame du château, qui était « sœur d'Aimery, et hérétique exécrable, « fut, par l'ordre du comte, jetée dans un » puits que l'on combla de pierres; ensuite « nos pèlerins rassemblèrent les innombra- « bles hérétiques que contenait le château, *et « les brûlèrent vifs avec une joie extrême* [1]. »

PAUL-DE-CAP-DE-JOUX (SAINT-). Bourg situé sur l'Agout, à 3 l. de Lavaur. Pop. 1182 hab. C'était jadis une ville assez considérable, si l'on en juge par l'enceinte de ses anciens fossés, par les ruines de ses fortifications et des édifices dont on trouve chaque jour des débris sur son premier emplacement.

PUYLAURENS. Petite ville située sur une hauteur qui domine toute la plaine de Revel, à 5 l. de Lavaur. Pop. 1,182 hab. Au XVIe siècle, Puylaurens fut souvent pris et repris, soit par les catholiques, soit par les protestants dont cette ville avait embrassé le parti; ils y avaient établi avant la révocation de l'édit de Nantes une université où professa le célèbre Bayle.

SULPICE (SAINT-). Village situé sur la rive gauche de l'Agout, non loin de son embouchure dans le Tarn, à 3 l. de Lavaur. Pop. 1,266 hab.

Près de l'embouchure de l'Agout, on voit un camp construit dans les guerres contre les Albigeois, où existent encore des fossés, des redoutes, et autres fortifications en usage dans le XIIIe siècle.

---

[1] Cum ingenti gaudio. Petri Val. Cern. Hist. Albigens., c. 52, pag. 598, 599.

IMPRIMERIE DE FIRMIN DIDOT FRÈRES,
RUE JACOB, N° 24.

Guide Pittoresque
DU
VOYAGEUR EN FRANCE.

ROUTE DE PARIS A ALBI,

TRAVERSANT LES DÉPARTEMENTS

DE SEINE-ET-OISE, DU LOIRET, DE LA NIÈVRE, DE L'ALLIER, DU PUY-DE-DÔME, DE LA HAUTE-LOIRE, DU CANTAL, DE L'AVEYRON, DU TARN, ET COMMUNIQUANT AVEC CELUI DE LA LOZÈRE.

DÉPARTEMENT DE LA HAUTE-LOIRE.

Itinéraire de Paris à Albi,

PAR MOULINS, CLERMONT ET RODEZ; 165 LIEUES 1/2.

	lieues.		lieues.
De Paris à Moulins (v. route de Chambéry)	72 1/2	Lempdes	4 1/2
Châtel-Neuve	5	La Baraque	6
Saint-Pourçain	3	Saint-Flour	5
Mayet d'École	4	Chaudes-Aigues	7 1/4
Gannat	2 1/2	La Guiolle	7 1/4
Aigueperse	2	Espalion	5 1/2
Riom	4	Rodez	7
Clermont	4	La Mothe	6
Coudes	5 1/2	Les Farguettes	7
Issoire	2 1/2	Albi	5

Communication d'Albi à Toulouse, 17 l. 1/2.

	lieues.		lieues.
Gaillac	5	Moulbert	3 1/2
La Pointe-Saint-Sulpice	5 1/2	Toulouse	3 1/2

Communication de Saint-Flour à Mende et à Saint-Jean du Gard, 58 l.

	lieues.		lieues.
Saint-Flour	6	Florac	2
La Bessière de Lair	3 1/2	Pompidou	6
Saint-Chély	4 1/2	Saint-Jean du Gard	7
Saint-Amand	6	Anduse	3
Mende	5	Lédignan	3
Molines	7	Nîmes	6

67e *Livraison.* (HAUTE-LOIRE.)

DÉPARTEMENT DE LA HAUTE-LOIRE.

APERÇU STATISTIQUE.

Le département de la Haute-Loire est formé du Velay et de partie du Gévaudan, du Forez et de l'Auvergne. Il tire son nom de sa situation physique par rapport au cours de la Loire, qui le traverse du sud-est au nord-est.—Ses bornes sont : au nord, les départements du Puy-de-Dôme et de la Loire; à l'est, ceux de la Loire et de l'Ardèche; au sud, ceux de l'Ardèche et de la Lozère; à l'ouest, ceux de la Lozère et du Cantal.

Le territoire de ce département est circonscrit de tous les côtés par des montagnes élevées, et coupé intérieurement par deux chaînes de montagnes qui se rejoignent à celles qui l'environnent. L'une, partant de Pradelles, se dirige d'abord du sud-est au nord-ouest par les communes de la Sauvetat, du Bouchet, Cayres, Senuéjols, Vergezac et le Pic de la Durande; tournant ensuite vers le nord, elle va se rattacher aux montagnes de la Chaise-Dieu par Vozeilles, Fix, Allègre, Moulet, Saint-Léger et Sembadel. La seconde chaîne part du Mezenc, sépare les communes de Chaudeyroles et de Saint-Front, de Champelause et de Montuselat, traverse celle de Queyrières, passe au Pertuis, et formant le territoire des communes de Bessamorel, de Glavenas et de Saint-Julien du Pinet, est coupée par la Loire à Chamolières. Elle reprend sur la rive gauche par la montagne de Miaune, et traversant celles de Saint-Pierre du Champ, de Chomelix, de Beaune, de Craponne et de Saint-Jean d'Aubrigoux, va joindre la première dans le canton de la Chaise-Dieu. La première chaîne sépare les deux grands bassins de la Loire et de l'Allier, et verse ses eaux dans les deux rivières; la seconde déverse une partie de ses eaux dans le Lignon. Une contrée ainsi environnée de montagnes et traversée par les chaînes que nous venons d'indiquer, doit être et est en effet sillonnée de rivières, de ruisseaux et de torrents. Sur la plupart de ces montagnes, où la neige séjourne pendant plus de six mois de l'année, s'étendent des forêts et de vastes pâturages où l'on élève une quantité considérable de bestiaux, de mules et de mulets, qui font la principale richesse du pays. Quelques coteaux sont couverts de châtaigniers, et de vignes cultivées avec soin; dans les vallées, on trouve des plaines étendues et plus fertiles que ne le ferait présumer leur agreste situation. Le sol est, en général, très-fertile, surtout dans les vallées et sur les coteaux; il est presque partout le même, c'est-à-dire, couvert de laves et de pouzzolanes de toute espèce.

Les roches trachytiques et phonolithes, regardées comme les plus anciennes des terrains volcaniques, forment dans le département une suite de montagnes de différentes configurations, qui s'étendent depuis le mont Mezenc jusqu'à Saint-Maurice de Roche, au delà de la Loire, sur une longueur d'environ douze lieues. Les basaltes, postérieurs à ces roches, occupent une grande étendue dans le département : la presque totalité du sol compris entre la limite méridionale du département et Allègre, d'une part; de l'autre, entre la chaîne intérieure des montagnes qui s'étend de Pradelles à Fix et la chaîne trachytique, est un terrain basaltique, ainsi que partie des cantons de Paulhaguet, de Langeac, de Lavoûte, de Brioude et de Blesle. Mais les plateaux ou coulées de laves n'ont point ici l'aspect moderne des volcans de la basse Auvergne, où l'on croit apercevoir encore la matière enflammée couler en torrent dans les plaines et les vallées. Les basaltes du Velay sont, en général, plus ou moins recouverts de terre, produit de leur propre décomposition. L'érosion seule des eaux a mis de nouveau leurs flancs à nu sur une foule de points. Dans quelques endroits, les torrents et les ruisseaux ont à peine usé la roche pour s'y frayer une issue; en d'autres lieux, au contraire, il ne reste que quelques fragments qui

PETIT ATLAS NATIONAL DES DEPARTEMENS DE LA FRANCE.

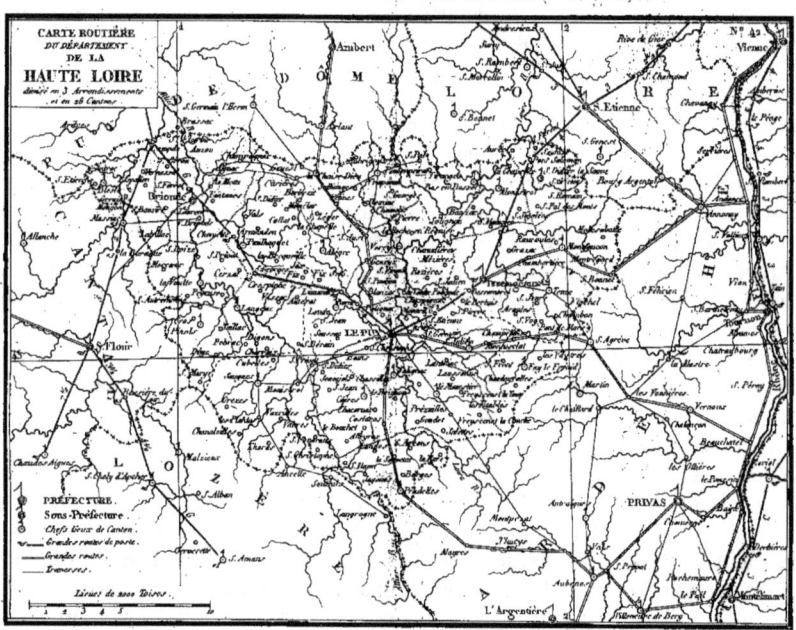

couronnent les sommités de plusieurs monticules isolés. Sur quelques points, les eaux ont mis à nu de belles colonnades, des prismes de forme régulière, dont les plus remarquables se voient aux environs de Saint-Arcons, de Chillac, d'Arlempdes, de Goulet, d'Espaly, etc.

Au-dessus du terrain basaltique, s'élèvent de distance en distance des mamelons, des cônes nombreux plus ou moins hauts, plus ou moins bien conservés. Ce sont, si on en juge par leur surface, d'énormes amas de laves poreuses et légères, de scories rouges ou noires, divisées et agglutinées de laves volcaniques et de terres provenant, soit de la simple désagrégation de ces matières, soit de leur véritable décomposition. Ces cônes si multipliés paraissent avoir été autant de montagnes ignivomes; les plus remarquables par leur élévation et la forme conservée de leurs cratères sont : le bois de Bard, qui domine Allègre, le lac du Bouchet, et les Sucs de Breysse.

Les coulées basaltiques dont les plateaux et leurs débris recouvrent aujourd'hui une bonne partie du département, ne sont pas les plus anciens produits ignés qui, postérieurement aux trachytes, sont venus encombrer cette contrée. Des volcans antérieurs, occupant sans doute les points les plus élevés, tels que le Mezenc, avaient vomi d'autres laves, dont les fragments charriés, divisés et remaniés par les eaux, ont été déposés par elles sur les argiles et les marnes, couche par couche, lit par lit. Le rocher de Corneille, celui d'Aiguilhe, les buttes qui supportent les châteaux de Polignac, de Ceyssac, d'Espaly, Denise, Cheyrac, etc., ne sont que les restes de matières volcaniques qui, triturées par les courants, étaient venues remplir les vallées, et que d'autres eaux ont encore usées et balayées de nouveau. Plus compactes, liées sans doute par un ciment plus fort, ces pyramides naturelles ont résisté aux éléments destructeurs, comme pour en attester les ravages.

Environné et couvert en grande partie de hautes montagnes, le département de la Haute-Loire éprouve des variations remarquables dans sa température. La hauteur absolue du Mezenc est de 1,774 mètres; les eaux de l'Allier à Vézezoux, près de la limite du département, sont élevées au-dessus de l'Océan de 390 mètres; ce qui porte la différence entre le point le plus élevé et le point le plus bas du département à 1,384 mètres. Ainsi donc, les deux extrémités de l'échelle naturelle d'après laquelle doit se graduer la température du département, y sont séparées par un intervalle d'environ 1,400 mètres de distance verticale, ce qui indique combien doit être grande l'inégalité des saisons et la variation de la température. Des observations faites au Puy par M. le docteur Arnaud pendant cinq ans, présentent pour les divers mois de l'année la température moyenne suivante :

Janvier et février, température froide et humide.
Mars et avril . . . . froide et variable.
Mai . . . . douce et sèche.
Juin . . . . douce et variable.
Juillet et août . . . . chaude et sèche.
Septembre . . . . douce et variable.
Octobre . . . . assez froide et humide.
Novembre . . . . froide et variable.
Décembre . . . . froide et humide.

D'après les observations faites en 1821 et en 1822, la moyenne des

Jours de pluie est de 66 1/2
Id. de grêle . . . 1
Id. de neige . . . 9
Id. de tonnerre . . 13 1/2

La quantité d'eau tombant annuellement est évaluée à 20 pouces ou 54 c. Le maximum d'humidité au Puy a été, en 1822, de 100°,00, et le minimum de 59°,00. La moyenne thermométrique des 24 mois de 1821 et 1822, à midi, au Puy, est de 13° 82 du th. cent. Le maximum d'élévation du thermomètre a été, en juin 1822, de + 31° 50, et le minimum, le 29 décembre, de — 5°, 50.

La pression moyenne de l'atmosphère soutient, au Puy, une colonne de mercure de 705 m. 91, tandis qu'à Paris cette colonne est de 756 m. 50. Le maximum d'élévation du baromètre, en mars 1822, a été au Puy de 720 m. 20, et le minimum, en octobre, de 693 m. 60.

Les vents semblent avoir pour axe la ligne qui va du nord-nord-ouest au sud-sud-est ; les vents nord-est, est, sud-ouest et ouest, sont ceux qui durent le moins longtemps. Le vent de sud-est est ordinairement violent, et peut durer des semaines entières en n'amenant que très-peu de pluie dans la Haute-Loire, tandis qu'il amène des pluies continues dans l'Ardèche. Les vents de nord-ouest et d'ouest amènent des pluies de longue durée, mais qui sont intermittentes.

Le département de la Haute-Loire a pour chef-lieu le Puy. Il est divisé en 3 arrondissements et en 38 cantons, renfermant 267 communes. — Superficie, 245 lieues carrées. — Population, 292,078 habitants.

MINÉRALOGIE. Minerai de fer non exploité sur plusieurs points. Mine de plomb exploitée à Chambonnet, commune d'Yssingeaux ; d'antimoine sulfuré compacte à la Lécoulne, commune d'Ally. Indice de cuivre à Maleys, commune de Rosières. Exploitation de houille. Grenat, corindon, télésie-saphir, zircon, améthystes, tourmalines, etc. Carrières de marbre susceptibles d'exploitation. Granit, gneis, micaschiste, pierres meulières, pierres de taille, plâtre, grès blanc, quartz en roche, marne, ossements fossiles, laves, basaltes, etc.

SOURCES MINÉRALES non exploitées à Estreys, commune de Polignac ; aux Salles, commune de Brignon ; aux Poudraux, commune de Lautriac ; à Margeaix, commune de Beaulieu ; à Laprat, près de Saint-Julien d'Ance ; à la Soucheyre, canton de Craponne ; à Coubon ; à Audruéjols, commune de Saugues ; à Prades ; à Paulhac ; aux environs de Fay-le-Froid. Aucune des eaux n'est thermale ni sulfureuse ; elles sont généralement salines et acidules.

PRODUCTIONS. Froment, méteil, seigle, orge, avoine. Quantité de légumes secs ; haricots, fèves et lentilles, cultivés en grand. Prairies naturelles et artificielles. Beaucoup d'arbres à fruits. — 5,184 hect. de vignes, produisant annuellement environ 62,000 hectolitres de vins de médiocre qualité, qui ne suffisent pas à la consommation des habitants ; le surplus est fourni par le Languedoc, la côte du Rhône et la Bourgogne. — 35,255 hectares de forêts (arbres verts et feuillus). — Éducation des mules et des mulets. Beaucoup de bestiaux. Éducation des abeilles. — Grand et menu gibier (sangliers, chevreuils, blaireaux, lièvres, grives, becfigues, cailles, etc.). Loups, renards, chats sauvages. — Bon poisson.

INDUSTRIE. Fabriques considérables de dentelles noires et blanches, tulles de fil, blondes de soie, rubans, couvertures de laine, étoffes communes, clous de différentes espèces. Organsinage de la soie ; foulons à dégraisser ; teintureries ; tanneries considérables ; papeteries ; sableries ; fours à chaux.

COMMERCE de grains, légumes secs, mulets, bêtes à laine, dentelles, cuirs et papiers.

VILLES, BOURGS, VILLAGES, CHATEAUX ET MONUMENTS REMARQUABLES; CURIOSITÉS NATURELLES ET SITES PITTORESQUES.

ARRONDISSEMENT DU PUY.

AIGUILHE. Village situé à peu de distance du Puy, dont il est regardé comme un faubourg. Pop. 327 hab.

Au milieu du village d'Aiguilhe, s'élève un rocher pyramidal de 280 pieds d'élévation sur 510 de circonférence. C'est une brèche volcanique escarpée de toute part, sur laquelle a été bâtie par Truanus, vers la fin du Xe siècle, la chapelle de Saint-Michel. Ce morceau gothique, surmonté d'un clocher en aiguille, et confondu dans l'éloignement avec le roc pyramidal qu'il couronne, offre l'aspect d'un superbe obélisque : on y monte par un escalier de 218 marches, taillées en spirale dans le roc même, où l'on rencontre trois oratoires, consacrés l'un à saint Raphael, l'autre à saint Gabriel, et le troisième à Guignefort, martyr célèbre à Pavie. La singularité de cette pyramide, parfaitement isolée et façonnée par les mains de la nature de manière à laisser soupçonner le concours de l'art, attire les regards et l'examen des curieux et des voyageurs.

La chapelle de Saint-Michel, plantée si pittoresquement sur la pointe du rocher, pourrait bien avoir été un temple du soleil ou d'Osiris. Cet édifice irrégulier est formé de parties dissemblables, construites les unes après les autres, mais toutes très-anciennes, et chargées de figures qui auraient besoin d'être expliquées. Il y avait au fond trois autels ou sanctuaires, dont un, celui à droite, paraît avoir été fermé, et n'avoir reçu le jour que par une ouverture circulaire recevant les rayons du soleil levant. On voit sur la balustrade des barres de fer qui servaient à le fermer. Une communication, aboutissant derrière l'autel du milieu, permettait au prêtre ou à l'initié de passer dans ce sanctuaire fermé, ou d'en sortir sans être vu du public. Sur le mur qui est à côté, on remarque une mauvaise peinture qui représente un soleil rayonnant. Les chapiteaux de toutes les colonnes sont différents, et ornés de figures emblématiques. Au-dessus de la porte extérieure qui fait la principale entrée, est un bas-relief en pierre, aussi ancien que l'édifice, représentant une face humaine, ronde, au-dessus de laquelle est un aigle avec les ailes déployées, et, à chaque côté, une figure de femme, dont celle qui est à droite se termine par une queue de poisson, et celle qui est à gauche par une queue de serpent.

Au-dessous du roc d'Aiguilhe, et dans l'espace qui le sépare de Mont-Corneille, sur lequel s'élève une partie de la ville du Puy, est une ancienne chapelle dédiée à saint Clair, qui sert aujourd'hui de grange. Elle est bâtie jusqu'au comble en heptagone, et était éclairée par sept fenêtres. L'intérieur de la nef a 17 pieds et demi de diamètre, et il faut monter deux marches pour parvenir au sanctuaire, dont le sommet se termine en cône.

ALLÈGRE. Petite ville située à 5 l. 1/4 du Puy. Pop. 2,033 hab.

Cette ville est bâtie sur le revers méridional d'une montagne élevée, que domine le dôme de Bar, montagne volcanique remarquable par sa belle forme conique, par sa hauteur et son isolement. Cette belle masse est presque entièrement composée de laves scorifiées : au sommet est un superbe cratère de forme circulaire, de 1,500 pieds de diamètre et de 120 pieds de profondeur, dont les bords, parfaitement conservés, offrent une échancrure vers le midi. L'amphithéâtre formé par les pentes intérieures autour de cette espèce d'arène, est ombragé par une belle forêt de hêtres, qui s'étend aussi autour de la montagne; le fond est plane et marécageux.— Ce site est admirable; l'idée confuse des embrasements dont il fut le théâtre, ajoute encore à la fraîcheur de ses bois, et rend plus délicieux le calme dont on y jouit.

ARLEMPDES. Village situé sur la rive gauche de la Loire, à 4 l. 3/4 du Puy. Pop. 520 h. On y remarque des grottes curieuses et les ruines d'un château qui passe pour avoir été très-fort.

Non loin de Masclaux, hameau dépendant de la commune d'Arlempdes, on remarque la coupe verticale d'une coulée basaltique, qui offre la façade d'une espèce de temple naturel. On voit d'abord un péristyle, dont les colonnes, de hauteur à peu près égale, se rapprochent à mesure qu'elles fuient dans l'intérieur de la masse. A l'extrémité de la colonnade, est une grande ouverture qui conduit dans un antre fort obscur. Sur le devant du péristyle s'élève, en forme d'architrave, un massif horizontalement strié dans toute sa surface, et terminé en arc de cercle; sa hauteur est double de celle des colonnes, et le tout a environ 180 pieds d'élévation sur 30 de large.

BORNE. Village situé sur la rivière de son nom, à 2 l. 1/4 du Puy. Pop. 300 hab. On y remarque le château de la Rochelambert, près duquel est un gîte de lignites; et des grottes curieuses creusées dans une brèche argileuse que recouvre le basalte.

BOUCHET-SAINT-NICOLAS (le). Village situé près du lac de son nom, à 4 l. 1/2 du Puy. Pop. 800 hab.

Le lac du Bouchet paraît occuper l'ancien cratère d'un volcan. Il est entouré et contenu par quatre montagnes, toutes formées de scories agglutinées, ou de débris de laves lithoïdes. Au fond de cet entonnoir reposent les eaux limpides du lac, qu'aucun poisson ne peuple, si ce n'est une très-petite espèce qui habite les bords. Sa profondeur, mesurée en 1788, à la faveur d'une glace épaisse de 8 pouces, a été trouvée de 14 toises et demie; sa circonférence est de 1414 toises. On peut en faire le tour à cheval sur un gravier uni et solide, formé de fragments très-petits de laves poreuses; mais il y aurait du danger à s'avancer dans l'eau sans précaution, parce que si, au second ou au troisième pas on ne trouve qu'un demi-pied d'eau, il y en a un pied au quatrième, deux au cinquième ou sixième, et au neuvième ou dixième on est englouti.

CAYRES. Village situé sur le revers oriental d'une chaîne de montagnes, à 3 l. 3/4 du Puy. Pop. 1,208 hab.

CEYSSAC. Village situé dans un vallon resserré, à 3/4 de l. du Puy. Pop. 303 hab. Les maisons de ce village entourent la base d'un rocher sur lequel est bâti l'ancien château de Ceyssac, dont il reste encore une tour. Dans les flancs de ce rocher, on a creusé sur une multitude de points des grottes artificielles qui existent encore, et qui paraissent avoir servi tout à la fois de logements, d'écuries, et de casemates en temps de guerre. L'église a été bâtie dans une grande excavation pratiquée dans le roc même qu'on a percé de part en part, de sorte que l'on n'aperçoit de cet édifice que la porte d'entrée placée au midi, et l'extrémité du sanctuaire qui prend jour au nord par une seule fenêtre.

C'est dans la commune de Ceyssac qu'on a découvert le gîte unique de zircon-hyacinthe que l'on connaisse en France.

CHARENSAC. Village situé à 3/4 de l. du Puy. Pop. 500 hab.— *Fabriques* de poêles en faïence. Filature de laine. Tuilerie et briqueterie.

CHAUDEYROLES. Village situé au haut de la chaîne du Mezenc, à 6 l. 1/2 du Puy. Pop. 704 hab. On y remarque une belle carrière de pierres régulaires. A Chanteloube, sont des grottes spacieuses creusées dans le roc.

Le Mezenc est la plus haute et la plus vaste montagne dans la chaîne qui borde tout le côté est du département. De cette cime, haute de 1,774 mètres, on jouit d'un des plus magnifiques panoramas qu'offrent la France. A l'ouest se montrent les cimes jadis embrasées du Cantal, des monts Dores et des monts Dômes; au nord les plaines de la Bresse; au sud, autour du mont Ventoux, celles de la Provence; à l'est, les Alpes du Dauphiné et de la Savoie : au-dessus d'elles s'élève, dans la région des nuages, le gigantesque mont Blanc, distant de cinquante lieues. Du Mezenc jusqu'au Rhône, des gorges escarpées, profondes, innombrables, dé-

PONT D'ESPALY.

chirent en tous sens le sol granitique, tandis qu'aux pieds mêmes de l'observateur s'élèvent au fond des abîmes, des rocs aigus, des crêtes tranchantes, des pics inaccessibles, qui tous affectent, dans leur décrépitude, les formes les plus fantastiques.

CRAPONNE. Petite ville située à 5 l. 1/2 du Puy. ⊠ Pop. 3,828 hab.

Craponne était une des villes du Velay qui envoyait un député aux états particuliers du pays. Elle était autrefois entourée de murs, dont il reste encore une tour carrée, sous laquelle existe un passage qui servait de porte.

ESPALY-SAINT-MARCEL. Village situé à 1 l. 1/2 du Puy. Pop. 1,097 hab. Il est bâti sur la Borne, que l'on y passe sur un pont fort ancien, et remarquable par les ruines d'un antique château, où Charles VII fut reconnu roi de France en 1422. Sur le bord de la rivière s'élève une masse volcanique, formée de belles colonnes basaltiques, que l'on désigne sous le nom d'Orgues d'Espaly.

FAY-LE-FROID. Village situé à 6 l. 3/4 du Puy. Pop. 879 hab.

GERMAIN-LA-PRADE (SAINT-). Village situé à 1 l. 1/2 du Puy. Pop. 2,184 h. Il était autrefois défendu par un château fort dont Héracle, vicomte de Polignac, réuni à une bande d'aventuriers, s'empara en 1179. On remarque aux environs plusieurs cavernes druidiques, et plusieurs sites fort pittoresques, notamment celui de Douhe.

JULIEN-CHAPTEUIL (SAINT-). Village situé près de la rive gauche de la Sumène, à 3 l. 1/2 du Puy. Pop. 2,721 hab. On y remarque les ruines du château fort de Chapteuil, qui couronnent une masse de basalte prismatique très-élevée et d'un bel effet.

LAVOUTE-SUR-LOIRE ou **LAVOUTE-POLIGNAC.** Village situé sur la rive droite de la Loire, et remarquable par les restes d'un ancien château d'un effet très-pittoresque. A 2 l. du Puy. Pop. 744 hab.

LOUDES. Bourg situé dans une vaste plaine, à 3 l. du Puy. Pop. 1,346 hab. On y remarque les restes d'un ancien château dont il n'existe plus qu'une tour; le lac de Coflange, et une grotte taillée dans le roc.

MEZENC (MONTAGNE DE). *Voy.* CHAUDEYROLES.

MONASTIER. Petite ville située à 3 l. 1/2 du Puy. Pop. 3,420 hab. C'était une des huit villes du Velay qui envoyaient un député aux états du pays. Sur la façade du portail de l'église, au-dessus du portail d'entrée, on voit sculptées des figures d'hommes et d'animaux qui semblent représenter les figures du zodiaque. La répétition des mêmes figures, le défaut de symétrie, quelques places vides, portent à croire que ces sculptures ont appartenu à un édifice plus ancien.

MONISTROL D'ALLIER. Village situé sur la rive gauche de l'Allier, à 5 l. du Puy. Pop. 908 hab. On y remarque la chapelle de Sainte-Madeleine creusée dans le basalte; les grottes ou caves de l'Esclusel; et l'effet pittoresque de ses masses basaltiques.

PAULIEN (SAINT-). Petite ville très-ancienne, située à 2 l. 3/4 du Puy. Pop. 3,017 hab.

Cette ville est bâtie sur les ruines de l'antique *Ruessium*, qui prit ensuite le nom de *Vellovarum civitas*, et plus tard celui de Saint-Paulien. Ruessium devait être un peu au delà de la ville actuelle, vers le nord ; les médailles, les restes de fondations, de monuments, de vases, d'armures, qu'on y trouve, l'indiquent évidemment. On voit encastrée dans la façade méridionale et à l'angle sud-est d'une maison construite sur l'emplacement de Notre-Dame du Hautsolier à Saint-Paulin, l'inscription suivante, qui décorait le monument funéraire d'Etruscilla, épouse de l'empereur Volusien :

ETRVSCILLAE
AVG CONIVG
AVG N.
CIVITAS VELLAVOR
LIBERA

que M. Delalande traduit ainsi : *A Etruscilla, l'épouse auguste de notre auguste* (empereur), *la cité libre des Vellaviens.* Une autre inscription funéraire se trouve sur un des piliers de l'église : elle porte que *Rufinus Marius*, fils de *Rufinus Marius*, *a érigé ce tombeau à la plus chaste des épouses, Julia Nocturna.* Contre le mur de la même église, on voit une pierre sans inscription où sont sculptées trois têtes en relief sur une même ligne horizontale. Enfin, au milieu de la place est une pierre carrée qui paraît avoir été un autel des sacrifices.

PIERRE-EYNAC (SAINT-). Village situé à 2 l. 3/4 du Puy. Pop. 1,700 hab. On y remarque des grottes curieuses creusées de main d'homme; les ruines pittoresques du château d'Eynac, et les restes de celui de l'Ardeyroles, bâti au sommet d'un pic basaltique.

POLIGNAC. Bourg situé à 3/4 de l. du Puy. Pop. 2,093 hab.

Ce bourg est bâti autour d'une montagne formée d'une brèche volcanique, sur laquelle on aperçoit les ruines du château de Polignac, si fameux dans les fastes du Velay. Ce sont des tours rondes ou polygones, des constructions de toute espèce, élevées suivant les besoins du moment, sans ordre, sans régularité, quelquefois réunies par des murailles à demi démolies, le plus souvent séparées par des décombres, et offrant partout quelque chose de la confusion fortuite des roches qui leur servent de base. Vers le centre, s'élève le donjon, qui est la partie la mieux conservée de cette ancienne demeure féodale, dont l'enceinte renferme un puits taillé dans le roc, de 42 pieds de circonférence. La tradition rapporte que ce château a été bâti sur l'emplacement d'un temple d'Apollon. Dans une crypte abandonnée, on a trouvé l'inscription suivante:

T. CLAVDIVS CAESAR AVGV.
GERMANICVS. PONT. MAG. TRI.
POTEST. V IMP. XI. PP. COS. IIII.

M. Delalande en donne la traduction suivante: *Tibère Claude César, auguste, vainqueur des Germains, grand pontife dans la Ve puissance tribunitienne, père de la patrie, général des armées pour la vingt et unième fois, consul pour la quatrième.*

On a aussi trouvé dans les ruines du château un fragment de sculpture célèbre dans le pays, que l'on nomme le masque d'Apollon, et qui est sans doute un débris fort curieux des antiquités de Polignac; c'est une figure colossale grossièrement sculptée sur un bloc de grès de 3 pieds 8 pouces de large sur 3 pieds de haut, et dont la bouche est percée à jour. M. Delalande pense qu'elle recouvrait à plat le dessus d'un autel qui se trouvait dans la partie orientale du temple.

PRADELLES. Petite ville située à 7 l. du Puy. Pop. 1,340 hab. Cette ville est bâtie sur un rocher, et passe pour une des plus élevées de la France. C'est la patrie de l'académicien Jean Baudouin, auteur d'une histoire de Malte et du Pérou.

PRIVAT D'ALLIER (SAINT-). Bourg situé à 4 l. 1/4 du Puy. Pop. 1,470 hab.

On y remarque le château de Mercœur, entrepris avant la révolution sur un plan assez vaste, et qui n'a pas été achevé. Sur un pic granitique très-élevé, non loin des bords de l'Allier, s'élève la tour ronde de Rochegude.

On voit encore, à un quart de lieue au-dessous de Saint-Privat, en suivant un ruisseau qui traverse ce bourg, une grotte creusée dans un basalte d'une dureté remarquable; elle a 85 pieds de profondeur, 36 pieds de large, environ 30 pieds d'élévation, et est couronnée d'un joli bois qui en garnit aussi les avenues.

PUY (le). Ancienne ville. Chef-lieu du département et de deux cantons. Tribunaux de première instance et de commerce. Chambre consultative des manufactures. Société d'agriculture. Collége communal. Évêché. Grand séminaire. ✉ ☞ Pop. 14,930 hab.

L'origine de cette ville est peu connue. On prétend qu'elle avait le titre de cité dès le VIIIe siècle, que les Sarrasins s'en emparèrent et en firent une de leurs places d'armes les plus considérables, et qu'ils s'y maintinrent jusqu'à l'époque où ils furent chassés de France par les armes victorieuses de Charlemagne. Toutefois, le premier titre authentique qui en fasse mention, en date du 8 avril 924, ne lui donne que le titre de bourg. Il est probable que ce bourg acquit une grande importance après la ruine de Ruessium, dont le siège épiscopal fut transféré, vers la fin du IXe siècle, sur la montagne appelée *Anis* ou *Anicum*, où fut bâtie la ville du Puy. Dans l'origine, cette cité fut circonscrite au rocher de Corneille, où étaient la cathédrale, le cloître, les maisons des chanoines et un château fort. Bientôt cette enceinte devint insuffisante; les habi-

LE PUY.

VIEILLE PORTE AU PUY.

tations se multiplièrent, et la ville acquit un tel accroissement que dès le XVe siècle elle était classée parmi les principales villes du Languedoc. Un siècle après cette époque, le circuit de la cité était de quatre mille pas, bien muré, et percé de dix portes, non compris les trois bouchées de la haute ville, et la ville était alors beaucoup plus peuplée qu'elle ne l'est aujourd'hui.

La ville du Puy passa, en 975, ainsi que le Velay dont elle était la capitale, sous la domination des comtes d'Auvergne. En 1029, l'église Notre-Dame du Puy, qui jouissait déjà d'une grande célébrité, fut visitée par le roi Robert. Louis le Jeune séjourna dans cette ville en 1138, 1146, 1162 et 1169. Saint Louis y eut une entrevue avec le roi d'Aragon en 1243, et y séjourna trois jours en 1254, à son retour de la terre sainte: quelques historiens prétendent que la statue de la sainte Vierge qu'on voyait avant la révolution dans l'église cathédrale, avait été apportée d'Égypte par ce prince. Philippe le Hardi fit un séjour au Puy en 1283, et Philippe le Bel, son fils, y passa en revenant du Roussillon. Les Bourguignons tentèrent de surprendre cette ville en 1419, mais les seigneurs du Velay s'enfermèrent dans ses murs et résistèrent aux assaillants, que commandait le prince d'Orange. En 1476, Louis XI fit un pélerinage à l'église Notre-Dame du Puy; il s'arrêta à 3 lieues de la ville, et se rendit de là pieds nus jusqu'à la cathédrale, qu'il gratifia de 390 écus d'or, de plusieurs autres présents et de divers priviléges. En 1533 François Ier visita le Puy où il fut reçu avec une grande magnificence; il ordonna la réparation des murs de la ville, fit ajouter de nouvelles tours, tripler les principales portes, et rétablir les fortifications du rocher de Corneille. En 1562, Blacons, lieutenant du fameux baron des Adrets, tenta sans succès de s'emparer de cette ville, qui fut défendue avec un grand courage par les habitants. En 1572, Antoine de Senectère, évêque du Puy, sauva les religionnaires de l'horrible massacre de la Saint-Barthélemy, en les réunissant dans son palais et leur faisant faire sur-le-champ abjuration. En 1585, François de Coligny, comte de Châtillon, tenta infructueusement de surprendre le Puy. En 1589, saint Vidal, qui en était gouverneur, força les habitants à embrasser le parti de la Ligue; l'autorité de Henri IV n'y fut reconnue qu'en 1596.

La ville du Puy est bâtie en amphithéâtre sur le versant méridional du mont Anis, que couronne le rocher basaltique de Corneille, à la jonction de trois belles vallées qu'arrosent la Loire, la Borne et le Dolaison. Que le voyageur y descende par la route de Clermont, qu'il y arrive par celle de Lyon, du Languedoc ou de Saint-Flour, l'aspect de cette ville est d'un effet très-pittoresque. L'énorme masse du mont Corneille, recouverte d'édifices jusqu'à sa base, est ceinte vers le haut et dans sa partie orientale par le joli bois du séminaire. Ce rocher, couronné par les ruines de l'antique château qui porte son nom, s'élève avec majesté au point d'embranchement des riches vallons du Dolaison et de la Borne: le premier s'ouvre au midi, et se relevant insensiblement, va se confondre avec les bois de Taulhac et le mamelon aride d'Eyssenac, qui bornent l'horizon de ce côté; il est couvert de prairies, des groupes d'arbres ornent ses bords ou forment les limites des héritages; quelques maisons de campagne, et surtout le village de Vals, animent ce beau paysage. Le vallon de la Borne se dirige de l'ouest à l'est. La portion que l'œil peut embrasser a moins d'étendue, mais est aussi riche et plus animée que le vallon du Dolaison; la vue du roc pyramidal d'Aiguilhe, du sommet duquel s'élance la flèche du clocher de Saint-Michel; le cours sinueux et paisible de la Borne; les nombreuses et jolies maisons de vignes dont la blancheur tranche si agréablement sur le fond vert des pampres qui tapissent les coteaux de la rive gauche; des ponts, des jardins, des usines; la perspective de l'allée d'Espaly et des ruines de cet ancien fort au pied duquel sont groupées les maisons du village, offrent au spectateur un tableau aussi rare qu'attachant. On peut jouir tout à la fois de la vue de ces deux vallons et de celui de la Loire, depuis Brives jusqu'à Chadrac, en se transportant au coin du plateau de Roure, qui domine les vignobles d'Aiguilhe au nord-est. Ce troisième paysage, sans être aussi varié et aussi pittoresque, offre dans ses plans reculés beaucoup d'intérêt. On découvre parfaitement le Mézenc et les montagnes qui bornent le département au sud-est, ainsi que la chaîne volcanique qui sépare l'arrondissement du Puy de celui d'Yssingeaux. De ce même point on peut distinguer, en totalité ou en partie, quinze communes sur seize dont se compose le canton du Puy.

Quel que soit le côté par où l'on y arrive, la ville offre un aspect agréable : bâtie sur la pente du mont Corneille, dont le sommet est couronné par la cathédrale, surmontée elle-même par les crêtes déchirées du roc volcanique, elle présente différents étages de maisons à façades blanchies, à toits de tuiles rouges et courbes. Mais cette cité, si jolie en perspective, ne gagne pas à être vue intérieurement. Les rues en sont mal percées, étroites, malpropres, et dans la partie haute inaccessibles aux voitures : elles sont pavées avec les débris de la brèche volcanique de Corneille, et les pluies, la glace ou la sécheresse les rendent plus ou moins désagréables, glissantes, et même dangereuses quand on n'a pas l'habitude de les parcourir.

La cathédrale du Puy, située sur la partie la plus haute de la ville, est un édifice remarquable par la hardiesse et la bizarrerie de sa construction, et par l'effet pittoresque de sa façade. La principale avenue de ce singulier édifice est fort remarquable ; c'est d'abord une suite de plans inclinés qui se haussent les uns sur les autres, et qu'il faut franchir pour parvenir au frontispice méridional de l'église. Là s'ouvre une belle voûte, de vingt mètres environ de hauteur sous clef, qui recouvre un magnifique escalier de 118 degrés qui conduit jusqu'à la porte principale ornée de deux belles colonnes de porphyre rouge. Avant la restauration de ce monument par M. de Galard, on se trouvait, en entrant dans l'église, précisément au milieu, ayant le chœur devant soi et la nef derrière. Aujourd'hui, on tourne à gauche en continuant à s'élever, et l'on pénètre dans le temple par deux portes latérales. La façade n'a point de caractère déterminé, elle tient également du roman et du gothique, et offre quatre ordonnances de colonnes, avec des portiques dont tous les arcs sont à plein cintre. L'église a trois nefs basses et lourdes, divisées par de gros piliers ; celle du milieu est partagée en deux chœurs, l'un en face de l'endroit où se trouvait autrefois la porte d'entrée ; l'autre placé à l'opposite, sur la voûte même qui recouvre le grand escalier. Le maître-autel, en marbre de diverses couleurs, l'orgue et la chaire, chargés de sculptures, sont fort beaux. Le clocher n'est pas une des parties les moins curieuses de l'édifice : il est isolé, carré, et d'un noir sombre jusqu'aux deux tiers de sa hauteur ; de ce point il s'élève et finit en forme de pyramide. — Quelques auteurs font remonter la fondation de la cathédrale du Puy au VIIe siècle, d'autres au Xe siècle seulement ; des réparations importantes y ont été faites en 1781.

On remarque encore au Puy : l'église Saint-Laurent, située dans la ville basse, édifice assez vaste et intéressant par les cendres du connétable du Guesclin, qui y ont été transportées il y a quelques années ; la préfecture, bâtiment neuf d'un fort bon style, élevé sur la place du Breuil, la plus grande et la plus belle de la ville ; l'église du collège, décorée d'une jolie façade ; le musée, renfermant plusieurs débris d'antiquités romaines provenant de fouilles faites dans la ville ; la salle de spectacle, édifice que l'on croit avoir été consacré à Diane ; le séminaire, grand et beau bâtiment situé dans une belle exposition, etc., etc.

Fabriques importantes de dentelles, de tulles de fil, de dentelles et de blondes noires ; couvertures de laine, étoffes communes, outres à vin. Fonderie de grelots. Clouteries. Tanneries. Moulins à foulon. Teintureries. — *Commerce* de grains, dentelles, draps, serges, outres à vin, fer, clous, faïence, mulets, chevaux et bestiaux.

A 30 l. de Lyon, 29 l. de Clermont, 125 l. de Paris. — *Hôtels* Mouliade, Rougier-Bergerat, Fontanille.

QUÉRYRIÈRES. Village situé sur la croupe du Mégal, une des montagnes les plus élevées de la chaîne du Mezenc, à 5 l. 3/4 du Puy. Pop. 697 hab. On y remarque les ruines de l'ancien château, situé sur une butte de basalte prismatique, à 1.244 mètres d'élévation au-dessus du niveau de la mer.

SAUGUES. Petite ville située dans un territoire fertile en grains et abondant en pâturages, sur une colline d'où l'on jouit d'une fort belle vue, à 8 l. du Puy. Pop. 3,853 hab.

A deux cents pas hors des murs de cette ville, on remarque un monument singulier, connu sous le nom de Tombeau du général anglais. Sur un pavé dont les pierres sont grossièrement taillées, s'élèvent, à 6 pieds de distance l'une de l'autre, quatre colonnes cylindriques d'environ 12 pieds de hauteur et de 6 pieds de circonférence, portées chacune sur une base cubique dont les dimensions sont de 2 pieds ; elles soutiennent une voûte en ogive construite en petites pierres, et recouverte par un toit qui la défend des injures de l'air. Aucune inscription n'accompagne ce monument, et la tradition ne dit autre chose, sinon que c'est le tombeau du général anglais.

La tour du clocher de Saugues paraît avoir une grande ancienneté, et sa sonnerie est fort curieuse. — *Fabriques* de grosses draperies. Filatures de laine. — *Commerce* de fromages, laines et bestiaux.

SAUSSAC-L'ÉGLISE. Village situé à 2 l. du Puy. Pop. 1,612 hab. On voit à peu de distance de ce village, dans la partie de la route qui se dirigeait de Ruessium vers l'Espagne, une colonne milliaire qui marque 6,000 pas romains, et qui se trouvait en effet à deux lieues et demie de la capitale des Vellaviens. Cette colonne est entière et bien conservée.

SOLIGNAC-SUR-LOIRE. Petite ville située à l'extrémité d'un plateau basaltique qui domine la rive gauche de la Loire, à 2 l. du Puy.

Solignac était une des huit principales villes du Velay qui envoyaient un député aux états du pays. On y voit les restes d'un ancien château fort qui fut pris par les ligueurs du Puy, en 1590.

On doit visiter aux environs la cascade de la Raume, dont la chute est de près de 90 pieds.

VIDAL (SAINT-). Village situé sur la rive gauche de la Borne, à 2 l. du Puy. Pop. 425 hab. On y remarque le château de Saint-Vidal, qui fut pris et repris plusieurs fois dans les guerres du Velay, et des grottes curieuses creusées sur la rive droite de la Borne.

VOREY. Bourg situé sur la rive droite de la Loire et au confluent de l'Arzon, à 4 l. du Puy. Pop. 1,998 hab.

ARRONDISSEMENT DE BRIOUDE.

ALLY. Village situé à 4 l. de Brioude. Pop. 860 hab. — Exploitation d'antimoine.

AUZON. Petite ville située sur la rive droite de la Loire et près du confluent de l'Auzon, à 2 l. 1/2 de Brioude. Pop. 1,238 h.

BLESLE. Petite ville située à 5 l. 1/4 de Brioude. Pop. 1,399 hab.

On fait remonter l'origine de Blesle à l'établissement d'un couvent de filles, fondé vers le milieu du IXe siècle, et on rapporte à peu près à la même époque la construction d'une tour icosagone (à vingt pans), qui subsiste encore. Cette ville est située au bas d'une gorge profonde et resserrée, où coule la petite rivière qui prend son nom. — Mines d'antimoine.

BRIOUDE. Très-ancienne ville. Chef-lieu de sous-préfecture. Tribunaux de première instance et de commerce. Collége communal. Société d'agriculture. ⊠ Pop. 5,099 hab.

L'origine de Brioude est antérieure à la monarchie, puisque, d'après les anciennes chroniques, le corps de Julien, chef d'une légion, décapité en l'an 303 sous l'empire de Maxime, pour avoir embrassé le christianisme, fut transporté à Brioude, *in vico Brivatensis*. Sidoine Apollinaire, dans une pièce de vers où il trace l'itinéraire qu'un de ses amis doit parcourir, cite cette ville, qu'il appelle *Brivas*. Il paraît qu'elle a été autrefois beaucoup plus considérable qu'aujourd'hui, ainsi que semblent le démontrer ses fondations et les ruines qu'on trouve encore de toutes parts.

Brioude eut sa part des calamités qui si longtemps affligèrent la Gaule lorsque les Francs la dominèrent. En 532, les soldats de Théodoric attaquèrent le bourg de Brioude; les habitants se réfugièrent dans l'église avec leurs effets les plus précieux, et en fermèrent les portes; mais un soldat détacha un des vitraux, entra, et ouvrit ce sanctuaire, où la troupe se livra aux désordres affreux qui avaient signalé partout son passage. Brioude souffrit une nouvelle invasion de la part des Bourguignons; la ville fut assiégée et prise, les habitants mis à mort ou faits prisonniers. Les Sarrasins la prirent et la pillèrent en 732, et furent imités plus tard par les Normands. En 1179, pendant l'octave de Pâques, Héracle ou Héraclius, vicomte de Polignac, escorté d'une bande de seigneurs aventureux, tomba sur Brioude et sur Saint-Germain, prit, pilla, brûla cette ville et le bourg, et fit massacrer une partie des habitants. Deux ans après, ce vicomte de Polignac ayant été excommunié, fit amende honorable devant l'église de Brioude; il institua, pour préserver du pillage l'église de Saint-Julien et les pèlerins qui venaient de toutes parts honorer les reliques de ce saint, vingt-cinq chevaliers qu'il chargea de la défense de l'église. En 1361, un seigneur de Castelnau, qui prenait le titre de roi des compagnies, assiégea Brioude à la tête de 3,000 hommes, s'empara de cette ville, la fortifia, en fit sa place d'armes, et ne consentit à s'en dessaisir et à porter en d'autres contrées l'effroi qui s'était attaché à son nom, qu'au prix de cent mille florins. Dans la suite, les habitants de Brioude furent longtemps en opposition avec les chanoines, qui s'obstinaient à leur refuser une charte de commune: une guerre et des procès continuels s'établirent entre eux; aussi, lorsque les principes de la réformation de Luther eurent pénétré dans ce pays, les habitants les adoptèrent avec empressement; ils s'assemblaient en armes; et menaçaient le chapitre, qui fut obligé de se réfugier dans la forteresse. Les réformés de la ville s'emparèrent de Brioude le 19 octobre 1583; mais la place fut bientôt reprise par les catholiques. Peu à peu cependant les chanoines firent des ligueurs de tous les citoyens.

Brioude est une ville agréablement située, dans un spacieux bassin entouré de montagnes dominées au loin par les cimes du Montculet et du puy-de-Dôme. Elle est généralement mal bâtie, mal percée et malpropre. Les plus remarquables de ses constructions sont les bâtiments du collège, situés sur une colline d'où l'on jouit de charmants points de vue, et l'église cathédrale de Saint-Julien.

L'église Saint-Julien fut fondée sous le règne de Louis le Débonnaire, dans un lieu où existait une autre église de Saint-Julien, élevée sur la place où ce saint reçut le martyre: le comte Béranger fut chargé de la reconstruction de la basilique. Au commencement du Xe siècle, les dégradations que la guerre avaient occasionnées dans cette église, furent réparées par Guillaume, duc d'Aquitaine, qui y trouva ensuite un tombeau. Le portail offre une foule de détails curieux et de nombreuses sculptures dont le style remonte au Bas-Empire; c'est en ce genre un des monuments les plus remarquables de l'Auvergne. Deux clochers surmontaient l'édifice avant la révolution: l'un, en forme de tour carrée, a été rasé en 1793; la flèche du second fut démolie à la même époque et réduite à la hauteur de l'édifice.

Commerce de grains, vins et chanvre.

A 11 l. du Puy, 14 l. 1/2 de Clermont, 105 l. de Paris. — *Hôtels* Belmont, Courtet et Rolle-Peletan.

BRIOUDE-LA-VIEILLE. *Voy.* Vieille-Brioude.

CHAISE-DIEU (la). Petite ville située près des sources de la Sénouire, à 6 l. de Brioude. Pop. 1,835 hab.

Cette ville doit son origine à une célèbre abbaye de bénédictins, fondée par saint Robert, vers le milieu du XIe siècle. Saint Robert, chanoine de Brioude, se retira avec deux de ses disciples sur un plateau élevé, au milieu d'une sombre forêt couverte de neige la plus grande partie de l'année; là, les trois ermites vécurent pendant quelques années, sous des huttes de branchages; bientôt un grand nombre de pénitents vinrent se joindre à eux, et leur nombre augmenta si fort, qu'en 1043 Robert résolut de bâtir et de fonder une abbaye. En 1046 il commença à construire son monastère dans un lieu désert arrosé par la Sénouire. L'église fut dédiée à saint Rancon en 1052, et l'établissement consacré par le pape Urbain II en 1095. La ferveur des moines et leur exactitude à observer la règle de saint Benoît, attira les donations de plusieurs grands seigneurs et des riches bourgeois; en peu de temps une petite ville se forma autour du couvent, auquel Robert donna le nom mystique de *Case-Dieu*. Ce monastère, où l'on compta jusqu'à trois cents religieux, devint dès lors le plus fameux de l'Auvergne et le plus productif de France. Il subit toutefois, à diverses époques, de cruelles dévastations : Blacons, un des lieutenants du farouche baron des Adrets, s'empara de la ville de la Chaise-Dieu, qui fut reprise peu de temps après par les catholiques. L'abbaye était alors entourée de murs très-épais, construits en 1378, et défendue par une vaste et forte tour carrée attenant à l'église, où se retirèrent les religieux, qu'on ne put forcer dans cette retraite. Cette tour avait été bâtie par ordre de Clément VI, auquel on doit aussi la construction de l'église, l'une des plus belles qui subsistent en France.

L'église abbatiale de la Chaise-Dieu est d'architecture gothique, à ogives et à nervures. Elle a 92 mètres de longueur et 29 de largeur, les dimensions des chapelles non comprises. Le chœur a 40 mètres de long jusqu'à la grille du sanctuaire, et ses deux côtés sont bordés de cent cinquante-six stalles sculptées avec beaucoup de richesse et de goût : les voûtes, aussi solides que hardies, sont supportées par vingt-deux colonnes de 8 mètres de circonférence. Au milieu du chœur, s'élève un monument funèbre en marbre noir, sur lequel est couchée une statue en marbre blanc, revêtue d'habits pontificaux et la tiare sur la tête; c'est le tombeau du pape Clément VI, qui voulut être inhumé dans l'église qu'il avait fait construire par reconnaissance pour l'instruction qu'il avait reçue à la Chaise-Dieu.

L'orgue est orné de sculptures en bois du style de Lepaultre, d'une composition large et riche, qui égale ce que cet architecte a fait de plus beau à Versailles. Le portail est orné de bas-reliefs, de figures de saints de différentes dimensions, quelquefois assez bien exécutés; ils sont d'une lave noire très-ressemblante à celle de Volvic.

Des peintures fort curieuses, et maintenant assez rares, entourent le chœur; elles représentent la danse macabre, ou la danse des morts, branle de personnages que la mort et les démons, qui lui servent de satellites, animent à cette fête fantastique au son du rebec ou du psaltérion. La représentation de ce sujet, destiné d'abord à la décoration des cimetières, fut longtemps multipliée à l'infini par la gravure en bois, par la peinture à l'huile ou à fresque, dans les palais des rois, les ponts couverts, les marchés, les églises et les vitraux, puis par la miniature sur les marges des heures et des missels; vers le XVIe siècle, on la retrouve jusque dans la ciselure de la garde des épées, jusque sur le fourreau de la dague et du poignard. La ronde se divise en autant de menuets que la mort danse seule à seule avec des gens de tout âge et de tous les états; d'autrefois la ronde devient générale, et une foule bizarre, bruyante, pressée, décrit un cercle ou développe une longue ligne où les génies de la mort alternent dans les rangs avec les danseurs, et contrastent avec des jeunes hommes et des jeunes femmes, avec des seigneurs et de grandes dames richement vêtues, ou de pauvres gens couverts des haillons de la misère; allégorie grave et terrible du néant de l'homme et de l'égalité de la mort!

CHAZELLES. Village situé dans un étroit vallon, sur la rive gauche de la Dège, à 9 l. 1/2 du Puy. Pop. 153 hab. Quand on y arrive en descendant le long de la Dège, on est agréablement frappé du singulier contraste que forme son site avec l'horrible nudité des montagnes qui le dominent à gauche, et la profondeur des gorges qui l'environnent.

CHILHAC. Village situé sur la rive droite de l'Allier, à 4 l. 3/4 de Brioude. Pop. 562 hab. Il est bâti sur un massif de basalte qui repose immédiatement sur un banc de cailloux roulés, qu'un escarpement formé au sud-ouest a laissé à découvert. C'est un objet d'étonnement pour les curieux, et un beau morceau d'étude pour les naturalistes.

ILPIZE (SAINT-). Village situé à 3 l. 1/4 de Brioude. Pop. 2,487 hab. Il est bâti dans une position extrêmement pittoresque, sur le penchant rapide d'une montagne qui borde la rive droite de l'Allier ; ses rues escarpées, le donjon de la vieille forteresse qui domine une vaste étendue de pays, la tour élevée qu'on aperçoit de l'autre côté de l'Allier, composent un paysage charmant, que nos artistes ont trop rarement occasion de peindre (*voy. la gravure*).

LANGEAC. Petite ville située sur la rive gauche de l'Allier, à 7 l. 3/4 de Brioude. ✉ Pop. 3,109 hab.—*Fabriques* de dentelles. Carrières de meules à aiguiser et de pierres de taille. Exploitation de houille (à Marsanges).

LAVOUTE-CHILLAC. *Voy.* Voute-Chillac (la).

MERCŒUR. Village situé à 3 l. 3/4 de Brioude. Pop. 476 hab. —*Fabrique* de régule et exploitation des mines d'antimoine.

PAULHAC. Village où l'on remarque un ancien château, situé à 3/4 de l. de Brioude. Pop. 545 h. On y trouve une source d'eau minérale.

PAULHAGUET. Petite ville située sur la rive droite de la Sénouire, à 3 l. 1/2 de Brioude. Pop. 1,309 hab.

PINOLS. Village situé à 10 l. 3/4 de Brioude. Pop. 802 hab.

On remarque, à un quart de lieue de ce village, un monument d'une haute antiquité appelé la *Tombe de las Fadas*, ou tombe des fées.

VALS-LE-CHASTEL. Village situé sur le Dolaison, à 3 l. 1/2 de Brioude. Pop. 231 hab. On y remarque les bâtiments d'un ancien couvent d'augustines, dont l'église a été érigée en succursale, et un vaste bâtiment construit en 1765 pour servir de grenier à sel. L'ancien ermitage de Saint-Benoît, converti en maison de campagne, offre une position pittoresque fort agréable.

VEZEZOUX. Village situé sur la rive droite de l'Allier. Pop. 450 h. — Construction de bateaux.

VIEILLE-BRIOUDE. Bourg situé sur la rive droite de l'Allier, à une demi-lieue de Brioude. Pop. 1,158 hab. On y remarquait naguère un pont d'une seule arche, de 54 m. 57 c. de corde et de 19 m. 17 c. de flèche, bâti en 1454. Construit à une époque où les transports se faisaient dans le pays à dos de mulets, ce pont ne pouvait servir au roulage; le commerce ayant pris de l'extension, on établit vers la fin du siècle dernier, à une demi-lieue plus bas, un second pont en pierre d'une largeur convenable pour les grosses voitures, et composé de trois arches; il s'écroula en 1783, et l'on se borna à restaurer, en 1794, celui de Vieille-Brioude, et à le rendre praticable au roulage. Ce pont s'est écroulé le 27 mars 1822, à six heures du matin; après sa chute, on remarqua avec étonnement qu'au lieu de 7 pieds d'épaisseur qu'on supposait à l'arche, d'après celle des faces, elle n'avait dans l'intérieur que 21 pouces : on conçoit à peine comment, avec une aussi petite dimension, il a pu durer aussi longtemps (368 ans).

VOUTE-CHILLAC (la). Bourg situé à 6 l. 1/4 de Brioude. Pop. 746 hab.

ARRONDISSEMENT D'YSSINGEAUX.

ANDRÉ DE CHALENÇON (SAINT-). Village situé sur un sol volcanisé, à 6 l. 1/4 d'Yssingeaux. Pop. 1,165 hab.

On y remarque les ruines de l'ancien château de Chalençon, appartenant à la famille de ce nom, qui porte aujourd'hui celui de Polignac; maison dont elle descend par les femmes. Chalençon était autrefois une ville dont les marchés ont été transportés à Craponne.

ARAULES. Village situé sur la croupe élevée du Mégal, à 4 l. d'Yssingeaux. Pop.

CHILLIAC.

SAINT ILPIZE.

1,836 hab. On remarque sur son territoire, non loin du haut pic de Lizieux, les ruines de l'ancien château fort de Bonas, détruit en 1565. — Carrières de belles pierres de taille.

BAS. Bourg situé sur la rive gauche de la Loire, à 7 l. d'Yssingeaux. Population 5,524 hab.

Ce bourg, dominé par les ruines du château de Rochebaron, qui s'élèvent d'une manière fort pittoresque sur les bords de la Loire, possède une source d'eau minérale dont on ne fait aucun usage. Quelques débris d'urnes funéraires et de lacrymatoires, découverts de temps à autre sur divers points du canton, offrent des traces de l'habitation de cette contrée par les Romains. — *Fabriques* de poterie de terre.

DIDIER-LA-SÉAUVE (SAINT-). Petite ville située à 6 l. d'Yssingeaux. Population 3,795 hab.

Saint-Didier était autrefois une ville assez importante, qui avait droit de députation aux états du Velay. — *Fabriques* de rubans. Filatures de soie. Papeterie.

DUNIÈRES. Village situé sur la rivière de son nom, à 6 l. d'Yssingeaux. Pop. 2,409 hab. On remarque aux environs une tour antique qui s'aperçoit de fort loin, et qui, dans la mauvaise saison, est un point de direction pour les voyageurs égarés : elle a été le séjour du marquis d'Espinchal, célèbre par ses aventures et ses facéties. Une voie romaine, se dirigeant sur Annonay, traversait les Cévennes par le passage du Tracol; on en voit encore des vestiges dans la commune de Raucoules, et au lieu appelé le Pont-Romain, sur la Dunières.

FÉRÉOL D'AUROURE (SAINT-). Village situé à 6 l. 1/4 d'Yssingeaux. Pop. 1,388 hab. — Papeterie.

MONISTROL-SUR-LOIRE. Petite ville située sur le ruisseau de Piat, à une demi-lieue d'Yssingeaux. Établissement des sourds-muets des deux sexes. ✉ Pop. 4,145 hab.

On croit que Monistrol doit son origine à un monastère d'antonins que l'on suppose y avoir existé vers le VIIIe ou le IXe siècle. C'était une des huit villes qui envoyaient des députés aux états du Velay. Le baron des Adrets la pilla en 1563.

Cette ville est dans une situation agréable, entre deux vallons, sur un coteau d'où l'on jouit d'un coup d'œil charmant sur la vallée de la Loire. Elle possède de jolies promenades publiques, mais elle est généralement mal bâtie; presque toutes les constructions sont anciennes, irrégulières, et leur vétusté lui donne une apparence triste et désagréable. On y remarque toutefois l'ancien bâtiment des ursulines, et le château qui servait autrefois de maison de plaisance aux évêques du Puy; c'est un vaste édifice flanqué de deux tours rondes, longtemps abandonné, et aujourd'hui affecté à une fabrique de rubans.

Fabriques de dentelles, blondes, rubans, quincaillerie, satins, foulards. Tanneries. Mégisseries. Teintureries. Papeterie. — Marchés importants pour la vente des grains.

MONTFAUCON. Petite ville située à 4 l. 1/2 d'Yssingeaux. Pop. 1,129 hab.

Montfaucon est une des plus anciennes villes du Velay, dont elle était autrefois regardée comme la capitale. Elle envoyait ses députés aux états particuliers de la province, qui ont été tenus dans son enceinte en 1595. Les rois de France en ont été longtemps co-seigneurs, et ses barons avaient droit de siéger aux états du Languedoc.

Cette ville était autrefois défendue par un château très-fort. Il fut pris en 1585 par les religionnaires, détruit de fond en comble, et une partie des habitants fut massacrée par les vainqueurs.

Fabriques de rubans. — *Commerce* de bois.

RETOURNAC. Bourg situé sur la rive gauche de la Loire, à 2 l. 1/2 d'Yssingeaux. Pop. 3,887 hab. On y remarque le château où naquit le comte de Vaux, maréchal de France, et les ruines de celui d'Artias. — Construction de bateaux.

ROMAIN-LA-CHALM (SAINT-). Village situé à 5 l. d'Yssingeaux. Pop. 1,555 hab. On y remarque le château de la maison Dupeloux de Saint-Romain. — *Fabriques* de rubans. — *Commerce* de bois.

SIGOLÈNE (SAINTE-). Village situé à 2 l. 1/2 d'Yssingeaux. Pop. 2,702 hab. On y remarque le château moderne du Villard, et les ruines du château de Latour, sur la Dunières, d'où tire son nom la maison de Latour-Maubourg. — *Fabriques* de fromages estimés.

TENCE. Petite ville située sur la rive droite du Lignon, à 3 l. 3/4 d'Yssingeaux. Pop. 5,730 hab. — *Fabriques* de blondes, dentelles noires et blanches. Papeterie. — *Commerce* de planches.

YSSINGEAUX. Ville ancienne. Chef-lieu de sous-préfecture. Tribunal de première instance. Société d'agriculture. ✉ ℣ Pop. 7,166 hab.

Quelques auteurs regardent cette ville comme l'ancien *Icidmago* de la table de Peutinger. Elle a pour armes cinq coqs (en langue du pays *cinq jaux*), d'où l'on croit que dérive son nom actuel. C'était une des huit villes qui envoyaient des députés aux états du Velay.

Cette ville est située sur une colline rocailleuse fort élevée, que dominent d'autres collines plus âpres et encore plus dénudées. Elle est irrégulièrement bâtie et assez triste; cependant on y remarque une jolie église de construction moderne, et quelques maisons spacieuses et assez élégantes. Les environs offrent des curiosités naturelles du plus grand intérêt.

Fabriques de blondes, dentelles, rubans. Filatures de soie. Exploitation, aux environs, de la mine de plomb de Chambonnet. — *Commerce* de bois de construction, bœufs, moutons, etc.

A 6 l. du Puy, 11 l. de Saint-Étienne, 145 l. de Paris. — *Hôtels* Chareyre, Mallet, Jamon.

FIN DU DÉPARTEMENT DE LA HAUTE-LOIRE.

IMPRIMERIE DE FIRMIN DIDOT FRÈRES,
RUE JACOB, N° 24.

CHAPELLE STE CLAIRE.

Guide Pittoresque
DU
VOYAGEUR EN FRANCE.

ROUTE DE PARIS A BAGNÈRES DE BIGORRE,

TRAVERSANT LES DÉPARTEMENTS

DE SEINE-ET-OISE, DU LOIRET, DU CHER, DE L'INDRE, DE LA CREUSE, DE LA HAUTE-VIENNE, DE LA DORDOGNE, DE LOT-ET-GARONNE, DU GERS ET DES HAUTES-PYRÉNÉES.

DÉPARTEMENT DE LA DORDOGNE.

Itinéraire de Paris à Bagnères de Bigorre,

PAR BOURGES, CHATEAUROUX, LIMOGES, PÉRIGUEUX, AGEN ET AUCH, 196 LIEUES.

	lieues.		lieues.
De Paris à Limoges. (Voy. Route de Paris à Toulouse)	101 1/2	La Croix-Blanche	3 1/2
Aixé	3	Agen	3
Chalus	5 1/2	Astaffort	5
La Coquille	3	Lectoure	4
Thiviers	4	Montastruc	4
Palissons	3	Auch	4
Périgueux	5 1/2	Vicnau	3 1/2
Saint-Mamets	7	Mirande	2 1/2
Bergerac	4 1/2	Miélan	3 1/2
Castillonnès	5 1/2	Rabastens	3 1/2
Concou	3	Tarbes	4 1/2
Villeneuve-sur-Lot	4 1/2	Bagnères de Bigorre	5

ASPECT DU PAYS QUE PARCOURT LE VOYAGEUR,
DE LIMOGES A CASTILLONNÈS.

En sortant de Limoges on laisse à droite la route d'Angoulême, et à gauche celle de Clermont et de Lyon, et l'on entre dans un pays montagneux, moins par ses aspérités que par la nature de son sol et de sa culture, et d'ailleurs aussi frais que varié. On passe la Vienne à Aixé, petite ville bâtie dans une situation pittoresque, où l'on voit les ruines d'un ancien château. En la quittant, on entre dans une belle vallée, où on longe pendant quelque temps la rive gauche de la Vienne, dont on s'éloigne pour parcourir un pays constamment varié et agréable. Le relais de Chalus, petite ville dominée par une vieille tour au pied de laquelle fut tué Richard Cœur de Lion, est dehors la ville, que la route ne traverse pas. La contrée que l'on parcourt est toujours charmante, et le pays presque partout couvert de châtaigniers. Au pont de Fierbeix, on passe du département de la Haute-Vienne dans celui de la Dordogne. La Coquille, où est établi le relais, est un hameau, après lequel le pays change totalement et n'offre plus que la monotonie d'une vaste plaine de landes, à l'extrémité de laquelle une montée assez difficile conduit à Thiviers. Peu après, on entre dans les terres calcaires du Périgord, qui finissent par devenir excessivement arides, telles qu'il les faut à la végétation de la truffe, que l'on y trouve en abondance. Palissons est une maison isolée près de laquelle on voit les ruines pittoresques du château de Chabanes. Au delà de ce relais, le pays redevient montueux; après plusieurs montées et descentes, on s'élève sur un plateau d'où l'on jouit d'une fort belle vue jusqu'à la côte qui descend à Périgueux, où l'on entre par une belle allée qui longe les promenades de cette ville.

On passe l'Isle en sortant de Périgueux; on laisse à gauche la route de Brives, et après avoir jeté un coup d'œil sur la belle vallée de l'Isle, on entre dans une contrée aride et montagneuse, qui se prolonge jusqu'aux environs du village de Chalaignac que l'on aperçoit sur la droite. Après avoir passé le Vern, le sol, quoique toujours montueux, devient plus agréable et plus fertile, notamment aux environs de Saint-Mamets, village situé dans une riche plaine arrosée par la Souille. En quittant ce relais, on gravit une côte assez rude, et l'on continue à parcourir un pays varié, agréable, où la vigne se mêle aux champs, et finit bientôt par envahir tout le terrain. Au hameau de Corbrive, on jouit d'une vue magnifique sur une riche vallée, sur le beau fleuve de la Dordogne, et sur la ville de Bergerac, située au milieu des vignes et de campagnes bien cultivées.

En quittant cette ville, on monte une colline, et durant cette montée qui est fort longue, on domine de nouveau la belle vallée de la Dordogne, que l'on quitte à regret pour s'engager de nouveau dans une contrée aride et montueuse, qui se prolonge jusqu'au village d'Eyrenville, au delà duquel le pays est de nouveau agréable et fertile. Peu après on passe le Dropt, et l'on quitte le département de la Dordogne pour entrer dans celui de Lot-et-Garonne. De cet endroit, une côte longue et rude conduit au relais de Castillonnès.

DÉPARTEMENT DE LA DORDOGNE.

APERÇU STATISTIQUE.

Le département de la Dordogne est formé de l'ancienne province du Périgord, d'une faible partie du Limousin, et de quelques communes de l'Angoumois et de la Saintonge. Il tire son nom de sa principale rivière, qui le traverse de l'est à l'ouest dans sa partie méridionale. Ses bornes sont : au nord, le département de la Haute-Vienne; à l'est, ceux de la Corrèze et du Lot; au sud, celui de Lot-et-Garonne; à l'ouest, ceux de la Gironde et de la Charente.

Le territoire de ce département, un des plus étendus de la France, est entrecoupé par de nombreuses collines et par des hauteurs escarpées, couvertes en partie de vignes et de bois; mais le plus souvent absolument nues et ne présentant que des rocs ou des terres arides. Sur quelques plateaux, on trouve d'immenses bruyères, des champs de genêts, des bois de châtaigniers, ou quelques champs de seigle; ce sont de vrais déserts, où le voyageur parcourt souvent plusieurs lieues sans trouver un hameau. Quelquefois cependant on trouve dans l'intérieur de ces montagnes de belles et riches vallées, des co-

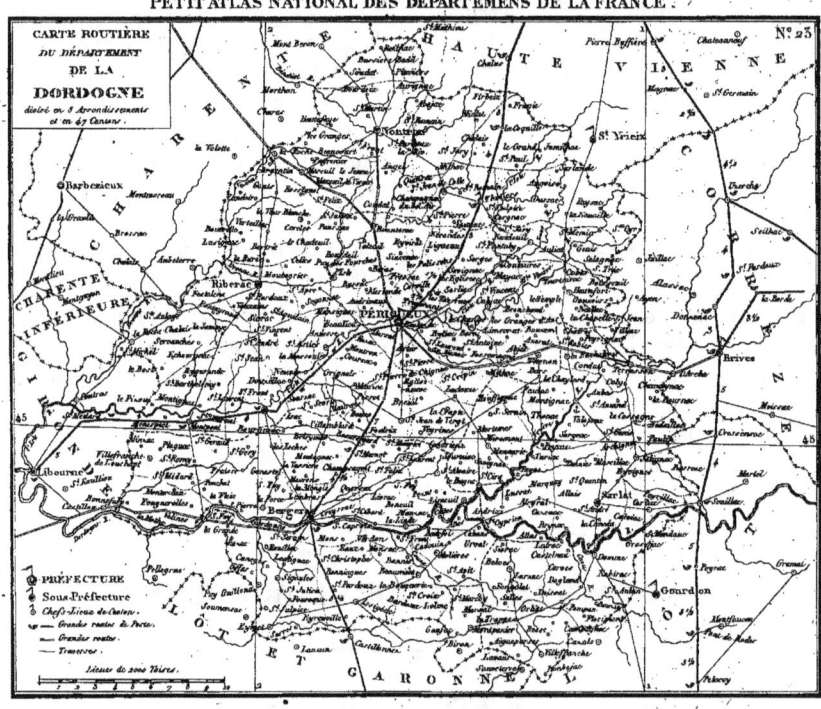

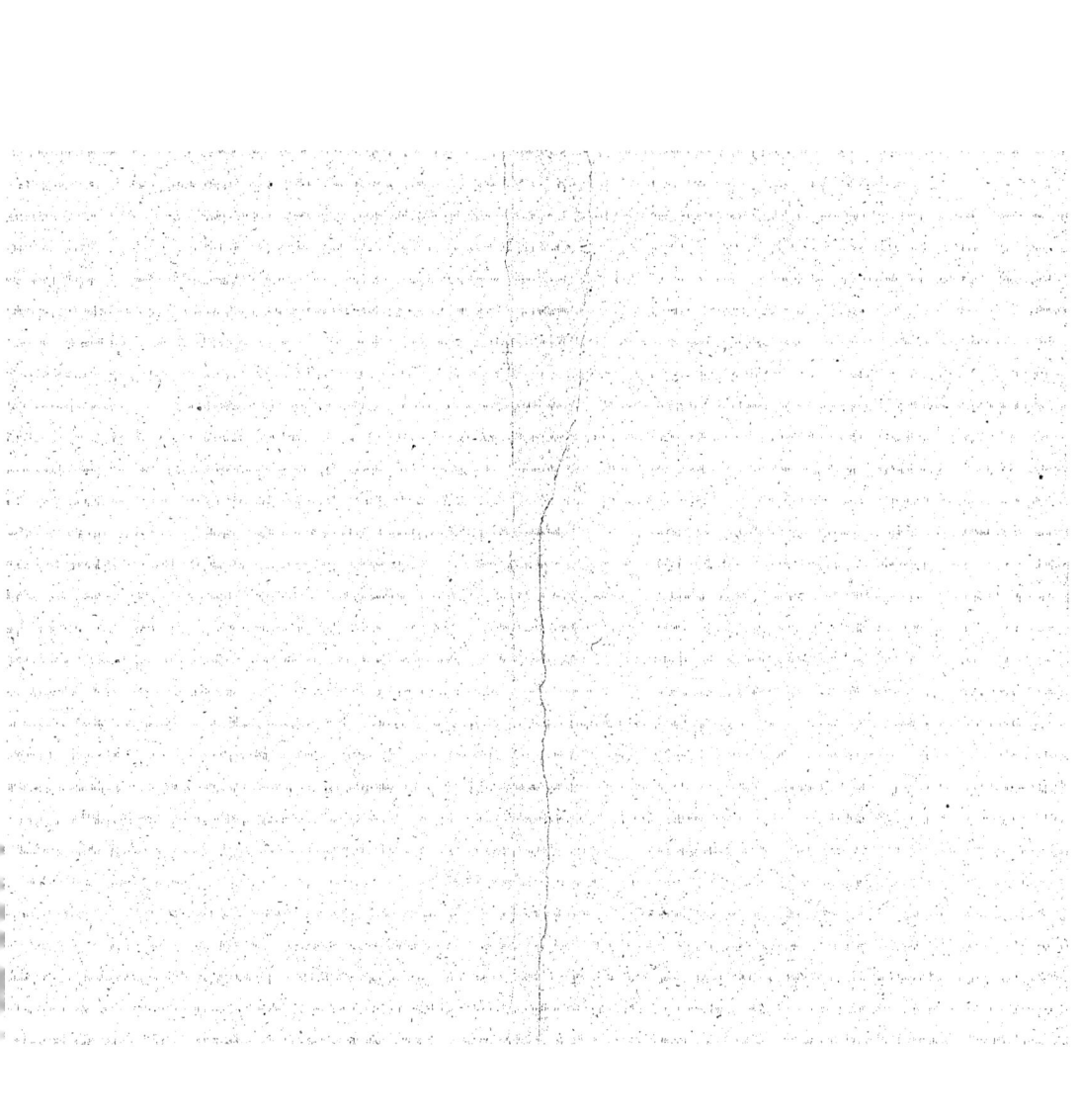

teaux couverts de beaux vignobles; les bords de l'Isle et de la Dordogne sont extrêmement riants, fertiles et bien cultivés.

L'arrondissement de Nontron est coupé dans tous les sens par une multitude de collines et de petites vallées, qui lui donnent une forme très-irrégulière. Plus de la moitié de sa surface est couverte de bois et de landes. Dans les cantons limitrophes de la Haute-Vienne on trouve plusieurs belles prairies et des étangs poissonneux, qui offrent le double avantage de fournir de l'eau pour l'irrigation des prés, et un mets précieux pour la table. — L'arrondissement de Périgueux est moins montueux que le précédent: aussi les ruisseaux et les prairies y sont fort rares; c'est un de ceux où l'on trouve le plus de landes et de bruyères, qui couvrent près des deux tiers de sa surface. A l'exception de cinq ou six cantons, tout le reste du territoire ne produit guère que peu de seigle, du bois et beaucoup de châtaignes, qui servent au nourrissage et à l'engrais des porcs. — L'arrondissement de Sarlat est le plus montueux du département; ses plus hautes collines, du côté de Daglan, Domme, Peyrillac, peuvent avoir environ 250 mètres d'élévation; elles sont en général d'une rapidité qu'on ne trouve que dans les plus hautes régions. Celle du Raisse, qu'on ne peut monter à pic, est coupée par la route de Sarlat à Souillac, qui y forme un pas effrayant et très-dangereux. A l'exception des terres qui bordent les deux rives de la Dordogne, le sol de cet arrondissement est généralement très-ingrat. — L'arrondissement de Bergerac n'est pas moins montueux que le précédent, et ses collines sont moins escarpées. Les plus élevées sont celles qui bordent ou qui avoisinent la Dordogne. A mesure qu'on s'éloigne de cette rivière, surtout en avançant dans l'arrondissement de Périgueux, le pays devient plus plat et plus couvert. Le sol offre trois variétés principales: les parties limitrophes de Périgueux sont pour la plupart très-sablonneuses et couvertes de landes et de châtaigneraies; celles qui avoisinent le département de Lot-et-Garonne sont grasses et productives en froment; celles de la plaine de Bergerac, et au-dessous, abondent en grains et en légumes, et il est de certains cantons où leur fertilité est peu commune. — L'arrondissement de Riberac est montueux comme tout le reste du département, mais moins que les arrondissements de Nontron et de Sarlat: un tiers du sol est sablonneux et stérile, un autre tiers est gras et productif, et l'autre généralement sec, pierreux et médiocre. Le froment forme la principale culture de cet arrondissement, qui est le plus riche en grains de tout le département; les bonnes terres ne le cèdent point à celles de Bergerac, et sont même plus propres au froment. Il n'y a qu'une petite quantité de vignes, et le vin en est peu estimé, parce qu'on est dans l'usage d'élever les pampres sur les arbres, méthode qui amène l'abondance, mais qui est nuisible à la qualité du vin. Du reste, rien n'est plus curieux et plus intéressant que le spectacle de ces vignes, qui se marient au noyer ou à l'ormeau, et couvrent leurs branches d'une riche produit; rien surtout de plus gai que de voir faire cette récolte et d'entendre les vendangeurs s'animer à l'ouvrage par des chants joyeux.

Il est peu de départements mieux arrosés que celui de la Dordogne, et il en est peu où les eaux soient mieux distribuées: cinq rivières principales le traversent, mais deux seulement sont navigables; 560 ruisseaux l'arrosent et le coupent dans tous les sens. On y trouve aussi un grand nombre d'étangs, généralement très-poissonneux; plusieurs entretiennent des forges et des usines; en quelques lieux ils ne sont pas moins utiles à l'économie rurale qu'à l'industrie, en favorisant l'irrigation des prairies. Les montagnes renferment de belles sources d'eau vive, dont les plus remarquables sont celles de Bouzic et de Salibourne: les eaux de cette dernière source bouillonnent et jaillissent à une hauteur prodigieuse, et rien n'égale la transparence de ses eaux.

La température du département est douce, agréable; mais elle varie en raison de la configuration du sol, suivant qu'il est plus plat ou plus montueux, plus boisé ou plus découvert. Le froid est plus vif et plus long sur les hauteurs que dans les vallons, et la chaleur est aussi plus ardente dans les cantons nus que sur les lieux couverts. L'hiver et le printemps sont ordinairement pluvieux ; l'été est fort sec, et l'automne très-beau. On a cru remarquer que depuis une trentaine d'années, la température avait éprouvé de grands changements : le maximum de la chaleur, qui dépassait rarement 26 degrés, s'élève maintenant de 27 à 32, et le maximum du froid, qui atteignait au plus bas 4 degrés au dessous de zéro, descend fréquemment de 10 à 14. Rarement il tombe de la neige, et presque jamais avec assez d'abondance pour couvrir la terre plusieurs jours de suite. Les vents dominants sont ceux du nord et de l'ouest; ce dernier est celui qui, dans un espace de temps donné, règne le plus constamment : il souffle souvent seul quinze ou vingt jours de suite. Le climat est plus humide que sec, et les pluies y sont fréquentes. Battu en hiver par les vents et les pluies, le département l'est en été par les orages, qui, fort souvent mêlés d'un déluge de grêle, portent la désolation dans les campagnes.

Le département de la Dordogne a pour chef-lieu Périgueux. Il est divisé en 5 arrondissements et en 47 cantons, renfermant 582 communes. — Superficie, 470 lieues carrées. — Population, 482,750 habitants.

Minéralogie. Mines de fer de qualité supérieure, qui alimentent dans le département 38 hauts fourneaux, 88 forges, et fournissent en outre une grande quantité de minerai aux départements environnants. Sulfate de plomb. Manganèse. Mines de houille et de lignite exploitées. Carrières de marbre, d'albâtre, de pierres de taille, de pierres lithographiques. Grande exploitation de pierres meulières. Magnésie. Cendres fossiles. Ardoise. Pierres à plâtre. Cortine. Argiles. Marne. Bois agatisés. Craie. Terre à foulon, etc.

Sources minérales de la Bachelerie, de Panassou, de Baudicalet, de Lisle.

Productions. Froment, seigle, sarrasin, beaucoup de maïs. Légumes secs. Quantité de châtaignes qui suppléent à l'insuffisance des céréales, et servent à la nourriture des troupeaux. Truffes regardées comme les meilleures de France. Champignons très-communs et d'excellente qualité. Plantes médicinales et aromatiques. Peu de prairies. Noyers cultivés en grand. — 69,481 hectares de forêts (arbres verts et feuillus). — 89,894 hectares de vignes, produisant annuellement environ 600,000 hectolitres de vin, dont environ moitié est consommée sur les lieux, et le reste livré à l'exportation ou converti en eau-de-vie et en sirop de raisin. Les crus les plus estimés en vins rouges, sont ceux de la Terrasse, Pécharmont, les Farcées, Campréal, Sainte-Foy des Vignes, sur la rive droite de la Dordogne, dans l'arrondissement de Bergerac; Montbasillac, Saint-Nessans et Saucé sur la rive gauche de la Dordogne, dans le même arrondissement, sont renommés pour la qualité des vins blancs qu'ils produisent. — Peu de chevaux et de moutons. Beaucoup de porcs, de bœufs, d'ânes et de mulets. Quantité de chèvres. — Élève en grand de la volaille. — Menu gibier. — Bon poisson de rivière et d'étang (truites, brochets, anguilles).

Industrie. Fabriques de cadis, serges, étamines, bonneterie, coutellerie commune. Eau-de-vie, liqueurs, huile de noix. Nombreuses et belles papeteries. Tanneries importantes. Hauts fourneaux, forges, aciéries.

Commerce de vins, eau-de-vie, huile de noix, bestiaux gras, jambons, pâtés aux truffes et dindes truffées, fers, cuirs, papiers, etc, etc.

VILLES, BOURGS, VILLAGES, CHATEAUX ET MONUMENTS REMARQUABLES; CURIOSITÉS NATURELLES ET SITES PITTORESQUES.

ARRONDISSEMENT DE PÉRIGUEUX.

ASTIER (SAINT-). Petite ville située à 5 l. de Périgueux. Pop. 2,546 hab. C'était autrefois une ville importante, entourée de murs et défendue par un fort château. Du Guesclin la prit sur les Anglais, en 1379.

BADEFOL D'ANSE. Village situé à 10 l. 1/4 de Périgueux. Pop. 1,157 hab. — Haut fourneau à l'anglaise.

BOURDEILLE. Petite ville située à 5 l. 1/4 de Périgueux. Pop. 1,638 hab.

Cette ville est bâtie dans une position fort remarquable, sur la Dronne, dont les eaux traversent les rochers qui lui servent de fondations. Sur le point le plus élevé de ces rochers, se trouve une belle promenade qui s'avance sur la rivière comme un promontoire, d'où l'on jouit d'une vue magnifique sur une belle prairie et sur les riants coteaux qui l'entourent.

Bourdeille était autrefois une forteresse importante, défendue par un château fort qui subsiste encore presque entier. Guy, vicomte de Limoges, la prit en 1263. Les Anglais s'en emparèrent aussi, et la conservèrent jusqu'en 1377, époque où ils en furent chassés par du Guesclin.

On voit près de Bourdeille une très-belle source, dont le bassin a environ 120 pieds de longueur sur 90 de large. Elle est très-abondante et produit beaucoup de brochets. — *Fabriques* de serges, étamines, cadis, bonneterie en coton.

BRANTOME. Ancienne et jolie petite ville, située dans une île formée par la Dronne, sur la route d'Angoulême à Marseille, à 5 l. 1/4 de Périgueux. ✉ Pop. 2,722 hab.

Brantôme était jadis une ville forte, entourée de murs et de fossés baignés par les eaux de la Dronne. Les ravages des Normands, les guerres des Anglais et les fureurs de la Ligue la détruisirent en partie, et l'on voit à peine quelques traces de ses fortifications.

Cette ville a dû longtemps sa prospérité à une ancienne et riche abbaye de bénédictins, dont les bâtiments élevés sur la colline voisine sont encore imposants et majestueux. Leur construction est assez moderne, à l'exception de la chapelle et du clocher, beaux restes d'architecture gothique ou saxonne. La tradition rapporte que Charlemagne vainqueur des Gascons, et revenant vers le centre de ses États, se reposa, sur les bords de la Dronne, près d'une grotte célèbre où les druides rendaient leurs oracles, et que pour effacer les dernières traces du culte druidique, il fonda l'ancienne église qui a donné naissance au monastère: quelques auteurs attribuent la fondation de l'abbaye de Brantôme à Louis le Débonnaire. Les grottes de Brantôme, vastes et curieuses excavations, où l'on trouve effectivement un autel antique, sont situées derrière l'église. L'abbaye de Brantôme a été possédée en commende par l'historien de ce nom, qui s'y retira après la bataille de Jarnac, où il avait assisté: ce fut dans cette retraite qu'il composa une partie de ses ouvrages.

Sur un plateau voisin de Brantôme, on voit un beau dolmen, dont la table supérieure a 14 pieds de long sur 5 de large et 3 1/2 d'épaisseur; elle est soutenue à 8 pieds de terre par 3 pierres de moindre dimension.

Fabriques de serges, cadis, étamines. Teintureries. — *Commerce* considérable de truffes, réputées les meilleures du Périgord.

CUBJAC. Bourg situé sur la haute Vézère, à 5 l. 1/2 de Périgueux. Pop. 1,085 hab. — Tuilerie.

EXCIDEUIL. Petite et ancienne ville, bien bâtie et fort agréablement située, sur la Loue, à 8 l. de Périgueux. ✉ Pop. 1,709 hab.

Cette ville était connue dès l'an 572. Elle était autrefois fortifiée et défendue par un château fort dont il reste encore deux belles tours carrées, qui étonnent autant par leur masse que par leur hauteur.

Excideuil fut érigé en marquisat en faveur de Talleyrand, prince de Chalais; elle renfermait, avant la révolution, un monastère où l'on voyait les tombeaux des ducs de Bretagne, vicomtes de Limoges et comtes de Périgord. — C'est la patrie de Geoffroy, savant chronologiste du XIIe siècle.

Aux environs, mines de fer, forges, fonderies, faïenceries, tanneries et autres usines.

GRIGNOLS. Bourg situé à 5 l. de Périgueux. Pop. 1,050 hab. C'était autrefois une ville forte qui a soutenu plusieurs sièges.

HAUTEFORT. Bourg situé à 9 l. de Périgueux. Pop. 1,500 hab. Il est dominé par un magnifique château, construit sur la crête d'une colline voisine, et possède un des plus beaux hospices du département, fondé, en 1669, par le marquis d'Hautefort.

LISLE. Petite ville bâtie dans une belle situation, sur la Dronne, à 5 l. de Périgueux. Pop. 1,150 hab. Elle était connue dès le XIIe siècle, et a soutenu plusieurs sièges, dont un remarquable en 1593.

On voit à une lieue de cette ville les ruines du château de Marolte, un des édifices les plus pittoresques du département.

MÉDARD DE DRONNE (SAINT-). Village situé à 8 l. 1/4 de Périgueux. Pop. 674 hab. — Forges et hauts fourneaux.

MÉMIN (SAINT-). Village situé à 12 l. de Périgueux. Pop. 1,007 hab. — Forges et haut fourneau.

MONTANCÉ. Autrefois château très-fort, situé sur un rocher escarpé. Cette place est célèbre par une bataille livrée sous ses murs en 1692, dans laquelle les troupes du roi furent taillées en pièces par les ligueurs.

PÉRIGUEUX. Ville ancienne. Chef-lieu du département. Tribunaux de première instance et de commerce. Évêché. Société d'agriculture. Collège communal. ✉ ⚓ Pop. 8,956 hab.

Périgueux est une ville de la plus haute antiquité, mentionnée dans les Commentaires de César sous le nom de *Vesonna*. Les Romains, après l'avoir conquise, en firent le centre d'un vaste territoire et se plurent à l'embellir. Cette cité était placée au centre de 5 voies romaines qui se dirigeaient vers Limoges, Caen, Agen, Bordeaux et Saintes: deux aqueducs, dont les inscriptions sont aujourd'hui effacées, conduisaient les eaux dans ses murs. Elle possédait deux édifices où l'on rendait la justice; une citadelle construite par la famille des Pompée défendait la cité, dont les environs étaient gardés par trois camps; enfin la tradition donnait à Vesonna un capitole. On voit encore près de cette ville les ruines d'un amphithéâtre antique, de forme ovale, dont les dimensions étaient plus vastes que celles de l'amphithéâtre de Nîmes : on pense que son grand diamètre avait 274 pieds de long, et son petit 215; la circonférence extérieure aurait été de 1,200 pieds, et le tour de l'arène de 800. Parmi ces ruines existent encore des voûtes qui soutenaient les sièges des spectateurs : on suppose que cette partie avait 60 pieds de largeur; enfin des tronçons de colonnes, de chapiteaux, de frises, d'architraves et de corniches, trouvés dans les environs, font supposer que cet amphithéâtre était composé de deux étages d'ordre corinthien. Différents fragments d'antiquités trouvés à Périgueux paraissent se rapporter à des monuments ou à des temples élevés à Jupiter, à Bacchus, à Neptune, à Vénus, etc. Mais le monument le plus remarquable est celui qu'on nomme la tour de Vesonne, vaste rotonde où l'on n'aperçoit aucun vestige de couverture, et que l'on croit avoir été environnée d'une colonnade. Cette tour a encore 60 pieds de hauteur, et paraît avoir eu une plus grande élévation; sa circonférence est de 195 pieds; ses murailles ont 5 pieds d'épaisseur, et 6 pieds avec l'enduit. Elles sont revêtues au dedans et au dehors de petites pierres carrées jointes ensemble avec un ciment très-dur; le côté où devait être la porte, offre aujourd'hui une vaste et large brèche, qui s'étend du haut en bas. Les savants ne sont pas d'accord sur la destination de cet édifice colossal : les uns n'ont voulu y voir qu'une tour ou une citadelle de l'antique Vésonne; d'autres prétendent y retrouver les ruines d'une vaste rotonde qui faisait partie d'un temple consacré à Vénus; d'autres enfin ne doutent point que ce ne soit un tombeau, semblable à celui de *Cœcilia Metella*, près de Rome, sur la voie Appienne. Si l'on compare maintenant la ville de Périgueux à ce qu'elle fut jadis, à l'antique Vésonne remplie des plus beaux monuments, et qui devait renfermer une immense population, on ne pourra s'empêcher de faire de tristes réflexions sur les étonnantes vicissitudes des peuples et sur les révolutions qu'ils ont éprouvées. L'ancienne et florissante cité romaine n'est plus aujourd'hui qu'une ville pauvre, peuplée de moins de neuf mille habitants.

PÉRIGUEUX.

Cette ville est située dans une belle vallée, et s'élève en amphithéâtre sur le penchant d'une colline que baignent les eaux de l'Isle. Elle se divise en deux parties, l'ancienne cité et le Puy-Saint-Front, qui ont longtemps formé deux villes distinctes, et qui jusqu'en 1240 eurent de graves et fréquents démêlés; à cette époque, leurs désastres communs leur firent conclure un traité d'union. La ville unie de Périgueux fut ceinte d'une même muraille, se gouvernait elle-même, ne relevait que du roi, et comptait parmi ses droits celui de battre monnaie. Dans les guerres contre les Anglais, le courage de ses habitants leur fit acquérir de nouveaux priviléges : ils furent exempts de la taille et des francs-fiefs. Périgueux a souvent été pris et repris dans les XIIe, XIIIe et XIVe siècles. Philippe-Auguste s'en était emparé; mais saint Louis, par un scrupule peu conforme à la politique, la rendit, ainsi que l'Aquitaine, aux Anglais, ses anciens possesseurs. Philippe le Bel la reprit sur Édouard II; mais en 1360, le traité de Brétigny la rendit aux Anglais; enfin Charles V la reconquit, et depuis elle n'a pas cessé de faire partie du domaine royal. En 1575, les calvinistes s'en emparèrent : elle fut comprise au nombre des huit places de sûreté qui leur furent cédées par la paix de 1576, et ils la gardèrent jusqu'en 1581. Le prince de Condé parvint à s'en rendre maître en 1651; mais la majorité des habitants ne partageant point ses opinions, secoua le joug en 1653. Sa position est saine et agréable : néanmoins la vieille cité est d'un aspect triste; ses rues sont étroites, mais ses maisons vastes et solidement construites : on y remarque quelques restes curieux d'architecture gothique. La ville nouvelle a reçu depuis peu de temps de nombreux embellissements; les vieux remparts ont été démolis et ont fait place à de beaux et vastes boulevards.

L'église cathédrale de Saint-Front est un des plus anciens édifices de la chrétienté. Sa restauration peut dater de la fin du Ve siècle ou du commencement du VIe; mais sa fondation est de beaucoup antérieure, et plus ancienne que Sainte-Sophie de Constantinople, qui n'a été élevée par Justinien qu'en 540. Le bas de cet édifice porte le caractère des constructions antiques, et son plan, qui est une croix grecque, annonce la patrie de son auteur. Les détails de cette basilique sont à la vérité lourds et grossiers; mais la conception totale est majestueuse, grande, hardie, et date sûrement des temps où l'architecture n'avait pas achevé de perdre ses bonnes proportions et ses ornements précieux, c'est-à-dire de la fin du IVe siècle. On trouve une preuve évidente de la haute antiquité de ce monument, aux ornements de la porte méridionale; les caveaux sont aussi bâtis dans le système de construction des Romains. Le clocher a environ 250 pieds de hauteur; il est remarquable par ses proportions, par sa forme, et par les colonnes qui l'encadrent. — L'église de l'ancien collége des Jésuites est remarquable seulement par un ouvrage de sculpture en bois très-précieux; c'est le plus vaste morceau en ce genre qui existe peut-être de la main d'un seul homme : il représente une cène et une annonciation de la Vierge, avec une foule d'accessoires et d'ornements d'un très-grand fini.

Périgueux possède plusieurs promenades agréables; le cours de Tourny, soutenu par de belles terrasses, est planté d'arbres magnifiques : il est situé dans la partie la plus élevée de la ville, et domine la vallée de l'Isle, sur laquelle on jouit de perspectives pittoresques. Un honorable habitant de Périgueux, grand amateur d'archéologie, Chambon, a fait rassembler et disposer avec art, dans un vaste jardin où il a voulu être inhumé, un grand nombre de fragments d'antiquités découverts dans la ville et aux environs. Il a fait don à la ville de ce jardin, qui est devenu ainsi une espèce de musée public et sacré.

On remarque encore à Périgueux un pont magnifique sur l'Isle; la bibliothèque publique, renfermant 16,000 volumes; l'hôtel de la préfecture, beau bâtiment de construction moderne; le palais de justice, l'hôpital; les casernes; une assez jolie salle de spectacle; le musée d'antiquités créé par M. de Taillefer, savant distingué, etc., etc.

Périgueux est la patrie de plusieurs hommes distingués, parmi lesquels nous citerons Anthédius et Paulin, poëtes du Ve et du VIIIe siècle; Beaupoil Saint-Aulaire, versificateur agréable; Lagrange Chancel, auteur des Philippiques; Aimar de Rançonnet, littérateur, jurisconsulte, mathématicien, qui ayant encouru la disgrâce du cardinal de Lorraine, fut enfermé à la Bastille, où il mourut de douleur, après avoir vu supplicier son fils, foudroyer sa femme, et expirer sa fille sur un fumier.

Fabriques d'étamines, cadis, bonneterie, liqueurs fines. — *Commerce* de pâtés et de truffes renommées, de fer, bois, épiceries, eau-de-vie, gibier, volailles et bestiaux.

A 24 l. de Limoges, 92 l. de Bordeaux, 121 l. 1/2 de Paris. — *Hôtels* de France, du Dragon volant, du Chêne vert.

PIERRE DE CHIGNAC (SAINT-). Bourg situé à 1 l. de Périgueux. Pop. 760 h.

RAPHAEL (SAINT-). Bourg situé à 8 l. 1/4 de Périgueux. Pop. 400 hab.

SAVIGNAC-LES-ÉGLISES. Bourg situé à 5 l. 1/2 de Périgueux. Pop. 993 hab.

THENON. Bourg situé à 10 l. de Périgueux. Pop. 1,499 hab.

VERGT. Bourg situé à 5 l. de Périgueux. Pop. 1,641 hab.

ARRONDISSEMENT DE BERGERAC.

ALVÈRE (SAINT-). Petite ville située à 7 l. 1/4 de Bergerac. Pop. 1,807 hab.

Cette ville, bâtie sur la Luire, dans un lieu agreste environné de bois, paraît avoir une origine fort ancienne; la structure et la construction de ses maisons annoncent son antiquité. Elle était jadis défendue par un château fort, entouré de fortes murailles, flanquées de tours et environnées de larges fossés, dont il ne reste plus que des ruines.

AUBIN DE LAUQUAIS (SAINT-). Bourg situé à 3 l. de Bergerac. Pop. 600 hab.

BAYAC. Village situé à 5 l. de Bergerac. Pop. 622 hab. — Nombreuses papeteries.

BEAUMONT. Jolie petite ville, située sur le sommet d'une colline au pied de laquelle coule la Creuze, à 7 l. 1/2 de Bergerac. Pop. 1,850 hab.

Cette ville doit son origine à l'abbaye de Cadouin et au chapitre de Saint-Avit, qui y firent bâtir, en 1272, l'église que l'on voit encore aujourd'hui, et à l'entour de laquelle se forma un petit bourg. Plus tard, Lucas de Tany, maréchal de Gascogne, fit jeter les fondements de la ville actuelle pour le roi d'Angleterre : on reconnaît en effet à sa forme une des villes bâties par les Anglais lorsqu'ils étaient maîtres de la Guyenne; elle présente un carré long entouré d'un mur flanqué de tours, dont le centre offre une place où aboutissent les principales rues à angles droits.

BERGERAC. Jolie ville. Chef-lieu de sous-préfecture. Tribunaux de première instance et de commerce. Collége communal. ✉ ☞ Pop. 8,557 hab.

Bergerac, que l'on croit être le *Trajectus* de l'Itinéraire d'Antonin, est une ville fort ancienne. Dans le moyen âge, c'était une châtellenie qui appartenait aux seigneurs de Pons, et qui, vers le commencement du XIVe siècle, fut réunie au Périgord et en suivit les vicissitudes; les comtes de Périgord l'échangèrent, en 1336, avec Monçay en Quercy, qui leur fut cédé par le roi Philippe V. Cette ville fut prise et fortifiée par les Anglais en 1345; mais Louis d'Anjou la leur reprit en 1371. Les Anglais s'en rendirent maîtres une seconde fois et en furent de nouveau chassés en 1450. Bergerac eut beaucoup à souffrir des guerres de religion, pendant lesquelles la ville fut souvent prise et reprise. Louis XIII s'en empara en 1621, et fit raser la citadelle et les fortifications. C'était alors une ville importante, où l'on ne comptait pas moins de 40,000 réformés, tant dans Bergerac même que dans un rayon de six lieues. La révocation de l'édit de Nantes lui causa un préjudice immense; elle ne s'est jamais relevée depuis cette époque.

Cette ville est située sur les bords de la Dordogne, au milieu d'une plaine vaste et fertile. Les coteaux qui terminent son bassin sont tous couverts de riches vignobles, et présentent à l'œil le tableau le plus riant et le plus magnifique. Il serait difficile de trouver une situation plus heureuse; mais la ville ne répond pas tout à fait à l'agrément de cette situation. Elle est en général très-mal bâtie, formée de ruelles étroites et tortueuses, au milieu desquelles on distingue cependant la rue et la place du Marché. Quelques maisons d'assez belle apparence se font aussi remarquer sur le pont, qui reçoit de ses communications journalières avec Bordeaux une grande activité.

Bergerac est une des villes où les étrangers trouvent le plus de prévenance et d'affabilité; elle est aussi celle où l'on trouve les femmes les plus belles du département. C'est la patrie d'Aimont, historien du XIe siècle; de Grano de Bergerac; des maréchaux de France Armand Gontaud, baron de Biron, et de Charles Gontaud, duc de Biron, décapité sous Henri IV; de Laforce Caumont, qui força Louis XIII à lever le siége de Montauban, et d'Armand Laforce, son fils, maréchal de France.

CHÂTEAU DE BIRON.

Gravé sur acier par Haywood.

Fénélon.

Montaigne.

On remarque à Bergerac un beau pont de cinq arches jeté sur la Dordogne; la salle de spectacle; la bibliothèque publique, où l'on voit un beau portrait de Gabrielle d'Estrées.

Fabriques de liqueurs fines, produits chimiques, serges, cadis, faïence. Aux environs, forges, fonderies, martinets. Tanneries. Distilleries d'eau-de-vie. — *Commerce* considérable de grains, truffes, vins blancs estimés, eau-de-vie, fer, cuivre, papiers, merrain, feuillard, etc.

A 11 l. de Périgueux, 22 l. de Bordeaux, 133 l. de Paris. — *Hôtels* des Princes, de la Boule d'or.

BIRON. Petite ville située à 12 l. 3/4 de Bergerac. Pop. 1,250 hab. C'était autrefois une place forte qui fut prise et reprise plusieurs fois. Les Anglais s'en emparèrent et la détruisirent en 1463, mais elle s'est toujours relevée de ses ruines.

Cette ville est dominée par un magnifique château, d'où l'on aperçoit distinctement la chaîne des Pyrénées. C'était une des quatre baronnies du Périgord; Henri IV l'érigea en duché-pairie en faveur du maréchal de Biron, qui eut la tête tranchée en 1602. Le tombeau de ce grand capitaine se voit encore au château de Biron.

CADOUIN. Bourg situé à 8 l. 1/2 de Bergerac. Pop. 600 hab.

CROIX DE MONTFERRAUD (Ste-). Village situé à 8 l. 1/2 de Bergerac. Pop. 513 hab. — Forges et hauts fourneaux.

EULALIE DE MONTRAVEL (Ste-). Village situé sur la rive droite de la Dordogne, à 5 l. de Bergerac. Pop. 220 hab.

On trouve à peu de distance de ce village les ruines de l'ancienne ville de Montravel, qui fut prise d'assaut par le maréchal d'Elbeuf sur le duc de Laforce, chef des réformés, et détruite de fond en comble en 1622, après que Bergerac eut été pris et démantelé par Louis XIII. Montravel, qui était dans son temps une place importante et très-forte, n'offre plus que les restes d'un château délabré, des fossés comblés et des murailles renversées, dont un hameau a pris la place.

Non loin de Montravel, au lieu appelé le Pas de Rauzans, près de la Dordogne, on voit la tombe du célèbre général anglais Talbot, tué à la bataille de Castillon, dans la plaine de Cole, sur le territoire de Montravel. Non loin de là sont encore les restes du camp où l'armée anglaise était retranchée.

EYMET. Petite ville située dans une plaine fertile, sur la rive gauche du Dropt, à 6 l. 1/4 de Bergerac. ✉ Pop. 1,766 hab. C'était autrefois une place importante dont il est souvent fait mention dans les guerres de la Ligue; les restes de ses fortifications, son château et son hôtel de ville annoncent qu'elle fut jadis considérable. — *Fabriques* de rouennerie, calicots, indiennes. — Teintureries.

FAUX. Bourg situé à 4 l. de Bergerac. Pop. 780 hab.

FLEIX (le). Bourg situé à 5 l. de Bergerac. Pop. 1,220 hab.

ISSIGNAC. Petite ville située à 4 l. 3/4 de Bergerac. Pop. 977 hab.

LAFORCE. Petite ville située dans une riche contrée, à 2 l. 1/4 de Bergerac. Pop. 957 hab. Elle était autrefois célèbre par son ancien château, l'un des plus beaux monuments d'architecture du XVIe siècle, détruit pendant les orages de notre première révolution.

LALINDE. Petite ville située à 5 l. de Bergerac. ✉ Pop. 1,882 hab.

On croit que cette ville répond à la station romaine *Diolindum*, dont il est fait mention dans la Table Théodosienne, et sa position géographique indique qu'elle était sur la voie romaine qui conduisait de Périgueux à Cahors. Il paraît hors de doute qu'elle a été jadis florissante; mais, comme la plupart des villes du département, elle a été victime des guerres qui ont désolé le Périgord.

LAUQUAIS. Ancien bourg situé sur la Dordogne, à 4 l. de Bergerac. Pop. 900 hab. On croit qu'il est le lieu de naissance de saint Front, premier évêque de Périgueux, qui vivait vers le milieu du IIIe siècle.

LIMEUIL. Petite ville située sur le penchant d'une colline, au confluent de la Dordogne et de la Vézère, à 9 l. 3/4 de Bergerac. Pop. 800 hab.

MICHEL (SAINT-). Village situé à 8 l. de Bergerac. On y voit le château où est né Michel Montaigne, l'immortel auteur des Essais. Il habitait ordinairement un pavillon qui est à l'angle droit de la basse-cour, et qui communique au corps de logis par une terrasse. Les chevrons du plancher de la chambre sont couverts de traits de la Bible, de sentences grecques et de vers d'Ovide. Au milieu de cet assemblage, qui peint le génie du philosophe qui l'a formé, on voit sur la muraille le portrait, peint à fresque, d'Éléonore, fille unique de Montaigne, et un tableau de Vénus surprise avec Mars et Vulcain : au-dessous est une inscription tirée des Proverbes de Salomon. On montre le lit où est mort Montaigne, quelques tablettes où étaient ses livres, et la table où il a écrit ses Essais.

MONTPAZIER. Jolie petite ville, située dans une contrée peu fertile, sur un plateau élevé, au pied duquel coule le Dropt; à 10 l. 1/4 de Bergerac. ✉ Pop. 1,061 hab.

Montpazier fut fondée en 1284, sous la direction du fameux captal de Buch, Jean de Grailly; c'est une ville bien bâtie, formée de rues larges et tirées au cordeau; mais elle est peu commerçante et se ressent de la pauvreté du pays au milieu duquel elle est située. — Forges.

MONTRAVEL. *Voy.* SAINTE-EULALIE DE MONTRAVEL.

SIGOULÈS. Bourg situé à 3 l. 1/4 de Bergerac. Pop. 834 hab.

VILLAMBLARD. Gros bourg, situé à 5 l. 3/4 de Bergerac. Pop. 1,309 hab. — Foires et marchés très-fréquentés.

VILLEFRANCHE DE LONGCHAPT. Petite et ancienne ville, située sur le sommet d'une colline escarpée, à 10 l. 1/2 de Bergerac. Pop. 1,120 hab.

L'origine de cette petite ville remonte à une époque très-reculée. On y a trouvé plusieurs fragments antiques. L'enceinte de Villefranche, dont la forme est un carré-long flanqué de tours, paraît avoir été élevée par les Anglais. Le château est de construction plus ancienne. La ville fut prise d'assaut par les calvinistes, en 1577. Sully assistait à cet assaut. Elle fut livrée au pillage : « J'y gagnai pour ma part, dit-il dans « ses *Mémoires*, une bourse de mille écus « d'or, qu'un vieillard, poursuivi par des « soldats, me donna pour lui sauver la vie. »

ARRONDISSEMENT DE NONTRON.

AUGIGNAC. Village situé à 2 l. de Nontron. Pop. 1,143 hab. — Forges.

BUSSIÈRE-BADIL. Bourg situé à 3 l. 3/4 de Nontron. Pop. 1,191 hab. — Tuilerie.

CHAMPAGNAC DE BELAIRE. Bourg situé à 4 l. de Nontron. Pop. 1,150 hab.

ESTÈPHE (SAINTE-). Village situé à 1 l. 3/4 de Nontron. Pop. 900 hab.

On voit près de ce village un rocher isolé connu sous le nom de Roc Branlant, qui a au moins 36 pieds de hauteur sur autant de largeur, et qui se tient en équilibre sur un second rocher qui lui sert de base. La moindre impulsion suffit pour ébranler cette masse énorme et lui donner un mouvement d'oscillation très-régulier.

FIERBEIX. Joli village situé à 6 l. 1/4 de Nontron. Pop. 932 hab. — Forges et haut fourneau.

JAVERLHIAC. Bourg situé sur le Baudiat, à 2 l. 1/2 de Nontron. Pop. 1,180 hab. — Forges et hauts fourneaux.

JEAN DE COLE (SAINT-). Bourg situé à 4 l. 3/4 de Nontron. Pop. 800 hab.

JUMILHAC LE GRAND. Bourg très-ancien situé non loin des sources de l'Isle, à 8 l. 1/4 de Nontron. Pop. 3,188 hab. On y remarque un beau château qui a soutenu plusieurs sièges; les Anglais s'en étant emparés au XIVe siècle, en furent chassés par le connétable du Guesclin.

LANOUAILLE. Bourg situé à 10 l. 1/2 de Nontron. Pop. 1,225 hab.

LAROCHEBEAUCOURT. Bourg situé à 7 l. 3/4 de Nontron. Pop. 320 hab.

MAREUIL. Petite ville située dans un vallon agréable, à 4 l. 3/4 de Nontron. Pop. 1,624 hab.

NONTRON. Ancienne ville. Chef-lieu de sous-préfecture. Tribunal de première instance. ✉ Pop. 3,246 hab.

Cette ville était connue dès le VIIIe siècle. Sous le règne de Charlemagne, Roger, comte de Limoges, donna en 785 la châtellenie de Nontron à l'abbaye de Charroux, et fonda à Nontron, vers 804, un monastère sous l'invocation du Saint-Sauveur. Le château, dont on voyait naguère les vastes ruines, sur lesquelles s'élève aujourd'hui une belle habitation moderne, fut érigé en baronnie et passa à la maison d'Albret. Henri IV, devenu roi de France, laissa cette seigneurie à sa sœur Catherine de Bourbon, dont les descendants la vendirent au seigneur de Bourdeix.

Nontron était autrefois fortifiée et a soutenu plusieurs sièges. Les Normands la ravagèrent plusieurs fois; les Anglais la possédèrent en 1426. L'armée de l'amiral Coligni, réunie aux reîtres huguenots du Limousin, prit et saccagea cette ville en 1570; les habitants se défendirent jusqu'à la dernière extrémité; et un grand nombre fut massacré par le vainqueur. Les états du Périgord s'y assemblèrent en 1576.

Nontron est une ville irrégulièrement bâtie sur deux collines; la plupart des rues sont mal percées, et bordées de maisons généralement mal bâties; mais les dehors en sont charmants. Le Bandiat, qui coule au bas des coteaux, forme dans ses contours des vallons riants et fertiles, et les hauteurs, couvertes partout de bois et de prés, sont on ne peut plus pittoresques. Cette ville possède un hôpital bien tenu et des fontaines abondantes. Les habitants sont justement renommés pour la bonté de leur caractère et leur amabilité, et les femmes le disputent en fraîcheur et en beauté avec celles de Bergerac.

Fabriques de grosse coutellerie. Exploitation de manganèse. Tanneries importantes. Aux environs, mines de fer, forges et hauts fourneaux. — *Commerce* de fer et de bestiaux.

A 10 l. 1/2 de Périgueux, 114 l. de Paris.

PARDOUX LA RIVIÈRE (SAINT-). Bourg situé à 2 l. de Nontron. Pop. 1,557 hab. — Forges.

PAUL LAROCHE (SAINT-). Village situé à 7 l. de Nontron. Pop. 1,761 hab. — Forges.

PIÉGU. Village célèbre par ses marchés, où l'on amène de toutes les parties des départements de la Dordogne, de la Charente, de la Haute-Vienne, etc., une immense quantité de bestiaux.

PIERRE DE COLÉ (SAINT-). Village situé à 5 l. 1/4 de Nontron. Pop. 900 hab.

On y remarque les ruines imposantes d'un ancien château fort, dont il existe encore d'immenses souterrains, ainsi qu'une chapelle d'une coupe élégante et très-légère.

SARRAZAC. Village situé à 8 l. de Nontron. Pop. 1,484 hab. — Forges.

SAUD. Village situé à 3 l. 3/4 de Nontron. Pop. 1,800 hab. On voit aux environs, dans une solitude fort pittoresque, les restes de l'ancienne abbaye de Peyrouse, dont l'église, d'une belle architecture gothique, et de forme presque ronde, passe pour avoir été bâtie dans le XIIe siècle. — Carrière de granit.

SAVIGNAC LE NONTRON. Village situé à 1 l. 1/4 de Nontron. Pop. 391 hab. — Forges.

THIVIERS. Petite ville située sur une colline escarpée, à 6 l. 1/4 de Nontron. ✉ ☞ Pop. 2,308 hab.

Thiviers était autrefois une ville forte, dont Guy III, comte de Limoges, s'empara en 1221. Elle soutint un siège en 1675, contre les protestants commandés par le vicomte de Turenne, et fut prise par escalade après une vigoureuse résistance, et livrée au pillage. Elle est généralement mal bâtie, mal percée, et d'un accès difficile à cause de l'escarpement de la principale rue où passe la grande route; mais autant la ville est laide par elle-même, autant elle est agréable par son site sur une colline qui domine à gauche un riche et joli paysage. — *Fabr.* de faïence. Forges. Tanneries. Papeteries. Tuileries. — *Commerce* de grains, vins, truffes, fromages renommés, fers, papiers, cuirs. Marchés considérables pour la vente des bestiaux.

VARAIGNES. Bourg situé à 3 l. 1/4 de Nontron. Pop. 1,000 hab. — Mines de fer.

VIEUX-MAREUIL. Bourg situé à 4 l. 1/4 de Nontron. Pop. 1,100 hab.

ARRONDISSEMENT DE RIBERAC.

AULAYE (SAINT-). Bourg situé à 4 l. 1/2 de Ribérac. Pop. 1,437 hab.

MENESPLET. Bourg situé à 10 l. de Ribérac. Pop. 650 hab.

MONTAGRIER. Village situé à 2 l. de Ribérac. Pop. 842 hab. — *Commerce* de grains.

MONTPONT. Petite ville située dans une belle et riche plaine, près de l'Isle, à 5 l. 3/4 de Ribérac. ✉ ☞ Pop. 1,325 hab. C'était jadis une ville forte que les Anglais assiégèrent sans succès, en 1370; les calvinistes la saccagèrent en 1616. Les restes de ses murs et de ses retranchements prouvent qu'elle était autrefois plus étendue.

On voit près de Montpont les ruines d'un ancien camp romain, où l'on a découvert un grand nombre de médailles du règne de l'empereur Probus. On remarque aussi près de cette ville la belle chartreuse de Vauclaire, célèbre autrefois par l'étendue de ses bâtiments et par la beauté de son église gothique.

MUSSIDAN. Jolie petite ville, située dans une vaste et fertile plaine, au confluent de l'Isle et de la petite rivière de Crempre, à 7 l. de Riberac. ✉ ☞ Pop. 1,700 hab.

Mussidan est une ville ancienne, connue dès l'an 980. Elle était autrefois fortifiée et a soutenu plusieurs sièges. Les protestants la prirent par un coup de main hardi en 1568. Le maréchal Timoléon de Cossé-Brissac voulut la reprendre, et en fit le siège en 1569 ; il y fut tué d'une arquebusade par Charbonnière, soldat périgourdin, « lequel, « dit Brantôme, se tenait assis devant une « canonnière, par où il ajustait les assié-« geants avec deux arquebuses qu'on lui « chargeait alternativement, en sorte qu'il « tirait incessamment. » Néanmoins la garnison capitula ; mais l'armée ne fut pas plutôt entrée dans la place, que malgré la capitulation elle passa les protestants au fil de l'épée. Montaigne a fait de ce triste événement le sujet du chapitre de ses *Essais*, intitulé : *l'Heure des parlements dangereuse*.

NEUVIC. Bourg situé à 5 l. de Riberac. ✉ Pop. 2,318 hab.

PARCOUL. Bourg situé à 8 l. de Riberac. Pop. 450 hab.

PRIVAT (SAINT-). Bourg situé à 8 l. de Riberac. Pop. 1,500 hab.

RIBERAC. Petite ville. Chef-lieu de sous-préfecture. Tribunal de première instance. ✉ Pop. 3,954 hab.

Riberac est une ancienne ville, défendue autrefois par un grand et fort château, ancienne propriété des vicomtes de Turenne. Elle a été prise et reprise plusieurs fois pendant les guerres de la Ligue, et elle a eu de vives querelles avec la bourgeoisie de Périgueux, ainsi qu'on le voit par un traité de paix passé en 1241, entre cette ville et celle de Riberac.

Cette ville, située dans un riche bassin, sur la Dronne, est irrégulièrement construite, et n'offre rien de remarquable ; mais ses dehors sont beaux, et sa plaine est une des plus fertiles du département. On y voit encore les restes de l'ancien château des vicomtes de Turenne.

Commerce de grains, toiles, porcs. Tanneries.

A 8 l. de Périgueux, 122 l. de Paris. — *Hôtel* de la Promenade.

ROCHE-CHALAIS (la). Petite ville située à 9 l. de Riberac. ✉ Pop. 2,063 hab. — *Fabriques* de fécule de pomme de terre. Tannerie.

SOURZAC. Bourg situé à 8 l. 3/4 de Riberac. Pop. 1,587 hab.

On voit près de Sourzac une grotte renfermant le bassin d'une belle source, dont l'eau s'échappe en abondance par l'ouverture de cette cavité souterraine, et se précipite avec fracas au bas de la colline, où elle forme un ruisseau qui traverse le bourg de Sourzac. La cascade qu'elle forme est fort belle et n'a pas moins de 30 à 40 pieds de hauteur. — Haut fourneau, fonderie ; fabriques de chaudières, plaques de cheminées, etc.

TOSCANE. Village situé à 5 l. de Riberac. Pop. 300 hab. On y remarque deux tours fort anciennes, de forme carrée et à demi ruinées, qui n'offrent aucune porte extérieure, et où il paraît qu'on pénétrait par des conduits souterrains, aujourd'hui comblés.

TOUR BLANCHE (la). Bourg situé à 6 l. de Riberac. Pop. 450 hab.

Ce bourg doit son nom à un château fort, dont il ne reste plus que des ruines d'un aspect fort pittoresque.

VERTEILLAC. Village situé à 3 l. 1/2 de Riberac. Pop. 1,040 hab. — Distillerie d'eau-de-vie.

ARRONDISSEMENT DE SARLAT.

BELVÈS. Petite ville située près de la Dordogne, à 6 l. de Sarlat. ✉ Pop. 2,363 hab.

Belvès était autrefois une ville forte, qui a été assiégée et prise plusieurs fois. Elle est agréablement située sur une colline qui domine plusieurs vallons, et s'étend sur toute la crête de ce coteau, où elle n'a pour ainsi dire qu'une rue. Sa place publique est vaste et belle ; mais les rues qui y aboutissent et qui traversent la rue principale sont escarpées et irrégulières.

Fabriques de papier. Tanneries. Fabriques en grand et commerce d'huile de noix.

CHÂTEAU DE MAROITE.

Manufactures de cadis, serges, bonneterie. Commerce important et entrepôt de vins et des denrées de la Vézère, que les bateaux de Belvès transportent à Bordeaux. Foires et marchés très-fréquentés.

BOUZIC. Village situé à 3 l. de Sarlat. Pop. 700 hab. On y voit, au pied d'une haute colline, une des plus belles sources du département.

BUGUE (le). Jolie petite ville, située un peu au-dessus du confluent de la Dordogne et de la Vézère, à 6 l. de Sarlat. ✉ Pop. 2,661 hab.

On remarque sur le territoire de la commune de Bugue, à deux lieues de cette ville et près du village de Privaset, la célèbre grotte de Miremont, regardée comme une des plus belles de France. Elle est située aux deux tiers de la hauteur d'une colline extrêmement aride.

Sa profondeur, depuis l'ouverture jusqu'à l'extrémité de la plus grande branche, est de 545 toises, et la totalité de ses ramifications est de 2170 toises. Si l'on compte tous les détours de la grotte et ceux que le voyageur fait ordinairement pour observer les objets attachés à la paroi, l'espace entier à parcourir est de plus de deux lieues. Il serait dangereux de s'aventurer dans ce souterrain immense sans le secours d'un guide, qui demeure sur les lieux.

L'entrée de la grotte est un peu étroite : il faut se coucher pendant quelques pas pour y pénétrer ; mais le souterrain s'abaisse à mesure qu'on avance, et l'on chemine bientôt sans obstacle. On parcourt d'abord la branche qui est à droite, et le premier objet curieux qui se présente est une stalactite appelée par le peuple le *tas de la vieille*. Cette pierre présente un cône d'à peu près 12 pieds de circonférence à la base, et quatre et demi de hauteur. Elle a été formée par l'eau imprégnée de spath calcaire très-pur, qui tombe de la voûte.

Plus loin, on trouve une belle pièce de forme elliptique, et appelée la *chambre des gâteaux*, longue de 30 pieds et haute de 9 ; elle est ornée, à hauteur d'appui, de branches de silex, formant tout autour un double rang de rameaux entrelacés qui, disposés avec autant d'élégance que de symétrie, font un effet admirable, et représentent assez bien diverses figures de pâtisserie. Le plafond très-uni a de petites coupoles remplies des mêmes figures. A quelque distance de cette pièce, on entre dans une autre plus petite et moins élevée, dont la voûte et les parois sont toutes couvertes d'un spath trièdre de la plus belle transparence. Ces pierres brillent comme le diamant, et lorsque la pièce est bien éclairée, elles jettent des reflets étincelants.

La chambre des coquillages, qui vient ensuite, est un assez vaste appartement tout parsemé de coquilles incrustées dans le roc. Cette pièce est suivie d'une autre chambre cristallisée, presque entièrement semblable à la première.

Après avoir visité toute la première partie de la grotte, on arrive au grand embranchement par un large chemin appelé la *grande route*, qui, dans quelques endroits, à 7 toises de largeur, et une voûte de 6 toises d'élévation, et même plus, si l'on mesure la hauteur des coupoles que l'on y remarque de distance en distance. Ces coupoles sont d'une beauté parfaite ; il est impossible d'en voir de plus régulières, et l'on peut les donner pour modèles aux plus habiles architectes. On remarque le long des murs ou des parois, des socles continus que l'on pourrait parcourir s'ils étaient moins glissants. La grotte est plus humide dans cette partie que dans aucune autre ; les flambeaux et la paille même ne brûlent qu'avec peine dans cet air condensé, et ne répandent point une clarté suffisante pour qu'on puisse bien observer les objets qui sont à une certaine hauteur. On remarque dans cette route une grosse pierre appelée la *tombe de Gargantua*, que l'on prendrait effectivement pour le tombeau de quelque géant.

Vers l'extrémité de la grande route, on entre dans une allée, appelée *allée de Labanche*, remarquable par une quantité de très-beaux choux-fleurs qui tapissent ses parois et pendent à la voûte. Ces stalactites, qui ressemblent parfaitement à la plante dont on leur a appliqué le nom, forment en cet endroit une suite agréable de bouquets ; mais il est difficile d'en arracher ; pour les obtenir en entier, il faut employer le ciseau et tailler le roc auquel ils tiennent fortement. On quitte la Labanche pour passer dans une pièce dont l'entrée est étroite et pénible : il faut descendre par un escalier assez rapide ; mais bientôt la voûte s'élève, et l'on découvre une vaste place, dont la structure est très-belle. Le plafond surtout est remarquable par les coupoles que l'on y trouve en plus grand nombre que dans aucune autre partie, et qui sont toutes remplies de branches de silex dont les diverses configurations font un effet agréable et très-singulier. Le sol, d'une terre argileuse et d'une humidité toujours égale, conserve les traces de tous les voyageurs qui viennent traverser cette place; c'est pourquoi on a donné à cet endroit le nom de *place du marché*. En sortant de cette pièce, on arrive enfin à l'ouverture de la grande branche; mais on s'arrête quelques instants pour considérer deux éboulements qui, ayant obstrué un passage, empêchent de visiter d'autres routes souterraines. La grande branche est aussi longue à parcourir que tout le reste de la grotte. On ne peut surtout s'empêcher de s'arrêter un moment sous une voûte qui mérite bien de fixer les regards : les hommes n'en construisirent jamais de plus élégante, ni de plus solide. Le milieu de cette voûte, qui est d'une médiocre élévation, descend et vient en cône renversé s'appuyer sur un autre cône qui s'élève du sol; tout autour on retrouve le même jeu de la nature; et ces cônes ainsi régulièrement disposés, laissent entr'eux des arceaux, et forment une galerie circulaire autour de la coupole, qui présente exactement la forme d'un parasol.

A la suite de cette pièce, on en voit plusieurs autres qui méritent aussi d'être visitées : il en est surtout une très-curieuse, mais dont l'entrée est si étroite, qu'il est facile de passer à côté sans l'apercevoir. Ce cabinet, que l'on croirait tapissé de diamants, offre les plus belles cristallisations; toutes ses parties sont unies et intactes; mais il est à craindre que lorsqu'il sera plus connu, le ciseau ne gâte bientôt ses parois. Au sortir de cette pièce, on pénètre dans quelques autres qui renferment aussi plusieurs objets curieux : dans une des chambres latérales, le sol est formé d'une terre argileuse et onctueuse, employée par les ouvriers en guise de sanguine. Après avoir examiné les parties principales de la grande branche, on finit par le ruisseau, qui n'est pas l'endroit le moins remarquable de la grotte; c'est un abîme en forme d'entonnoir, dans lequel on descend par des marches assez difficiles. Quelle est la surprise du voyageur, lorsque arrivé au fond il élève ses regards! Devant lui s'ouvre un passage entre des rochers prolongés à perte de vue; à ses pieds coule un ruisseau qui traverse l'entrée et disparaît. En pénétrant dans ce chemin tortueux, qui offre une suite remarquable d'angles saillants et rentrants, on observe avec étonnement que cette partie de la grotte, située à 30 pieds plus bas que le reste, ne renferme aucun des objets qui embellissent la partie supérieure. Il paraît qu'un grand effort de la nature a frayé depuis peu cette nouvelle route. En la suivant, on retrouve le ruisseau qu'on avait perdu à l'entrée : il serpente, comme le Styx, dans ces noirs souterrains.

A mesure qu'on avance dans le labyrinthe, les sentiers se multiplient et deviennent plus difficiles; les flambeaux n'y répandent qu'une lueur pâle, et la route, en descendant toujours, semble conduire au Tartare.

CARLUX. Village situé à 4 l. de Sarlat. Pop. 918 hab.

COLY. Village situé à 8 l. de Sarlat. Pop. 287 hab. — Carrières de pierres lithographiques.

CYPRIEN (SAINT-). Bourg situé au pied d'un coteau hérissé de rochers, à l'entrée de la magnifique plaine qui porte son nom; à 4 l. de Sarlat. Pop. 2,375 hab.

On trouve près de Saint-Cyprien une source d'eau minérale, célèbre par ses effets et très-fréquentée. Une analyse faite avec soin en l'an XI, mais qui aurait besoin d'être recommencée, a fait connaître que l'eau de cette source contient du carbonate de magnésie et du carbonate de chaux en abondance, avec excès d'acide. On fait peu d'usage des eaux de Panassou; mais on emploie beaucoup son limon, qui est composé d'alumine, de chaux et de magnésie. Quatre onces de cette boue desséchée ont donné :

Silice...... 2 gros 5 grains.
Alumine.... 3 » 29 »
Chaux..... 1 » 23 »
Magnésie... 1 » 11 »

On trouve peu de sources minérales qui aient une réputation mieux méritée que celle de Panassou : on n'en trouve point qui offrent une situation plus heureuse. Placée sous un beau ciel, au milieu d'une plaine aussi riante que fertile, sur les bords d'une rivière magnifique, et près d'une petite ville agréable (Saint-Cyprien), où les malades peuvent se procurer tous les objets nécessaires à la vie, la source de Panassou est véritablement on ne peut plus favorablement placée; malheureusement ses alentours sont dépourvus de logements commodes, et les malades qui font usage de ses eaux salutaires sont obligés de se disperser dans les villages voisins, où il ne se trouve que des habitations extrêmement incommodes.

DAGLAN. Bourg situé à 5 l. de Sarlat. Pop. 1,320 hab.

DOMME. Petite ville située sur la Dordogne, à 2 l. de Sarlat. Pop. 2,075 hab.

Domme doit son origine à Philippe le Hardi, qui en fit jeter les fondements en

CHÂTEAU DE LA TOUR BLANCHE.

1282, pour servir de retraite à ses gens de guerre. C'était jadis une place très-forte et beaucoup plus considérable qu'elle ne l'est aujourd'hui, comme il est facile de s'en convaincre par l'intervalle qui la sépare de ses anciennes murailles et de ses fortifications.

Cette ville est bâtie dans une situation extrêmement remarquable, sur une des collines les plus hautes et les plus escarpées du département. Son extrême élévation, la pente rapide de la montagne sur laquelle elle est construite, et la vue de la Dordogne, qui semble saper ses fondements, lui donnent un aspect des plus pittoresques.

FARGES (les). Village situé à 9 l. de Sarlat. Pop. 308 hab. — Exploitation de minerai de cuivre carbonaté, malachite. Usine à cuivre pour la fabrication de cuivre en barres, laiton, etc.

LACASSAGNE. Village situé à 7 l. de Sarlat. Pop. 600 hab.

A peu de distance de ce village, à l'extrémité d'une gorge reculée qu'entourent des collines extrêmement arides et escarpées, on voit une des plus belles sources du département, connue sous le nom de *Fontaine de Ladoux*. Son bassin est de forme presque ronde; sa plus grande largeur est de 42 mètres, son pourtour de 172 mètres; ses eaux ont la transparence du cristal et sont très-salubres; sa surface est nette et n'est couverte d'aucune plante aquatique : on voit seulement le long de ses bords de belles nappes de cresson dont le vert tendre contraste agréablement avec la couleur noire de l'abîme. Le bassin de cette source est entouré d'une chaussée, afin d'en élever les eaux pour rendre leur chute plus forte : ces eaux, en sortant du réservoir, font tourner un moulin à blé de quatre paires de meules, et un pressoir; sur les autres côtés du bassin sont quatre réservoirs, susceptibles de mettre encore en mouvement plusieurs établissements d'industrie.

LADOUX (fontaine de). *Voy.* LACASSAGNE.

LARDIN. *Voy.* SAINT-LAZARE.

LAROQUE-GAGEAC. Bourg situé à 2 l. de Sarlat. Pop. 650 hab.

LAZARE (SAINT-). Village situé à 10 l. de Sarlat. Pop. 500 hab. — *Fabriques* de chaux hydraulique, verrerie, et fabrique de tuiles plates en verre bleu (au Lardin).

LÉAN (SAINT-). Bourg situé à 7 l. de Sarlat. Pop. 900 hab.

MAUZENS-MIREMONT. Village situé à 2 l. de Sarlat. Pop. 1157 hab. — Forges et aciéries.

MEYRALS. Village situé à 4 l. de Sarlat. Pop. 844 hab. On voit à peu de distance le beau CHATEAU DE LA ROQUE, habitation de M. le comte de Beaumont; il est bâti dans la situation la plus pittoresque.

MIREMONT (grotte de). *V.* LE BUGUE.

MONTIGNAC. Jolie petite ville, bâtie dans une situation riante, sur la Vézère qui y est navigable pendant quelques mois de l'année; à 6 l. de Sarlat. ✉ Pop. 3,922 h.

Cette ville, d'origine ancienne, est dominée par les restes imposants d'un ancien château qui a joué un rôle important durant les guerres contre les Anglais et dans les guerres de religion. Archambault de Talleyrand s'y renferma pour résister à l'édit de confiscation rendu en 1396 contre son père; mais il y fut surpris par le maréchal de Boucicault, arrêté et conduit à Paris, où il fut condamné à mort : cette sentence ne fut point exécutée. Les états du Périgord se réunirent à Montignac en 1560, 1597 et 1601. En 1560, l'assemblée délibérant sur le projet de supprimer le présidial de Bergerac, un consul de Sarlat s'y opposa, en disant : « Le peuple est plus aisé et soulagé « si la justice est près de sa porte, et voire « serait besoin qu'il l'eût dans sa maison. »

NADAILLAC. Bourg situé à 6 l. de Sarlat. Pop. 800 hab.

NATHALÈNE (SAINTE-). Village situé à 1 l. 1/4 de Sarlat.

On remarque sur le territoire de cette commune la grotte de Roffi, située vers le sommet d'une colline toute couverte de bois, au pied d'un rocher, et sous un dôme d'arbres touffus qui la couvre d'une ombre épaisse. Cette grotte n'a pas plus de 150 pieds de profondeur, sur 30 à 40 pieds de large, et 12 à 15 de hauteur; les voûtes et les parois sont tapissées de stalactites brillantes, remarquables par l'élégance et la singularité de leurs figures, par leur belle transparence et leur éclatante blancheur.

PANASSOU. *Voy.* SAINT-CYPRIEN.

PLAZAC. Village situé à 9 l. de Sarlat. Pop. 1,624 hab. — Forges.

PRIVASET. *Voy.* LE BUGUE.

SALIGNAC. Bourg situé à 4 l. de Sarlat. Pop. 1,111 hab. — *Commerce* de truffes.

SARLAT. Ville ancienne. Chef lieu de sous-préfecture. Tribunaux de première inslance et de commerce. Collége communal. ✉ Pop. 6,056 hab.

Sarlat doit son origine à un monastère de bénédictins, qu'on croit avoir été fondé par Pepin le Bref, et auquel Bernard, comte de Périgord, donna la propriété et la seigneurie de ce lieu. Cette ville était le siége d'un évêché, créé par le pape Jean XXII. C'était autrefois une place forte, qui a soutenu plusieurs siéges, dont ses murs conservent des témoignages [1]. Les protestants l'attaquèrent en 1562 et en 1574. Le vicomte de Turenne tenta inutilement de la soumettre au roi de Navarre, après la bataille de Coutras, quoiqu'elle ne fût défendue que par ses propres habitants. Elle fut prise par l'armée des princes en 1652.

Cette ville est située dans un fond resserré de toute part par des collines arides. Elle est en général assez mal bâtie, et formée de rues excessivement étroites. On y trouve toutefois quelques édifices publics, parmi lesquels on remarque le collége et l'hôpital.

Sarlat a vu naître plusieurs hommes célèbres. Tels sont : Élie Clairels, Géraud de Solagnac, Aimeri, troubadours; Étienne de la Boëtie, auteur du célèbre traité de la Servitude volontaire; le romancier la Calprenède; l'illustre Fénelon (né au château de Lamothe-Fénelon); Jean Amelin, traducteur de Tite-Live et de Florus, etc., etc.

Fabriques et commerce d'huile de noix. A 12 l. de Périgueux, 128 l. de Paris.

SIORIAC. Bourg situé à 5 l. de Sarlat. Pop. 1,000 hab.

TAYAC. Village situé à 4 l. de Sarlat. Pop. 1,162 hab. — Forges.

TERRASSON. Petite ville située à 8 l. de Sarlat. ✉ ⚒ Pop. 2,935 hab.

Terrasson, autrefois *Terracina*, est une ville fort ancienne, dont il est fait mention dans les annales de France en l'année 542.

C'était autrefois une ville forte, qui fut prise et reprise plusieurs fois pendant les guerres étrangères, civiles et religieuses, qui ont désolé le pays.

Cette ville est située en amphithéâtre sur le penchant d'une colline escarpée au pied de laquelle coule la Vézère, que l'on y passe sur un pont magnifique de construction récente : elle renferme quelques constructions d'assez bon goût, et un beau quai sur la Vézère; mais les rues en sont étroites, mal percées et d'un difficile accès. — Commerce de truffes.

VILLAC. Village situé à 7 l. 1/2 de Sarlat. Pop. 1,170 hab.

VILLEFRANCHE DE BELVÈS. Petite ville située à 9 l. de Sarlat. Pop. 1,712 hab. Elle est bâtie sur le sommet d'une colline, et ne consiste qu'en une seule rue assez large et bien percée.

Villefranche était autrefois une place assez importante, que le maréchal de Montluc prit d'assaut en 1576. Sully rapporte dans ses Mémoires une aventure singulière arrivée dans le même temps. Les bourgeois de Villefranche ayant formé le complot de s'emparer par surprise de Montpazier, choisirent pour cette expédition la même nuit que ceux-ci avaient choisie pour s'emparer de Villefranche. Le hasard fit encore qu'ayant pris un chemin différent, les deux troupes ne se rencontrèrent pas : tout fut exécuté avec d'autant moins d'obstacle, que, de part et d'autre, les murs étaient restés sans défense. On pilla, on se gorgea de butin; tout le monde se crut heureux, jusqu'au moment où chaque parti étant rentré dans ses foyers, reconnut l'erreur.

---

[1]. On y voit encore incrustés un grand nombre de boulets près de la porte du séminaire.

FIN DU DÉPARTEMENT DE LA DORDOGNE.

IMPRIMERIE DE FIRMIN DIDOT FRÈRES ET Cⁱᵉ, RUE JACOB, n° 56.

Guide Pittoresque
DU
VOYAGEUR EN FRANCE.

ROUTE DE PARIS A BAGNÈRES DE BIGORRE,

TRAVERSANT LES DÉPARTEMENTS

DE SEINE-ET-OISE, DU LOIRET, DU CHER, DE L'INDRE, DE LA CREUSE, DE LA HAUTE-VIENNE, DE LA DORDOGNE, DE LOT-ET-GARONNE, DU GERS ET DES HAUTES-PYRÉNÉES.

DÉPARTEMENT DE LOT-ET-GARONNE.

Itinéraire de Paris à Bagnères de Bigorre,

PAR BOURGES, CHATEAUROUX, LIMOGES, PÉRIGUEUX, AGEN ET AUCH, 196 LIEUES.

	lieues.		lieues.
De Paris à Limoges. (Voy. Route de Paris à Toulouse)	101 1/2	La Croix-Blanche	3 1/2
Aixe	3	Agen	3
Chalus	5 1/2	Astaffort	5
La Coquille	3	Lectoure	4
Thiviers	4	Montastruc	4
Palissons	3	Auch	4
Périgueux	5 1/2	Vicnau	3 1/2
Saint-Mamets	7	Mirande	2 1/2
Bergerac	4 1/2	Miélan	3 1/2
Castillonnès	5 1/2	Rabastens	3 1/2
Cancon	3	Tarbes	4 1/2
Villeneuve-sur-Lot	4 1/2	Bagnères de Bigorre	5

ASPECT DU PAYS QUE PARCOURT LE VOYAGEUR
DE CASTILLONNÈS A ASTAFFORT.

Au delà de Castillonnès, la contrée est toujours montagneuse et le sol constamment varié d'aspects et de culture. Sur la gauche, on aperçoit près des limites de la Dordogne, le château gothique de Biron. On traverse le bourg de Cancon, et les villages de Castelnau de Gratte-Combes, de Mazerac et de Goubiroux, en parcourant sans cesse un pays agréable et fertile. On descend ensuite, au milieu des bois et des vignes, une côte longue, d'où l'on domine le cours sinueux du Lot, la belle vallée qu'il fertilise, et la jolie ville de Villeneuve d'Agen. En la quittant, on gravit une côte d'où l'on découvre de nouveau une grande étendue du cours du Lot. Le pays, toujours varié d'aspects, se dessine agréablement, et offre presque simultanément des bois, des vignes et des terres bien cultivées. La Croix-Blanche, où est établi le relais, est un hameau de construction récente. Au delà, la plaine s'élève par degré jusqu'au sommet d'une montagne, nommée la Truffe, point culminant des montagnes du département. On y découvre un horizon des plus vastes, qui se prolonge au sud jusqu'aux monts Pyrénées. On descend ensuite dans une vallée, d'où l'on s'élève par une pente assez douce, au point le plus haut de la côte du Grézel, qui domine la ville et la plaine d'Agen, et que tous les voyageurs qui n'arrivent pas par cette route, ne doivent pas manquer de visiter. La plaine d'Agen, sur laquelle plongent les regards à la descente de cette belle côte, est une des plus belles et des plus fertiles du monde ; sa fécondité surpasse du double celle de la fameuse Limagne d'Auvergne, et de près d'un tiers celles de la Brie, du pays de Caux, de l'Alsace, de la Beauce ; elle n'est égalée en France que par celle de la Flandre, et ne le cède en Europe qu'à celle de la Sicile et de l'Andalousie. Cette belle plaine est entrecoupée d'arbres fruitiers, particulièrement de pêchers et plus encore de pruniers, grand objet de culture dans l'Agenois, où les pruneaux sont une branche importante de commerce.

En sortant d'Agen, on longe la Garonne, en laissant à droite la route de Condom. Celle que l'on suit traverse une vallée bien cultivée ; à la maison Berdue, elle fait un long demi-cercle dont le trajet offre sans cesse des points de vue magnifiques sur une riche contrée que fertilisent les eaux du Gers et de la Garonne. On longe à droite la petite ville de Layrac, située sur le Gers, qu'on franchit sous ses murs, près de son confluent avec la Garonne. On le passe de nouveau en arrivant à Astaffort, petite ville où finissent les riches plaines de l'Agenais, et commencent les collines argileuses de la Gascogne. Une demi-lieue plus loin on voit la borne qui sépare le département de Lot-et-Garonne de celui du Gers.

DÉPARTEMENT DE LOT-ET-GARONNE.

APERÇU STATISTIQUE.

Le département de Lot-et-Garonne est formé de la presque totalité de l'ancien Agenois, d'une partie du diocèse de Condom, et de quelques portions de ceux de Bazas, de Lectoure et de Cahors. Il tire son nom de la Garonne et du Lot, qui le traversent, la première du sud-est au nord-ouest, la seconde du nord-est à l'ouest. Ses bornes sont : au nord, le département de la Dordogne ; à l'est, ceux du Lot et de Tarn-et-Garonne ; au sud, celui du Gers ; à l'ouest, ceux des Landes et de la Gironde.

Ce département n'offre aucune chaîne de montagnes dominantes ; mais on peut s'en représenter la surface comme une haute plaine sillonnée à différentes profondeurs par des vallées, dont la longueur, la largeur et la direction varient comme la masse et la rapidité des eaux qui les ont creusées pour s'ouvrir un passage. Les coteaux qui forment les parois de ces vallons, ont reçu de l'action des courants une inclinaison qui approche plus ou moins de la perpendiculaire à l'horizon. Les coteaux qui bordent les plaines sont couverts de vignes et d'arbres fruitiers ; ceux des rives du Dropt et de la Baïse sont moins élevés et plus fertiles ; ceux qui se dirigent vers le Lot, sont plus escarpés et souvent incultes.

Situé sous le plus beau ciel de la France, le département de Lot-et-Garonne produit tout ce qui est nécessaire à la vie ; mais pour avoir une idée juste de la nature de son sol, il faut bien se garder de le juger d'après les larges vallées que la Garonne et le Lot présentent aux voyageurs. Sans doute, sa surface est variée par de nombreux coteaux, mais

PETIT ATLAS NATIONAL DES DEPARTEMENS DE LA FRANCE

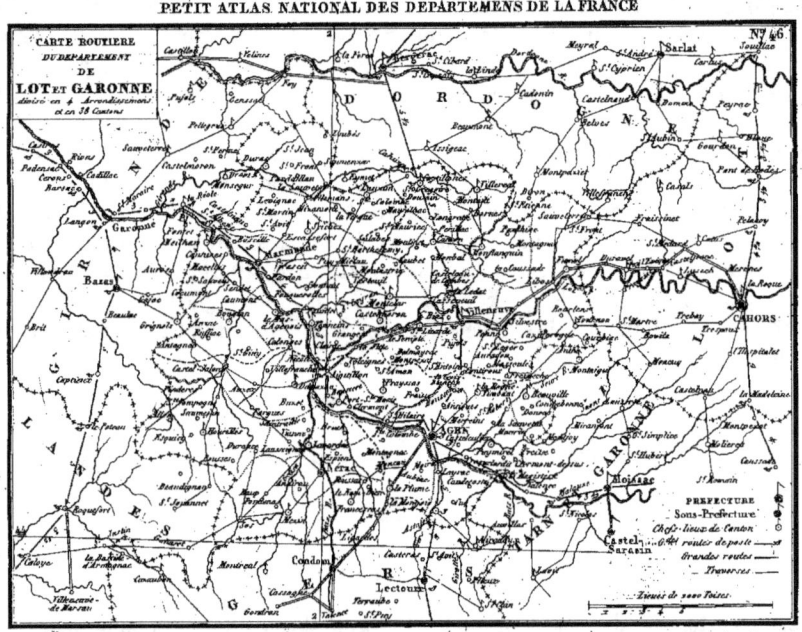

il s'en faut qu'ils soient tous riants et fertiles; leur sommet, presque partout dénué de bois, n'offre le plus souvent que des terres médiocres délavées par les pluies, la plupart stériles, et quelquefois incultes. Vers la partie orientale, à peu de distance des bords de la Garonne et du Lot, ces coteaux deviennent arides, et ne sont formés que de rocailles calcaires, où l'on voit échouer toutes les ressources de l'agriculture. Dans la partie du ci-devant haut Agenois, le pays change surtout et d'aspect et de nature; la terre n'est presque partout dans cette contrée qu'une argile rebelle, fortement colorée par le fer. Enfin, la portion des landes, assez étendue pour former le huitième du département, ne se compose, en général, que d'un sable mobile, où végète à force d'engrais un peu de seigle et de panis; où la vue s'égare sur d'ingrats pâturages, et ne se repose que sur la triste et sombre verdure des liéges ou des pins. Tel est le sol du département de Lot-et-Garonne, trop avantageusement jugé d'après la partie de son territoire que traversent ses rivières navigables et ses grandes routes. Près des deux tiers de sa surface sont loin de mériter la réputation de fertilité qui lui a été trop légèrement accordée.

Quoique le ciel du département de Lot-et-Garonne soit regardé comme un des plus beaux de la France, il est cependant sujet à de longues alternatives de pluies et de sérénité qui dérangent souvent le cours des saisons, et nuisent beaucoup aux récoltes. L'hiver commence à s'y faire sentir avant le premier novembre; le froid, qui s'adoucit assez ordinairement pendant une partie de ce mois, est suivi de fortes pluies en décembre, et de gelées rigoureuses en janvier; cette saison se prolonge au delà du mois de mars; souvent le printemps ne fait que se montrer, et l'hiver paraît renaître en avril et en mai, quand l'été arrive tout à coup, sans avoir été en quelque sorte précédé de la douce température du printemps. Ordinairement l'été commence avec le mois de juin, et se prolonge jusqu'à la mi-septembre; alors l'automne commence et dure jusqu'aux froids; ce trop court espace de temps est pour le département la plus belle saison de l'année. La chaleur de l'été varie ordinairement depuis $+18°$ R. jusqu'à $+28°$, et le froid depuis $-3°$ jusqu'à $7°$. Les vents les plus dominants sont: le vent *solaire*, ou celui qui parcourt les points de l'horizon avec le soleil; c'est celui qui en été donne les plus beaux jours, et en hiver le temps le plus inconstant. Le vent d'ouest amène les jours pluvieux et tempérés de l'hiver; le nord-ouest, les pluies froides ou la neige. Les vents du nord et du nord-est règnent avec les froids rigoureux, les jours sereins, les fortes gelées et les frimas.

Le département de Lot-et-Garonne a pour chef-lieu Agen. Il est divisé en 4 arrondissements et en 35 cantons, renfermant 354 communes. — Superficie, 243 lieues carrées. — Population, 346,885 habitants.

Minéralogie. Minerai de fer qui alimente 6 hauts fourneaux et 8 forges, dont trois à la catalane. Carrières de belles pierres de taille; spath calcaire cristallisé; gypse, marne. Tourbières.

Productions. Froment, seigle, orge, avoine, maïs, miel, panis, châtaignes. Tabac (environ 1,800 hectares sont annuellement employés à cette culture, qui produit 1,200,000 kilogr. de tabac en feuilles). Très-bon chanvre. — 71,000 hectares de vignes produisant annuellement 600,000 hectolitres de vins, dont moitié est consommée sur les lieux; partie du surplus est convertie en eau-de-vie; le reste est livré au commerce et s'expédie principalement pour Bordeaux. Il n'y a de crus distingués que ceux de Thésac, de Péricard, de Buzet, de Clairac, de l'Airocal et de Mauzac.—Prunes et figues excellentes.—28,987 hect. de forêts (arbres verts et feuillus). — Très-peu de chevaux. Belle race de bêtes à cornes. Moutons indigènes. Élève en grand de la volaille. Grand et menu gibier en abondance (sangliers, lièvres, perdrix rouges). Bon poisson d'eau douce.

Industrie. Manufactures de toiles à voiles et de toiles de ménage. *Fabriques* d'indiennes, mollctons, serges, amidon, poterie de terre. Filatures de laine et de coton. Distilleries d'eau-de-vie. Atelier de marbrerie. Hauts fourneaux, forges, fonderies, martinets à cuivre. Verrerie de verre blanc. Papeteries. Nombreux fours à chaux. Corderies. Tanneries. Teintureries. Manufacture royale des tabacs.

Commerce de farine d'excellente qualité, d'eaux-de-vie, tabac, pruneaux excellents, figues sèches et confites, oies grasses, chanvre, toile de chanvre, bouchons de liége, brai, goudron, etc., etc., etc.

VILLES, BOURGS, VILLAGES, CHATEAUX ET MONUMENTS REMARQUABLES; CURIOSITÉS NATURELLES ET SITES PITTORESQUES.

ARRONDISSEMENT D'AGEN.

AGEN. Grande, belle et très-ancienne ville. Chef-lieu du département et de deux cantons. Cour royale d'où ressortissent les départements de Lot-et-Garonne, du Lot et du Gers. Tribunaux de première instance et de commerce. Chambre consultative des manufactures. Société d'agriculture, sciences et arts. Collége communal. Evêché. Grand et petit séminaire. ✉ ☞ Pop. 12,631 hab.

L'origine de cette ville n'est pas plus connue que celle de toutes les autres anciennes cités des Gaules; on sait seulement qu'elle existait au temps des Romains sous le nom d'*Aginnum*, et qu'elle est ainsi désignée dans Ptolémée comme capitale des *Nitiobriges*, l'un des peuples de la seconde Aquitaine. L'itinéraire d'Antonin et la table de Peutinger font également mention d'Aginnum; sous les empereurs, elle devint ville prétorienne, et les Romains l'ornèrent d'édifices aujourd'hui détruits, mais dont on a retrouvé des débris à différentes époques.

Cette ville fut plusieurs fois prise et ruinée par les Visigoths, les Huns et les Vandales; les Normands et les Danois la ravagèrent dans le IX.ᵉ siècle; ensuite elle passa tour à tour sous la domination des rois de France, des ducs d'Aquitaine, des rois d'Angleterre et des comtes de Toulouse. Les Français la prirent en 1322 et la rendirent en 1330 aux Anglais, dont elle secoua le joug quelque temps après; ceux-ci, après l'avoir assiégée sans succès, la recouvrent par le traité de Bretigny en 1360; ayant de nouveau pris parti pour la France, elle fut assiégée et prise d'assaut en 1418, par les troupes du comte d'Armagnac, qui y commirent de grandes cruautés. Les protestants s'en emparèrent en 1562, et l'évacuèrent peu de temps après. En 1584, elle prit parti pour la Ligue. Le comte de la Roche, fils du maréchal de Matignon, la prit en 1591, aidé d'un habile pétardier qui fit sauter la porte sur les deux heures du matin. Marguerite de Valois, qui était alors retirée à Agen, fut obligée d'en sortir lors de ce siége, « avec tant de hâte (dit le Divorce « satirique) qu'à peine se put-il trouver un « cheval de croupe pour l'emporter, et des « chevaux de louage ou de poste pour la « moitié de ses filles, dont plusieurs la sui- « voient à la file, qui sans masque, qui sans « devantier, et telle sans tous les deux, « avec désarroi si pitoyable, qu'elles res- « sembloient mieux à des g...... de lans- « quenets à la route d'un camp, qu'à des « filles de bonne maison. » Elle se rendit à Henri IV en 1592.

La ville d'Agen est située au milieu d'un pays charmant, sur la rive droite de la Garonne, que l'on y passe sur un beau pont de onze arches. Elle occupe l'intervalle d'un quart de lieue qui sépare le coteau de l'Ermitage de la rive droite du fleuve, dont les eaux couvrent souvent le faubourg pendant les inondations. Cette ancienne capitale de l'Agenois est une ville vieille, mal percée et généralement mal bâtie. L'avenue de la route de Bordeaux y forme un faubourg qui est le plus beau quartier d'Agen. La promenade du Gravier, située entre la ville et la Garonne, est une des plus belles qui existent dans cette contrée de la France. Dans l'intérieur est une autre promenade plantée d'acacias; une troisième se trouve entre l'avenue de Toulouse et celle de Cahors.

On remarque à Agen les ruines de l'é-

SAINT-CAPRAIS
à Agen.

H. Brécy del. Ransonnette sc.

HORLOGE DE LA MAIRIE
à Agen.

glise Saint-Étienne, détruite en 1797, dont il ne reste plus que la façade et quelques piliers de la nef et du chœur; l'église des Capucins, renfermant une galerie centrale formée de colonnes qui la divisent en deux nefs, et un baptistère en rotonde supporté par six colonnes doriques; l'hôtel de la préfecture, bel édifice d'un plan vaste et régulier, orné d'un frontispice de deux ordres avec attique, et précédé d'une vaste cour où l'on arrive par une porte en arc de triomphe; l'ancien séminaire, beau et vaste bâtiment; la bibliothèque publique, renfermant 10,000 volumes; le dépôt de mendicité; le mont Pompéian ou de l'Ermitage, dont les falaises, coupées à pic, semblent menacer la ville : on doit y visiter le curieux monument creusé dans le roc, ouvrage des pieux solitaires qui l'ont successivement habité pendant près de trois siècles; l'église, plusieurs chapelles, un escalier d'une construction remarquable, y sont taillés en pleine roche. Du haut de ce rocher, on jouit d'une vue magnifique; on découvre, pour ainsi dire, sous ses pieds la ville entière, le cours superbe de la Garonne, de vastes prairies, les plus riants paysages, et dans le lointain la chaîne orientale des Pyrénées.

Agen est la patrie de Sulpice Sévère; de Jules Scaliger, savant érudit; de Bernard de Palissy, qui de simple potier de terre devint, dit Fontenelle, aussi grand physicien que la nature en puisse former; du célèbre naturaliste Lacépède; du lieutenant général Lacuée; de M. Bory de Saint-Vincent, etc., etc., etc.

Manufacture de toiles à voiles et de ménage. Fabriques de serges, molletons, toiles peintes, amidon. Distillerie d'eau-de-vie. Tanneries. — *Commerce* de grains, de farines dites de minot qu'on expédie pour les colonies, de vins, eau-de-vie, prunes d'Agen, draperies, coton filé, etc., etc. Entrepôt du commerce de Bordeaux et de Toulouse.

A 38 l. de Bordeaux, 28 l. de Toulouse, 188 l. de Paris. — *Hôtels* de France, du Petit Saint-Jean, de l'Étoile flamboyante.

AIGUILLON. Petite et ancienne ville, située au confluent de la Garonne et du Lot, à 7 l. d'Agen. Pop. 1,800 hab.

Aiguillon est une ville fort ancienne dont l'origine est inconnue; on se doute à peine qu'elle ait existé au temps des Romains; cependant on retrouve sous son château des débris de constructions évidemment romaines; ce sont des arches à plein cintre dont les pieds-droits sont encore revêtus de leur incrustation réticulaire. A une époque très-reculée, Aiguillon, protégée par sa situation, était une place forte presque imprenable. Elle tomba au pouvoir des Anglais. Jean, duc de Normandie, fils de Philippe de Valois, l'assiégea avec une armée de 60,000 hommes, en 1346; l'attaque fut très-vive, et on donna jusqu'à quatre assauts par jour avec des troupes fraîches, sans qu'aucune partie de l'enceinte fût entamée. Le prince, après avoir perdu devant cette place une partie de son armée, fut forcé de l'abandonner après cinq mois d'un siège très-meurtrier, pour aller secourir son père, qui venait de perdre la fatale bataille de Crecy; malgré les serments qu'il fit sous ses murs de ne pas décamper sans avoir emporté la place, malgré vingt assauts qu'il fit exécuter en sept jours, Jean s'en alla comme il était venu. En 1430, les Anglais prirent cette ville et la pillèrent; ne pouvant se rendre maîtres du château, ils l'abandonnèrent et emmenèrent tous les prisonniers qu'ils y avaient faits.

Aiguillon fut érigé en duché-pairie par Henri IV, en faveur du duc de Mayenne. A la mort de ce seigneur, cette ville rentra à la couronne et fut donnée au même titre par Louis XIII au perfide seigneur de Puylaurens. Cette pairie étant éteinte par sa mort, Richelieu, en 1638, la fit revivre en faveur d'une femme et *de tels héritiers qu'elle voudrait choisir*. Louis XIII y consentit, et Madeleine de Vignerod fut créée duc et pair, titres qui par elle parvinrent, en 1731, au trop fameux comte d'Agenois, duc d'Aiguillon.

Aiguillon s'élève en amphithéâtre sur le penchant et le sommet d'un mamelon au pied duquel coule le Lot, qu'on passe sur un beau pont de sept arches, haut de 40 pieds et terminé en 1825. — Le château occupe le sommet d'un mamelon et s'élève au bord de sa pente la plus rapide. Cette vaste et curieuse construction offre un assemblage de styles divers; sa base, comme nous l'avons dit, est romaine; une partie considérable du château du moyen âge, est d'architecture sarrasine et gothique, et offre, parmi les murailles gigantesques, les tours et les tourelles délabrées, de fort beaux débris de sculptures. Le château moderne, construit par les derniers ducs, et que la révolution empêcha de terminer, est de style italien, de plan régulier, et se compose d'un grand corps de trois étages, et de deux ailes embrassant une cour qui occupe le centre du mamelon; de l'autre côté s'étendait un parc spacieux où l'on descendait par un double escalier. L'antique chapelle du château, bien conservée, est devenue l'église paroissiale; à côté était un couvent qui loge l'école d'enseignement mutuel. Le château se déploie devant une place carrée où l'on voit un joli bâtiment dont le rez-de-chaussée est la halle et le premier la mairie.

La ville est encore ceinte de ses fossés et des débris des anciennes fortifications. Ses maisons, éparses et entourées de leur clos, offrent moins l'apparence d'une petite ville que d'un charmant village : on n'y voit qu'une seule et véritable rue, celle qui sert de passage à la route; mais on y trouve deux agréables promenades, l'une à l'entrée et l'autre au milieu de la ville.

A peu de distance d'Aiguillon, on voit à gauche de la route qui conduit à Port-Sainte-Marie, un reste de tour romaine construite en petites pierres carrées, et désignée sous le nom de Tour de Saint-Côme. C'est un beau reste d'antiquité que nous signalons particulièrement à l'attention des archéologues.

BEAUVILLE. Bourg situé à 7 l. 1/2 d'Agen. Pop. 1,703 hab.

CASTELCULIER. Village situé dans un joli vallon, à 3 l. d'Agen. Pop. 820 hab.

Le village de Castelculier doit son origine au château fort de ce nom, qui avait déjà quelque importance en 1049, et qui a souvent figuré dans les guerres civiles et de religion. Dans le XVIIe siècle, ce fort étant devenu un repaire de voleurs qui désolaient les environs, Louis XIII, sur les plaintes des habitants de la contrée, en ordonna la démolition. L'espace qu'occupait cette forteresse au sommet d'une colline n'offre plus que trois ou quatre maisons, une citerne comblée et des ruines.

CAUDECOSTE. Bourg situé à 5 l. d'Agen. Pop. 1,350 hab.

CLERMONT-DESSOUS. Petite ville située à 4 l. d'Agen. Pop. 1,500 hab. C'était autrefois une place forte qu'Amaury de Montfort assiégea sans succès en 1221, et que les routiers prirent en 1457.

CUQ. Bourg situé à 5 l. 1/4 d'Agen. Pop. 700 hab.

FOI-SUR-LOT (SAINTE-). Village situé à 7 l. d'Agen, commune de Saint-Clair. C'était autrefois une place forte dont s'empara le duc d'Anjou en 1378. Elle fut prise par capitulation après une vigoureuse résistance, en 1622, par les troupes de Louis XIII.

GRANGES. Bourg situé à 6 l. d'Agen. Pop. 600 hab.

LAPLUME. Petite ville située à 3 l. 3/4 d'Agen. Pop. 1,824 hab.

LAYRAC. Petite ville située sur le Gers, près de son confluent avec la Garonne, à 3 l. d'Agen. Pop. 2,925 hab.

Layrac était anciennement une ville forte, qui fut démantelée par ordre du maréchal de Roquelaure, en 1622. On y remarque les beaux bâtiments et l'église plus belle encore d'un ancien couvent de bénédictins, fondé, en 1071, par Hunaud, vicomte de Brullois.

MAURIN (SAINT-). Bourg situé à 5 l. d'Agen. Pop. 1,594.

MONTPEZAT. Bourg situé à 7 l. d'Agen. Pop. 1,300 hab.

Montpezat doit son origine à un château fort, que Simon de Montfort détruisit en 1214, et dont les fortifications furent relevées quelque temps après. Les Anglais s'emparèrent de ce château en 1345.

PORT-SAINTE-MARIE. Petite ville fort ancienne, située dans une belle et fertile contrée, sur la rive droite de la Garonne, où elle a un petit port commode, à 5 l. d'Agen. ✉ ⚘ Pop. 3,079 hab.

Port-Sainte-Marie était une ville très-anciennement fortifiée, qui formait un point stratégique important, dont les murailles furent détruites en 1228. Fortifiée de nouveau à une époque qu'il est difficile de préciser, elle tomba au pouvoir des Anglais en 1345; les seigneurs de Crumont et de Tonneins la prirent en 1349; mais elle fut reprise bientôt après par le comte d'Astarac. Les protestants s'en rendirent maîtres après la prise d'Agen, en 1562, et la gardèrent jusqu'en 1569, où elle se rendit aux catholiques.

Cette ville est bâtie au pied d'une haute colline, qui ne laisse entre elle et la Garonne qu'un espace étroit, où se trouvent quelques rues, et que traverse la grande route, qui y passe sous une arcade que couronne une haute et vieille tour.

PRAYSSAS. Bourg situé à 5 l. 1/2 d'Agen. Pop. 1,550 hab. C'était autrefois une place assez forte, qui se rendit à Pons de Castillan, en 1418.

PUYMIROL. Petite et ancienne ville, située sur la Saône, à 5 l. 1/2 d'Agen. Pop. 1,594 hab.

Puymirol doit son origine à un château fort, désigné sous le nom de grand Castel, construit en 1246 par Raymond, comte de Toulouse, sur un coteau où l'on voit encore des ruines qui portent le nom de Citadelle. C'était une place forte d'une grande importance, qui avait pour devise : *Fiat pax in virtute tua, et abundantia in turribus tuis.* En 1295, lorsque les Anglais étaient maîtres de l'Aquitaine, cette place ouvrit ses portes aux Français, et fut désignée avec celle de Montflanquin pour être remise au roi de France, afin de lui garantir qu'Édouard lui ferait hommage comme duc de Guyenne. En 1371, ses habitants obtinrent des priviléges par lesquels ils jouiraient à l'avenir des fiefs et autres droits nobles qu'ils possédaient depuis trente ans, comme de ceux qu'ils pourraient acquérir pendant l'espace de dix ans dans le duché d'Aquitaine. Pendant les guerres de religion, les catholiques s'emparèrent de cette place que sa garnison avait abandonnée. En 1579, elle fut accordée au roi de Navarre, comme place de sûreté, en vertu des conférences de Nérac.

ROQUE-TIMBAUT (la). Bourg situé à 6 l. d'Agen. Pop. 1,311 hab.

ARRONDISSEMENT DE MARMANDE.

ALLEMANS. Bourg situé sur la rive gauche du Dropt, à 5 l. de Marmande. Pop. 720 hab.

BARTHÉLEMY (SAINT-). Bourg situé à 4 l. de Marmande. Pop. 2,500 hab.

BAZEILLE (SAINTE-). Bourg situé à 2 l. 1/2 de Marmande. Pop. 2,700 hab. C'était autrefois une place forte, dont l'évêque de Beauvais s'empara en 1342.

BOUGLON. Village situé à 4 l. de Marmande. Pop. 767 hab.

CASTELMORON. Bourg situé sur le Lot, à 7 l. 1/2 de Marmande. Pop. 2,300 hab.

Ce bourg était jadis fortifié. Les Anglais le prirent en 1315; Raymond de Montpezat s'en empara en 1435, et en fit démolir les fortifications.

CAUMONT. Petite ville située à 1 l. 1/2 de Marmande. Pop. 2,500 hab.

Cette ville est bâtie sur une éminence qui domine la rivière de la Garonne. C'était autrefois une place importante par ses fortifications. Les réformés s'en emparèrent en 1621, et sa perte dérangea les projets de Mayenne, occupé au siège de Nérac. Cependant, comme d'Estournelle, gouverneur de Caumont, tenait encore dans le château, où il se défendait avec courage, il fut résolu en conseil de guerre de le secourir. On laissa donc Vignoles devant Nérac, avec les gens de pied, pour continuer le siége; et Mayenne, à la tête de sa cavalerie, ayant été joint en chemin par deux régiments d'infanterie, se présenta devant Caumont. Il était temps d'arriver au secours du château. Vivement pressé, les vivres commençaient à manquer; il était réduit aux seules provisions que Dondas-Montviel, seigneur agenois, y avait introduites, ce général ayant trouvé le moyen de pénétrer dans la place, malgré les barricades élevées par les assiégeants sur la pente de la colline.

Après avoir reconnu les fortifications, Mayenne jugea qu'il fallait d'abord entrer dans le château, dont l'occupation pouvait décider enfin du sort de la ville. Pour réussir, il fallait enlever trois retranchements, établis sur la déclivité assez rapide du coteau, ce qui ne pouvait s'exécuter qu'avec beaucoup de résolution et de courage. Ni l'un ni l'autre ne manquaient dans l'armée. Mayenne ordonna d'abord à deux régiments d'attaquer, chacun de son côté, les retranchements ; il fit mettre ensuite d'autres troupes dans des bateaux, dont les bords étaient bastingués. Ces troupes ainsi postées au milieu de la rivière, devaient soutenir de leur feu les assaillants, en tirant sur les ennemis qui, sur le penchant du coteau, se découvraient à la vue de ces troupes, et qui ne pouvaient échapper à leurs coups. Après ces dispositions, le combat commença; il fut opiniâtre et meurtrier; les révoltés ne purent tenir contre la mousqueterie des bateaux; forcés d'abandonner les barricades, Mayenne entra dans le château. Ce premier succès obtenu, il se préparait à l'attaque de la ville, quand un événement imprévu l'en rendit maître. Les réformés avaient mis leurs chevaux dans l'église, qui leur servait aussi de grenier et de magasin à poudre. N'espérant point conserver la ville après la perte du château, ils voulurent du moins, en se retirant, priver leurs ennemis des munitions de guerre et de bouche qu'ils étaient forcés d'abandonner. A cet effet, une traînée de poudre avait été disposée jusqu'à une mèche qui devait s'allumer et finir en faisant sauter l'église. Le temps avait été mal calculé; la mèche fut consumée avant que tous les chevaux, et même tous les hommes, fussent sortis; en sorte que la poudre ayant pris feu, l'édifice sauta avec une explosion épouvantable, et tout ce qu'il contenait fut enseveli sous ses ruines.

La prise de Caumont jeta la consternation dans le cœur des rebelles de la province. Plusieurs places rentrèrent dans le devoir, d'autres n'osèrent se déclarer. Pour augmenter la terreur que cet événement produisait, Mayenne ordonna, peu de temps après, la démolition de la ville et du château, en dédommageant toutefois la comtesse de Saint-Paul, à laquelle appartenait le château.

CLAIRAC. Jolie ville, située à 5 l. 1/2 de Marmande. ✉ Pop. 4,949 hab.

Cette ville doit son origine à un monastère fondé, dit-on, en 767, par Centulle-Maurelle, seigneur qui s'était rendu précédemment à Arles auprès de Pepin, pour lui demander l'autorisation de fonder et d'élever cette abbaye. Les historiens ecclésiastiques rapportent qu'un parlement y fut tenu en 1138; mais il est reconnu que la prétendue tenue de ce parlement est un conte inventé à plaisir. Quoi qu'il en soit, il paraît que Clairac était déjà une place importante vers la fin du XIIe siècle. Le seigneur de Montpezat la prit par escalade en 1441, et dut, dit-on, la réussite de cet heureux coup de main, au bruit qu'une servante, gagnée à son parti, faisait en blutant ou tamisant de la farine, et chantant de toute sa force. En 1527, Gérard Rousselle, abbé de Clairac, embrassa la religion protestante, et attira à sa nouvelle croyance une partie des habitants de la ville. Les capitaines catholiques Lavalette, de Losse et Montferrand, investirent cette place le 30 mai 1574, et se retirèrent le 20 juin suivant, après avoir donné deux assauts dans lesquels ils furent vaillamment repoussés par les protestants. Louis XIII en fit le siège en personne en 1621 : un fort d'un accès difficile la défendait au midi du côté du Lot; des collines fortifiées et d'autres ouvrages extérieurs la couvraient au nord et au levant; d'autres s'étendaient au couchant. La garnison était forte de 2,000 hommes, et les habitants étaient presque tous exercés au métier des armes, et familiarisés avec les dangers depuis que se perpétuaient les troubles civils. Après douze jours de tranchée ouverte, la ville se rendit à discrétion. Louis XIII imposa aux habitants une contribution de 150,000 livres pour le rachat de leurs biens, ordonna que les soldats de la garnison sortiraient de la ville avec un bâton blanc à la main; que les anciennes murailles, tours et portes resteraient dans leur état actuel, mais que les nouvelles fortifications seraient démolies : quatre des principaux chefs furent pendus. L'année suivante, les habitants de Clairac firent main basse sur la garnison catholique, et se rendirent de nouveau maîtres de la place.

Clairac est une ville propre, bien bâtie, qui occupe une position fort agréable, sur la rive droite du Lot. — *Fabriques* de farines dites de minot. — *Commerce* de vins blancs estimés, prunes d'Agen, farines, etc.

DURAS. Petite ville située près de la rive droite du Dropt, dans une contrée fertile en vins, en fruits, et abondante en pâturages, à 6 l. de Marmande. Pop. 1,612 hab. Elle était jadis fortifiée, et fut prise d'assaut par les Anglais en 1424.

GONTAUD. Village situé à 2 l. 1/2 de Marmande. Pop. 1,200 hab. C'était anciennement une ville forte que Biron prit d'assaut et réduisit en cendres après avoir fait passer les habitants au fil de l'épée. Le souvenir de cet affreux événement se conservait encore il y a quelques années, dans une ancienne complainte, où se trouvaient les trois vers suivants, dont le dernier était lamentablement répété à la fin de chaque couplet :

Las damos qué soun sul rampart,
Cridon moun Dieu! bierjé Mario!
Adiou, Gontaou! billo joulio!

LAUZUN. Petite ville située à 8 l. de Marmande. Pop. 1,390 hab.

Cette ville est bâtie sur une éminence, fermée de murailles, et possède les restes d'un ancien château fort appartenant à la famille de Biron. Nompar de Caumont, seigneur de Lauzun dans le XIVe siècle, se distingua par sa fidélité à la France, et par son refus de se soumettre au roi d'Angleterre. La ville était alors une baronnie; elle fut érigée en comté en 1570, et en duché en 1692.

On remarquait à Lauzun, auprès de la chapelle du château, un autel votif en marbre, qui, d'abord élevé dans le temple des dieux tutélaires de Bordeaux, et ensuite transporté à Tonneins, avait disparu de cette ville et fut retrouvé dans le XVIIIe siècle à Lauzun. Ce marbre est précieux pour l'histoire du Midi; il porte une inscription que l'on a ainsi expliquée : *Tutelæ Augustæ, lascivosos Cantilius ex voto locus datus ex decreto Decurinorum,* et qui établit que la ville de Bordeaux a joui sous les empereurs des priviléges accordés aux colonies romaines, et qu'elle avait en conséquence des magistrats particuliers.

MARMANDE. Ancienne et jolie ville, chef-lieu de sous-préfecture. Tribunaux de première instance et de commerce. Collége communal. Société d'agriculture. ✉ ☞ Pop. 7,345 hab.

La fondation de Marmande est difficile à constater, faute de documents bien précis. Plusieurs motifs porteraient à croire que son existence date d'une époque fort reculée. Les Goths, qui ravagèrent l'Italie en 270, l'occupèrent, ainsi que les troupes de Tétricus. Les Sarrasins la détruisirent dans le VIIIe siècle. Richard Cœur de Lion la fit reconstruire et la fortifia. En 1185, Robert de Mauvezin s'en empara par capitulation. En 1212, les Anglais, alliés du comte de Toulouse, qui s'en étaient rendus maîtres, y furent assiégés en 1214 par Simon de Montfort, qui s'empara de la ville, et la livra au pillage; quelques jours après, le château, où la garnison s'était retirée, ayant capitulé, il allait être ainsi que la ville détruit de fond en comble, lorsque de sages avis firent abandonner cet atroce projet; on ne démolit qu'une partie des murailles, et on ajouta même de nouvelles fortifications au château. En 1219, Louis, fils de Philippe-Auguste, et Amaury de Montfort, assiégèrent cette ville, qui fut défendue avec courage par Centulle, comte d'Astarac. Les ouvrages extérieurs ayant été emportés par les assiégeants, d'Astarac, désespérant de défendre la place, se rendit à discrétion, après avoir essayé en vain d'obtenir une capitulation honorable. La brave garnison parut tête nue, à genoux, devant le prince, dont le conseil était assemblé pour délibérer sur son sort. L'évêque de Saintes prit le premier la parole, et s'adressant au prince, dit qu'il était d'avis de faire brûler de suite les défenseurs de la ville ainsi que tous ses habitants; l'archevêque d'Auch, les comtes de Saint-Paul et de Bretagne, s'opposèrent à une action si atroce et conseillèrent la modération. Leur conseil prévalut; mais les troupes d'Amaury, accoutumées au meurtre, n'eurent pas plutôt appris cette décision, qu'elles pénétrèrent dans la ville, et massacrèrent, sans distinction d'âge ni de sexe, tous les habitants qui tombèrent sous leur main. En 1424, les Anglais assiégèrent Marmande, et ne purent s'en rendre maîtres; ils prirent cette ville par trahison, en 1427, mais elle fut reprise peu de temps après par les seigneurs d'Albret et de Montpezat. Henri IV l'assiégea sans succès en 1577. Lors de l'invasion de la France par les étrangers, en 1814, une phalange de 800 guerriers, formée par les soins de l'intrépide capitaine Guilbert, de Rouen, résista pendant un mois à toute une division anglaise, commandée par lord Dalouzy.

Marmande est une ville propre et jolie. Elle couronne un plateau qui s'élève rapidement au bord de la Garonne, que la route de Tonneins franchit sur un beau pont d'une seule arche. La partie élevée jouit de vues charmantes et étendues; une esplanade plantée d'arbres de haute futaie ceint la ville du côté de la campagne. La rue principale borde la grande route, et offre d'assez belles constructions; les autres rues sont étroites, mais bien percées : on y trouve plusieurs places publiques assez régulières et bien entourées.

Le port de Marmande est commode et très-fréquenté. La situation de cette ville sur la rive droite de la Garonne, à une distance intermédiaire entre Agen et Bordeaux, est des plus favorables pour le commerce.

On remarque à Marmande le nouvel hôtel de ville; le palais de justice; le collège; l'hospice, etc. On trouverait difficilement ailleurs des fontaines dont les eaux soient plus belles, plus saines et plus abondantes.

Fabriques de chapeaux, étoffes de laine. Distillerie d'eau-de-vie. Corderies. Tanneries. — *Commerce* considérable de grains et de farines, vins, eau-de-vie, prunes sèches, tabac, chauvre, etc.

A 15 l. d'Agen, 23 l. de Bordeaux, 145 l. de Paris. — *Hôtels* de la Tête noire, de la Providence.

MAS-D'AGENOIS (le). Petite ville située à 4 l. de Marmande. Pop. 2,264 hab.

Le Mas-d'Agenois est une ville fort ancienne que les troupes de Gontrand pillèrent en 584. Simon de Montfort l'investit en 1212, et fut obligé d'en abandonner le siège. Le duc de la Brosse l'assiégea pour Louis XIII, et ne put parvenir à s'en rendre maître, en 1615.

MEILHAN. Petite ville située dans une plaine fertile, à 3 l. de Marmande. Pop. 2,140 hab.

Meilhan doit son origine à un château fort, dont les Anglais s'emparèrent en 1420, et que les troupes de Charles VII reprirent en 1442. C'est une ville agréablement située sur la rive gauche du Dropt : elle est dominée par les ruines d'une vieille tour, bâtie au sommet d'un rocher élevé, placé au bord de la rivière, et qu'on aperçoit de très-loin. On voit dans ses environs plusieurs châteaux et maisons de plaisance dont le site est très-pittoresque.

MIRAMONT. Jolie petite ville, située sur la rive droite du Dropt, à 5 l. 3/4 de Marmande. Pop. 1,460 hab.

Miramont est une ville propre et bien bâtie, où il se fait un commerce d'eau-de-vie très-actif. C'est la patrie de M. Martignac, un des ministres de la Restauration.

PARDAILLAN. Bourg situé à 6 l. 1/2 de Marmande. Pop. 800 hab.

PUYMIELLAN. Bourg situé à 2 l. 1/2 de Marmande. Pop. 1,220 hab.

SAUVETAT DU DROPT (la). Bourg situé près de la rive droite du Dropt, à 6 l. 1/2 de Marmande. Pop. 780 hab.

SEYCHES. Bourg situé à 2 l. 1/2 de Marmande. Pop. 1,432 hab.

TONNEINS. Jolie ville, très-agréablement située, sur la rive gauche de la Garonne, à 4 l. 1/2 de Marmande. ⊠ ☞ Pop. 6,494 hab.

Tonneins est une ville assez ancienne, qui a joué un rôle de quelque importance dans les guerres de religion. Elle tomba au pouvoir des Anglais, sur lesquels elle fut reprise par Alphonse d'Espagne, en 1326 ; le comte de Derby la prit en 1345 ; le duc d'Anjou s'en rendit maître en 1374 ; Rodrigue, partisan espagnol, s'en empara en 1439 ; la garnison du château se soumit aux troupes de Charles VII, en 1442 ; Biron la prit pour Henri III en 1579.

Tonneins est une ville formée de deux parties, qui furent longtemps distinctes ; l'une et l'autre bordent la crête d'un coteau de 25 à 30 mètres d'élévation, coupé à pic vers la Garonne, qui en baigne le pied ; à leur jonction est la place de l'Esplanade, sur le site d'un vieux château que les guerres de religion achevèrent de détruire. Cette place est carrée, très-grande, bien entourée ; elle est bordée le long de la falaise par une balustrade en fer ; une muraille énorme fortifie la pente du terrain ; la vue dont on jouit de cette place est ravissante. La Garonne coule au pied, animée par les nombreuses barques qui la parcourent ; sur un des coteaux de la rive opposée, on distingue les ruines du château de la famille de la Vauguyon, en faveur de laquelle Tonneins fut érigée en duché-pairie : enfin, de cette place on peut apercevoir les Pyrénées malgré leur éloignement ; mais pour jouir de ce spectacle, il faut une atmosphère extrêmement claire et pure, rare, excepté en hiver ; la neige qui couvre alors ces montagnes contribue aussi à les rendre plus distinctes.

Tonneins est sans contredit la ville la plus agréable du département. Placée sur le bord de la plaine qui vient se terminer à la Garonne, elle s'étend sur le bord de ce fleuve dans une longueur de près d'une demi-lieue. Ses maisons, pour la plupart neuves, élégantes, et irrégulièrement bâties en jolie pierre de taille blanche, lui donnent un air de fraîcheur et une physionomie riante. On vient d'y terminer un pont suspendu sur la Garonne, d'une construction aussi solide qu'élégante. La manufacture des tabacs est située à une lieue de la ville.

On remarque à Tonneins l'hôtel de ville, la manufacture royale des tabacs, qui emploie, dit-on, plus de 600 ouvriers : les bâtiments en sont vastes, mais irréguliers ; une jolie salle de spectacle et des bains publics.

Fabriques de cordages. Tanneries. Manufacture royale des tabacs — *Commerce* considérable de cordages, chanvre, prunes sèches, vins, grains, eau-de-vie, etc. — *Hôtels* d'Angleterre, de France, de l'Europe, de Lot-et-Garonne.

VERTEUIL. Bourg situé à 7 l. 1/2 de Marmande. Pop. 1,100 hab.

ARRONDISSEMENT DE NÉRAC.

BARBASTE. Joli bourg, situé à 1 l. 1/2 de Nérac. Pop. 1,530 habitants. Il est bâti sur la Gelise qu'on y passe sur un ancien pont de sept arches, à la tête duquel on voit de beaux moulins et un vaste édifice carré, flanqué de quatre tours, connu sous le nom de château de Barbaste. — *Fabrique* de bouchons de liège.

BRUCH. Bourg situé à 3 l. 1/2 de Nérac. Pop. 1,300 hab.

BUZET. Bourg situé à 4 l. de Nérac. Pop. 1,350 hab.

CASTEL-JALOUX. Jolie petite ville, située sur l'Avance, à 6 l. 1/2 de Nérac. ⊠ Pop. 1,904 hab.
Castel-Jaloux doit son origine et son nom à un château construit par les seigneurs d'Albret sur la rive gauche de l'Avance, dont on voit encore les ruines : on l'appelait jadis château du Jaloux, sans doute à cause de la jalousie reprochée à l'un de ses seigneurs. Cette ville était autrefois entourée de fortifications que Louis XIII fit détruire en 1622. Elle est assez bien bâtie, propre, et d'un aspect agréable; mais ses environs ne présentent que des terres sablonneuses peu fertiles. — *Fabriques* de grosses draperies. Papeteries. Verrerie de verre blanc. Tanneries. Forges, hauts fourneaux, martinets à cuivre. Scierie hydraulique. — *Commerce* de grains, millet, panis, blé d'Espagne, vins, cire, miel, goudron, résine. Grand commerce d'écorce de chêne pour tan, et de sangsues de première qualité.

DAMAZAN. Jolie petite ville, située sur la rive gauche de la Garonne, dans une plaine fertile, mais trop souvent exposée aux inondations de cette rivière. A 5 l. 3/4 de Nérac. Pop. 1,592 hab. C'est une ville propre, bien bâtie, dont la partie centrale offre une jolie place décorée d'une belle fontaine; elle possède d'agréables promenades, d'où l'on jouit d'une vue charmante sur le confluent du Lot et du Baïse avec la Garonne.
Cette ville passe pour avoir été bâtie par les Anglais, qui l'entourèrent de murailles, flanquées de nombreuses tours. L'évêque de Beauvais la prit en 1345; le duc de Derby s'en rendit maître en 1345; le duc de Rohan s'en empara en 1615.

FRANCESSAS. Petite ville située à 3 l. 1/2 de Nérac. Pop. 1,244 hab. C'était autrefois une place forte, dont les Anglais s'emparèrent en 1439. On voit les vestiges du château qu'habita le brave la Hire.

HOUEILLÈS. Village situé à 7 l. 3/4 de Nérac. Pop. 1,097 hab.

LAVARDAC. Petite ville située sur la Baïse, qui y est navigable, à 1 l. 3/4 de Nérac. Pop. 1,442 hab. — *Fabriques* de bouchons de liège. — *Commerce* de farines. — Fabrique considérable d'eau-de-vie (au PONT DE BORDES).

MÉZIN. Petite et ancienne ville, située à 2 l. de Nérac. Pop. 3,141 hab.
Cette ville doit son origine à un monastère de bénédictins, fondé vers le commencement du XIe siècle. Elle éprouva de grands désastres pendant les guerres contre les Anglais. Les guerres religieuses ne lui furent pas moins funestes; la ville fut prise et rançonnée, en 1569, par les protestants, qui pendirent les moines, détruisirent les monastères et démolirent les quatre tours de l'église des bénédictins. Dans la guerre causée par les troubles de la Fronde, Mezin prit le parti du roi, et fit réparer ses fortifications. Le passage des troupes, lors de la guerre d'Espagne, dite de la succession, dévasta son territoire; c'est à cette époque que fut, dit-on, introduite dans le pays la culture du maïs, que les habitants nomment encore blé d'Espagne. Mézin n'est pas une ville bien bâtie, quoiqu'elle renferme quelques jolies maisons. L'église paroissiale est régulière et d'une architecture fort ancienne.
Fabriques de bouchons de liège et de poterie de terre. Nombreux moulins à farine. Papeterie. Tanneries.

MONHEURT. Village situé à 7 l. 1/4 de Nérac. Pop. 650 hab. Monheurt était autrefois une ville forte, que Louis XIII assiégea en personne en 1621. Après une vigoureuse résistance, les habitants se virent dans la nécessité de capituler, mais Louis XIII exigea qu'ils se rendissent à discrétion. La vie fut accordée à tous ceux qui étaient dans la ville; les gentilshommes sortirent avec leur épée, les soldats avec un bâton blanc à la main, et les habitants en chemise et tête nue. Ensuite, après avoir mis l'honneur des femmes à couvert, Monheurt fut livré au pillage et brûlé; en sorte qu'il ne resta de cette malheureuse ville que ce que les flammes ne purent dévorer.

MONTCRABEAU. Bourg situé à 7 l. de Nérac. Pop. 2,600 hab.

Montcrabeau était autrefois défendu par une tour très-forte qu'attaquèrent sans succès, en 1587, les trois fils du marquis de Trans, qui perdirent la vie sous ses murs. Les protestants la prirent et la pillèrent en 1588. Les troupes du prince de Condé la rançonnèrent pendant la minorité de Louis XIV. Ses fortifications furent détruites en 1622.

Ce bourg est fameux dans la Gascogne, par la pierre sur laquelle on fait asseoir le récipiendaire jugé digne d'entrer dans la confrérie des menteurs, lequel reçoit le droit de mentir en tous lieux, sans porter préjudice à autre qu'à la vérité.

MONTJOIE. Petite ville située sur le penchant d'une petite colline, dans un riant et fertile territoire, à 5 l. de Nérac. Pop. 800 hab. Formée dans le XIIIe siècle, par la réunion de plusieurs hameaux, cette petite ville a été bâtie au milieu d'un territoire alors couvert de bois, et que l'on suppose avoir servi de retraite aux druides. — On a découvert, au lieu dit *la Plaigne*, les fondements d'un vaste édifice qu'on croit avoir été l'un de leurs temples; cependant ce qui pourrait porter quelque atteinte à cette opinion, c'est que les mêmes ruines renfermaient des vases de marbre, des anneaux d'or ornés de pierres précieuses, et des médailles de divers empereurs.

NÉRAC. Très-ancienne ville. Chef-lieu de sous-préfecture. Tribunaux de première instance et de commerce. Chambre des manufactures. Collége communal. ✉ ☞ Pop. 6,327 hab.

Suivant quelques écrivains, Nérac tire son nom de *Nereidum aquæ*; d'où l'on a formé Nérac. On ignore les événements des premiers siècles de son histoire; mais la découverte d'une superbe mosaïque, des débris d'un palais, d'un temple, de bains, et d'autres édifices, faite en 1831, 1832 et 1833, prouvé évidemment qu'elle existait sous les Romains. Comment cette riche et puissante cité, dont l'histoire ne fait pas mention, a-t-elle pu si complétement disparaître que la tradition même n'en conservât pas le souvenir? C'est un point sur lequel les antiquités nouvellement découvertes à Nérac ne fournissent aucune lumière; mais voici comme on l'explique: des débris de Nérac et sur son site, les templiers se construisirent un château, qui fut aussi renversé plus tard; et dans la suite, lorsque souvent des antiquités romaines furent retrouvées, on s'obstina à n'y voir que les débris du château des templiers.

Vers l'an 1250, un couvent de bénédictins s'était établi sur le site qu'a occupé depuis le château de la maison d'Albret. Tourmentés par les seigneurs voisins, ils se mirent sous la garde d'un sire d'Albret, qui bientôt devint oppresseur lui-même, et força les moines à lui abandonner, en 1306, leur abbaye et la seigneurie de Nérac. Les sires d'Albret, devenus rois de Navarre, firent édifier successivement les quatre corps de logis dont se composait le château: la partie occidentale fut bâtie par Amanieu d'Albret; la partie du nord, ouvrage de Charles II, et la seule qui soit conservée, remonte à l'an 1460; le corps de logis qui borde la rivière, le plus beau de tous, fut construit vingt ans plus tard, par Alain d'Albret; le quatrième, enfin, fut bâti par Jeanne d'Albret, avec les pierres des églises et des monastères qu'elle fit démolir après avoir embrassé le calvinisme. C'était là qu'habitait Henri IV, dont l'appartement occupait l'extrémité orientale du château. Henri IV passa à Nérac la plus grande partie de sa jeunesse, et plus tard fit à sa ville de prédilection de fréquentes visites. Catherine de Médicis se rendit dans cette ville pour discuter avec son gendre les griefs réciproques des protestants et des catholiques: on y convint de la paix; mais malheureusement elle ne fut pas de longue durée. Sous Louis XIII, Nérac prit parti pour les protestants: le 4 juin 1621, les ducs de Rohan et de la Force, à la tête des calvinistes, en chassèrent les magistrats et tous ceux qui tenaient pour le parti royaliste, y placèrent une forte garnison, et retournèrent ensuite rejoindre leur armée. Le soir même, Mayenne parut devant la place, et la força à capituler quatre jours après. Pour la punir, on la démantela en 1622: les tribunaux supérieurs qui y siégeaient, lui furent enlevés peu de temps après. Depuis, la ville fut engagée avec le duché d'Albret au prince de Condé, et, au milieu du XVIIe

siècle, échangée avec la maison de Bouillon contre la principauté de Sedan. L'édit de Nantes acheva d'anéantir son commerce et son industrie.

Nérac est une ville agréablement située, sur les deux rives de la Baïse, à l'endroit où elles sont fort rapides et en partie coupées à pic : la vieille Ville, sur la rive droite, occupe cette pente escarpée ; elle est mal bâtie, triste et fort mal percée ; elle communique par deux ponts de pierre avec la Ville neuve, située sur un plateau, plus grande et assez jolie; on voit, au bord du plateau, le château Royal, jadis masse de bâtiments vastes et somptueux où le marteau des démolisseurs n'a laissé que des débris noirs et tristes. L'une des deux esplanades qui l'avoisinent, est ornée d'une superbe statue pédestre en bronze de Henri IV, œuvre du sculpteur Raggi, due à la magnificence du comte Dijon, ancien député, qui en a décoré la ville de Nérac. Le piédestal, en marbre blanc, porte cette belle inscription : *Alumno mox patri nostro Henrico quarto*. L'autre esplanade offre une promenade bien ombragée. La Ville neuve est ceinte de beaux boulevards. La vieille Ville est en partie entourée de fortifications gothiques.

On remarque encore à Nérac : l'église paroissiale, édifice moderne, spacieux et bien décoré ; la halle ; la Garenne, promenade délicieuse qui longe le bord de la rivière ; la fontaine Saint-Jean, ombragée par deux ormes magnifiques, plantés, l'un par Henri IV, l'autre par Marguerite de Valois; des débris de bains, de mosaïques et autres antiquités, etc.

Fabriques de grosses draperies, de biscuit de mer, de bouchons de liége. Amidonneries. Tanneries. Nombreux moulins à farine. — *Commerce* de toiles, chanvre, lin, grains, liége, amidon, farines, vins, eau-de-vie, terrines de perdrix renommées, etc. Marchés importants pour les grains tous les samedis.

A 6 l. d'Agen, 180 l. de Paris. — *Hôtel du Tertre*.

SOS. Petite ville, située sur la rive gauche de la Gelise, à 6 l. de Nérac. Pop. 800 hab.

Cette ville domine un vaste horizon qui offre de nombreux coteaux séparés par de petites rivières, et couverts de cultures variées. Elle était jadis défendue par un château fort dont on voit encore quelques vestiges. — Marché important où viennent s'approvisionner les habitants des grandes landes.

VIANNE. Petite ville très-ancienne, située sur la rive gauche de la Baïse, à 2 l. 1/2 de Nérac. Pop. 807 hab. L'enceinte de la ville est formée de murs bien conservés, flanqués de tours et percés de quatre portes assez belles qui, par des rues bien alignées, conduisent à une vaste place centrale ; mais l'intérieur n'est pas entièrement occupé par des habitations : on y voit de nombreux jardins et des vestiges d'anciens monuments, détruits pendant les guerres dont le pays fut le théâtre. En 1632, les habitants de Vianne eurent à soutenir un combat contre des bohémiens, qui voulaient par force loger dans la ville. Ces aventuriers périrent tous ; leur chef fut pris, conduit à Bordeaux, et pendu.

XAINTRAILLES. Bourg situé à 3 l. 1/2 de Nérac. Pop. 909 hab. On y remarque un ancien château, où naquit le célèbre Poton de Xaintrailles, vainqueur du général anglais Talbot, qu'il fit prisonnier à la bataille de Potay. — *Fabriques* de bouchons de liége.

ARRONDISSEMENT DE VILLENEUVE D'AGEN.

CAHUZAC. Bourg situé à 8 l. 1/2 de Villeneuve d'Agen. Pop. 720 hab.

CANCON. Bourg situé à 4 l. de Villeneuve d'Agen. ✆ Pop. 1,641 hab.

CASSENEUIL. Petite ville, très-agréablement située sur la rive droite du Lot, à 2 l. 1/4 de Villeneuve d'Agen. Pop. 1,964 hab. Casseneuil a joué un rôle important dans les guerres de religion. Après avoir été enlevée deux fois aux protestants par les croisés, elle fut prise, pillée et livrée aux flammes par Simon de Montfort, en 1214.

CASTILLONNÈS. Petite ville située sur la rive gauche du Dropt, à 8 l. de Villeneuve d'Agen. ✉ ✆ Pop. 2,028 hab.

CUZORN. Village situé à 6 l. 3/4 de

Villeneuve d'Agen. Pop. 1,373 hab. — Forges. Papeterie.

EYSSES. Ancienne abbaye, située à un quart de lieue de Villeneuve d'Agen. *Voy.* ce nom.

FUMEL. Petite ville située à 6 l. 1/2 de Villeneuve d'Agen. Pop. 2,546 hab.
Fumel est une ville ancienne, qui a joué un rôle important dans les troubles civils qui ont affligé l'Agenois. Rodrigue, partisan espagnol, s'en empara en 1439. Quelque temps après l'horrible massacre des protestants par les catholiques de Cahors, en 1561, les habitants de Fumel et des environs égorgèrent le seigneur de Fumel avec des circonstances atroces. Montluc, envoyé par la cour pour venger ce meurtre, s'empara de la ville, et procéda d'une manière prompte et terrible à la condamnation des coupables; il fit tirer un diacre à quatre chevaux, rompre vifs ou pendre environ quarante habitants de Fumel ou des environs; la ville fut démantelée, plusieurs de ses maisons rasées, le clocher de l'église abattu, et les habitants obligés de payer trois cent vingt mille livres.

GAVAUDUN. Village situé à 5 l. de Villeneuve d'Agen. Pop. 1,026 hab. — *Fabrique* de papier. Forges.

LEDAT (le). Bourg situé à 1 l. 1/2 de Villeneuve d'Agen. Pop. 850 hab.

LIVRADE (SAINTE-). Petite ville, située sur la rive gauche du Lot, à 2 l. 1/2 de Villeneuve d'Agen. ✉ Pop. 3,143 hab. Elle était jadis assez importante, et fut prise par le sire de Montpezat en 1419. — *Commerce* de pruneaux renommés. Tanneries.

MONCLAR. Petite ville située à 3 l. 3/4 de Villeneuve d'Agen. Pop. 2,173 hab.

MONFLANQUIN. Jolie petite ville, située sur une hauteur, près de la Lède, à 4 l. de Villeneuve d'Agen. ✉ Pop. 5,201 hab.
Monflanquin est une ville ancienne, qui tomba au pouvoir des Anglais lorsqu'ils se rendirent maîtres de l'Aquitaine. Les Français la prirent en 1295 : elle se déclara pour le prince de Condé, en 1562; les réformés s'en emparèrent en 1621. C'est une ville assez bien bâtie, quoique la plupart des rues soient étroites, escarpées et mal percées.

Sa situation élevée lui procure des points de vue étendus et très-pittoresques.

MONTAUT. Bourg situé à 6 l. 1/2 d Villeneuve d'Agen. Pop. 720 hab.

PAULHIAC. Bourg situé à 5 l. 1/2 d Villeneuve d'Agen. Pop. 1,005 hab.

PENNE. Petite ville, située sur le Lot, à 2 l. de Villeneuve d'Agen. Pop. 6,005 h.
Cette ville, autrefois célèbre sous le nom de la Penne d'Agenois, tire son nom de sa position sur la crête d'un coteau très-élevé. Elle était dominée par un fort appelé le Château du Roi, et entourée d'une triple enceinte de murailles, dont on voit encore les ruines. Le bourg dit le Port de Penne, situé au bas du coteau, sur la rive gauche du Lot, était entouré de murailles et de fossés, et servait de poste avancé à la ville.
En 1212, Simon de Montfort assiégea cette ville, défendue par son fort château, bâti par Richard, roi d'Angleterre, et regardé alors comme imprenable. Elle était occupée par une forte garnison, commandée par Hugues Delfar, qui avait encore sous ses ordres plusieurs capitaines expérimentés, avec quatre cents roturiers, tous gens déterminés, et résolus de mourir plutôt que de se rendre. Le château d'ailleurs était rempli de toutes sortes de munitions de guerre et de bouche; le sénéchal y avait fait construire un moulin, un four et deux boutiques pour le service des armuriers. Tel était l'état de la place, lorsque Montfort parut devant ses murs avec une armée très-nombreuse animée d'un zèle fanatique. A la vérité, le légat, qui autorisait par sa présence les opérations des croisés, était alors en Espagne; mais il était remplacé dans ses fonctions exterminatrices par l'évêque de Carcassonne saint Dominique, qui encourageait les troupes par ses exhortations animées, et parcourait les rangs, un crucifix à la main, récitant avec une suite d'évêques et d'abbés les prières de l'Église. Le siège de Penne commença le dimanche 3 juin, par l'occupation de la ville basse, à laquelle le gouverneur fit mettre le feu, pour se renfermer dans le château. Montfort fit aussitôt mettre en batterie ses pierriers et toutes ses machines de trait contre cette forteresse, devenue l'unique but de ses attaques. Il fut vigoureusement repoussé par les assiégés, qui firent avec succès des sorties sur les assaillants, dont ils démontèrent et incendièrent les machines de guerre.

MAUSOLÉE DE B. MONLUC.

Malgré les prières des prêtres et le courage des soldats, l'attaque de la forteresse ne faisait nul progrès. Les assiégeants, après des succès toujours balancés par des revers, n'obtenaient aucun résultat décisif. Deux mois s'étaient écoulés, et les travaux du siège n'étaient pas plus avancés que le premier jour. Les croisés furent même chassés à l'époque de la Saint-Jean, d'une barrière dont ils s'étaient emparés près des murs du château. Cependant, la terreur qu'inspirait la présence de Montfort en Agenois, et peut-être les intrigues de l'évêque, prévalurent sur la confiance que devait inspirer le courage extraordinaire des assiégés. Plusieurs seigneurs se rendirent au camp de Montfort, lui amenèrent de nouvelles troupes, et le reconnurent pour leur suzerain. Ce renfort lui était d'autant plus nécessaire que beaucoup de croisés, ayant fini leur temps de service, songeaient à le quitter, et que si Gui, son frère, ne fût venu le joindre avec un nouveau corps de croisés, il eût été peut-être obligé de lever le siège. A l'arrivée de ce secours inattendu, Montfort reprit les opérations commencées. En état d'attaquer alors la place par deux côtés opposés, et de la presser à la fois au levant et au couchant, il fit construire une machine beaucoup plus grande que celles dont il s'était servi jusqu'alors, et s'en promettait un succès certain, lorsque le départ précipité des pèlerins français et des Allemands, conduits par le doyen du chapitre de Cologne, qui avaient terminé leur quarantaine, le forcèrent encore d'ajourner ses projets. Tous les efforts de Simon pour les retenir furent inutiles : il n'y eut que l'archevêque de Rouen qui resta avec quelques chevaliers venus du côté de Carcassonne. Avec ce renfort, Simon serra de plus près le château, sans que les assiégés perdissent courage. La crainte de manquer de vivres engagea seulement le sénéchal à faire sortir les bouches inutiles, qui furent forcées de rentrer dans la place, à la grande surprise du moine de Vaucernai, qui s'extasie sur la bénignité de Montfort, *parce qu'il ne daigna les faire mourir.* Enfin, après bien des faits d'armes de part et d'autre, qu'il serait trop long de rapporter, et lorsque les machines des assiégeants eurent fait une brèche considérable, par laquelle un assaut pouvait être pratiqué, les assiégés, voyant la France conjurée contre eux, et ne pouvant espérer aucun secours, demandèrent à capituler. Les conférences à ce sujet ne devaient être ni longues ni difficiles à terminer. Les croisés et Montfort lui-même étaient fatigués de la longueur du siège ; la garnison exténuée, affamée, était réduite à une poignée de soldats. En considération de sa généreuse résistance, elle obtint, ainsi que les habitants, la liberté de sortir avec armes et bagages, et de se retirer où elle voudrait : puis le sénéchal d'Agenois livra le château à l'armée des croisés, vers la fin de septembre. Ce siège mémorable dura près de cinq mois, et aurait même continué jusqu'au jour du jugement, dit un annaliste gascon, si l'eau n'avait manqué aux assiégés.

En 1242, les troupes du roi de France s'emparèrent du château de Penne, que Raymond reprit peu de temps après, et qu'il céda l'année suivante au roi pour cinq ans. En 1338, le sire d'Enguerry assiégea cette place, qui fut reprise l'année suivante. Les protestants s'en rendirent maîtres, et y commirent de grands désordres, en 1561. Le trop célèbre Montluc s'en empara en 1562, puis attaqua le château, où la garnison ainsi que les habitants s'étaient réfugiés, et qui lui opposèrent une vigoureuse résistance. Plusieurs assauts livrés à cette forteresse ayant été repoussés par les assiégés, Montluc, redoublant d'efforts, fit brûler et enfoncer les portes. Ce ne fut plus qu'un combat à mort, qu'un massacre général : tous les assiégés y périrent les armes à la main ; les femmes, les enfants, les vieillards, qui s'étaient cachés dans de misérables édifices extérieurs, furent égorgés sans pitié. Le puits du château fut comblé des huguenots qui avaient été *dépêchés.* Les ruines du château et des murailles de la ville attestent encore les ravages qui accompagnèrent ou suivirent ce siège.

Penne est le chef-lieu d'une commune qui compte un grand nombre de villages, de hameaux et de maisons isolées. La population de la ville s'élève seulement à environ 600 habitants.

PUJOLS. Bourg situé à trois quarts de lieue de Villeneuve d'Agen. Pop. 1,600 hab.

SAUVETERRE. Bourg situé à 9 l. 1/2 de Villeneuve d'Agen. Pop. 1,650 hab. — Hauts fourneaux, forges, aciéries et martinets.

TEMPLE (le). Bourg situé à 3 l. 3/4 de Villeneuve d'Agen. Pop. 600 hab.

TOURNON. Petite ville située à 5 l. 1/2 de Villeneuve d'Agen. Pop. 7,901 hab. C'était autrefois le chef-lieu d'une baronnie, qui fut donné en 1428, ainsi que la ville et le château, par le duc d'Anjou, au comte d'Armagnac.

VILLENEUVE D'AGEN ou sur Lot. Jolie ville. Chef-lieu de sous-préfecture. Tribunaux de première instance et de commerce. Société d'agriculture Collége communal. ✉ ☞ Pop. 10,652 hab.

Cette ville doit son origine à un bourg du nom de Gajac, qui fut détruit dans les guerres du commencement du XIIIe siècle. Rebâtie par un frère de saint Louis en 1264, elle reçut alors le nom de Villeneuve, qu'elle porte encore aujourd'hui. Son heureuse position la rendit prospère jusqu'au temps où les guerres de religion vinrent la désoler. Le connétable de Brienne la prit en 1337. Le duc de Joyeuse l'assiégea sans succès en 1591.

Villeneuve est située dans une belle vallée sur le Lot, qui la sépare en deux parties inégales, dont celle du nord est la plus considérable. Elle est percée de rues larges, tirées au cordeau, dont huit aboutissent à une place centrale, entourée d'arcades : l'une et l'autre sont d'ailleurs propres et offrent plusieurs belles constructions. Cette ville a conservé une partie de ses fortifications, dont il reste encore deux tours et un antique château ; le reste a été converti en de beaux boulevards, qui en rendent l'aspect fort agréable. On y remarque le pont hardi qui joint les deux rives du Lot, dont l'arche principale a 108 pieds d'ouverture et 55 de hauteur.

À un quart de lieue nord de Villeneuve existait autrefois la célèbre abbaye d'Eysses, bâtie sur l'emplacement d'une station romaine. Les bâtiments de ce monastère, restaurés et considérablement augmentés, ont été affectés à une maison de détention pour onze départements, où l'on peut renfermer 1,200 condamnés.

Fabriques de toiles. Tanneries. Tuileries. Martinets pour le cuivre. — *Commerce* de farine dite de minot, très-bons pruneaux ; vins, bestiaux, papiers, fers, cuirs, etc.

A 6 l. d'Agen, 16 l. de Cahors, 128 l. de Paris. — *Hôtels* Laffitte, Rigon.

VILLERÉAL. Petite ville située à 8 l. de Villeneuve d'Agen. Pop. 1,382 hab. — *Fabriques* de toiles de chanvre.

FIN DU DÉPARTEMENT DE LOT-ET-GARONNE.

IMPRIMERIE DE FIRMIN DIDOT FRÈRES ET Cie,
RUE JACOB, N° 56.

CHÂTEAU ET MOULIN DE BARBASTE,
ancienne propriété de Henri II.

Guide Pittoresque

DU

VOYAGEUR EN FRANCE.

ROUTE DE PARIS A BAGNÈRES DE BIGORRE,

TRAVERSANT LES DÉPARTEMENTS

DE SEINE-ET-OISE, DU LOIRET, DU CHER, DE L'INDRE, DE LA CREUSE, DE LA HAUTE-VIENNE, DE LA DORDOGNE, DE LOT-ET-GARONNE, DU GERS ET DES HAUTES-PYRÉNÉES.

DÉPARTEMENT DU GERS.

Itinéraire de Paris à Bagnères de Bigorre,

PAR BOURGES, CHATEAUROUX, LIMOGES, PERIGUEUX, AGEN ET AUCH, 196 LIEUES.

	lieues.		lieues.
De Paris à Limoges. (Voy. Route de Paris à Toulouse)	101 1/2	La Croix-Blanche	3 1/2
Aixe	3	Agen	3
Chalus	5 1/2	Astaffort	5
La Coquille	3	Lectoure	4
Thiviers	4	Montastruc	4
Palissons	3	Auch	4
Périgueux	5 1/2	Vicnau	3 1/2
Saint-Mamets	7	Mirande	2 1/2
Bergerac	4 1/2	Miélan	3 1/2
Castillonnès	5 1/2	Rabastens	3 1/2
Cancon	3	Tarbes	4 1/2
Villeneuve-sur-Lot	4 1/2	Bagnères de Bigorre	5

ASPECT DU PAYS QUE PARCOURT LE VOYAGEUR

D'ASTAFFORT A VILLE-COMTAL.

En entrant dans le département du Gers, on gravit une côte rude à laquelle succèdent des montées et des descentes continuelles. Quoique montueuse, la route est constamment agréable et traverse un pays riche, couvert de riants coteaux et de charmantes habitations; on éprouve un véritable plaisir à parcourir cette magnifique contrée dans la belle saison. On laisse, sur la gauche, le bourg de Saint-Avit, remarquable par un grand et beau château gothique. Lectoure se présente avantageusement sur la croupe d'une haute colline; la tour de la cathédrale produit de loin, avec la ville qu'elle domine, une vue très-pittoresque. Une suite de belles rampes fait descendre tout doucement le voyageur de la haute plaine dans les plaines basses où serpente le Gers, que l'on franchit au bas de la côte sur un double pont, et dont on remonte la rive opposée jusqu'à Fleurance. En sortant

88ᵉ *Livraison.* (GERS.)

de cette ville, la route, bien droite, parcourt un vallon parsemé de maisons qui animent de vertes et riches campagnes. On passe le Gers de nouveau à Montastruc, et l'on continue à en remonter le cours jusqu'à Auch, ville ancienne, groupée sur le penchant et le sommet d'une colline, et dominée par son antique cathédrale.

En sortant d'Auch, on côtoie pendant une lieue la rive gauche du Gers, en passant devant l'avenue du château de la Come. La route forme plusieurs coudes et descentes rapides avant d'arriver au relais de Vicnau, ferme dépendant du village de ce nom, situé au sommet d'une haute colline d'où l'on aperçoit les cimes des Pyrénées. Peu après avoir quitté ce relais, on passe la Baïse-Devant, et on arrive par une pente douce dans la plaine, et par une jolie allée dans la ville de Mirande, à l'entrée de laquelle on traverse la Baïse. En quittant cette ville, on monte une colline et l'on a toujours devant soi la perspective des Pyrénées. On longe ensuite un ruisseau en suivant une riche vallée. Après avoir dépassé le village de Saint-Maur, on passe la Losse et l'on traverse un beau vallon; la route gravit ensuite une succession continuelle de petites montagnes avant d'arriver à Miélan, petite ville pourvue d'une promenade d'où l'on découvre en plein les Pyrénées. Au pied de la longue côte qu'on descend au sortir de cette ville, on passe la rivière du Bouès. La route, après s'être élevée sur des croupes, descend par une côte rapide bordée de vignes, à Ville-Comtal, petit village où l'on traverse l'Arros; à gauche est le château de Betplan. On ne tarde pas à franchir, avec la limite qui sépare le département du Gers de celui des Hautes-Pyrénées, les dernières collines qui précèdent la plaine de Tarbes.

DÉPARTEMENT DU GERS.

APERÇU STATISTIQUE.

Le département du Gers est formé du Gondomois, de l'Armagnac, et d'une petite partie du Comminge, pays compris dans la Gascogne et dépendant de la ci-devant province de Guyenne. Il tire son nom de la rivière du Gers, qui le traverse dans toute sa longueur du sud au nord. Ses bornes sont : au nord, le département de Lot-et-Garonne; au nord-est, celui de Tarn-et-Garonne; à l'est, celui de la Haute-Garonne; au sud, ceux des Hautes et des Basses Pyrénées; à l'ouest, celui des Landes.

Le territoire de ce département est généralement montueux, élevé, et presque entièrement formé de chaînes de coteaux plus ou moins élevés, dont la direction générale est du sud au nord. Trente-huit cours d'eau y déterminent autant de vallées, dont la largeur varie de 20 à 6,320 mètres. Ces vallées sont constamment bornées à gauche et à droite, c'est-à-dire de l'ouest à l'est, par des chaînes de coteaux qui, dans certains départements, seraient regardées comme des montagnes, mais qui ne peuvent être ainsi désignées dans une région où l'œil les compare aux Pyrénées. Ces chaînes doivent naturellement être plus ou moins larges, selon que les vallées qu'elles séparent sont plus ou moins éloignées l'une de l'autre. En remontant au nord, on aperçoit que ces chaînes de coteaux s'élèvent progressivement, servant, pour ainsi dire, de gradins au superbe amphithéâtre des Pyrénées, dont elles sont, en quelque sorte, la prolongation. En général, le terrain du département s'élève du nord au sud; ainsi, l'endroit le plus bas doit se trouver dans les pentes les plus boréales, le plus élevé dans sa partie méridionale, et la hauteur moyenne dans le centre. En effet, si l'on remonte le cours du Gers, on verra que la commune de Las Martres, située au nord, sur les limites du département de Lot-et-Garonne, n'est élevée au-dessus du niveau de la mer que de 97 mètres; la hauteur d'Auch au-dessus du même niveau, est de 220 mètres; tandis que celle des coteaux de Mont d'Astarac se trouve de 390 mètres.

Les terres qui forment la superficie du sol sont en général argileuses : presque toutes reposent sur des bancs épais de glaise et d'argile diversement modifiées; ces bancs se succèdent à une grande profondeur, et sont quelquefois séparés par de légères couches de sable et par le tuf. Le noyau des coteaux est assez généralement composé d'une pierre argilo-calcaire. La presque totalité du terrain du Gers étant argileuse, pierreuse, com-

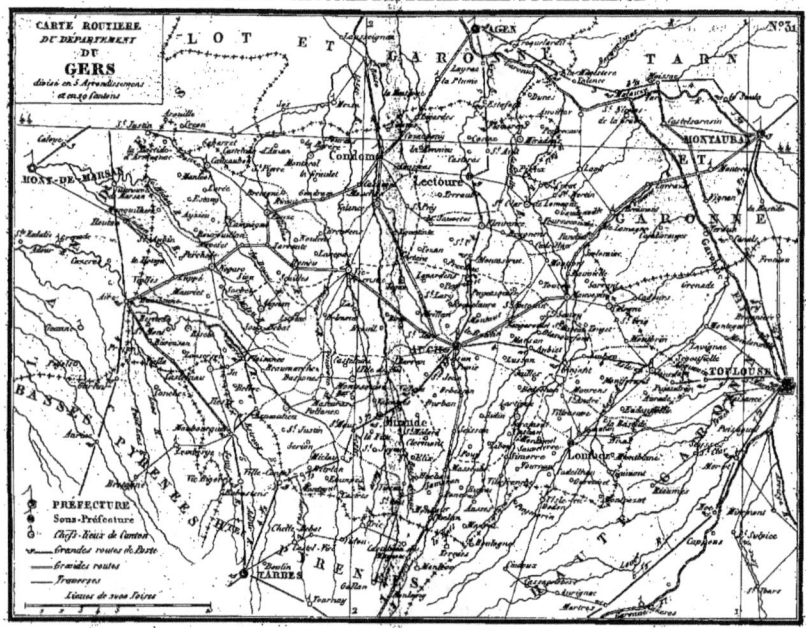

pacte, et les chaleurs y étant très-violentes, il en résulte qu'assez ordinairement les produits du sol ne réussissent pas parfaitement. Il y a quatre-vingts ans la contrée dont a été formé le département, était un pays presque stérile; on n'y rencontrait que quelques petites villes ou gros bourgs, dans lesquels était réunie toute la population. Les campagnes désertes et misérables n'offraient que quelques hameaux épars, dont les habitants recueillaient à peine ce qui était indispensable au soutien de leur existence. A cette époque, un des plus grands administrateurs du XVIIIe siècle, M. d'Étigny, nommé intendant de la généralité d'Auch, après avoir étudié la nature du pays, les mœurs, les besoins et les ressources des habitants, forma le projet d'une amélioration générale, et en suivit, pendant seize années, l'exécution. Par ses soins d'immenses travaux furent entrepris; il ouvrit de vastes communications, traversa la Gascogne de mille routes diverses; en fit comme un jardin divisé par compartiments; et joignit de cette manière la Gascogne à l'Espagne et à l'une et l'autre mer. A l'aspect des merveilles enfantées par ce génie créateur, les cultivateurs ouvrent les yeux et sortent de leur engourdissement; ils remuent avec vigueur les entrailles de la terre; ils plantent des vignes magnifiques; ils établissent leurs communications, et en dix ans ils décuplent, avec leur population, la quantité et le prix de leurs denrées diverses. Bientôt l'intérêt particulier encouragea le travail, et le travail encouragé fit de la Gascogne une des plus belles provinces du royaume. Plus tard, la suppression des dîmes diminua les charges des cultivateurs; la suppression des cloîtres enrichit l'agriculture de toutes les propriétés religieuses que les lois de la mainmorte retenaient dans l'inculture, et ces propriétés, vendues par petites parties, tombèrent entre les mains d'une multitude de pères de famille, qui en ont centuplé les produits. Aujourd'hui, le sol du département se prête, en général, à toute espèce de culture; il produit plusieurs espèces de céréales, des vins d'assez bonne qualité, et des fruits excellents.

Trente-huit cours d'eau principaux arrosent le département; les principaux sont: l'Adour, l'Arros, le Midou, la Lossé, la Baïse, le Gers, l'Arratz, la Gimone et la Save. En général, toutes les rivières qui sillonnent le département du Gers, y coulent dans une plaine plus ou moins riante, plus ou moins agréable, plus ou moins fertile, et sont toutes bordées de prairies fécondes, beaucoup plus avantageuses que les coteaux. Le Gers arrose dans une partie de son cours une plaine étroite, mais délicieuse; l'Arros arrose un pays de la plus grande beauté.

La marche des saisons est peu régulière dans le département; on sent que dans un pays aussi montueux il doit exister, à de très-petites distances, des différences remarquables dans la température; aussi, quoique par sa situation le département du Gers doive offrir un climat tempéré, on y éprouve cependant des froids très-rigoureux, comme des chaleurs excessives. En général, le mois d'octobre est brumeux, pluvieux et froid; les brouillards sont moins communs dans les mois qui suivent; mais les pluies continuelles, les frimas, la neige et la gelée se succèdent par gradation jusqu'en février, pour diminuer ensuite jusqu'en mai. A cette époque, la chaleur commence à être forte; le tonnerre, qui déjà s'était fait entendre dans les mois précédents, est plus fréquent, et la grêle plus commune et plus abondante. Ce tumulte atmosphérique ne s'apaise que vers la fin de juin, sans que pour cela les alternatives de froid et de chaud cessent; elles ont coutume de se prolonger jusqu'en juillet. Dans ce mois, ainsi que dans le suivant, la chaleur est quelquefois aussi forte que l'intensité du froid est grande dans celui de janvier. On a vu le thermomètre de Réaumur marquer $+31°$ au mois d'août, et être en janvier à $-9°$; le mois de septembre est peut-être celui dont la température est la plus agréable, mais les matinées et les soirées en sont extrêmement froides. — La quantité de pluie tombée, année commune, a été évaluée de 30 à 32 pouces; mais il y a quelquefois des anomalies remarquables dans cette quantité: ainsi, en 1801 elle dépassa 40 pouces, et l'année suivante la quantité d'eau tombée n'égala pas 20 pouces. L'hiver et le printemps sont ordinairement les saisons les plus humides. — Les vents d'est et d'ouest règnent presque exclusivement dans cette partie de la France; ceux des autres rumbs ne se faisant sentir que d'une manière passagère et à des époques indéterminées. Le vent du nord se fait sentir pendant les froids les plus vifs; la pluie tombe ordinairement par celui du sud-ouest; le vent d'est, qui, en été, amène les chaleurs les plus vives, est un indice assuré de pluie au printemps: assez souvent, en été, il s'élève vers le soir un vent de nord-est très-frais, qui dure jusqu'au lendemain matin.

Le département du Gers a pour chef-lieu Auch. Il est divisé en 5 arrondissements et en 29 cantons, renfermant 497 communes. — Superficie, 320 lieues carrées. — Population, 312,160 habitants.

MINÉRALOGIE. Carrières de marbre, de pierres à bâtir, de plâtre, de marne. Argile à potier. Marne. Spath fusible propre aux verreries et aux faïenceries.

SOURCES MINÉRALES à Barbolan, à Castera-Vivent, à Bassoues, à Jegun, à Lavardens.

PRODUCTIONS. Toutes les céréales, maïs, légumes secs. Culture des aulx et des oignons en grand. Belles prairies naturelles. Fruits de toute espèce, mais en petite quantité. — 54,804 hect. de forêts (arbres verts et feuillus). — 80,000 hect. de vignes, produisant annuellement 900,000 hectol. de vin, dont près de 400,000 sont consommés sur les lieux; une forte partie du surplus est convertie en eau-de-vie, connue sous le nom d'eau-de-vie d'Armagnac; et le reste livré à l'exportation. — Bêtes à cornes et moutons dont l'éducation est négligée. Élève de mules et de mulets pour l'Espagne. Beaucoup de porcs. Élève en grand de la volaille, notamment des oies et des canards, qui acquièrent une grosseur considérable, et dont on sale les cuisses et les ailes pour le commerce. — Menu gibier. — Bon poisson de rivière et d'étang.

INDUSTRIE. Fabriques de toiles, étoffes de coton, rubans de fil, burats, crépons, calmandes; coutellerie estimée. Distilleries d'eaux-de-vie; préparation des plumes à écrire; tanneries; verreries; faïenceries; poteries; briqueteries; tuileries. Nombreux moulins à farine.

COMMERCE considérable d'eau-de-vie excellente, de vins, grains, farines, laines, volailles. Exportation considérable pour l'Espagne de mules, mulets, bêtes à cornes, bêtes à laine, porcs gras, etc.

VILLES, BOURGS, VILLAGES, CHATEAUX ET MONUMENTS REMARQUABLES; CURIOSITÉS NATURELLES ET SITES PITTORESQUES.

ARRONDISSEMENT D'AUCH.

ANTRAS. Village situé à 3 l. 1/2 d'Auch. Pop. 250 hab. On y voit un ancien château où séjourna Henri IV, lors de sa retraite de Mirande à Jegun.

AUBIET. Bourg situé à 4 l. d'Auch. ⚭ Pop. 1,400 hab.

AUCH. Très-ancienne ville. Chef-lieu du département et de deux cantons. Tribunaux de première instance et de commerce. Société centrale d'agriculture. Archevêché. Collége communal. ✉ ⚭ Pop. 9,801 hab.

Auch est une des plus anciennes villes de France; du temps de César, elle était la capitale des *Auscii*, et fut soumise par Crassus, un de ses lieutenants, dont il est parlé dans la guerre de Vercingentorix. Avant l'invasion romaine, son nom était *Climberris*. Auguste, à son retour d'Espagne, s'y arrêta, y laissa une colonie, à laquelle il accorda le privilège de se gouverner par ses propres lois et de nommer ses magistrats. La ville prit alors le nom d'*Augusta-Ausciorum*, d'où est venu son nom moderne.

Au VIIIe siècle, quand les Vascons eurent soumis le pays auquel ils donnèrent leur nom, Éause ayant cessé d'être la ville principale, Auch devint la capitale de la Gascogne; et lorsque le pays fut divisé en comtés, elle devint celle de l'Armagnac. Dès le IVe siècle, Auch fut le siége d'un évêché, dont les prélats prirent la qualité d'archevêques en 879 : Aymard fut le premier qui porta ce titre, que lui donna le pape Jean VIII. Cette ville compte un grand nombre de saints parmi ses archevêques, qui conservèrent, jusqu'en 1789, le titre de primats d'Aquitaine, quoique depuis bien des siècles il n'existât plus d'Aquitaine.

L'ancienne ville d'Auch avait été bâtie dans une petite plaine, sur la rive droite du Gers; elle était beaucoup plus étendue que la ville moderne : les défrichements et les fouilles qui ont eu lieu sur cet emplacement ont fait découvrir des restes d'édifices en pierre et en briques, des fragments d'architecture en marbre et de style romain,

des mosaïques, des ustensiles, des médailles, et d'autres antiquités plus ou moins précieuses. Les vicissitudes qui ont amené la destruction de cette première ville sont inconnues : on présume qu'elle fut ruinée par les Sarrasins, en 724. La ville nouvelle fut reconstruite sur la rive opposée, avant le temps de Clovis, qui fit bâtir sur le bord du Gers une belle église en l'honneur de saint Martin, sur l'emplacement de laquelle fut élevée dans la suite l'église Sainte-Marie.

La ville d'Auch est bâtie sur le penchant d'un coteau très-élevé, qui présente un aspect pittoresque : ses maisons, dans la partie méridionale, présentent l'aspect d'un vaste amphithéâtre de gradins élevés les uns au-dessus des autres. Le Gers, qui coule au pied de cette colline, couverte d'habitations, la divise en haute et en basse ville ; les rues sont étroites et mal percées, mais propres et bien pavées ; les places publiques, régulières et assez jolies. Pour faciliter la communication entre les deux parties de la ville, on a pratiqué un passage qui conduit directement de l'une à l'autre : c'est un escalier de forme singulière, nommé *Pousterlo*, qui a plus de 200 marches. Sur la partie la plus élevée de la ville, on remarque une place assez régulière, entourée de belles constructions, à l'extrémité de laquelle est une promenade agréable, d'où l'on découvre une partie des Pyrénées. Ce quartier est sans contredit le plus beau de la ville ; on y trouve de jolies maisons, des rues plus régulières et mieux alignées, et les deux principaux édifices d'Auch : l'ancien archevêché et la cathédrale. L'emplacement de l'ancienne ville est occupé par un faubourg, où se trouve un grand et bel hôpital.

L'ÉGLISE CATHÉDRALE DE SAINTE-MARIE est un des plus beaux édifices religieux des XVe et XVIe siècles, et peut être regardée comme un musée historique pour les arts, durant ces époques et jusque vers la fin du XVIIe siècle. Elle présente une suite de monuments peut-être uniques de sculpture sur bois et de peinture sur verre, ainsi que d'autres détails très-remarquables de styles divers. Commencée en 1489, sous Charles VIII, par l'archevêque François Ier, cardinal de Savoie, elle ne fut finie que sous Louis XIV, par l'archevêque Henri de la Mothe-Houdancourt.

Trois portes archivoltées donnent entrée à l'église de Sainte-Marie ; aux pieds-droits de celles des côtés, sont adossées des colonnes cannelées corinthiennes qui supportent un fronton, au-dessus duquel étaient des armoiries qui ont été effacées. La porte du milieu est accompagnée de colonnes du même ordre que les précédentes ; elles portent un second ordre couronné d'une arcade, sous laquelle est ouverte une niche qui renferme une statue de la sainte Vierge. Aux deux côtés, sont des cartouches ornés de mascarons et d'enroulements. Cette façade intérieure paraît être du style de la fin du XVe siècle.

Aux trois grands portiques sont des grilles de fer doré. La façade est ornée de colonnes cannelées couplées, d'ordre corinthien, qui supportent un entablement couronné par une balustrade. Chacun des portiques latéraux supporte un clocher à deux étages, dont l'un, décoré de colonnes d'ordre composite, cannelées, disposées comme celles du premier, se termine, comme lui, par une balustrade à la hauteur de la grande voûte intérieure. Le dernier étage est orné de pilastres cannelés, attiques, entre lesquels sont les fenêtres du clocher ; il est couronné par une balustrade surmontée de boules posées sur des piédouches. L'intérieur du porche est pavé de grandes pierres et décoré de pilastres corinthiens, portés sur un soubassement servant de siége. Entre les pilastres, sont des niches surmontées de médaillons, dans lesquels sont sculptées en bas-reliefs les figures de Jésus-Christ, de la Vierge, etc. A gauche, en entrant, on remarque le tombeau de M. Henri de la *Mothe-Houdancourt*, archevêque d'Auch, par les soins duquel ce porche a été fini.

Le corps entier de l'édifice est bâti de grandes pierres de grès appelé *tuf*, taillées et liées admirablement. Son style est celui du commencement du XVe siècle, et marque l'époque de la renaissance des arts en Europe. Simple dans son ensemble, et riche de détails, ce monument présente un caractère parfaitement conforme à l'objet de sa consécration. Il est divisé en trois nefs, coupées par une allée, et forme une croix latine, dont le sommet, terminé par un hémicycle, donne l'idée des anciennes basiliques. La longueur de l'église, depuis la porte d'entrée jusqu'au fond de la chapelle du Saint-Sacrement, qui fait le rond-point de l'hémicycle, est de 105 mètres 90 centimètres (326 pieds) ; sa largeur, d'une porte latérale à l'autre, est de 23 mètres 89 centimètres (72 pieds). La largeur de la grande nef est de 11 mètres 4 centimètres (34 pieds) ; celle de chaque nef collatérale est de 6 mètres 50 centimètres (20 pieds) ; et celle des chapelles est de 5 mètres 20 centimètres (16 pieds). La hauteur de la grande voûte est de 26 mètres 64 centimètres (82 pieds); celle des basses-nefs et des chapelles est de 14 mètres 32 centimètres (45 pieds). Quatre rangs de piliers, au nombre de 40, divisent l'église en trois nefs et en chapelles collatérales; ils forment des arcs ogives qui supportent des voûtes d'arêtes croisées, surbaissées, de pierre calcaire, dite *pierre blanche*. Entre les piliers des basses-nefs, règnent autour de la grande nef et du chœur, des galeries en arcade d'une grande ouverture. En entrant, on passe sous la tribune de l'orgue; elle est voûtée, couronnée d'une balustrade, et soutenue par des arcades décorées de pilastres corinthiens, posés sur un soubassement. Elle supporte un superbe buffet d'orgue dit *seize pieds*, le chef-d'œuvre de *Joyeuse*, fameux facteur de son temps. L'ensemble des ornements en est beau, et présente de jolis détails de sculpture.

Aux extrémités de la branche de la croix, sont de grandes ouvertures de forme ogive. Chacune d'elles est partagée en deux vantaux, par un pilier d'une seule pierre chargée de sculpture, qui supporte une espèce d'architrave placée au tiers de la hauteur de l'ouverture totale; au-dessus sont des panneaux de verre, et un couronnement du même genre que ceux des croisées des chapelles. Les sculptures qui décorent extérieurement les renfoncements des portes, sont remarquables par leur travail, et, dans quelques parties, par la légèreté et le fini des formes. Une inscription placée dans les frises des deux culs-de-lampe de la porte méridionale, indique que c'est à l'archevêque François II de Clermont qu'est due la construction de ces portes, environ l'an 1513. Chacune de ces portes latérales est flanquée de deux tours carrées, qui se terminent en dôme, et sont surmontées d'une boule posée sur un piédouche. Elles renferment des escaliers, différents les uns des autres, qui conduisent dans les galeries intérieures et extérieures de l'édifice. L'un, appelé vulgairement *le Limaçon*, forme une spirale, sur le haut de laquelle une personne placée à califourchon, glisse jusqu'au bas avec une rapidité extrême. Les chapelles sont décorées d'ordre d'architecture moderne, dans le goût des dernières années du règne de Louis XIII, et des premières de Louis XIV, et de la première, à gauche, celle du Baptistère, on voit les fonts d'un seul bloc de très-beau marbre noir, d'une grande dimension. — Dans la suivante, celle de Sainte-Thérèse, est le tombeau de M. de Pomereu, intendant de la généralité d'Auch, qui fit exécuter de grands travaux d'utilité publique. — De l'autre côté de l'église, dans la chapelle vis-à-vis celle-ci, est le mausolée que madame d'Étigny, née de Pange, avait fait ériger dans l'église de Saint-Orens, à son époux, intendant, bienfaiteur de sa généralité. Ce monument avait été détruit pendant la révolution, et l'église où il était érigé fut vendue et démolie. M. Balguerie, préfet du Gers, à qui nulle vue d'intérêt public n'était étrangère, après avoir recherché les cendres de son illustre prédécesseur, et recueilli les débris de son mausolée, les fit replacer dans cette basilique. Ce monument, placé sous la croisée, se compose d'une pyramide de marbre noir, surmontée d'une urne accolée au mur, qui est placée sur une frise supportée par des consoles de marbre blanc veiné. Au milieu de sa hauteur, dans un médaillon entouré d'une couronne de chêne, est le portrait de M. d'Étigny, que couronne le génie de l'immortalité. À gauche, au bas de la pyramide, la piété conjugale, sous la figure d'une femme voilée, indique du doigt le médaillon; à droite, l'hymen, sous les traits d'un enfant, pleure et renverse son flambeau. Entre ces deux figures, est l'écusson de M. d'Étigny. Sur la frise sont, en bas reliefs, les attributs de la mort. — La chapelle suivante a été, depuis quelques années, embellie par les soins de feu MM. Daignan et du Petit, anciens chanoines de cette église. Le premier légua aux cordeliers, pour être ouverte au public, sa bibliothèque qui était très-considérable, et qui a été réunie à la bibliothèque de la ville; il s'y trouve des manuscrits précieux pour l'histoire du pays, recueillis par lui, et qu'il destinait à l'impression.

Le chœur a la même étendue que la grande nef, en largeur et en longueur. Il est fermé de tous côtés. Au-dessus de sa principale porte, est le jubé, décoré de colonnes couplées, d'ordre corinthien, de marbre de Languedoc, posés sur des piédestaux supportant un entablement couronné d'une balustrade de marbre rouge d'Italie. Entre les colonnes, sont de grandes tables de marbre noir encadrées, et au-dessous de celles-ci, entre les piédestaux, d'autres tables du même marbre. Sur la corniche de la porte, en avancement, on voit les quatre évangélistes, en marbre blanc, assis près d'une table de forme antique, ayant chacun près de lui le symbole qui le caractérise. Au-dessus de l'entablement, sur des piédestaux placés dans la balustrade, à l'aplomb des colonnes, on voit quatre statues de marbre blanc, plus grandes que nature. Celles des extrémités représentent David et Josué; les deux autres, la sainte Vierge et saint Jean. Entre celles-ci est un grand crucifix.

L'intérieur du chœur est garni de deux rangs de stalles sur ses trois côtés, celui du jubé et ceux des basses-nefs. Ces stalles sont de cœur de chêne, et leur ensemble un chef-d'œuvre de sculpture gothique moderne. Sur chaque haut dossier, on voit sculptée en demi-relief une figure de l'Ancien ou du Nouveau Testament, de quelque saint, ou de quelque personnage allégorique ou symbolique de la religion. Chacune d'elles est posée sur un cul-de-lampe, décoré de petits bas-reliefs ou d'arabesques du plus joli travail : les deux premiers, à gauche en entrant, sont surtout remarquables par la légèreté, le goût et la finesse des détails. Les hauts dossiers sont séparés les uns des autres par des pilastres chargés de petites figures placées dans des niches, surmontées de campaniles et d'autres ornements, tous d'un fini précieux. Ce monument est regardé par tous les connaisseurs comme un des plus beaux de ce genre.

Les cryptes ou chapelles souterraines sont au nombre de cinq, et se trouvent sous les chapelles de l'hémicycle, entre les sacristies : elles sont éclairées par des jours pris dans les cours du palais archiépiscopal et des tribunaux. La première est sous l'invocation de saint Léothade. Le corps de ce saint évêque repose sur l'autel, dans un sarcophage de pierre. La seconde est consacrée à saint Taurin, premier fondateur de l'église de Sainte-Marie. Son corps est renfermé dans un tombeau de pierre, sculpté dans le goût gothique, et placé sur l'autel. La troisième, qui se trouve au rond-point, est dédiée à saint Austinde, archevêque d'Auch. Ses reliques sont dans un sarcophage de pierre, sculpté comme dans la précédente.

On remarque encore à Auch l'hôtel de la préfecture, autrefois palais primatial; l'hôtel de ville; le séminaire; la bibliothèque publique, renfermant 7,700 volumes; une petite salle de spectacle; les casernes; l'hôpital, etc.

Auch est la patrie du duc de Roquelaure, du cardinal d'Ossat, du président d'Orbesson, de Dominique Serrel, habile peintre de marines; de l'amiral Villaret-Joyeuse, du général Dessolles, etc.

Fabriques de chapeaux, cadis, calmandes, burats, étoffes de fil et de coton, toiles. Filatures de laine. Tanneries. — *Commerce* de vins, eau-de-vie d'Armagnac, laines, plumes à écrire, merrain, bestiaux, etc.

A 17 l. de Toulouse, 16 l. 1/2 de Tarbes, 17 l. d'Agen, 198 l. de Paris. — *Hôtels* Alexandre; André.

BARRAN. Bourg situé à 3 l. d'Auch. Pop. 1,500 hab.

BIRAN ou BIRRAN. Bourg situé à 4 l. d'Auch. Pop. 1,400 hab.

CASTELNAU-BARBARENS. Bourg situé à 3 l. d'Auch. Pop. 850 hab.

GIMONT. Petite ville, située sur la Gimone, à 5 l. d'Auch. Collège communal. ✉ ☞ Pop. 2,952 hab.

Cette ville fut fondée dans le X.ᵉ siècle, sur un terrain concédé par une riche abbaye de bernardins, dont les bâtiments existaient encore près de ses murs en 1789. Elle consiste en une seule et longue rue, qui passe sous les halles, et à laquelle aboutissent quelques rues transversales assez bien percées. L'église paroissiale est un bel édifice gothique, construit en briques, qui mérite d'être vu pour sa large nef sans piliers.

Gimont a des foires et des marchés considérables, où il se fait un grand commerce de grains, vins, eaux-de-vie et mulets. On trouve dans ses environs une mine de turquoises non exploitée, que l'on cite comme différant peu des turquoises d'Orient.

JEGUN. Petite ville située à 4 l. 1/2 d'Auch. Pop. 2,131 hab.

LAVARDENS. Petite ville située à 4 l. d'Auch. Pop. 1,350 hab.

A un quart de lieue de Lavardens on trouve une source d'eau thermale dont on fait peu d'usage; elle est désignée dans le pays sous le nom de Fontaine chaude.

MONTAUT. Bourg situé à 2 l. 1/4 d'Auch. Pop. 800 hab.

PAVIE. Petite ville située à 1 l. d'Auch. Pop. 1,000 hab.

PESSAN. Bourg situé à 1 l. d'Auch. Pop. 750 hab.

PUYCASQUIER. Petite ville située à 5 l. d'Auch. Pop. 750 hab.

SARAMON. Petite ville, située sur la Gimone, à 3 l. d'Auch. Pop. 1,216 hab. — Saramon doit son origine à une abbaye de bénédictins, fondée en 904 dans un lieu appelé *Blizentium*. C'était autrefois une ville forte, qui a soutenu plusieurs sièges pendant les guerres de religion.

SAUVY (SAINT-). Bourg situé à 5 l. 1/2 d'Auch. Pop. 700 hab.

SEISSAN. Bourg situé à 5 l. d'Auch. Pop. 800 hab.

VIC-FEZENZAC ou VIC-SUR-LOSSE. Jolie petite ville, située sur la rive gauche de la Losse, à 7 l. d'Auch. ✉ Pop. 3,679 h.

Vic est une ville ancienne, qui fut donnée par Clovis, en 509, à l'église d'Auch. Aymery, comte de Fezenzac, s'en étant emparé dans le XI° siècle, la ville ajouta alors à son nom celui de ce seigneur, et devint la capitale du Fezenzaguet. C'était autrefois une place assez importante, qui fut souvent prise, reprise et saccagée pendant les guerres de religion. C'est aujourd'hui une petite ville propre, agréable et assez bien bâtie. — *Fabriques* de tartre. Tanneries. — *Commerce* considérable d'eaux-de-vie d'Armagnac, de vins, grains, cerceaux, etc. Marchés importants toutes les semaines.

ARRONDISSEMENT DE CONDOM.

BARBOTAN. Village dépendant de la commune de Cazaubon, situé à 8 l. de Condom.

Ce village possède des sources d'eaux thermales renommées, dont la chaleur varie de 25 à 32 degrés du thermomètre de Réaumur. En 1820, on y a construit un établissement de bains, où les eaux sont distribuées dans quatre bassins. Le premier de ces bassins est affecté aux bains; le second contient six baignoires; le troisième est destiné aux indigents, et le quatrième, qui est très-grand, contient les boues.

Ces eaux appartiennent à la classe des eaux sulfureuses thermales. Elles s'emploient en bains avec succès dans les affections rhumatismales et goutteuses, les dartres, la gale, les écrouelles, la paralysie, les suites des fractures, les plaies, les ulcères. En boisson, elles conviennent dans les maladies des voies urinaires et les engorgements des viscères.

Les eaux de Barbotan jouissent d'une grande réputation, et sont fréquentées annuellement par 1,000 à 1,100 malades.

BASTIDE D'ARMAGNAC (la). Petite ville, située près de la Douze, à 15 l. de Condom. Pop. 1,500 hab.

CASTERA-VERDUZAN ou CASTERA-VIVENT. Joli village, situé dans un riant et fertile vallon, sur la grande route d'Auch à Condom, à 5 l. de cette dernière ville. Pop. 960 hab.

Ce village est renommé par ses sources d'eaux minérales, connues sous le nom de grande fontaine ou fontaine sulfureuse, et de petite fontaine ou fontaine ferrugineuse. Le vallon où il est bâti, est dominé par deux chaînes de collines, qui s'abaissent et s'écartent insensiblement, pour faire place à des plaines fertiles, à de riches prairies, au milieu desquelles serpente la rivière d'Auloue.

Il est difficile de trouver un paysage plus délicieux que celui des environs de Castera. Le domaine de chaque propriétaire est entouré de haies d'aubépine, et parsemé d'arbres fruitiers qui donnent à la campagne un air riant et semblent n'en faire qu'un grand verger. Le chêne, l'orme, le peuplier, le saule et le frêne bordent les deux côtés de la grande route et de la rivière. Leurs branches entrelacées et leur épais feuillage forment des berceaux que les rayons du soleil ne peuvent percer, et sous lesquels on peut goûter le doux charme de l'ombre et de la fraîcheur. Des sentiers solitaires, par d'agréables et nombreux détours, conduisent du fond du vallon sur les plateaux des collines qui l'environnent. Là, pendant les belles matinées et les belles soirées d'été, on respire un air toujours pur; on contemple à loisir le magnifique spectacle de la nature, les riches et brillantes couleurs de l'aurore, le lever majestueux du soleil et le coucher non moins imposant de cet astre. De là, l'œil se promène sur les collines voisines, derrière lesquelles apparaissent des montagnes élevées, que surmontent les pics neigeux des Pyrénées, dont la cime se perd dans les nues. De là enfin, on découvre des points de vue variés et ravissants, qui font naître chaque fois le regret de les quitter et le désir de les revoir.

Sur l'un de ces plateaux, au sud-est de l'établissement des eaux minérales, on aperçoit le vieux Castera, village très-élevé, qui domine la grande route, la rivière et la plaine; on y remarque les ruines d'un antique château, ancienne demeure des templiers.

Les eaux minérales de Castera-Verduzan sont connues depuis un temps immémorial.

La source se trouvait autrefois au milieu d'un marais dégoûtant, d'où l'on n'approchait qu'avec peine, avant qu'on eût rassemblé les eaux dans un seul réservoir. Vers le milieu du siècle dernier, M. d'Étigny, intendant de la généralité d'Auch, dont le nom se rattache à tout ce qui a été fait d'utile et de grand dans ce pays, y fit construire un réservoir entouré de cabinets, où étaient quelques baignoires en bois. Comme la construction de cet établissement avait fort peu de solidité, il ne tarda pas à se dégrader, et ce n'était plus qu'un vrai cloaque en 1817, époque où M. de Mins en fit l'acquisition. Par ses soins, l'ancien établissement a été remplacé par un vaste et superbe édifice, qui peut rivaliser avec les édifices du même genre les plus fréquentés de l'Europe. Il consiste dans un beau péristyle, orné de colonnes d'ordre pestum, terminé à droite et à gauche par deux grottes rocailleuses d'un goût élégant. Au centre de ces grottes, les fontaines jaillissent d'un énorme mufle de lion. Quand on a le bâtiment en face, la source sulfureuse est à droite, et la source ferrugineuse à gauche. Le vestibule par lequel on entre dans l'établissement est très-vaste et parfaitement éclairé. Il conduit à des couloirs voûtés, qui séparent le corps de l'édifice des cabinets de bains; chacun de ceux-ci a une voûte particulière, et une croisée qui suffit pour renouveler l'air rapidement, pour donner du jour, et pour le modérer à volonté. Vingt-huit baignoires en marbre blanc, placées au niveau du sol à la manière antique, sont destinées aux baigneurs. Six de ces baignoires sont alimentées par la source ferrugineuse, et vingt-deux par la source sulfureuse. A chaque baignoire appartient un chauffoir, qui entretient les linges constamment chauds. La douche, qui est d'une grande force, peut être dirigée à volonté dans tous les sens. On la reçoit dans un bassin de marbre, placé au centre de l'édifice, et assez vaste pour qu'il soit possible d'y prendre toutes les positions. Un bel escalier, un waux-hall spacieux, un salon, une salle de billard, et de nombreux appartements, composent les parties supérieures de ce bel établissement, où les pauvres sont reçus et traités gratuitement.

On se rend du village à l'établissement par deux larges et belles avenues, couvertes de sable et bordées d'un gazon toujours vert; ces deux avenues, partant de la grande route, conduisent par une pente douce et presque insensible aux extrémités du péristyle et en face des grottes où l'on boit les eaux.

Les étrangers trouvent à Castera des logements commodes, bien décorés, et pourvus de tout ce qui peut être nécessaire aux malades. Le pauvre comme le riche, l'habitant des champs et celui des villes, l'artisan et le bourgeois, tous peuvent s'y loger au gré de leurs désirs et suivant leur fortune. Toutes les maisons sont vastes, saines, très-commodes, et d'une extrême propreté. Les habitants sont doux, affables, honnêtes, complaisants, polis, toujours gais et de bonne humeur; tous rivalisent de zèle et de bonne intention pour bien accueillir et bien traiter les personnes qui leur accordent leur confiance.

A ces avantages il faut ajouter celui de trouver, en tout temps, une excellente nourriture. Les comestibles y sont on ne peut plus variés. Le pain y est de très-bonne qualité; le vin du meilleur goût, et la viande excellente. Chaque matin, il se tient en face de l'établissement un marché bien pourvu par les habitants des communes voisines, qui apportent ce que leur basse-cour, leur jardin et leur verger fournissent de plus délicat. En un mot, volaille, gibier, poisson, légumes et fruits de la saison, tout y est au choix, en abondance et à un prix modéré. Quant à l'apprêt, à la dépense, au luxe et au service de la table, chacun peut se conformer à son goût, à sa manière de vivre, à ses habitudes, à sa fortune. Les hôtels et les auberges de Castera-Verduzan ne laissent rien à désirer sous ce rapport.

SAISON DES EAUX. Les eaux de Castera sont fréquentées depuis le commencement de mai jusqu'à la mi-octobre; mais il convient mieux de s'y rendre en mai, juin, juillet et août, qu'en septembre et octobre; l'expérience ayant démontré que l'effet de ces eaux est d'autant plus prompt et plus sensible que la chaleur est plus grande. Il s'y rend annuellement de 11 à 1,200 personnes.

PROPRIÉTÉS PHYSIQUES. L'eau de la fontaine sulfureuse est claire, limpide, et exhale au loin l'odeur du gaz hydrogène sulfuré. La limpidité n'en est jamais troublée, quelles que soient l'abondance et la durée des pluies. Elle noircit l'argent qu'on y plonge ou qu'on expose au-dessus. Quand on l'a puisée dans un verre, on voit s'élever du fond vers la surface des bulles de gaz hydrogène sulfuré. La température habituelle est constamment de 24° 4/10 du th. centig., ce qui nécessite l'emploi de la chaleur quand on veut en user sous forme de bain.

Cette eau dépose sur les parois des canaux qu'elle parcourt, et dans l'auge de la cuvette, des matières glaireuses de couleur blanchâtre, très-onctueuses au toucher.

L'eau de la source ferrugineuse est froide, très-limpide, inodore, d'une saveur styptique, fraîche, métallique. Dans l'auge où elle est reçue en sortant de la source, on voit se dégager des bulles de gaz acide carbonique, qui viennent crever à la surface de l'eau. Elle dépose au fond de l'auge et des baignoires un sédiment ocracé, légèrement onctueux.

PROPRIÉTÉS CHIMIQUES. M. Manas, de Condom, a traité l'eau sulfureuse par les réactifs, et en a obtenu du gaz hydrogène sulfuré, du gaz acide carbonique, de l'acide hydrochlorique, de l'acide sulfurique, de la chaux et de la magnésie.

Vingt kilog. de cette eau, évaporée jusqu'à siccité, ont produit 5 g. 6 d. de résidu, que Vauquelin a analysé, et où il a trouvé :

Humidité	0, 20
Muriate de chaux	0, 50
Matière animale soluble	0, 22
Sulfate de chaux soluble	0, 20
Muriate de soude	} 0, 13
Traces de sous-carbonate	
Sulfate de soude	1, 10
Sulfate de chaux insoluble	1, 46
Carbonate de chaux	0, 81
Matière animale insoluble	0, 08
Perte	1, 10

L'eau ferrugineuse, traitée par les réactifs, a donné du fer, du gaz acide carbonique, de l'acide hydrochlorique, de l'acide sulfurique, de la chaux et de la magnésie. Vingt kilog. évaporés jusqu'à siccité ont produit un résidu, analysé par Vauquelin, qui y trouva les substances suivantes :

Humidité	0, 22
Muriate de chaux	0, 70
Matière animale soluble	0, 10
Sulfate de chaux soluble	0, 16
Sulfate de soude	1, 45
Muriate de soude et traces de carbonate	} 0, 10
Matière animale insoluble	0, 10
Sulfate de chaux insoluble	1, 14
Carbonate de chaux	0, 83
Oxyde de fer	0, 20

PROPRIÉTÉS MÉDICINALES. L'eau sulfureuse de Castera-Verduzan convient dans presque toutes les éruptions de la peau, les ulcères atoniques entretenus par le vice scrofuleux ou par toute autre cause débilitante, les inflammations des membranes muqueuses, les vieux catarrhes de la vessie et de l'urètre. On les administre aussi avec avantage dans les affections hystériques et hypocondriaques, la jaunisse, les pâles couleurs, et dans toutes les maladies provenant de l'inertie de l'organe utérin. Elle est d'une efficacité admirable dans les rhumatismes chroniques, et dans les engorgements non aigus des articulations, et généralement dans toutes les maladies des os.

L'eau ferrugineuse est souveraine pour le traitement de la chlorose, des maladies qui tiennent à l'atonie des organes digestifs; elle réussit dans les engorgements chroniques et non phlegmoneux du tissu cellulaire sous-cutané, dans les affections scrofuleuses, dans les hydropisies générales ou partielles, qui dépendent uniquement de la faiblesse et non de l'irritation des viscères ou organes intérieurs. On la recommande aussi dans le cas de stérilité produite par le relâchement du système utérin et de ses annexes, et dans les fièvres intermittentes.

MODE D'ADMINISTRATION. Les eaux minérales de Castera-Verduzan s'administrent en boisson, en lotions, en injections, en douches et en bains. On boit ordinairement les eaux le matin, à jeun, afin qu'elles agissent d'une manière plus immédiate sur l'estomac. Le premier jour, la dose n'est que de deux ou trois verres de cinq onces ; les jours suivants on augmente d'un verre et quelquefois de deux, jusqu'à ce qu'on soit arrivé d'une manière insensible à la plus grande quantité d'eau qu'on veut prendre dans une matinée. En général, la plus forte dose est de huit à dix verres pour les personnes faibles, et de douze à treize pour les robustes [1].

CAZAUBON. Petite ville, située sur la rive droite de la Douze, à 9 l. 3/4 de Condom. Pop. 2,456 hab.— Distilleries et commerce d'eaux-de-vie excellentes, dirigées sur Mont-de-Marsan, et le Pont de Bordes.

CONDOM. Ville très-commerçante. Chef-lieu de sous-préfecture. Tribunal de pre-

---

[1]: On peut consulter sur les eaux de Castera-Verduzan : Traité des eaux minérales de Verduzan, par Roulin, in-12°, 1772 ;
Une saison aux eaux de Castera-Verduzan en 1824;
Notice sur les eaux minérales de Castera-Verduzan, par les docteurs Capuron et Bozin, médecins inspecteurs de cet établissement; in-8°, 1830; ouvrage dont nous avons essayé de donner une analyse dans cet article.

mière instance. Société d'agriculture. Collège communal. ✉ ☛ Pop. 7,144 hab.

Suivant quelques auteurs, Condom doit son origine à un monastère qui existait au commencement du IXe siècle; mais il paraît que cette ville est beaucoup plus ancienne: on croit généralement qu'elle fut fondée par les Vascons. Ce monastère fut détruit plusieurs fois par les Normands; rétabli en 1011 par Hugues, évêque d'Agen, il fut érigé en évêché en 1317, par le pape Jean XII. Condom a toujours été capitale d'un vaste pays, connu dans l'histoire sous le nom de *pays de Condomois*. Ce pays était autrefois un pays d'États, dont les députés tenaient leurs assises à Condom. En 1601, les États furent érigés en élections, dont cette ville était le chef-lieu. — Condom avait un sénéchal, dont l'origine ne peut être assignée tant elle est ancienne: des documents authentiques peuvent faire remonter son existence au moins à 1286; Henri II y établit un présidial en 1551. En 1749, un édit réunit la justice royale au sénéchal et siège présidial. En 1286, sous Philippe le Bel, fut passé un accord solennel (*paréage*) entre Édouard, roi d'Angleterre, en qualité de duc de Guyenne, et Augerius, abbé de Condom, pour y fixer l'exercice de la justice subalterne. Philippe de Valois confirma ce titre en 1329; mais plus tard il donna lieu à une longue et opiniâtre lutte entre les consuls de Condom et l'évêque; lutte terminée vers le milieu du XVIIIe siècle en faveur des habitants.

Condom possédait avant la révolution de 1789 un collège célèbre des prêtres de l'Oratoire, fondé en 1628. On y comptait huit maisons religieuses (cinq d'hommes et trois de filles), et dix-huit églises, y compris celles du monastère. — L'abbaye de Condom, fondée en 803, fut détruite par les Normands, et réédifiée en 904. Vers le commencement du XIe siècle, ce monastère fut consumé par le feu; rétabli en 1011, on y plaça des religieux de l'ordre de Saint-Benoît. L'abbaye de Condom acquit une grande importance par ses richesses et le nombre des religieux. Un respectable ecclésiastique, encore vivant, a vu dans les archives de ce chapitre une lettre du prieur des bénédictins de Condom, en réponse à une lettre du prieur de la Roumieu, qui lui demandait un certain nombre de moines pour assister à un enterrement. Le prieur de Condom lui répond qu'il est bien fâché de ne pouvoir lui envoyer que cent moines, « attendu « qu'il en a envoyé un pareil nombre dans « un autre couvent pour le même objet, et « qu'il ne peut pas dégarnir entièrement « son couvent. »

Les fortifications de Condom furent démolies en 1229, lors de la paix qu'obtint Raymond, comte de Toulouse. Elles furent réparées depuis, moins peut-être la citadelle dont les ruines se voyaient encore il y a peu d'années. — Condom a beaucoup souffert, lorsqu'en 1569 Montgommery y pénétra à la tête des protestants.

Condom est une ville fort agréablement située; elle couvre un mamelon dont le pied est baigné par la Baïse, qu'on y passe sur deux ponts en pierre. Au centre de la ville, sur le haut du terrain, est une grande place, propre et bien entourée, dont un des côtés est formé par l'église paroissiale, noble et grand édifice gothique encore digne de remarque malgré les mutilations qu'il a subies; la voûte de la nef est d'une hauteur majestueuse; ses élégantes nervures, ses écussons dorés, sont splendides. Une galerie borde cette église, sur le côté de la place; près de là est la Bourse, dans un local propre et bien adapté à sa destination.

Comme toutes les anciennes cités, Condom est une ville mal bâtie; mais elle s'embellit tous les jours. Ses boulevards sont plantés de belles allées d'arbres; de nombreuses et jolies maisons de campagne décorent les environs. Un peu au-dessous de la ville, une haute levée borne le cours de la Baïse, qui, lorsque ses eaux sont abondantes, forme une agréable cascade.

Condom est la patrie de Scipion Dupleix, historiographe du XVIe siècle; de Sabatier, auteur d'un dictionnaire classique des antiquités; de Salluste Dubartas, poète du XVIe siècle; du maréchal de Montluc, l'un des militaires les plus courageux et les plus féroces de son siècle, auteur de commentaires curieux pour l'histoire de la guerre des Albigeois: ses cruautés, sa barbarie, effacent aux yeux de la postérité le mérite de ses actions guerrières; on a oublié celles-ci pour ne se souvenir que des autres.

Fabriques importantes de plumes à écrire et de bouchons de liège. Manufacture de porcelaine. Distilleries d'eau-de-vie. Filatures de laine. Tanneries. — *Commerce* actif de grains, farines, vins, eau-de-vie, cuirs. Entrepôt des eaux-de-vie qui se fabriquent dans la partie occidentale du département.

A 9 l. d'Agen, 182 de Paris. — *Hôtels* du Lion d'or, du Grand soleil, du Cheval blanc.

EAUSE. Très-ancienne ville, située sur

la Gélize, à 6 l. 1/2 de Condom. Pop. 3,202 hab.

Du temps de César, Eause était une cité importante, nommée *Elusa*, chef-lieu du pays des *Elusates*. Plus tard, elle fut quelque temps capitale de la Novempopulanie ou troisième Aquitaine; dans la suite, elle devint le chef-lieu du pays d'*Ausan*, compris dans le bas Armagnac. Au Ve siècle, les Goths s'emparèrent de la ville d'Eause, et la ruinèrent. Clovis les en chassa, la ville fut reconstruite, et les Gascons s'y établirent par sa protection et celle de ses successeurs. En 732, les Sarrasins saccagèrent Eause une seconde fois; elle fut encore saccagée une troisième, au IXe siècle, par les Normands, qui la ruinèrent et en massacrèrent presque toute la population. Ceux de ses habitants échappés au désastre se réfugièrent à Auch, où l'évêché d'Eause fut transféré. Plus tard, la ville d'Eause fut reconstruite près de son ancien site, vaste champ cultivé qui porte encore le nom de la *Ciutat* (la cité), et qui est parsemé de débris attestant l'importance que dut avoir l'ancienne ville; on y retrouve fréquemment, en labourant la terre, des fragments d'architecture, des monnaies romaines, etc. — *Commerce* d'eau-de-vie.

GAZANPOUY. Bourg situé à 2 l. 3/4 de Condom. Pop. 1,150 hab.

GOUDRIN. Petite ville située à 3 l. 1/2 de Condom. Pop. 2,000 hab.

HOUGA (le). Bourg situé à 15 l. 1/2 de Condom. Pop. 1,100 hab.

LANNEPAX. Petite ville, située sur une hauteur, au milieu de vastes landes, à 5 l. 3/4 de Condom. Pop. 1,450 hab.

Lannepax est une ancienne ville des Élusates, qui doit son nom à sa situation dans la Lanne ou Lande, et à la paix qui y fut conclue entre les chefs des Élusates et Crassus, général des Romains. On voit dans ses environs les traces d'une voie antique, et les restes d'un pont de construction romaine, qui porte encore le nom de Pont de César.

LARROUMIEU. Bourg situé à 3 l. 1/4 de Condom. Pop. 1,300 hab. C'était autrefois une ville fermée de portes, de murailles et de fossés, où l'on voit une riche et belle collégiale, qui avait été fondée en 1318, par le cardinal Arnaud d'Aux, qui, en 1311, prit la parole dans le concile général de Vienne, et insista pour que les templiers ne fussent pas jugés sans être entendus.

MANCIET. Petite ville située à 8 l. 3/4 de Condom. Pop. 1,742 hab. — *Commerce* considérable de porcs gras.

MONTRÉAL. Petite ville située sur l'Auzon, à 3 l. 3/4 de Condom. Pop. 2,877 h. — *Fabriques* d'eau-de-vie. Filatures de laine. Tuileries et fours à chaux.

NOGARO. Jolie petite ville, agréablement située, près du Midon, à 10 l. 3/4 de Condom. ✉ Pop. 1,914 hab.

Cette ville a été fondée dans le XIe siècle, par Austinde ou Ostin, archevêque d'Auch. Il s'y tint un concile en 1290. Elle fut pendant quelque temps le séjour des comtes d'Armagnac, et fut comprise dans l'échange du duché d'Albret contre les principautés de Sedan et de Raucourt.

PUY (SAINT-). Petite ville située à 4 l. de Condom. Pop. 2,500 hab.

VALENCE. Petite ville située à 2 l. 1/2 de Condom. Pop. 1,240 hab.

ARRONDISSEMENT LECTOURE.

AVIT (SAINT-). Village situé à 1 l. 1/2 de Lectoure. Pop. 300 hab. On voit à peu de distance le beau château gothique de son nom.

CASTERA-LECTOUROIS. Petite ville, située sur la rive droite du Gers, à 1 l. 1/4 de Lectoure. Pop. 650 hab.

CLAR DE LOMAGNE (SAINT-). Petite ville, située sur l'Arrats, à 3 l. 1/2 de Lectoure. ✉ Pop. 1,638 hab. — *Fabrique* importante de rubans de fil.

FLEURANCE. Jolie petite ville, située près de la rive gauche du Gers. ✉ Pop. 3,410 hab. C'est une ville bien bâtie, percée d'une rue spacieuse traversée par la grande route. On y voit une belle place publique et une promenade agréable. — *Commerce* important de grains, vins, légumes, plumes d'oie, etc. Foires et marchés très-fréquentés.

GAUDONVILLE. Bourg situé à 5 l. 1/4 de Lectoure. Pop. 500 hab.

LECTOURE. Ancienne ville. Chef-lieu de sous-préfecture. Tribunal de première instance. Collége communal. ✉ ♈ Pop. 6,495 hab.

MANCIET.

Lors de l'invasion des Gaules par les Romains, Lectoure était la capitale des *Lactorates*, un des peuples de la Novempopulanie. Du temps de Gordien, qui fut salué empereur en 238, elle était colonie romaine avec titre de république. Les Romains y élevèrent divers édifices, dont quelques débris existent encore enchâssés dans les murs de la grande salle de l'hôtel de ville et dans les piliers des halles. La situation élevée de Lectoure en fit une place importante : un château fort immense, une triple enceinte de murs énormes, la rendaient presque imprenable ; cependant, peu de villes ont plus souffert des horreurs de la guerre. L'histoire de ses premiers désastres est peu connue ; celle de ses malheurs subséquents ne l'est que trop. Son château fut longtemps la résidence des comtes d'Armagnac ; Jean V, l'un d'eux, épris d'une passion criminelle pour sa sœur Isabelle, jeune personne d'une rare et célèbre beauté, avec laquelle il se maria dans la chapelle du château de Lectoure, et dont il eut trois enfants, encourut la haine de Charles VII ; qui envoya une armée de 34,000 hommes pour assiéger la ville de Lectoure. Les époux se réfugièrent chez le roi d'Aragon : la ville se rendit, et les terres du comte d'Armagnac furent confisquées ; sa sœur se retira au monastère de Mont-Lion, près Barcelone, où elle prit le voile. Louis XI, à son avénement à la couronne, rendit au comte d'Armagnac tous ses domaines ; celui-ci épousa Jeanne, seconde fille du comte de Foix. De nouveaux démêlés s'étant élevés entre lui et le roi, Louis envoya contre lui une armée nombreuse. Lectoure, assiégée une seconde fois, se rendit par capitulation ; mais la ville fut reprise par le comte l'année suivante. Louis XI envoya, pour s'en emparer, de nouvelles troupes, dont il confia le commandement à Jean Geoffroi, cardinal-archevêque d'Albi. Le prélat voyant le peu de succès des attaques dirigées contre la ville, fit offrir au comte des propositions avantageuses, que celui-ci accepta. La place se rendit le 5 mars 1473 ; mais au mépris d'une convention jurée sur la sainte hostie que le comte partagea avec le cardinal, le comte d'Armagnac fut assassiné le lendemain dans sa chambre, par plusieurs hommes armés, qui le percèrent d'un grand nombre de coups de lance. Les soldats se répandirent ensuite dans la ville, où ils se livrèrent au plus horrible carnage : les maisons furent incendiées ; la garnison, les citoyens, hommes, femmes et enfants, furent égorgés par ordre du roi et de son digne ministre. La comtesse d'Armagnac, enceinte de sept mois, fut conduite au château de Buzet, en Languedoc, où, un mois après qu'elle y fut enfermée, se rendirent plusieurs commissaires avec un apothicaire, qui la forcèrent à prendre un breuvage qui la fit avorter et mourir. Charles Ier, frère du comte d'Armagnac, fut enfermé à la Bastille pendant quatorze années, où on lui fit subir les plus horribles traitements ; enfin, pour comble d'atrocités, l'on vit, le 4 août 1477, les enfants du duc de Nemours, Jacques d'Armagnac, arrosés du sang de leur père et détenus à la Bastille dans des cachots en forme de hotte ; ils n'en sortirent qu'en 1484, à l'avénement de Charles VIII. — A peine rebâtie et repeuplée, Lectoure fut dévastée par les guerres religieuses, et tour à tour prise, reprise, pillée, saccagée par les partis contraires. En 1632, son château servit de prison au duc de Montmorency, qui n'en sortit que pour porter à Toulouse sa tête sur l'échafaud.

La situation de Lectoure est aussi singulière, aussi pittoresque qu'elle est forte ; la ville couronne un immense rocher, isolé des collines environnantes par de profondes vallées, de tous côtés fort escarpé, et qui était séparé de la colline dont il forme le prolongement, par une vaste tranchée. Le sommet du terrain est un plateau de forme ovale, étroit et fort allongé, entouré de falaises coupées à pic et parsemé des vastes débris de ses anciennes fortifications. A l'extrémité extérieure du plateau s'élevait le château détruit, et aujourd'hui remplacé par un hôpital ; là s'ouvre une rue propre, presque droite, et régulière, qui traverse toute la ville ; vers son autre extrémité s'élève l'église paroissiale, grand et beau vaisseau de style saxon-gothique, élevé par les Anglais, et surmonté d'un haut clocher carré : ce clocher portait une flèche d'une hauteur extraordinaire, qui, souvent frappée de la foudre et menaçant ruine, a été démolie.

Près de l'église est situé l'ancien palais épiscopal, acquis par le maréchal Lannes, duc de Montebello, et donné par sa veuve à la ville de Lectoure, qui l'a consacré à la mairie, à la sous-préfecture et au tribunal de première instance. L'espace qui en est proche a été décoré récemment de la statue en marbre blanc de ce guerrier illustre, dont le portrait, ainsi que ceux de plusieurs autres hommes de guerre, nés à Lectoure, décorent les salles de l'hôtel de ville.

La ville de Lectoure n'est ni belle, ni bien bâtie ; mais sa situation est agréable, et ses promenades sont délicieuses. De celle dite du Bastion, on jouit d'une fort belle vue, qui se prolonge vers le sud jusqu'aux Pyrénées. Dans ce vaste intervalle, on distingue entre autres objets le monticule du Taco, couvert d'arbres et remarquable par les fossiles qu'il renferme; un peu plus loin, la ville de Terraube, encore entourée de remparts, et dominée par son vieux château ; plus loin, vers le sud-est, Fleurance, et dans la même direction paraissent dans le lointain les tours de la cathédrale de la ville d'Auch : lorsque l'atmosphère est pure, on distingue facilement l'immense chaîne des Pyrénées, soulevant ses nombreuses sommités, étincelantes des neiges éternelles qui les couvrent. Cette promenade passe pour avoir été plantée par celui qui fut depuis duc de Montebello, auquel ce travail pénible rapportait six sous par jour. On dit que lorsque la gloire en eut fait un homme célèbre, il venait souvent avec ses compagnons d'armes leur raconter sous cet ombrage, de quel échelon la destinée l'avait fait partir pour commencer une route qu'il parcourut et suivit avec tant d'honneur : il se plaisait à redire le modeste salaire qui lui était accordé pour ses travaux dans son enfance. L'éclat des dignités, du rang, de la faveur, n'avait point ébloui sa raison; modeste au sein de la grandeur, il voyait des mêmes yeux le point d'où il était parti, et celui où il était arrivé.

On remarque au bas de la montagne sur laquelle est située la ville de Lectoure, une fontaine antique, connue sous le nom d'Hondelia, consacrée, suivant quelques auteurs, à Diane de Délos, et suivant d'autres, au soleil ; quelques historiens ont pensé que le réservoir de la fontaine était un temple de Diane. Quoi qu'il en soit, ce bâtiment est vaste et de construction antique. On voit au-dessus de la façade une petite figure grossièrement sculptée, qu'on prétend être celle de la déesse. On descend par plusieurs degrés à la fontaine dont l'architecture annonce une grande antiquité ; sa forme extérieure et sa grandeur sont à peu près celles des anciennes chapelles rurales. L'intérieur est rempli d'eau jusqu'à la hauteur de 5 à 6 pieds ; elle se répand en abondance au-dehors par des mascarons figurant des têtes de bélier. La voûte est peinte à fresque ; mais les figures sont si obscurcies par la vapeur de l'eau, qu'il est impossible de reconnaître les sujets qu'elles représentent.

Lectoure est la patrie de plusieurs hommes de guerre distingués, parmi lesquels nous citerons Lannes, Dessolles, Castex, Espagne, Soulés, etc.

Fabriques de serges et de grosses draperies. Tanneries. — *Commerce* de grains, mules, bestiaux, vins, eau-de-vie, cuirs. — A 8 l. d'Auch, 9 l. d'Agen, 181 l. de Paris. — *Hôtel* Calomez.

MAUVEZIN. Petite ville, située sur l'Arratz, à 8 l. 1/2 de Lectoure. Pop. 2,689 hab. C'est une ville ancienne, où l'on voit les restes d'un ancien château fort, qui a appartenu aux vicomtes de Fezenzac.

MIRADOUX. Petite ville située à 3 l. 3/4 de Lectoure. Pop. 1,778 hab.

MONTASTRUC. Bourg situé sur la rive gauche du Gers, à 4 l. de Lectoure. Pop. 120 hab.

SARRAN. Bourg situé à 8 l. 1/2 de Lectoure. Pop. 1,000 hab.

SOLOMIAC. Bourg situé à 7 l. 1/2 de Lectoure. Pop. 800 hab.

TERRAUBE. Petite ville située à 1 l. 3/4 de Lectoure. Pop. 1,200 hab. C'était autrefois une ville forte, encore entourée de vieux remparts, et dominée par un ancien château fort.

TOURNECOUPE. Bourg situé à 5 l. 3/4 de Lectoure. Pop. 1,100 hab.

ARRONDISSEMENT DE LOMBEZ.

COLOGNE. Petite ville, située dans un territoire agréable et fertile, à 7 l. 3/4 de Lombez. Pop. 939 hab.

ISLE JOURDAIN (l'). Jolie petite ville, bâtie dans une situation agréable, située sur la rive droite de la Save, à 5 l. 1/2 de Lombez. Pop. 4,307 hab.

L'Isle Jourdain était autrefois une ville très-forte, défendue par un château fort. Après avoir été plusieurs fois prise, reprise et saccagée, ses remparts furent abattus et son château rasé. Elle fut saccagée en 1799 par les troupes républicaines, à la suite d'une insurrection royaliste. C'est une ville propre, bien bâtie et bien percée : on y remarque une belle place, une belle église paroissiale et une vaste halle. — *Fabriques* de cuirs. Tuileries et briqueteries.

L'ILE EN JOURDAIN.

EGLISE DE CAHUZAC.

LOMBEZ. Petite ville. Chef-lieu de sous-préfecture. Tribunal de première instance. ✉ Pop. 1,541 hab.

Lombez doit son origine à une abbaye de l'ordre de Saint-Augustin. Le pape Jean XII l'érigea en évêché en 1317. Il s'y est tenu un concile où plusieurs évêques assemblés avec Gérard d'Albi excommunièrent les Albigeois. Cette ville est située dans une plaine de la plus grande fertilité, sur la rive gauche de la Save, dont les débordements causent souvent des ravages considérables.

Fabriques de cuirs. — *Commerce* de grains, laine, cuirs, bestiaux, etc.

A 9 l. d'Auch, 187 l. de Paris.

SAMATAN. Petite ville, située sur la rive gauche de la Save, à une demi-lieue de Lombez. Pop. 1,930 hab. C'était autrefois une place importante du bas Armagnac, défendue par un château fort bâti sur le sommet d'une montagne. Elle a été souvent assiégée, prise et pillée dans les guerres civiles et étrangères qui ont désolé cette contrée, et jamais depuis elle n'a pu reprendre sa prospérité première. C'est la patrie de l'historien Belleforêt. — *Fabriques* de cuirs. Briqueteries.

SIMORRE. Bourg situé à 3 l. de Lombez. Pop. 1,600 hab.

TOUGET. Petite ville située à 6 l. 3/4 de Lombez. Pop. 800 hab.

ARRONDISSEMENT DE MIRANDE.

AIGNAN. Petite ville, située sur un coteau non loin des sources de la Douze et du Midou, à 9 l. de Mirande. Pop. 1,701 hab.

L'origine de cette ville remonte au VIIe siècle. Elle était autrefois fortifiée, et a été brûlée dans le XVIe siècle pendant les guerres de religion. On y remarque une belle église de construction gothique, surmontée d'un clocher fort élevé.

BARCELONNE. Bourg situé à 17 l. de Mirande. Pop. 1,120 hab.

BASSOUES. Petite ville située à 5 l. 3/4 de Mirande. Pop. 1,645 hab.

Cette ville existait au commencement du VIIIe siècle. On lit dans la Chronique manuscrite d'Auch, que saint Phrix, fils du duc de Frise, y périt alors en combattant pour la foi. Les archevêques d'Auch en étaient seigneurs, et y avaient un château fort dont on voit encore une tour remarquable par son élévation.

On trouve à Bassoues plusieurs sources d'eau minérale acidule froide.

BEAUMARCHES. Petite ville, située sur un coteau, près de la rive droite de l'Arros, à 8 l. 3/4 de Mirande. Pop. 2,315 h.

Cette ville doit son nom à un sénéchal de Toulouse, chargé par le roi, en 1295, de la faire bâtir pour le comte de Pardiac, qui avait promis de faire la guerre au comte d'Armagnac; la ville était alors fortifiée; elle fut prise et incendiée par les protestants dans le XVIe siècle, et fut alors presque entièrement détruite.

LUPIAC. Bourg situé à 10 l. 1/4 de Mirande. Pop. 1,300 hab.

MARCIAC. Petite ville située à 5 l. 1/4 de Mirande. Pop. 1,778 hab.

Cette ville a été formée dans le XIIIe siècle, par la réunion de plusieurs hameaux, aux habitants desquels le comte de Pardiac et les moines de l'abbaye de la Case-Dieu concédèrent, en 1298, le terrain sur lequel elle est située. La ville s'accrut promptement, ainsi que la prospérité de son commerce; mais elle eut beaucoup à souffrir pendant le XVIe siècle, des guerres de religion; elle était alors fortifiée et avait des remparts qui ont été remplacés par une agréable promenade. — Verrerie.

MASSEUBE. Jolie petite ville, située sur la rive gauche du Gers, à 4 l. 1/2 de Mirande. Pop. 1,640 hab.

Cette ville a été bâtie dans le XVe siècle. Elle était autrefois fortifiée, et est encore en grande partie entourée de ses anciennes murailles. Elle est bien bâtie, propre, et formée de larges rues tirées au cordeau, qui aboutissent à une belle place centrale : on y entre par quatre portes. — *Fabriques* de cadis, capes, couvertures. — *Commerce* de mulets pour l'Espagne.

MIÉLAN. Petite ville, située sur le penchant d'une colline, à 3 l. de Mirande. ✉ ⚜ Pop. 1,931 hab. Dans le XVe siècle, c'était une ville assez considérable, défendue par un château fort, dont les Anglais s'emparèrent en 1440. Arnaud de Guilhem la reprit peu de temps après, et en passa la garnison au fil de l'épée. La ville possède une petite promenade, d'où l'on découvre parfaitement les Pyrénées. — *Commerce* de moutons renommés pour la délicatesse de leur chair.

MIRANDE. Jolie ville. Chef-lieu de sous-préfecture. Tribunal de première instance. ✉ ☞ Pop. 2,532 hab.

Cette ville fut fondée en 1289 par Centule, troisième comte d'Astarac; elle devint la capitale du comté de ce nom, et une place forte susceptible d'une grande résistance. Ses murs ont été plusieurs fois réparés et sont encore en bon état; ils sont percés de quatre portes, que l'on aperçoit de la place qui en occupe le centre, et où aboutissent quatre grandes rues.

Mirande est une ville propre, bien bâtie, où l'on voit plusieurs constructions de style ancien, mais régulières et de fort belle apparence. Près de Mirande existait jadis une petite ville du nom de Saint-Jean de Leziau, qui fut détruite pendant les guerres civiles; il n'en reste plus que les ruines du château, qui faisait sa principale défense.

Fabriques de cuirs. — *Commerce* de grains, vins, eau-de-vie, laines, plumes à écrire, etc.

A 6 l. d'Auch, 10 l. de Tarbes, 204 l. de Paris.

MONTESQUIOU. Bourg situé à 2 l. 1/2 de Mirande. Pop. 2,015 hab. C'est le berceau d'une des plus anciennes familles de France.

PLAISANCE. Petite ville, située à 8 l. 1/4 de Mirande. ✉ ☞ Pop. 1,644 hab.

RISCLE. Petite ville, située à 13 l. 1/2 de Mirande. Pop. 1,734 hab.

FIN DU DÉPARTEMENT DU GERS.

IMPRIMERIE DE FIRMIN DIDOT FRÈRES ET Cie,
RUE JACOB, n° 56.

MIRANDE.

Guide Pittoresque

DU

VOYAGEUR EN FRANCE.

ROUTE DE PARIS A BAGNÈRES DE BIGORRE,

TRAVERSANT LES DÉPARTEMENTS

DE SEINE-ET-OISE, DU LOIRET, DU CHER, DE L'INDRE, DE LA CREUSE, DE LA HAUTE-VIENNE, DE LA DORDOGNE, DE LOT-ET-GARONNE, DU GERS ET DES HAUTES-PYRÉNÉES.

DÉPARTEMENT DES HAUTES-PYRÉNÉES.

Itinéraire de Paris à Bagnères de Bigorre,

PAR BOURGES, CHATEAUROUX, LIMOGES, PÉRIGUEUX, AGEN ET AUCH, 196 LIEUES.

	lieues		lieues
De Paris à Limoges. (Voy. Route de Paris à Toulouse) ⊠...☞	101 1/2	La Croix-Blanche............☞	3 1/2
Aixe....................⊠...☞	3	Agen...................⊠...☞	3
Chalus..................⊠...☞	5 1/2	Astaffort...............⊠...☞	5
La Coquille.................☞	3	Lectoure...............⊠...☞	4
Thiviers.................⊠...☞	4	Montastruc............⊠...☞	4
Palissons..................☞	3	Auch..................⊠...☞	4
Périgueux...............⊠...☞	5 1/2	Vicnau....................☞	3 1/2
Saint-Mamets..............☞	7	Mirande...............⊠...☞	2 1/2
Bergerac...............⊠...☞	4 1/2	Miélan................⊠...☞	3 1/2
Castillonnès...........⊠...☞	5 1/2	Rabastens..............⊠...☞	3 1/2
Caucon................⊠...☞	3	Tarbes................⊠...☞	4 1/2
Villeneuve-sur-Lot......⊠...☞	4 1/2	Bagnères de Bigorre....⊠...☞	5

ASPECT DU PAYS QUE PARCOURT LE VOYAGEUR,

DE VILLE-COMTAL A BAGNÈRES DE BIGORRE.

UNE forte descente conduit de Ville-Comtal dans la magnifique plaine de Tarbes, qui se prolonge jusqu'aux Pyrénées. A Rabastens, on passe l'Estreux, qui s'y réunit avec le canal d'Alaric, bras de l'Adour détaché de cette rivière, au-dessous et tout près de Bagnères de Bigorre. Une ligne tirée au cordeau et parfaitement horizontale, de quatre lieues de long, aux deux extrémités de laquelle on voit d'un côté Tarbes, de l'autre Rabastens, compose l'intervalle qui sépare ces deux villes. Le chemin est bordé de fossés remplis par des eaux courantes, que plusieurs canaux d'irrigation distribuent dans les belles prairies qui bordent la route; c'est peut-être le plus beau système d'irrigation qui existe en France. On rencontre, pendant ce trajet, les villages des Coudeaux, de Saint-Ferréol et d'Aureilhan;

ce dernier, composé de plus de cent feux, n'est qu'à un quart de lieue de Tarbes, où l'on arrive par un carrefour où aboutissent deux autres routes de Toulouse, après avoir franchi sur un beau pont de pierre le lit caillouteux de l'Adour.

On suit, en sortant de Tarbes, une route moins large mais plus agréable encore que celle de Rabastens. La plaine se prolonge jusqu'à Bagnères, en se rétrécissant graduellement entre la double chaîne de collines qui encaissent le bassin de l'Adour, dont on côtoie la rive gauche. On traverse de nombreux et longs villages, qui tous, plus ou moins bien bâtis en galets, attestent à la fois la population et la richesse du pays. Celui de Laloubère, renommé dans tout le midi de la France pour ses courses qui ont lieu le premier dimanche de mai, est remarquable par un beau château, et par une belle place plantée de magnifiques chênes ; ceux de Montgaillard, de Trebons et de Pouzac sont aussi très-populeux, riches et bien construits. Des prés arrosés et toujours verts, des vergers remplis d'arbres fruitiers auxquels se marient des treilles vigoureuses, forment, avec les bosquets dont ils sont entrecoupés, l'ornement du paysage qu'on parcourt : c'est un véritable jardin anglais, d'autant plus joli qu'il est l'ouvrage de la nature. Plus on approche de Bagnères, plus on remarque l'usage du capulet, voile de laine rouge que toutes les femmes du pays portent sur la tête en forme de guimpe. Lorsqu'on arrive pendant la saison des eaux, de nombreuses cavalcades, des calèches et autres équipages élégants annoncent au voyageur qu'il approche du séjour du plaisir et de la santé.

DÉPARTEMENT DES HAUTES-PYRÉNÉES.

APERÇU STATISTIQUE.

Le département des Hautes-Pyrénées est formé du Bigorre, du pays des Quatre-Vallées et d'une partie du Nébouzan, qui dépendait de la ci-devant Gascogne. Il tire son nom de sa position physique dans la partie la plus élevée des monts Pyrénées.—Ses bornes sont : au nord, le département du Gers ; à l'est, celui de la Haute-Garonne ; au sud, les Pyrénées, qui le séparent de l'Espagne ; à l'ouest, le département des Basses-Pyrénées.

Le sol du département est entrecoupé de plaines, de vallées, de collines et de hautes montagnes, dont les cimes de quelques-unes sont couvertes de neiges éternelles. Dans toute son étendue, il est sillonné par des rivières et par de nombreux torrents, et présente constamment un aspect très-varié. On peut le diviser en trois régions bien distinctes : celle des montagnes, celle des collines et des coteaux, et celle de la plaine.

La région montagneuse commence aux frontières d'Espagne, et se termine par deux coteaux qui bornent, à l'est et à l'ouest, la belle plaine de Tarbes. Cette partie présente un grand nombre de vallées on ne peut plus pittoresques ; il est difficile de rien voir de plus beau que leur aspect à l'époque où la végétation est dans toute sa force ; les principales sont : les vallées de Lourdes, d'Argelès, de Pierrefitte, de Luz, de Gavarnie, de Castel-Loubon, de Cauterets, de Campan, de la Neste, de Sarrancolin, d'Arreau, d'Aure, etc. Les sommités les plus élevées de ces montagnes sont :

Maladetta................	1,787 toises.
Mont-Perdu..............	1,747
Vignemale...............	1,721
Néouvieille..............	1,616
Cylindre du Marboré.....	1,729
Pic du Midi de Bigorre...	1,493
Brèche Roland...........	1,460
Tour du Marboré........	1,569
Badescure...............	1,655
Pic d'Aiguillon..........	1,523
Pic de Bergons..........	1,108
Pic de Montaigu.........	1,192
Eyre....................	1,267
Pic d'Arbizon...........	1,460

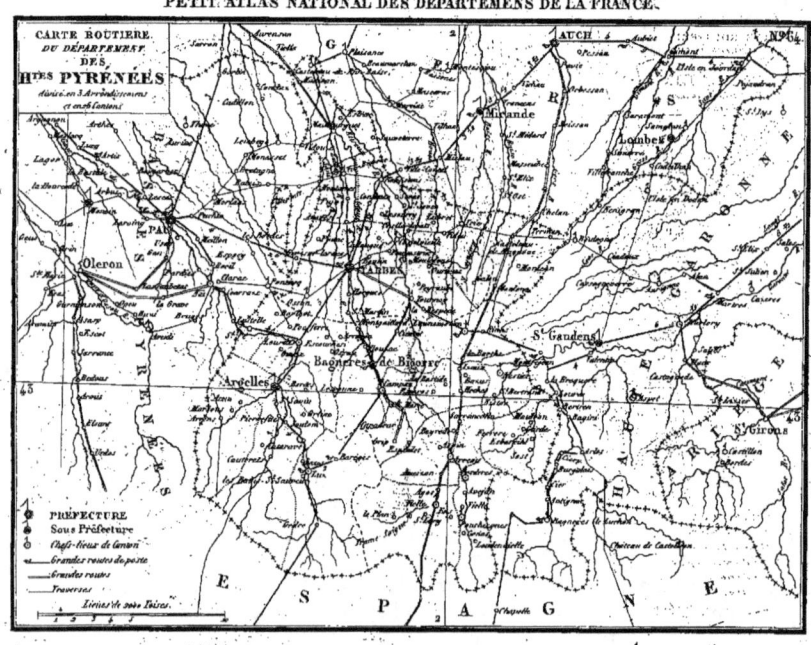

C.te du H. del.   Schroeder sc.

PONT D'ESPAGNE.

Hautes Pyrénées

DÉPARTEMENT DES HAUTES-PYRÉNÉES.

La Maladetta, point le plus élevé des monts Pyrénées, est un assemblage de belles montagnes placées en demi-cercle autour d'un pic plus élevé désigné sous le nom de Pic d'Anéthou. — Le Mont-Perdu est, après la Maladetta, le géant qui domine toute la chaîne; il s'élève avec une fierté qui annonce dignement les avenues de sa cime : quatre ou cinq terrasses, empilées les unes sur les autres, forment autant de degrés dont les marches sont comblées en partie, ou de neiges, ou de débris, qui facilitent un peu l'accès de ses murailles, autrement inaccessibles. Le sommet, du côté de l'Espagne, n'offre que des roches brisées et sèches; la neige, en un banc dont nul indice n'indique l'épaisseur, est amoncelée du côté de la France. De sa cime on domine la masse entière des Pyrénées; d'un côté apparaissent les vallées de France, assez souvent couvertes de nuages à travers lesquels percent les pics des plus hautes montagnes; de l'autre, l'Espagne entière se déploie pure de vapeurs; les glaciers suspendus de la cime du Mont-Perdu se déroulent en cascades éblouissantes et immobiles, superposées d'étages en étages jusqu'à la base, où des cavernes creusées dans leurs entrailles vomissent des flots intarissables. — Le Vignemale est un groupe de sommités innombrables entassées les unes sur les autres, d'où descendent des prolongements qui séparent les vallées d'Ossoue et de Cauterets, en France, de celles de Broto et de Thena en Espagne. On peut se rendre à Vignemale par le val de Gaube, qui est un prolongement de la gorge de Cauterets, ou par la vallée d'Ossoue, qui débouche dans celle de Gavarnie. Parvenu au sommet, on regrette peu de ne pouvoir atteindre aux deux autres pics, et l'on est frappé d'abord d'une secrète terreur, en contemplant le vaste abîme qui s'offre au midi, à une profondeur que la vue ne saurait apprécier, non plus que la quantité de neiges et de glaces accumulées entre les sommités jumelles et les monts correspondants du versant espagnol, qui font partie de Vignemale. A l'est de ces sommités est une échappée de vue d'où l'on aperçoit une partie de l'Espagne et plusieurs plans du versant méridional des Pyrénées. Un embranchement de la vallée d'Ossoue laisse apercevoir dans toute leur étendue ces immenses anfractuosités qui séparent diverses sommités entourées d'une ceinture de glaces et de neiges, d'où partent, comme autant de mers, des prolongements qui s'étendent entre les différents mamelons des montagnes circonvoisines, et parviennent jusqu'aux sommets des vallées qui aboutissent à Vignemale, pour fournir à l'écoulement de divers gaves ou torrents : le glacier de Vignemale rivalise, en étendue, avec ceux du Mont-Perdu et de la Maladetta. Pour opérer un changement de scène subit, et jouir du plus beau contraste, on n'a qu'à se retourner, et l'on croit passer des plaines de la Sibérie aux riantes côtes de l'Ausonie. On voit bien distinctement à l'est, et sur le même plan du nord au sud, d'abord le pic du Midi, qui ne présente aucun glacier visible; puis Néouvieille, dont le flanc occidental est panaché de neige; ensuite le pic Long et les montagnes de Troumouse, également blanchies; au loin, et dans cette direction, le pic de Génos qui se lie par des crêtes si élevées aux montagnes Maudites, borne orientale des Hautes-Pyrénées; enfin, sur un plan un peu moins incliné, le Piméné, qui n'a point de glaciers, et le Mont-Perdu, tout couvert de frimas. Plus près, et sur la même ligne que le Mont-Perdu, d'orient en occident, on voit le Cylindre, le Marboré, ses gradins, et la Brèche de Roland, vaste môle presque entièrement couvert de larges nappes de neige; plus en deçà sont le pic Blanc et le Poncy-Mouro ou pic Noir. Directement au nord, et sous les yeux du spectateur, se trouve l'arête de montagnes qui sépare le val de Latour de celui de Gaube; on la nomme dans le pays *Costa de l'Oume* (côte de l'homme). A l'est du val de Latour se voient les montagnes de la vallée de Gavarnie. Un peu à gauche, on domine tout le cours du val de Gaube, qui présente à son extrémité, sous le plus beau des aspects, le lac du même nom; plus loin, la vue se repose sur les hauteurs qui bordent, au nord, le val de Gerret, et sur le Monné, qui domine Cauterets, et montre sa grande élévation. Plus à gauche est la crête qui sépare le val de Gaube de celui du Marcadal, et dont les sommités portent différents noms dans le pays, tels que Gaube et Ileu; au delà sont les montagnes qui bordent, à l'est, la vallée d'Azun. Tout à fait au couchant est le pic du Midi de Pau, qui approche de la crête centrale. — Le grand pic de Néouvieille est inaccessible : des hauteurs secondaires de cette montagne se voient au sud-est, vers l'horizon, les hauteurs de Bagnères de Luchon; plus près celles de la vallée d'Aure; plus près encore, l'Oule de Vieille et les lacs de la gorge de Couplan; au sud-ouest, dans le lointain, apparaissent les hauteurs de Cauterets et celles de la vallée de Gavarnie et de Saint-Sauveur; aux pieds du spectateur sont une demi-douzaine de petits lacs qui réfléchissent les cimes des montagnes environnantes; du côté du nord s'offrent en face les hauteurs septentrionales de Barèges. — Nous parlerons de la Brèche Roland et du Marboré à l'article Gavarnie. — Le pic du Midi de Bigorre se trouve exactement placé dans le méridien de la plaine de Bigorre, ce qui justifie sa dénomination; et quoiqu'il soit un des plus élevés des Hautes-Pyrénées, c'est le plus accessible, le plus fréquenté et le mieux connu de tous; il jouit d'une grande célébrité. Beaucoup de voyageurs et de naturalistes y ont fait des observations et des expériences; presque toutes les personnes des deux sexes, qui viennent chaque année aux eaux thermales, lui font une visite solennelle. Il domine la partie la plus connue des Hautes-Pyrénées, et sa situation en avant de la chaîne des monts qui limitent la France et l'Espagne, le rend l'objet le plus frappant du beau tableau qu'ils présentent dans leur ensemble. Cette situation fait aussi qu'il paraît dominer les montagnes supérieures qui se trouvent dans un plan plus reculé, lorsqu'on les considère de la plaine. Des remparts nombreux et qui deviennent de plus en plus difficiles à franchir, en défendent l'accès de ce côté-là, et on ne peut guère l'aborder que par la vallée de Barèges ou par la gorge de Grip. La première route est la moins longue et la moins fatigante des deux. De Barèges, on remonte le gave, et arrivé près du Tourmalet, on gravit par des prairies, parsemées de nombreux iris du plus beau violet, le long du Couret ou torrent d'Onchet, jusqu'aux cabanes de Toue, qu'habite une peuplade de pasteurs dont les troupeaux errent sur le penchant de ces monts herbeux: alors l'ascension devient plus rapide, et l'on atteint bientôt le lac qui fournit le courant au gave auquel il a donné son nom. Tout ce trajet se fait assez facilement, même à cheval, et l'on n'est déjà plus qu'à 500 ou 600 mètres du sommet, que l'on voit s'élever en forme de cône, et présenter un escarpement très-rapide. Le lac d'Onchet a environ 500 mètres de long sur 300 de large; il est borné, au couchant, par des rochers escarpés, des promontoires sourcilleux, que peut seul parcourir l'intrépide chasseur qui poursuit l'isard jusque dans ses retraites les moins accessibles. On rencontre, à 50 toises au-dessus du lac, un petit plateau nommé la Hourque des Cinq-Ours, espèce de fourche, de col, où vient aussi aboutir le chemin qui, de la gorge de Grip, conduit au pic. La Hourquette est un point de repos où l'on s'arrête communément avant que d'entreprendre l'ascension du sommet, qui est longue et pénible, sans présenter cependant aucun danger. De ce point, on peut arriver au but en moins de deux heures, lorsqu'on a de l'agilité et l'habitude des montagnes; c'est une ligne presque droite à parcourir, au bout de laquelle on se trouve sur le bord d'un précipice effroyable, d'où la vue semble embrasser l'horizon rationnel de notre globe. Lorsque le ciel est pur et sans nuages, on découvre de tous côtés des objets dignes d'attention, et des points de vue ravissants; au midi se déploient, comme un vaste croissant, et se rangent en amphithéâtre tous ces monts de différentes grandeurs, qui séparent d'immenses intervalles, et sur la croupe desquels on voit, comme autant de taches blanches diversement configurées, de nombreux amas de neiges et de glaces qui contrastent agréablement avec la couleur sombre et rembrunie des rochers qui les avoisinent. Du côté du nord, on découvre une surface qui n'a de borne que celle du ciel, et dans laquelle on distingue à peine ces inégalités du sol que l'habitant de cette région appelle des coteaux ou même des montagnes; d'un seul coup d'œil on embrasse tout le département et une partie de ceux des Basses-Pyrénées, du Gers et de la Haute-Garonne. On assure que, par un jour très-serein, tel qu'il en offre parfois l'automne, on peut distinguer de cette élévation, à l'aide d'une lunette d'approche, le pont de la ville de Toulouse, qui est à plus de 45 lieues de distance.

La seconde région, celle des collines, des coteaux et monticules, commence aux points où débouchent les vallées, et présente encore des montagnes qui s'étendent plus ou moins loin. Toute sa surface est coupée par de nombreux ruisseaux, beaucoup moins encaissés que ceux qui sillonnent la haute région. Cette partie offre aussi des vallées, mais peu profondes, qui s'élargissent de distance en distance, forment des vallons assez spacieux, dont l'aspect et l'exposition sont extrêmement agréables et variés.

La troisième région, celle de la plaine, s'incline sensiblement du sud au nord; sa surface, la vaste plaine de Bigorre, ne présente que de très-légers mouvements de terrain; elle peut être comparée à un immense parc, de plus de vingt-cinq lieues carrées, qui aurait pour enceinte de sa jolie forme ovale allongé, deux chaînons détachés des hautes montagnes, boisés dans toute leur longueur, et offrant mille aspects divers; pour eaux vives, le fleuve Adour, la rivière d'Échu, le canal d'Alaric et nombre d'autres dérivations, outre une multitude de ruisseaux et de fontaines naturelles; pour allées droites ou si-

PONT DE SIA.

GROTTE D'ELAIS.

nueuses, cinq grandes routes et leurs nombreux embranchements qui les traversent dans tous les sens, comme autant de rayons, dont le point milieu, ou l'étoile, est la ville centrale de Tarbes; pour fabriques, quantité de villes, de bourgs, de villages et de hameaux répandus sur toute la surface et dans toutes les directions.

Cette délicieuse plaine de Bigorre, si propre à surprendre l'admiration, à charmer les premiers regards qui se fixent sur elle, d'un point quelconque des hauteurs qui la bordent; qui ne cesse de paraître riante, aux yeux les plus habitués à la voir, et qui, de même que les beautés régulières, supporte le détail et plaît d'autant plus qu'on la connaît davantage, est, sans contredit, la partie la plus productive. Sa fertilité, secondée par de nombreux moyens d'exploitation, en fait un point privilégié par l'auteur de la création et par les soins de l'homme; l'agriculture s'y montre environnée de ses plus brillants attributs, couronnée de ses plus beaux dons; elle y réalise les plus douces espérances du propriétaire et du cultivateur. Des prairies toujours verdoyantes, des champs couverts de céréales, des bois en futaie et en taillis, des vignobles pittoresques; tous les genres de productions, en un mot, y sont entremêlés avec une sorte d'art, quoique sans dessein. Constamment arrosée dans toutes ses directions, elle a un air de fraîcheur et de vie qui pénètre les sens et réjouit l'âme de l'observateur.

Les ports ou passages du département des Hautes-Pyrénées atteignent à de très-grandes élévations: l'entrée en est souvent obstruée par les frimas, et, pendant l'hiver, des ouragans terribles engloutissent quelquefois dans des tourbillons de neige les voyageurs imprudents qui osent parcourir ces dangereux sentiers. Voici l'élévation de ces principaux passages, qui ont donné lieu à l'axiome cruel, que *le fils ne doit pas attendre le père, et le père ne pas attendre le fils*, à l'instant terrible où les vents commencent à les menacer:

Col du Tourmalet	1,136 toises.
Port de Cambiel	1,333
Port Vieil	1,314
Port de Pinède	1,237
Col du Piméné	1,291
Col de Faulo ou de Niscle	1,291
Port de Gavarnie	1,194
Port de Cavarrère	1,151
Port de la Pez	1,265

Les lacs sont nombreux dans le département: quelques-uns présentent une surface assez remarquable par son étendue, d'autres attirent l'attention par les sites pittoresques où ils sont placés; dans le nombre on distingue ceux de Lourdes, d'Arrens, de Gaube, d'Escoubous, etc.

La surface du département peut être divisée ainsi qu'il suit: bois et forêts, un sixième; roches nues, un sixième; terres labourables et prairies, un sixième; montagnes servant de pâturages, deux sixièmes; terres incultes, un sixième. La partie centrale de la chaîne de montagnes qui couvrent le département, est celle où l'on trouve une plus grande étendue couverte de forêts. Dans les vallées, la principale culture consiste en prairies; les terres à blé y sont en petite quantité; dans les plaines, les terres à blé l'emportent sur les prairies, et l'on y cultive aussi le lin et la vigne; les coteaux offrent un mélange de terres labourables, de prairies, de vignes et de bois. Dans beaucoup d'endroits, la nature a fait les principaux frais de la culture alpestre, et c'est presque à elle seule que sont dus les immenses pâturages où de nombreux troupeaux vont chercher une nourriture saine et abondante, sous la direction d'un berger et la surveillance de leurs fidèles gardiens; cependant partout où les montagnards ont pu accroître cette fertilité spontanée par des irrigations, ils ont su le faire avec avantage. Les terres incultes que l'agriculture pourrait s'approprier encore par des travaux, se réduisent à peu de chose; il n'en existe presque point dans les plaines et dans les vallons, et l'activité des montagnards a défriché à peu près tout ce que la nature ingrate de la région qu'ils habitent, leur a permis de mettre à profit; c'est seulement dans la région des coteaux, au pied des monts, sur les confins des plaines, que l'on trouve des terres incultes. Dans les plaines, la vigne est cultivée en hautins; on donne aux ceps des tuteurs vivants, la plupart cerisiers ou érables plantés carrément à la distance de 12 ou 15 pieds, tronçonnés à la hauteur de six ou sept; ils supportent les pieds de vigne, qui étendent leurs ramifications de l'un à l'autre, d'où pendent de longs festons de grappes dans la saison des vendanges.

Le climat du département des Hautes-Pyrénées est en général beau, et la température assez douce ; mais elle est extrêmement variable, à cause des dispositions du sol : ainsi il y a une grande différence entre la température des plaines de Tarbes et celle des vallées de Bastan et de Cauterets. Les vents, les orages, la pluie, la neige, la grêle, tous les phénomènes atmosphériques s'y succèdent, surtout dans les parties les plus élevées, avec une rapidité et une inconstance remarquables. Le printemps est ordinairement tempéré, mais pluvieux, quoique cependant les gelées tardives y soient assez fréquentes ; l'été est orageux et sec ; l'automne est beau ; l'hiver doux, mais nébuleux. — Parmi les vents dominants, celui du sud-ouest est le plus fréquent ; c'est lui qui, dans toutes les saisons, amène les pluies ; et dans l'été les orages les plus violents. Le vent du nord ramène et maintient le beau temps. Les vents du nord-est et de l'est sont très-rares ; mais lorsqu'ils règnent, le ciel est extrêmement pur et serein, l'air vif, le froid piquant : le vent du sud, au contraire, est d'une chaleur extrême ; il règne assez habituellement à l'approche des équinoxes et des solstices.

Le département des Hautes-Pyrénées a pour chef-lieu Tarbes. Il est divisé en 3 arrondissements et en 26 cantons, renfermant 497 communes. — Superficie, 245 lieues carrées. — Population, 233,031 habitants.

Minéralogie. Mines de fer, de cuivre, de zinc, de plomb, de manganèse, de nikel, de cobalt ; de plombagine ; de plomb argentifère non exploitées, mais susceptibles de l'être avec avantage. Nombreuses carrières exploitées de beaux marbres, parmi lesquels on remarque le marbre blanc statuaire de Sost, les marbres noirs de Sarpe, les bleus de Bazas, les brèches de Bèze, d'Héches, de Bagnères ; les beaux marbres veinés et à taches diverses de Campan et de Sarrancolin, etc. ; etc. Pierres de taille, ardoise, granit, amiante, kaolin, grenat, marne, terre à foulon et à potier.

Sources minérales à Bagnères, Barèges, Cauterets, Saint-Sauveur, Capvern, Cadéac, Sainte-Marie, etc., etc., etc.

Productions. Toutes sortes de céréales, en quantité insuffisante pour la consommation des habitants ; sarrasin, maïs, pommes de terre, figues, simples de diverses espèces, miel, cire, vin de bonne qualité, mûriers, bois, excellentes prairies, bons pâturages. — 92,284 hectares de forêts (arbres verts et feuillus). — 15,297 hectares de vignes, produisant annuellement environ 250,000 hectol. de vin, dont un tiers se consomme dans le département ; le surplus est livré à l'exportation. — Bon poisson d'eau douce (truites). — Chevaux propres à la cavalerie légère ; beaucoup de mulets et d'ânes ; belle espèce de bêtes à cornes, nombreux troupeaux de bêtes à laine ; belle variété de chiens de berger, remarquables par leur taille et par leur force extraordinaire ; quantité de porcs et de chèvres. — Éducation en grand de la volaille, principalement des oies. — Éducation des abeilles.

Industrie. Fabriques d'étamines, cordelats, cadis, toiles de lin, crépons, crêpes, châles, barèges, tricots, outils aratoires, coutellerie, clous, cuirs, papier à sucre. Distilleries d'eaux-de-vie.

Commerce de beurre d'excellente qualité, de fromages, miel, denrées de toute espèce, moutons et brebis, porcs, jambons, volailles, bois, merrain, cercles, sabots, etc.

VILLES, BOURGS, VILLAGES, CHATEAUX ET MONUMENTS REMARQUABLES ; CURIOSITÉS NATURELLES ET SITES PITTORESQUES.

ARRONDISSEMENT DE TARBES.

CASTELNAU-RIVIÈRE-BASSE. Petite ville, située à 11 l. de Tarbes. Pop. 1,301 hab. Elle est bâtie sur un coteau très-élevé, qui domine une vaste plaine traversée par l'Arros et par l'Adour. On y jouit d'une vue magnifique et fort étendue sur une partie de la chaîne des monts Pyrénées.

GALAN. Petite ville située sur la Baïse d'Avaut, à 9 l. de Tarbes. Pop. 1,301 hab. L'église paroissiale, entourée d'une belle es-

TARBES.

planade, remonte aux premiers temps de la féodalité, et paraît avoir été originairement une espèce de château ou de forteresse.

IBOS. Petite ville située sur la Sardaine, à 1 l. 1/2 de Tarbes. Pop. 1,650 hab. L'église a l'apparence d'un château fort, et servit souvent de refuge contre les protestants.

LALOUBÈRE. Village situé à un quart de lieue de Tarbes. Pop. 1,250 hab. On y voit un château environné d'un joli parc, renfermant de belles eaux.

Laloubère est renommé par ses courses de chevaux de premier ordre pour les départements des Hautes-Pyrénées, des Basses-Pyrénées, de la Haute-Garonne, du Gers, de l'Ariége, du Tarn, de l'Aude, de l'Hérault, des Pyrénées-Orientales, et de Tarn-et-Garonne. Elles ont lieu dans la première quinzaine de juillet, dans un cirque en forme d'ellipse, qui a 810 mètres dans sa plus grande longueur, 383 mètres de large, et un parcours de 4,000 mètres en deux tours. Ce cirque, où l'on jouit de la magnifique perspective des monts Pyrénées, offre un spectacle tout à fait propre à attirer la foule, qui y afflue de fort loin et des divers établissements thermaux environnants; c'est une occasion de rendez-vous pour la bonne compagnie, une véritable fête publique, que de grands personnages ont souvent honorée de leur présence.

MAUBOURGUET. Petite ville, située sur l'Adour, à 5 l. de Tarbes. Pop. 1,725 hab. Elle ne forme pour ainsi dire qu'une fort longue rue, qui traverse une assez belle place.

ODOS. Village situé à 1 l. de Tarbes. Pop. 650 hab. On y voit encore l'antique château où mourut la célèbre Marguerite, reine de Navarre, le 2 décembre 1549, d'où son corps fut transféré à Paris. C'est à Odos qu'elle réunissait souvent, avec sa brillante cour, les beaux esprits qui en faisaient partie, et qu'elle composa probablement quelques-unes de ses nouvelles galantes.

OSSUN. Bourg situé à 2 l. 1/2 de Tarbes. Pop. 3,243 hab. On y voit un ancien château près duquel on distingue sur une hauteur les vestiges d'un camp romain, où la tradition rapporte que se fortifia Crassus, lieutenant de César; c'est un carré long, ayant quatre ouvertures ou portes, entouré de fossés d'une largeur et d'une profondeur considérables; il pouvait contenir 4 à 5,000 hommes. — *Commerce* considérable de jambons.

POUYASTRUC. Village situé à 2 l. 1/2 de Tarbes. Pop. 677 hab.

RABASTENS. Ville ancienne, située sur l'Estréux, qui s'y réunit au canal d'Alaric, à 4 l. 1/2 de Tarbes. Pop. 1,374 hab.

Cette ville, une des plus anciennes du comté de Bigorre, était autrefois fermée de murs et défendue par un château fort; elle a été plusieurs fois prise et reprise pendant les guerres civiles et religieuses. En 1546, le maréchal de Montluc, qui en faisait le siége, y fut blessé d'un coup d'arquebuse, qui lui fracassa le visage et l'obligea à porter un masque pendant tout le reste de son existence. Sa férocité naturelle, augmentée par cette blessure, lui fit violer les lois de l'humanité; après avoir pris la ville, il en fit massacrer les habitants; hommes, femmes, enfants, vieillards, tout périt; soixante députés protestants furent, par ses ordres, précipités d'une tour, et la ville fut brûlée.

Rabastens est une ville assez mal bâtie, qui se compose d'une vaste place entourée de constructions irrégulières, à laquelle aboutissent des rues si peu étendues qu'elles méritent à peine ce nom.

SEVER (SAINT-). Bourg situé à 4 l. de Tarbes. Pop. 530 hab.

TARBES. Jolie et très-ancienne ville. Chef-lieu du département et de deux cantons. Tribunaux de première instance et de commerce. Société d'agriculture. Collége communal. Évêché, grand séminaire. Pop. 9,706 hab.

L'origine de cette ville se perd dans la nuit des siècles. Elle existait du temps de César sous le nom de *Bigorra*, et plus tard, suivant divers auteurs, sous ceux de *Tarvia*, *Tursa*, *Tarba*, etc. En premier lieu, elle fut classée par les Romains entre les principales cités de l'Aquitaine, et ensuite de la Novempopulanie. Les Goths, les Vandales, les Alains, les Vascons, les Sarrasins, les rois et comtes de Toulouse, s'en rendirent successivement maîtres, et la ravagèrent. Rebâtie plus tard sur un plan assez régulier, c'est aujourd'hui une des plus jolies villes du Midi. Il ne reste plus aucun vestige de ses remparts; les restes de son château, ancien séjour et boulevard des comtes de Bigorre, servent maintenant de prison.

Cette ville est dans une position charmante, sur la rive gauche de l'Adour, dont les eaux distribuées dans tous les quartiers, y entretiennent la fraîcheur et la salubrité. Sa situation, dans un climat tempéré, sous un ciel pur, au milieu d'une plaine fertile, arrosée par deux rivières, et encadrée, pour ainsi dire, par la chaîne des Pyrénées, est une des plus heureuses qu'il soit possible de voir. Ses maisons peu élevées, construites en marbre et en briques, et couvertes en ardoises, offrent un aspect agréable. Traversée de l'est à l'ouest, depuis le pont de l'Adour et la vaste place du marché jusqu'au faubourg de Pau, elle peut s'appeler Tarbes la longue. Deux autres places assez spacieuses, appelées de la Portelle et du Maubourguet, la partagent en trois parties presque égales, et en occupent presque toute la largeur, en confinant avec les deux rues latérales qui ont remplacé les anciens fossés. La place, ou promenade des Pradeaux, est hors de la ville au sud-ouest; un canal la sépare du vaste tapis de verdure d'où lui vient son nom; la vue se porte sans obstacle et se repose sur le magnifique amphithéâtre des Pyrénées. Les rues transversales sont au nombre de sept ou huit; elles sont presque aussi spacieuses que la grand'rue, et conduisent pour la plupart à des faubourgs distincts et séparés de l'ancienne ville, que l'on divisait autrefois en Bourg vieux, quartier du château, et Bourg neuf, quartier de l'évêché. On compte cinq faubourgs à Tarbes, savoir : celui du Bout du Pont, à l'orient; celui de Bagnères, au midi; celui de Vic, au nord; celui de Sainte-Anne, route de Pau, au couchant; enfin, celui de Sainte-Catherine, route de Lourdes, au sud-ouest.

Le plus remarquable des édifices de Tarbes est l'hôtel de la préfecture, ancienne habitation des évêques. Il est composé d'un corps de logis et de deux pavillons, bâtis en divers temps et mal raccordés, mais néanmoins d'un assez bel effet; situé à l'extrémité occidentale de la ville, sur un tertre élevé, il offre une terrasse, d'où la vue domine les faubourgs voisins, et embrasse toute la plaine jusqu'aux Pyrénées, qui terminent l'horizon.

Les deux églises paroissiales de Saint-Jean et de la Sède n'appartiennent à aucun ordre régulier d'architecture; la seconde, qui est la plus grande des deux, était, dit-on, l'ancienne citadelle de la ville, dont les évêques avaient fait leur cathédrale. On voit dans le chœur de cette église six belles colonnes de marbre d'Italie, qui soutiennent un couronnement d'une riche ordonnance. Les piédestaux, socles et soubassements offrent du vert-campan, et autres marbres du pays, variés et nuancés avec goût. Le pavé de l'église est en marbres communs, ainsi que la porte du couloir transversal.

L'ancien collège des doctrinaires, qui n'a pas cessé d'être consacré à l'instruction publique, est très-bien bâti; il fut fondé en 1665 par l'évêque Claude Mallier du Houssay, et possède une petite bibliothèque. — L'hôpital civil est encore un édifice à citer. Il est régulièrement construit, entre cour et jardin, mais trop peu spacieux; sa situation, près de la préfecture, est agréable et salubre. — La salle de spectacle est un monument d'une construction riante et de très-bon goût, auquel il ne manque qu'un péristyle et un foyer.

Les maisons particulières, généralement peu élevées, et n'offrant qu'un et rarement deux étages au-dessus du rez-de-chaussée, sont agréablement bâties et bien percées. Les murs sont construits avec des cailloux roulés par l'Adour, cimentés avec de la chaux, et mêlés de quelques briques; l'encadrement des croisées et le seuil des portes sont de marbre gris, imbu d'un encaustique qui lui donne une couleur d'un noir bleuâtre; les toits, fortement inclinés, sont couverts en ardoises. Les appartements sont propres et bien tenus.

Tarbes est la patrie du maréchal de Castelnau; du chevalier de Barbazan; de M. Barrère de Vieuzac, membre de la Convention et rapporteur du Comité de salut public; du docteur Dassieu, savant médecin, dont le nom a été donné à une des sources thermales de Baréges, etc., etc.

Industrie. Tanneries et papeteries. — *Commerce* de vins blancs, papier, fers, cuirs, bestiaux, denrées du pays. — Entrepôt de tout le commerce du département. — Marchés considérables tous les 15 jours. Les Espagnols viennent y faire des achats considérables de bestiaux. — Dépôt royal d'étalons. — Courses de chevaux de première ordre pour dix départements (à Laloubère).

A 10 l. de Pau, 5 l. de Bagnères, 215 l. de Paris. — *Hôtels* de France, de la Paix, de l'Europe.

TOURNAY. Petite ville, située près de l'Arros, à 6 l. 1/4 de Tarbes. ☞ Pop. 1,258 hab.

TRIE. Petite ville, située sur la Baïse d'Arré, à 7 l. de Tarbes. Pop. 1,365 hab.

La fondation de cette ville remonte à plus de quinze siècles. On voit dans les chroniques du diocèse d'Auch, que sa fête locale fut instituée à Rome en 360. Un roi de Navarre y fonda un monastère de carmes, dont les bâtiments furent démolis en 1571, par les protestants, conduits par Montgommery, qui fit pendre le prieur, et jeter les autres religieux, au nombre de vingt, dans le puits du cloître. — Distilleries d'eau-de-vie.

VIC ou **VIC-EN-BIGORRE**. Jolie petite ville, située sur le Lechez, à 4 l. de Tarbes. —Collége communal. ✉ ☛ Pop. 3,679 hab.

Cette ville eut jadis un château fort, dont il reste encore quelques murailles et des portes surmontées de tours carrées. Elle consiste en une fort petite enceinte et d'assez grands faubourgs, qui renferment à eux seuls les trois quarts de la population. On y voit de belles promenades, quelques jolies rues et des maisons agréablement construites.

ARRONDISSEMENT D'ARGELÈS.

ADAST. Village situé à 1 l. 1/2 d'Argelès. Pop. 125 hab. On voit à peu de distance le château de Miramont, patrie et séjour de M. Despourrins, poëte béarnais. En face sont les ruines pittoresques du château de Beaucens, où se trouve une fontaine thermale sulfureuse, dont la température est de 19° R.

ARGELÈS. Petite ville. Chef-lieu de sous-préfecture, dont le tribunal de première instance est à Lourdes. ✉ Pop. 1,357 hab.

Cette ville est située à 241 toises d'élévation au-dessus du niveau de la mer, dans la magnifique vallée de son nom ; sur la rive gauche du gave d'Azun, un peu au-dessus de son confluent avec le gave de Pau. Sa physionomie est celle d'un bourg ; mais ce bourg, formé de groupes de jolies maisons, mêlées à des massifs de verdure, est délicieux. On voit une belle place carrée, de belles habitations couvertes en ardoises et garnies de marbre aux portes ainsi qu'aux croisées.

La vallée d'Argelès, fameuse et digne de l'être, participe de la richesse des plaines et du charme des montagnes ; c'est un beau bassin où débouchent les trois grandes vallées d'Azun, de Cauterets et de Gavarnie. Pour jouir de ses beautés, il faut gravir sur la montagne au pied de laquelle est la ville d'Argelès : au loin, vers la gauche, paraissent les bases des montagnes de Lourdes ; à droite, se montre, sur un monticule, le pittoresque monastère de Saint-Savin ; au delà, la vue se perd dans la gorge profonde et sauvage de Sept-Fonts. En face s'étend une vaste chaîne renommée dans le pays pour sa richesse ; sa croupe, d'une pente douce, présente jusqu'à une très-grande hauteur, une foule de châteaux, d'habitations éparses, de villages, de bois, de prairies. Le fond de la vallée est couvert de champs où croissent des productions de la plus grande beauté ; ou y voit de nombreuses maisons qui annoncent les lieux ornés de l'homme, des prairies de la verdure la plus vive, traversées par des ruisseaux sans nombre, qui y serpentent et les baignent de leurs eaux vives et pures ; on suit avec plaisir le cours de ce gave considérable, qui a laissé dans les montagnes sa source originelle, qui forme dans ses détours des îles charmantes, se replie, s'égare et semble quitter à regret ces lieux enchantés.

A 9 l. de Tarbes, 224 l. de Paris — *Hôtel* Dupré.

ARRENS. Beau village, situé dans le val d'Azun, à 4 l. d'Argelès. Pop. 1,150 hab. Il est bâti au pied de la montagne d'Arrens, dont la pente insensible s'élève en amphithéâtre d'une grande hauteur ; elle est couverte d'habitations bien ombragées, de belles prairies où paissent de beaux troupeaux, de champs cultivés, dont les tardives moissons ne se récoltent que deux mois après celles de la plaine. On doit visiter aux environs le monticule de *Pouey la Hue*, point extrême du grand vallon arrosé par le gave, d'où l'on jouit des plus riantes perspectives. Là, se trouve un bel édifice consacré à Notre-Dame : un roc de granit, taillé avec le ciseau, en forme le sol ; la voûte en est remarquable ; et l'on est frappé de la richesse des dorures de cette église, où l'on se rend en dévotion, à certaines époques de l'année. Des autels votifs s'élèvent devant son enceinte, sous les ombrages de vastes bouquets de noyers et de châtaigniers ; les bons montagnards y déposent en offrande du beurre, du lin et des agneaux. C'est une fondation religieuse digne d'attirer les regards et d'exciter les sentiments de piété du voyageur, étonné d'autant de luxe dans un lieu si agreste.—A l'est d'Arrens, dans la direction de la gorge de Labat, est un second promontoire appelé Mont-Joy, d'où l'on embrasse tout le panorama de la vallée. Au sud, s'élève majestueusement le pic d'Azun; au nord se fait remarquer le pic de Gobisos; à l'ouest sont des montagnes surbaissées, dont la croupe s'élève en pente douce, et présente de nombreuses habitations disséminées sur un immense champ de verdure.

AUCUN. Village situé dans le val d'Azun, à 5 l. 3/4 d'Argelès. Pop. 883 hab. Le val d'Azun est justement surnommé l'Éden des Pyrénées; les eaux y sont belles, les pentes douces, la verdure vive et animée. A droite d'Aucun, on remarque sur une montagne le Puits d'Aubès, gouffre effrayant, qui réalise tout ce que les anciens poëtes ont dit de l'Averne; il est sur le chemin qui conduit du val d'Azun au village de Ferrières, qui tire son nom de belles mines de fer qu'on exploite de l'autre côté du gave de Louzou.

AYZAC. Village situé à un quart de lieue d'Argelès. Pop. 300 hab. A peu de distance de ce village, au pied de la montagne d'Aysi, qui sépare le joli bassin de Vergons de celui de Valsouriguère, on remarque la grotte d'Ouzous, excavation calcaire, qui a servi jadis à la célébration du culte; l'on y voit un bénitier constamment rempli par l'eau qui suinte continuellement à travers le rocher.

BARÉGES. Village situé à 5 l. 1/2 d'Argelès, commune de Père-Baréges.

Baréges est dans une agreste situation, au centre des Pyrénées, entre deux rangs de montagnes parallèles et taillées à pic, sur la rive droite du Bastan, qui traverse le vallon de Baréges. L'air y est généralement froid, et il n'est pas rare d'y voir tomber de la neige dans les plus beaux jours de l'année.

Ce réduit, dont les ours s'emparent quand on l'a quitté, n'est habitable que pendant quatre à cinq mois de l'année; les habitants l'abandonnent au commencement d'octobre, et vont attendre à Luz et dans la vallée de Baréges, le retour de la saison des eaux; les maisons restent ensevelies sous les neiges, et livrées à la garde de quelques hommes. Le pays, naturellement stérile et entouré de ravins, exposé aux ravages des avalanches et du Bastan, est très-pittoresque.

La vallée de Baréges renferme dix-huit villages, semblables au nid des aigles, placés sur le sommet des rochers, et en partie sur des plates-formes cultivées. Cette vallée commence au-dessus du village de Gavarnie, à la source du gave de Pau, qui la traverse du sud au nord et y reçoit le gave de Bastan. Elle est entourée de montagnes agrestes et peu fertiles, qui renferment des mines d'argent et de plomb, et des carrières de marbre de diverses couleurs. « Les habitants « de la vallée de Baréges, dit M. Dusaulx [1], « sont robustes et infatigables guerriers « quand il s'agit de se défendre; on ne les « voit jamais s'enrôler de plein gré, comme « certains montagnards qui vendent leur « sang à qui veut le payer, et qui se dé- « gradent au point de n'être plus regardés « par leurs contemporains que comme des « instruments de guerre. »

Au-dessous de Baréges, au nord, est un joli plateau parsemé de chaumières. La variété, la gradation de la verdure, forment un tableau si tranquille, si doux, si ami de l'œil, qu'on ne peut se lasser de le regarder.

On fait remonter à quatre siècles l'époque de la découverte des eaux de Baréges; et on rapporte qu'elles formaient alors une espèce de cloaque, d'où s'exhalaient des vapeurs qui fixèrent l'attention des habitants. Eux seuls profitèrent d'abord de cette importante découverte, et ces eaux restèrent comme ignorées jusqu'au temps où madame de Maintenon, qui se trouvait à Bagnères avec le jeune duc du Maine, affecté d'une espèce de paralysie, se rendit à Baréges par le Tourmalet, où elle fit ouvrir un passage. La renommée de ces eaux thermales date de cette époque : on n'en tira cependant aucun parti sous le règne de Louis XIV; ce ne fut qu'en 1705 qu'elles devinrent l'objet de l'attention du gouvernement, et qu'en 1746 qu'on put aborder en voiture, par la route inférieure, dans cette gorge presque inaccessible auparavant, et fréquentée depuis par l'opulence infirme ou oisive.

L'ingénieur Polard fit exécuter la route qui conduit de Tarbes à Baréges, par Lourdes, Pierrefitte et Luz, et le fontainier Chevillard fut chargé de recueillir les deux principales sources dont les habitants faisaient usage; il y réussit, aidé par les conseils de Polard. Alors furent formés les bains de l'Entrée, les bains du Fond, celui de Polard, et les trois douches. Le bain de la Chapelle fut construit depuis, par des ouvriers du pays. En 1775, Geusy, fontainier de Bayonne, recueillit la source qui fournit au bain de ce nom; on y a joint depuis deux autres baignoires.

Baréges a une soixantaine de maisons; parmi lesquelles il en est d'assez belles, si-

---

[1] Voyage à Baréges, tome I, page 72.

tuées sur la principale ou plutôt sur la seule rue qu'il offre, et qui est assez large. Il réunit, dans la saison, un plus grand nombre d'éclopés et d'infirmes que les autres établissements; aussi est-on, dès le premier abord, péniblement affecté de ne rencontrer presque jamais que des individus de toutes les provinces, ou même étrangers, les uns à la démarche pénible, embarrassée; les autres, plus ou moins boiteux, et s'aidant de béquilles et de potences; ceux-ci avec le bras en écharpe, ceux-là portés en chaise ou sur un brancard et à bras d'hommes; les militaires surtout, officiers et soldats, s'y montrent plus ou moins mutilés, et chargés d'honorables, mais douloureuses blessures : aussi le genre de traitement et l'espèce de secours qu'on vient généralement chercher dans cet établissement thermal, donnent à la société qui s'y rassemble, un air imposant et valétudinaire, qui offre néanmoins d'agréables exceptions, car l'on s'y amuse comme partout ailleurs.

Il y a vauxhall à Baréges deux fois par semaine, et l'on y voit tous les ans de très-beaux bals, grâce aux renforts qui viennent de Saint-Sauveur; à qui les habitués de Baréges rendent la pareille, en allant danser chez eux par députation. Le voisinage de ces deux établissements fait qu'il y a une grande fréquentation, et une sorte de communauté entre leurs sociétés; les dames surabondent ordinairement à Saint-Sauveur, et les hommes à Baréges; ce qui fait compensation et rend nécessaires les visites réciproques.

Physiquement parlant, c'est une fort triste résidence que celle de Baréges, pour ceux qui ne peuvent s'en éloigner et faire des excursions dans le voisinage. On ne voit autour qu'éboulements, destruction, ravins, et l'on y cherche inutilement quelque objet agréable, quelque paysage qui puisse reposer la vue fatiguée de l'aspect des dévastations du gave, et de l'affreuse nudité des montagnes supérieures, dont les crêtes sont décharnées et comme en décomposition.

Le territoire de Baréges et son voisinage sont souvent le théâtre des vents et des orages; qui détruisent les espérances du laboureur et emportent en un moment tout le fruit de ses longs travaux. Quelque triste, quelque désolée que paraisse la vallée de Baréges, elle n'est cependant pas sans quelques agréments, lorsqu'on veut et qu'on peut se mettre en peine de les trouver. Dix-huit villages ou hameaux, répartis dans cette vallée, se partagent son territoire; et si l'on s'élève sur les plates-formes qui, au nord et au midi, sont résultées du détritus des monts supérieurs, cette région ne paraît plus si repoussante, si monotone : quelques points ombragés, tels que le *Sofa*, *l'Heritage à Colas*, situés sur la droite à l'abord de Baréges, et qui sont le rendez-vous habituel des parties de plaisir; des champs d'une culture variée; qu'offre en perspective le versant du nord; plus loin, la jolie gorge dont le torrent passe sous le pont de Saint-Augustin, et à l'embouchure de laquelle est pittoresquement situé le village de *Cers*, et celle, non moins riante, dont *Betpouey*, très-agréablement posté, ferme l'entrée : celle-ci s'élève jusqu'au pied de *Néouvieille*, où elle offre, comme celles de Lienz et d'Escoubous, une multitude de petits lacs; sur un fond tout granitique et couvert des débris de cette roche; tous ces sites méritent d'être fréquentés par les promeneurs.

Entre les deux ravins par où s'élancent les éboulements et les avalanches qui ont plus d'une fois ravagé ce malheureux village, s'élève à mi-côte de la montagne un joli plateau, vis-à-vis duquel, au midi de Baréges, on voit ensuite un autre lieu non moins doux et plus agréable encore. C'est un bois qui couvre la plus grande partie de la montagne, et qui, formé presque entièrement de hêtres ombreux, sert de refuge pendant les fortes chaleurs aux malades et aux convalescents. Ce bois est surnommé la Forêt sacrée; et à juste titre, car elle arrête l'impétuosité et la direction des avalanches, qui, sans son égide salutaire, achèveraient la destruction du village. Aussi est-il défendu, sous les peines les plus sévères, d'y couper du bois.

Des sources limpides traversent cette forêt, tombent en cascades des sommités de la montagne, et fertilisent encore les prés, après avoir formé le plus agréable ornement des bois. Depuis quelques années, on transforme, pour ainsi dire, la Forêt sacrée en jardin anglais, grâce aux soins du préfet et à l'activité de l'ingénieur en chef du département, qui portent tous leurs soins à l'embellissement de ce lieu. Des sentiers nouveaux, commodes, bien tracés, forment une jolie promenade pour les malades, qui jadis n'avaient que la grande route pour prendre un exercice qui leur est si nécessaire.

Toutes les montagnes autour de Baréges sont couvertes de bestiaux, qui errent à leur gré et cherchent leurs pâturages. Ici, vous voyez la chèvre hardie suspendue sur des abîmes; plus bas, la brebis timide broute le serpolet et autres plantes aromatiques qui se groupent autour des masses et des blocs de granit suspendus sur des pentes rapides, et que le plus léger mouvement paraît devoir précipiter dans le fond de la vallée. Souvent, sous ces blocs de granit, vous trouvez la hutte du berger, qui y cherche un abri contre l'ardeur du soleil ou les intempéries du climat. Souvent aussi vous rencontrez de ces pâtres qui portent sur leurs épaules leurs maisons ambulantes, composées de trois carrés formés de châssis de bois et garnis de paille, qu'ils établissent à la suite de leurs troupeaux. Mais pendant les nuits froides et sombres de l'automne, ils se retirent avec eux dans leurs granges; et c'est encore eux qui sont chargés de traire les vaches, de faire du beurre, de confectionner les fromages, dont ils rendent un compte exact à leurs maîtres, malgré leur misère. Mal nourris, mal vêtus, plus mal payés encore, ils sont cependant fidèles, et y attachent un point d'honneur.

La route de Baréges est un monument à jamais mémorable de l'administration supérieure dans ces localités; elle côtoie alternativement l'une et l'autre rive du gave, au-dessus duquel on a jeté des ponts dont la hardiesse étonne. On en compte sept de Pierrefitte à Luz; trois sur le gave, dans la première moitié du trajet; un quatrième, à l'endroit le plus resserré, le plus sauvage, sur le torrent qui descend du versant gauche, où se voit encore un ancien arceau appelé le *Pont d'Enfer*; celui de la Hiellardère, tout en belles pierres serpentines, dont la reconstruction a été achevée en 1809, est le cinquième. Ce pont est surmonté d'un obélisque, sur lequel devraient être consacrés les noms justement révérés de MM. de la Beauve et d'Étigny, intendants de la généralité d'Auch. Le premier a fait ouvrir cette belle route; le second l'a perfectionnée, en y joignant les deux embranchements de Cauteretz et de Saint-Sauveur.

Il y a six sources à Baréges, qui sont : Polard, dont la température est de $+38$, 20 degrés du therm. centig; la Tempérée, $+33,00$; le Fond, $+36,25$; la Douche, $+44,38$; l'Entrée, $+42,00$; la Chapelle, $+28,45$.

Il y a trois douches de $+35°$ 1/2 à $+36°$ de chaleur : la première donne, en vingt-quatre heures, 860 pieds cubes d'eau; la deuxième, 527 7/11; la troisième, 411 2/7.

Les bains de Gensy ont quatre cuves, toutes à $+25°$. Le robinet principal fournit 576 pieds cubes; l'autre 411 5/7. On remplit les cuves en 25 minutes.

Les bains du Pavillon et de la Chapelle ont $+26°$, et se remplissent en 25 minutes. La source donne 261 pieds cubes 2/11.

Le bain de l'Entrée a $+29°$, et se remplit en dix minutes. La source fournit 320 pieds cubes.

Le bain du Fond a $+30°$, et se remplit en dix minutes. La source fournit 827 pieds cubes 6/7.

Les bains Polard ont $+29°$ 1/2 de chaleur. Les deux cuves se remplissent en 25 minutes par deux jets, dont l'un fournit 137 pieds cubes 1/7, et l'autre 192.

La première piscine a $+29°$, et la deuxième $+28°$; elles se remplissent en vingt-cinq minutes.

Une fontaine est consacrée à l'usage des buveurs. Quoiqu'il y ait des sources destinées exclusivement aux bains, à la boisson et aux douches, les eaux présentent peu de différence.

Le produit de toutes ces sources est de 4621 pieds cubes.

Toute cette eau, employée d'abord comme on vient de le voir, dans divers bains et trois douches, reflue ensuite dans les deux grandes piscines, où elle sert encore à baigner les militaires malades. On porte à 350 le nombre de ceux qui peuvent y être traités, ce qui est souvent insuffisant.

Toutes les sources de Baréges, une seule exceptée, surgissent dans le lieu même qu'occupent les bains et les maisons adjacentes, parmi d'anciennes alluvions du Bastan, où elles s'épanchent au sortir du rocher. Le bain dit de la Chapelle est puisé dans le rocher même, sous la maison Verges; la source a beaucoup diminué de volume, et elle a perdu de sa chaleur; il est à craindre qu'elle ne se perde entièrement, comme cela a déjà eu lieu. Il y a une source chaude perdue sous les bâtiments de la boucherie; elle est plus élevée que le niveau des autres, auxquelles on pourrait la réunir. Il serait possible encore d'augmenter le volume d'eau, en recueillant les petits filets qui se perdent dans le voisinage, et en recherchant quelques sources de plus, que l'on présume abonder dans le flanc de la montagne à laquelle l'hospice est adossé.

Cet hospice est composé de quelques bâtiments assez solides, et de mauvaises baraques d'un espace fort limité, où les militaires sont entassés d'une manière gênante et souvent nuisible.

CAUTERETS.

SAISON DES EAUX. Les eaux se prennent depuis le 1er juin jusqu'à la fin de septembre. Ces eaux sont très-fréquentées; il s'y trouve souvent près de 800 personnes, non compris les militaires dont le nombre est ordinairement de 4 à 500.

PROPRIÉTÉS PHYSIQUES. L'eau de Baréges est claire et limpide; elle est tellement bitumineuse qu'elle paraît être de l'huile, et qu'elle produit sur la langue une sensation oléagineuse. Sa saveur est fade et nauséabonde, et son odeur très-sulfureuse. Elle pétille dans le verre, et elle est toujours chargée de beaucoup de flocons blanchâtres, qui se déposent sur le bord des bassins, sur les parois des cuves, au fond des bains, et forme des concrétions glaireuses.

PROPRIÉTÉS CHIMIQUES. D'après l'analyse faite par M. Poumier, et publiée en 1813, 40 livres 13 onces 5 gros 55 grains d'eau, de la source Royale, qui est à la fois la plus ancienne et la plus renommée, contiennent :

	Gros.	Grains.
Muriate de magnésie	»	10
Muriate de soude	»	11
Sulfate de magnésie	»	26
Sulfate de chaux	»	42
Carbonate de chaux	»	18
Soufre	»	3
Silice	»	4

Matière végéto-animale, quantité inappréciable.

Analyse d'un kilogramme d'eau de la source de la Buvette, par M. Longchamps.

	Grammes.
Sulfure de sodium	0,042100
Sulfate de soude	0,050042
Chlorure de sodium	0,040150
Silice	0,067826
Chaux	0,002902
Magnésie	0,000344
Soude caustique	0,005100
Potasse caustique, des traces	»
Ammoniaque, des traces	»
Gaz azote, 4 centimètres cub.	»
	0,208464

PROPRIÉTÉS MÉDICINALES. Les eaux de Baréges sont en général apéritives, résolutives, diurétiques et sudorifiques. Elles excitent un léger mouvement de fièvre, dont la durée prolongée pendant plusieurs mois, réveille le mouvement organique, facilite les sécrétions et dissipe les maladies les plus rebelles. Ces eaux, dit M. Alibert [1], produisent une excitation marquée dans toute l'organisation, déterminent des mouvements critiques du centre à la circonférence. Cette action particulière les a fait préconiser avec raison contre les maladies cutanées. Elles agissent d'une manière spéciale dans les anciens ulcères, dans les vieilles plaies d'armes à feu, dans les rétractions des muscles, des tendons et des ligaments. On les voit produire des effets miraculeux dans les douleurs rhumatismales, et dans une multitude d'altérations lymphatiques.

MODE D'ADMINISTRATION. On administre les eaux de Baréges en boisson, en lotions, en injections, en bains généraux et en douches.

On les boit dans plusieurs maladies, à la dose de trois ou quatre verres par jour, à la température de 34 degrés du thermomètre de Réaumur. Ces eaux, douceâtres au goût, paraissent d'abord révoltantes à cause de leur odeur; mais bientôt on s'y accoutume. Leur chaleur n'incommode point en les buvant. Leur usage doit être précédé, accompagné et terminé par un régime qui est toujours subordonné à la cause qui a produit la maladie pour laquelle elles sont prescrites.

Le choix des bains, que l'on associe presque toujours à la boisson, varie depuis 25 degrés, qui est le minimum, jusqu'à 32, qui est le maximum. Entre ces deux extrêmes, on a des bains de 27, 28, 29, 30 degrés. Ceux qui sont moins élevés sont aussi moins riches en principes minéralisateurs.

Les bains locaux sont très-appropriés aux ulcères, aux plaies, aux enflures, aux roideurs des tendons, aux engorgements articulaires, etc.

L'application des douches, dont une est de 35 degrés, et l'autre de 36, exige beaucoup de circonspection.

CAUTERETS. Joli bourg, situé à 4 l. 1/4 d'Argelès. ☞ Pop. 800 hab.

Cauterets, célèbre par les sources d'eaux thermales qu'il renferme [1], est bâti dans le fond d'un bassin très-agréable, sur le gave de son nom, qui traverse le bourg et le vallon, coule avec une grande rapidité entre deux montagnes resserrées, précipite de rochers en rochers ses ondes blanchissantes d'écume, et vient former une cascade natu-

---

[1] Précis historique sur les eaux minérales.

[1] Nous devons la plupart des renseignements qui ont servi à la rédaction de cette notice, à l'estimable inspecteur des eaux thermales de Cauterets, M. le docteur Buron, digne successeur du célèbre docteur Labat.

relle à une petite distance des bains de la Raillère. L'élévation du vallon de Cauterets au-dessus du niveau de la mer est de 500 toises.

Dans l'ancienne langue du pays, Cauterets signifiait eaux chaudes ; ce n'était sans doute dans les premiers temps qu'une vallée de pâturages communs, rendez-vous ordinaire des pasteurs, qui s'y réunissaient pour faire paître leurs troupeaux, ainsi que cela se pratique encore aux extrémités de la vallée, sur les montagnes de Gerret, de Lectoure, de Gaube, de Marcudaon, du Cambascon, du Disey. Tout porte à croire que les eaux thermales de Cauterets étaient connues des Romains et très-fréquentées par eux. Si les preuves écrites manquent pour appuyer ce fait, les antiques constructions des bains situés à l'orient de Cauterets, et le nom de César que porte l'une des sources, ne laissent aucun doute à cet égard. C'est donc premièrement aux Romains, et ensuite à une corporation de cénobites de l'ordre de Saint-Benoît, réunis à Saint-Savin par Charlemagne, que Cauterets doit sa naissance.

Malgré l'abandon total dans lequel le gouvernement et les administrations laissaient languir la plupart des établissements publics, des médecins instruits et accrédités envoyaient de toutes parts des malades à Cauterets. La nécessité de les loger a donné de l'industrie aux propriétaires ; Cauterets, composé d'abord d'une douzaine de maisons pauvres, s'est successivement agrandi ; au point qu'il forme aujourd'hui un joli bourg, composé de plus de cent maisons, toutes bien bâties, d'une distribution commode et d'un aspect agréable. En entrant dans ce bourg on est frappé de l'élégance et de la propreté qui y règnent. La teinte bleuâtre des toitures d'ardoise, la blancheur éclatante des maisons, font un admirable contraste avec la belle verdure des montagnes qui l'environnent. Les habitants répondent par leurs attentions, leur prévenance et leur propreté, à tous ces agréments, et les complètent ; aussi Cauterets est-il l'un des établissements thermaux dont le séjour est le plus recherché.

Cauterets possède plusieurs promenades toutes très-pittoresques. Celle qui attire le plus l'admiration des étrangers s'appelle le *Parc*. Elle est attenante au village et présente dans le trajet d'un quart de lieue des mouvements de terrain très-gracieux.

Les bains de Cauterets ne sont point dans le village comme à Barèges et à Saint-Sauveur ; ils sont disséminés dans la montagne à différentes distances et hauteurs : ce q donne beaucoup de mouvement au paysage La distance des bains et la difficulté des chemins obligent à se servir de chaises à porteurs : un service public est organisé pou cet objet : les femmes en prennent toujours pour les longues promenades dans les montagnes. On trouve aussi à louer des chevaux qui, accoutumés à gravir les rochers, parcourent les sentiers les plus étroits avec un instinct et une adresse incroyables.

Les flancs des montagnes qui bordent la vallée de Cauterets, sont très-escarpés, et néanmoins ils sont couverts d'une assez belle végétation. Quelques petits hameaux, placés de distance en distance, sur des plateaux peu étendus, ombragés par des touffes d'arbres et entourés d'un territoire cultivé, ornent ce paysage agreste ; des forêts de sapins le couronnent, et des milliers de petits torrents y portent partout la fraîcheur, le mouvement et la vie, sans causer aucun ravage, parce que leur cours est sinueux et peu rapide. Le gave, au contraire, est fort impétueux, mais il est partout très-encaissé. La route qui le côtoie, d'abord à sa rive gauche, puis à sa droite, commence par des rampes très-rapides ; ensuite elle est assez unie, si ce n'est aux deux tiers à peu près, où l'on trouve de nouvelles rampes nommées le Limaçon. Elle est partout large et belle ; des frênes, des aunes, des tilleuls, des noyers l'ombragent sur plusieurs points ; des ponts solides, des parapets, placés sur le bord des corniches qui présentent quelque danger, la rendent aussi sûre qu'elle est facile. La gorge s'élargit à mesure qu'on approche de Cauterets, et il faut deux heures de marche pour y arriver. Durant tout ce trajet, on est agréablement distrait par la beauté du paysage : ici, rien n'attriste et n'épouvante, tout est enchanteur, et les douces émotions s'y succèdent à chaque pas ; les abords du chef-lieu surtout, sont on ne peut plus riants et variés. Après avoir passé le petit encombrement de roches calcaires, qui intercepte *Labat* ou grand chemin de la vallée, on voit de toutes parts sur des tertres, sur des monticules, que la nature a parés de toutes les richesses de la végétation, des eaux qui jaillissent en cascades, ou sortent en bouillonnant des entrailles de la terre. Ces eaux rafraîchissent un air pur, embaumé par les exhalaisons des plantes et des arbustes odoriférants : c'est un séjour délicieux, un véritable Élysée, qui tient tout ce qu'il promet à la première vue, que l'on ne quitte qu'avec regret, et où l'on trouve, dans la saison des bains, les charmes de la société, réunis à tous les attraits de la nature. De beaux arbres conservés religieusement sur les cimes et les penchants des montagnes, préviennent les avalanches et les ravages des eaux, qui chaque année menacent Baréges. A cet heureux ensemble, qui charme les yeux des peintres, et parle à l'imagination des poètes, se joignent des avantages encore plus réels, dignes des méditations des esprits graves, et surtout des géologues et des médecins; ils tiennent à la salubrité de l'air, aux eaux thermales, et à l'observation des grandes masses granitiques, schisteuses et calcaires, dont le mélange et l'arrangement forment la chaîne des Pyrénées.

De plusieurs côtés, s'offrent de riantes promenades, et certains lieux sont plus fréquentés par les étrangers qui, chaque année, affluent dans cet aimable et salutaire séjour. Tels sont l'*Ermitage de Pyn*, où, à l'ombre de jolis bosquets, sur la verte pelouse, on a vu donner d'éclatantes fêtes, et faire des dîners, des déjeuners fort agréables, en partie de pique-nique; *la Cabane de la Reine*, station plus agreste, qui domine tout le vallon et la gorge entière, jusqu'à Pierrefitte; les jardins créés par le docteur Labat, et qui s'étendent des bains Bruzaud, jusqu'à l'ermitage de Pyn, lequel semble en être la continuation: la nature en a fait les principaux frais, par les mouvements naturels du terrain et les charmants aspects qui s'offrent de toutes parts. De superbes terrasses, d'agréables allées, de jolis sentiers tracés au milieu de belles prairies et de bosquets délicieux, sont l'effet de l'art et du goût le plus délicat. On doit citer enfin le *Camp basque*, dominé au couchant par le *Disé*, et au nord par le *Mont-né* ou *Mounné*, montagne très accessible, au sommet de laquelle chaque étranger va graver son nom, et jouir du magnifique spectacle que présente un des plus beaux observatoires des Pyrénées.

Un des principaux objets de curiosité pour les baigneurs de Cauterets est le lac de Gaube, situé à trois lieues au delà de Cauterets, et à deux lieues en deçà de Vignemale. Ce lac offre un très-bel aspect; sa circonférence est d'une lieue et demie ou six kilomètres environ, et sa plus grande profondeur de cinquante mètres; il abonde en truites. Ses eaux calmes et limpides réfléchissent, par un beau jour, les rochers qui l'avoisinent, et les hautes sommités qui forment sa grande enceinte. On voit sur ses bords, du côté du couchant, des masses énormes qui l'ont en partie comblé; quelques débris ont roulé du haut des monts jusque dans le centre de ce vaste réservoir; une barque d'une forme particulière, joli petit esquif, procure aux personnes qui vont le visiter, le plaisir d'une promenade par eau, au sein des plus hautes montagnes. Un pasteur et pêcheur à la fois, dont la cabane est sur le bord du lac, en fait les honneurs aux curieux, et se plaît à raconter les visites antérieures.

A l'embranchement des vallées de Gaube et du Marcadaou, est la cascade du Pont d'Espagne. Là, deux torrents se réunissent; l'un, en roulant sur la croupe inégale d'un large rocher, s'est déjà partagé en deux nappes écumantes; le second se précipite dans un lit étroit, profond, tortueux et sombre. C'est un peu au-dessous de la jonction de ces torrents, que l'on a jeté le Pont d'Espagne. Les culées, fournies par la nature, sont deux masses de granit taillées d'à plomb, d'une hauteur d'environ 60 pieds : d'une culée à l'autre, les pasteurs du canton ont jeté transversalement cinq ou six poutres de sapin, auxquelles ils ont laissé toute leur rondeur; ils ont garni les vides avec du gazon, et élevé des deux côtés deux poutres parallèles, qui servent de parapets. Tel est ce pont sur lequel on traverse un effrayant abîme, au fond duquel roulent en bouillonnant les eaux du gave de Gaube : l'œil ne se lasse point de le voir se précipiter en entier dans le lit étroit et profond de plus de 60 pieds qu'il s'est creusé dans la roche vive; il tombe, retentit, bouillonne, et produit surtout une profonde impression lorsqu'on l'observe du milieu du pont.

On doit visiter aussi les cascades du val de Jaret, les cascades du Cerizet, du Pas de l'Ours et de Bousses; le val de Marcadaou qui communique à l'Espagne par un port assez facile. Enfin, ceux qui ne craignent pas la fatigue, ne doivent pas manquer de faire une ascension au Vignemale.

Eaux thermales de Cauterets.

Saison des eaux. Il y a trois saisons bien distinctes; la première commence vers la fin du mois d'avril, et se termine à la fin de mai, ou tout au plus du 10 au 15 juin. C'est la saison des cultivateurs du pays et des environs. Du 10 juin aux premiers jours de septembre est le fort, le brillant de la saison. De septembre à novembre recommence la saison des personnes du peuple.

Les différents établissements thermaux des Pyrénées ont chacun, dans leur population, une physionomie particulière; résultats de l'espèce constante des colons annuels. La vivacité languedocienne et roussillonnaise se montre dans les bains de l'Est, à la Preste, à Arles. Toulouse et ses hommes aimables, et ses beautés fraîches, rosées, qui allient si bien, par un privilége méridional, la galanterie et la dévotion, Toulouse prédomine aux bains d'Ossat, d'Ax, et de Bagnères de Luchon. Les femmes de Bordeaux, à la mise élégante, à la démarche vive et légère, abondent à Bagnères-Adour. Baréges, hôpital militaire, offre nécessairement une population mixte. Paris, avec tous ses hommes supérieurs, ses femmes, chef-d'œuvre de la civilisation, et, nous ajouterons, avec toutes les ridicules copies de ces modèles aimables, fournit la majeure partie des habitants de Saint-Sauveur, et surtout de Cauterets.

On compte en général à Cauterets, de 1,200 à 1,500 étrangers. La saison de 1829 a été la plus brillante qu'on ait jamais vue. La haute société de Paris y abondait. On a enregistré 136 voitures de maître. Le nombre des étrangers s'est élevé à près de trois mille.

PRIX DU LOGEMENT ET DE LA DÉPENSE JOURNALIÈRE. Dans le fort de la saison, chaque chambre se paye depuis trois francs jusqu'à six par jour. La nourriture d'une famille de quatre maîtres et deux domestiques peut aller de 12 à 15 francs, sans pain ni vin. On a d'excellentes tables d'hôtes, où l'on ne paye que trois francs par tête, déjeuner compris.

On fait très-bonne chère à Cauterets : on y mange la fraise et la framboise des montagnes, les excellentes pommes de Saint-Savin, les prunes d'Argelès, les pêches de Béarn, de délicieux légumes, la volaille de Pau, de bonnes truites, le coq de bruyère, et l'isard, qui est le chamois des Pyrénées.

Il y a un superbe salon de réunion, où l'on s'abonne moyennant 20 francs par mois. On y danse deux fois la semaine, le jeudi et le dimanche.

TARIF DU PRIX DES EAUX, BAINS ET DOUCHES. La boisson aux différentes sources est gratuite.

Prix du bain............ 1 fr. » c.
 (Plus 20 c. pour les garçons.)
Prix de la douche.......... 1 » »

On paye aux porteurs l'aller et le retour aux sources
- de la Raillère... 1 fr. » c.
- de Maouhourat.. 1 » 50
- du Bois....... 2 » »
- du Pré........ 1 » 50
- de Pauze...... 1 » »
- de Saint-Sauveur 1 » 50

Les sources thermales de Cauterets sont au nombre de dix; six appartiennent à la commune et quatre à divers particuliers. Quatre sont situées à l'est de Cauterets, sur le flanc d'une montagne qu'on appelle le Pic du Bain: ce sont les plus anciennes. Les six autres sont situées au midi; ces dernières n'ont été découvertes que plusieurs siècles après.

Le gouvernement ne possède à Cauterets aucun établissement. Les communes propriétaires en ont fait construire un superbe à la source de la Raillère, dont la réputation est européenne, et un autre dans de moins grandes proportions à la source du Bois. On donne chaque matin au moins 800 bains dans les divers établissements.

SOURCES ET ÉTABLISSEMENTS DE L'EST.

Il y a dans cette région qui domine Cauterets, à la distance de plus de cent mètres, quatre grandes sources, situées sur trois places différentes; c'est là qu'était l'ancien Cauterets, dont on voit encore quelques ruines. Des quatre sources de l'Est, deux ont été concédées à des particuliers, et elles ont été exploitées avec quelque succès; ce sont celles de Bruzaud et de Pauze : les deux autres, celles de César et des Espagnols, ne présentent que des établissements informes, quoiqu'elles soient les meilleures.

ÉTABLISSEMENT BRUZAUD OU SOURCES DE CANARIE. Les eaux de Canarie proviennent de deux sources, dont l'une était appelée la source d'Amour, et l'autre, la grande Source; elles donnent par jour 528 pieds cubes d'eau de 38 degrés de chaleur. Elles sont très-anciennement connues. Les comtes de Bigorre, vers 1520, en firent la concession aux moines de Saint-Savin, qui y érigèrent un petit hospice, sous le nom de Cabanes des Pères; cet établissement fut acquis ensuite par Dupont-Canarie dont il porte le nom; il a été ultérieurement acquis de ce particulier, par M. Bruzaud de Cauterets, qui a rapproché les eaux de l'enceinte de la commune, où il a fait construire un établissement. L'ancien établissement de Canarie est abandonné, et il n'offre plus que des ruines.

Les bains Bruzaud sont au bas de la montagne, et touchent à Cauterets; ils ont été construits dans les années 1798 et 1799, en remplacement des anciens Canarié, dont les eaux ont été dérivées par un long aqueduc. Les tuyaux sont en terre cuite, et ils ont douze ou quinze centimètres de circonférence. Ce transfert, joint au peu de soin que l'on a pris pour faire l'aqueduc, dont le diamètre est trop fort, eu égard au volume de la source, a beaucoup diminué la température de l'eau, qui n'a plus que 30 degrés.

L'établissement Bruzaud contient treize cabinets très-propres, dont les quatre extrêmes renferment chacun deux baignoires: il y a, en outre, un joli salon qui sert de pièce d'attente, une douche à quatre robinets de différentes grosseurs et élévation, et une buvette fort commode. Un long péristyle recouvert s'étend d'un bout des bains à l'autre; aux deux extrémités sont deux pièces d'attente. Il y a un chauffoir à cases numérotées. Des terrasses, des jardins ombragés, des cabinets de verdure, achèvent d'embellir ce superbe établissement, qui se trouve à la portée des malades, même pendant le mauvais temps.

ÉTABLISSEMENT DE PAUZE. La source de Pauze est très-abondante; elle donne 352 pieds cubes d'eau par jour, de 35 degrés de chaleur; elle alimentait autrefois six baignoires, abritées par des planches. Cet établissement a été reconstruit il y a environ 20 ans. Aujourd'hui, il y a treize cabinets propres, mais bas et serrés, qui se communiquent par un beau vestibule pavé en schiste. Le cabinet du milieu contient une douche à robinets fixes, plus élevés les uns que les autres, et de différents diamètres, appropriés aux divers cas maladifs. A l'entrée, et sur le vestibule, est une buvette à robinet. Quatre des autres cabinets contiennent deux baignoires chacun; les autres n'en ont qu'une. Toutes les baignoires, au nombre de 17, sont en marbre; deux robinets portent dans chacune l'eau chaude minérale et la même eau refroidie. Le réservoir, qui leur est commun, se trouve derrière l'établissement. Jamais la douche ni la buvette ne manquent d'eau, pendant que l'on se baigne, parce qu'elle provient de la source mère, et non du réservoir, qui ne se remplit que par le trop plein de la source, lorsque la douche et la buvette ne donnent pas. Il y a dans le vestibule un chauffoir, qui a autant de cases numérotées qu'il y a de baignoires, afin d'empêcher la confusion des linges.

BAINS DES ESPAGNOLS. La source des Espagnols est voisine de celle de Pauze, mais elle a 38 degrés de chaleur. Les deux établissements se tiennent. Celui-ci, dont la construction est voûtée, paraît être de fondation romaine. Il n'y avait autrefois qu'une piscine informe, qui ne recevait de jour que par deux étroites fenêtres; il y a maintenant une douche, qui sert aussi d'étuve ou de bain de vapeur, et deux baignoires latérales assez bien disposées. Cet établissement, susceptible de recevoir une grande extension, est mal tenu et entièrement à faire.

BAINS DE CÉSAR. Les bains de César paraissent être aussi de construction romaine, comme les précédents; il y avait autrefois une large piscine, surmontée d'une voûte, et éclairée, sur le devant, par deux ouvertures de forme ovale. On y a fait un mur de séparation, et maintenant il y a deux baignoires, une de chaque côté, et deux buvettes qui coulent continuellement. On a joint à l'ancien édifice un cabinet à douche. En 1804, il y fut établi une belle douche, et en 1805, les deux cabinets à bains furent réparés; deux baignoires en marbre y ont été mises, et l'édifice a été soutenu par une terrasse. Cet établissement est aussi susceptible d'une grande extension, par l'énormité de la source, qui donne chaque jour 1,055 pieds cubes d'eau à 39° 1/2 de chaleur; mais il est mal tenu et nécessite d'urgentes réparations.

SOURCES ET ÉTABLISSEMENTS DU SUD.

On trouve, après le bassin de Cauterets, en remontant le gave vers le midi, plusieurs autres sources très-importantes, situées depuis 1,500 jusqu'à 3,000 mètres des habitations; la première est celle de la Raillère, les autres sont celles du petit Saint-Sauveur, du Pré, de Maouhourat, des OEufs et du Bois.

SOURCE DE LA RAILLÈRE. Cette source, la moins éloignée de toutes, est aussi la plus abondante: elle donne 3,060 pieds cubes d'eau par jour, à 34°.

La source de la Raillère fut découverte en 1600, par un troupeau de chèvres. La facilité de pouvoir s'y rendre et d'y aller puiser l'eau, fit abandonner les sources des Cabanes ou des Pères, les plus anciennes de toutes, et donna au duc de Richelieu, gouverneur de la Guyenne, l'heureuse idée d'y commencer un établissement, qui, restauré en 1803, fut incendié en 1805, et rétabli provisoirement; il n'était composé que de quelques baraques, qui abritaient une douzaine de baignoires en bois; un hangar recouvrait la buvette; un bâtiment en pierre, qui avoisine ce hangar, contenait trois baignoires : c'était ce qu'on appelait les Bains de Richelieu. Depuis, on y a construit sur un plan grandiose un des plus beaux établissements thermaux des Pyrénées.

La Raillère est aujourd'hui l'établissement le plus important de Cauterets. Il contient 23 cabinets de bains, une buvette, une douche; il y a 9 cabinets en marbre poli. Les autres sont en maçonnerie. Sur le devant de l'établissement est une belle terrasse. L'entrée de l'édifice, totalement construite en marbre, est décorée d'un portique de six arcades, surmontées d'un fronton. Un vestibule spacieux au delà du portique le divise en deux parties : la première contient un corridor bien éclairé, qui communique aux neuf cabinets formés de marbre poli, d'une grandeur et d'une beauté remarquables; et la seconde renferme un corridor communiquant à treize cabinets moins riches que les premiers; mais de forme et de grandeur pareilles. Les baignoires dans tous les cabinets sont en marbre; deux robinets, l'un d'eau chaude naturelle à 30 degrés, l'autre d'eau minérale aussi, à 27°, fournissent l'eau nécessaire à chaque baignoire.

ÉTABLISSEMENT DU PETIT SAINT-SAUVEUR. Il est situé après la Raillère, et à quelques toises des bains du Pré. La source, qui est très-faible, n'a que 24° de chaleur, et paraît provenir des infiltrations des sources supérieures. Il y a quatre baignoires.

SOURCE DU PRÉ. Elle est située bien au delà du pont, et avant Maouhourat, près de la cascade du même nom. Le propriétaire est resté longtemps sans en tirer aucun parti, quoiqu'elle fût susceptible d'une grande fondation par son abondance et la haute élévation de sa température, qui est de 32 degrés. Une baraque, abritant quelques baignoires en bois, était tout ce qu'on y voyait, avant que le propriétaire y eût fait un superbe établissement, sur le plan de ceux de Bruzaud et de Pauze. Il y a une buvette, une douche graduée, seize bains, une étuve, un bain de vapeur, un péristyle, et tous les embellissements que les lieux pouvaient comporter.

SOURCES DE MAOUHOURAT, DE BAYARD ET DES OEUFS. Ces trois sources sont comme groupées à très-peu de distance de là, et elles sortent du creux des rochers. On arrive à la première par un sentier tracé sur la rive droite du gave, et l'on parvient à l'ancienne excavation, transformée en une grotte pittoresque, où l'on recueille les eaux, que l'on n'emploie qu'en boisson. Chacun va puiser, selon ses désirs, au filet d'eau qui coule continuellement et file à travers les fissures du roc. Le produit n'en est pas très-abondant, mais elle a 38 degrés de chaleur. Les deux autres surgissent au-dessus, et presque au niveau du gave, dont les eaux se confondent avec celles des sources, qu'il serait très-difficile de recueillir : il faudrait pour cela faire des excavations et conduire les eaux au-dessous du lieu d'où elles sortent, à l'aide de canaux construits convenablement. La source de Bayard a 23° de chaleur; celle des OEufs à 45°. C'est la plus chaude de tout Cauterets. L'abondance de cette source et sa haute température présenteraient la facilité d'établir des bains de vapeur, des étuves, moyen si puissant de thérapeutique, et dont se trouvent privés tous les thermes des Pyrénées.

Une quatrième source est tout près de là, mais elle ne donne presque rien : c'est celle des Yeux, ainsi nommée, parce qu'on l'a quelquefois employée dans les maladies de ces organes.

SOURCE DU BOIS. Elle est située fort au-dessus des précédentes; et il faut beaucoup monter dans le bois pour y arriver. L'établissement présente une riche façade de cinq arcades en marbre, un superbe péristyle, deux piscines, quatre cabinets de bains, ayant chacun sa douche. Au premier sont des chambres de repos pour les baigneurs. Il y a trois sources, dont la température varie de 34, 36 et 38 degrés.

On voit avec quelle profusion la nature a doté Cauterets de sources minérales, de divers degrés de chaleur et de plusieurs genres, appropriées, en quelque sorte, à toutes espèces de maladies et d'indispositions. Aussi est-ce le lieu thermal le plus accrédité et le plus fréquenté de toutes les Pyrénées.

PROPRIÉTÉS CHIMIQUES. Jusqu'à présent il a été reconnu que ces eaux ne contiennent que 1/3400 de leur poids de principes fixes; elles verdissent le sirop de violette; elles ne se troublent point par l'eau de chaux; elles donnent un nuage à peine sensible par l'hydrochlorate de barite. Au moment où elles sortent du sein de la terre, elles contiennent de la soude caustique, de l'hydrosulfate de soude, probablement sulfuré, du sulfate et des traces d'hydrochlorate de soude, un peu de sous-carbonate de chaux et de magnésie, une petite quantité de silice, une très-petite quantité d'une matière animale particulière, distincte de la gélatine, à laquelle M. Longchamps donne le nom de barégine, et du gaz azote. Elles ne contiennent point d'oxgyène libre, ni d'acide hydrosulfurique. Exposées à l'air, ces eaux se décomposent facilement, en absorbant l'acide carbonique et l'oxygène. La soude passe à l'état de sous-carbonate, et l'hydrosulfate de soude se transforme en hyposulfite, sels très-différents, et dont l'action sur l'économie animale n'est pas la même. Il suffit qu'il y ait un pouce cube d'air entre le bouchon de la bouteille et le liquide, pour changer tout l'hydrosulfate de soude en hyposulfite; d'où il suit que ces eaux sulfureuses ne doivent être bues qu'à la source.

Voici l'analyse d'un kilogramme d'eau de la source de la Raillère, publiée en 1832, par M. Longchamps, chimiste distingué, qui s'est occupé spécialement de l'analyse des principales sources d'eaux minérales du royaume.

	Grammes.
Sulfure de sodium	0,019400
Sulfate de soude	0,044307
Chlorure de sodium	0,049576
Silice	0,061097
Chaux	0,004487
Magnésie	0,000445
Soude caustique	0,003396
Potasse caustique, des traces.	
Ammoniaque, des traces.	
Barégine, des traces.	
Gaz azote, 4 centimètres cubes.	
	0,182748

PROPRIÉTÉS MÉDICINALES. Les différentes sources de Cauterets s'appliquent à une infinité de maladies chroniques. La Raillère est indiquée pour les affections catarrhales chroniques, les phthisies commençantes, laryngées ou pulmonaires.

Pauze convient dans les affections rhumatismales chroniques, les asthmes humides; Maouhourat, dans les maladies des voies digestives tenant à la faiblesse des tissus. César, les Espagnols, le Pré, le Bois, font des merveilles dans les affections cutanées, rhumatismales avec engorgement des articulations, les plaies anciennes, atoniques, etc.; le petit Sauveur, dans les maladies nerveuses et hémorroïdales; Bruzaud, dans la faiblesse générale des tissus musculaires, etc.

MODE D'ADMINISTRATION. On boit l'eau de la Raillère, de Pauze, de César, des Espagnols et de Maouhourat, depuis trois jusqu'à six verres, tous les matins à jeun, pures, ou coupées avec le lait, l'eau d'orge, les sirops, etc. On prend des bains d'une heure dans ces diverses sources, Maouhourat exceptée, et des douches après le bain, d'un quart d'heure à une demi-heure au plus. Ce dernier moyen provoque en général une sueur très-abondante.

GAVARNIE. Village situé dans la vallée de son nom, à 9 l. 1/2 d'Argelès.

Gavarnie est justement célèbre par son cirque et par ses cascades, que ne manquent pas de visiter les voyageurs qui fréquentent les nombreux établissements d'eaux minérales des Pyrénées. Le chemin qui conduit au cirque, toujours bordé d'un précipice, est si pénible, si étroit, et même en quelques endroits si périlleux, qu'on ne peut y aller qu'à cheval ou en chaise à porteurs. Depuis Saint-Sauveur, la gorge se transforme en un étroit précipice dont le torrent ravage et occupe le fond. Vous voyez deux villages, *Pragnères* et *Gèdre*, isolés et perdus dans la plus affreuse solitude. Les Pyrénées n'offrent rien de plus lugubre ni de plus sévère : vous marchez pendant quatre heures sur la crête des ravins formés par d'immenses éboulements, dans un silence que ne trouble aucun bruit, si ce n'est le roulement des torrents et le croassement des corneilles. Un seul chemin conduit à une chapelle déserte et comme abandonnée dans ces montagnes. Arrivé au village de Gèdre, derrière la maison *Palasset*, on visite une espèce de caverne formée par deux rochers énormes qui se rejoignent en voûte sans se toucher, et ombragée d'une infinité d'arbustes et de lianes qui pendent en festons. Dans le fond jaillit, comme d'un escalier tournant, et se précipite sur trois degrés, une eau si transparente, que l'on compte aisément les truites qu'elle roule parmi de gros bouillons d'écume. On ne sait ce qui charme le plus dans cette grotte, de sa fraîcheur délicieuse, de la tristesse mélancolique qu'inspire son obscurité, ou du doux murmure des eaux. Cette lumière douteuse répandue dans la grotte en fait le plus grand charme; on dirait que c'est le berceau du silence, et que le jour, par un accord magique, y dort avec la nuit. Ce n'est qu'à regret qu'on quitte ce lieu enchanteur.

En poursuivant la route de Gavarnie, on se trouve bientôt entouré d'un amas prodigieux de rochers carrés, de 40 à 50 pieds sur toutes les faces, et dont un seul suffirait pour bâtir une maison. Ce lieu sauvage, très-bien nommé le Chaos, est d'une beauté imposante et effrayante à la fois; les plus grosses pierres occupent le lieu que l'on distingue par le nom de grand Chaos. On y voit des masses de 10 à 100 pieds cubes; un de ces rochers, la Raillée ou pierre de Notre-Dame, jouit d'une espèce de vénération dans le pays, et les pèlerins, après avoir visité la chapelle qui est au fond de ce désert, font leur prière dessous ce rocher, ou dessus, s'ils ont le courage de l'escalader. L'étonnement augmente à la vue des tours de Marboré, du Pré Blanc, de la Brèche de Roland, de Néouvieille, de Viguemale, dont les cimes glacées, les plus élevées de toute la chaîne, sans excepter le pic du Midi, se perdent dans les nues, et ne sont accessibles que du côté de l'Espagne. Mais combien Gavarnie est au-dessus de tout cela! Aux yeux du naturaliste, il n'est aucun spectacle aussi imposant; aucun paysage ne s'annonce avec autant de grandeur et de majesté que l'enceinte de Gavarnie; un seul de ces effets bizarres et sublimes qu'on rencontre à chaque pas sur la route, suffirait pour donner de la célébrité à tout autre pays. On arrive enfin à Gavarnie, cette montagne qu'on découvre de si loin, qui fuit lorsqu'on croit la toucher, et dont la cime, élevée de plus de 1,400 pieds au-dessus du niveau de la mer, sépare la France de l'Espagne; on se croit tout à coup jeté dans un désert, loin du monde habité. Ici l'admiration, l'étonnement, sont à leur comble. Quand milord Butte y entra pour la première fois, il s'écria : « La grande, la « belle chose!.... Si j'étais encore au fond « de l'Inde, et que je soupçonnasse l'exis- « tence de ce que je vois en ce moment, je « partirais sur-le-champ pour en jouir et « l'admirer. » Un enthousiasme subit en effet y transporte le spectateur : le Colisée, les pyramides d'Égypte, les jardins suspendus de Sémiramis, se présentent à la fois à l'esprit, sur ces formidables remparts qu'on croirait bâtis par les anciens géants, au pied de ces sublimes tours où combattirent autrefois *Agramant*, *Ferragus*, *Marcile*, contre les preux de Charlemagne. Au-dessus, *Roland*, monté sur son cheval de bataille, transperça une montagne de sa terrible épée, et s'ouvrit un chemin qui devait le conduire chez les Mores et à la victoire.

Ici l'imagination ne peut atteindre la réalité. Que sont tous les cirques des Romains! que sont tous les ouvrages des hommes, auprès de cet auguste monument de la nature! Il semble qu'elle ait fait un essai de ses forces pour y déployer tout ce qu'elle a de grandeur et de magnificence. Figurez-vous un vaste amphithéâtre de rocs perpendiculaires, dont les flancs nus et horribles présentent à l'imagination des restes de tours et de fortifications, et dont le sommet, ruisselant de toutes parts, est couvert d'une neige éternelle, sous laquelle le gave s'est frayé une route : l'intérieur du cirque est jonché de décombres, et traversé par des torrents. En pénétrant dans l'enceinte, qui autrefois était un grand lac dont les eaux ont rompu les digues, et ont donné cours au gave, on jouit d'un coup d'œil certainement unique dans son espèce. On voit le gave sortir du lac du Mont-Perdu, se précipiter, près du vieux pont et de ses éternels glaciers, dans l'enceinte de Gavarnie, de plus de 300 pieds d'élévation, et se partager ensuite en sept cascades. La plus belle est à gauche, et tombe d'une hauteur si prodigieuse et si détachée du roc, qu'elle ressemble à une longue pièce de gaze d'argent, ou à un nuage délié qui glisse dans les airs; elle en a l'ondulation, l'éclat et la légèreté. L'eau dissoute en brume, et frappée des rayons du soleil, forme une infinité d'arcs-en-ciel qui se multiplient, se croisent, et disparaissent selon la rencontre des divers rejaillissements : elle répand en tombant une rosée extrêmement fine. L'air d'alentour est si froid, que le voyageur est obligé de se couvrir promptement, et de boire quelque liqueur spiritueuse. On voit ensuite fuir, sous un pont de neige, ce gave, qui, d'abord faible ruisseau, murmure à peine, tout d'un coup se grossit, prend une couleur d'azur foncé, s'élance des rochers, entraîne, en grondant, les débris des bois et des monts, et menace d'ensevelir la contrée. Au loin s'élève le Marboré avec ses crêtes bleuâtres, le Mont-Perdu, et d'autres montagnes sur lesquelles l'Arioste a placé le théâtre de ses charmantes fictions.

Tous les étrangers qui viennent aux eaux thermales font une visite solennelle à ce cirque fameux; pendant le cours de la saison, de joyeuses caravanes de 40 à 50 personnes parcourent la vallée de Gavarnie à cheval ou en chaise à porteurs. On trouve à louer, pour ces courses, beaucoup de chevaux du pays, chevaux petits, mais adroits, solides, et que le danger des lieux fait préférer aux chevaux de maître. Il est bon que l'étranger soit instruit que Gavarnie est hors de la dernière ligne des douanes, en sorte qu'il doit, s'il est assez sûr de son cheval pour s'exposer dans ces passages dangereux, prendre un acquit-à-caution à Gèdre, pour éviter de se le voir saisir plus loin par les préposés. Tous les chevaux de louage que l'on prend pour cette course, sont soumissionnés à la douane pour la saison entière.

Les voyageurs qui voudront tenter une excursion à la Brèche de Roland, et s'aventurer dans les glaces de cette région, trouveront à Gavarnie des guides sûrs avec lesquels ils pourront atteindre cette crête où M. Ramond a fixé, le premier, les idées sur l'état des glaces des Pyrénées. Un sentier commençant à la partie de l'enceinte du cirque opposée à la grande cascade, mène au pied de la muraille du Marboré : ce sentier, fréquenté par les contrebandiers qui évitent la poursuite des gardes du port de Gavarnie, présente plus d'un danger, tant par la situation perpendiculaire des rochers, que par la roideur des pentes de neige et de glace qu'il faut gravir. Il se présente ensuite une espèce de ravin dans le roc nu et déchiré : voilà la route. Il faut du courage pour ne pas renoncer à l'entreprise, et bien assurer ses mains avant de faire un pas sur un sol dénué d'aspérités. On s'élève enfin, après une marche fatigante, à la hauteur d'où les torrents tombent dans le cirque ; on suit un mur de rochers, qui est le prolongement d'un des gradins des tours du Marboré, et sous la saillie duquel s'abritent les bergers espagnols qui fréquentent ces pâturages, nommés Malhada de Serradès : c'est de là qu'on voit sous ses pieds les nombreuses cascades qui descendent dans l'enceinte des rochers qu'on a gravis. La grande cascade, tombant du mur oriental, reçoit les rayons du soleil qui descend du midi vers son couchant, et la vapeur qu'elle répand autour d'elle se rend visible par un iris vivement colorié, qui forme un cercle entier. Outre le Marboré, on compte trois autres montagnes ; la plus voisine de ce mont se nomme Stazona ou l'Astazou ; la suivante, la Furchetta ; la plus voisine de Gavarnie est le pic d'Allanz : c'est de la première que tombe le gave. Bientôt on arrive vers le grand vallon de neige, et l'on atteint sa partie supérieure. On distingue à la fois sept Sernelhas de glace, toutes exposées au nord ; deux entre la Stazona et la Furchetta, de chacune desquelles sort un torrent ; une dans la Stazona même, d'où la grande cascade paraît prendre sa source ; trois sur le Marboré ; enfin, la grande Sernelha ; placée au-dessous de la Brèche, et nommée Sernelha de la Bréja. Il s'agit alors de monter vers le mur, en gravissant une pente de neige de 45 degrés d'inclinaison. L'on s'arme de crampons, et l'on traverse ces bandes de neige, en tournant le glacier dont l'élévation rend la pente impraticable. Arrivé en face de la Brèche, on croit pouvoir passer de plain-pied ; mais un large fossé, taillé en entonnoir, profond d'une trentaine de pieds, se trouve interposé entre elle et le voyageur. Il faut donc tourner le fossé, gagner l'un des côtés de la porte, et, en s'accrochant à l'un de ses murs, user de toute l'adresse des montagnards, pour se glisser en Espagne. Qu'on se figure une muraille de rochers de 300 à 600 pieds de haut, élevée entre la France et l'Espagne, et qui les sépare physiquement ; que l'on se figure cette muraille courbée en forme de croissant, en sorte que la convexité en soit tournée vers la France ; que l'on s'imagine enfin qu'au milieu même Roland, monté sur son cheval de bataille, a voulu s'ouvrir un passage, et que d'un coup de sa fameuse épée, il a fait une brèche de 300 pieds d'ouverture, et l'on aura une idée de ce que les montagnards appellent la Brèche de Roland.

GAZOST. Village situé sur le Nez, à 4 l. 3/4 d'Argelès. Pop. 420 hab. Il possède trois sources d'eaux thermales, fréquentées seulement par les habitants du canton.

GÈDRE. Village situé à 7 l. 1/2 d'Argelès, commune de Luz.

Ce village est agréablement situé au fond d'un petit bassin que traversent deux gaves, dont les débordements y causent quelquefois des dommages considérables : il est environné de collines garnies de cabanes qui présentent un aspect des plus pittoresques, et remarquable par une grotte célèbre ; des eaux vives animent cet antre agréable fait en forme de galerie, où pénètre une douce lumière, qui s'échappe des crevasses de la voûte à travers les arbres dont il est couronné, et qui produit le plus grand charme. Le fond de la galerie est éclairé par un dôme en partie découvert. On y voit, comme à travers un tube, une roche de marbre en forme de pilier, autour de laquelle circulent de larges flots resplendissants, qui font présumer deux autres galeries parallèles. Toutes ces eaux, descendues à travers la montagne de Héas, s'élancent dans le canal, y forment plusieurs ressauts sur des bancs de marbre ou de granit, se précipitent à quelques pas du spectateur sur des rochers blanchissants d'écume, et vont, à peu de distance, se rendre dans le gave Béarnais.

L'église paroissiale de Gèdre est bâtie à la manière des anciens temples du paganisme, n'étant éclairée que par la porte et par une fenêtre en abat-jour, qui donne sur l'autel; une galerie, élevée de 10 pieds, règne autour de la nef, comme dans les églises espagnoles. Le bénitier, situé en dehors, est d'ophite.

C'est à Gèdre que débouche la vallée pittoresque de Héas. La route que l'on prend pour y parvenir, suit la rive droite du gave de Gavarnie; elle est ombragée en plusieurs endroits de beaux ormes entremêlés de frênes et d'érables; le gave coule profondément au milieu d'un paysage dont l'intérêt est accru par le voisinage des rochers élevés d'où il s'élance, et par plusieurs moulins auxquels il donne le mouvement. Mais bientôt la scène change; on passe un pont de bois jeté sur le torrent de Cambiel; après quelques restes d'habitations et de prairies, après avoir tourné la montagne de Coumélie, la vallée n'est plus qu'un profond sillon creusé dans le granit, et encombré par les débris calcaires qui proviennent des sommités; c'est le véritable séjour de la solitude et de la destruction, à l'issue duquel est le vallon de Prat, d'où l'on passe dans celui où se trouvent la chapelle et le hameau de Héas. Ce dernier vallon offre un aspect ravissant, en sortant des décombres qui le précédent; toute sa surface est couverte par les produits de la culture, qui s'étend jusque sur le flanc des montagnes. — Une des curiosités de cette vallée de Héas est un énorme bloc de granit de 12 à 13 mètres cubes, dont l'isolement fait encore ressortir l'énorme masse; on le nomme le Caillou de la Raillée. — La chapelle de Héas est située dans l'endroit le plus sauvage du vallon; rien de plus aride que les bas fonds, rien de plus âpre que les montagnes des deux versants latéraux, dont les flancs déchirés annoncent la vétusté et attestent les convulsions de la nature dans cette région granitique. La chapelle est bâtie en forme de croix, surmontée d'un petit dôme; la porte et les deux pilastres sont de marbre, ainsi que l'attique, dans lequel est une statue de la Vierge et de l'enfant Jésus; le maître-autel est richement doré; les murs sont tapissés de plusieurs tableaux d'une composition bizarre et d'une exécution grotesque. Cette chapelle est l'objet d'un pèlerinage très-fréquenté par les habitants des vallées voisines, le 15 août et le jour de la Notre-Dame de septembre.

LOURDES. Petite ville située près de la rive droite du gave de Pau, à 3 l. d'Argelès. Tribunal de première instance de l'arrondissement. ✉ ☞ Pop. 3,818 hab.

Lourdes est une ville très-ancienne, où l'on voit quelques restes de tours qui passent pour avoir été construites du temps de César; l'historien Froissard attribue leur construction aux Romains, pour contenir sous leur obéissance les peuples insoumis des vallées. Cette ville doit son origine au château bâti sur la pointe d'un rocher très-élevé qui la domine, et dont le pied est baigné par les eaux du gave de Pau. Du temps de Charlemagne, ce château fut appelé Mirambel; il a été possédé successivement par les Goths, les Vandales, les Anglais, les comtes de Bigorre, et les vicomtes de Béarn. Cette forteresse était regardée par ses possesseurs comme une des plus importantes du pays; elle a été donnée souvent en otage par les comtes de Bigorre pour sûreté de leurs engagements. Le comte de Leicester s'empara de ce château; Éléonore, son épouse, le céda au roi de Navarre, qui y établit un gouverneur. Après le traité de Brétigny, il fut sous la puissance des Anglais. Le duc d'Anjou tenta, sans succès, de s'en emparer en 1372. Les Béarnais, commandés par le baron d'Arros, incendièrent la ville en 1573.

La ville de Lourdes est avantageusement située à la jonction de quatre vallées. Elle entoure, de l'autre côté du gave, le roc qui supporte le château, et s'étend dans un ravin traversé par un torrent; c'est une ville assez bien bâtie, mais irrégulière. Une grosse tour carrée forme la masse principale du château; le logement du gouverneur, une chapelle, et une caserne pour une garnison de cent soldats, composent le reste.

On remarque près de Lourdes plusieurs grottes creusées dans une montagne calcaire, sur la rive gauche du gave; ce sont de longues galeries, où l'on pénètre à la lueur des flambeaux. La plus belle est celle dite du Loup: l'entrée en est étroite et difficile; mais à peine y est-on introduit, que le dôme s'élève, et l'on marche commodément; elle est divisée ensuite en trois énormes crevasses, dont celle du milieu est terminée par un affreux précipice. — A peu de distance, au nord-ouest de la ville, est le lac de Lourdes, qui a environ une lieue de circonfé-

SAINT SAUVEUR.

EGLISE DE LUZ.

LOURDES.

Hautes Pyrénées

GÈDRE.

rence, et qui abonde en anguilles et en brochets monstrueux.

Fabriques de toiles de lin, mouchoirs, crépons, bas rayés, etc. — *Commerce* de vaches laitières.

LUZ. Petite ville située dans le vallon de son nom, à 5 l. d'Argelès. ☞ Pop. 2,357 hab. On y remarque l'église paroissiale, bâtie, dit-on, par les templiers; elle est entourée d'un mur bordé de créneaux et surmontée d'une tour carrée sous laquelle se trouve la porte d'entrée; l'ancien cimetière est renfermé dans cette enceinte.

À peu de distance de Luz, on aperçoit sur un rocher très-élevé qui domine tout le vallon, les ruines de l'ancien château de Sainte-Marie, que le comte de Clermont reprit sur les Anglais en 1404; il n'en reste plus qu'une tour ronde et une tour carrée, réunies par un mur.

Une curiosité du vallon de Luz est la fontaine pétrifiante qui se trouve sur la rive gauche du gave, au-dessous de Saint-Sauveur, et que M. de Vaudreuil compare à celle de Saint-Alyre, à Clermont. Le ruisseau qu'elle produit dépose sur le sol des incrustations calcaires en forme de dalles de pierre; les plantes, les racines, les mousses qui se trouvent sur le passage de l'eau, et tout corps qu'on y expose, en sont enveloppés promptement.

PÉ (SAINT-). Petite ville, située dans une contrée abondante en mines de plomb et de cuivre, sur le gave de Pau, à 5 l. 1/2 d'Argelès. Pop. 2,754 hab. — *Fabriques* de toiles, mouchoirs, peignes, clous, outils aratoires, etc.

PIERREFITTE. Village situé à 1 l. 1/2 d'Argelès. ☞ En y arrivant par la route de Luz, on traverse une vallée étroite où se montrent des beautés du genre le plus sévère : là, les monts sont si rapprochés, les escarpements sont si roides, le gave est si profond, qu'il a fallu de grands efforts pour y pratiquer une route (voy. Baréges).

SAUVEUR (SAINT-). Village situé à 5 l. 1/2 d'Argelès, et à une demi-lieue sud de Luz. Un relais de poste est établi temporairement pendant la saison des bains [1].

Ce village, élevé de 770 mètres au-dessus du niveau de la mer, est dans une situation riante et pittoresque, dans la vallée de Luz, sur la rive gauche du gave de Pau ou de Gavarnie, qui roule ses eaux à 150 pieds au-dessous de la terrasse des bains.

Le chemin qui conduit de Luz à ce délicieux endroit est des plus agréables : c'est une longue avenue d'arbres qui traverse de vertes prairies et aboutit à un beau pont en pierres de serpentine, d'une construction élégante, d'où l'on monte vers Saint-Sauveur par une superbe chaussée creusée dans le roc et garnie de parapets le long des précipices, que l'œil contemple sans effroi. Cette route est aussi belle que commode; des voûtes hardies la soutiennent, et des arbres touffus qui semblent incrustés dans les pierres, protègent le voyageur de leur ombre; des cascades s'élancent en bouillonnant du creux des roches pendantes, et leurs eaux vont, à travers de belles prairies, se réunir à celles du gave.

La situation pittoresque de ce joli séjour peut rivaliser avec les plus beaux sites, non-seulement des Pyrénées, mais de la Suisse même. Des vues diverses, plus belles les unes que les autres, se présentent continuellement sous des formes nouvelles : tantôt on voit des montagnes en amphithéâtre, couvertes d'habitations isolées, ou groupées sur le penchant ou sur les cimes des montagnes; tantôt ce sont des cascades qui tombent perpendiculairement, entourées de verdure et d'arbrisseaux; tantôt c'est le cours du gave qui, resserré entre deux digues étroites, s'engouffre avec violence au fond d'un précipice. Enfin, on ne peut quitter Saint-Sauveur sans être pénétré de l'admiration qu'offre son beau site.

La découverte des eaux thermales est d'une date fort ancienne, et qu'on ne saurait assigner; mais leur emploi est assez récent, et tous les édifices de cet établissement, ainsi que le beau chemin qui y conduit, sont de construction nouvelle.

Il y a une centaine d'années, l'établissement consistait en un grand bassin recouvert par une mauvaise voûte en partie creusée dans le roc, où l'eau minérale était retenue avec son limon jusqu'à une profondeur d'environ trois pieds. C'était dans cette espèce de piscine que les habitants du canton allaient se plonger, plutôt pour se laver, que par le soupçon que ces eaux avaient des propriétés curatives, reconnues plus tard souveraines pour la guérison des douleurs rhumatismales, qui résistent rarement à l'usage de ces eaux. Leur propriété dans ce genre de maladie ayant été appréciées, elles

---

[1]. Ces renseignements sur les eaux de Saint-Sauveur, nous ont été adressés par M. le docteur Faba, médecin inspecteur de cet établissement thermal, sur lequel il a publié un ouvrage on ne peut plus intéressant.

furent plus suivies, et la vallée fit bâtir une petite maison à côté de la source, où venaient se reposer les malades à la sortie des bains.

Les eaux de Saint-Sauveur étaient cependant à peu près oubliées, lorsque, il y a environ cinquante ans, l'abbé Bézégua, professeur en droit à Pau, en fit usage avec succès pour apaiser des douleurs néphrétiques qui avaient résisté à tout autre traitement. Le malade reconnaissant devint l'admirateur des eaux qui venaient de le guérir; ses paroles, ses écrits, son exemple, attirèrent bientôt d'autres malades, qui eurent à se louer de leurs bons effets. Pour consacrer sa reconnaissance, l'abbé Bézégua fit construire sur le lieu même une petite chapelle, portant pour inscription :

VOS HAURIETIS AQUAS DE FONTIBUS SALVATORIS;

et c'est, dit-on, à cette inscription que ce lieu doit son nom.

Les succès obtenus ne tardèrent pas à être remarqués par la totalité des médecins du département qui y dirigèrent beaucoup de malades; on vit alors Saint-Sauveur s'agrandir; on y fit bâtir des maisons où se trouvaient des logements assez commodes; un certain nombre de baignoires y furent construites, et dès lors on vit arriver les Toulousains, les Bordelais, et enfin, plus tard, les Parisiens, qui l'ont aujourd'hui comme adopté.

Les maisons, bornées pendant longtemps au nombre de dix ou douze, se sont accrues récemment par l'industrie particulière, en raison de l'affluence toujours croissante des étrangers. Ces maisons, toutes plus agréables les unes que les autres, sont autant d'hôtels garnis où se réunissent, pendant la belle saison, jusqu'à deux cents baigneurs; elles sont bâties sur l'escarpement de la montagne et rangées sur deux files, que sépare une rue assez large; celles du côté droit sont adossées contre le rocher, tandis que celles de l'autre côté sont comme suspendues sur des pentes rapides, au bas desquelles le gave roule ses eaux mugissantes.

L'établissement des bains ne répond pas à l'élégance du lieu; mais on s'occupe de sa reconstruction. Il est bâti sur une belle terrasse, qui domine d'un côté la jolie plaine de Luz, et de l'autre un bosquet charmant au bas duquel roule le gave. On y trouve une buvette et douze baignoires en marbre, placées dans des cabinets sombres et tristes, mais propres et assez bien tenus, qui portent différents noms. Le nouvel établissement contiendra quinze baignoires et une douche.

Les eaux de Saint-Sauveur sont plus tempérées que celles de Baréges, dont elles peuvent être regardées comme une annexe. Elles sont spécialement recommandées aux personnes atteintes de maux de poitrine et de spasmes nerveux. Ces maux annoncent une organisation délicate, éminemment sensible, et par suite toutes les qualités de l'esprit et du caractère qui rendent ces malades aimables et intéressants : aussi tous les voyageurs louent les charmes de la société de Saint-Sauveur. Ces genres de maux affectent plus particulièrement les femmes : aussi sont-elles en plus grand nombre que les hommes dans cet établissement.

Les variations de l'atmosphère sont très-fréquentes à Saint-Sauveur : aussi est-il bon que les étrangers qui font usage de ces eaux, se précautionnent contre la fraîcheur des matinées et des soirées, qui devance ou succède très-souvent à des chaleurs très-vives.

L'établissement des bains a pour promenade la terrasse ombragée d'arbres, lorsqu'on ne veut pas en aller chercher de plus éloignées; mais il s'en offre de tous côtés d'une perspective plus étendue : l'aspect du vallon de Luz et de sa magique enceinte, se présente sous diverses faces, soit qu'on s'égare sur les tertres qui dominent la rampe, du côté du village de Sasies d'ancienne existence, soit qu'on se promène sur l'allée anglaise bordée d'arbres.

On a voulu donner de l'agrément à Saint-Sauveur par la plantation en bosquets ou jardins à l'anglaise, des prairies situées tout le long et au bas de la seule promenade qui soit à proximité, et qui convienne habituellement aux personnes délicates et faibles, qui fréquentent ordinairement ces eaux. Les mouvements de terrain s'y trouvaient tout formés, et rien n'était plus facile que d'y placer les massifs, d'y dessiner des allées sinueuses, et de lier les pentes à la promenade supérieure et aux bas-fonds de Cythère, dont les verts gazons s'étendent jusqu'au gave. Là, ses belles eaux reposent sur un lit de gravier, et leurs ondes semblent caresser les roches locales ou transportées accidentellement, qui bordent son bassin en forme de lac; un petit pont le traverse. Tous les environs de Saint-Sauveur sont des promenades délicieuses, surtout dans la partie alpestre qui le domine.

Un pèlerinage obligé de tous les étrangers qui fréquentent Saint-Sauveur, c'est une ascension à la cascade de Gavarnie (voy. ce mot).

EAUX THERMALES DE SAINT-SAUVEUR.

Saison des eaux. La saison commence au mois de mai et dure jusqu'à la fin du mois de septembre.

Le nombre des malades qui fréquentent Saint-Sauveur, est annuellement de deux à trois cents. Le mouvement de 1829 a été de 450 malades. On y trouve un salon de réunion, et des salles de danse et de jeu.

Prix du logement et de la dépense journalière. La vie et les logements sont assez chers; on peut compter pour ces deux choses 5 fr. par jour pour chaque personne.

Tarif des bains et des douches. Les bains dont la durée est d'une heure, se payent 1 fr. 20 c., y compris le chauffage du linge. Les douches sont au même prix.

Propriétés physiques. Les eaux de Saint-Sauveur sont claires, limpides, entraînent avec elles des flocons blancs, ressemblant parfaitement à du savon râpé, ce qui fait croire bien souvent aux étrangers que leur bain n'a pas été lavé. Elles ont un caractère onctueux qui leur est propre, et sont plus douces au toucher que toutes les autres eaux des Pyrénées; l'effet s'en fait sentir sur la peau dès l'immersion, comme dans tout le système nerveux, lorsqu'on en a fait usage pendant quelque temps. Elles exhalent une odeur d'hydrogène sulfuré qui se répand à une grande distance.

Il n'y a qu'une source dont la température varie en raison de la distance qu'elle parcourt; ainsi la douche qui se trouve la plus rapprochée du lieu où sourdent les Griffons, est à + 29° du therm. de Réaumur; les bains dits du Milieu, au nombre de deux, qui viennent après, + 28°; les bains de la Chateigneraye, + 27°; les deux de Bézégua, + 26° 1/2; les trois de la Terrasse, alimentés par un réservoir, + 26°; et enfin les trois de la Chapelle, alimentés aussi par un réservoir, + 25° 1/2. La source appartient à toute la commune, et est affermée 6,325 fr.

Propriétés chimiques. Les eaux de Saint-Sauveur ont été analysées par M. Poumier, et tout récemment par M. Longchamps, chimiste distingué de la capitale.

Outre sept pouces cubes de gaz hydrogène sulfuré, quatre pouces et demi cubes d'acide carbonique, obtenus par kilogramme d'eau prise à la source, deux myriagrammes de cette eau ont fourni à M. Poumier:

	gros.	grains.
Muriate de magnésie, desséché	0	8
Muriate de soude	0	9
Sulfate de magnésie	0	22
Sulfate de chaux	0	38
Carbonate de chaux	0	9 1/2
Soufre	0	3 1/2
Silice	0	2
Perte	0	5

Analyse d'un kilogramme d'eau, par M. Longchamps:

	grammes.
Sulfure de sodium	0, 025360
Sulfate de soude	0, 038680
Chlorure de sodium	0, 073598
Silice	0, 050710
Chaux	0, 001847
Magnésie	0, 000242
Soude caustique	0, 005201
Potasse caustique, des traces.	
Ammoniaque, des traces.	
Barégine, des traces.	
Gaz azote, 4 centimètres cubes.	
	0, 195638

Propriétés médicinales. Ces eaux sont vulnéraires, détersives, fondantes, savonneuses, antispasmodiques, lithontriptiques, diurétiques et dépuratives; elles diffèrent des autres eaux sulfureuses des Pyrénées, par leur activité moindre dans certaines affections morbides, et par leur tact oléagineux, qui les rend si précieuses dans toutes les affections nerveuses, et les maladies qui entraînent avec elles une grande irritabilité. On les emploie avec succès en boisson dans la phthisie commençante, les engorgements des viscères du bas-ventre, l'asthme humide; leur action semble se diriger spécialement sur la sensibilité et l'irritabilité. Les bains et les douches s'administrent dans les douleurs rhumatismales, les contractures des membres, les tumeurs blanches, les dartres; en général les bains conviennent à des constitutions faibles et délicates.

SAVIN (SAINT-). Village situé à 1 l. d'Argelès. Pop. 600 hab.

Saint-Savin, connu jadis sous le nom de Villebancer, a une existence très-ancienne. Les Romains y avaient construit un fort nommé Émilien, pour contenir tout le pays. Ce fort, abandonné après l'invasion des Francs, servit de retraite à quelques cénobites, et le lieu acquit une nouvelle célébrité par l'établissement d'un monastère de bénédictins, qui fut fondé par Charlemagne, détruit par les Normands, et rétabli par Raymond Ier, comte de Bigorre, qui donna aux moines la vallée et les bains de Cauterêts, à charge d'entretien. L'abbaye était un grand et bel édifice, et l'église attenante, beaucoup plus ancienne, avait été bâtie près des ruines de l'antique palais Émilien.

Saint-Savin a été de tout temps un lieu de rendez-vous pour les baigneurs de Baréges, de Saint-Sauveur et de Cauterets. Lorsqu'on y vient de ces divers établissements, on monte toujours à l'ombre, par un chemin un peu raboteux, mais frais, impénétrable aux rayons du soleil et arrosé par une infinité de sources vives qui coulent de la montagne; les voitures peuvent y aborder, mais on s'y rend le plus souvent à cheval ou sur des ânes.

VIGNEMALE (MONT). *Voy.* page 3.

ARRONDISSEMENT DE BAGNÈRES DE BIGORRE.

ARAGNOUET. Village situé sur un petit plateau, près de la Neste d'Aure, à 8 l. de Bagnères. Pop. 600 hab.

A une demi-lieue de ce village, on voit un de ces spectacles qui n'appartiennent qu'aux régions montagneuses. Une rivière se précipite avec fracas d'une élévation de plus de 900 pieds; c'est la cascade de Couplan; les eaux blanchissantes de cette cascade, l'aurore diaprée et mobile qui l'accompagne, le sombre feuillage des sapins, la fraîche verdure des plantes et des arbustes voisins, toujours humectés par une rosée abondante, l'aspect sauvage de tous les objets environnants, concourent à répandre un charme inexprimable sur cette belle scène.

ARREAU. Jolie et très-ancienne ville, située au confluent de la Neste de Lourou et de la Neste d'Aure, à 8 l. 3/4 de Bagnères. ✉ Pop. 1,480 hab.

Cette ville tire son nom des Arrevosces, qui la bâtirent après avoir conquis la vallée d'Aure. Elle est bien bâtie, divisée en plusieurs quartiers par ses belles eaux, et offre un aspect pittoresque de quelque côté qu'on l'aborde. On y remarque l'église paroissiale, qui a appartenu aux templiers; celle de Saint-Exupère, jolie petite basilique dont la construction remonte à une époque fort reculée; le bâtiment de l'hospice; la halle; plusieurs belles maisons particulières décorées de marbre du pays, etc.

Arreau est l'entrepôt du commerce de la belle vallée de son nom, et de celle de Bordères; c'est là seulement que les habitants de ces vallées peuvent se procurer la plupart des denrées et des objets de première nécessité.

ASTÉ. Village situé sur la rive droite de l'Adour, à trois quarts de lieue de Bagnères. Pop. 750 hab. On remarque aux environs les restes d'une ancienne forteresse, bâtie par les Anglais. Vis-à-vis est l'ancienne capucinière de Médous, dont le joli parc renferme une grotte, souvent visitée des étrangers, d'où sortent deux sources qui forment un superbe ruisseau.

BAGNÈRES DE BIGORE. Jolie ville. Chef-lieu de sous-préfecture. Tribunaux de première instance et de commerce. Collège communal. ✉ ☞ Pop. 7,586 hab.

Cette ville, la seconde du département par son importance, est située au sud-est de Tarbes, sur la rive gauche de l'Adour, au bas de la colline anciennement appelée Monte-Crabarde (montagne des chèvres) et depuis Mont-Olivet. C'est un des sites les plus romantiques de toutes les Pyrénées; il a été chanté par le poëte Dubartas et vanté par tous ceux qui en ont parlé.

Bagnères, ville bien bâtie et si propre qu'on la dirait transportée de Hollande, sous un ciel plus digne d'elle, est en outre placée sur un sol que fertilise l'Adour. Entourée de collines cultivées, dominée au loin par le pic du Midi, et par la chaîne des monts adjacents, qui embellissent ses perspectives, sans la menacer de leurs ruines, elle offre de tous côtés des points de vue délicieux. Des eaux limpides, sans cesse circulant dans ses vingt-deux rues, la plupart assez spacieuses, entretiennent une fraîcheur à laquelle contribue un doux zéphyr qui souffle continuellement de la vallée et des débouchés des gorges voisines.

Cette ville a plusieurs places agréables. Ses diverses rues offrent des maisons construites avec goût, presque toutes décorées de pilastres, de corniches, de cordons, d'encadrements de portes et de croisées en marbre: luxe indigène qui coûte peu et qui plaît à la vue. Bagnères peut loger commodément trois-mille étrangers. Les maisons sont commodes, meublées avec élégance et

BAGNÈRES DE BIGORRE.

d'une extrême propreté. Les habitants sont de mœurs douces et d'une politesse extrême pour les voyageurs.

La nature semble avoir prodigué dans l'heureux séjour de Bagnères les dons de la magnificence, et avoir voulu présenter dans une foule de sources de qualités différentes, celle de la santé même. On pourrait se la présenter sous les traits de la déesse Hygie, versant à flots, par les mains des naïades et de leurs urnes inépuisables, le premier de tous les biens, celui qui peut seul donner du prix à tous les autres, lorsqu'on en sait user avec tempérance et modération.

Les avantages commerciaux des grandes villes se trouvent à Bagnères. Le prix des aliments y est très-modéré. Les objets d'utilité domestique ou de luxe y sont très-communs, à cause du grand nombre des négociants qui s'y rendent des différentes villes, et même de la capitale de la France. Ses marchés de toutes les semaines et ceux qui se tiennent chaque jour pour les comestibles, sont un spectacle curieux et nouveau pour les étrangers : on se plaît à observer la variété des costumes des différents cantons. La beauté de la population n'est pas moins remarquable : on y voit des hommes d'une stature élevée, robustes, vigoureux, dignes enfants des montagnes qu'ils habitent ; des femmes d'une fraîcheur admirable, qui exposent en vente le lait qu'elles viennent de traire, le beurre pétri de leurs mains, les différents légumes qu'elles ont cultivés, ou les truites encore humides de l'eau des torrents. On ne sera pas surpris de voir confondus dans les réunions l'utile ménagère avec les riches et élégants étrangers des deux sexes qui viennent à ses sources.

Bagnères offre en outre d'agréables jardins paysagers, des bosquets astucieusement dessinés, placés comme en demi-cercle sur les pentes des montagnes voisines, une atmosphère pure et de la distraction. Il est environné de sites qu'avaient élus des étrangers célèbres, et qui ont retenu leurs noms; ainsi l'on montre l'Élysée Cottin, l'Élysée Azaïs. Heureuse idée de donner un nouvel intérêt à des lieux romantiques, par le souvenir d'auteurs estimables. La vallée de Lesponne laissera toujours dans la mémoire de ceux qui la parcourront, un souvenir frais et pur, presque comme celui d'une bonne action. Mais tout s'efface devant la vallée de Campan; et près de cette Tempé, il ne faut parler que d'elle. Durant trois lieues, depuis Bagnères jusqu'aux premiers escarpements, vers Sainte-Marie, l'impression est toujours douce et nouvelle. La route ne forme durant trois lieues qu'un long village. Cet éparpillement des habitations nombreuses sur toute la surface de la vallée, lui donne un air animé qui réjouit et charme. Seulement sur trois points, à Baudéan, Campan et Sainte-Marie, ces habitations sont plus rapprochées et forment trois bourgs, où un clocher indique que les heureux habitants se rassemblent dans un temple, pour remercier Dieu de leur avoir donné l'existence et un champ dans ce paradis.

Les allées Bourbon, qui parcourent le flanc de la montagne, offrent des arbres d'une végétation extraordinaire. On voit à ses pieds le jardin anglais de Théas, dont la rapidité semble effrayer d'abord les promeneurs; mais les pentes y sont tellement ménagées, les allées y sont tracées avec un art si parfait, qu'on ne songe plus qu'au plaisir de les parcourir.

Le chemin des bains de Salut doit être considéré aussi comme une des plus agréables promenades de Bagnères. Ces bains sont à une demi-quart de lieue de la ville, et la route qui y conduit, tracée sur une pente douce, est ombragée des deux côtés. Les montagnes de droite et de gauche, riches de belles prairies, dominent un étroit et riant vallon : sa fraîcheur est constamment entretenue par un ruisseau qui l'arrose dans toute sa longueur. On regretterait d'être arrivé au terme d'une route si gracieuse, si une plantation de superbes tilleuls, qui se voit devant l'établissement des bains, ne captivait de nouveau toute l'attention. Cet édifice est un des plus remarquables de Bagnères, soit à cause du volume de la source qui s'y rend, soit par rapport aux dimensions des cuves de marbre qui en reçoivent les eaux.

La promenade du Coustous, située au centre de la ville, formée de plusieurs rangs d'arbres, et entourée d'un parapet en marbre, est l'une des plus agréables et des plus fréquentées de Bagnères. Elle est environnée de belles habitations, et bordée par un canal d'eau limpide.

L'ancienne église Saint-Jean, qui appartenait autrefois à l'ordre de Malte, a été transformée en une salle de spectacle, qui réunit et le simple cultivateur étonné et ravi d'un plaisir si nouveau, et l'habitant des grandes cités. En comparant ces représentations à la magnificence des pompes théâtrales, le citadin devient enjoué, surtout lorsqu'il voit l'enthousiasme du naïf villageois, qui prodigue ses applaudissements à des jeux qui ne sont souvent que grotesques.

On ne doit pas oublier de citer un cabinet de lecture, ressource précieuse pour les loisirs des étrangers. Tout dans cet établissement annonce le goût, l'industrie et l'instruction. Dans une salle agréablement décorée, se trouvent des tableaux composés par leur possesseur, et représentant les vues les plus belles des Pyrénées; on y remarque plusieurs objets curieux de la minéralogie de ces montagnes. Enfin, une bibliothèque choisie, et la collection complète des ouvrages périodiques sur la politique, la littérature et les arts, sont à la disposition des abonnés. L'extrême politesse des propriétaires y attire une nombreuse réunion. Là, si l'on cause, c'est avec décence; si l'on discute, c'est sans aigreur.

Frascati est un établissement remarquable de Bagnères. On y trouve de vastes salles à manger, de jolis appartements, et des bains aussi commodes que spacieux. Plusieurs sallons très-vastes et meublés avec toutes les recherches du luxe, éclairés par mille flambeaux, sont ouverts à la société, qui s'y rend en foule. Ici, des tables de jeu invitent ceux qui cherchent leur délassement sur des tapis verts où sont étalés des cartons peints de rouge et de noir. Plus loin, est une pièce consacrée aux jeux de Terpsichore. Un orchestre nombreux provoque le goût de la danse chez les plus indifférents. Du bal au concert, la transition est naturelle, et le plaisir d'entendre quelque célèbre *virtuoso* entraîne la réunion dans le salon de musique; art divin, qui plait à tous les âges, parce qu'il parle la langue de toutes les passions et de tous les goûts! S'il est enfin de ces mortels pour qui la réflexion est un besoin, et les conversations graves une jouissance, ils trouveront dans cet établissement, loin des éclats d'une gaieté trop brillante pour eux, des réduits paisibles et un cabinet enrichi d'une bibliothèque choisie. Ce grand et bel édifice est tout récent; c'est M. de Lugo, ancien consul d'Espagne à Paris, qui a fait construire avec magnificence ce lieu de réunion, où se trouvent toutes les commodités, tous les agréments de la vie; où l'on goûte dans la saison, tous les plaisirs, toutes les jouissances de la bonne compagnie.

Bagnères, comme chef-lieu des eaux thermales; par sa situation, par le grand nombre de ses sources, et par l'importance, soit de ses établissements publics, soit de ses bains particuliers, est le rendez-vous général des étrangers qui, dans les temps favorables, s'y sont trouvés réunis et à demeure, en tel nombre que la population de cette ville était presque doublée. Beaucoup de malades, et encore plus de curieux, y arrivaient : ceux-là, dans la première saison, c'est-à-dire au mois de mai; ceux-ci, dans la seconde, qui commence en juillet; et chacun s'en retournait plus ou moins satisfait d'un séjour où se réunissent tant d'avantages et d'agréments, et qui le dispute à tous égards aux autres bains célèbres de l'Europe : Pise, Carlsbad, Tœplitz, Spa, Bath, etc.

Les premières impressions présentent Bagnères comme une ville toute nouvelle. Des visages pâles dans des chaises à porteurs; des jeunes gens aux couleurs brillantes, qui paraissent, à leur désœuvrement, des hôtes nouveaux; des montagnardes aux capes noires, rouges, blanches, qui les enveloppent jusqu'à la ceinture; des citadines ployées dans leur mante jusqu'aux talons, et dont elles se drapent avec grâce; le bonnet pointu des Barégeois, le berret brun des Béarnais; les eaux coulant à plein ruisseau des deux côtés de la rue : tout annonce d'abord un hôpital, une capone, une ville riveraine des montagnes; et ces mantes mystérieuses, ces églises nombreuses, décèlent le voisinage de l'Espagne. Ainsi tout est vif et nouveau au premier instant pour toutes les classes. Le malade voit des confrères, a l'odorat frappé de l'odeur de l'eau minérale, aspire par tous les pores ses vapeurs salutaires, et sourit plein d'espérance; le jeune homme caresse du regard les jolies femmes étrangères ou citadines, et semble appelé au bout de l'Europe à un rendez-vous d'amour; le moraliste prépare ses tablettes, à l'aspect de cette foule d'originaux de toutes les nations; le naturaliste, au milieu des chants de Sybaris, prête l'oreille au murmure lointain des gaves, à la chute des rochers sourcilleux; l'artisan, le parasite, viennent spéculer sur les vices des riches; le joueur s'y montre, n'ayant d'autre instinct que le goût de l'or, d'autre divinité que le hasard aveugle et cruel : ainsi Bagnères réunit tout ce qui est la honte, la pitié, la charme et l'honneur de l'humanité. C'est l'abrégé d'une capitale.

A Bagnères, chacun semble ne s'occuper que de ses plaisirs ou du soin de rétablir sa santé. Le seul trajet du point de départ aux Pyrénées, est déjà une distraction, une jouissance; et, parvenu à sa nouvelle résidence, on s'y livre à des divertissements qui ne ressemblent en rien aux habitudes ordinaires des villes et moins encore des campagnes. De l'absence de toute occupation régulière, il résulte un certain décousu dans les manières et dans l'emploi de son temps, qui offre le plus habituellement la succession que voici : les bains du matin, qui obligent à se coucher de bonne heure, et en sont d'autant plus salutaires, s'ils ne sont pas autant qu'on le croit favorables à la beauté; le débit entre hommes, et en déshabillé, des nouvelles du jour et de la chronique locale; les visites qu'on se fait en toute liberté (la première exceptée, qui est toute cérémonieuse), et qu'on reçoit ou que l'on rend sans gêne, sans contrainte, et presque à toute heure de la journée; le fréquent impromptu des cavalcades pour courses lointaines; de simples promenades en voiture, à cheval ou à pied; des piqueniques, dont la gaieté et la folie, plus que la recherche des mets, presque impossible aux eaux, font les principaux frais; les rencontres imprévues et parfois bizarres, qui donnent lieu aux quolibets, aux agaceries, aux jeux de mots; les réunions du soir pour les parties de jeu, où l'on se rend sans étiquette et en toutes sortes de costumes, même celui de malade; enfin, deux ou trois fois la semaine, les bals où les jeunes femmes et les jeunes gens font quelques frais de toilette, sans que cela devienne obligatoire pour personne. C'est aux vauxhalls, et notamment à celui de Bagnères, dans le superbe local de Frascati, que les belles étrangères étalent le luxe de leur parure, déploient les grâces de leurs mouvements dans la danse, et sont si enchantées de retrouver loin de leur séjour habituel, dans les gorges des Pyrénées, un monde nombreux, élégant et recherché, tandis que les personnes d'un âge mûr font leur partie à divers jeux de commerce.

C'est dans ces réunions du soir que s'arrangent, que se forment les parties du lendemain, ou des jours suivants, lorsqu'on daigne étendre sa pensée hors du présent; que les penchants secrets, les liaisons intimes, les passions déclarées, se ménagent, se promettent des rendez-vous, des entretiens, des rencontres d'un hasard préparé.

Chacun apporte aux eaux des dispositions sociales qui conviennent entre gens bien élevés ou voulant le paraître, qui se voient pour la première fois, et sont forcés de faire prompte connaissance, parce qu'ils doivent se quitter bientôt. On se hâte mutuellement de jouir d'une société passagère, qu'on oubliera aussi rapidement ensuite; et la loi qu'on s'est faite d'avance de se laisser entraîner par l'exemple et les circonstances, rend tout excusable, tout convenable. Les diverses conditions se rapprochent, et semblent se confondre, ou plutôt on les oublie, on les ignore, et cela peut flatter la fatuité de quelques-uns, sans blesser la vanité de certains autres. On s'informe peu de la qualité des personnes, prenant pour comptant les simples apparences; ce qui favorise d'étranges prétentions, sans tirer à conséquence.

Là, l'opulence se déploie souvent avec magnificence et parfois avec orgueil, en faisant les frais de fêtes, de parties auxquelles tout le monde prend part, lorsqu'un esprit de coterie ne vient pas troubler ces petites réunions, en traçant des lignes de démarcation. Tous mettent en commun leur amabilité sous les auspices d'une mutuelle indulgence, qui, en ménageant les amours-propres, fait d'avance plus ressortir le vrai mérite. Il y déploie ses ressources à côté du faux bel esprit dont on s'amuse sans le railler, ainsi que de tous ces petits talents pour les vers, la musique, le dessin, la peinture, qui montrent du moins une éducation cultivée et quelques sentiments des beaux-arts. On passe légèrement sur les travers de galanterie et de coquetterie surannées, dont on voit des exemples assez plaisants, et l'on ferme les yeux sur certaines liaisons qu'on n'a pas l'air de soupçonner.

De ce genre de vie, il résulte une telle agitation des esprits et des cœurs, des oppositions de caractère, un assemblage de physionomies si diverses, une réunion de manières, de langages si opposés, que tantôt l'harmonie, tantôt les contrastes frappent l'observateur, et prêtent au peintre de mœurs, là, des modèles originaux, ici, des copies plus ou moins chargées, et, dans les différents groupes, des sujets de tableaux, dont l'ensemble pourrait former une galerie assez curieuse; mais il est plus agréable encore de la voir et de la considérer en nature, que dans une peinture difficile en soi, et à laquelle il manquerait une chose, qui est au-dessus de l'art, le mouvement et la vie.

Tout cela justifie assez bien l'opinion généralement établie du charme attaché au séjour des eaux; ce charme, que les âmes communes même peuvent ressentir, est changé en vraies délices, lorsque avec de l'imagination, de la sensibilité et le goût du vrai beau, on se trouve à portée de cultiver de doux et tendres sentiments, de nourrir de nobles et sublimes pensées, en présence du grand et magnifique spectacle qu'offre la nature dans les régions des hautes montagnes, et au milieu d'une société qui, sans vous arracher à vos contemplations et à vos penchants, vous en distrait quelquefois, comme pour y ajouter un nouveau prix.

EAUX THERMALES DE BAGNÈRES [1].

La découverte des sources thermales de Bagnères remonte à la plus haute antiquité. Ce lieu était très-fréquenté du temps des Romains, qui l'appelaient *Vicus Aquensis*: on y a trouvé des inscriptions et des restes de monuments élevés par ce peuple conquérant, en l'honneur des nymphes protectrices des eaux minérales.

Depuis cette époque reculée, Bagnères a considérablement gagné sous le rapport de la commodité, de l'élégance et de la salubrité des établissements d'eaux minérales, et des logements que cette ville offre aux étrangers. Bagnères a connu de bonne heure la mine de recherche que la nature avait placée près d'elle, et a su l'exploiter. Par ce concours heureux de toutes les volontés particulières à servir un intérêt commun, cette ville est parvenue à se constituer la métropole des cités minérales, non pas seulement des Pyrénées, mais de la France entière.

Bagnères possède un établissement thermal dont la première pierre a été posée le 8 juillet 1823, et qui porte le nom de Thermes de Marie-Thérèse. On y trouve en outre un hôpital civil, dirigé par les dames de Nevers, où les indigents étrangers sont reçus moyennant une rétribution de 1 fr. 10 c. par jour, que payent les bureaux de bienfaisance ou les personnes charitables qui envoient le malade. On ne les admet que pendant la saison des eaux.

---

[1] M. le docteur Ch. Ganderax, inspecteur des nombreux établissements thermaux de Bagnères, ayant bien voulu mettre à notre disposition l'excellent ouvrage qu'il vient de publier sur les propriétés physiques, chimiques et médicinales de Bagnères, nous en avons extrait les renseignements suivants sur l'analyse et les diverses propriétés de ces eaux. Pour les détails plus étendus, nous renvoyons à l'ouvrage même de ce savant médecin, dont le livre intéressant est d'une nécessité indispensable à tous ceux qui fréquentent les thermes de Bagnères de Bigorre.

Noms, Pesanteur spécifique, et degrés de chaleur des diverses sources de Bagnères.

1,0000 c. d'eau distillée est, aux eaux des sources de Bagnères, dans les rapports déterminés par le tableau que nous joignons ici.

Source	Pesanteur	Degrés
Source de la Reine ou de Bellevue	1,00311	38
Id. du Dauphin	1,00304	39
Id. de la Fontaine nouvelle	1,00212	33
Id. du Roc de Lannes	1,00300	36
Id. du Foulon	1,00212	28
Id. de Saint-Roch	1,00251	33
Id. des Yeux	1,00241	28
Id. de Salut, source externe	1,00159	25 1/4
Id. de Salut, source de la buvette	1,00153	26 3/4
Id. de Salut, source de l'intérieur	1,00170	27 1/2
Id. de Pinac, source saline dite ferrugineuse	1,00211	34
Id. de Pinac, source sulfureuse	1,00158	15
Id. de Lasserre, source de la grande buvette	1,00304	31
Id. de Morat, source chaude	1,00300	40
Id. de la Gutière, source première	1,00200	31
Id. du Petit Bain	1,00288	37
Id. de Théas	1,00240	41
Id. de Cazaux, source première	1,00259	41
Id. de Carrère-Lannes, source première	1,00240	29 3/4
Id. de Santé, source première	1,00131	26
Id. de Grand Pré	1,00212	28
Id. de Lapeyrie, source première	1,00147	22 1/2
Id. de Versailles, source première	1,00158	28
Id. du Petit Prieur, source première	1,00176	29
Id. du Petit Barèges	1,00164	27 1/2
Id. de Salies	1,00270	41
Id. de la Fontaine d'Angoulême	1,00076	11
Id. de la Fontaine des demoiselles Carrère	1,00064	11
Id. de Labassère	1,00059	11

THERMES DE MARIE-THÉRÈSE. Placé au pied du coteau d'où surgissent plusieurs sources dispersées dans les allées Bourbon, et appuyé sur les débris de quelques piscines romaines, ignorées jusque dans ces derniers temps et découvertes en faisant les premières fouilles des fondations, ce magnifique établissement est destiné à réunir dans un seul lieu plusieurs sources minérales. Séparé des maisons qui bordent la promenade des Salies par un espace libre de 70 pieds de large, l'air y circule facilement de toutes parts.

Sa principale façade, située à l'est, offre une étendue de 63 mètres environ de longueur, sur 9 mètres 70 centimètres d'élévation au-dessus du rez-de-chaussée, jusqu'à la corniche. Sans compter un étage souterrain construit sous l'une des ailes pour recueillir les eaux basses, il en est deux majestueux qui s'élèvent dans toute sa longueur, et qui présentent un coup d'œil imposant.

Dans l'intérieur se trouvent distribués les divers cabinets, qui renferment vingt-huit baignoires, quatre douches, un double appareil fumigatoire, avec divers cabinets où sont placés des lits de repos, un bain de vapeur avec ses dépendances, trois buvettes, des chauffoirs, une grande salle de réunion, un salon de lecture, un billard, enfin, tous les accessoires nécessaires aux besoins ou à l'agrément d'un établissement aussi important. Un beau jardin embellit, sur le derrière, cet édifice.

Un vestibule situé au centre, et dans lequel on arrive par un large perron, sert d'entrée principale; il occupe une surface d'environ trente pieds carrés. Là, des chaises à porteurs viennent déposer les malades, et les prendre à leur sortie du bain. Indépendamment de cette issue centrale, pour rendre la circulation plus facile, on en a ménagé deux autres à chaque extrémité des thermes. La première se trouve, d'un côté, au rez-de-chaussée, et la deuxième dans le soubassement. C'est au fond du vestibule que sont placées les deux principales buvettes. La troisième, qui se trouve dans le soubassement, est alimentée par les eaux d'une source précieuse, nouvellement découverte. Entre les deux principales buvettes, règne l'entrée d'un grand et bel escalier à double rampe, qui conduit, par une pente douce, au premier étage. C'est dans ce même lieu que viennent encore aboutir, à droite et à gauche, les deux corridors où sont rangés les bains, les douches, etc.

En face de la dernière marche du grand escalier, au premier étage, existe une vaste salle de réunion, et des deux côtés les corridors des bains correspondants à ceux du rez-de-chaussée. Chacun de ces derniers est terminé par un beau portique, qui donne sur une terrasse, et servant d'entrée, celui de droite à la salle de billard, celui de gauche à un cabinet de lecture. De ces terrasses, on peut passer dans le jardin; et de là se rendre dans diverses promenades qu'on a eu soin de ménager sur la riante colline de Bellevue.

Les eaux descendant du coteau, sont conduites par des canaux fermés dans des réfrigérants, proche de l'établissement, d'où elles sont distribuées dans les diverses baignoires, ou mélangées à volonté, avec les eaux vierges, pour offrir aux malades les divers degrés de température convenables. Les sources de la Reine, du Dauphin, de Fontaine nouvelle, de Saint-Roch, du Roc de Launes, sont conduites dans les deux étages de l'établissement, suivant leur hauteur et leur disposition sur le coteau.

Les cabinets de bains, parfaitement clairs, bien aérés, sont précédés par un petit vestibule qui sert à isoler le malade de la circulation extérieure.

Les baignoires sont toutes en marbre, et chaque cabinet qui les renferme, a un lambris à hauteur d'appui, décoré de la même pierre. Le vestibule, dans toute son étendue, en est aussi enrichi. Ce dernier renferme un grand nombre d'ornements stuqués.

Afin de donner aux étrangers une idée des riches et nombreuses carrières de marbre que possède le département des Hautes-Pyrénées, on a réuni, dans ce monument thermal, ceux d'Asté, de Baudeau, de Medous, de Campan, d'Aspin, de Lommé, de Sarrancolin, de Mauléon-Barouse, etc.

Source de la Reine. Elle a été nommée ainsi, parce Jeanne, reine de Navarre, mère de Henri IV, ayant pris les eaux de cette source avec succès, voulut y laisser un monument de sa reconnaissance. Elle fit construire le grand bassin, et planter de belles et longues allées d'arbres pour servir de promenades aux buveurs. Madame de Brienne qui, en 1776, fut aussi guérie à cette fontaine, fit réparer les ouvrages de la reine de Navarre, qui tombaient en ruine. Les états de Bigorre ajoutèrent des embellissements et des augmentations à ces bains; en 1781. L'eau de la Reine est très-limpide, claire, transparente, sans odeur, fronçant la peau et ayant une saveur fade légèrement astringente; elle colore en brun rougeâtre les marbres blancs sur lesquels elle coule ; elle noircit le liége. L'abondance de cette source est évaluée à 19 m. 74 c. cubes par heure. 25 kilogrammes d'eau de la Reine, contiennent les substances suivantes :

Gaz acide carbonique, 950 millimètres cubes.

	gr. c.
Hydrochlorate de magnésie à l'état sec	3, 25
Id. de soude	1, 55
Sulfate de chaux	42, 00
Sulfate de magnésie et de soude	9, 90
Sous-carbonate de chaux	6, 65
Id. de magnésie	1, 10
Id. de fer	2, 00
Substance grasse résineuse	0, 15
Substance extractive végétale	0, 16
Silice	0, 90
Perte	1, 34
	69, 00

Bains de Salut. Ce bel et vaste établissement est situé à une distance d'environ 600 mètres de la ville, à l'extrémité d'une belle promenade, au pied de la montagne du Garros, formée de pierre calcaire et schisteuse. Il renferme une buvette et dix baignoires en marbre, dont quelques-unes d'une grande dimension, et placées dans autant de cabinets, précédés d'un vestibule. Il est alimenté par trois sources.

Vingt-cinq kilogrammes d'eau de la source principale, qui fournit à la buvette, contiennent :

Gaz acide carbonique, 930 millimètres cubes.

Acide hydro-sulfurique, quantité inappréciable.

	gr. c.
Hydrochlorate de soude	10, 76
Id. de magnésie	3, 63
Sulfate de chaux	24, 00
Sous-carbonate de chaux	3, 45
Id. de magnésie	0, 25
Id. de potasse	1, 00
Id. de fer	1, 00
Substance grasse résineuse	0, 20
Substance extractive végétale	0, 25
Matière végéto-animale, quantité inappréciable	0, 00
Silice	0, 85
Perte	0, 61
	45, 00

Bains de Lapeyrie. Cet établissement, situé sur l'avenue de Salut, contient trois baignoires en marbre, placées dans autant de cabinets, et alimentées par deux sources.

Bains du Grand Pré. Cet établissement, alimenté par une seule source, est situé à l'extrémité de la ville, sur la promenade de Salut ; il contient une buvette et quatre baignoires en marbre, placées dans autant de cabinets.

Bains de Santé. Cet établissement, situé contre le beau jardin de M. le comte du Moret, renferme une buvette et six baignoires en marbre, dont quatre d'une belle dimension, placées dans autant de cabinets, et alimentées par trois sources.

Bains de Carrère-Lannes. Cet établissement, situé à l'avenue de Salut, contient une buvette et quatre baignoires en marbre, placées dans autant de cabinets, et alimentées par trois sources. La première alimente la buvette.

Bains de Versailles. Cet établissement, situé près du chemin de Salut, contient quatre baignoires en marbre, placées dans autant de cabinets, et alimentées par deux sources.

Bains du Petit Prieur. Cet établissement, situé sous le perron de l'hôpital civil, renferme deux baignoires en marbre, placées dans deux cabinets, et alimentées par deux sources.

Bains de Bellevue. Cet établissement a pris son nom de la position sur laquelle il est situé. (Autrefois il était connu sous le nom d'Hospice des Capucins.) On y jouit, en effet, d'une perspective admirable qui s'étend vers le nord et le levant, à des distances fort éloignées. Dix baignoires en marbre et trois douches y sont placées dans des cabinets séparés. Bellevue n'a point de source particulière ; celle de la Reine lui fournit 10 m. 8 mil. cubes par heure. Cet établissement serait susceptible de grandes améliorations.

Bains du Petit Baréges. Cet établissement a été abandonné pendant longues années. Ce n'est que depuis huit ans que le propriétaire l'a rétabli ; mais la source est si peu abondante, qu'elle ne peut alimenter qu'une baignoire.

Bains de Cazaux. Cet établissement, situé au pied du mont Olivet, renferme cinq baignoires en marbre, placées dans autant

ARRONDISSEMENT DE BAGNÈRES DE BIGORRE.

de cabinets, ainsi que des douches, alimentées par trois sources.

BAINS DE THÉAS. Cet établissement, situé au pied du mont Olivet, attenant au beau jardin anglais dont nous avons parlé dans la description de Bagnères, appartient à M. le chevalier de Jaulas. Il contient trois baignoires en marbre, placées dans autant de cabinets, ainsi que deux douches, alimentées par deux sources.

BAINS DE MORAT. Cet établissement, situé dans la ville, renferme deux baignoires en marbre, placées dans deux cabinets, et alimentées par deux sources.

BAINS DE LASSERRE. Cet établissement, situé dans l'intérieur de la ville, renferme deux buvettes et quatre baignoires en marbre, placées dans autant de cabinets et alimentées par trois sources. La première alimente la grande buvette; la seconde, qui alimente la petite buvette, n'a été utilisée avec avantage en boisson et en bains que depuis 1825.

BAINS DE PINAC. Cet établissement, situé dans l'intérieur de la ville, renferme deux buvettes et six baignoires en marbre, placées dans autant de cabinets. Il est alimenté par six sources, dont une sulfureuse et deux ferrugineuses.

La source sulfureuse dite le Pinac fournit à une buvette. Ses eaux laissent déposer dans les canaux conducteurs une substance blanchâtre, floconneuse et sous forme glaireuse. Elle exhale une odeur hépatique ou de gaz hydrogène sulfuré bien prononcée. Une pièce d'argent plongée dans l'eau ne tarde pas à y prendre une couleur jaune tirant sur le brun. — Degrés de chaleur, 15. Vingt-cinq kilogrammes d'eau évaporée ont donné un résidu, à l'état sec, de 48 grammes 64 centigrammes :

Gaz acide carbonique, quantité inappréciable.
Acide hydrosulfurique, idem.

	gr. c.
Hydrochlorate de soude	3, 40
Id. de magnésie	4, 30
Sulfate de chaux	19, 90
Id. de magnésie	5, 70
Sous-carbonate de chaux	11, 20
Id. de magnésie	1, 70
Substance grasse résineuse	0, 24
Substance extractive végétale	0, 19
Matière végéto-animale, quantité inappréciable	0, 00
Silice	0, 90
Perte	1, 11
	48, 64

BAINS DE LA GUTIÈRE. Ce magnifique établissement, situé dans la ville, renferme six baignoires en marbre, des douches de toute espèce, placées dans autant de cabinets, ainsi qu'un appareil fumigatoire. Il est alimenté par trois sources.

La Gutière a trois réservoirs bien couverts : deux conduits en plomb, terminés chacun par un robinet en cuivre, distribuent l'eau dans chaque baignoire, ainsi qu'aux cabinets de douches, en sorte que l'on peut, à volonté, diminuer ou augmenter la chaleur du bain. Le premier conduit reçoit l'eau thermale à sa sortie de la pompe, et le second part du réservoir au réfrigérant. Il se forme dans le grand réservoir de cet établissement, à la surface de l'eau, une légère pellicule saline composée de carbonate et de sulfate de chaux, et d'un peu d'argile. Dans les établissements où il y a des réservoirs, comme à Bellevue, Théas, Cazaux et Pinac, on a recours aux mêmes moyens pour la distribution des eaux, qu'à la Gutière.

FONTAINE DE SALIES. Cette source est la plus abondante de Bagnères; elle n'est utilisée dans aucun établissement thermal : on s'en sert en gargarisme avec quelque avantage contre la paralysie de la langue. M. Dupont, artiste vétérinaire très-recommandable de l'arrondissement de Bagnères, l'emploie avec succès pour déterger les plaies des animaux et en accélérer la cicatrisation. Dans quelques espèces de paralysie, il en a retiré de bons effets. L'analyse de ces vingt-cinq kilogrammes a produit :

Gaz acide carbonique, 990 milligrammes.

	gr. c.
Hydrochlorate de soude	2, 15
Id. de magnésie	5, 90
Sulfate de chaux	45, 53
Id. de magnésie	9, 05
Sous-carbonate de chaux	7, 30
Id. de magnésie	1, 25
Substance grasse résineuse	0, 80
Id. extractive végétale	0, 80
Silice	0, 80
Perte	0, 45
	73, 33

FONTAINE FERRUGINEUSE D'ANGOULÊME.

La découverte de cette fontaine date de l'an 1802; nous la devons à MM. Lameyran, docteur en médecine, et Doux, pharmacien. Elle est située au sud-ouest de la ville, dans un ravin descendant d'une montagne communale, à une hauteur d'environ 150 m. au-dessus du niveau de Bagnères.

L'eau de cette source n'a point d'odeur; elle est claire, limpide, transparente, douce au toucher; son goût est éminemment métallique, mais cette impression désagréable est bientôt remplacée par une saveur légèrement styptique et fraîche. La température est à onze degrés, celle de l'atmosphère étant à seize. Cette eau, exposée à l'air libre, se trouble dans l'espace de quatre à cinq heures, et laisse déposer un précipité brunâtre assez abondant : elle ne jouit plus alors des mêmes propriétés, et elle n'est plus sensible au réactif. Aussi cette eau n'est-elle pas susceptible de transport à une distance éloignée.

FONTAINE FERRUGINEUSE DES DEMOISELLES CARRÈRE. Cette fontaine est située entre le Redat et le mont Olivet. La source contient les mêmes principes que la fontaine d'Angoulême, et l'expérience a prouvé qu'elle possède les mêmes propriétés.

SOURCE SULFUREUSE DE LABASSÈRE. Cette source est située près de la rive gauche de Loussonet, isolée de toute habitation, et à deux lieues de distance de Bagnères. On a construit une baraque couverte en chaume à l'endroit où elle sourd. 25 kilogram. de la source sulfureuse de Labassère ont produit les substances suivantes :

Gaz acide carbonique, quantité inappréciable.

Acide hydrosulfurique, 1/16 du volume.

	gr. c.
Hydrochlorate de soude	5, 15
Hydrosulfate de soude	1, 05
Sous-carbonate de soude	1, 10
Matière végéto-animale	1, 15
Silice	0, 45
Perte	0, 20
	9, 10

SAISON DES EAUX. La saison commence à Bagnères au mois de mai et se termine à la fin d'octobre. A la rigueur, faire usage des eaux toute l'année.

Cinq à six mille étrangers fréquentent Bagnères pendant la saison des eaux. Sur ce nombre on peut compter un tiers de malades.

PRIX DU LOGEMENT ET DE LA DÉPENSE JOURNALIÈRE. Les prix varient selon les fortunes; mais ils sont généralement fort modérés.

TARIF DU PRIX DES EAUX, BAINS ET DOUCHES :

Boisson	0 fr. 10 c.
Bain	1 00
Douches	0 50
Bain à vapeur, lit de repos compris	2 50

Le médecin inspecteur enregistre les étrangers qui veulent avoir des heures fixes pour les bains et les douches; le choix est aux plus anciennement arrivés.

La classe peu fortunée paye au-dessous du tarif. Les indigents sont reçus gratis, et soignés aussi gratuitement par le médecin inspecteur.

PROPRIÉTÉS PHYSIQUES. Les eaux de Bagnères sont limpides et très-transparentes; exposées à l'air, elles n'éprouvent pas la moindre altération. Cependant celles de la Reine et du Dauphin, après avoir séjourné quelque temps dans leur réservoir, donnent lieu à la formation, au-dessus de l'eau, d'une grande quantité de matière gélatineuse, jaunâtre en dessous, vert-bouteille en dessus. Elles donnent au marbre blanc sur lequel elles coulent, une couleur rouille d'un brun léger. Il se forme dans les tuyaux conducteurs, réservoirs, bassins et canaux de fuite des sources, un dépôt rouge, ferrugineux, plus ou moins abondant.

Les sources sulfureuses de Labassère et de Pinac laissent déposer, au contraire, une substance blanchâtre, floconneuse, et sous forme glaireuse, exactement semblable à celle que déposent les autres sources sulfureuses des Pyrénées.

On remarque, après les grandes chaleurs, la même substance, mais en moins grande quantité, dans les sources de la buvette et de l'intérieur du Salut.

Leur saveur est, en général, fade, puis légèrement astringente; celle de Labassère est douce et ne produit aucune impression au goût. Il en est autrement de la source ferrugineuse d'Angoulême : elle est éminemment métallique; mais cette sensation désagréable est bientôt remplacée par une saveur légèrement styptique et fraîche.

En général, ces eaux n'ont point d'odeur, excepté les sources de Pinac et de Labassère, qui répandent constamment celle du gaz hydrogène sulfuré; et les deux sources de Salut seulement, après les grandes chaleurs et lorsqu'elles ont séjourné quelque temps dans les réservoirs.

PROPRIÉTÉS MÉDICINALES. « Les eaux de Bagnères de Bigorre, dit M. Alibert (1), agissent comme toutes les eaux salines thermales, en excitant dans l'économie animale des mouvements qui deviennent salutairement perturbateurs, en imprimant une marche aiguë à des affections qui se perpétuent au détriment des individus qui en sont atteints. On les conseille surtout aux hypocondriaques, aux personnes qui seraient travaillées par une mélancolie suicide. C'est là que doivent se guérir toutes ces maladies ventrales, toutes ces irrégularités dans les fonctions des entrailles qui attaquent si souvent les gens de lettres, les jurisconsultes, et tous les hommes livrés à des professions sédentaires. C'est là qu'il faut amener les femmes affaiblies par des couches réitérées et par les soins laborieux du ménage, celles qui sont épuisées par les flux immodérés, même par des peines morales. Les guerriers peuvent pareillement s'y rendre pour y cicatriser d'anciennes blessures.... »

On regarde les eaux comme diurétiques, un peu purgatives et toniques. Bordeu les conseille dans la débilité de l'estomac, les engorgements des viscères abdominaux, le relâchement des poumons, les catarrhes chroniques de la vessie, l'anasarque essentiel, la suppression des règles. On les préconise dans les pâles couleurs, lorsque la poitrine est en bon état, dans les coliques néphrétiques, etc. Les bains sont très-efficaces dans les paralysies récentes et les rhumatismes chroniques. C'est en associant les bains et les douches à la boisson, qu'on obtient de ces eaux les plus heureux résultats.

Quoique les eaux de Bagnères soient en général peu gazeuses, M. le docteur Ganderax conseille de les prendre le plus ordinairement à leurs sources plutôt que dans les appartements. C'est surtout le matin à jeun que leur effet est le plus sensible. Libre alors de toute action, il est plus facile à l'estomac d'agir dans toute son énergie sur les substances qu'il reçoit. Il n'est point indifférent de les prendre avant ou après le bain. La dose usitée est relative à la maladie que l'on a à combattre, et à la classe d'eau dont on fait usage. Il est aussi une foule de circonstances qui guident le médecin sous ce rapport.

L'on croit inutile de faire observer ici que la promenade devient nécessaire, surtout durant l'usage des eaux minérales salines prises en boisson, et que l'exercice que l'on prend alors ne contribue pas peu à en faciliter et même en augmenter l'action; mais il est avantageux de faire remarquer que la grande diversité de minéralisation dont elles sont douées à Bagnères, offre en outre le précieux avantage du choix dans la grande variété de sensibilité, de susceptibilité de l'estomac et du canal alimentaire.

BEAUDÉAN. Beau village situé à l'entrée de la vallée de Lespone, à trois quarts de lieue de Bagnères. Pop. 800 hab. On y voit les ruines d'un ancien château bâti dans une situation très-pittoresque.
Patrie du célèbre chirurgien Larrey.

BORDÈRES. Village situé sur la Neste de Lourou, à une lieue un quart de Bagnères. Pop. 495 hab. Il était autrefois défendu par une immense forteresse construite, dit-on, par les Vandales ou par les Sarrasins, et détruite par un incendie en 1740.

CADÉAC. Village situé à dix lieues trois quarts de Bagnères. Pop. 520 hab. [1]

Ce village, surmonté d'une vieille tour féodale, est situé dans la vallée d'Aure, sur la rive gauche de la Neste; il est renommé par ses sources d'eau minérale sulfureuse froide, qui jaillissent de l'un et de l'autre côté de la rivière, et doit son origine aux Arrevosces, qui le bâtirent, ainsi qu'Arreau, Grézian, Azet, Stauzan et autres châteaux, pour mieux le défendre contre les Sarrasins qui dévastaient alors le pays. La plupart de ces châteaux existent encore.

Les sources minérales de Cadéac sont au nombre de deux. Elles sourdent dans la vallée d'Aure, l'une sur la rive droite et l'autre sur la rive gauche de la Neste. L'époque de leur découverte n'est pas bien connue. On lit dans une vieille chronique, que Jeanne, fille du roi Jean, reine de Navarre, attaquée de la lèpre, y trouva en 1350 la guérison qu'elle avait en vain cherchée à Bagnères et à Cauterets; en reconnaissance, elle fit bâtir un établissement pour qu'on pût commodément en faire usage. Cet établissement tomba en décadence, et fut même incendié,

---

1. Précis sur les eaux minérales, pag. 133.

1. Nous devons cette notice sur les eaux minérales de Cadéac, à M. le docteur Fournier, inspecteur de cet utile établissement.

dit-on, par jalousie de sa prospérité. Il est aujourd'hui très-fréquenté par les étrangers.

L'établissement des bains de Cadéac se compose d'un rez-de-chaussée, où sont six baignoires et une douche, et d'un premier, où l'on trouve trois appartements et une galerie faisant face aux Pyrénées ou au sud. La maison est saine, bien bâtie et très-bien aérée. Elle est située entre la rivière de Neste et la grande route qui conduit en Espagne, entourée de vergers et de prairies, et n'est séparée de l'autre établissement que par la rivière.

Les autres bains, situés sur la rive droite de la Neste et dominés par un rocher fort élevé, ne diffèrent en rien des premiers. Les eaux sont peut-être plus abondantes, et le fameux médecin Baglivius, qui accompagnait la jeune reine de Navarre, a dit qu'il les croyait plus fortes ou plus soufrées. Les appartements du premier étage sont destinés à loger les étrangers à qui il ne convient pas de rester au village. Les chambres des bains sont commodes, propres et bien éclairées. Soins, prévenances, égards, rien n'est oublié pour plaire aux baigneurs. Les étrangers sont assurés de trouver toujours dans l'un et l'autre établissement, les mêmes avantages, les mêmes agréments.

Il ne manque aux eaux minérales de Cadéac, pour jouir d'une plus grande réputation, être plus fréquentées et mieux connues, que d'être bien analysées; ensuite, les deux établissements devraient subir de grands changements; ils nécessitent des réparations très-urgentes que les propriétaires n'ont pas les moyens de faire. Si l'on se livrait à des recherches, si l'on faisait faire quelques fouilles dans la roche, nul doute qu'on n'obtînt des eaux chaudes et beaucoup plus abondantes. Il serait bien à désirer que le gouvernement voulût se charger de ce soin. Ces eaux ont une efficacité sûre, incontestable; l'expérience démontre tous les jours leur vertu contre une foule d'affections dont l'art n'avait pu triompher.

SAISON DES EAUX. Les eaux de Cadéac sont fréquentées depuis les premiers jours de juin jusqu'à la fin d'octobre. Le nombre des malades est annuellement de deux à trois cents.

Les agréments que les étrangers trouvent à Cadéac consistent en promenades et en courses sur les montagnes ou dans la vallée d'Aure. Cette vallée a reçu son nom du vent doux, *aura tenuis*, qui y souffle, ordinairement dans toutes les saisons, de neuf heures du matin à deux heures du soir. Elle débouche dans la partie des Hautes-Pyrénées qui forme la région des coteaux ou des monticules, et elle se dirige vers le sud-ouest, en déviant fort peu de la ligne méridienne. Son étendue est très-considérable, et ses derniers embranchements pénètrent jusqu'à la région centrale des Pyrénées, où ils offrent des passages très-fréquentés. Elle est entourée de tous côtés de montagnes fort élevées, peuplées de sapins et de hêtres, et renferme une vingtaine de villages très-rapprochés. Dans la belle saison, cette vallée fait l'admiration des étrangers : en hiver elle est presque toujours couverte de neige, ce qui la rend très-froide.

PRIX DU LOGEMENT ET DE LA DÉPENSE JOURNALIÈRE. On a une chambre au village de Cadéac pour 7 fr. par mois, et une pension pour 25 à 30 fr.; mais le prix varie suivant la dépense que l'on veut faire.

TARIF DU PRIX DES EAUX. Le prix des eaux est aujourd'hui de 35 c.: en 1828 il était de 40; les douches se payent 50 c.

PROPRIÉTÉS PHYSIQUES ET CHIMIQUES. La température des eaux de Cadéac est de 10 à 12 de Réaumur. Elles sont grasses et douces au toucher, et font sur la peau la même impression que celle du savon; elles charrient et déposent beaucoup de soufre, et répandent une odeur semblable à celle des œufs couvés; ce qui est dû à l'hydrogène sulfuré que l'on y trouve en abondance.

Ces eaux n'ont jamais été analysées avec soin; on ne connaît qu'une épreuve faite par M. Dubernard, professeur à Toulouse. Une dissolution de sel de Saturne dans l'eau mêlée avec l'eau minérale la noircit tout à coup, et il se fait un précipité noir. On observe les mêmes effets avec une dissolution d'argent de coupelle dans l'acide nitreux; mais le précipité ne se fait pas si vite, il n'est pas grossier et en flocons comme le premier, ni aussi noir. Des pièces d'argent tenues dans l'eau pendant quelque temps, deviennent de couleur pourpre foncé et puis noirâtres. Les galles bouillies dans l'eau ne deviennent pas noires. L'huile de tartre par défaillance n'altère point l'eau, elle paraît seulement devenir tant soit peu jaunâtre. L'acide nitreux et l'acide vitriolique n'altèrent point l'eau. Le sirop de violette n'y produit pas non plus de couleur particulière. Le sel marin à base terreuse ne paraît y rien produire; il en est de même du sel nitreux à base terreuse. Une dissolution de mercure dans l'acide nitreux la trouble, et il se fait un précipité blanc.

CHÂTEAU DE BEAUCENS.

Ces eaux ont pour principes constituants : de l'acide hydrosulfurique, du deutosulfate de sodium, de l'hydrochlorate de sodium et de la silice.

Propriétés médicinales. Les eaux de Cadéac sont éminemment toniques, légèrement excitantes; elles sont exclusivement recommandées contre toute espèce de maladies cutanées, les douleurs articulaires, les affections arthritiques, les suites de blessures. L'expérience a démontré leur efficacité dans les maladies du sexe, telles que les pâles couleurs ou chlorose, l'hystérie, maux de nerfs ou vapeurs, et dans un grand nombre de maladies chroniques.

Mode d'administration. On prend les eaux de Cadéac en bains et en boisson. On les boit pures ou avec de la tisane, avant et après le bain, à midi même, et quelquefois le soir; on les marie souvent avec de l'eau de la rivière, qui est très-fraîche et fort limpide.

CAMPAN. Joli bourg, situé sur la rive gauche de l'Adour, à 6 l. de Bagnères. ✉ Pop. 4,171 hab.

Ce bourg, chef-lieu de la riche vallée de son nom, a toute l'apparence d'une petite ville, par l'élégance et la propreté des habitations, presque toutes construites en marbre provenant des carrières environnantes. Une de ses rues s'étend le long de l'Adour, l'autre borde la route de Bagnères de Bigorre. La place publique est ornée d'une belle fontaine, dont les eaux sont reçues dans des bassins en marbre vert.

La vallée de Campan est une des plus riches et des plus fertiles du département. Ses heureux habitants vivent dans une douce aisance, que leur procure la culture de leurs petits domaines : chaque Campanais a son champ, son troupeau, son verger, et possède en réalité tout ce qui peut contribuer à l'embellissement et au bonheur de la vie champêtre. L'abondance des eaux, la fraîcheur des prairies, la beauté des retraites, en font un des plus délicieux séjours que l'on puisse imaginer. La montagne féconde située sur la rive gauche de l'Adour et qui s'étend d'un bout de la gorge à l'autre, est couverte d'étage en étage de diverses moissons, de riantes métairies dont chacune a son jardin, sa fontaine, où l'on puise sans corde et sans efforts les eaux nécessaires pour arroser les légumes naissants, les fleurs nouvellement écloses : au-dessus sont des bosquets; la cime est couronnée de sapins. L'Adour, périodiquement gonflé par la chute des neiges et le tribut des fontaines, poursuit sa marche triomphante entre les deux rangs de montagnes parallèles dont il réfléchit les gazons et les rochers, respectant les moissons et baignant sans dommage la cabane du pauvre et les maisons des riches, qui vont toujours en s'augmentant et s'embellissant jusqu'à Bagnères.

On ne peut résister aux impressions ravissantes qu'on éprouve en traversant cette belle vallée, qui présente une des plus délicieuses retraites de la vie pastorale. Quel riant tableau! la plus féconde imagination ne saurait rien y ajouter : en aucun lieu du globe on ne rencontre cette variété d'objets enchanteurs, ces molles ondulations du sol, partagé en prairies, que des ruisseaux arrosent dans tous les sens; ces habitations si propres, si riantes, qu'ombragent des bouquets d'arbres; ces nombreux troupeaux; ces heureux bergers; ces méandres fleuris de l'Adour; ces douces collines d'où jaillissent de toutes parts des sources qui serpentent en ruisseaux, qui tombent en cascades; ces grottes que les torrents ont creusées dans le marbre; et pour servir de cadre à ce magnifique tableau, cette fière enceinte de rocs accumulés, du milieu desquels s'élève ce formidable pic du Midi suspendu sur cette paisible vallée.

On trouve dans la vallée de Campan, sur la rive droite de l'Adour, une grotte remarquable par les belles cristallisations dont elle est tapissée. On y descend par une ouverture circulaire assez étroite, et à l'aide d'une échelle de deux mètres. Sa longueur est d'environ trois cents pas; la profonde obscurité qui y règne oblige de faire usage de flambeaux pour la parcourir; la voûte a depuis 6 jusqu'à 24 pieds d'élévation. Au fond, la grotte s'élargit; elle s'élève et laisse apercevoir une immense stalagmite que la vanité a couverte de nombreuses inscriptions, de noms et de dates diverses.

Au-dessus du bassin de Paillolle est la célèbre marbrière de Campan, dont les produits sont d'une beauté remarquable. Le marbre de Campan est vert panaché, avec des taches et des veines blanches, grises et rouges.

Fabriques d'étoffes de laine. Papeterie. Exploitation des carrières de marbre. — *Commerce* d'excellent beurre.

CAPVERN. Village situé à 4 l. 1/2 de Bagnères. Pop. 500 hab. [1]

A une demi-lieue de Capvern, dans un vallon sauvage et pittoresque, on trouve une source d'eau minérale ferrugineuse très-abondante, qui a donné lieu à un établissement de bains assez fréquenté. On ignore à quelle époque cette source a été découverte : elle fut, dit-on, fréquentée par les Romains, lorsqu'ils occupèrent Lyon de Comminges; et on a même conjecturé, sur la foi du nom que porte le ruisseau voisin, encore appelé l'*Enne* ou l'*Emme*, que ce pouvaient être les thermes Onésiens dont parle Strabon; mais il est probable que les bains Onésiens étaient ceux bien plus importants de Bagnères de Luchon.

La source de Capvern est très-abondante; elle remplit une ouverture de onze pouces carrés, surgit par siphon, et verse par jour 28,540 litres d'eau minérale. Cette source appartient à la commune; elle est affermée depuis environ dix ans aux entrepreneurs qui ont construit les bains.

L'établissement est un carré long, ayant au milieu un très-beau vestibule et trois belles portes d'entrée. Un corridor spacieux le traverse de l'est à l'ouest dans toute sa longueur; il est éclairé par les portes d'entrée, et par une croisée à chaque extrémité. En face de la grande porte d'entrée placée au midi, est un beau bassin de marbre, alimenté par un conduit dérivé de la grande source. A la gauche du vestibule se trouve la grande source qui alimente toutes les baignoires, au moyen de conduits en plomb.

Les baignoires, au nombre de quinze, dont une à douche, sont placées sur les lignes latérales du corridor, dans de très-jolis cabinets bien construits. Derrière, et au midi de la source destinée à la buvette, est une grande chaudière avec son fourneau, d'où partent des tuyaux qui distribuent l'eau chaude dans tous les bains.

On trouve en outre dans cet établissement plusieurs appartements très-commodes, un salon, un chauffoir pour le linge des malades, et une jolie chapelle.

La source de Capvern serait beaucoup plus fréquentée si les personnes riches et les étrangers y trouvaient des logements plus spacieux, et quelques-uns de ces agréments que l'on est habitué de rencontrer dans les principaux établissements d'eaux

minérales; mais on a lieu d'espérer que dans la suite, par les soins éclairés de M. Lacrampe-Lousteau, l'établissement de Capvern prendra toute l'extension dont il est susceptible.

Près de la source de Capvern est une jolie promenade où se rassemblent les buveurs; au midi et à l'ouest la vue est bornée par un bois taillis; les autres aspects sont cultivés en plantes céréales. Les alentours offrent un paysage agreste et sauvage, dominé par la masse imposante des Pyrénées.

SAISON DES EAUX. La saison des eaux commence ordinairement au mois de juin et finit en octobre. Le terme moyen du nombre des malades qui s'y rendent est de six cents.

PRIX DU LOGEMENT ET DE LA DÉPENSE JOURNALIÈRE. Dans les meilleurs logements, le prix varie suivant le nombre des malades, d'un franc à trois francs par jour. Le bas peuple se loge à des prix très-modiques. La dépense ordinaire est de deux francs à deux francs cinquante centimes par jour.

Prix des bains chauds.... 0 fr. 50 c.
Id. des bains froids..... 0 » 30 »

PROPRIÉTÉS PHYSIQUES. L'eau de Capvern est très-limpide, parfaitement diaphane, sans odeur et sans goût. A peine la distingue-t-on de nos meilleures sources ordinaires. Cependant, en y faisant bien attention, on sent à la dégustation quelque chose de douceâtre. Sa pesanteur excède celle de l'eau pluviale, d'environ 5 grains par litre. Sa température est de 19° 1/2 de Réaumur.

PROPRIÉTÉS CHIMIQUES. Ces eaux furent analysées par M. le docteur Lacrampe-Lousteau, inspecteur de l'établissement de Capvern. Quelque temps après, il engagea M. Rizières, pharmacien à Tarbes, à répéter ses essais, et à leur donner plus de développement. L'analyse a démontré qu'elles contiennent une très-grande quantité de gaz acide carbonique, du carbonate de fer peu abondant, et quelques substances peu appréciables.

Lorsqu'on verse de l'eau de chaux dans une certaine quantité d'eau de cette source, on aperçoit dans l'instant un nuage blanc qui en trouble totalement la transparence, et bientôt ce nuage se sépare en petits flocons de même couleur qui se précipitent insensiblement au fond du vase; quand le dépôt est totalement effectué, l'eau reprend sa transparence native. Dans cet état, elle rougit la teinture de tournesol, ce qui n'a

---

[1] Cette notice sur les eaux de Capvern nous a été communiquée par M. Lacrampe-Lousteau, seul médecin inspecteur qu'ait eu cette source.

SAINTE MARIE.

pas lieu avant qu'on l'ait essayée par l'eau de chaux.

PROPRIÉTÉS MÉDICINALES. Ces eaux sont le plus efficace de tous les moyens connus dans le pays, pour la guérison des diverses affections hémorroïdales, et des suppressions menstruelles. Elles ont acquis pour le traitement de ces deux genres de maladies une réputation célèbre, que l'expérience confirme tous les jours. Efficaces dans l'ictère, elles sont très-utiles dans les engorgements chroniques du foie, dans les fleurs blanches, dans les gonorrhées anciennes et invétérées, dans l'atonie du système gastrique, surtout lorsque cet organe a été débilité par une cause qui a exercé lentement son action, et pendant un long espace de temps.

MODE D'ADMINISTRATION. L'eau de Capvern se prend également en boisson et en bains. Elle est laxative lorsqu'on la boit par verrées; elle est si peu thermale qu'on est obligé de la faire chauffer pour l'administrer en bains.

CASTELNAU-MAGNOAC. Petite ville située à 13 l. de Bagnères. ✉ Pop. 1,572 hab. On y remarque une belle église paroissiale, et l'hôtel de ville, assez bel édifice supporté sur des piliers élevés qui forment une halle. — *Fabriques* d'étoffes de laine, de bougies. Blanchisseries de cire.

— ILHET. Village situé à 9 l. de Bagnères. Pop. 718 hab. Il est bâti dans la gorge de son nom, où l'on voit plusieurs grottes remarquables par leur étendue et par les formes singulières des stalactites qu'elles renferment. Non loin de l'embouchure de la gorge d'Ilhet, sont de superbes carrières de marbre. — Verrerie.

— LABARTHE. Bourg situé à 9 l. de Bagnères. Pop. 732 hab. On y voit les ruines d'un château considérable, habité anciennement par les souverains d'Aure, et plus tard par les barons de Labarthe.

— LANNEMEZAN. Petite ville située à 6 l. 1/4 de Bagnères. ✉ ⚭ Pop. 1,243 hab.

— LORTET. Village situé sur la Neste, à 7 l. de Bagnères. Pop. 750 hab. On y voit des grottes devenues fameuses par les fortifications qu'on y a bâties dans des temps reculés.

— MARIE (SAINTE-). Village situé dans un pays agréable, au pied d'une montagne élevée, à 4 l. de Bagnères. Pop. 50 hab.

Le village de Sainte-Marie est renommé par ses sources thermales, dont la température est de 14° du therm. de Réaumur. Ces sources ont donné lieu à la construction d'un établissement de bains, où l'on trouve plusieurs baignoires et des logements commodes.

L'eau de Sainte-Marie est claire, limpide, sans odeur; sa saveur est fade et légèrement amère. Il résulte de l'analyse faite par M. Save, que cette eau tient en dissolution de l'acide carbonique, ainsi que des sulfates et des carbonates de chaux et de magnésie. On en fait usage en boisson et en bains. Les observations des médecins du pays semblent prouver son efficacité dans les maladies cutanées, les engorgements des viscères de l'abdomen, les affections nerveuses, etc.[1].

MAULÉON EN BAROUSSE. Petite ville agréablement située entre le Gers et le ruisseau du Cierq, à 12 l. 1/2 de Bagnères. Pop. 823 hab. C'est une ville ancienne, autrefois chef-lieu du pays de Magnoac; on trouve dans ses environs plusieurs ruines de châteaux et de forteresses féodales.

MAUVEZIN. Village situé à 4 l. de Bagnères. Pop. 400 hab. On y voit les ruines d'un ancien château bâti sur un monticule très-élevé, qui passait autrefois pour imprenable; le duc d'Anjou l'assiégea en 1374, et força la garnison à lui remettre la place, après être parvenu à la priver de l'eau que lui fournissait un puits extérieur.

NESTIER. Bourg situé à 8 l. 1/4 de Bagnères. Pop. 561 hab.

POUZAC. Village situé à 3/4 de l. de Bagnères. Pop. 950 hab.

Sur une hauteur qui domine ce village, non loin duquel est une chapelle où sont déposés les restes de M. de Ségur, on voit un camp vulgairement nommé camp de César, d'où la vue embrasse tout le vallon de Bagnères.

SARRANCOLIN. Petite ville située sur la Neste, à l'entrée de la vallée d'Aure et à 9 l. de Bagnères. Pop. 1,114 hab.

Cette ville est resserrée entre deux collines et généralement mal bâtie; c'est une ville ancienne, regardée autrefois comme la capitale d'Aure, où l'on voit encore des restes de fortifications, quelques portes, et une église dont on attribue la construction aux templiers.

Il existe près de l'enceinte de la ville, du côté de l'ouest, une source remarquable par sa position et son volume, nommée le Vivier. Elle sort du creux d'un rocher et ne tarit jamais; ses eaux claires et limpides

---

[1]. Mémoire sur l'analyse et les propriétés des eaux minérales de Sainte-Marie, par M. Save (Bulletin de pharmacie, Juillet 1812).

servent aux besoins de toute la ville. Au-dessus est une grotte profonde creusée dans le voisinage d'un ravin à pic, où se précipite, à la suite des grands orages et lors de la fonte des neiges, une cascade qui étonne par son volume et sa rapidité.

Sur le versant gauche de la vallée est la célèbre marbrière de Sarrancolin, qui fournit un beau marbre d'un rouge foncé, avec des veines et des taches blanches et grises. Sur le versant opposé sont les magnifiques carrières de Beyrède, où l'on exploite un marbre veiné, et ayant les mêmes taches que le précédent, mais d'un rouge bien plus vif.

Fabriques de bonneterie. Verreries. Papeteries. Ateliers de marbrerie. Nombreuses scieries hydrauliques.

SOST. Village situé dans la vallée de Barousse, à 16 l. de Bagnères. Pop. 470 hab. — Exploitation des carrières de beau marbre blanc statuaire, supérieur aux plus beaux marbres blancs d'Italie.

TIBIRAN. Village situé à 12 l. de Bagnères. Pop. 600 hab.

Entre ce village et celui d'Aventignan, sont les grottes de Gargas, regardées comme les plus étendues des Hautes-Pyrénées. La principale a environ deux cents pieds de profondeur, et quarante dans la plus grande élévation, sur une largeur assez inégale; c'est un vaste théâtre, rempli de belles colonnes magnifiquement décorées à la voûte et sur les côtés, où l'on croit reconnaître des tapisseries ondoyantes, des culs-de-lampe, des candélabres antiques, etc. A droite et à gauche sont des grottes secondaires qui se prolongent dans le flanc de la montagne; l'une d'entre elles ressemble parfaitement à une chapelle gothique, par sa forme voûtée. A l'extrémité de ces galeries existent d'autres grottes beaucoup plus étendues, dont la plupart n'ont pas encore été visitées.

TRAMESAIGUES. Village situé sur la Neste d'Aure, à 15 l. de Bagnères. Pop. 120 hab.

En se dirigeant de ce village pour remonter le val d'Aragnouet, on remarque une porte basse construite pour protéger la vallée basse des incursions des miquelets pendant la guerre de la succession. Un peu plus loin se présente une descente rapide, où l'on voit le torrent resserré se précipitant à travers de gros blocs de rochers: c'est le Pas de la Ruadet (le pas rude). Après cet amas de décombres, on voit sourdre d'un rocher la fontaine sulfureuse de la Garet, dont les eaux sont employées avec succès par les habitants du pays pour la guérison des douleurs rhumatismales. Non loin de cette fontaine, le rocher offre un talus si rapide, qu'on a été obligé de construire le chemin sur des pièces de bois, appuyées d'un bout sur ce rocher et de l'autre sur des piliers en maçonnerie. Peu à près, un torrent descendant des montagnes forme une magnifique cascade.

VIELLE. Bourg situé près de la Neste, à 11 l. 1/4 de Bagnères. Pop. 401 hab.

FIN DU DÉPARTEMENT DES HAUTES-PYRÉNÉES.

IMPRIMERIE DE FIRMIN DIDOT FRÈRES ET Cie,
RUE JACOB, N° 56.

www.ingramcontent.com/pod-product-compliance
Lightning Source LLC
Chambersburg PA
CBHW061955300426
44117CB00010B/1340